사업타당성 분석과 평가

남영호 저

세명서관

INTRO 머리말

지금 세계는 바야흐로 미증유의 불확실성 시대를 맞이하여 저마다의 미래형 먹거리 창출에 힘써 오고 있다. 쉽게 바닥이 보이지 않던 화석에너지를 대체할 미래형 에너지, 지구라는 물리적 가치창출 공간의 한계를 뛰어넘는 우주산업, 노동투입의 한계를 극복하려는 로봇산업 등 여타 모든 미래형 산업의 경제성을 향상시켜 현실화를 앞당기고 있는가 하면, 신소재뿐만 아니라 기존산업의 성공방식을 송두리째 바꾸는 역사적인 신기술에 대한 도전들은 4차 산업혁명과 인구구조의 변화에 대한 대응뿐만 아니라 AI가 가져다줄 우리를 둘러싸고 있는 아주 가까운 미래의 모습들이라 할 수 있다.

미래의 경영환경은 몇 가지 특징으로 요약할 수 있다. 첫째로 변화의 속도가 점차 빨라지고 기업에 미치는 영향은 더욱 커질 것이다. 과거 몇 백년간 혹은 몇 십년간 이루었던 발전을 미래에는 단 몇 년 만에 뛰어넘을 것으로 예상되고 있으며, 이러한 변화의 속도에 적응하지 못하는 기업은 산업과 시장에서 도태될 수밖에 없는 환경에 직면하고 있다. 둘째는 변화의 방향을 알 수 없다는 것이다. 다가오는 미래는 과거에서 현재에 이르는 과정과는 전혀 다른 방향으로 전개될 것이기 때문이다. 미래에 대한 불확실성은 더욱 팽창·확산되고 예측은 점차 불가능해지는 현상이 가속화 되고 있다. 이러한 특징으로 인해 오랜 역사를 지니고 있거나 규모가 큰 기업에 이르기까지 생존을 장담하기조차 어렵게 되고 있다.

이러한 미래 환경의 변화에 대응하기 위해서는 미래에 발생할 불확실성에 대비할 수 있는 준비자세가 필요하다. 현재의 사업을 성공적으로 이끌면서도 먼 미래를 내다보고 준비할 수 있는 통찰력이 무엇보다도 필요한 시점에 도달하게 되었다. 미래의 불확실성에 대비하기 위해서는 메가트렌드를 보고 대응할 수 있는 핵심역량을 지금부터 갖추지 않으면 아니 될 것이다.

피터 드러커는 "변화를 경영하는 것을 기업경영의 일환으로 삼지 않으면 살아남을 수 없다."고 경고한 바 있다.

또한, 다트머스대 경영대학원의 리처드 다베니 교수는 "기업 간의 경쟁이 격화되어 경쟁우위의 지속이 어려워지는 무한경쟁의 시대가 도래 할 것이며 앞으로 기업들은 하나의 경쟁우위에 안주할 것이 아니라 지속적으로 새로운 경쟁우위를 만들어야 한다."고 역설했다.

사업타당성 분석은 기업의 목적달성을 위하여 부가가치를 창출할 수 있는 사업의 발굴과 효율적으로 사업수행을 위한 대상사업에 대한 산전 예비조사의 결과를 토대로 대상사업의 진출가능 여부를 분석하는 것을 말한다.

신규 사업이나 프로젝트의 성공여부는 경제적 · 사회적 측면에서도 매우 중요하므로 체계적인 사업타당성 분석의 중요성이 더욱 강조되는 점이다. 따라서 신규 사업의 방향성을 명확히 하고, 성공적인 사업수행을 위하여 필요한 역량개발과 이에 따른 신규 사업의 성공적인 정착을 위한 전략적 접근방법과 Master Plan을 제시하여 체계적인 사업수행이 가능토록 함에 그 목적을 두어야 한다.

사업타당성 분석이란 이러한 사업을 전개하기 이전에 특정사업의 성공가능성에 대한 정보를 파악하기 위한 사업개발전략 · 기술성 · 시장성 · 경제성 · 위험정도 등을 분석하고 평가하는 총체적인 일련의 과정을 말한다. 신규 사업이나 프로젝트를 검토하고 이를 분석한 후 사업타당성에 대한 검증과 평가를 내리는 일은 쉬운 것만은 아닐 것이다. 왜냐하면 한번 결정한 계획된 사업추진은 성공과 실패의 양날이 될 수도 있기 때문이다.

기업은 이윤극대화를 목표로 자본과 인력을 적절히 활용하여 끊임없이 변화하고 성장해가는 영속체(Going Concern)로서의 특성을 갖고 있다. 따라서 기업의 가치는 기업이 현재 보유하고 있는 유 · 무형의 자산들의 미래 수익창출능력의 평가액이라고 할 수 있다. 기업가치의 평가는 다양한 목적에 의해 다양한 시각에서 적용되어 왔으며 다양한 가치평가의 방법이 존재한다. 그러나 많은 가치평가방법 중 모든 상황에 적용될 수 있는 하나의 유일한 방법은 존재하지 않을 것이다. 상황에 따라 평가의 목적에 따라 유용하게 사용될 수 있는 가치평가의 모형은 서로 다를 수밖에 없으며, 때로는 목적에 부합하도록 모형을 재편성할 필요가 있을 것이다.

이 책의 내용은 개괄적으로 여덟 부문의 Chapter로 나뉘어져 구성되어 있다. Chapter Ⅰ 4차 산업혁명과 미래전략산업, Chapter Ⅱ 환경요소의 사전예비조사, Chapter Ⅲ 사업타당성 분석, Chapter Ⅳ 예비타당성조사와 분석, Chapter Ⅴ 사업타당성 평가,

Chapter Ⅵ 사업전략수립, Chapter Ⅶ 분석평가에 따른 사업계획, Chapter Ⅷ 가치평가로 나누어져 있다.

Chapter Ⅰ의 4차 '산업혁명과 미래전략산업'에서는 4차 산업혁명의 개요와 특징 그리고 융복합산업 및 미래전략산업과 관련된 신기술에 관하여 개념정립과 내용 설명에 힘썼고, Chapter Ⅱ '환경요소의 사전예비조사'에서는 외부환경 및 내부환경의 조사와 분석 · 대상산업의 조사와 분석 · SWOT MATRIX를 통한 전략수립을 체계적으로 설명하고 있으며, Chapter Ⅲ '사업타당성 분석'에서는 그 개요와 기본절차 및 시장성 분석 · 기술적 타당성 분석 · 재무적 타당성 분석 · 성장성 및 위험요소 분석에 관한 방법론을 내용별로 체계적으로 기술하고 있다. Chapter Ⅳ '예비타당성조사와 분석'에서는 예비타당성조사 제도의 내용과 예비타당성 분석기법 및 공기업 준정부기관 사업 예비타당성조사에 관하여 알기 쉽게 그 내용을 정리하였다. 그리고 무엇보다도 중요하게 다루어야 하는 Chapter Ⅴ '사업타당성 평가'에서는 사업성 평가기법 · 미래 유망산업의 사업성평가 · 신기술의 사업성평가 · 프로젝트의 경제성평가와 이러한 사업성평가를 위한 평가기법에 관한 절차와 내용에 관하여 논하고 있다. Chapter Ⅵ '사업전략수립'에서는 전략수립의 순위와 사업전략의 수립방법 및 사업포트폴리오 수립에 대하여 실무적으로 보다 쉽게 접근할 수 있도록 풀었으며, Chapter Ⅶ '분석평가에 따른 사업계획'은 전략적 사업계획의 개요에서부터 중장기사업계획 단기사업계획의 수립 프로세스에 대하여 설명하고 있으며, 마지막으로 Chapter Ⅷ '가치평가'이다. 여기에서는 가치평가의 개요에서부터 평가방법과 기술가치의 평가대상 · 평가방법 · 평가모형에 관하여 설명하는데 치중하였다.

끝으로 이 책이 독자 여러분들께서 수행하고자 하는 가업타당성분석과 평가 실무에 있어서 실무지침서로써의 길잡이가 되고 나침판의 역할을 하는데 부족함이 없었으면 하는 마음으로 지난 수 개월간 심혈을 기울여 집필에 전념하여 왔기에, 원고를 탈고하면서 지난 시간들을 돌이켜 보면 원고작업의 어려움과 아쉬움이 새로운 감회에 젖게 한다. 또한 이 책이 출판되기까지 오랜 세월 함께 작업을 추진하고 진행해 오면서 늘 아낌없는 지원과 성원을 보내주신 세명서관 오영환 사장님과 편집부 직원들의 노고에 충심으로 감사의 인사를 드린다. 그리고 무엇보다도 독자 여러분께도 깊은 감사를 드리고자 한다.

2022년 4월 연구소에서
저 자

CONTENTS 차례

Chapter Ⅰ. 4차 산업혁명과 미래산업전략

차 례

Chapter Ⅱ. 환경요소의 사전예비조사

Chapter III. 사업타당성 분석

Chapter Ⅳ. 예비타당성조사와 분석

Chapter V. 사업타당성 평가

Chapter Ⅵ. 사업전략수립

Chapter Ⅶ. 분석평가에 따른 사업계획

Chapter Ⅷ. 가치평가

Chapter

I

4차 산업혁명과 미래산업전략

산업혁명(Industrial Revolution)은 18세기 중반부터 19세기 초반까지 영국에서 시작된 기술의 혁신과 이로 인해 일어난 사회·경제 등의 큰 변혁을 일컫는다. 산업혁명은 후에 전 세계로 확산되어 세계를 크게 바꾸어 놓았고 이 산업혁명을 시발점으로 인류는 급격히 진보하게 된다.

산업혁명은 경제구조의 혁명적 변화를 가져왔을 뿐만 아니라 동시에 정치 구조도 크게 바꾸어 놓는 결과를 가져왔다. 산업혁명(Industrial Revolution)은 18세기 후반에 영국에서 시작되어 각지로 퍼져나간 기계의 발명과 기술의 변혁으로 인해 일어난 산업 및 사회·경제의 변화를 가리킨다. 좁은 뜻으로는 18세기 후반에 영국에서 일어난 공업혁명 곧, 공장제 수공업에서 공장제 기계공업으로 바뀐 것을 뜻한다. 넓은 뜻으로는 중세적 산업에서 자본주의적 근대산업으로의 변혁을 뜻한다. 영국에서 시작된 산업혁명은 곧 유럽 각국으로 퍼졌다. 산업혁명은 나라에 따라 시기에 따라 다른 모습으로 전개되었다.

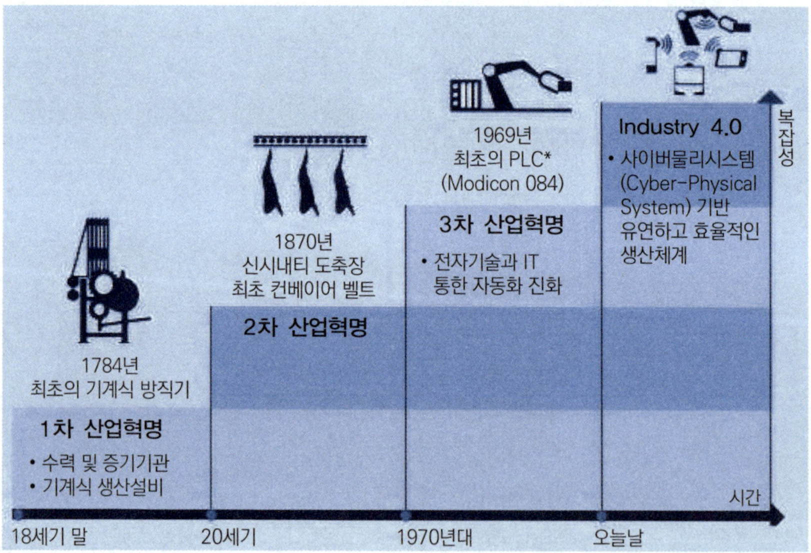

▲ 산업혁명의 변천과정

01 4차 산업혁명

2016년 1월 20일 스위스 다보스에서 열린 '세계경제포럼(WEF)'은 4차 산업혁명의 이해를 주요 의제로 설정했다. 그간 저성장불평등 · 지속가능성 등 경제위기 문제를 다루어온 다보스포럼에서 과학기술 분야가 의제로 꼽힌 것은 포럼 창립 이래 최초였다.

4차 산업혁명이라는 용어는 앞서 독일이 2010년 발표한 '하이테크전략 2020'의 10대 프로젝트 중 하나인 '인더스트리 4.0(Industry 4.0)'에서 제조업과 정보통신의 융합을 뜻하는 의미로 먼저 사용됐다.

이후 WEF에서 제4차 산업혁명을 의제로 설정하면서 전 세계적으로 주요 화두로 등장하게 되었으며, 포럼 이후 세계의 많은 미래학자와 연구기관에서 제4차 산업혁명과 이에 따른 산업과 사회의 변화를 논의하기 시작했다. 인공지능 · 사물인터넷 · 빅데이터 · 모바일 등 첨단정보통신기술이 경제 · 사회 전반에 융합되어 혁신적인 변화가 나타나는 차세대 산업혁명을 의미하며, 인공지능(AI) · 사물인터넷(IoT) · 클라우드 컴퓨팅 · 빅데이터 · 모바일 등 지능정보기술이 기존산업과 서비스에 융합되거나 3D 프린팅 · 로봇공학 · 생명공학 · 나노기술 등 여러 분야의 신기술과 결합되어 실세계 모든 제품 · 서비스를 네트워크로 연결하고 사물을 지능화한다.

제4차 산업혁명은 초연결과 초지능을 특징으로 하므로 기존 산업혁명에 비해 더 넓은 범위에 더 빠른 속도로 크게 영향을 끼친다. 4차 산업혁명은 기업들이 제조업과 정보통신기술(ICT)을 융합해 작업 경쟁력을 촉진하는 차세대 산업혁명을 가리키는 말이다.

3차 산업혁명의 주 특징이 컴퓨터를 통한 자동화였다면 4차 산업혁명은 소프트파워를 통한 지능형 공장과 제품의 지능화를 주 특징으로 삼을 수 있다. 3차 산업혁명까지는 컴퓨터는 단지 생산 · 유통 등의 시스템을 자동화하는 정도였지만 생산하는 방식과 거기서 만들어진 물건 자체가 지능화된 것은 아니었다. 하지만 4차 산업혁명은 그보다 더 발전되어 기계와 제품이 지능을 가지게 되는 것에서 3차 산업혁명과의 차이가 존재한다. 바야흐로 소프트웨어의 시대가 오는 것이다. 4차 산업혁명의 시대가 오게 되면 기업은 빅데이터와 소프트웨어 · 인공지능 등을 통한 고객 맞춤형 서비스를 제공하여 고객이 왕인 시대가 올 것이고 이러한 신세계의 흐름에서 하드웨어만을 고집하는 기업은 도태되고 결국 도산할 것이다.

따라서 4차 산업혁명은 과학기술 · 인공지능 및 데이터기술 등을 기반으로 전 산업 분야에 적용되어 경제 · 사회구조에 혁신적인 변화를 일으키는 산업상의 변화로 정의하고 있다. 1차 산업혁명이 18세기 후반 증기기관 등에 의한 기계화혁명에 의해 시작된 것이라고 한다면 2차 산업혁명은 20세기 초반부터 시작된 전기에너지의 사용에 의한 대량생산혁명으로 볼 수 있다.

3차 산업혁명은 반도체와 인터넷에 의한 지식정보혁명이라고 한다면, 4차 산업혁명은 21세기 초반부터 빅데이터 · IoT · AI 등에 의한 만물초지능혁명에 의한 것이라 볼 수 있다.

1 4차 산업혁명의 개요

18세기 중반부터 일어난 일련의 산업혁명은 인간의 노동력이 기계의 힘으로 옮겨가는 엄청난 변화를 일으켰다. 이는 오늘날 강화된 인지력이 인간의 생산성을 증대시키는 제4차 산업혁명으로 진화하고 있다. 4차 산업혁명은 인공지능 · 사물인터넷 · 빅데이터 · 모바일 등 첨단정보통신기술이 경제 · 사회 전반에 융합되어 혁신적인 변화가 나타나는 차세대 산업혁명이다. 인공지능(AI) · 사물인터넷(IoT) · 클라우드 컴퓨팅 · 빅데이터 · 모바일 등 지능정보기술이 기존산업과 서비스에 융합되거나 3D 프린팅 · 로봇공학 · 생명공학 · 나노기술 등 여러 분야의 신기술과 결합되어 모든 제품 · 서비스를 네트워크로 연결하고 사물을 지능화한다.

■ 산업혁명의 단계별 변화 Trend

구 분	1차 산업혁명	2차 산업혁명	3차 산업혁명	4차 산업혁명
특 징	기계화	대량생산	지식정보	만물초지능
시 기	18세기 후반	20세기 초반	20세기 후반	21세기 초반
핵심기술	증기기관	전기에너지	반도체 · 인터넷	빅데이터 · AI · 사물인터넷 등
핵심변화	섬유공업의 산업화	공장자동화	디지털혁명	초연결 · 초지능화

4차 산업혁명(Fourth Industrial Revolution)은 ICT의 융합으로 이루어지는 차세대 산업혁명이라고 할 수 있다. 이러한 산업혁명은 빅데이터 분석과 인공지능 · 사물인터넷 · 로봇공학 · 무인운송수단인 무인자동차 · 무인항공기 · 나노기술 · 3차원 인쇄와 같은 7대 분야에서의 새로운 기술혁신을 의미한다.

2 4차 산업혁명의 특징

4차 산업혁명의 특징은 제조업에 CPS(Cyber Physical System)를 도입하고 디지털 공간과 물리적 공간의 경계를 허무는 혁신적 기술과 이노베이션으로서 생물학적 · 물리적 · 디지털적 세계를 빅데이터로 통합시켜 경제와 산업 등 전반적인 분야에 영향을 미치는 다양한 기술로 설명할 수 있다.

물리적인 세계와 디지털적 세계는 O2O(Online to Offline)를 통해 통합되며, 생물학적인 차원에서는 인체 정보를 디지털 세계에 접목하는 스마트 워치나 스마트 밴드 기술을 이용한 모바일 헬스케어의 구현이 가능하다. 가상현실(VR)과 증강현실(AR)도 디지털 세계와 물리적 세계를 접목시키는 기술에 해당된다. 맞춤시대의 지능화를 위해 현실세계의 내용을 가상세계로 연결한다. 그다음 가상세계에서 빅데이터와 인공지능 분석을 통해 맞춤과 예측을 예상하고, 이를 현실세계에 적용하는 것이다.

① 4차 산업혁명은 현실과 가상이 연결된 지능적 가상 물리시스템이다.
② 3차 산업혁명의 정보통신 기술(ICT)의 기반 위에 만들어진다.
③ 융합과 네트워크를 통한 산업 간의 경계가 무너지며, 대량의 정보를 다양한 기기들이 공유하는 지능정보사회이다.
- IOT/인공지능 기반의 만물 초지능혁명이다.
- 사람 · 사물 · 공간을 초연결 및 초지능화하여 산업구조시스템을 혁신한다.

4차 산업혁명 시대의 주요 특징은 가상세계와 현실세계의 연결 · 탈중앙화와 분권 · 개방과 공유를 통한 지능화 세계를 추구하며, 이 지능화 세계를 구축하기 위해 인공지능 · 빅데이터 · 블록체인 등 여러 기술이 동원된다.

또한, 4차 산업혁명의 신기술 특성인 초연결성과 초지능화는 사이버물리시스템(CPS)을 기반으로 하는 스마트 팩토리(Smart Factory)와 같은 새로운 형태의 산업생태계가 형성되고, 사물인터넷(IoT)이나 클라우드 등의 '초연결성'에 기반이 되는 플랫폼 기술의 발전으로 새로운 스마트 비즈니스 모델이 나타나고 있으며, 온디맨드 경제와 공유경제(Sharing Economy)의 확산은 소비자경험과 데이터 중심의 서비스와 신산업 간의 협업 등으로 이어지며, 정보통신기술(ICT)과 '초연결성'을 기반으로 하는 새로운 스마트 비즈니스 모델이 등장하고 있는 것이다.

TIP 온디맨드 경제와 공유경제

온디맨드 경제란 수요자가 원하는 상품을 시간과 공간에 맞게 제공받는 것을 의미한다. 온디맨드에서 공급자는 수요자가 원하는 것을 준비된 상태에서 적절하게 제공하기 위해 빅데이터와 인공지능 등을 활용하기도 한다. 최근 대출, 의료, 차량 제공 서비스 산업에서 활용되고 있다.
공유경제란 재화를 여럿이 공유하여 사용하는 공유 소비를 기본으로 하여 자원 활용을 극대화하는 경제 활동 방식. 대량생산과 대량 소비가 특징인 20세기 자본주의 경제에 반하여 생겨났다.

■ 4차 산업혁명의 특징

구 분	특 징
속도 (Velocity)	인류가 전혀 경험하지 못한 빠른 속도의 획기적 기술 진보
범위 (Scope)	각국 전 산업분야에서 파괴적 기술(Disruptive Technology)에 의해 대대적으로 개편
시스템의 영향 (System Impact)	생산, 관리, 지배구조 등을 포함하여 전체적으로 시스템의 큰 변화가 예상

스마트산업의 등장 4차 산업혁명의 영향으로 인공지능(AI) · 사물인터넷(IoT · 클라우딩 컴퓨터 · 빅데이터 · 모바일 등 지능정보기술이 기존 산업과 서비스에 융합되거나 3D 프린팅 · 로봇공학 · 생명공학 · 나노기술 등 여러 분야의 신기술과 결합되어 실세계 모든 제품 · 서비스를 네트워크로 연결하고 지능화된 산업분야를 말한다. 스마트산업은 제4차 산업혁명의 초연결과 초지능을 특징으로 함에 따라 기존 산업혁명에 비해 더 넓은 범위에 더 빠른 속도로 크게 영향을 끼친다.

초연결(Hyper-Connectivity) 사람과 사물이 물리 · 가상공간의 경계 없이 서로 유기적으로 연결되어 소통하고 상호작용하는 만물인터넷(Internet of Everything) 인프라를 의미한다. 초연결사회는 인간과 인간 · 인간과 사물 · 사물과 사물이 네트워크로 연결된 사회이며, 이미 우리는 이런 초연결사회로 진입해 있다고 말할 수 있다. 이 용어는 4차 산업혁명의 시대를 설명하는 특징 중 하나를 설명하는 말로 모든 사물이 마치 거미줄처럼 촘촘하게 사람과 연결되는 사회를 말하고 있다. 초연결사회는 사물인터넷(IoT)을 기반으로 구현되며, SNS(소셜 네트워킹 서비스) · 증강현실(AR) 같은 서비스로 이어지고 있다.

이러한 초연결사회를 실현하기 위해서는 사람사물 · 정보의 상태와 변화를 실시간으로 감지해 변화의 의미를 상호전달하고, 저전력 IoT 전용장비를 사용하여 저비용 · 고효율 IoT 서비스의 확산이 중요하다고 볼 수 있다.

초지능(Ambient Intelligence) 초지능이란 사물이 스스로 학습하고 진화하는 초지능 정보사회를 의미한다. 모든 산업분야에 인공지능이 도입되고 특정분야에서는 인간의 지능을 능가하는 수준의 인공지능이 등장하는 혁명이 시작되었다.

따라서 빅데이터 수집분석이 가능해지고 컴퓨팅 파워가 기하급수적으로 커지면서 초지능 기술진보는 더욱 빨라지고 있다. 초지능사회에서는 인간의 지능을 대체할 수 있는 수준의 강한 인공지능의 개발이 필요하다. 이를 위해 IoT · 컴퓨팅 · 인공지능 · 빅데이터 분석 등 다양한 기술을 효율적으로 융합하고 최적의 시너지효과를 도출할 필요성이 있다.

융복합 스마트산업의 출현 디지털혁명을 기반으로 한 4차 산업혁명은 21세기의 시작과 동시에 출현했다. 유비쿼터스 모바일 인터넷, 더 저렴하면서 작고 강력하진 센서, 인공지능과 기계학습이 4차 산업혁명의 특징이다.

컴퓨터 하드웨어와 소프트웨어, 네트워크가 핵심인 디지털기술은 우리에게 더는 새로운 개념이 아니다. 그러나 3차 산업혁명 이후 더욱 정교해지고 통합적으로 진화한 디지털기술은 사회와 세계경제의 변화를 이끌고 있다.

4차 산업혁명은 단순히 기기와 시스템을 연결하고 스마트화하는 데 그치지 않고 훨씬 넓은 범주까지 아우른다. 유전자 염기서열 분석에서 나노기술과 재생 가능한 에너지에서 퀀텀 컴퓨팅까지 다양한 분야에서 거대한 약진이 동시다발적으로 일어나고 있다. 이 모든 기술이 융합하여 물리학 · 디지털 · 생물학 분야가 상호 교류하는 4차 산업혁명은 종전의 그 어떤 혁명과도 근본적으로 궤를 달리한다.

3 4차 산업혁명의 신기술

산업혁명은 새로운 기술이 등장하여 산업의 형태를 변화시키고 그에 따라 사회의 모습이 변화하는 현상으로 4차 산업혁명의 새로운 기술 중심에는 3차 산업혁명을 이끈 정보통신기술을 바탕으로 등장한 정보기술과 인공지능기술이 합쳐진 지능정보기술이 있다.

4차 산업혁명의 변화는 매우 빠르고 넓게 확장됨에 따라 4차 산업혁명을 이끌고 있는 지능정보기술들은 여러 산업분야로 확장되어 자율주행자동차 · 가정용 로봇 · 인공지능을 기반으로 하는 의료기기 발달 · 공공 안전 및 보안과 같은 다양한 형태로 우리 삶의 모습을 변화시킬 것으로 기대된다.

이로 인해 현존하는 일자리 중 상당수가 인공지능과 로봇으로 대체될 것으로 예상된다. 4차 산업혁명은 누군가에게는 엄청난 위기로 느껴지겠지만, 또한 누군가에게는 분명히 새로운 기회라고 생각할 것이다. 4차 산업혁명의 주요 핵심기술에 대한 내용은 많지만, 그 중 특징적인 것들은 다음과 같은 것들이 있다.

4차 산업혁명의 혁신기술 세계경제포럼(WEF)은 4차혁명을 주도하는 혁신기술로 인공지능, 메카트로닉스, 사물인터넷(IoT), 3D 프린팅, 나노기술, 바이오기술, 신소재기술, 에너지저장기술, 퀀텀컴퓨팅 등을 지목했다. 그리고 일련의 기술을 기반으로 기가인터넷 · 클라우드 컴퓨팅, 스마트 단말, 빅데이터, 딥러닝, 드론, 자율주행차 등의 산업이 확산하고 있다고 보았다

디지털 기술인 사물인터넷(IoT)은 상호 연결된 기술과 다양한 플랫폼을 기반으로 사물(제품, 서비스, 장소)과 인간을 연결하는 새로운 패러다임을 창출하고 있다. IoT환경에서 생성되는 다양한 데이터를 처리하기 위한 클라우드 컴퓨팅 및 빅데이터 산업이 발달하고 일련의 혁신적인 기술들은 인공지능(AI)이 더해지며 삶의 변화를 이끌어내고 있다.

IoT는 현재 인공지능의 초기 단계인 기계학습을 통해 다양한 서비스 제공이 가능하며, 상황을 인지하고 학습하는 컴퓨터의 능력이 발전할수록 무인자율자동차, 드론, 로봇 등 IoT를 통해 제공할 수 있는 서비스도 함께 발전되어 나갈 것이다.

나아가 만물인터넷 시대는 온디맨드경제구조로 산업구조의 빠른 전환을 야기한다. 블록체인(Block Chain)은 서로 모르는 사용자들이 공동으로 만들어가는 시스템인데, 암호화(보완)되어 모두에게 공유되기 때문에 특정 사용자가 시스템을 통제할 수 없어 오히려 투명한 거래방식이 될 수 있다. 현재 비트코인(bitcoin)이 블록체인 기술을 이용하여 디지털화폐를 이용한 금융거래를 하고 있으며, 향후 각종 국가발급 증명서, 보험금 청구,

의료기록, 투표 등 코드화가 가능한 모든 거래가 블록체인 시스템을 통해 가능할 것으로 예상된다.

물리학은 무인운송수단, 3D 프린팅, 로봇공학, 그래핀 등 신소재 등 유형의 소재 · 제품에 ICT기술을 접목하여 혁신적인 제품들이 등장하고 있다. 센서와 인공지능의 발달로 자율 체계화된 모든 기계의 능력이 빠른 속도로 발전함에 따라 드론, 트럭, 항공기, 보트 등 다양한 무인운송수단 등장하고 있다.

3D 프린팅은 디지털설계도를 기반으로 유연한 소재로 3차원 물체를 적층(additive)하는 방식으로 기존 제조공정과 완전히 다른 작업환경을 필요로 하며 이미 다양한 분야에 활용되고 있다. 로봇은 센서의 발달로 주변환경에 대한 이해도가 높아지고 그에 맞춰 대응도 하며, 다양한 업무 수행이 가능해졌다. 기존에 없던 스마트 소재를 활용한 신소재(재생가능, 세척가능, 형상기억 합금, 압전세라믹 등) 가 시장에 등장했다.

인공지능(Artificial Intelligence : AI) 인공지능은 기계로부터 만들어진 지능을 말한다. 컴퓨터공학에서 이상적인 지능을 갖춘 존재 혹은 시스템에 의해 만들어진 인공적인 지능을 뜻한다. 인공지능에 대한 대표적인 정의는 기계를 인간행동의 지식에서와 같이 행동하게 만드는 것으로써 인간처럼 사고하는 시스템과 인간처럼 행동하는 시스템, 이성적으로 사고하는 시스템 그리고 이성적으로 행동하는 시스템으로 구분된다.

인공지능의 발전과 이로 인해 대체되는 일자리, 그리고 줄어드는 일자리가 초래하는 사회 · 경제적인 위협은 현실적인 위협거리이다. 인공지능의 일자리 대체 가능성은 급증하고 있다. 은행업무 · 회계업무 · 행정업무 대부분이 진화하는 알고리즘과 데이터기술로 대체할 수 있다.

인공지능은 전문직 일자리까지 넘보고 있다. 뉴스 작성 알고리즘으로 일부 기자들의 지위가 위태로워진 것처럼 고숙련 전문직도 알고리즘의 공세로부터 벗어날 수 없는 상황이 전개되고 있다. 특히 의료분야에서 이러한 흐름이 두드러지고 있다. 이미 환자의 의료정보만 정확히 입력되면 자동으로 처방전까지 제시하는 알고리즘은 의료산업의 일반적인 현상으로 자리 잡고 있는 상태이다.

사물인터넷(Internet of Thing/IoT) 사물인터넷은 각종 사물에 센서와 통신기능을 내장하여 인터넷에 연결하는 기술로써 무선통신을 통해 각종 사물을 연결하는 기술을 의미한다. 인터넷으로 연결된 사물들이 데이터를 주고받아 스스로 분석하고 학습한 정보를 사용자에게 제공하거나 사용자가 이를 원격 조정할 수 있는 인공지능 기술이다.

여기서 사물이란 가전제품 · 모바일 장비 · 웨어러블 디바이스 등 다양한 시스템을 말한다. 사물인터넷에 연결되는 사물들은 자신을 구별할 수 있는 유일한 코드나 아이피를 가지고 인터넷으로 연결되며, 외부 환경으로부터의 데이터 취득을 위해 센서를 내장할 수 있다. 그러나 모든 사물이 해킹의 대상이 될 수 있어 사물인터넷의 발달과 보안의 발달은 함께 갈 수밖에 없다.

IoT 보안기술 내재화 실현으로 홈 · 자동차 · 의료 등 다양한 IoT 서비스의 안정적 운영 및 사용자의 경제적 · 물리적 안전성 확보가 가능하다. 표준기반 개방형 사물인터넷, LoD 플랫폼 활용을 통한 시민 참여형 IoT 장비 · 서비스 연동 개발확산으로 IoT 기술의 실제적인 빠른 파급효과가 기대되며, 시민참여의 갖가지 응용서비스 개발을 통한 다양한 공공 · 산업 · 개인융합서비스 모델 도출이 가능할 것이다. 또한 참여시민의 프라이버시 보호를 통해 더 다양한 시민의 참여 및 니즈를 충족하고, 국가 차원의 사물통신 인프라 확보를 통한 실생활 적용으로 다양한 지능형사물 출현 유도가 가능할 것이다.

로봇(Robot) 로봇은 사람과 유사한 모습과 기능을 가진 기계 또는 무엇인가 스스로 작업하는 능력을 갖춘 기계를 말한다. 제조공장에서 조립 · 용접 · 핸들링 등을 수행하는 자동화된 로봇을 산업용 로봇이라 하고, 환경을 인식하고 스스로 판단하는 기능을 가진 로봇을 지능형 로봇이라 부른다. 사람과 닮은 모습을 한 로봇을 안드로이드'라고 부르기도 한다. 인공의 동력을 사용하는 로봇은 사람 대신 또는 사람과 함께 일을 한다. 통상 로봇은 제작자가 계획한 일을 하도록 설계되는데 '로봇'이란 용어는 체코어로 노동을 의미하는 robota가 어원이다.

로봇은 인간을 보낼 수 없는 장소에서도 작업이 가능하기 때문에 우주공간에서의 작업과 우주탐험에 이상적이라고 볼 수 있다. 로봇은 지구를 돌고 있는 인공위성을 수리하거나 유지하는 데에도 사용된다. 우주탐험에서 로봇은 보이저호와 같이 먼 천체까지 비행하여 탐사와 발견을 수행할 수 있다. 관찰한 데이터를 수집하여 지구로 보내거나 표본을 획득한 뒤 분석할 수도 있고 스스로 간단한 결정을 내릴 수도 있다.

특히 산업현장에서 인간이 하던 일을 로봇이 대신하는 경우가 많은데 인간이 수행하기에는 단조롭게 반복 또는 지루하거나 불쾌감을 주는 작업은 로봇이 대신하기에 적합하다. 로봇은 휴식이 필요하지 않고 같은 품질의 제품을 생산할 수 있으므로 많은 양의 제품을 만들 수 있다.

또한 로봇은 인간이 할 수 없는 위험한 작업을 대신하거나 방사성 물질이나 유독화학 물질을 취급할 때 로봇은 작업하는 것이 가능하다. 폭발물을 수색하거나 폭탄의

뇌관을 제거하는 등 인간의 생명을 위협할 수 있는 환경에서도 로봇을 사용할 수 있다. 최근에는 기술발전에 따라 육체적으로 장애가 있는 사람을 돌보는 일을 하는 등의 가사 일을 돕는 역할을 수행하기도 한다.

빅데이터(Big Data)　기존 데이터베이스 관리도구의 능력을 넘어서는 대용량인 수십 테라바이트의 정형 또는 심지어 데이터베이스 형태가 아닌 비정형의 데이터 집합까지 포함한 데이터로부터 가치를 추출하고 결과를 분석하는 기술이다.

다양한 종류의 대규모 데이터에 대한 생성수집 · 분석 · 표현을 그 특징으로 하는 빅데이터 기술의 발전은 다변화된 현대사회를 더욱 정확하게 예측하여 효율적으로 작동하게 하고 개인화된 현대사회 구성원마다 맞춤형 정보를 제공 · 관리 · 분석 가능하게 하며 과거에는 불가능했던 기술을 실현시키기도 한다.

정보의 홍수 속에서 이제 데이터는 정치 · 사회 · 경제 · 문화 · 과학기술 등 전 영역에 걸쳐서 사회와 인류에게 가치 있는 정보를 제공할 수 있는 가능성을 제시하며 그 중요성이 부각되고 있다. 하지만 빅데이터의 문제점은 바로 사생활 침해와 보안 측면에 자리하고 있다. 빅데이터는 수많은 개인의 수많은 정보의 집합이다. 그렇기에 빅데이터를 수집 · 분석할 때 개인들의 사적인 정보까지 수집하여 관리하기 때문에 이런 데이터가 보안문제로 유출될 경우 거의 모든 사람의 정보가 유출되는 것이기에 문제가 될 수 있다.

과거에도 슈퍼 컴퓨팅을 이용해 거대한 양의 데이터를 분석할 수 있었지만 이는 비용대비 효과가 낮았다. 수십억원을 들여야만 대용량 데이터를 분석할 수 있었고, 이는 정부 차원에서나 할 수 있는 일이었다. 하지만 현재의 '빅데이터 시대'는 저렴한 비용으로 엄청난 데이터를 효과적으로 처리할 수 있게 되었다는 의미가 있다. 비정형 데이터를 분석할 수 있는 자연어 처리기술과 텍스트 분석기술이 뜨면서 기업은 과거 대용량 처리에 들었던 비용과는 비교가 안 될 정도의 저렴한 비용으로 복잡한 데이터 안에서 적절하게 정보를 추출하고 이를 기존정보와 통합해 가치를 전달할 수 있게 되었다.

자율주행　자율주행 또는 무인자동차는 인간의 운전 없이 자동으로 주행할 수 있는 자동차이다. 자율자동차는 데이터 · GPS · 카메라로 주위의 환경을 인식하여 목적지를 지정하여 자율적으로 주행한다. 이미 실용화된 자율자동차로는 이스라엘군에서 운용되는 미리 설정된 경로를 순찰하는 자율차량과 국외 광산이나 건설현장 등에서 운용되고 있는 트럭 등의 무인운행시스템 등이 있다.

지난 2010년 구글이 처음으로 자율자동차를 선보인 이후, 전 세계 자동차 회사들이 무인 자율주행기술 개발에 열을 올리고 있다. 2013년 벤츠는 자율자동차로 100km 자율주행에 성공했고 아우디도 2014년에 자율주행기술을 공개했다. 더 들어가서 국내 자율자동차의 실정을 보면 2014년에 운전자 없이 주행하고 비어 있는 주차공간을 알아서 찾아 주차하는 무인자동차기술이 공개되었다.

차후에는 신호등에서 보낸 전파를 무인자동차에서 수신하여 신호등이 적색인지 청색인지, 또 언제 신호가 바뀌는지 등의 정보에 대응할 수 있는 무인자동차 기술개발이 진행되고 있다.

가상현실(Virtual Reality : VR) 가상현실은 컴퓨터 등을 사용한 인공적인 기술로 만들어 낸 실제와 유사하지만, 실제가 아닌 어떤 특정한 환경이나 상황 혹은 그 기술 자체를 의미한다. 이때 만들어진 가상의 환경이나 상황 등은 사용자의 오감을 자극하며 실제와 유사한 공간적 시간적 체험을 하게 함으로써 현실과 상상의 경계를 자유롭게 드나들게 한다.

또한 사용자는 가상현실에 단순히 몰입할 뿐만 아니라 실제 존재하는 디바이스를 이용해 조작이나 명령을 가하는 등 가상현실 속에 구현된 것들과 상호작용이 가능하다. 가상현실은 사용자와 상호작용이 가능하고 사용자의 경험을 창출한다는 점에서 일방적으로 구현된 시뮬레이션과는 구분된다. 쉽게 떠올릴 수 있는 가상현실시스템의 예로는 비행훈련 시뮬레이션과 3D로 표현되었으며 사용자의 의지가 반영될 수 있는 세컨드 라이프와 같은 게임이 있다.

가상현실(VR) 기술을 이용해 기존 방법보다 정확하게 알츠하이머를 진단할 수 있는 기술이 개발되었다. 치매로 발전할 가능성이 높은 경증환자를 대상으로 VR기기를 사용해 길을 찾게 하는 방법이다. 알츠하이머에 걸리면 길을 찾는 뇌 부위가 가장 먼저 손상되는데 이 부위에 대한 테스트를 통해 발병 여부를 가려내는 것이다. AR는 하드웨어가 상당수를 차지하고 있지만 VR은 하드웨어보다는 게임과 같은 콘텐츠산업이 상당한 비중을 차지하고 있다.

증강현실(Augmented Reality : AR) 증강현실은 가상현실(VR)의 한 분야로 실제 환경에 가상사물이나 정보를 합성하여 원래의 환경에 존재하는 사물처럼 보이도록 하는 컴퓨터그래픽 기법이다. 증강현실은 사용자가 눈으로 보는 현실세계에 가상 물체를 겹쳐 보여주는 기술로써 현실세계에 실시간으로 부가정보를 갖는 가상세계를 합쳐 하나의 영상으로 보여주므로 혼합현실(Mixed Reality : MR)이라고도 한다. 현실환경과 가상환경을 융합하는 복합형 가상현실 시스템(hybrid VR system)으로 미국을 중심으로 연구 개발이 진행되고 있다. 대표적으로 포켓몬스터가 있다.

AR · VR기술이 가장 활발하게 적용되고 있는 분야는 게임부문으로 공학 · 교육 · 의료 등의 분야에서 AR · VR 활용 역시 빠르게 증가하고 있다. 공학분야에서는 AR · VR기술을 활용해 제품의 설계와 제조환경이 바뀌고 있다. 설계자와 엔지니어는 여러 모델을 만들 필요 없이 가상으로 외관을 제작하고 가상공간에서 실제와 같은 제품 테스트를 할 수 있어 시간과 에너지 및 비용절감효과가 커지고 있다.

AR · VR분야 중 의료시장의 비중은 아직 작은 편이지만 급격한 성장세를 보인다. AR기술은 CT · MRT · X-RAY · 초음파진단 등을 2D에서 3D로 전환하는 용도로 사용되며, VR기술은 로봇수술 · 공포증치료 · 수술시뮬레이션 및 기술훈련 등과 환자교육 · 심리 건강상태 확인 및 치료에 활용되고 있다.

3D 프린팅(3D printing) 3D 프린팅은 연속적인 계층의 물질을 뿌리면서 3차원 물체를 만들어내는 제조기술이다. 3차원프린터는 밀링 또는 절삭이 아닌, 기존 잉크젯 프린터에서 쓰이는 것과 유사한 적층방식으로 입체로 제작하는 장치를 말하며, 컴퓨터로 제어되기 때문에 만들 수 있는 형태가 다양하고 다른 제조기술에 비해 사용하기 쉽다. 단점으로는 현재 기술로는 제작 속도가 매우 느리다는 점과 적층구조로 인해 표면이 매끄럽지 못하다는 점 등이 있다.

3D 프린팅기술은 4차 산업혁명으로 불리며 산업전반에 걸쳐 제조기술의 큰 변화를 가져올 것으로 예상되고 있다. 3D프린터의 보급이 4차 산업혁명으로 불리는 이유는 기계절삭 및 성형 등 기존의 생산방식을 탈피하여 일괄된 방식으로 어떤 형태의 제품도 만들어 낼 수 있기 때문이다. 치과 등의 의료분야는 물론 각종 가정용품을 비롯해 자동차나 비행기 등에 쓰이는 기계장치도 3D프린터에 의한 생산이 가능하다. 이미 자동차업계에서는 핵심부품을 3D프린터로 만들어내는 공정을 연구하고 있다.

종이를 인쇄하듯 3차원 공간 안에 실제 사물을 인쇄하는 3D기술은 의료 · 생활용품 · 자동차부품 등 많은 물건을 만들어낼 수 있다. 축구화에 쓰일 천을 인쇄하거나 무인항공기 · 자전거 골조 · 인공 뼈를 만드는 등 제품을 제작하는 대부분의 분야에서 3D 프린팅의 예시를 들 수 있을 만큼 그 쓰임새는 무궁무진하다.

자율비행 드론(Drone) 드론은 조종사가 탑승하지 않고 무선전파 유도에 의해 비행과 조종이 가능한 비행기나 헬리콥터 모양의 무인기를 뜻한다. 드론은 '낮게 웅웅거리는 소리'를 뜻하는 단어로 벌이 날아다니며 웅웅거리는 소리에 착안에 붙여진

이름이다. 드론은 애초 군사용으로 탄생했지만, 이제는 고공영상 · 사진촬영과 배달, 기상정보수집 · 농약살포 등 다양한 분야에서 활용되고 있다.

드론은 하드웨어와 소프트웨어로 구성된다. 하드웨어요소로는 비행체가 있고, 컴퓨터 · 항법장비 · 송수신기 · 가시광선과 적외선센서 등의 장비로 구성된다. 소프트웨어요소로는 지상통제장치로는 임무계획 수립과 비행체와 임무 탑재체의 조종명령 · 통제 · 영상과 데이터의 수신 등 무인항공기 운용을 위한 주 통제장치와 임무탑재체인 카메라 · 합성구경 레이더 · 통신중계기 · 무장 등의 임무 수행을 위한 장비, 데이터링크인 비행체 상태의 정보 · 비행체의 조종통제 · 임무 탑재체가 획득 · 수행한 정보 등의 전달에 요구되는 비행체와 지상 간의 무선통신 요소, 이착륙장치인 비행체가 지상으로부터 발사 · 이륙과 착륙 · 회수하는데 필요한 장치, 지상지원인 지상 지원설비와 인력 등을 총칭, 무인항공기의 효율적인 운용에 필요한 분석 · 정비 · 교육장비 시스템 등으로 구성된다.

클라우드 컴퓨팅(cloud computing)　클라우드 컴퓨팅은 사용자가 필요한 소프트웨어를 자신의 컴퓨터에 설치하지 않고도 인터넷 접속을 통해 언제 어디서나 사용할 수 있으며, 동시에 다양한 정보 통신 기기로 자료를 손쉽게 공유할 수 있는 사용환경이다. 클라우드 컴퓨팅에서 클라우드(cloud/구름)는 컴퓨터 네트워크상에 숨겨진 복잡한 구조의 인터넷을 뜻하며, 컴퓨팅은 컴퓨터 기술자원을 개발 및 사용하는 모든 활동을 말한다.

클라우드 컴퓨터의 특징은 관련 서버 및 소프트웨어를 따로 구매하지 않아도 되므로 비용을 절감할 수 있다. 또한 유지 · 보수 · 관리에 들어가는 비용과 시간 및 인력을 절감할 수 있을 뿐만 아니라 외부서버에 자료를 저장하므로 자체 컴퓨터에 문제가 발생해도 자료손실을 막을 수 있다. 또한 필요에 따라 저장 공간을 늘려 사용할 수 있으므로 저장 공간의 제약도 극복할 수 있고, 언제 어디서든 자신이 작업한 문서나 각종 자료를 인터넷 접속을 통해 열람하고 수정할 수 있다.

02 융복합산업과 4차 산업혁명

21세기 세계경제는 융합(Convergence)의 시대로 급속히 전환하고 있으며, 이러한 패러다임의 전환기를 맞아 산업융합은 신성장동력과 일자리 창출의 핵심적인 자산으로 인식되고 있고, 융합은 창조경제시대 미래 성장동력이 되어줄 신산업 창출의 중요한 패러다임을 제공하고 있다. 차세대 산업혁명은 단일 신기술보다는 다수 신기술의 융합 혹은 신기술과 기존 산업기술과의 융복합이 주도할 것으로 전망되고 있다.

융합이란 다양한 과학과 기술이 결합하여 시너지 효과를 발생시키는 것을 의미하는데, 최근에는 '기술(Technology) · 사람(Human) · 감성(Emotion)'의 조화로 사람을 중심으로 하는 따뜻한 기술의 중요성이 강조되어 'THE Convergence'로 소개되기도 한다. 산업융합은 Needs의 증대에 따라 새로운 기술혁신과 가치를 창출하며 향후 급성장할 것으로 전망된다. 융합은 기술 및 창의적인 아이디어의 다차원적 결합을 의미하기도 한다. 21세기는 융합과 컨셉의 시대가 될 것으로 전망됨에 따라 융합은 첨단기술과 대규모 자본을 투입하지 않더라도 창의적인 컨셉과 융합 아이디어를 바탕으로 성공사례를 만들 수 있는 강점을 가지고 있다.

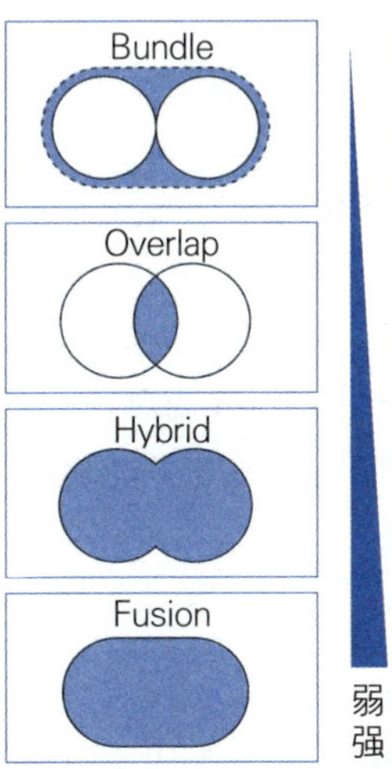

개념	사례
복수의 제품에서 제공되는 기능을 하나의 패키지에 묶어 제공	• Total여행 상품 (렌터카+호텔+항공+관광지) • iPod + iTunes
서로 다른 기능을 제공하던 제품들간에 동일한 기능이 추가되면서 중복	• 전자 사전, 전자수첩 • 온라인 주식거래
여러 제품에 얻을 수 있었던 기능을 하나의 제품에 결합	• 스마트폰(PDA+핸드폰) • 복합기(프린터+복사기 +팩스기)
기존에 여러 제품 · 서비스로부터 제공받던 기능들을 합쳐 새로운 가치 제공	• MP3(음악+DB 저장) • PMP(음악+영상+게임)

▲ 융복합산업의 개념 정의

1 융복합산업의 개요

융복합산업은 기존 복수의 산업을 다양한 방법으로 결합하여 신기술 · 신제품 · 신서비스를 개발함으로써 새로운 분야로의 사업화 능력을 높이는 산업으로 정의된다. 융복합산업은 서비스업과 함께 전통산업을 대체하고 인적자본을 충분히 활용할 수 있는 새로운 산업분야로써 정체된 제조업을 대체할 수 있는 신성장산업이라고 할 수 있다.

4차 산업혁명의 속성은 기술의 혁신, 제조업의 혁신, 플랫폼기반 서비스의 혁신이라는 관점에서 살펴볼 수 있다. ICT기술을 기반으로 유전학과 생명공학기술과 같이 이전에는 서로 단절되어 있던 분야들이 경계를 넘어 분야 간의 융복합을 통해 공진화하며 다양한 사회 · 경제 · 구조적 측면의 혁신적인 변화를 야기하고 있다.

제조업 분야에는 3D 프린팅 · 클라우드컴퓨팅 · IoT · 빅데이터 등 ICT 기술이 제조공정에 적용되며 온디맨드 환경에 대응하는 디지털 제조공정의 여건이 마련되고, 주문에서 제조와 소비자에게 전달 및 사후관리에 이르는 제조 가치사슬 전반을 지능적으로 관리할 수 있는 스마트공장이 고도화되고 있다.

융합의 유형 융합기술은 신기술 간 융합, 기존제품과 신기술 간 융합, 신기술과 서비스 간 융합, 제품과 서비스 간 융합, 서비스와 서비스 간 융합의 5가지 유형으로 분류된다.

유 형	내 용
신기술간 상호융합	BT · IT · NT · CT 분야 등 첨단 신기술간 융합을 통해 확보되는 혁신기술과 제품
기존제품과 신기술의 융합	신기술을 기존제품 · 전통산업에 융합, 기존제품의 부가가치를 증가시키는 융합
신기술과 서비스 간 융합	BT · IT · NT 등의 신기술을 서비스산업과 융합하여 고부가 혹은 신규 가치창출
제품과 서비스 간 융합	기존의 제품 및 서비스 영역들이 기술의 발전이나 소비자 요구로 인해 제품 간 · 제품 및 서비스 간의 융합으로 새로운 부가가치 창출
서비스와 서비스 간 융합	기존의 제품 및 서비스 영역들이 기술의 발전이나 소비자 요구로 인해 서비스 간의 융합으로 새로운 부가가치 창출

사회변화의 New Trend 세계정세의 불확실성으로 인하여 경제위기의 지속과 저성장 추세로 세계 각국은 경제장벽을 높이고 해외 시장공략을 강화하는 등 경쟁압력이 높

아지고 있으며, 미국의 영향력 축소로 지역 강대국 중심의 다극체제가 형성되고 국가 간 정치적 · 군사적 충돌가능성이 높아지고 있다.

한편 국내의 정치 · 사회적 불안정성으로 말미암아 고물가에 따라 경기전망이 불확실해지고 세계적인 현상에 따라 국민에 대한 경제적 압박이 높아지는 상황이 발생한다. 또한 경제적 불안정성 증대는 범죄 등 사회불안을 야기하고 정권을 직접적으로 공격하는 상황까지 야기하게 된다.

① 불확실성과 불안정성
② 저성장과 소득 양극화
③ 감성과 이념의 복권
④ 신산업의 부상

■ 미래 트렌드 변화 Analysis

분 야	트 랜 드	내 용
사회 (Society)	인구구조의 변화	고령화 가속화 및 경제활동인구 감소
	삶의 질 향상 요구 증대	· 안전과 건강, 감성 중시 · 친환경 사회와 삶에 대한 욕구 증대
기술 (Technology)	기술 · 산업융합화 가속	· 신기술 발전에 의한 기술 융합 본격화 · 기존제품과 산업간 융합 강화
	네트워크 및 디지털화	· 디지털기술의 진보에 의한 제품의 이동화 및 멀티미디어화
	스마트화 및 감성화	· 지능화, 감성화 기술의 급진전과 이에 대응하는 제품 수요 · 공급 확대
	표준 · 지적재산권 · 환경 규제 중요성 강조	· 표준 및 제도의 강화 · 환경 및 안정규제 강화
경제 (Economy)	글로벌 경제 위기 지속	· 유럽재정위기 지속 및 세계경제 성장의 한계 봉착
	신흥국 부상	· 신흥국 부상으로 인한 세계경제 구조 변동 심화
	경제통합화 속	· FTA 등을 통한 경제통합化로 글로벌 경쟁 증대 · 다국적기업의 경쟁전략 강화
	순환형 사회경제 강화	· 환경보호/자원순환형 생산 · 소비방식 강화
생태 (Ecology)	지구온난화 가속화	· 녹색성장, 에너지 효율성 강화 · 온실가스 배출 국제 규제 강화
	기상이변 속출	· 안전한 삶에 대한 욕구 증대 · 환경규제 강화
	에너지 · 자원위기 고조	· 대체 에너지 공급원 확대 요구 증대 · 에너지 개발을 위한 시장 확대

융합기술(Converging Technology) 융합기술은 미래 경제·사회적 이슈해결을 위해 다양한 학제 및 이종기술 간의 결합을 통해 확보되는 혁신기술로서 IT·BT·NT·CT, ET·ST 등의 상호의존결합으로 상승작용의 신제품이나 서비스를 창출 또는 제품 성능을 향상시키는 기술로 정의가 확대될 뿐만 아니라 더 나아가 빠르게 발전하고 있다.

융합은 기술끼리의 결합 여부, 제품·서비스의 결합 여부(Enabler 측면), 가치의 단순한 부가 여부, 새로운 가치의 창출 여부로 그 유형을 구분토록 한다. 융합은 21세기 기술혁신 및 기술융합을 주도할 기본적인 틀이 되는 신기술(Emerging Technology)로서 특정산업이나 독립기술 분야에 국한되었던 단위기술을 결합한 기존의 기초·응용·상업화의 선형적·단선적 기술발전 패러다임이 기술간 융·복합에 기초한 상승적 결합인 융합기술이 등장하여 기존의 패러다임을 전환시켰다.

■ 융합기술의 유형

구 분	기술기반 융합 (Technology driven convergence)	제품·서비스 융합 (Market demand driven)
기존가치 제고 (Value - Added)	〈기술진화형 융합〉 2개 이상 기술이 융합하여 기존기술 분야 적용 유비쿼터스 컴퓨팅·LED TV·터치폰·디지털카메라·eBook	〈시장고도화형 융합〉 2개 이상 제품·서비스가 융합하여 기존시장 확장 스마트폰·스팀청소기·전동칫솔·찜질방·크루즈선
새로운 가치창출 (Value - Created)	〈돌파기술형 융합〉 2개 이상 기술이 융합하여 기존기술의 한계극복 AMOLED폰·생체보안기술·DNA칩·굿바이 키보드	〈신시장창출형 융합〉 2개 이상 제품·서비스가 융합하여 신시장 창출 유헬스·닌텐도·전기자동차·의료용 로봇·스크린골프

IT-BT 융합기술 IT-BT 융합기술은 기존 정보 통신 기술을 생명체 형상과 접목하여, 생물학적인 원리를 활용한 새로운 IT 제품/서비스(하드웨어, 소프트웨어, 응용분야)를 창출하는 기술이다. IT-BT 요소기술은 바이오 인포매틱스·바이오전자·생체정보 인터페이스·생체 정보보호 바이오컴퓨터 등 5개 분야로 구분된다.

IT-NT 융합기술 IT-NT 융합기술은 원자 또는 분자 레벨의 나노기술을 IT기술에 접목하여 고성능·소형화·이동성 등을 획기적으로 높인 새로운 핵심 원천기술이다. IT-NT 요소기술은 나노센서, 나노일렉트로닉스, 나노포토닉스, 양자 컴퓨터 등 4개 분야로 구분된다.

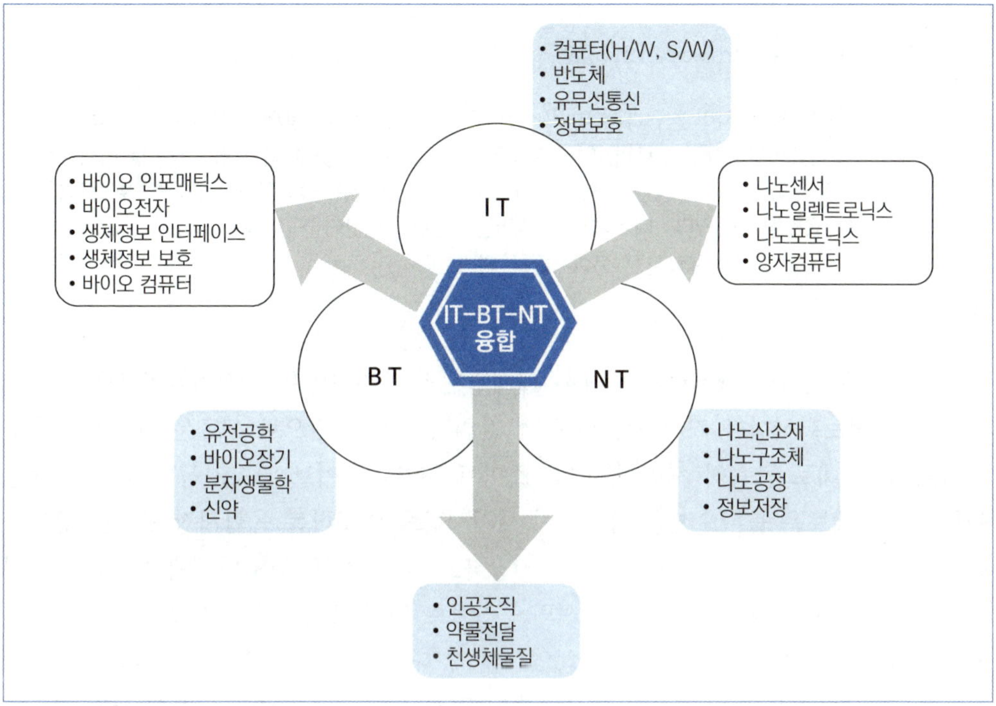

▲ 융합기술 Flow

NT-BT 융합기술 나노기술을 이용한 바이오기술은 나노기술에 의한 극 미세도구를 이용하여 바이오 물질의 이송 · 조작 · 검출 · 인식과 바이오 정보의 분석 및 재합성을 통해 생명현상의 원리와 기술에 관한 새로운 지식탐구와 관련 바이오 기술의 개발에 목적을 두고 있다. 이러한 나노도구는 많은 양의 바이오 관련 정보를 짧은 시간 내에 정확하게 수집 및 분석하고 안정적으로 재합성하기 위한 것으로 이를 사용한 바이오 물질의 조작을 통해 나노영역에서의 바이오 연구를 가속화할 수 있다.

융합기술의 특징 융합기술은 미래사회의 수요와 경제 및 시장의 원리에 따라 개별요소 기술들의 물리적 결합에 의한 기술복합화보다는 화학적 결합에 의한 기술융합화에 의해 자발적으로 발생하며, 융합기술은 전통이나 현재 기술과 달리 다학제적(Interdisciplinary) 기술로서 기존과학기술패러다임의 변화를 촉진시킨다. 지식은 다학제적이고 융합되어 기존영역파괴 및 새로운 영역을 창출하며, 타 분야와 연계된 지식은 독립적 지식보다 고부가가치를 창출한다.

TIP 다학제적(Interdisciplinary)기술

학제와 학제 사이 공간에서 이루어지는 여러 개의 학제가 함께 참여하는 학문 등을 바로 학제간 학문이라고 부르며, 여러 학제가 동시에 관심을 갖고 접근하는 경우를 다학제적이라고 한다. 한 가지 공통 주제에 대해 여러 학제에서 각각의 시각 · 이론 · 방법론을 이용해서 융합할 수 있다. 다학제적 기술이란 각종의 첨단기술 · 상품 · 서비스 · 경영 노하우(knowhow)를 결합시킨 복합기술을 의미한다.

융합기술은 산업별 가치사슬 내에서 세계경제의 패러다임은 통신기술과 IT인프라에 기반을 둔 정보화시대를 지나 기술과 산업 간의 창조적 결합으로 새로운 가치를 창출하는 융합의 시대로 급속히 재편 중이다. 스마트폰이나 하이브리드 자동차 등 혁신적인 융합제품이 새로운 블루오션을 창출하며 세계시장을 주도하는 융합시장 규모는 급팽창하고 있을 뿐만 아니라 급성장할 것으로 전망하고 있다. 최근 들어 미국에서 더욱 저렴하고 빠르며 소형화된 텔레매틱스 솔루션의 등장으로 인해 텔레매틱스 기술을 융합한 모바일 헬스케어 서비스가 주목받기 시작하였으며 그 대표적인 예로 Qualcomm과 Hughes Telematics가 개인비상응답시스템(PERS)전 업체 American Medical Alert와 합작해 설립한 Life comm이 있으며 노인들이 시계나 벨트클립과 같이 몸에 착용할 수 있는 이동통신 네트워크 기반의 헬스케어 기기로 자동으로 추락을 감지할 수 있으며 GPS와 인터넷 접속기능 등을 포함하고 있다.

■ 융합기술의 특징

전통기술	현재기술	융합기술
단일 · 독립 학문지향적	양학제적 · 계층적	다학제적
거시 시스템적	미시 시스템적	시스템적
국가차원	지역차원	범세계적
물질위주	정보위주	지식위주

2 ICT 분야의 융복합

ICT는 정보기술과 통신기술의 합성어인 Information & Communication Technology의 약자로써 정보기기의 하드웨어 및 이들 기기의 운영 및 정보 관리에 필요한 소프트웨어 기술과 이들 기술을 이용하여 정보를 수집 · 생산 · 가공 · 보존 · 전달 · 활용하는 모든 방법을 의미한다. 정보통신기술의 발달은 패러다임의 전환(paradigm shift)이라 할 만큼 우리의 생활양식과 사고체계 등 사회전반에 걸쳐 커다란 변화를 가져오고 있다.

21세기로 들어서면서 ICT기술의 성숙과 더불어 스마트기술이 폭발적인 성장세를 나타내고 있다. 일부 전문가는 2035년경에는 인공지능이라는 또 다른 대전환이 나타날 것으로 예측하고 있다. 최근 전 세계적 유수기업들은 모바일기기 · 콘텐츠 · 전자상거래 · 소셜네트워크 분야에 집중돼 있다.

같은 분야에서도 잘 나가는 기업과 그렇지 못한 기업의 핵심성공요인은 융합에 있다. ICT의 핵심가치는 CPND로 일컬어지는 콘텐츠(Contents), 플랫폼(Platform), 네트워크(Network), 디바이스(Device)로 연결되는 가치사슬에 있다. 각 분야별 최고의 경쟁력을 보유한 플랫폼과 생태계를 구축하고, 이를 화학적으로 융합할 수 있어야 하는 것이다. 그리고 한걸음 더 나아가 타 산업과의 통합이 이뤄질 때 ICT도 살고 기존의 전통산업도 거듭나게 된다.

우리나라는 반도체 · 디스플레이 · 스마트폰 · 디지털TV 등 4대 IT 주력 품목이 1990년 이후 연평균 15% 이상의 고도성장을 하면서 글로벌시장을 선도하여 왔다. 그러나 제조업은 지난 10년간 성장세가 크게 둔화하면서 성장률이 1%대로 추락하고 있다. 앞으로 ICT와 2차 산업과의 융합뿐만 아니라 농업 등의 1차 산업, 서비스의 3차 산업에 이르는 전 산업영역에서 ICT융합과 더불어 새로운 생태계를 만들어가는 노력이 절실하다.

우리나라의 ICT산업은 전 산업 대비 0.6%를 차지하지만, 종사자 수 비중은 5.6%, GDP 비중은 8.0%를 차지하는 고부가가치산업이다. 제조업과 IT 분야의 기술력과 인프라가 강한 우리나라의 경우 정보통신기술과 전통적인 제조기술 · 서비스 및 농업 등의 분야와 잘 결합한다면 1차 융합산업 · 3차 융합산업 등 새로운 기회를 창출할 수 있을 것으로 예상된다.

ICT와 전통산업의 융합은 단순히 생산과 서비스의 경쟁력 제고뿐만 아니라 ICT 생태계를 활용해 소비자와의 접촉과 참여를 높여서 새로운 기회인 디지털 컨버전스 시대가 도래하게 되었다.

ICT 융합의 유형 정보통신 진흥 및 융합 활성화 등에 관한 특별법 제 2조는 ICT융합을 「ICT 간, ICT와 다른 산업 간의 기술 또는 서비스의 결합을 통하여 새로운 사회적·시장적 가치를 창출하는 창의적이고 혁신적인 활동 및 현상」으로 정의하고 있다. 이종(異種) 산업들의 물리적·화학적 결합을 의미하는 산업융합촉진법상의 산업융합 중에서 ICT 산업분야로 특화한 것이 ICT융합이다.

따라서 스마트폰과 같이 휴대폰·디지털카메라·MP3플레이어 등 순수 ICT 기술들이 융합된 것뿐만 아니라, 자동차·선박 등 전통 제조업에 ICT가 내재화된(embedded) 자동차IT·조선IT도 개념상 ICT융합에 포함된다.

제품 차원에서의 융합 제품 차원에서의 융합은 기존제품에 ICT적 기능이 접목되고 강화됨에 따라 기존제품의 성능이 비약적으로 확대되거나, 새로운 제품 카테고리를 형성하는 것을 의미한다. 단위제품 수준의 융합 측면에서는 하드웨어 제어 능력과 소프트웨어 융합 능력이 결합되어야 경쟁력을 확보할 수 있다는 점이 중요하다.

자동차·선박·가전·의료기기·로봇 등 수 많은 제품이 마이크로프로세서로 제어되고 이들 제품에서 다수의 소프트웨어 프로그램이 작동하고 있다. 이에 따라 스스로 운항하는 여객기, 대형 선박, 자동차 등 주변 상황을 능동적으로 파악하고 문제를 스스로 해결하는 지능화가 가능해지고 있다.

초정밀 의료기기·자동차·로봇 등 하드웨어는 이를 운영하기 위한 OS와 애플리케이션이 중요하므로 중소 ICT벤처가 주도하는 미래 신시장 창출이 가능할 전망이다.

서비스 차원에서의 융합 서비스 차원에서의 융합을 살펴보면 교육·의료·상거래·물류·콘텐츠 제공 등 다양한 서비스산업도 ICT를 통하여 새로운 기회가 창출되고 있다. 교육 및 의료는 ICT를 활용하여 이용자에 더 나은 서비스의 제공이 가능한 대표적인 분야이다.

특히 개인·집단의 유전자 정보, 생체정보 클라우드 서비스 등 의료서비스와의 융합이 활발하게 전개될 전망된다. 또한 상거래·물류 서비스 등도 모바일 인터넷의 활성화로 새로운 도약의 기회를 맞고 있다.

산업 차원에서의 융합 산업 차원에서의 융합과 관련해서는 방송과 통신, 미디어 및 엔터테인먼트 등 문화산업에서의 융합이 두드러지고 있다. 이는 별개의 흐름으로 진화해 왔던 통신·방송 및 컴퓨팅 부문이 점차 디지털 정보의 상호 교환, 즉 디지털 융합을 통하여 상호 연관성이 높아지는 것에 기인한다.

디지털 융합은 단순히 디지털화가 진행된다는 차원이 아니라 디지털화된 내용물을 서비스하는 방식의 변화도 수반하는데, 오늘날의 혁신적 서비스는 디바이스가 아닌 인터넷이라는 네트워크상의 자원을 활용하여 애플리케이션을 구현하는 서비스라는 점이 중요하다.

통신 · 방송 · 미디어가 인터넷에 점진적으로 융합되는 현상은 인터넷의 혁신 친화성과 개방성에 있으며, 이미 이러한 추세가 카카오톡의 음성서비스, 넷플릭스의 VOD 서비스, 아마존 · 애플 · 구글 등의 전자책 서비스 등에서 뚜렷이 나타나고 있다.

ICT 융합 핵심트렌드 ICT는 신기술의 등장과 대중화를 거듭하며 끊임없는 격변 양상을 보일 것으로 예측되고 있다. 특히 주요 기관들은 클라우드 · 빅데이터 · 모바일 등 3대 분야를 ICT의 향방을 좌우할 중심축으로 간주하고 있으며, 무엇보다 이와 같은 기술의 발전과 본격 도입에 힘입어 ICT 전체가 하나의 플랫폼과 에코시스템으로 연결되는 대통합의 시대를 맞이할 것으로 전망된다.

클라우드와 빅데이터 · 모바일은 모두 ICT의 각 영역을 연결해 주는 내개제 역할을 한다. 클라우드는 ICT를 구성하는 모든 종류의 자원과 솔루션 · 콘텐츠 · 서비스를 원격 서버에서 통합적으로 제공하는 컴퓨팅 에코시스템을 구축하고 있다. 빅데이터는 이렇게 구축된 통합에코시스템 내의 다양한 영역에서 축적되는 정보를 일괄적으로 수집 · 관리하고, 이를 다시 ICT 각 분야에 걸친 통합 전략 추진에 활용하는 데 일조한다. 마지막으로 모바일은 언제 어디서나 연결되어 있는 통신환경을 실현함으로써 사람들의 생활상 자체를 변화시킬 것으로 기대된다.

기업 역시 매 순간 변화하는 ICT 환경에 발맞춰 보다 적극적인 대응전략 수립에 나서고 있다. 비용절감을 위한 클라우드 가상화기술, 보다 효율적인 Business Intelligence(BI) 전략을 위한 빅데이터 분석기법, 유연한 업무환경을 조성할 수 있는 기업 모빌리티와 BYOD(Bring Your Own Device/개인 소유의 노트북 · 태블릿PC · 스마트폰 같은 단말기를 업무에 활용하는 것) 등 다양한 ICT 기술이 기업을 내부에서부터 변화시키고 있는 것이다.

과거에는 다소 폐쇄적이었던 기업 ICT는 대통합의 시대를 맞아 보다 개방적인 시장이 될 것으로 보이며, 기존 법인 대상의 ICT 솔루션을 제공해 왔던 Microsoft · IBM · HP와 같은 업체들뿐만 아니라 Apple · Google과 같은 소비자를 대상으로 주력사업을 펼쳐왔던 이들까지 법인시장을 새로운 수익창출의 공간으로 인지하고 본격적인 전략 추진에 나선 형국이다.

ICT 산업의 시장구조 지난 10여년간 기술적 · 경제적 · 사회적 발전은 산업과 시장을 흔히 융합으로 표현되는 형태로 바꾸었다. 시장을 구성하는 세 가지 주된 영역은 기반구조, 산업시장, 소비자시장으로 나눌 수 있다.

기반구조 기반구조(infrastructure)는 장기적인 제품수명주기를 갖고 상대적으로 느리게 성장하는 대규모시스템으로 구성되며, 다운사이징과 규제완화의 영향을 받는다. 전통적인 유럽의 공급자들은 통신 등의 부문에서 경쟁우위를 갖고 있었으나 이제는 자유화와 규제완화에 적응하기 위해 고심하고 있다.

산업시장 산업시장(Industrial and Commercial markets)은 많은 경우 거대한 영역으로 자라난 틈새시장(niche market)을 노리는 신규 참여자를 끌어들인다. 생산자들은 기술 지향적이며 초기단계에서는 벤처자본에 많이 의존하고 있다. 이 시장에서는 일반적으로 미국의 기업이 확고한 위치에 있다.

소비자시장 소비자시장(consumer market)은 지속적인 혁신과 제품신뢰도를 요구하며 계속되는 가격의 하락을 겪는다. 소비자 제품은 정보통신기술 산업의 기술발전의 촉매 역할을 한다. 이러한 특성은 복합적 · 동적 · 세계적 생산구조를 갖춘 소수의 유명상표에 의해 시장이 지배되는 산업적 집중을 가져왔다.

이들 시장의 세계화(Globalization)는 기업의 생산 활동이 가장 비용효과적인 구조를 찾아 범위를 넓히도록 하였고, 결과적으로 세계적인 네트워크를 이루게 했다. 무역장벽의 상대적인 부재와 정보통신기술 제품에 대한 시장의 요구가 세계화되는 특성은 규모의 경제를 위해 필요한 volume을 제공하는 근본 요소이다.

ICT 융복합 5대 우선추진과제

가상현실 가상현실은 사용자를 현실 그대로를 모방 재현한 컴퓨터가 만들어낸 환경에 몰입시킨다. 사용자는 고글 · 헤드세트 · 장갑 · 특수복 등 정보를 주고받을 수 있는 장비를 착용하고 컴퓨터가 만들어낸 환경을 접한다. 전형적인 가상현실 형태에서는 사용자가 양 눈에 입체화면이 부착된 헬멧을 쓰고 모의환경의 동화상을 본다. 사용자의 움직임을 포착하여 실시간에 화면의 시야를 조절하는 운동센서의 작용으로 사용자로 하여금 그 곳에 존재한다는 착각을 하게 만든다. 따라서 사용자는 머리를 돌리거나 걸음을 걸을 때마다 시야와 원근감이 변하는 것을 생생하게 경험하면서 가상의 공간들을 여기저기 둘러볼 수 있다. 촉감을 느낄 수 있도록 힘을 피드백해주는 장비가 장착된 데이터글러브(data glove)를 끼면 사용자는 가상환경에서 보는 물체들을 들어 올리거나 조작할 수도 있다. 가상현실이라는 용어는 그러한 시스템의 개발을 연구하는 컴퓨터과학 분야를 말하기도 한다.

가상현실 기술의 기초는 1960년대에 비행기 조종사에게 추적 시스템 화면장치를 머리에 쓰게 해 비행기 조종훈련을 가르치던 모의비행 훈련장치에서 시작되었다. 그리고 1980년대 미국의 군부와 미국항공우주국(NASA)에서 컴퓨터 상호반응 시스템을 만들기 시작하면서 가상현실은 본격화되었다. 오늘날에는 항공우주 분야의 모의훈련 장치뿐만 아니라 게임 · 전시 · 판매 설명회 등에 다양한 수준의 가상현실 기술이 사용되고 있다. 가상현실은 그 밖의 많은 분야, 특히 연예 · 의학과 생물공학 · 공학 · 설계 · 마케팅 분야에 응용될 수 있는 큰 잠재성을 지니고 있다

LED 융합산업　LED 융합산업은 타 산업 간의 접목을 통하여 고부가가치 제고 및 신상품 창출의 연관 산업으로서 고부가가치 파생형과 신시장 창출형 LED 융합산업으로 구분된다.

① 고부가가치 파생형
- 자동차 · 조선 : 센서LED 융합산업통신기술을 활용한 인지형 복합 LED 전조등, 크루즈선 종합조명
- 가전 : 공기 · 물 살균기능을 LED로 구현하는 가전제품으로는 공기청정기 · 냉장고 등
- 정보통신 : 융합조명 · USN기반 융합기술 · 조명통신 · 시스템조명 등

② 신시장 창출형
- 농 · 생명 : 맞춤형 계획 식물공장 · 고기능 식품 · 한약재 · 해충방제 바이오매스, 축산 등
- 해양 · 수산 : 고급 · 고기능 수산식품 · 약품 · 해양바이오오일 · 생태학적 환경오염 방제
- 메디바이오 : 질병치료(피부 등) 및 수술용 · 내시경조명 · 건강회복 조명 · 실버응용 등

③ LED융합산업의 비전 : LED 산업은 응용제품의 다변화에 따라 디자인 · 콘텐츠 · S/W기술 등의 연관된 거대한 융합 산업군이 형성되고 있다. IT기술을 접목

한 시스템조명 · 디지털가전 · 디스플레이 및 지능형 트래픽제어 · 의료 · 바이오 및 조명통신 등 기존의 일반조명등이 할 수 없는 기능이 부가된 신시장을 창출한다. LED산업은 밸류 체인별로는 LED광소자 및 LED 제품산업으로 구분되며 LED제품은 조명과 융합산업으로 양분될 전망이다.

- LED 소자산업은 반도체 제조기반 산업으로서 진입장벽이 높고 대량생산 능력이 있는 대기업에 적합하다.
- LED 제품산업은 사용목적과 제품종류에 따라 소량다품종 가능, 저가 실현을 위한 표준, 전방위산업에 융합이 가능하다.
- 조명에 원격제어 또는 상황인지센서기술을 접목하여 지능형 트래픽제어, 적응적 최적화 에너지절감, 시스템운용관리, 위치기반서비스 등 다양한 형태의 신개념 솔루션 제공을 위한 기술개발이 진행되고 있다.
- LED는 디지털광원으로서 각 파장과 크기를 조정할 수 있는 자유도가 높으며, 이를 반영한 인간의 감성에 부합하고 편의 및 안전한 생활제공을 위한 제어기술로 상품화 단계로 접어들고 있다.
- 친환경식물공장이나 살균수 처리 및 정화시스템에 응용이 되기 시작하고 있으며, 특히 의료용 조명과 더불어 소형광원이 필요한 의료기기분야에 적극적으로 활용되어 시판되고 있는 상황이다.
- 감광료 기반의 UV 광원시스템의 LED 적용은 디스플레이, 반도체 및 PCB 산업의 후방산업에 침투하여 거대시장 창출이 예상된다.
- 가시광 및 적외선 영역의 LED를 적용한 의료보조기구의 광원을 시작으로 하여 본격적인 임상실험의 결과로부터 피부 및 정신과 치료를 위한 의료기기에 적용될 예정이다.

지능형 융합자동차 지능형자동차는 기계 중심의 자동차기술에서 전자 · 정보기술(IT) · 지능형 교통시스템(ITS : Intelligent Transportation Systems) 관련 신기술을 융합한 최첨단 자동차를 말한다. 정보기술(IT)을 융합한 최첨단자동차로 스마트자동차라고도 한다. 자동차 자체의 첨단시스템 도입은 물론 지능형교통시스템과의 연동을 통한 최적의 교통효율을 제공한다.

ACC(Adaptive Cruise Control) · 장애물 감지 · 충돌감지 및 경감장치 등과 같은 안전에 관련된 핵심기술의 개발로 운전자와 탑승자 및 보행자까지 안전을 극대화하는 기술적 강점을 가지고 있다. 현재 ITS(지능형 교통시스템) 및 텔레매틱스 관련 기술시장은 전 세계적으로 괄목할만한 성장을 보이고 있다.

이러한 추세는 수년 내 자동차에 저가의 보급형 옵션으로 제공될 가능성을 제시하고 있다. 자동차와 정보통신 등 이종 산업간 융합을 유도하여 이를 완성하는 기술적 특성을 갖는 텔레매틱스는 유무선 음성 및 데이터통신은 물론 GPS를 기반으로 휴대폰/인터넷/자동차를 결합시키는 고부가가치 지능형교통시스템으로 발전하고 있다.

그러나 고가의 단말기 및 서비스요금, 이종 산업간 협력모델 부재로 활성화가 지연되고 있는 실정이다. 세계 최고 기술수준에 이르고 있는 WiBro, DMB 및 초고속 멀티미디어 이동통신 등 첨단정보통신 인프라와 접목하여 미래의 메가트랜드로 발전시켜 나가야 할 것이다.

웰페어 융합플랫폼 웰페어 융합플랫폼은 헬스케어기술과 기존산업 분야와의 융합을 통한 IT기술의 접목으로 의료서비스의 패러다임이 바뀌어 첨단 IT · 의료시장이 새로운 블루오션이라는 예상 속에 IT · 의료시장에서 웰페어 융합플랫폼 등 소프트웨어의 비중이 크게 증가하고, 고부가가치기술로 각광받게 될 것으로 예상됨에 따라 앞으로 발전가능성이 기대되는 의료와 IT의 융합분야도 눈여겨 볼만 하다.

전략품목으로는 헬스케어용 단말기를 위한 신호처리분석시스템 · 헬스케어용 디바이스인터페이스시스템 · 홈 헬스케어 서비스시스템 · 지능형건물관리시스템 · 웨어러블 시스템이 있다. 모비컴이 선보인 심혈관질환 환자를 위한 허스(HUS)는 환자 몸에 부착해 패치를 통해 심혈관 상태를 무선데이터로 의사에게 전달하고 이를 휴대폰이나 PC를 통해 확인할 수 있어 언제 어디서나 환자들의 위급한 상황에 빨리 대처할 수 있는 만큼 심혈관환자들에게 많은 편의성을 제공할 수 있을 것으로 보인다.

① Home Control
- 모바일제어 : 가스누출 · 화재 · 침입자 발생 시 자동통보
- 원격검침 : 전기 · 수도 · 가스 · 온수 · 열량 등 원격검침
- 정보가전제어 : 인터넷 · 모바일을 통한 가전제어
- 생활기기제어 : 조명 · 커튼 · 난방 · 가스밸브제어

② Home Security
- 방범 · 방재시스템 : 침입자 감지 및 화재발생 여부 감지 자동통보
- 출입문원격제어 : 공동현관 · 세대현관 출입문 원격제어
- 방문객화상저장 : 부재중 방문객 영상정보 저장
- 원격모니터링 : 단지 내 부대시설을 관리실이나 가정에서 원격모니터링
- 무인경비 : 방문객의 출입을 효율적으로 제한할 수 있는 출입관리 시스템

- 주차관제 : 댁내 차량의 입 · 출차 시 자동알림

③ Home Entertainment &Living Information

- 유무선네트워크 : 대용량의 데이터를 손쉽게 이동 및 저장, 공유
- 디지털TV시스템 : HDTV와 PC를 통해 고화질 방송 및 영화감상
- 원격헬스케어 : 원격화상진료 서비스
- 무인택배 : 배달화물 수취, 발송가능

라이프 로봇 로봇 산업은 정보화 · 고령화 등 21세기 패러다임 변화에 따라 IT산업, 바이오산업과 함께 향후 미래를 이끌어 갈 주요 산업으로 부각되고 있으며 아직은 사람의 단순보조 수단으로 인간화의 초보단계에 머물고 있지만, 정부의 신성장동력 정책에 힘입어 청소용 · 교육용 · 국방용 · 의료용 · 오락용 등과 같은 다양한 제품군이 개발되고 출시되면서 로봇의 대중화를 이끌고 있다.

지능형서비스 로봇 중에서 가장 큰 시장은 우리가 생활하는 공간 내에서 힘들은 어려운 일을 대신하거나 도와줄 수 있는 가정용 서비스 로봇으로 Human Service Robot과 Home Service Robot으로 나눌 수 있으며, Human Service Robot은 사람에게 정보를 전달해주고 감성적인 대화가 가능한 로봇으로 개인용 로봇 · 교육용 로봇 · 오락용 로봇 · 감성 로봇 등이 개발되고 있고 Home Service Robot은 가정에서 사람을 대신하여 작업해 주는 로봇으로 청소 로봇 · 경비로봇 · 가정관리 로봇 등이 개발되고 있다.

국내 로봇은 크게 가정용로봇 · 산업용로봇 · 네트워크로봇 등의 3개 분야로 분류되며 가정서비스용 로봇은 개인서비스용 로봇과 전문서비스용 로봇으로 분류할 수 있다.

가정용 로봇의 등장 배경은 가족구조의 핵가족화와 고령화 현상으로 인한 간호 · 간병 서비스의 필요성 증대와 가족의 일원으로서의 가정용 로봇의 니즈가 증대되었으며 시간적 여유와 고독에 따른 감성을 소유한 대상자의 필요에 따른 로봇 개발의 욕구가 대두되고 풍요와 여유에 대한 욕구의 보완으로 가사보조 · 청소 · 조리로봇이 등장하게 되고 디지털 가전 · 제조업용 로봇 등의 기존산업의 발달과 더불어 차세대 정보산업의 발달(IT · BT · NT)이 가정용 로봇의 등장을 가속화시키고 있다.

가정용 로봇의 경우 엔터테인먼트 · 청소 · 교육 · 의료 등의 개인 및 가정의 구성원을 대신해서 작업을 수행해주는 분야와 안내 · 재난구조 · 안전 · 보안 등 개인 및 가정의 치안 및 보안을 지켜주는 형태의 로봇분야로 한정할 수 있으며, 이러한 가정용로봇의 경우 지능형서비스로봇이 발전하는 추세에 따라 그 응용분야 및 범위는 더욱 확대될 것으로 전망된다.

3 에너지/환경분야의 융복합

최근 지구온난화나 산성비 등과 같은 지구환경문제가 크게 부각되고 있다. 이들 문제는 이산화탄소 · 환산화물 · 질소산화물 같은 환경오염 물질을 배출하는 화석연료와 밀접한 관계가 있다. NBIC(국가융합기술지도)는 미래 글로벌시장을 주도할 융합기술을 선점하기 위한 전략으로 2020년까지 국가적으로 육성해야 할 융합기술의 추진 목표 및 거시적 방향을 담아 교육과학기술부가 관계부처 협의를 거쳐 수립한 바가 있다.

에너지 · 환경 분야에서는 대규모 물시장이 형성(2020년 대체수자원 시장 1,490억 규모)되고 친환경 대체에너지 개발(2020년 저공해차량 시장 6,829억 규모)이 증대될 것으로 전망하고 친환경 융합기술을 통한 미래 에너지 · 환경 신시장을 창출하고 선점한다는 비전을 세웠다.

이를 위한 우선 추진과제로는 스마트상수도 및 대체수자원 · 바이오에너지 · 고효율 저공해 차량 · 이산화탄소 포집 · 저장 · 처리, 나노기반 융합핵심소재 등 5가지를 선정했다.

스마트 상수도 정부는 스마트상수도 핵심기술 개발과 전문 물 기업 육성 등을 위해 2020년까지 약 3조 4,609억원을 투자한다는 내용의 '물 산업 육성전략'을 발표한 바 있다. 물 산업 전략은 원천기술개발, 먹는 샘물 · 물 재이용 산업육성 등 4개 핵심 전략으로 구성돼 있다. 2020년까지 8개의 세계적인 물 기업을 육성하고 일자리 3만 7,000개를 만들어 세계 물 산업 강국으로 도약한다는 목표이었다.

우선 세계 상 · 하수도 기술을 선도하기 위해 IT기반의 지능형 시스템을 만들고 향후 스마트상수도에 필요한 원천기술을 개발할 예정이다. 이를 위해 에코 스마트상수도 사업단과 고도 수 처리 사업단을 각각 운영하고 있다. 사업단을 통해 세계 선두인 IT기술을 상수도에 접목해 지능형 물 생산 · 공급 시스템을 개발을 위해 1조 5,530억원을 투입키로 한 바 있다.

특히 제주도의 우수한 지하수자원을 활용한 먹는 샘물산업 육성에 박차를 가한다. 이에 따라 국내 처음으로 시도된 물 산업단지인 '제주워터 클러스터'를 조성해 왔다. 또 기능성 지하수인 염지하수의 체계적 개발이 이뤄진다. 이를 통해 국내 먹는 샘물 우수성을 세계무대에 홍보하고 한국 고유 단일브랜드를 선보일 방침이다. 또한 물 전문기업 육성을 위해 시 · 군별로 운영되는 지방상수도를 39개 권역으로 통합하였다.

정수처리에 사용되는 정밀여과막과 한외여과막은 1993년 미국 밀워키에서 원생동물(크립토스포리디움)에 의한 수인성 전염병이 발생하면서 관심을 받기 시작했다. 병원성 미생물 등 일정 크기 이상의 오염 물질을 상수원으로부터 제거하기 위한 방법으로 분리막 공정의 도입이 본격적으로 고려되기 시작한 것이다.

그 이후 분리막 정수공정의 신뢰성 향상, 저 에너지 소비량 실현, 내 오염성 향상 및 분리대상의 제거율 향상 기술 등에 관한 연구가 진행되어 왔다. 현재 정수처리용 분리막 시장은 미국 · 유럽 · 일본이 주도하고 있으며 기술개발 역시 소수의 선진기업이 주도하고 있다.

정밀여과막 시스템의 세계시장 규모는 2001년의 7억 6,900만 달러에서 2008년의 11억 1,800만 달러로 증가하였으며 2015년에는 15억 6,400만 달러에 이르렀다. 미국은 2001년 이후 세계시장의 42% 내외를 점유하여 가장 큰 시장을 형성하고 있다. 유럽은 세계시장의 25% 내외를 점유하여 미국에 이어 두 번째로 큰 시장을 형성하고 있다. 일본의 시장점유율은 10% 내외이며 이는 12% 내외의 시장점유율을 보이는 일본을 제외한 아시아 태평양 지역과 대등한 수준이다. 2015년 정밀여과막 시스템의 세계시장 규모는 15억6,400만 달러에 이르고 한외여과막 시스템의 세계시장 규모 역시 지속적인 성장을 하여 28억 6,100만 달러 수준에 이미 도달하였다.

대체수자원 우리나라의 연평균 강수량은 1,283mm로 세계 평균 973mm의 1.3배에 달한다. 하지만 기후 특성상 연도별 · 지역별 강수량 편차가 크고 강수량도 전체의 70%가 6~9월에 집중되고 있어 수자원 이용 면에서 매우 불리한 자연 여건을 안고 있다. 이에 따라 합리적인 수자원 개발과 활용이 어느 때보다 필요한 시점에 이르렀지만 기존 댐의 용수공급 능력은 한계점에 다다르고 새로운 댐 건설은 규모를 막론하고 반대의 벽에 직면하고 있는 현실이다.

이러한 상황에서 대체 수자원 개발에 관한 관심은 날로 커지고 있으며 지하댐 · 강변여과수 · 해수담수화 · 인공강우 등 대체 수자원 확보 기술은 점점 실용화 단계에 접어들고 있다. 현재 국내에서 가장 큰 성과를 거두고 있는 대체 수자원 개발 분야는 '지하댐'으로 이미 속초 상천 댐, 상주 이안 댐, 영일 남송 댐 등 6개 지하댐이 건설돼 1일 약 16만㎥의 공급 능력을 갖추고 있다.

바이오 에너지 바이오에너지는 동식물이나 미생물에서 생산된 유기물인 바이오매스를 통해 얻을 수 있는 에너지로 신재생 에너지의 하나이다. 화학공학 · 생물공학 · 유전공학 등의 기술을 이용하면 바이오 에탄올 · 바이오 디젤 · 메타인 가스 · 수소기체 등을 얻을 수 있다. 바이오매스 자원은 재생이 가능하며, 또한 지역 에너지원으로서 주목되고 있다.

에너지원으로서의 바이오 에너지의 장점은 에너지를 저장할 수 있다는 점과 재생이 가능하다는 점, 그리고 최소의 자본으로 이용 기술의 개발이 가능하다는 점, 또한 원자력의 이용 등과 비교할 때 환경 보전적인 측면에서 안전하다는 점 등이다. 한편, 단점으로서는 넓은 면적의 토지가 필요하다는 점, 자원부존 량이 지역차가 크다는 점, 비료 · 토양 · 물 · 그리고 에너지의 투입이 필요하다는 점, 문란하게 개발하면 환경 파괴를 초래한다는 점 등을 들을 수 있다

고효율 저공해차량 향후 자동차시장은 온실가스 감축 등 환경적 요인이 크게 영향을 미치므로, 고효율저공해 자동차 기술개발은 국내 자동차산업의 생존에 중요한 의미를 갖는다. 고효율 저공해차량을 개발하기 위해서는 세라믹재료/나노화학공정(NT) · 에너지/환경 기계시스템(ET) · 친환경제품(ET) 관련 지식들의 융합을 바탕으로 하여 클린디젤 자동차 · 하이브리드자동차 · 신재생저탄소연료자동차 · 연료전지 자동차 · 지능형그린자동차 등으로 전기모터와 가솔린엔진의 장점을 결합한 자동차의 동력원 개발을 통해 공해물질을 줄이고 고연비를 추구할 수 있는 하이브리드자동차 기술과 수소에너지를 변환하고 전기에너지를 저장할 수 있는 기술이 확보되어야 한다.

제도적으로는 친환경 차량 및 연료에 대한 세제혜택을 강화하고 인프라 측면에서는 그린카의 초기 확산전략 수립 및 단계적 지원대책을 마련하는 것이 필요하다. 이 같은 시스템을 통해 원천융합기술을 확보하게 되면 우리나라도 수소연료전지 자동차와 같은 미래형 하이카를 개발할 수 있는 기술력을 확보할 수 있게 될 것이다.

CO_2 포집/저장/처리 이산화탄소 포집 및 저장기술을 뜻하는 CCS(Carbon Capture&Storage)는 화석연료에서 발생하는 이산화탄소(CO_2)를 대기로 배출하기 전에 추출한 후 압력을 가해 액체상태로 만들어 저장하는 기술을 말한다. 저장소로 운반된 CO_2는 해양저장 · 광물탄산화 · 지중저장의 3가지 방식으로 처분되는데 이 중에서 해양저장은 CO_2를 바다 밑에 가라앉혀 처분하는 방식으로 해양 생태계에 부정적인 영향을 미치기 때문에 현재 국제협약에 따라 금지되었다.

석탄 · 석유 · 그리고 천연가스와 같은 화석연료 에너지는 연료의 연소과정을 통해 생성된다. CO_2 배출은 이러한 과정의 부산물이다. 포집 기술은 화력 발전, 가스 및 석유 생산, 그리고 시멘트 · 철 · 강철 · 제지용 펄프와 같은 산업재료 제조를 포함하여 어떠한 대규모 배출공정에든지 적용될 수 있다. 세계의 CO_2 대량배출 산업들은 수십 년 동안 포집기술을 적용해 왔다. 예를 들어, 포집된 CO_2는 식품 및 음료산업에 사용되거나 비료로 사용되고 있다.

나노기반 융합핵심소재 나노기반 융합소재산업 분야는 새로운 부가가치 창출과 함께 타 기술 및 산업과의 융합을 통해 막대한 파급효과를 가질 것으로 기대를 모으고 있다. 첨단소재산업의 상당 부분을 차지하는 우리나라의 경우 세계 3~4위의 기술력, 약 700여 개의 나노기업, 126건(10%, 세계 3위)의 나노 융합제품 개발 등 향후 세계시장 선도가 가능한 유망한 분야로써 경쟁력 있는 나노소재 산업을 육성하기 위해서는 나노소재를 개발하는 연구부문과 나노소재를 필요로 하는 산업부문간의 보다 긴밀한 협력이 필요하다.

나노 융·복합소재는 최근 들어 대부분의 산업에서 가장 이슈가 되고 있는 에너지 효율화, 환경보호 및 수 처리 고도화 등의 분야에서 수요가 확대되고 저변도 계속 넓어지고 있으며, 이와 동시에 수요산업의 융·복합과 니즈에 맞춰 소재분야 융·복합화가 꾸준히 요구되고 있다. 이에 따라 나노소재 자체의 응용기술뿐만 아니라 주변의 기술기반이 급속히 발전하면서 나노 소재의 융·복합 촉진은 우리나라 소재산업에 큰 활력을 줄 것이고 전후방산업의 제품과 기술혁신에 핵심역할을 하면서 나노소재가 고부가가치창출의 원천이 될 것으로 예상된다.

친환경 대체에너지 미래의 전력발전 방식 중의 하나로 가장 먼저 들 수 있는 것은 수력발전을 비롯한 풍력발전·파력발전·조력발전·지열발전·태양열발전·바이오에너지를 이용한 발전 등의 자연 에너지원을 이용하는 방법이다. 이것은 많은 자연적인 제약과 기술적인 난점들이 있지만, 이 자연을 이용한 발전방식이 크게 늘어 갈 것으로 기대된다.

이 방식은 환경오염이 전혀 없고 화력발전이나 원자력발전들과는 달리 일단 시설을 해놓으면 운영 및 관리 비용이 적게 들며, 앞으로 고갈될 화석연료와는 달리 그 원천이 영구적이라는 장점들이 있기에 충분한 연구 동기가 있다고 볼 수가 있는 것이다.

따라서 아마도 가까운 미래에 획기적인 개량이 이루어져 이 방식이 보편화될 수 있으리라 전망된다. 현대 과학기술사회에서 우리는 가정적·상업적·산업적 또는 수송의 요구에 의해 많은 양의 에너지를 소모한다. 대부분 사람은 전기를 매우 효율적이고 깨끗한 에너지원이라고 생각한다, 그것은 세탁기·진공청소기·오디오·비디오·텔레비전·컴퓨터들의 전자제품처럼 원하는 모든 일을 할 수 있고, 필요로 하면 스위치만 켜면 되고, 불을 피워 굽는 것보다 가시적인 공해가 없기 때문이다.

핵융합발전 현재 우리가 쓰고 있는 원자력발전에는 세 가지 발전방식인 핵분열·핵폭발·핵융합이 있다. 여기서 핵폭발은 그 반응의 과정이 너무나 급속도로 이루어지기 때문에 폭탄으로서나 가치가 있고 핵융합은 기술적인 난점으로 인해 실용화를 못하고 있기에 현재 핵분열에 의한 원자력발전을 하고 있는 것이다.

그러나 이것은 방사능 누출이라는 치명적인 약점을 항시 지니고 있어서 이 발전방식이 미래에서도 존속되는 것은 그리 바람직하지 못한 현상으로 볼 수 있을 것이다. 그러기에 공학자들은 핵융합을 통한 발전방식을 연구하고 있으며, 미래의 인류는 아마도 이것에 의한 발전방식을 주로 사용할 것으로 기대된다.

핵융합발전은 원료로 핵분열에서 쓰고 있는 우라늄이 아닌 중수소·삼중수소를 쓰게 되는데, 이것들은 지구의 물속에 거의 무한하게 있고 방사능물질이 아닌 것들이다. 즉 핵융합발전은 연료고갈과 방사능이라는 두 가지 문제를 일거에 해결할 수 있는 그야말로 인류역사상 몇 아니 되는 획기적인 발명품이 될 것이라 할 수 있겠다.

위성발전 현재 초전도를 이용한 GEPSC(지구촌전력망)사업이 추진되고 있다. 이는 우주정거장에서 발전하여 마이크로파로 해상기지로 보낸 다음 케이블망을 통하여 세계의 곳곳에 전력을 공급하려는 것을 말하는 것이다. 이미 미국에서 오래전부터 연구하고 있는 이 위성발전 안은 미래의 발전방식 및 전력망을 예측할 때 시사하는 바가 크다고 할 수 있을 것이다.

초전도 송전 이것은 전력발전의 방식은 아니지만, 이 분야 또한 중대한 개량을 거치게 될 것이라 전망된다. 전기는 발전소에서 전력수요자에게까지 기나긴 송전선에 실려서 보내어진다. 지금까지는 알루미늄이나 구리계통의 송전선을 쓰고 있는데, 전기저항 때문에 총발전량의 6~10%의 손실이 일어나게 된다. 여기서 10%라면 우리나라의 경우 2,700만kW의 전력을 보냈을 경우의 손실이 270만kW로 원자력발전소 2~3개의 발전량과 맞먹는다.

즉 미래에는 송전선의 재료로 전기저항이 0인 초전도케이블을 이용하게 되어 그만큼의 전력량 증대효과를 얻게 될 것이다.

풍력발전 풍력발전기술은 1975년 미국 항공우주국(NASA)이 100kW급 대형 풍력발전 시스템을 개발하면서부터 지금까지 양수관개용 동력원으로 사용되어 왔다. 우리나라는 지난 1975년 한국과학원에서 경기도 화성군 엇섬에 설치한 2kW급이 국내 풍력발전기의 효시인데 현재 한국에너지기술연구소가 한국관공공사와 공동으로 제주도 중문에 설치한 250kW급, 제주도 월령에 설치한 100kW급과 30kW급 풍력발전기가 정상 운전되어 각종 특성시험을 성공적으로 수행하고 있다.

해양에너지발전 조력 · 파력 · 해류 · 해수 온도차 등과 같은 해양에너지는 발전용 에너지로 이용 가능한 자원이 특정지역에 편재되어 있기 때문에 몇몇 해양 선진국을 중심으로 기술개발이 활발하게 추진되어 있다. 프랑스는 이미 24만kW급에 이르는 프랑스 조력발전소를 건설하며 1966년부터 현재까지 가동하고 있는 중이다.

우리나라는 서해안 일부에 개발 가능한 지역이 있으나 조수간만의 차를 이용한 5m 이내의 저낙차 발전기와 해수 부식방지 재료의 개발 등 기술력과 비경제성 등으로 실용화를 검토하고 있는 실정이다.

지열발전 지구는 중심부로 들어갈수록 뜨거워진다. 방사선물질의 붕괴에 의해 야기되는 핵반응 때문에 용해된 자구 중심부는 온도가 4000˙C에 달한다. 이와 같은 지열에너지 때문에 광산의 갱 밑바닥 온도는 맨 위의 갱보다 몇도 더 높다. 일부지역에서는 지표 바로 밑에 뜨거운 암석이 깔려있어 온천, 간헐천 증기 등이 땅 위로 솟아 오른다.

이것들도 발전에 이용될 수 있다. 최초 지열발전소는 1904년 이탈리아의 라르데렐로에 건설되었다. 이곳에서는 땅에 솟아오른 140~260℃의 증기를 파이프를 통해 터빈으로 보내 발전을 하는 것이다. 지열에너지를 화석연료의 대체물로 검토하는 나라가 점점 늘어나고 있다.

인류는 수백 연간 지열에너지를 목욕이나 기타 소규모로 이용해 왔으나 이를 대규모로 이용하게 된 것은 20세기 초부터이다. 1913년 이탈리아에서 상업적 규모의 지열발전이 시작되었고, 1930년 아이슬란드에서 지열을 이용한 지역난방이 시작되었다. 그 후 지열의 이용은 발전과 직접이용(가옥난방과 산업공정)의 두 가지 다 계속 증가해왔고 더러는 열병합발전도 행해진다.

지열이란 지구 내부에 보존된 열을 말하는 것으로 열을 만들어주는 형태에 따라 크게 두 가지로 분류할 수 있다. 먼저 화산지역의 지하 깊은 곳에서 올라오는 용암으로 인해 생성되는 화산성 지열이다. 이것은 아이슬랜드 · 이탈리아 · 일본 · 칠레 · 인도네시아 · 필리핀 등과 같은 지각변동대에 위치하며 대부분이 250℃ 이상의 고온 열수이다.

또 하나는 지각 중에 함유되어 있는 우라늄 · 토륨 · 포타슘과 같은 방사성 원소의 붕괴에서 얻어지는 열과 약 30km의 두께를 가진 지각하부에 있는 맨틀로부터 전달되는 열에 의해 지질학적으로 장시간에 걸쳐서 덥혀진 비화산성 지열이다. 이것은 150° 미만의 저온성 열수 자원이다.

현재 국내에서 기대할 수 있는 지열자원도 30~100℃ 정도의 저온성 심층 열수자원이기 때문에 발전보다는 지역난방 · 시설농업 등에 적합하다. 특히 마산, 창원 지역은 국내최고 수온의 부곡, 마금산 온천과 근접해있어 이 지역에서 지하 2000~2,500m지점까지 시추해 90℃ 내외의 지열수를 다량 채취할 수 있다면 공해 없는 대규모 아파트단지 및 첨단 농업단지 조성도 가능할 것이다.

녹색성장 융합산업 세계는 지금 기후변화로 상징되는 환경위기와 고유가로 대표되는 자원위기에 직면해 있다. 특히 기후변화 문제는 심각한 기상재해와 함께 생태계 질서를 파괴하며 인류의 생존을 위협하고 있다.

지금과 같이 에너지다소비체제가 지속될 경우 지구촌이 치러야 할 기후변화에 따른 경제적 손실이 매년 세계 GDP의 5~20%에 달할 것이란 전망도 나오고 있다. 여기에 신흥개발도상국의 경제개발과 세계인구의 지속적인 증가는 에너지 · 자원의 부족현상을 부추겨 엄청난 가격상승을 야기하고 있다.

선진국들은 이미 자원의 효율적 · 환경친화적 이용에 국력을 집중하고 있다. '녹색산업 · 녹색기술'이 새로운 성장동력으로 주목받고 있는 것도 이와 같은 맥락이다. 기존의 성장방식은 환경을 해칠 뿐 아니라 경제적으로도 한계에 도달했다는 평가다. 자원과 에너지 가격이 치솟으면서 이들의 대량 투입에 의존하는 경제시스템은 지속가능할 수 없게 된 것이다.

EU 등 선진국들은 녹색기술 육성과 환경규제를 통해 관련 산업의 성장을 이끌어내기 위해 노력하고 있으며, 새로운 시장을 선점하고, 동시에 일자리까지 창출하는 등 발 빠른 움직임을 보이고 있다. 특히 자동차산업의 경우 이미 하이브리드카 · 전기자동차 · 수소차 등 저탄소 · 친환경 차량 제작을 위한 경쟁이 치열하게 벌어지고 있다.

우리나라는 세계 10대 에너지소비국에 속하지만, 에너지의 97%가 해외에서 수입되고 있다. 따라서 향후 온실가스 감축의무가 부과될 경우 우리나라 경제가 안게 될 부담은 엄청날 수밖에 없다. 기후변화 문제가 심각해질수록 국제사회는 점차 강력한 규제정책을 펼 것이며 경제적으로도 새로운 무역장벽으로 작용할 것이다.

정부가 '저탄소 녹색성장'을 새로운 국가비전으로 제시한 것도 이러한 세계적 트렌드 변화에 적극 동참하겠다는 의지를 표명한 것으로 해석할 수 있다. '저탄소 · 친환경'이야말로 새로운 성장을 이끌어낼 전략산업이라는 인식이 전 세계적으로 보편화되어가고 있는 상황에서 이런 흐름을 리드해나가지 않고는 일류 선진국으로 진입할 수 없기 때문이다.

녹색성장(Green Growth)이란 단어는 환경을 의미하는 'Green'과 성장을 뜻하는 'Growth'의 조합이다. 좋은 의미를 가진 두 단어의 조합이다. 그러나 환경과 성장이라는 상반된 두 개념의 결합은 이미 선진국에선 새로운 성장 패러다임으로 실현되고 있다.

기존의 경제성장 패러다임을 환경 친화적으로 전환하는 과정 중 파생되는 에너지 · 환경관련 기술 및 산업에서 미래 유망품목과 신기술을 발굴해내고, 기존 산업과의 융 · 복합도 시도해 새로운 성장동력과 일자리를 창출하고 있는 것이다. 녹색성장의 핵심은 경제성장을 추구하되 자원이용과 환경오염을 최소화하고, 이를 다시 경제성장의 동력으로 활용하는 선순환구조에 있다. 가령 석유를 대체하고 CO_2 배출량을 줄이기 위해 하이브리드자동차를 개발 · 생산함으로써 경제성장까지 이룩하였다면 이는 녹색성장이 구현된 모습이라고 할 수 있다. 녹색성장은 에너지 · 환경문제뿐만 아니라 일자리와 성장동력 확충, 기업 경쟁력과 국토 개발, 생활혁명을 포괄하는 종합적 국가비전이다. 교통 · 건축 · 문화 등 모든 사회 · 경제적 활동과 사회시스템을 포함하며, 심지어 개인의 라이프 스타일도 포함되는 광범위한 개념인 셈이다.

지구온난화로 인한 환경위기심화 지구온난화는 인류생존의 위협요인으로 작용하고 있으며, 지난 100년 세계 평균기온이 0.74℃ 상승하였으며 금세기말에는 평균기온이 최고 6.4℃ 정도 상승할 것으로 예상하고 있다. 가뭄 · 홍수 · 폭염, 생태계 파괴 등의 형태로 표출되고 있는 기후변화로 인한 경제손실은 매년 세계 GDP의 5~20%에 이르는 것으로 보고되고 있다.

우리나라의 경우 지구온난화에 취약하며 직접적인 영향을 받고 있고, 국내 평균기온 상승률은 세계 평균 수준을 크게 상회하여 지난 100년간(1912~2008) 우리나라는 평균기온이 1.7℃ 상승하였다. 이러한 현상으로 말미암아 겨울철 지속 기간이 약 22~49일 단축되었을 뿐만 아니라 여름철에 집중호우와 고온현상의 반복으로 폭염으로 인한 사망자 수와 말라리아 환자 수가 매년 증가 추세이다.

글로벌 에너지 · 자원고갈 위기심화 전 세계적 경제성장 및 신흥경제국 수요 증가로 에너지 수급 불균형 현상이 심화됨에 따라 중국의 경우 석유 소비량이 2배 이상 급증하고, 화석연료 중심의 에너지 소비구조는 자원고갈을 가속화시켜 전 세계 에너지원의 85%를 화석연료에 의존하는 실정에 처해 있다. 우리나라는 화석연료에 대한 수입의존도가 높은 구조로서 화석연료 의존도가 높고 신재생에너지 보급 수준 미미한 수준이다.

신성장동력 친환경에너지창출 필요성 경제위기를 타개하고 에너지 자립도를 높이기 위해 선진국을 중심으로 녹색성장에 대한 관심 확산되어 왔으며, '70년대 오일쇼크 이후 에너지 자립국을 성취한 덴마크 · 독일 등을 모델로 하는 녹색성장 모델인

탄소배출권 시장, 신재생에너지 등 녹색시장 · 녹색산업을 새로운 국가 성장 동력으로 활용하려는 움직임이 증가 추세에 있다.

녹색성장 추진계획　우리나라는 녹색성장 추진계획을 통해 10대 핵심 녹색기술인 차세대 2차전지 · LED조명 디스플레이 · 그린 PC · 고효율 태양전지 · 그린카 · 지능형 전력망 · 개량형 경수로 · 연료전지 · 이산화탄소(CO_2)포집 · 고도 수 처리 등의 조기 상용화에 박차를 가해 오고 있다.

에너지/자원 분야의 융합신사업

셰일/치밀가스　비 재래가스 분야에서 가장 경제성을 인정받고 있는 분야이고, 국내에 보유하고 있는 환경오염방지 기술과 연계하여 우수 특허 확보가 가능하다.

이종 물리탐사자료 복합분석 및 해석기술　비전통 유 가스전의 개발과 함께 관심이 증가되고 있어 특허장벽이 낮고, 국내 IT 기술과 탐사 데이터 복합분석기술이 융합하여 우수특허 확보가 가능하다.

광체 매장량 평가 및 모델링기술　자원고갈로 인한 심부자원에 대한 정밀지질구조 규명이 필요하며, 관련 기술의 특허장벽이 낮아 우수특허 확보가 가능하다.

소재 및 시스템 단열기술　건물 단열설계기준에 대한 국제적 강화 추세로 특수단열재(진공단열재, 에어로겔)의 경우 관련특허의 특허장벽이 높지 않고 새로운 소재개발에 따른 우수특허 확보가 가능하다.

에너지관리기술　전력위기에 따라 에너지관리가 필수적이다. HEMS · BEMS · FEMS 등으로 지능화 · 대형화 되면서 스마트 그리드 연계 등 통합관리기술이 필요하며, 국내 IT기술과의 접목을 통한 기술선점의 가능 및 최근 특허출원도 활발하다.

LiB의 분리막 및 전해질 개발기술　고용량 및 안정성 이슈에 따라 전해질 및 분리막 기술개발이 필요하며, LiB 관련 국내기술 및 특허 경쟁력이 우수하여 우수특허 확보가 가능하다.

SC(슈퍼캐패시터) 전극 개발기술　소형부터 대용량까지 활용이 가능하고 SC 관련 국내기술 및 특허 경쟁력을 바탕으로 우수특허 확보가 용이하다.

메탈/에어 전지의 공기극 개발기술 높은 에너지 밀도로 인한 차세대 전지로 주목받고 있으며, 다양한 해결수단을 통한 우수특허 확보가 가능하다.

온실가스 배출분석 통합모니터링시스템 세계적인 온실가스 감축규제가 본격화 될 경우 시장이 폭발적인 증가가 예상되고 있으며, 특허장벽이 낮고 단기간 기술격차 극복이 가능하며, 국내 IT기술 접목을 통해 우수특허 확보가 가능하다.

신개념 연소 후 CO_2 포집시스템 CCS경제성 돌파기술로서 가능성 높으며, 특허장벽이 낮고 NBIT의 융합기술을 통한 우수특허 확보가 가능하다.

환경/기상분야의 융합신사업

여과집진 방식의 입자상 오염물질 처리기술 최근 대기 중의 초미세입자의 위해성에 대한 관심이 높아지면서 미세먼지 제거에 탁월한 여과체 개발이 요구되며, 기술파급도가 높은 분야로써 다양한 분야로 활용이 기대되며, 여과체로부터 미세먼지 탈진기술에 대한 우수특허 확보가 가능하다.

분리막 여과방식의 용존성 오염물질 처리기술 특정 오염물질의 선택적 제거가 가능하여 상·하수처리 이외에도 녹조제거, 해수 담수화의 기반기술로 활용이 가능하고, 차세대 저에너지, 고강도 분리막 모듈에 대한 우수특허 확보가 가능하다.

프탈레이트계 가소제 대체 및 저감기술 사회적 파급효과 및 이슈선점효과 등에서 개발 우선분야이고, 친환경가소제를 제조하기 위한 대체조성물 사용기술 및 공정에 의한 저감기술에 대한 우수특허 확보가 가능하다.

자원절감형 3D 프린팅기술 고형화·소결 공정의 청정성을 획기적으로 개선할 수 있는 잉크개발이 병행될 경우 파급효과 기대되며, 오염방지 및 가격경쟁력이 있는 소재기술에 대한 우수특허 확보가 가능하다.

자연모사를 이용한 에너지자원 및 오염물 저감기술 자연을 모사한 에너지저감기술,

오염물저감기술은 지식재산권 기반 위에 구체적 목적제품이 제시될 경우 국내외 파급효과가 매우 클 것으로 기대되며, 특허 장벽이 낮고 구조물 기반항력 저감을 위한 특정소재를 이용한 기술분야에 대한 우수특허 확보가 가능하다.

배출원 원천 감량화기술 폐기물 발생량의 급속한 증가로 사후적 처리의 한계에 대한 문제가 제기되면서 원천적인 감량화를 위한 기술개발에 대한 필요성이 높고, 최근 부상하고 있는 기술로 장벽도가 낮고 세부기술의 공백영역이 존재하는 바 IP주도권 확보 가능성이 높다.

이산화탄소 포집저장 및 고정화처리기술 CO_2를 실질적으로 감축할 수 있는 CO_2 통합시스템(CCS)의 상용화기술에 대한 필요성이 높고, 경쟁력은 높지 않으나 부상성이 두드러지는 분야로서 세부기술별 핵심 IP 확보 가능성이 높다.

자동기상관측장비 마을단위 또는 골목길 단위의 실시간 기상관측 및 예보 시 꼭 필요한 기술이고, 기상통합센서 개발 시 우수특히 확보가능성이 높나.

자동적설계 바람의 강도 및 방향·수분함량 등에 따라 정확한 적설량 측정이 힘들어 측정의 정확도를 높이기 위한 측정기술개발이 필요하며, 지점단위의 적설량 측정값과 위성을 이용한 구역 단위의 적설량 평균값을 혼합하여 정확도를 높이는 기술개발 시 우수특허 확보가 가능하다.

기상정보서비스기술 실시간 방재 서비스·산업별 날씨 기반경영관리·컨설팅 등 기상정보의 중요도와 활용도가 높아지고 있으며, 개인단말의 기상센서의 기상데이터 수집을 통한 기상데이터 정확도의 향상, 다양한 산업별·개인별 맞춤형특화서비스 개발과 관련하여 다양한 형태의 특허창출이 가능하다.

4 바이오/의료분야의 융복합

바이오산업은 생명공학기술을 바탕으로 생물체의 기능과 정보를 활용하여 인류의 건강증진과 질병예방 진단치료에 필요한 유용물질과 서비스 등 다양한 부가가치를 생산하는 산업으로 정의할 수 있다. 생명공학에만 치중되어있던 바이오산업이 21세기에 들어서면서 한계성을 극복하고자 새롭게 바이오기술(BT)과 정보기술(IT), 그리고 나노기술(NT)을 접목하여 한계를 극복하며 새로운 기술을 창출하여 점점 더 발전하고 있으며, 바이오기술과 타 기술 IT · NT기술을 접목하는 것을 바이오융합기술이라 칭하며, 21세기 중요한 기술로 자리매김하고 있다.

IT기술은 반도체나 전자장비 등 나노미터의 단위에 진입했으므로 이미 IT와 NT기술은 융합되어 있다고 할 수 있다. 그러므로 바이오기술과 정보기술(IT)을 융합한 BT-IT는 이미 나노기술을 포함하고 있는 것으로 이렇게 BT-IT-NT를 융합한 기술로 탄생한 제품에는 대표적으로 바이오칩(DNA칩 · 단백질 칩 · lap-on-chip), 바이오센서 등을 들 수 있다. 바이오칩은 생체인식을 목적으로 자기진단이나 검사 등을 신속히 할 수 있고, 바이오센서는 생체의 이상 예를 들면 혈류량이나 인슐린 분비량 등을 감지할 수 있는 센서이다. 이러한 제품으로 의료나 인류의 질병 등을 정복할 수 있는 계기가 되는 것이다.

IT/BT/NT 융합기술의 의미와 필요성 정보기술(IT)과 생명기술(BT), 정보기술과 나노기술(NT)의 융합화. IT · BT · NT 등은 21세기를 이끌어 갈 핵심기술로서 이들의 융합은 새로운 산업적 효과를 낳는다. IT-BT 융합은 IT기술의 지원으로 보다 고도화된 BT를 개척하는 것과, BT기술의 지원으로 인간 친화적인 IT를 만드는 것으로 구분되며, IT-NT 융합은 정보통신시스템의 초소형 · 초고속 · 저전력 · 고성능화를 이루기 위해 정보저장 · 처리 · 전송 · 표시 등 각 분야의 기반기술의 일부 또는 전부가 NT(나노기술)로 대체되면서 IT가 발전되는 것을 의미한다.

융합기술이란 목적 · 기능활용 중심의 전통적 기술 범주에서 정보기술(IT) · 생명공학기술(BT) · 나노기술(NT) 등 신기술 간 또는 기존제품 및 산업 간 융합으로 확대한 개념이다. IT - 정보기술은 정보의 생산과 획득, 가공 처리 및 응용에 관련된 모든 기술로 초고속인터넷 · 이동통신 · 광통신 · 홈 네트워크 등 통신기술과 컴퓨터 · 소프트웨어 · 데이터베이스 · 멀티미디어 등 정보기술의 융합에 따른 정보통신기술(ICT : Information and Communication Technology)이 핵심이다.

BT - 생물공학기술은 생명과학기술이라고도 한다. 생물학 연구에서 얻은 앞선 기술과 기기들을 산업에 응용하는 것이다. NT - 나노기술은 10억분의 1 수준의 정밀도를 요구하는 극미세가공 과학기술이다. 이는 기존에 국가가 이미 보유한 강점분야 산업기술에 기술 범위를 접목하는 것이기 때문에 국가별 경쟁력과 차별성을 두면서도 성장이라는 공통의 범위 내에서 교류가 가능한 점이 특징이다.

IT기술은 정보를 생성 · 도출 · 가공 · 전송 · 저장하는 모든 유통과정에서 필요한 기술을 말한다. 현재 우리나라의 IT기술 수준은 SRAM · TFT-LCD · CDMA 등 국가 연구개발사업을 통한 첨단분야에서 세계 최고의 국제경쟁력을 갖춘 기술을 다수 확보하고 있다. IT기술은 21세기 정보화 사회에 필수적인 기술일 뿐 아니라, 기술의 부가가치 및 사회 · 경제적 파급효과가 매우 커서 산업적으로 중요한 분야다. 향후 10년 간 신기술로서 세계시장을 주도할 것으로 전망되고 있다. 이에 따라 경쟁력 유지와 원천기술 확보를 통한 정보기술의 자립을 위한 노력의 필요성이 대두되고 있다.

BT기술은 생명현상을 일으키는 생체나 생체유래물질 또는 생물학적 시스템을 이용하여 산업적으로 유용한 제품을 제조하거나 공정을 개선하기 위한 기술이다. 현대사회가 급속도로 발전되면서 BT기술은 무병장수와 식량문제의 해결 등 삶의 질 향상에 필수적인 기술로 21세기에 고부가가치의 신산업을 창출할 가능성이 높다. 현재보다는 미래에 더욱 각광 받을 것으로 기대되는 BT기술 분야는 2010년경부터는 IT에 이어 차세대 신산업 창출의 원동력이 될 것으로 예측된다. 이에 따라 Platform 기술에 중점을 두고 벤처기업의 역량 강화를 통한 기술개발의 필요성이 제기되고 있다.

NT기술은 물질을 원자 · 분자 크기의 수준(10~9mm)에서 조작 · 분석하고 이를 제어할 수 있는 과학과 기술을 총칭하는 말이다. NT기술은 과학기술의 새로운 영역을 창출하거나 기존 제품의 고성능화에 필요한 기술로, IT와 BT와 함께 21세기의 신산업 혁명을 주도할 핵심기술로 인정받고 있다. IT · BT · ET 관련 신산업 등 거의 모든 산업에 필요한 핵심요소기술인 NT기술은 국제적으로도 아직 개발초기 단계이고, IT와 BT의 기반이 되고 있는 등 기술적 · 산업적 파급효과가 클 것으로 전망되는 분야다.

IT/BT/NT 융합기술의 필요성 현재 전 세계적으로 기술의 융합은 과학기술 분야에서 메가트렌드를 형성하고 있으며 선진국에서는 자국이 보유한 강점 기술을 기반으로 하는 새로운 융합기술의 도출에 주력하고 있다.

기술의 산업화 적용 기간이 짧아짐에 따라 융합기술은 산업적인 측면에서도 블루오션 효과를 가져다 줄 확률이 높으며, 융합기술의 확보수준에 따라 미래 국가경쟁력을 가늠할 것으로 예상된다. 우리나라의 경우 강점으로 평가되고 있는 IT를 기반으로 하여 새로운 융합기술을 도출하고, 이를 성장유지동력으로 하여 BT · NT 등 타 기술의 발전 및 기술융합을 추진하는 실효적인 전략이 요구 된다.

미국 · EU · 일본 등 주요 선진국에서 진행되고 있는 IT 기반 융합기술의 동향과 우리나라 IT 역량을 비교평가 및 분석함으로써 우리나라에 적합한 IT 기반 융합기술 분야 도출하는 전략수립 필요하다.

바이오 융합기술(BT-IT/BT-NT)은 생명공학기술을 바탕으로 생물체의 기능과 정보를 활용하여 인류의 건강과 질병예방 등 간단한 치료에 필요한 물질과 장비를 개발하는 산업이다.

21세기에는 바이오기술(BT)에 나노기술(NT)과 정보기술(IT)를 결합한 바이오 융합기술이 주목 받고 있다. 바이오 융합기술은 기존분야의 기술이 융합되어 새로운 용도와 개선된 효율을 창출하는 기반으로 현재까지 나타나지 않은 새로운 기술을 창출해 낼 수 있다는 것에 의의가 있으며, 현재 경제적 · 기술적 정체상태를 타파할 수 새로운 지평을 열 수 있는 가능성을 지니고 있기 때문에 주목을 받고 있다.

바이오 융합산업은 정보기술(IT)의 활용 및 하드웨어 요소기술과 나노기술(NT)의 미세분야 적용 능력이 결합하여 바이오사업 분야에 새로운 제품 및 산업을 창출하고 기존 분야의 효율을 향상 시키는 미래의 기술 혁신기반이 될 것이다.

바이오기술(BT)은 나노기술(NT)에 기반을 두어 정보기술(IT)을 접목하여 BT-IT-NT를 이용한 융합기술이 핵심이다. 근본적으로는 BT-IT-NT는 서로 관련지어 융합되는 기술로서 IT기술이 접목된 분야로는 바이오 인포매틱스 · 바이오센서&칩 · 바이오컴퓨터 · 생체인식/보호 등이 있고 NT기술이 접목된 분야에는 나노 바이오센서 · 인공조직 · 약물전달 · 바이오생체소재 물질 등으로 구분할 수 있다.

IT · BT · NT 융합의 특징과 기대효과 IT · BT · NT의 특징은 첫째, 융합기술은 전통 · 현재 기술과 달리 다학제적 기술로서 기존 과학기술 패러다임의 변화를 촉진한다. 기술수단의 중복성이 높아지며, 공동의 방법 및 이론이 활용된다.

지식은 다학제적이고 융합되어 기존 영역파괴 및 새로운 영역을 창출한다. 타 분야와 연계된 지식은 독립된 지식보다 고부가가치를 창출한다. 둘째, 산업별 가치사슬의 수평적 통합 및 수직적 확장을 촉진한다. 산업별 가치사슬 내에서 수평적 통합과 더불어 다른 산업의 가치사슬로의 수직적 확장 및 영역을 재구성한다.

IT · BT · NT의 기대효과로는 첫째, IT-BT-NT 융합기술산업 육성을 통해 성장가능성이 큰 융합서비스 및 제품시장 선점으로 차세대 성장동력을 창출할 수 있다. 신기술을 접목시켜 기존 시장을 확장하거나 새로운 시장을 창출하는 것이다. 전반적으로 낮은 수준에 머물고 있는 R&D 투입도를 높이고 IT · BT · NT 등 신기술을 활용하여 새로운 제품이나 서비스를 개발할 수 있다.

둘째, BT · NT 등 신소재 및 부품기술 활용을 통해 IT산업을 고도화하고 생명공학 · 보건의료 · 농림수산 · 환경 등 IT활용분야 확대를 통해 성숙되고 있는 IT기술의 한계를 극복할 수 있다. 한편, 고령화의 진전, 환경문제, 삶의 질 향상 요구 등에 U Healthcare · Well-Being 등에 따른 신기술서비스 수요확대를 통해 적극 대응할 수 있다.

IT와 BT가 결합하면 에이즈 같은 난치병의 치료에도 성과가 있을 전망이다. 줄기세포를 이용한 치료법이 가까운 미래에 에이즈를 치료하는 데 유력한 대안이 될 것이다. 인체에 들어가서 모니터링하고 정보를 저장하는 칩은 이미 만들 수 있는 수준으로 조만간 현실화될 전망이다. 셋째, 새로운 고용을 창출하고 경제 전반에 대한 막대한 파급효과를 기대할 수 있다.

NT/BT/IT/CS의 융합 미국의 '국제전략연구센터'가 내놓은 미래변화예측은 현재 우리가 안고 있는 걱정거리들을 부각시켰다. 가까운 미래에 현재 사용되는 화석연료가 한계에 도달해 환경친화적인 대체에너지 개발이 절실히 요구될 것이며, 물 부족 현상, 인구 노령화에 따른 질병과 건강 문제가 큰 이슈로 제기될 것이라고 내다봤다.

또한 미국 '국가기술 아카데미'는 다양한 분야 전문가들이 모여 21세기 인류의 삶의 질 향상을 위해 해결돼야 할 14가지 도전 과제를 발표한바 있다. 도전과제는 지속 가능성, 건강증진, 행복한 삶, 위험감소 이 네 가지에 초점을 맞추고 있다. 이를 위해 세부적으로는 청정에너지 개발 · 깨끗한 물 확보 · 개인 맞춤형 신약개발 등의 필요성을 강조했다.

이처럼 인류가 당면한 21세기 문제들을 효과적으로 해결하기 위해서는 어느 한 분야 지식만으로는 한계가 있기 때문에 다양한 분야 기술융합이 필수적으로 요구되고 있다. 미래과학기술발전을 예측해 보면 우리의 생활이 앞으로 어떻게 달라질지 전망해 볼 수 있다.

미래를 바꿀 유망신기술 중 하나로 꼽히는 유비쿼터스(Ubiquitous) 기술은 언제 어디서나 통신 네트워크에 연결되어 실시간 정보를 주고받을 수 있는 기술이다. 유비쿼터스 기술이 정착되면 자신의 건강에 관한 정보를 병원에 있는 주치의에게 실시간으로 보내 질병을 초기단계에서 진단하고 치료할 수 있으며 멀리 떨어져 있는 가족의 건강을 원격으로 확인할 수도 있고 유사시 경보시스템을 통해 병원으로 긴급 이송할 수도 있다.

이러한 유비쿼터스 환경을 만들기 위해서는 먼저 작지만 고성능인 통신소자 개발이 전제돼야 한다. 이는 정보통신기술에 나노기술을 활용하여 초소형 통신소자가 개발됨으로써 실현될 수 있다. 또 이러한 소자는 바이오기술을 이용해 인체에서 발생하는 각종 신호정보를 시시각각으로 처리해 건강한 삶을 유지할 수 있도록 도와줄 것이다. 현재 많은 과학자들이 연구하고 있는 바이오칩(Biochip)도 다양한 기술이 융합된 대표적인 예라고 할 수 있다. 바이오칩은 단백질 · 항체 · DNA 등과 같은 생체유기물과 반도체를 구성하는 무기물을 조합하여 반도체 칩 형태로 만든 생체정보감지소자를 말한다.

바이오칩을 이용하면 생명체의 생명현상을 연구하여 신약을 개발하거나 인간의 뇌 기능을 분석할 수 있다. 효과적으로 질병을 진단하고 예측할 수도 있다. 이런 바이오칩을 제조하기 위해서는 나노수준의 유기 및 무기소자의 배열 및 연결에 이르는 전 과정에서 나노기술·바이오기술과 정보기술 등의 융합이 필요하게 된다. 차세대 연료전지와 태양전지 분야에서도 나노기술을 적용하여 기술혁신을 이루는 연구가 활발해질 것이다.

NT/BT/IT/CS 융합기술의 중요성 융합기술의 개념을 2002년 처음으로 도입한 미국의 경우, 융합기술을 '인간의 수행능력을 향상시킬 수 있는 나노기술(NT)·바이오기술(BT)·정보기술(IT)·인지과학(CS) 등 네 가지 첨단기술 간에 이뤄지는 상승적 결합'으로 정의했다. 또 EU는 융합기술을 '중장기적으로 해결해야 할 공통의 목표달성을 위해 서로에게 가능성을 열어주는 기술 및 지식체계'로 정의하고 있다.

종합적으로 융합기술이란 '첨단 신기술 간 상승적 결합을 통해 미래사회 및 국가 차원의 목표 달성을 위해 과학기술적 한계를 극복함으로써 경제와 사회에 혁명적 변화를 추구하는 기술'이라고 정의할 수 있다. 융합기술은 IT혁명 이후 세계경제를 선도할 신기술의 핵심으로 급속히 부상하여 국가경쟁력과 직결되는 과학기술의 중심으로 자리 잡게 될 것이다.

융합기술이 미래과학기술에서 차지할 위치와 중요성은 다음 몇 가지 응용 예를 통해 살펴볼 수 있다. IT와 NT 융합기술 응용의 예는 많다. 자성나노입자의 자기배열을 이용한 컴퓨터 정보저장장치인 초고용량 하드 디스크 드라이브(HDD)의 개발과 탄소나노튜브 및 나노입자에 전하를 저장하여 데이터를 영구적으로 보관할 수 있고, 저전력으로 구동할 수 있는 고용량 비휘발성 메모리반도체 소자개발, 양자점(Quantum Dot)에 저장된 전자스핀을 이용한 초고속 양자컴퓨터 등이 대표적이다.

BT와 IT가 융합된 기술의 응용분야로는 U-헬스케어 서비스개발에 의한 원격지원 의료서비스 제공, e-맞춤형 건강관리, 암의 조기진단이나 핸드폰을 이용한 실시간 혈당측정과 같은 첨단의료서비스와 산업의 예를 들 수 있다.

NT와 BT를 융합하면 바이오칩 개발에 의한 의료진단기술, 나노입자를 이용한 항암치료기술, 나노스케일의 생산공정을 이용한 인공장기생성기술, 식품의 부패정도를 정밀하게 감지해 낼 수 있는 나노센서기술 등이 나올 수 있다.

모두 인류의 건강한 삶을 만드는 데 기여할 수 있는 기술이다. 더 나아가 NT BT IT 세 분야가 융합된 기술로는 인간의 몸 속 구석구석을 돌아다니며 암세포를 공격해 병을 치료하는 초소형 나노로봇의 개발을 들 수 있다. 나노로봇은 인간의 뇌와 신경에 해당하는 논리회로감각기관을 담당하는 각종 센서, 움직이기 위한 구동장치, 그리고 이들을 통합하는 제어시스템이 합쳐져 만들어진 나노스케일의 로봇이다.

유망바이오 융복합산업

줄기세포 산업　신경줄기세포 및 성체줄기세포 기술과 면역기능제어기술을 기반으로 하는 바이오의약품제제 제약산업과 이들 약제를 이용해서 환자를 진료하는 질병서비스 영역의 의료서비스산업으로 구성된다.

① 혁신유형 및 융합기술
- 기술 기반 혁신
- BT · NT

② 경제적 및 기술적 파급효과가 크다.

유전자 및 세포치료 산업　유전자 또는 세포단위에서의 치료기술을 기반으로 하는 바이오의약품 제제 제약산업과 이들 약제를 이용해서 환자를 진료하는 질병서비스의 신개념 치료 영역의 의료서비스산업으로 구성된다.

① 혁신유형 및 융합기술
- 기술기반 혁신
- BT

② 경제적 및 기술적 파급효과
- 2021년 세계시장규모가 210억 USD로 예측
- 고용창출 효과는 10만명 수준

재조합 단백질 의약재제 산업　인간항체제조 · 백신 · 면역기능제어기술 및 유용단백질 소재기술을 기반으로 하는 바이오 의약품 제제 제약산업이다.

① 혁신유형 및 융합기술
- 기술기반 혁신
- BT · NT

② 경제적 및 기술적 파급효과
- 2017년 세계시장규모가 899억 USD
- 이로 인한 고용창출 효과는 50만명 이상의 중규모

맞춤의료산업 표적치료제 기술기반의 제약산업, 분자영상진단기술 기반의 의료기기산업, 맞춤형 진단 및 치료 기술기반의 의료서비스산업, 그리고 인프라 범주의 표적치료제 · 질병진단 마커 · 살아있는 세포 이미징기술 R&BD와 유전체분석 및 진단의 의료정보분석산업을 포함하는 융복합산업으로 기존의 HT산업 전체에 대응되는 새로운 패러다임의 HT산업으로 그 범위가 넓고 구성산업과 요구되는 기술들이 다양하다.

① 혁신유형 및 융합기술
- 기술기반 혁신
- BT · NT · IT

② 경제적 및 기술적 파급효과
- 2015년 미국시장규모가 4,500억 USD
- 이로 인한 고용 창출효과는 250만 명 이상의 대규모임
- 타 기술에 대한 영향력은 분석기술 평균대비 169%, 타 기술을 중개하는 영향력은 93%

바이오마커 산업시스템 생물학과 유전자 및 단백질분석기술로 구성되는 고감도질병 진단마커 기술 기반의 제약 인프라 R&BD 산업이다.

① 혁신유형 및 융합기술
- 기술기반 혁신
- BT · NT

② 경제적 및 기술적 파급효과
- 2018년 세계시장규모가 408억 USD
- 이로 인한 고용 창출효과는 10만명 정도의 소규모
- 타 기술에 대한 영향력은 분석기술 평균 대비 148%, 타 기술을 중개하는 영향력은 142%

나노기기산업 나노바이오 의료센서, 바이오 칩 기술기반의 의료기기산업과 지능형 바이오 MEMS 기술기반의 의료기기 인프라 R&BD 산업으로 구성된다.

① 혁신유형 및 융합기술
- 기술기반 혁신

- BT · NT · IT

② 경제적 및 기술적 파급효과

- 타 기술에 대한 영향력은 분석기술 평균대비 62%, 타 기술을 중개하는 영향력은 118%

의료로봇산업 수술로봇용 햅틱 마스터 인터페이스기술, 초소형 미세수술로봇 표준화기술 등을 기반으로 하는 치료기기 영역의 의료기기산업과 지능형 바이오 MEMS 기술기반의 의료기기 인프라 R&BD 산업으로 의료기기의 자동화와 미세화를 추구하는 의료기기 영역의 산업이다.

① 혁신유형 및 융합기술

- 기술기반 혁신
- RT · IT · BT · NT

② 경제적 및 기술적 파급효과

- 타 기술에 대한 영향력은 분석기술 평균 대비 47%, 타 기술을 중개하는 영향력은 103%

정밀진단 치료기기산업 분자영상진단 · 캡슐형영상진단 · 고해상도생체영상 · 테라헤르츠파응용 등 진단기술과 영상융합정밀치료, 방사선/입자치료 등 치료기술기반의 의료기기산업과 맞춤형진단과 치료를 동시에 수행하는 질병서비스 영역의 의료서비스산업, 살아있는 세포분자 이미징 기술기반 의료기기 인프라 R&BD 산업으로 구성된다. 맞춤의료산업과 유사하게 새로운 패러다임의 HT산업으로 그 범위가 넓고 구성산업과 요구되는 기술들이 다양하다.

① 혁신유형 및 융합기술

- 기술기반 혁신
- IT · BT · NT

② 경제적 및 기술적 파급효과

- 세계시장규모 예측 값의 합이 1,800억 USD 규모
- 이로 인한 고용 창출효과는 250만 명 이상의 대규모

인공장기산업 인공장기 · 인공세포 · 인공혈관 기술기반 생체재료 영역의 의료기

기산업과 장기복제 및 이식기술기반 질병서비스 영역의 의료서비스산업으로 구성된다.

① 혁신유형 및 융합기술
- 기술기반 혁신
- BT · NT

② 경제적 및 기술적 파급효과
- 2017년 세계시장규모가 178억 USD
- 이로 인한 고용 창출효과는 10만명 이하의 소규모
- 타 기술에 대한 영향력은 분석기술 평균 대비 158%, 타 기술을 중개하는 영향력은 120%

U-Health산업 착용형 생체계측시스템 기술기반의 진단기기 영역의 의료기기산업, 실시간 의료정보 증강현실 및 의료영상기반 협력 · 증강현실 기술기반의 의료정보통신 인프라산업, 생체신호인터페이스 기술기반의 의료기기 인프라 R&BD 산업으로 구성된다.

① 혁신유형 및 융합기술
- 소비자 중심적 혁신
- IT · BT · NT

② 경제적 및 기술적 파급효과
- 고용 창출효과는 150만 명 정도로 대규모임
- 타 기술에 대한 영향력은 분석기술 평균 대비 35%, 타 기술을 중개하는 영향력은 207%

모바일 헬스케어 모바일 헬스케어 애플리케이션의 주요 트렌드 중 하나로 SNS와의 결합을 들 수 있다. 헬스케어 서비스를 소셜화 할 경우 개별 이용자의 능동적 참여 및 이용자 간 협력을 유발함으로써 한층 개선된 서비스를 제공하게 될 가능성이 높기 때문이다. 즉 소셜기술 도입을 통해 즉시성 · 투명성 · 개방성 · 이용자 간 연결성(connectedness) 등의 측면에서 보다 개선된다. 혈당 · 혈압 · 심박수 등 수치화가 가능한 신체건강지표를 스마트폰 앱을 통해 측정할 수 있는 기능을 제공하거나 카메라 등 스마트폰 단말 자체에 기반을 둔 부가기능을 더하여 신체의 특정부위나 현상을 기록한다.

① 혁신유형 및 융합기술
- 소비자 중심적 혁신
- IT · BT · NT

② 경제적 및 기술적 파급효과
- 글로벌 모바일 헬스케어 시장규모는 증가할 것으로 전망
- Global Data의 조사에 따르면 모바일 기기, 애플리케이션을 포함한 모바일 헬스케어 기술시장은 2020년에 2,080억 달러 규모로 급성장
- 모바일 헬스케어시장은 1년에 약 44%씩 성장

인공지능 · 의료바이오 최근 인공지능은 의료산업의 4차 산업혁명으로 인한 변화를 가져올 핵심동인으로 주목받고 있다. ICT 뿐만 아니라 디지털 케어 및 바이오 공학이 인간의 건강수준을 한 차원 더 높일 수 있는 블루오션으로 주목받고 있으며, 특히 인공지능이 적용되는 의료 · 바이오 분야의 미래는 예측하기 어려운 발전을 거듭하고 있다.

블록체인(Block chain) 블록체인은 건강 데이터를 쉽게 집계하고 자동화되며 오류가 없는 방식으로 안전하게 공유할 수 있는 강력한 솔루션으로 부상하고 있다. 환자와 의료 관계자 간의 스마트계약(Smart-contracts)은 임상연구의 중요한 동인요인으로 작용한다. 환자는 자신이 선택한 의사 및 연구원과 자신의 데이터를 보다 쉽게 공유할 수 있다. 블록체인을 사용하면 환자는 건강과 복지에 대한 통제력을 강화할 수 있으며, 회사는 개인정보 제어 및 데이터 보안을 향상시킬 수 있다.

의료사물인터넷(Internet of Medical Things : IoMT) 의료사물 인터넷은 개인의 건강과 의료에 관한 정보 · 기기 · 시스템 · 플랫폼을 다루는 분야로서 항상 연결된 환경에서 개인맞춤형 건강관리서비스를 제공한다.

의료기기 데이터 및 연결성을 지원하는 시스템 및 소프트웨어의 발전과 함께 연결된 의료기기 수가 증가하면서 IoMT가 탄생하게 된다. 웨어러블 및 연결된 이식형 의료기기와 원격건강모니터링 기기를 통해 중요한 데이터를 환자의 집에서 병원이나 임상의에게 직접 전송할 수 있을 뿐만 아니라. 또한 이러한 장치의 활용으로 상당한 비용절감 및 운영효율성을 위한 잠재적 문제를 감시하고 사전 예방적 처리도 가능하다.

글로벌 IoMT 시장은 2017년 412억 달러에서 2022년 1,581억 달러로 증가할 전망으로 이중 연결된 의료기기(환자 진단, 모니터링 및 치료를 돕는) 부문은 2017년

149억 달러에서 2022년 522억 달러로 증가할 것으로 예상되고 있다.

DIY 진단 및 가상진료(DIY diagnostics and virtual care) DIY 진단 및 가상진료는 가정에서 진단속도를 높이고 건강코칭 및 모니터링을 지속적으로 제공할 수 있어 건강관리를 향상시킨다. 보다 정교해진 건강관리도구는 빠른 진단 · 건강코칭 · 치료계획 준수에 영향을 줄 수 있는 라이프 스타일 변화를 인식하여 건강결과를 향상시킨다. DIY 진단테스트는 저소득층이나 농촌지역 소비자가 의사나 병원 방문이 필요한지를 판단하는 데 도움이 될 것으로 기대된다.

의료 빅데이터 플랫폼 의료 빅데이터는 4차 산업혁명시대의 핵심자원으로 주목받고 있다. 특히, 클라우드나 인공지능 등 신기술을 접목한 데이터 수집은 신산업 육성에 필수적인 요소로 손꼽힌다. 의료 빅데이터는 의료정보를 분석 해 미래 질병을 예측할 수 있는 시스템으로써 DNA연구 분야에서도 활발하게 적용되고 있다.

고도화된 IT기술과 융합을 통해 수요자 관점에서는 개인맞춤형 진료, 공급자 관점에서는 환자의 안전증진과 의료서비스 질 향상, 정부 관점에서는 의료비 증가와 의료형평성 이슈에 대한 대응전략 수립에 널리 활용할 수 있을 것으로 기대되고 있다. 이렇게 빅데이터의 잠재적 가치를 현실화하기 위해서는 단일 기관의 데이터 활용뿐 아니라 기관간의 데이터 연계를 통해서 더 큰 가치창출이 가능하다

정부는 2025년까지 유전체 등 바이오, 병원 임상기록, 공공보건의료데이터 중심으로 3대 원천데이터 플랫폼을 완성하기로 했다. 또 위암 등 한국인에게 자주 발생하는 암 임상정보를 빅데이터로 만드는 'K-Cancer(캔서 · 암)' 사업을 추진한다. 이 사업을 순조롭게 마무리하면 'K-심뇌혈관'과 'K-호흡기(신종감염병 포함)' 등 또 다른 빅데이터도 구축키로 했다.

3D 바이오프린팅 3D 바이오프린팅은 입체설계도를 기반으로 플라스틱 · 나일론 등의 소재로 제품을 만드는 3D 프린팅기술을 바이오분야에 응용한 것이다. 가장 핵심이 되는 부분은 살아있는 세포를 '바이오잉크로 사용한다는 점이며, 이를 통해 인체 보형물부터 인공장기까지 생산하여 미래의료의 모습을 바꿀 것으로 기대되고 있다.

현재는 주로 치과 임플란트 · 틀니 · 보청기와 같은 신체보조기기와 의족과 의수 · 인공뼈와 인공관절 등의 제작사례가 들려오고 있다. 특히 보청기의 경우 현재 3D 프린터로 제작된 수가 약 100억 개를 기록하며, 기존 의료용 신체보조기기의 시장 역시 판도를 바꿔나가고 있다.

성형외과에서의 활용도 눈에 띈다. 종양제거수술로 움푹 가라앉은 공간에 3D 프린터로 제작한 인공광대뼈 보형물을 이식하고, 티타늄 재질의 두개골 보형물의 수술이 가능하다. 또한 영아의 기관지를 대체할 수 있는 PCL 소재의 특수 디바이스와 각각 두개골과 턱뼈를 대체하는 티타늄 소재의 임플란트를 제작하여 수술에 성공하고 있다.

이외에도 의수 · 생분해성 인공뼈 · 선천성심장병 환자용 인공혈관의 제작 및 이식 기술 등 헬스케어 산업 시장에도 혁신의 바람의 불어오고 있다.3D 바이오프린팅 기술이 단순세포를 쌓아올리는 기술이 아니라 생명과학과 의료 등 여러 분야와의 융합을 통해 바이오산업 자체를 쌓아올리고 있다고 할 수 있다.

5 농업분야의 융복합

농업에서도 4차 산업혁명의 주역인 IoT · AI · 빅데이터 등의 기술이 농업 현장에 빠르게 접목되고 있다. 농업의 4차 산업혁명은 생산부터 소비와 농촌분야까지 로봇 · 인공지능 · 빅데이터 등의 기술이 접목되어 기계화 · 첨단화가 급속히 진행되고, 분야 간의 유기적 연결로 획기적인 효율성의 제고뿐만 아니라 새로운 가치창출이 가능하다. 미래 농업은 시스템으로 연결되어 인공지능 · 빅데이터 등이 결합해 자율운영되는 첨단산업으로 진화할 것이다.

농업분야에서는 사물인터넷(IoT)과 인공지능(AI)을 접목하여 최적의 재배환경조건을 갖춘 스마트 팜이나 식물공장을 건설하여 안전하고 손쉽게 식물을 재배하고 있으며, 향후 수집된 생육과 환경 빅테이터와 시장선호도를 종합적으로 분석하여 시장수요까지 미리 예측할 수 있을 것으로 전망되고 있다. 또한 농약살포 드론 · 무인트랙터 자동수확기 등 지능형 농기계와 농업 · 축산용 로봇이 상용화되면 고령화로 인한 노동력 부족현상도 해결할 수 있을 것이다.

농식품 유통 · 소비분야에서는 모바일 및 정보통신 융복합기술(ICT) 인프라를 활용하여 소비자의 수요에 즉각적으로 대응하는 온디맨드(On-demand) 서비스를 확대해 나가고 있다. 빅데이터 분석결과를 활용하여 농산물 출하량을 조절하고, 소비자 식생활을 고려한 개인맞춤형 주문시스템을 통해 소비자 개개인의 편의도 반영할 수 있게 된 것이다. 또한 O2O(Online to Offline)서비스를 확대하여 소비자와의 직거래를 촉진하고, 전자거래 · 이력추적 · 위해요소 차단 등이 가능한 스마트 산지유통센터를 통하여 새로운 농산물유통체계를 확대해나갈 전망이다

스마트 농업 농업과 ICT를 결합하여 디지털 농업 · 지능형 농업을 구현하는 스마트 농업은 전 세계적인 추세이다. 스마트농업이란 농업에서 ICT 등의 첨단기술이나 로봇기술을 활용해 효율성 및 품질 향상을 목표로 하는 농업을 의미하며, 최근 일본에서 급속히 개발이 진행되고 있다. 일본에서 스마트농업이 요구되고 있는 배경에는 다음의 2가지 구조적인 변화가 진행되고 있는 것을 들 수 있다. 먼저 첫째로, 농업인구의 감소와 고령화가 진행되고 있는데 있다. 둘째, 농업인구 수의 감소와 더불어 농업 종사자의 평균연령도 상승하고 있다. 결론적으로 이농자의 증가와 농가 수의 급격한 감소 및 고령화 진전에 의해 농업의 생산성 향상이 매우 중요한 과제가 되고 있어 스마트농업이 요구되는 사유가 되고 있다.

스마트 팜 스마트 팜이란 발전한 정보통신기술을 기반으로 하여 물리적 · 시간적 한계에 구애되지 않고 작물과 가축의 생육정보 및 환경정보 등에 대한 정확한 데이터를 기반으로 작물이나 가축의 생육환경 점검을 통하여 적기 처방을 함으로써 노동력과 에너지, 양분 등 투입요소를 종전보다 덜 투입하면서도 더 많은 농산물을 산출해내고자 하는 생산성 및 품질제고를 가능하게 만들어주는 농업을 의미한다고 할 수 있다.

광의의 스마트 팜이란 생산 · 유통 · 소비 등 농 식품의 가치사슬을 ICT에 융복합하여 생산의 정밀화 · 유통의 지능화 · 경영의 선진화 등 새로운 가치를 창출하는 것을 의미한다고 할 수 있다. 또한 스마트 팜은 사물인터넷과 기계화를 활용한 농업생산 뿐 아니라 POS-Mall을 통한 전자상거래 유통, RFID에 기반 하여 이루어지는 농산물 이력추적관리까지 다양한 분야에서 스마트 팜의 개념이 활용되게 된다. 뿐만 아니라 농촌생활 그 자체에 대해 u-농촌관광 등과 같이 GIS/GPS 기반 체험정보, 주말농장 정보 등을 제공하는 것도 이에 속한다. 스마트팜은 농업과 ICT의 융복합을 통해 좁게는 농업의 생산 분야에서, 넓게는 생산뿐만 아니라 유통과 소비를 포함한 농업과 관련된 다양한 분야로 새로운 가치를 창출하는 것을 의미한다.

① 일반적으로 ICT를 비닐하우스 · 축사 · 과수원 등에 접목하여 원격 · 자동으로 작물과 가축의 생육환경을 적정하게 유지 · 관리한다.
② 작물의 생육 및 환경 정보 등에 대한 정확한 데이터를 기반으로 장소와 시간의 제약 없이 작물과 가축의 생육환경을 점검하고 적기에 처방함으로써, 노동력 · 에너지 · 양분 등을 종전보다 덜 투입하고도 농산물의 생산성과 품질 향상이 가능하다.
③ 생산뿐만 아니라 유통 · 소비 · 농촌생활에 이르기까지 다양한 영역에서 ICT기술 접목을 통해 새로운 가치 창출이 가능하다.
④ 데이터 기반으로 기존의 생산 자동화 · 효율화를 넘어서 농가를 네트워크로 연결하여 1분 단위로 환경정보와 제어정보를 축적하고, 주 단위로 측정된 생육정

보를 함께 분석한다. 클라우드 기반으로 축적된 정보를 딥러닝으로 분석·발전시켜 작물 생산량을 예측하고, 작물별로 최적화된 생육환경을 제공함으로써 농업경영체 전반의 경영개선을 이룰 수 있을 것이다.

농업 융복합 주요기술 농업의 제4차 산업혁명과 관련하여 활용되어지는 융복합 주요기술로는 다음의 것들이 있다.

빅데이터(Big Data) 농업분야에도 빅데이터(Big Data) 시대가 열리고 있다. 농업분야 대기업들은 트랙터 등 다양한 농기구·기상대·국제곡물시장 등 농업과 관련된 모든 정보망을 연결해 빅데이터시스템을 구축하고, 농경지에서 생산성을 높이는 한편 시장상황에 맞는 마케팅을 펼치고 있다. 토양상태·작물의 생장상황·일기예보·심지어 지난 수십 년 간의 기후변화 도표에 이르기까지 없는 것이 없다. 이전에 볼 수 없었던 폭넓은 내용의 정보들이 손쉽게 전달되고 있어 고급 정보들을 다양하게 활용하고 있다. 그리고 기후상황에 맞춰 이앙 심도를 조절하거나, 작물 재배간격을 조정해가면서 수확량을 증산하고 있다. 이 빅데이터 농업시스템이 목표로 하고 있는 것은 보다 양질의 농산물을 대량 생산하기 위한 것이다.

농업분야에서 빅데이터를 활용할 수 있는 콘텐츠개발과 인프라를 조성한다면 센서와 드론 등의 장비활용과 방대한 데이터를 이용하여 병충해 진단이나 생산량 예측·농작물의 생육관리·계획·품질예측을 하여 최상의 조건에서 경쟁력 있는 품질생산에 일조 할 수 있다.

인공지능(AI) 유엔개발프로그램은 기후변화로 인한 작물 모니터링·해충 및 기타 피해방지를 위한 소프트웨어·플랫폼·운영 및 관리에 농업을 위한 인공지능 기술 솔루션에 지속적인 관심과 투자를 하고 있으며, 글로벌 농업 및 AI 전문가들은 인공지능이 농업에서 가장 핵심적인 그슬로 작용하고 기여할 것으로 전망하고 있다.

농업용 로봇 농가인구의 지속적인 감소와 고령화, 출산율 저하로 일할 사람은 감소되어 농사일에 차질이 생기는 것은 현실적인 문제이다. 이를 해결하기 위해 인력을 아낄 수 있는 스마트한 농기계를 발명하고 로봇을 활용하는 방법이 연구되고 진행되고 있다. 농업용 로봇은 농업생산에 이용되는 복수의 자유도를 가지고 농작업을 수행하며, 판단기능을 통해 시스템을 자동제어해 일련의 농작업을 스스로 수행할 수 있는 자주형 로봇이다

① 무인주행 농작업 트랙터 : 위성항법시스템(GPS)과 카메라를 탑재한 무인주행 농작업 트랙터를 개발해서 인력을 대체하여 농작업을 효율적으로 진행할 수 있다. 무인자율주행트랙터는 GPS 등을 이용한 위치인식 시스템과 작업경로 생성 및 추종알고리즘이 트랙터 제어시스템과 연동되어 트랙터가 무인 자동으로 경운 · 정지 등의 농작업을 수행함으로써 정밀농업기술을 통한 고효율의 농작업이 가능하다.

② 시설화훼자율운송로봇 : 다중경로자율주행이 가능한 농업용 이송로봇으로 위치인식을 통한 작업자 추종 구동제어시스템을 탑재하여 작업자가 불필요한 이동 없이 시설화훼의 채집이 가능하고 200kg 이상 고중량의 채집된 화훼집단을 집하장소까지 자율 운송함으로써 작업자의 편의성 및 생산성을 높일 수 있는 로봇이다

③ 분화류 이식 작업로봇 : 묘판에 파종되어 어느 정도 자란 어린 묘를 규격이 큰 화분으로 옮겨 심는 로봇으로 모든 작업을 자동으로 진행하여 노동력을 절감하고 시간을 단축시켜 작업을 효율적으로 함으로써 높은 경제적 · 사회적 효과를 낼 수 있다.

④ 무인 이양기 : 논의 형상을 측정하여 컴퓨터에 논의 네 모서리 위치를 입력하고 작업경로를 작성한다. 작업을 시작하면 이양기는 정해진 경로를 따라 주행을 하도록 이양기에 탑재된 컴퓨터가 GPS 와 자세측정장치의 신호를 처리해서 조향장치 · 변속기 · 이식장치를 조작한다.

사물인터넷 하드웨어 기반 농업 사물인터넷 스타트업으로 사람들이 식물을 쉽고 재밌게 재배할 수 있게 도와주는 서비스를 하드웨어 타입의 플랜티와 식물재배일지 앱이다. 플랜티는 사물인터넷을 적용한 화분으로 조도 · 습도 등을 체크하는 센서가 화분에 들어가 있다.

그로인하여 식물이 자라는데 중요한 요소들을 트래킹 할 수 있으며, 와이파이를 통하여 측정한 데이터의 상호교환이 이루어 질 수 있다. 또한, 식물 재배일지 앱 라이프는 전문적으로 작물을 재배하는 사람들에게 중요한 일지 모바일로 옮겨 사진 및 날씨 · 일조량과 같은 정보들을 손쉽게 기록할 수 있다.

지금까지 IT기술과 동떨어져 있던 농업에 사물인터넷이라는 새로운 방식으로 접근하였다. 특히 농업은 우리가 살아가는데 있어서 아주 밀접한 관계를 가지고 있다. 지금까지 기술의 발전에 소외받던 농업에 새로운 활력을 불어 놓은 플랜티는 아직은 화분으로 활용도가 제한되어 있지만, 앞으로의 농업분야에서 이와 같은 기술이 적용된다면 그 발전 가능성은 무수히 많아 질 것이다.

3D 프린팅 3D 프린팅기술은 3차원 상태의 물건을 출력해 내는 기술과 이를 구현하는 기계를 의미한다. 기존의 프린터는 2차원의 평면에 그림을 그려냈지만, 이제 우리의 과학기술은 3차원 상태의 물건을 그려내듯 만들 수 있다. 이러한 3D 프린팅 기술을 사용해 다양한 미술품·공구·그릇·장난감·심지어는 자동차나 음식까지 만들어 낼 수 있다는 정보들이 소개된다. 3D 프린팅기술은 농업분야에서도 매우 다양하게 이용될 수 있다.

첫째, 각 농작업 환경에 맞는 맞춤형 도구의 제작이 가능해질 것이다. 예전에는 기술이나 외부의 도움으로 도구를 생산하고 사용했지만, 이제는 특별한 지식이 없을지라도 온라인상의 정보교류를 통해 자신들의 작업에 특화된 도구나 장비들을 생산하고 사용할 수 있을 것이다.

둘째, 바이오 물질을 이용한 3D 바이오프린터는 농업 생산품의 판로와 식품업계에 변화를 가져올 것이다. 최근 바이오프린터를 사용하여 생체 장기나 식용 고기를 생산할 수 있다. 즉 적층하는 물질로 어떤 것을 사용하느냐에 따라 다채로운 물건을 생산할 수 있다. 이러한 환경이 된다면 바이오물질을 생산하는 농업분야가 생겨날 것이고 이를 소비하는 새로운 소비층의 발생이 예상된다.

셋째, 농촌 주민의 삶의 질을 향상할 수 있을 것으로 예상된다. 농촌지역에서는 각종 필요한 재화를 구매하기 위해 도시지역보다 상대적으로 먼 거리를 이동해야하는 불편함이 있다. 만약 3D 프린터의 발전과 보급을 통해 농촌가정에서 혹은 마을에서 동일한 재화를 생산하고 얻을 수 있다면 낙후된 농촌지역 주민의 삶의 질은 향상될 것으로 예상된다.

위에서 언급한 사례 말고도 3D 프린팅 기술은 더욱 무궁무진한 확장성을 보여줄 것으로 예상된다. 이미 세계 유수의 대학과 농업 관련 기업들에서는 관련 분야에 중점적으로 투자하고 있으며 원천기술을 보유하고 있다. 우리나라에서도 상용화된 3D 프린터를 생산하고 있지만 아직 다양한 분야에서의 접목은 미흡한 실정이다.

농업용 드론 농업용 드론을 활용해 벼 직파·이모작 조사료 파종·시비·제초제와 농약살포 등을 할 수 있다. 직파의 경우, 규산 또는 철분으로 코팅한 볍씨를 농업용 드론을 활용해 직파하게 된다. 농업용 드론으로 방제를 하게 되면 일반적으로 2인이 1시간가량이 걸리는 3,000평 규모의 방제작업을 1인이 5분 만에 수행할 수 있다.

03 미래전략산업

4차 산업혁명이 주도하는 환경변화에 더욱 민첩하게 대응하여 원천기술의 수준을 제고하고 융·복합 제품을 개발하는 것이 기업경쟁력 제고의 핵심임은 물론 산업 및 국가경쟁력 확보에 필수 불가결한 요소가 될 것이다. 또한 전략산업을 중심으로 제품 포트폴

신성장산업	최근 성장 영향요인	비 고
전기차(EV)	• 환경규제강화 대응 및 보조금 • 충전소 확대 등 인프라 확충 • 시장선점 경쟁을 위한 투자확대	전체자동차시장 내 비중: '20년 3.6% → '21년 4.5%로 상승(삼성증권)
개인용/ 가정용 로봇	• 재택근무 · 고령화 · 개인화	신체보조용 시장의 본격형성
전문서비스 로봇	• 현장 자동화, 일손부족, 전자상거래 활성화, 의료서비스	물류자동화 추세, 고부가가치형
드론	• 개인용에서 감시측량 · 배송 등 상업용으로 수요가 빠르게 확산	규제정비 및 응용분야의 시장잠재성
AR · VR	• 비대면 수요증가 • 타 산업 응용분야 확산	기술진보와 수요확대의 시너지
바이오의약 · 헬스	• 신약 및 코로나치료약 개발 활발 • 비대면 의료 서비스 확산	바이오 신약 개발경쟁, 코로나19 환경
시스템 반도체	• 5G스마트폰 · 자동차시장의 수요 • 디지털전환(DX), 데이터센	수요산업에서의 신기술 제품 보급 확대
첨단소재	• 자동차의 경량화/친환경화에 따른 경량소재 · 배터리소재수요 증가	수요산업 환경변화
인공지능	• AI 적용분야의 확산가속화 : 의료 · 보건 · 물류 · 배송 · 금융 · 비대면	AI 플랫폼 · AI 기술개발
이차전지	• EV용 배터리의 초고속성장 • 환경규제 강화	21년 전기차 판매량은 전년 대비 3% 이상 증가
스마트홈	• 가정내 설비 · 기기의 네트워크화	스마트화

자료출처 : 한국산업연구원

리오를 고도화하기 위해서는 전략산업에 적합한 생태계를 조성하는 것이 무엇보다 중요하다. 빅데이터 · 인공지능 · 사물인터넷 등과 같은 산업과 사회전반에 미치는 파급력이 큰 새로운 혁신기술의 등장도 이어질 것이다. 사회발전에 따른 새로운 수요에 대응하여 미래의 산업도 여러 형태의 융합이 주도하면서 계속 탄생할 전망이다. 산업환경의 급변 및 기술의 혁신 및 진보 속에서 우리나라 경제가 현재 직면한 가장 큰 과제의 하나는 미래의 성장을 담보할 먹거리를 확보하는 일이다. 우리나라가 잠재력을 갖추고 잘할 수 있는 영역을 선택과 집중전략으로 육성할 필요성이 있다.

1 전기차

최근 자동차 산업의 트렌드로는 화석연료 사용을 배제한 전기차(EV), 연료 전지차(FCEV) 등의 개발과 내연 기관과 전기차의 특성을 융합한 하이브리드 차량(HEV) 보급을 들 수 있다. 휘발유 · 경유 등 석유제품을 사용하지 않고 전기를 동력으로 구동시키는 자동차들은 이미 양산단계에 이르러 빠른 속도로 확산되고 있으며, 향후 미래의 자동차로 자리매김할 것이 분명해 보인다.

전기차의 유형 기본적으로 전기자동차는 3가지 유형으로 구분할 수 있다. 하이브리드 전기자동차 · 플러그인 하이브리드 전기자동차 · 배터리 전기자동차의 3가지 유형이 있다. 이러한 전기자동차는 모두 동력을 얻기 위해 전기를 사용하지만 작동방식에 차이가 있다.

하이브리드 전기자동차(HEV) 하이브리드 전기자동차는 통상적으로 "하이브리드" 라고 불린다. 하이브리드 전기자동차는 기존의 내연기관과 전기추진 시스템을 결합한 구조로 작동한다. 대부분의 동력은 전형적인 내연기관을 통해 얻고, 연료의 경제성을 높이는 목적으로 전기모터가 보조시스템으로 사용된다. 하이브리드는 외부전원에 연결하여 충전할 수 없기 때문에 내연기관과 회생제동시스템을 사용하여 내부배터리를 충전한다. 그리고 대부분의 하이브리드는 전기배터리만으로는 자동차를 작동할 수 없다.

플러그인 하이브리드 전기자동차(PHEV) 일반 하이브리드차량과 플러그인 하이브리드 전기차의 가장 큰 차이점은 배터리용량과 외부전원을 통한 충전가능 여부이다. 일반적으로 플러그인 하이브리드의 경우 일반 하이브리드보다 배터리용량이 더 크고,

외부전원 플러그를 꽂으면 충전할 수 있다. 플러그인 전기자동차는 차량 배터리가 더 크기 때문에 내연기관의 도움 없이 일정기간 동안 자동차를 추진할 수 있다.

플러그인 하이브리드의 경우 전기배터리 용량을 초과하지 않는 범위 내에서는 마치 테슬라 전기차처럼 운전할 수 있지만 필요할 때 내연기관을 사용할 수 있다. 플러그인 하이브리드 전기자동차는 외부 전원을 통해 충전하지 않으면 기존 하이브리드 전기자동차처럼 내연기관을 작동시켜 내부 배터리를 충전한다. 따라서 어떤 이유로 운전자가 충전케이블 연결하는 것을 잊어버리거나 충전기가 없는 곳으로 여행을 가더라도 전혀 문제가 되지 않는다.

배터리 전기자동차(BEV) 일반적으로 우리가 전기자동차라고 하는 것들은 배터리 전기자동차를 의미한다. 하이브리드 및 플러그인 하이브리드와 달리 배터리 전기자동차는 온전히 배터리로만 구동된다. 이것은 배터리 전기자동차의 가장 큰 장점이 된다. 왜냐하면 배터리로만 구동되기 때문에 기존 내연기관 자동차 대비 사용되는 부품이 1/3 수준이다. 이로 인해서 유지관리비가 거의 들지 않는다. 또한 오일교환도 필요가 없을 뿐더러 연료가 되는 전기비용도 가솔린 또는 디젤가격에 비해 적기 때문에 전체적으로 유지비용이 매우 적게 든다.

2차전지 이러한 전기동력 자동차에 필수적으로 사용되는 것이 바로 2차전지이다. 자동차가 이동하는 데 필요한 에너지를 전기 상태로 저장하는 2차전지는 니켈전지 · 리튬전지 등이 주로 사용되고 있는데 이러한 2차전지의 핵심적인 소재 역시 화학산업에서 제공한다. 이는 2차전지의 기본원리가 전기화학반응에서 비롯되기 때문이다.

전기에너지를 화학에너지로 변환시켜 저장하고, 다시 화학에너지를 전기에너지로 변환시켜 사용하는 구조에서 필수적으로 화학소재가 사용되는 것이다. 글로벌 화학기업들은 2차전지 핵심소재인 양극재와 음극재 · 전해액 · 분리막 등 소재부문에 대한 투자를 확대하고 있다.

2차전지 핵심소재 전기차에는 보통 리튬이온전지가 사용되는데 이는 리튬이온과 전자가 이동하면서 배터리의 충전 · 방전이 이뤄지는 원리이다. 과거에 쓰이던 니켈수소전지보다 무게가 가볍고, 에너지 밀도가 크면서 전압 세기가 크기 때문에 노트북과 휴대전화 등에도 사용된다. 리튬이온전지에서 양극은 리튬과 코발트 · 망간 등을 섞어 제조하며 음극은 흑연으로 만든다. 분리막은 플라스틱의 일종인 폴리에틸렌을, 전해액은 리튬염을 기름성분에 녹여 만든다.

리튬이온 2차전지의 구성물질 중 분리막은 양극과 음극의 물리적인 접촉에 따른 전기적 단락(短絡)을 방지하고, 분리막에 있는 기공(미세구멍)을 통해 리튬 이온을 자유롭게 이동시키는 역할을 수행하며, 전지의 안전(단락방지)과 성능(리튬이온이동)을 좌우하는 중요한 요소다.

2차전기의 기본원리　리튬이온전지에 전기를 가하면 리튬은 리튬이온과 전자로 분해된다. 전기화학적 산화-환원 반응을 통해 발생하는 이온의 이동으로 전기가 발생되며, 그 반대과정을 통해 충전이 이뤄진다. 음극에 있던 리튬이온이 빠져나와 전해질과 분리막을 거쳐 양극으로 가는 현상이 방전이며 반대가 충전이다. 방전을 통해 에너지가 발생하는 것은 리튬이온과 전자가 다시 양극으로 이동하려는 힘을 이용한다.

리튬이온은 다시 전해질을 따라 분리막을 통과해 양극으로 이동하고, 전자는 전선을 따라 양극으로 이동한다. 전기차 회사들은 화학기업이 만든 리튬이온전지를 수백·수천개 결합해 자동차 배터리로 만든다. 배터리를 만드는 화학기업은 양극과 음극에 들어가는 성분들을 어떻게 차별화할지 뿐만 아니라 성능과 안전·가격 등 세 가지에 초점을 맞춰 연구개발을 진행 중이다.

특히 양극재에 들어가는 고가의 코발트 등 희유금속을 니켈, 망간과 섞어서 사용하는 등 배터리 4대 소재(양극재, 음극재, 전해액, 분리막)의 혁신으로 가격을 낮추기 위한 다양한 연구개발을 진행 중이다. 전기차를 폐차할 경우 배터리는 수거해 에너지저장장치(ESS) 등 다른 용도로도 사용이 가능하다. 가격의 경우 현재 배터리는 전기차 가격의 20~30%를 차지하고 있기 때문에 전기차 대중화를 위해서는 배터리 가격을 낮추는 것이 무엇보다 중요하다.

2 지능형 로봇

로봇공학(Robotics)은 로봇에 관한 과학이자 기술학이다. 로봇공학자는 로봇을 설계·제조하거나 응용분야를 다루는 일을 한다. 로봇학은 전자공학·역학·소프트웨어 등 관련 학문의 지식을 필요로 하며, 여러 유관분야의 다양한 종류의 지식의 도움을 받는다.

로봇의 정의　로봇의 개념은 고대 신화시대부터 있었으며 현재도 소설이나 만화 등에서 널리 쓰이고 있기 때문에 누구라도 로봇에 대해서는 어떠한 이미지를 가지고 있는 반면 로봇기술은 급속히 진보하여 발전해 가고 있기 때문에 로봇이라는 말이 나타내는 기술개념이 현시점에서 계속 변화하여 확대해 가고 있다.

일본 동대의 와타나베 교수는 자기 자신이 움직일 것, 패턴인식이 가능할 것, 자유도가 매우 클 것, 피드백이 가능할 것, 피드포워드(feedforward)가 가능할 것을 들고 있다. 반면, 동공대의 무리 마사 교수는 범용성 · 이동성 · 개체성 · 자동성 · 노예성 · 지능성이 요구되며 특히 자동성 · 이동성과 개체성은 로봇의 불가피한 필요조건으로 하고 있다.

또한 와세다 대학의 가토오 교수는 의식하는 뇌 · 작업하는 손 · 이동하는 다리가 로봇의 3요소이며 이것이 하나의 개체로서 묶어져서 이들을 연결하는 기관으로서 원격수용기(입 · 귀 등에 해당) · 접촉수용기(피부감각에 해당) 등의 외계수수 장치와 고유각 · 평형각 등의 내부 정보수집 장치가 필요하다고 한다.

로봇 주변 기술의 발전 모든 기술이 마찬가지이겠지만 현재의 로봇기술도 독자적으로 발달되어 온 것은 아니다. 로봇기술에 앞서서 몇몇 로봇을 위한 기술요소가 발전되어 왔다. 그것은 컴퓨터의 발달, 자동화와 NC 공작기계기술의 확립, 의수의 진보, 원자로용 마스터-슬레이브 매니퓰레이터기술의 확립 등이다.

산업용 로봇과 지능로봇의 출현

산업용 로봇(Industrial robot) 산업용 로봇이란 산업시스템 등에서 실용적으로 이용되는 로봇이다. 최근에는 자동차 등 사람의 발에 상당하는 것도 있으나, 일반적으로는 사람의 손에 상당하는 로봇 팔을 가리킨다. 지능로봇 등에 대립하는 것으로 동작의 유연성이나 섬세성은 부족하다. 요구되는 작업의 복잡성에 따라 6자유도를 지닌 관절형을 비롯하여 기본적으로 2자유도이고 수평운동을 주체로 하는 스칼라형 등 많은 종류가 제작되어 있다.

자동차 차체의 스폿용접이나 도장, 차체의 조립 등의 복잡한 동작을 요구하는 것을 제외하고는 2자유도 정도의 것이 압도적으로 많다. 전기 · 전자제품의 조립로봇 등이 대표적이다. 제어방식으로는 고정 시퀀스동작을 하는 것, 티칭 플레이백 방식에 의한 것, 컴퓨터 시뮬레이션에 의거하는 오프라인 프로그래밍 방식의 것 등으로 나눌 수 있다. 뒤의 것 일수록 유연성이 높은데 현재는 티칭 플레이백 방식이 일반적이다.

지능로봇(Intelligent robot) 지능로봇이란 목적이 일정하고도 정확하게 주어지면 그것을 달성하기 위하여 필요로 하는 작업 · 조작 및 그 실행 순서를 자체 내부에서의 정보처리에 따라 도출하고, 그것에 따라서 작업을 하여 목적을 달성하는 로봇을 말한다.

3 인공지능

지능(Intelligence)이란 문제가 주어졌을 때 합리적인 사고를 통해 문제를 해결하는 인지적인 능력과 학습능력을 포함하는 총체적인 능력이라고 할 수 있다. 즉 본능에 따라 자동적으로 임무를 수행하는 능력이 아니라 생각하는 과정을 통해 임무를 수행하는 능력을 의미한다.

이러한 지능에 대한 정의를 바탕으로 인공지능을 정의한다면 기계가 주어진 문제를 합리적인 사고를 통해 문제를 해결하는 인지적인 능력을 갖추고 있고 이러한 문제를 해결하는 등의 경험을 통해 능력을 향상하는 학습 능력을 갖추도록 하는 기술 혹은 이렇게 만들어진 지능을 인공지능이라고 정의할 수 있다.

인공지능은 개념적으로 강 인공지능(Strong AI)과 약 인공지능(Weak AI)로 구분할 수 있다. 강AI는 사람처럼 자유로운 사고가 가능한 자아를 지닌 인공지능을 말한다. 인간처럼 여러 가지 일을 수행할 수 있다고 해서 범용인공지능(AGI : Artificial General Intelligence)이라고도 한다.

■ 분야별 AI 도입과 활용과제

구 분	주요내용
제조	AI 기반 스마트공장 보급(2030, 2,000개) 업종별 산업 데이터 플랫폼 구축 · 확산
중소기업	소상공인용 데이터 분석 · 활용 플랫폼 구축(2021)
바이오 · 의료	신약개발플랫폼 구축(2021), 의료데이터 중심병원 지원(2020, 5개), AI 의료기기 임상검증 표본데이터 · 심사체계 구축(2021)
도시 · 물류	스마트시티 데이터 허브 구축(2020. 下~), 자율주행 대중교통 기술개발(2021~)
농수산	스마트팜(2022) 및 스마트양식 테스트베드(2022) 조성
문화콘텐츠	지능형 캐릭터 제작엔진 개발(2021)
국방	국방 데이터 활용 기능형플랫폼 및 지휘체계 지원기능 개발(2020~)

자료출처 : 과학기술정보통신부 보도자료(2019.12.17.)

강AI는 인간과 같은 방식으로 사고하고 행동하는 인간형 인공지능과 인간과 다른 방식으로 지각 · 사고하는 비인간형 인공지능으로 다시 구분할 수 있다.

약AI는 자의식이 없는 인공지능을 말한다. 주로 특정 분야에 특화된 형태로 개발되어 인간의 한계를 보완하고 생산성을 높이기 위해 활용된다. 인공지능 바둑 프로그램인 알파고(AlphaGo)나 의료분야에 사용되는 왓슨(Watson) 등이 대표적이다. 현재까지 개발된 인공지능은 모두 약AI에 속하며, 자아를 가진 강AI는 등장하지 않았다.

전문가 시스템 컴퓨터는 지식에 기반을 둔 소프트웨어시스템을 이용해 산술문제가 아닌 복잡한 문제를 풀기 위한 의사결정을 할 수 있다. 이러한 지식기반 소프트웨어시스템을 전문가시스템이라고 한다. 전문가시스템은 수백 개 또는 수천 개의 조건-시행문(If-Then)의 형태를 갖는 논리적 규칙들로 이루어진다.

이 규칙들은 특정분야의 전문가들로부터 얻어진 지식으로 만든다. 즉 전문가의 지식과 사고능력을 모방해 인간이 하는 전문적인 작업을 컴퓨터가 대신할 수 있도록 하는 것이다.

대화형 프로그램인 마이신(MYCIN)은 전문가시스템을 활용한 발견적 학습프로그램의 대표적인 사례다. 마이신은 피검사에서 어떤 종류의 세균에 감염되었는가를 알아내고 치료방법을 결정하여 의사들의 진단을 돕는다.

마이신이 프로그램화된 컴퓨터는 먼저 알려진 증상들을 기초로 환자의 상태에 대해 가능성 있는 진단을 추정한다. 그런 다음 이 잠정적 진단이 증상에 관련된 미생물의 반응과 관련해 알려진 모든 사실에 잘 맞는지를 결정함으로써 결론에 이르게 된다. 일단 컴퓨터가 감염의 원인을 찾아내면 가능한 항생제 종류를 조사해 추천하는데 대부분은 가능한 몇 개의 대안들로 처방을 제시해준다.

자연어 처리 자연어 처리는 영어처럼 사람이 쓰는 언어의 구두명령을 컴퓨터가 알아듣게 하는 인공지능기술이다. 자연어 처리 프로그램개발 역시 진전이 계속된 분야다. 지금까지 개발된 자연어 처리 소프트웨어프로그램은 대부분 특정분야의 데이터베이스에 질문하기 위해 개발되었다. 이런 소프트웨어시스템에는 한정된 분야에 속하는 용어들의 의미를 담은 방대한 양의 정보뿐만 아니라 문법법칙과 문법법칙의 일반적인 오용(誤用)에 관한 정보도 갖고 있다.

이미지인식 그래픽 형상(Graphic pattern)이나 화상(Image)을 분별해 내는 능력도 인공지능과 관련이 있다. 컴퓨터 프로그램을 통한 이미지인식은 인지 및 추상과 관계가 있기 때문이다. 컴퓨터에 연결된 원격장치가 화상을 읽고 인지한 뒤 디지털 펄스의 형상으로 변화시키면 이 형상이 차례로 컴퓨터의 기억장치에 저장된 펄스형상과 비교되는 방식이다.

저장된 형상은 컴퓨터가 인식할 수 있게 프로그램된 기하학적인 형상과 모양이다. 컴퓨터는 입력되는 디지털 펄스형상을 연속적으로 빠르게 처리하고 자동으로 관련된 특성을 분리해낸다. 이 과정에서 불필요한 신호는 제거하며 어떤 형상이 정해진 경계치에서 벗어나면 새로운 존재로 간주해 기억장치에 첨가한다. 컴퓨터로 진행하는 이미지인식기술은 다양한 과학 분야에 응용되고 있다.

천문학에서는 무인탐사선이 촬영한 원거리 행성이나 다른 천체사진의 해상도를 높이는데 이미지인식기술을 사용한다. 형상인식 능력을 갖춘 로봇장치도 있다. 산업용으로 개발된 이 로봇들은 주로 완제품을 검사하고 분류하는 작업에 사용된다. 최근에는 머신러닝과 딥러닝 방식을 사용해 컴퓨터가 스스로 영상이나 사진을 인식하고 분류하는 프로그램이 등장하기도 했다.

이 정보를 다른 기기와 주고받으며 적절한 결정까지 내릴 수 있다. 사람이 일일이 조작하거나 지시하지 않더라도 기계가 알아서 일을 처리해주는 것이다. 부착된 센서와 칩을 바탕으로 유무선 네트워킹을 하는 사물들의 거대한 생태계라 할 수 있겠다. 사물인터넷은 블루투스나 근거리무선통신(NFC) · 센서데이터, 네트워크 등을 기반으로 하고 있다

4 사물인터넷(Internet of Things)

사물인터넷이라는 말은 영어로 'Internet of things'를 우리말로 번역한 것이다. 줄여서 IoT라고 표기하기도 한다. 사물인터넷을 처음으로 사용한 것은 1999년 미국 MIT 대학의 캐빈 애시튼이 미래사회를 전망하면서 처음 사용하였다. 미래사회는 각종 센서들이 일상생활에 사용하는 사물에 탑재되어 사물인터넷이 형성될 것을 전망하였다.

스마트폰 · PC를 넘어 자동차 · 냉장고 · 세탁기 · 시계 등 모든 사물이 인터넷에 연결되는 것을 사물인터넷이라고 한다. 이 기술을 이용하면 각종 기기에 통신, 센서 기능을 장착해 스스로 데이터를 주고받고, 이를 처리해 자동으로 구동하는 것이 가능해진다.

교통상황이나 주변상황을 실시간으로 확인해 무인주행이 가능한 자동차나 집 밖에서 스마트폰으로 조정할 수 있는 가전제품이 대표적이다.

사물인터넷의 활용 사물인터넷은 인터넷으로 연결된 사물들이 데이터를 주고받아 스스로 분석하고 학습한 정보를 사용자에게 제공하거나 사용자가 이를 원격 조정할 수 있는 인공지능기술이다. 여기서 사물이란 가전제품 · 모바일 장비 · 웨어러블 디바이스 등 다양한 시스템을 말한다.

사물인터넷에 연결되는 사물들은 자신을 구별할 수 있는 유일한 코드나 아이피를 가지고 인터넷으로 연결되며, 외부 환경으로부터의 데이터 취득을 위해 센서를 내장할 수 있다. 그러나 모든 사물이 해킹의 대상이 될 수 있어 사물인터넷의 발달과 보안의 발달은 함께 갈 수밖에 없다.

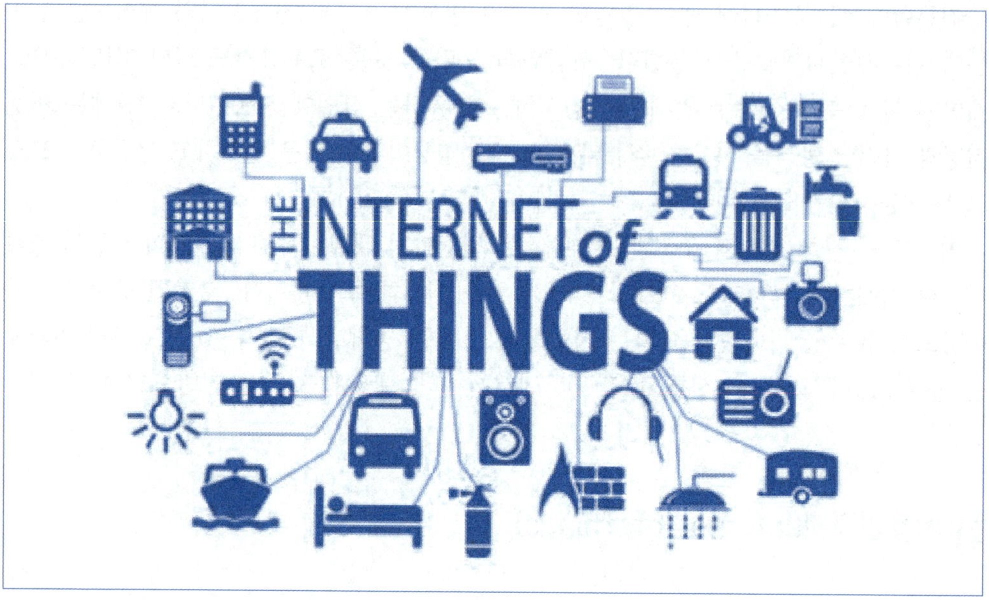

▲ 사물인터넷을 나타내는 개념

사물인터넷을 활용하는 것으로는 가장 먼저 자율주행 자동차와 자율제어 교통신호를 예상할 수 있다. 자동차와 자동차가 서로서로 통신하여 충돌을 예방하고, 교통 혼잡구간을 피해서 가고, 교통신호도 같이 통신하며 자율적으로 신호를 제어하는 것을 예상할 수 있다.

마트에서는 많이 판매되는 상품에 대하여 자율적으로 추가로 상품을 준비하게 되고, 제품별로 적절하게 보관온도가 조절되거나, 상품이 없으면 냉장기능을 줄인다거나 하는 것도 예상할 수 있다.

표준기반 개방형 사물인터넷, LoD 플랫폼 활용을 통한 시민참여형 IoT 장비/서비스 연동 개발확산으로 IoT 기술의 실제적인 빠른 파급효과가 기대되며, 시민참여의 갖가지 응용 서비스 개발을 통한 다양한 공공/산업/개인 융합 서비스 모델 도출이 가능할 것이다.

또한 참여 시민의 프라이버시 보호를 통해 더 다양한 시민의 참여 및 니즈를 충족하고, 국가 차원의 사물 통신 인프라 확보를 통한 실생활 적용으로 다양한 지능형 사물 출현 유도가 가능할 것이다.

사물인터넷 구축기술 이런 사물인터넷 환경과 시스템을 실제로 구축하는 건 쉬운 일이 아니다. 보통 업계에서는 사물인터넷을 구현하기 위한 핵심기술 요소로 센싱, 유무선 통신 및 네트워크 인프라, 서비스 인터페이스 등을 꼽는다.

센싱은 필요한 사물이나 장소에 RFID를 부착해 주변 정보를 획득하고 이를 실시간으로 전달하는 기술이다. 최근에는 센서 자체에 정보를 처리하는 능력을 할당한 스마트 센서가 주목받고 있다.

유무선 통신 및 네트워크 인프라는 사물이 인터넷에 연결되도록 지원하는 기본기술을 의미하며, 네트워크 중심관점의 핵심기술이 된다.

서비스 인터페이스는 사물인터넷의 각 사물과 여기서 생성된 정보를 서비스 및 애플리케이션과 연동하는 기술이다.

최근에는 정보유출 및 해킹을 방지하는 보안기술이 사물인터넷에서 특히 강조되는 추세다. 사물인터넷을 통해 쌓이는 개별사물에 대한 정보와 이 사물을 이용하는 사람에 대한 정보가 늘어날수록 정보가 유실되거나 유출되었을 때 발생할 수 있는 피해의 크기가 기하급수적으로 증가하기 때문이다.

2014년에 발생한 주요 금융사의 정보유출 사건은 이런 위험성이 극명하게 드러난 사례다. 또한 빅데이터와 관련된 플랫폼 및 정보처리기술에 대한 관심도 아울러 증가하고 있다.

사물인터넷 · 만물인터넷에서 아무리 많은 정보가 생성되고 공유된다 한들 그중에서 필요한 것을 골라내 적절한 시간 내에 분석할 수 없다면 아무짝에도 쓸모가 없기 때문이다.

스마트홈 향후 미래의 주거트렌드 변화에 따라 스마트홈 확산이 가속화될 전망이다. 부동산개발기업 피데스개발은 최근 주거공간 7대 트렌드를 통해 주거 공간의 변화양상을 전망하였다.

인공지능 · 사물인터넷 · 빅데이터 · 가상현실 등 첨단 ICT의 적용으로 개인 주거공간의 기능과 서비스가 혁신적으로 변화할 것으로 기대하고 있다. 공간의 지능화와 초연결로 주거공간이 다양한 서비스(카페 · 가상현실 체험 · 쇼핑 · 소셜 커뮤니티 · 스튜디오 등)를 제공하는 만능공간으로 변화하고 반려동물과 로봇 등 새로운 주체를 위한 공간 확장으로 이용될 전망이다.

주거 트렌드의 변화는 스마트홈 산업이 스마트스피커 또는 스마트가전 등 일부 하드웨어 중심이 아닌 소비자의 경험적 가치를 높이는 전방서비스를 포괄하면서 발전할 것임을 시사하고 있다. 이에 따라 국내 주요 건설사들은 변화에 발맞춰 차별적 가치를 확보하기 위한 스마트 주거공간 개발 및 보급을 추진 중에 있다.

■ 주거공간 7대 Trend

1. 슈퍼&하이퍼	기존 공간의 패러다임과 경계를 뛰어넘다. • 첨단 ICT 융합으로 방안에서 각종 서비스 · 엔터테인먼트 충족
2. 위두(We Do)	공유에서 구독을 넘어, 같이 하면 더 좋아진다. • We work, We live, We cook, We read 등 공유 · 구독 공간
3. 올인룸(All in Room)	방이 나만의 궁극적 만능공간이 된다. • 방에서 모든 것(일, 휴식, 놀이 등)을 누리는 시대
4. 낮낮 공간	낮밤이 아닌 낮낮, 도시가 24시간 물류 플랫폼이 된다. • 도시 유휴 공간이 물류 거점으로 활용
5. 팝업 DK(Pop-up Dining Kitchen)	밥먹는 다양한 방식, 주방이 드라마틱하게 변신한다. • 주방의 다양화 : 보여주는 주방과 실제 요리하는 주방 분화
6. EB 주연 시대	멜레니얼 세대, EB(Echo Boomer)가 주인공이 된다. • 공유, 구독, SNS에 친숙한 EB 세대가 공간 트렌드 주도
7. 펫 · 봇 · 인 스테이	반려동물, 로봇, 외국인들이 당당히 우리 곁을 차지한다. • 반려동물용 상품 활성화, 로봇의 필수가전화

자료 : 피데스개발(2019.12), 주택경제신문(2019.12.4.)에서 재인용, 산업연구원 수정.

5 무인이동체

무인이동체는 기기 외부의 환경을 인식하여 스스로 이동하는 기체로 정의되며 일반적으로 무인항공기 · 자동차 · 선박 및 잠수정 등이 포함될 수 있다. 기존에 이동하는 기기나 기체에 외부환경을 인식할 수 있는 카메라 · 센서 · 레이더 등을 장착하여 이동경로에 따라 스스로 이동하거나 원격조종할 수 있도록 한 것이다.

항공기들에 적용되어 일반 도로뿐 아니라 다양한 환경에서 활용될 수 있다. 무인항공기, 즉 드론은 초기에는 군용으로 활용되던 소형무인기로 조종사가 탑승하지 않고 카메라 등을 통해 원격으로 조종하여 이동하는 항공기 혹은 헬기형태의 이동체이다. 과거에 군용으로 쓰이던 무인항공기는 응용기술 발전에 힘입어 최근에는 민간에서 영상촬영 · 실종자 수색 · 도난차량 추적 등에 활용되고 있으며 통상적으로 드론(drone)이라고도 불린다. 무인이동체 산업은 제품 자체와 이를 구성하는 부품인 센서 · 카메라 · 레이더 · 소프트웨어 등 관련 분야 기업들이 포함되어 산업이 구성된다.

지능형 드론 드론은 처음에는 군사용으로 활용되었으나 크기가 줄어들고 저렴해지면서 일반인들도 사용이 가능해졌다. 민간부문에서 드론은 다양한 분야에서 이용되고 있으며 공공부문에서도 재난 · 사고 지역파악 · 사업장 관리 · 환경 감시 및 관리 등에 활용되고 있다.

■ 국가별 드론 규제수준 비교표

분 야	한국	미국	중국
1. 기계 신고 · 등록	사업용 또는 자중 12kg 초과	사업용 또는 250g 초과	7kg 초과
2. 조종 자격	12kg 초과 사업용 기체 • 만 14세 이상	사업용 기체 • 만 16세 이상	자중 7kg 초과
3. 비행고도 제한	150m 이하 • 지면, 수면 또는 구조물 기준	120m 이하 • 지면, 수면 또는 구조물 기준	120m 이하 • 조종사 · 관측원 기준
4. 비행구역 제한	서울 일부(9.3km), 공항(반경 9.3km), 원전(반경 19km), 휴전선 일대	워싱턴 주변(24km), 공항(반경 9.3km), • 워싱턴 공항(28km), 원전(반경 5.6km), 경기장(반경 5.6km)	베이징 일대, 공항 주변, 원전 주변 등
5. 비행 속도 제한	제한 없음	161km/h 이하	100km/h 이하
6. 가시권 밖, 야간비행	원칙 불허 예외 허용 • 시험비행, 시범사업 공역 내 비행 허용	원칙 불허 예외 허용 • Waivable 규정을 통해 건별로 허가	원칙 불허 예외 허용 • 클라우드시스템 접속 또는 별도 보고 필요
7. 군중 위 비행	원칙 불허 예외 허용 • 위험한 방식의 비행금지	원칙 불허 예외 허용	원칙 불허 예외 허용 • 클라우드시스템 접속 및 실시간 보고 필요
8. 드론 활용 사업 범위	제한 없음 • 국민의 안전 · 안보에 위해를 주는 사업 제외	제한 없음	제한 없음

자료 : 국토교통부(2019.10)

학술분야에서도 인간이 접근하기 어려운 동물생태나 지역별 식물분포의 연구에 활용되고 있다. 인공지능형 드론택배가 허용되면 전 세계 물류업계에 드론을 이용한 배송 전쟁에 뛰어들 것으로 보인다.

미국 연방항공청(FAA)은 테러에 대한 우려와 경비행기와의 충돌 우려 때문에 까다롭고 엄격한 규제를 유지하고 있으며, 2016년에는 위험하게 드론을 날리는 운영자를 찾아내는 주파수 모니터링 기술을 발표했다.

또한 미등록 드론을 통한 범죄나 거주지역에 대한 정밀촬영에 의해 프라이버시 침해 우려가 있을 수 있어 일부에서는 드론이 미래에 보편화되기 어려울 것으로 보기도 한다.

드론시스템은 비행체와 지상관제시스템과 지원체계로 구성되며 비행체는 추진계통·비행제어컴퓨터·영상장비·양방향 통신장비 등의 부품으로 이루어져 있다.

드론 제조분야는 비행체 제조업체·카메라부품 제조업체·자동항법장치 관련 업체 등 기존의 항공 및 전자산업 관련 업체들과 새로운 드론 제조업체들이 경쟁하는 양상이다.

서비스분야는 물류·방범·인터넷 등 업체들이 드론을 활용한 새로운 서비스사업을 개발하고 있다. 과거에는 국방산업으로 인식되어 활용영역에 한계가 있었는데 최근 민간영역으로 확산되면서 산업이 형성되고 있다.

무인항공기 무인항공기시장은 군사용과 상업용으로 구분된다. 군사용 드론시장에서는 미국과 이스라엘이 우위를 점하고 있고, 상업용 드론시장에서는 중국이 시장의 70% 가까이 점유하고 있다. 중국 드론 전문업체의 성장이 두드러지며 그 외 국가들은 주요 IT 서비스 업체와 물류업체들이 자사의 서비스에 드론을 도입하기 위해 기술개발에 투자하는 형태이다.

자율주행자동차 자율주행 또는 무인자동차는 인간의 운전 없이 자동으로 주행할 수 있는 자동차다. 자율자동차는 데이터·GPS·카메라로 주위의 환경을 인식하여 목적지를 지정하여 자율적으로 주행한다. 이미 실용화된 자율자동차로는 이스라엘군에서 운용되는 미리 설정된 경로를 순찰하는 자율차량과 국외 광산이나 건설현장 등에서 운용되고 있는 덤프트럭 등의 무인운행시스템 등이 있다.

자율주행자동차는 주변감지시스템과 가속 및 감속·조향 등의 명령을 내리는 중앙제어장치와 명령에 따라 작동하는 엑추에이터 등으로 구성되어 있다. 자율주행자동차산업은 기존의 자동차 제조·부품기업으로 구성되어 있던 자동차산업에 전자·IT 기업이 진출하고 있다. 특히 주변감지시스템에 주요 부품인 카메라·레이더·GPS·센서·소프트웨어·차량용 반도체 등 전자부품 관련 기업의 진출이 활성화될 것으로 예상된다.

또한 자동차에 정보서비스를 하는 IT서비스 기업의 진출도 활발해질 것으로 보인다. 자율주행자동차 개발은 구글이 선도적으로 2009년부터 본격적으로 시작하여 2010년 첫 모델을 공개한 이후 BMW · 벤츠 · 도요타 · GM 등 자동차업체들이 가세하고 있다. V2X · 정밀지도 · HMI · 자동제어 등 성능향상을 위한 미래기술 영역에서는 관련 업체 간 협력을 강화하거나 인수합병을 통해 기술과 핵심인력을 확보 중이다. 주요 글로벌 자동차 및 IT 기업들은 일정 기능을 갖춘 자율주행차 발매계획을 2020년 무렵에 맞춰 경쟁적으로 발표하고 있다.

■ 무인이동체의 종류

구 분	기술 내용	활용 지역	활용 서비스
드론	저렴한 운용비용으로 비행체 외부에서 전파 · 광선의 이용 및 지능화 시스템을 통해 일반적인 탑재임무 수행 등 유인 비행체 수준의 신뢰성을 가지는 무인 항공기 기술	공중 · 복합	물류 · 모니터링 등
자율 주행차	통신, 제어 및 디지털기기 등 최첨단기술을 기반으로 차선 이탈경보장치, 자율주행장치 등을 장착하여 수행안선성과 무인 이동을 획기적으로 향상시키는 지능형 자동차 기술	지상	교통 · 물류 · 모니터링 등
무인 선박 및 잠수정	선박 및 잠수정의 지능화를 통해 충돌 및 돌발 사고를 미리 예측, 방지하며, 수중 무인 작업의 정밀성과 효율성을 향상시키는 무인화 첨단기술	수상 · 수중	교통 · 물류 · 극한 상황 등

자료 : 미래창조과학부

6 지능형 반도체

반도체는 정보저장을 위해 사용되는 메모리반도체와 정보처리를 위해 사용되는 비메모리반도체로 구분된다. 메모리반도체가 저장용량의 집적도와 정보처리 효율에 따라 시장가격이 형성된다면 비메모리반도체는 컴퓨터나 스마트폰 등 IT제품에 필요한 정보의 연산 · 제어 · 분석 · 처리 등의 기능을 수행할 수 있도록 다양한 기능을 하나의 칩에 통합한 것으로서 기능에 따라 특화된 형태로 개발 생산된다.

시스템 반도체　시스템 반도체산업은 세계반도체 시장의 50~60%를 차지하고 있으며, 메모리반도체보다 약 1.5배 큰 시장 규모로써 경기변동의 영향을 적게 받는 산업분야이다. 시스템 반도체는 대부분 설계를 담당하는 회사인 팹리스(Fabless)와 생산을 담당하는 회사인 파운드리(Foundry)로 분업화된 산업구조를 가지고 있다. 인텔이나 퀄컴은 팹리스 회사로 반도체 생산시설이 없이 설계 · 개발을 수행하는 회사이다. 파운드리 세계 시장점유율 1위인 타이완의 TSMC나 한국의 삼성전자에서는 팹리스가 설계한 반도체를 위탁 생산한다.

TIP 팹리스(Fabless)와 파운드리(Foundry)

팹리스(Fabless)란 아이디어와 기술을 바탕으로 반도체 칩을 설계하는 회사로서 다품종소량생산 · 기술적 다양성이 필요한 시스템 반도체가 주로 팹리스 형태이다.
팹리스 회사는 제품의 마케팅이나 기술개발에만 집중하고 생산은 외부의 공장에 위탁(파운드리)함으로써 거액의 투자비를 절감할 수 있어 특화된 기업으로의 성장이 가능하다는 이점이 있다.
파운드리(Foundry)란 본래 주조공정을 통해 금속제품을 생산하는 공장을 말한다. 즉 금속을 녹여 거푸집에 넣고 가공하는 생산시설인 주조소를 가리키는 말이다. 그러나 오늘날 파운드리란 반도체 산업에서의 위탁생산 전문업체를 의미한다.

지능형(Artificial Intelligence : AI) 반도체 지능형 반도체는 이미지 · 음성인식이나 자율주행차 작동 등 복잡하고 다양한 업무를 처리할 수 있는 반도체이다. 과거에는 PC의 핵심인 CPU(중앙처리장치)나 스마트폰용 반도체가 한 번에 한 가지 연산을 했다면 지능형 반도체는 동시에 많은 연산을 진행해 결과를 낸다.

세계 각국은 지능형 반도체에 향후 미래 산업의 주도권이 달려 있다고 보고 경쟁적으로 기술개발에 나서고 있다. 실리콘밸리를 대표하는 아마존 · 구글 · 애플 · 페이스북과 미국 반도체기업인 인텔 · 엔비디아도 지능형 반도체시장에 뛰어들었다. 우리나라에서는 삼성전자가 AI기능을 탑재한 반도체 '엑시노스 9'를 양산하고 있다.

우리나라는 2019년 4월 메모리반도체에 비해 상대적으로 경쟁력이 취약한 시스템 반도체 분야 경쟁력을 높이기 위한 '시스템반도체 비전과 전략' 발표한 바가 있다. 시스템 반도체 산업육성을 통해 2030년 종합반도체 강국으로 도약하기 위해 팹리스 · 파운드리 · 생태계 · 인력 · 기술 등 5대 중점대책을 수립하였다. 차세대 지능형 반도체 기술개발을 통해 자능형 반도체 등 차세대 반도체 기술개발에 향후 10년간 1조원 이상을 투자할 계획이다.

현재 인공지능 반도체로 GPU가 강세를 보이고 있으나, NPU가 성능이나 효율면에서 우수하기 때문에 향후 NPU가 지능형 반도체시장을 견인할 것으로 전망된다. GPU는

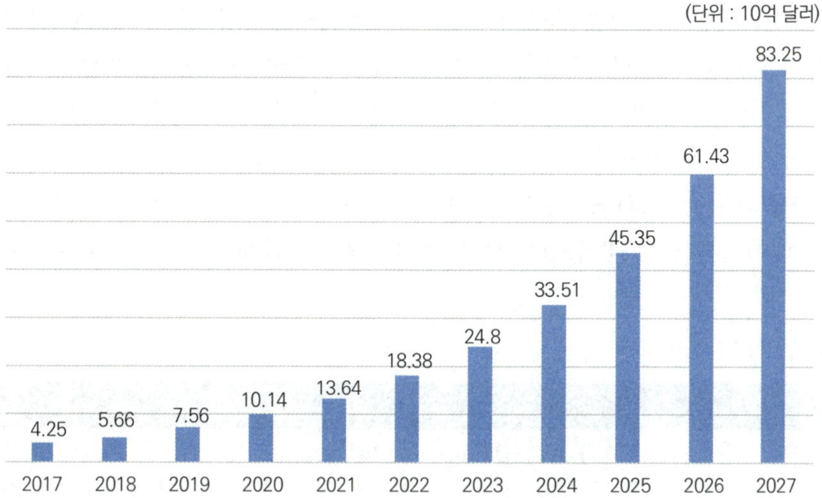

자료 : Statista(2019)

주 : 2019년 이후는 전망치

▲ 지능형반도체 시장 Trend

외부로부터 수집된 데이터를 빠르게 처리하는 능력이 우수하지만 NPU는 내장된 기계학습모델을 이용하여 사용자행동을 인식하고 학습이 가능하다. 퀄컴 스냅드래곤 855 · 애플 A12 바이오닉 · 삼성전자 엑시노스 9820 · 화웨이 기린 980 등 최근에 출시한 주요 AP에는 NPU가 탑재되어 있다.

글로벌 IT기업들이 자체 NPU를 활발하게 개발하고 있으나 아직 주도권을 잡은 업체는 없는 상황으로 NPU는 기술구현이 어렵기 때문에 글로벌 IT기업들이 막대한 자금을 투자하고 있으나 아직 기술개발 단계에 머물러 있는 수준이다.

TIP 네트워크 프로세서(NPU)

네트워크 프로세서(NPU)란 인터넷이 갈수록 복잡해지면서 중앙처리장치(CPU)가 맡았던 네트워크 연결과 주변 기기 제어기능을 분담하는 장치로서 데이터 전송과 처리 등 각자 설계목적에 맞게 동작하는 신개념의 프로세서로서 네트워크에서 패킷 처리를 위해 최적화된 마이크로프로세서를 지칭한다.

중국의 화웨이는 미국의 제재로 인하여 독자적으로 반도체 개발을 추진하고 있으며, 지능형 반도체 개발에 역량을 집중하고 있다. 삼성전자는 2030년까지 NPU 분야 인력을 2,000명 규모로 10배 이상 확대하고, 차세대 NPU 기술 강화를 위해 전사적인 역량을 집중할 예정이다. 삼성전자는 NPU 기술의 역량강화를 위해 시스템 LSI사업부와 종합기술원에서 선행연구와 제품개발을 지속할 계획이다. 모바일 SoC(System on Chip) 안에 독자 NPU를 탑재한 '엑시노스 9(9820)'를 지난 2018년에 발표하였으며, 향후 모바일부터 전장·데이터센터·IoT 등 IT 전 분야에서 NPU 탑재를 확대할 계획이다.

■ 주요기업별 NPU 동향

주요 기업	NPU 관련 동향
애플	(2017) A11 Bionic - 아이폰 X (2018) A12 Bionic - 아이폰 XS, 아이폰 XS Max, 아이폰 XR • A12의 IPS는 2018 아이폰 라인업의 스마트 HDR을 촉진하기 위해 Neural Engine과 협력할 예정
퀄컴	(2018) 스냅드레곤 855 출시 • 자동차 전용 SoC 연구 개발
구글	(2017) TPU라는 새로운 칩을 설계 • 구글은 자사의 데이터 센터와 오픈소스 소프트웨어에 공급하기 위해 AI 칩을 개발
알리바바	(2018) Ali-NPU라는 칩 제작 • 클라우드컴퓨팅 및 IoT 장치를 통해 AI를 제공
화웨이	(2017) Kilin970 - Mate 10, Glory V10 (2018) Kilin980 : 세계 최초의 7nm 프로세스 모바일 AI 칩셋 Mate 20 시리즈
바이두	(2018) 음성인식 및 검색, 자연언어 프로세싱, 자율주행 기술 등 다양한 분야의 AI 앱을 지원하는 쿤룬(kunkun) 공개

자료출처 : 정보통신정책연구원(2019), '차세대 AI 반도체 NPU 관련 동향 및 산업영향력'을 참고하였으며 산업연구원이 일부 추가.

7 첨단신소재

오늘날의 첨단기술은 독특하고 새로운 발상의 신소재나 고도의 기능을 가진 소자를 개발하여 여러 가지 어려운 문제점들을 해결하리라 기대된다. 고온초전도물질이 한때 전 세계적으로 치열한 연구개발경쟁 열풍을 몰고온 현상이나, 1985년에 발견된 탄소원자 60개로 구성된 새로운 탄소분자 버크민스터 풀러린(buckminster-fullerene : 약칭 bucky ball) C60이 현재 세계 과학기술계의 뜨거운 연구개발열을 불러일으키고 있는 현상은 이런 사실을 뒷받침하는 대표적인 사례이다.

오늘날 소재 중에서도 특별히 기능 소재가 주목을 받는 이유 중의 하나는 정보·통신 분야의 비중이 매우 높기 때문이다. 또 하드웨어의 신소재 개발에서도 정밀화·지능화 등의 형태로 소재에 고도의 기능을 부여하려는 움직임이 두드러지기 시작했다.

나노물질　합성섬유나 합성고무처럼 자연에서 얻을 수 있는 물질을 대신할 기술의 개발은 인류의 생활을 편리하고 풍요롭게 하였다. 과학자들의 연구가 계속되면서 다양한 기능의 신소재를 개발할 수 있는 나노기술이 발전하였다.

나노기술이란 원자나 분자 정도의 나노미터(nm) 크기 단위의 물질을 만들고 성질을 규명하며, 이를 우리 생활에 이용하는 기술을 말한다. 나노기술로 만든 나노물질은 이전에는 볼 수 없었던 성질을 나타내는 경우가 많아 이를 잘 이용하면 우리 생활을 더욱 편리하게 할 수 있다.

또한, 강도가 약하다는 플라스틱의 단점을 보완한 신소재인 섬유강화 플라스틱과 엔지니어링 플라스틱이 개발되어 널리 이용되고 있다. 섬유강화 플라스틱은 플라스틱을 가공할 때 탄소섬유나 유리섬유·석면 등을 넣어 열이나 외부의 충격에 잘 견디는 성질을 가지는 플라스틱이며, 엔지니어링 플라스틱은 기계적 강도나 내열성 등이 우수하여 혹독한 조건에서도 물리적·화학적 성질이 변하지 않는 플라스틱이다.

MLCC(첨단세라믹)　MLCC(첨단세라믹)이란 세라믹유전체를 금속전극층과 교대로 적층하여 제조한 고정된 정전용량을 가진 콘덴서로써 스마트폰·TV·PC·전장부품 등의 전자기기에 탑재된 전자회로의 전류 흐름을 제어하고 부품 간의 전자파 간섭을 막는 수동부품이다.

국내 MLCC 완제품을 생산하는 업체는 삼성전기·삼화콘덴서 등이 있으며 해외업체로는 일본 무라타·다이요유덴·TDK·교세라·대만 야게오 등이 대표적인 회사이다. 2018년 MLCC 세계시장점유율은 무라타 40%·삼성 21%·야게오 13%·다이요유덴

12% · TDK 8%이며 중국 등 기타 기업들의 점유율은 6%에 불과하다. 한국과 일본 기업들은 자동차전장부품과 5G 인프라 등에 사용되는 고용량 · 고전압 MLCC 기술개발 및 생산 확대에 주력하고 있으며, 특히 일본의 대면적(100인치 이상) TV용과 의료기기용 등의 고사양 MLCC 기술은 세계 최고의 수준이라 할 수 있다. 특히 자동차전장용 MLCC 시장규모는 2022년 40억 달러 이상으로 확대될 것으로 예상되어, 삼성전자 및 일본의 주요 기업들은 기존의 범용 MLCC 생산라인에서 고부가가치 전장용 MLCC 라인으로 투자를 확대하고 있다.

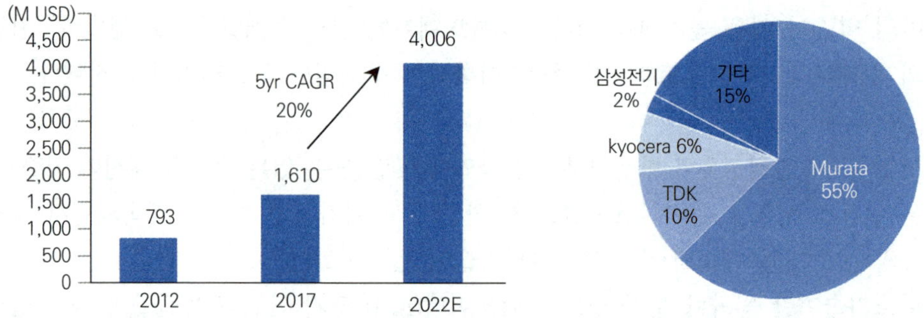

자료출처 : 흥국증권 리서치센터(2019)의 Bloomberg 및 각 사 자료 재인용

▲ 자동차 전장용 첨단소재시장 및 시장점유율

8 2차전지

2차전지란 충전해서 반영구적으로 사용하는 전지로서 친환경 부품으로 주목받고 있다. 외부 전원으로 공급받은 전류가 양극과 음극 사이에서 물질의 산화 · 환원 반응을 일으키는 과정에서 생성된 전기를 충전하는 방식으로 반영구적 사용이 가능한 전지를 말한다. 2차전지는 분리막, 양극재, 음극재, 전해질 등의 4대 핵심소재로 구성된다. 한 번 쓰고 버리는 1차전지(primary battery, 일반 건전지)가 재사용이 불가능하고 전지의 수거나 재활용 등에 드는 비용이 많다는 단점이 있는 반면, 2차전지는 여러 번 충전을 할 수 있다는 장점이 있다.

2차전지는 충전물질에 따라 니켈전지, 이온전지, 리튬이온전지, 폴리머전지, 리튬폴리머전지, 리튬 - 황전지 등으로 나뉜다. 이 중 가장 널리 활용되고 있는 전지는 단연 리튬이온이다. 리튬이온전지를 한마디로 설명하자면 리튬이온을 전해질로 쓰고 있는 전지라고 말할 수 있다. 크게 양극, 음극, 전해질의 세 부분으로 이뤄져 있는 리튬이온전지의 작동하는 원리는 단순하다. 전지는 전자들이 전해질을 타고 양극에서 음극으로 이동하면 충전되고 반대로 음극에서 양극으로 이동하면 방전된다.

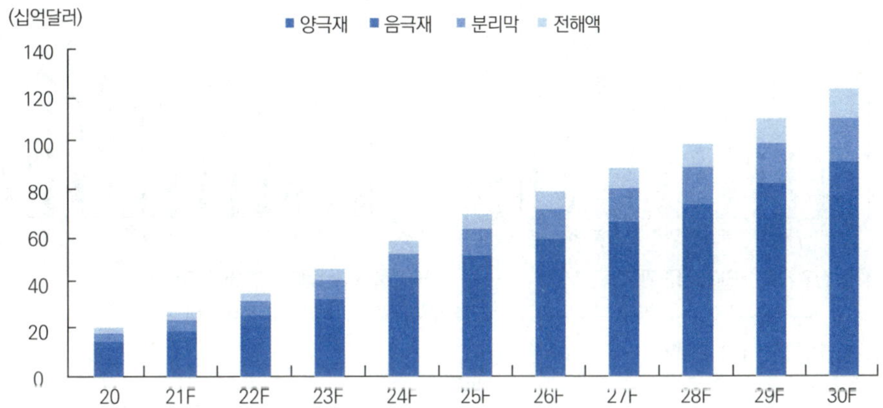

자료출처 : 산업자료, IBK투자증권

▲ 글로벌 배터리 소재시장 동향

분리막 분리막은 양극과 음극이 섞이지 않도록 물리적으로 막아주는 역할을 한다. 내부의 미세한 구멍을 통해 리튬이온만 이동하게 하고, 전자가 전해액으로 직접 흐르지 않도록 한다. 분리막은 두께 30마이크로미터 이하로서 분리막이 양극과 음극 사이를 막아서 완전히 밀착되어 있는 구조이다. 분리막은 다층구조 세라믹코팅 분리막으로 박막화·고투과고강도·고내열성과 같은 방향으로 개발되고 있고, 전극과 접착성이 요구되며 새로운 폴리머소재를 사용해 특성을 개선하고자 하는 시도도 지속되고 있다. 세라믹코팅은 안정성과 내열성을 높이고 기공이 막히거나 출력이 저하되는 단점을 최소화해 준다.

양극재 양극재는 배터리 성능을 결정하는 핵심소재로서 배터리의 주요 성능은 에너지 밀도에 의해 결정된다. 에너지 밀도가 높을수록 배터리의 주행거리가 늘어나기 때문이다. 배터리 에너지 밀도의 크기는 양극과 음극 사이의 전압의 차(전위차)에 의해 결정된다. 이 차이를 벌리려면 양극재의 전압을 최대 5V까지 높여야 한다. 양극재는 크게 하이니켈 양극재와 단결정 양극재로 나뉘는데 배터리의 성능개선에 더 중요한 것은 하이니켈 양극재이다. 특히 전기차 배터리에 주로 쓰이는 양극재는 에너지밀도를 높일 수 있는 니켈이 들어간 NCM811 · NCA · NCMA와 같은 하이니켈계 양극재로 집중되고 있다.

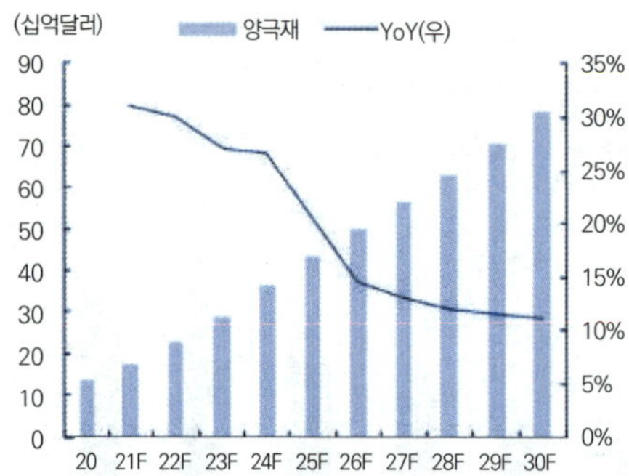

자료출처 : 산업자료, IBK투자증권

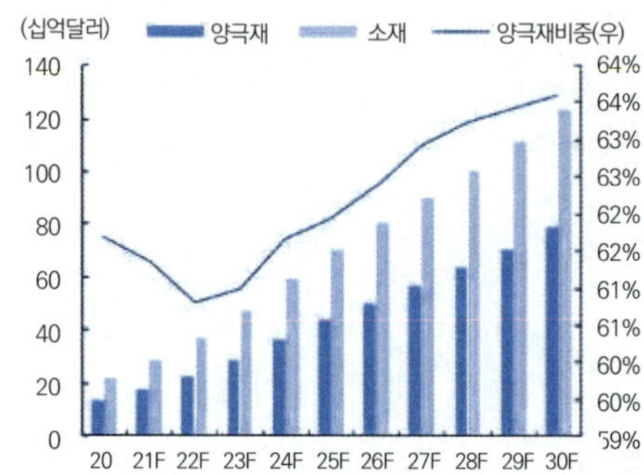

자료출처 : 산업자료, IBK투자증권

▲ 글로벌 양극재시장 현황

음극재　리튬이온 2차전지 음극재는 흑연이 주로 쓰인다. 양극에서 넘어온 리튬 이온을 저장(충전)하고, 다시 양극으로 넘기는 과정(방전)을 촉진하는 역할을 한다. 충전. 방전이 반복되면, 흑연에 구조 변형이 생기고, 이는 2차전지 수명 단축으로 이어진다. 그래서, 실리콘 계열 음극재 등 대체소재가 떠오르고 있다.

흑연은 '비용량'이 상대적으로 낮아 충전 · 방전이 반복될 때 구조가 쉽게 변한다. 비용량은 전극 소재가 가질 수 있는 전자 수 (단위 질량 또는 부피당 전하의 양)를 말한다. 2차전지 배터리 수명 늘릴 신소재로서 흑연 대신 풀러렌(fullerene)이다. 흑연 · 그래핀과 같은 탄소 동소체인 풀러렌(fullerene)은 탄소 원자 60개가 오각형과 육각형 꼭짓점으로 연결된 축구공 모양으로 되어 있다. 연구팀은 열증발 냉각법을 활용하여 수백 나노미터(㎚) 크기의 풀러렌 입자를 균일하게 얻는 데 성공했다고 밝혔다. 이를 리튬이온과 조합하여 2차전지 음극재에 적용해보니, 비용량이 2배가량 증가했고, 1,000회 이상 충전과 방전에도 80% 이상 안정성(변화율 20% 이하)을 보였다고 설명했다. X선 회절분석기나 투과전자현미경 등을 통해 이런 성능을 확인했다.

전해질/전해액　양극과 음극 사이를 잘 이동할 수 있도록 운반하는 역할을 한다. 전해액은 용매 · 리튬 염 · 첨가제로 구성되어 있고 첨가제는 원가구조의 약 40%, 리튬염 약 30%, 나머지는 용매로 이루어져 있다. 첨가제는 원가에 가장 큰 부분을 차지하나 실제

첨가비율은 1~5%인데 상당한 기술적인 요인이 집중되어 있다고 볼 수 있다.

리튬염은 리튬이온이 이동할 수 있는 통로역할을 하는데 음이온의 크기가 크고 이온전도도가 우수한 LiPF6(육불화인산리튬)를 상업용 전해액의 표준으로 사용하고 LiBF4도 많이 쓰인다. 용매는 리튬염을 잘 확산시키고 잘 섞이게 하여 리튬이 원활하게 이동할 수 있도록 도와주는 역할을 한다. 첨가제(전해질)는 전지의 성능을 보완하고 안전성을 향상시키는 역할을 한다. 양극용과 음극용으로 구분되는데 리튬이온 배터리의 폭발에 대비하기 위해 더 좋은 첨가제를 넣기 위해 노력하고 있다.

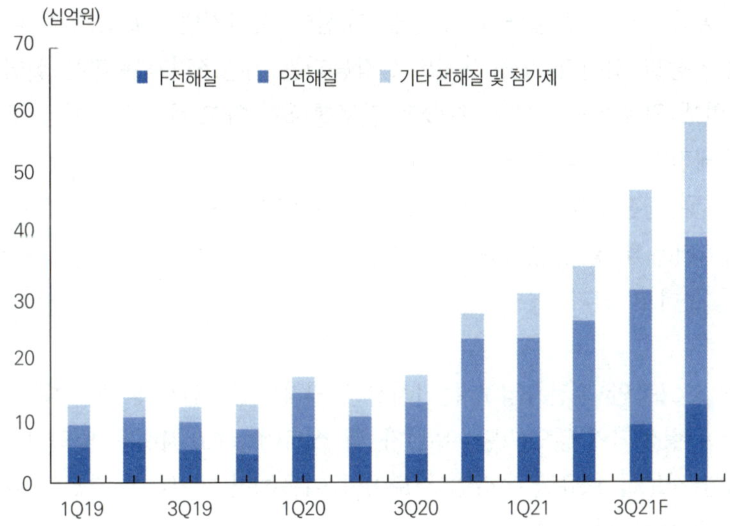

자료출처 : 한국투자증권

▲ 2차전지용 전해질 매출액 Trend

9 헬스케어/유전자정보

헬스케어 로보틱스 로봇 의료시술은 Intuitive Surgical사가 개발한 수술용 로봇 다빈치(da Vinci system) 4세대까지 발전한 상태이다. 3D 시각화 및 손목처럼 작동되는 정교한 수술용 도구들을 갖추고 있다. 수술은 집도의가 다빈치 로봇 플랫폼의 지원을 받으면서 전체 수술과정을 통제한다. 로봇용 수술은 인체공학적 수술이 가능한 물리적

플랫폼이자 의료데이터를 연구하고 분석하는 역할을 한다.

전 세계적으로 3,300여 대의 다빈치 로봇이 설치되어 있으나, 가격이 125억~230억 달러로 높은 데 비해 별로 효용성이 높지 않다는 비판도 있다. 한편 제약분야에서는 이미 자동조제기나 정제분류포장시스템이 보급되고 있는 상황이며, 로봇약사는 인간약사의 전문적 판단과 업무를 사실상 대체할 것으로 보인다. 조제투약 오류를 줄이고 환자와의 접촉시간을 늘릴 수 있는 등 약사 본연의 역할에 충실하게 다가설 수 있다는 점에서 약국 자동화를 긍정적으로 보는 견해도 있다.

또한 IBM의 인공지능 왓슨이 의료진단에 활용되는 사례가 늘어나고 있다. 이처럼 미래에는 인공지능시대에 적합한 의사와 약사의 직능에 대한 재검토가 불가피해질 전망이다.

인공지능 응용기술은 건강과 삶의 질을 개선할 것이지만, 그 긍정적 효과는 신뢰가 확보될 때만 가능할 것이다. 인공지능으로 작동되는 임상조력자는 많은 실험이 이루어지고 있지만, 현행 의료제도는 빠른 기술적 진보를 흡수하고 배치하기에는 구조적으로 부족하다는 문제점이 드러나고 있다.

전자건강기록을 진료과정에 사용하도록 허용했지만 실제로는 활용이 미미하고 전자건강기록 데이터분석 및 인공지능으로 얻을 수 있는 유용성은 규제와 구조적 장벽 때문에 실현되지 못하고 있다

유전자정보 그동안 유전자정보 분석시장은 친자확인용검사 외에는 대중들이 널리 이용하는 시장이 형성되지 않았지만, 유전자 앱 스토어는 그 저변을 넓히고 있다. 수많은 유전자에 대한 정보를 보유한 온라인 스토어를 이용하면 개인들은 자신의 유전자를 이용하여 유용한 정보를 얻을 수 있다.

베리타스 게노믹스(Veritas Genetics)는 유전자 관련 정보를 판매하는 대표적 온라인 스토어이다. 이용자는 자신의 유전자를 제공한 다음 건강상의 위험과 체질에 대한 분석정보를 스마트폰으로 받아볼 수 있다. 이 회사는 유방암 발명인자로 여겨지는 돌연변이 BRCA 유전자를 개인이 가지고 있는지 여부를 알려주는 서비스로 주목을 받았다. 그러나 유전자 앱은 개인이 특정한 질병에 걸릴 수 있는 가능성만을 스크리닝하는 테스트를 제공하는 것이며, 의사가 판단하듯이 질병을 진단하는 것은 아니다.

침 샘플을 통해 조상이 누구였는가를 추적해주는 헬릭스(Helix)는 분석결과를 개인에게 알려주지만, 디지털 형태로 클라우드에 저장하여 유전자 분석용 앱을 개발하는 소프트웨어 회사들도 이용할 수 있도록 했다. 이용자가 분석요청만 했는데도 전체 데이터를 생성하여 저장하는 것이다. 이렇게 축적된 대량의 유전자정보데이터는 신약개발 등에 유용하게 사용될 수 있는데 데이터에 대한 익명처리와 개인의료 프라이버시에 대한 보호

등이 적절히 이루어질 수 있는지가 문제된다.

또한 개인이 의료보험 가입시 질병을 예측하기 원하는 보험회사가 개인의 유전자생체 정보를 필수적으로 사전에 스크린하도록 요구할 수 있어서 유전자데이터에 대한 사용범위와 의료 프라이버시 보호가 논란이 될 것으로 보인다.

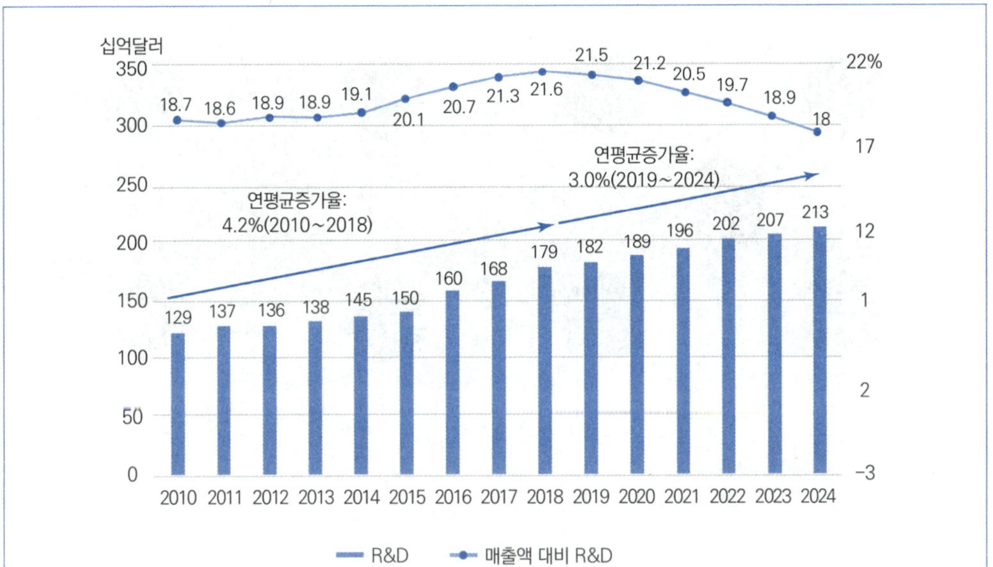

자료출처 : EvaluatePharma(2019), World Preview 2019, Outloot to 2024을 토대로 작성

▲ 제약 바이오기업 R&D 현황

10 블록체인

블록체인(Block chain)은 데이터 분산처리기술로써 네트워크에 참여하는 모든 사용자가 모든 거래내역 등의 데이터를 분산·저장하는 기술을 지칭하는 말이다.

블록들을 체인 형태로 묶은 형태이기 때문에 블록체인이라는 이름이 붙었다. 블록체인에서 '블록'은 개인과 개인의 거래(P2P)의 데이터가 기록되는 장부가 된다. 이런 블록들은 형성된 후 시간의 흐름에 따라 순차적으로 연결된 '사슬(체인)'의 구조를 가지게 된다. 모든 사용자가 거래내역을 보유하고 있어 거래내역을 확인할 때는 모든 사용자가 보유한 장부를 대조하고 확인해야 한다.

블록체인의 개발 블록체인은 가상화폐 거래내역을 기록하는 장부이다. 본래 비트코인(Bitcoin) 거래를 위한 보안기술로써 2008년 10월 온라인상의 이름인 '사토시 나카모토'라는 익명의 개발자가 온라인에 올린 "비트코인: P2P 전자 화폐 시스템(Bitcoin: A Peer-to-Peer Electronic Cash System)"이라는 논문에서 처음 등장했다. 사토시 나카모토는 2009년 1월 비트코인을 만들어 공개했다.

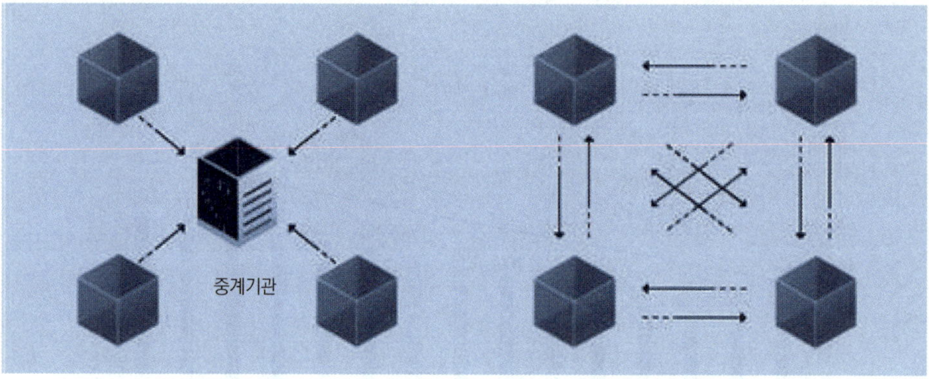

기존 거래 방식 블록체인 방식

자료출처 : 한국전자통신연구원

블록체인의 특징 거래내역을 중앙서버에 저장하는 일반적인 금융기관과 달리 블록체인은 비트코인을 사용하는 모든 사람의 컴퓨터에 저장된다. 누구나 거래내역을 확인할 수 있어 '공공거래 장부(Public Ledger)'라고 불린다.

거래 장부가 공개되어 있고 모든 사용자가 사본을 가지고 있으므로 해킹을 통한 위조도 의미가 없다. 특히 블록체인은 신용이 필요한 금융거래 등의 서비스를 중앙 집중적 시스템 없이 가능하게 했다는 점에서 높은 평가를 받는다. 향후 대표적인 핀테크(FinTech) 기술로 비트코인 이외의 다른 온라인 금융거래에 활용될 가능성도 크다.

정보보안 블록체인은 암호화된 보안 데이터베이스로서 데이터베이스에서 정보를 읽거나 쓰려면 사용자가 올바른 암호 key를 갖고 있어야 한다. key는 쌍으로 되어 있어 데이터베이스를 식별하는 공용키와 적합한 참여자만 데이터베이스에 있는 정보를 업데이트할 수 있는 개인키로 구성된다.

분산 및 분산화 블록체인 네트워크상에서 하나 이상의 노드에 장애가 발생하더라도 다른 노드는 여전히 데이터를 보유하고 있으며 네트워크는 계속 작동된다. 이는 블록체인이 분산되어 있다는 것을 의미한다. 어느 누구도 네트워크를 소유하지 않는다.

정보가 피어 투 피어 네트워크상의 여러 장치에 저장되어 분산원장이라고도 불린다.

변조방지 새로운 정보는 기본적으로 블록으로 함께 업데이트되며, 이전 버전에 첨부되어 불변의 변조방지 기록을 생성한다. 블록체인의 이와 같은 속성은 정보를 절대 변경하지 않고 보존해야 하는 경우에 매우 유용하다.

합의기반 사용된 자격증명을 참여자의 과반수가 확인하고 검증하지 않으면 블록체인에서 정보를 업데이트할 수 없다. 이러한 합의기반 모델은 근본적으로 어느 누구도 데이터를 통제하고 부정거래를 생성할 수 없도록 보장한다.

블록체인의 방식 블록체인은 분산 데이터베이스의 하나로 P2P(Peer to Peer) 네트워크를 활용한다. 블록체인이 비트코인 사용자 모두의 컴퓨터에 저장될 수 있는 것은 이 때문이다. 분산 데이터베이스란 데이터를 물리적으로 분산시켜 다수의 이용자가 대규모의 데이터베이스를 공유하게 만드는 기술이다. 데이터를 분산 배치하므로 비용이 적게 들고 장애에 강한 편이다. P2P는 서버나 클라이언트 없이 개인컴퓨터 사이를 연결하는 통신망이다. 연결된 각각의 컴퓨터가 서버이자 클라이언트 역할을 하며 정보를 공유한다.

블록체인은 인터넷으로 연결된 가상화폐 사용자들의 P2P 네트워크를 만든다. 이를 통해 가상화폐의 거래내역(블록)이 사용자의 컴퓨터에 저장된다. 그중 사용자 과반수의 데이터와 일치하는 거래내역은 정상장부로 확인되어 블록으로 묶여 보관한다. 비트코인의 경우 10분 정도마다 사용자들의 거래 장부를 검사해 해당시간의 거래내역을 한 블록으로 묶는다. 만일 특정사용자의 장부에서 누락 등의 오류가 발견된다면 정상장부를 복제해 대체하는 방식으로 수정한다. 새로운 거래내역을 담은 블록이 만들어지면 앞의 블록 뒤에 덧붙이는 과정이 반복된다.

TIP P2P(Peer to Peer) 네트워크

P2P(Peer to Peer) 네트워크란 동등 계층간 통신망으로도 불린다. 인터넷에서 이루어지는 개인 대 개인의 파일공유기술 및 행위를 말하고, 각 컴퓨터가 동등한 능력을 가지고 있어 어떤 컴퓨터에서라도 통신 세션을 시작할 수 있는 통신모델을 지칭한다.

블록체인의 단점 블록체인에 한 번 기록된 데이터는 어떤 이유에서라도 삭제나 변경이 불가능하고 모든 데이터는 누구에게나 공개된다. 많은 노드가 같은 데이터를 복사하고 공유하기 때문에 이러한 변조방지 메커니즘이 필요하다. 하지만, 개인정보 같은 데이

터는 이런 특징이 오히려 독이 된다. 만약 노출이 되면 안 되는 개인의 중요정보가 블록체인에 담긴다면 모두에게 공개가 되며 심지어 삭제도 불가능하다. 따라서 접근제한이 필요한 특정데이터를 사용하고자 한다면 서브시스템의 도움이 필요하다.

11 3차원 프린팅(3D Printing)

최근 첨단기술의 급속한 발전에 의하여 디지털 테크놀로지와 정보기술이 융합되면서 각 산업분야뿐 아니라 사회 및 경제에 많은 변화의 바람이 불고 있다. 이와 같은 디지털 기술의 혁명 속에서 등장한 3D프린트의 등장은 향후 많은 분야에 영향을 미칠 것으로 전망된다.

3D 프린팅은 1980년대 처음 시작되었다. 이 시기 제품을 생산하는 비용의 부담과 프린트기기의 가격이 굉장히 높았던 문제로 인해 일부 산업분야에서만 제한하여 사용되었다. 하지만 최근 들어 3D 프린팅이 급속한 발전을 경험함에 따라 다양한 산업분야에서 적극적으로 기술을 도입하고 있으며, 이는 산업발전에 매우 큰 영향을 미치고 있다.

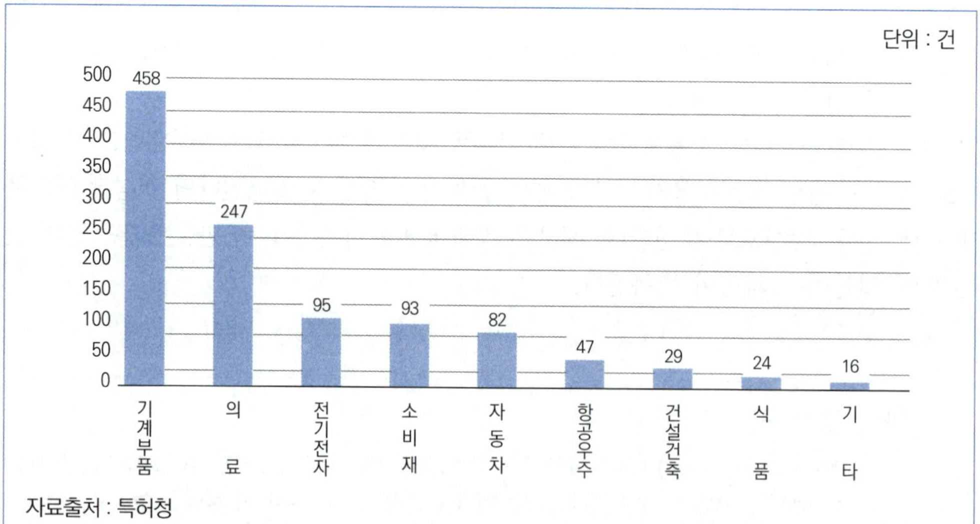

▲ 3D 프린팅 응용분야별 특허출원 동향

3D 프린팅은 굉장히 다양한 산업분야에서 활용되고 있는데, 특히 전자 · 의료 · 자동차 · 항공 · 산업디자인 등의 분야에서 매우 활발하게 활용되고 있는 추세이다. 3D 프린팅은

현재도 다양한 분야에 많은 영향을 미치고 있으며, 향후 새로운 측면의 발달이 진행될 수 있는 교두보의 역할을 담당하고 있다.

3차원 인쇄(3D printing)는 연속적인 계층의 물질을 뿌리면서 3차원 물체를 만들어내는 제조기술이다. 3차원 프린터는 밀링 또는 절삭이 아닌 기존 잉크젯 프린터에서 쓰이는 것과 유사한 적층방식으로 입체물로 제작하는 장치를 말하며, 컴퓨터로 제어되기 때문에 만들 수 있는 형태가 다양하고 다른 제조기술에 비해 사용하기 쉽다.

단점으로는 현재 기술로는 제작 속도가 매우 느리다는 점과 적층구조로 인해 표면이 매끄럽지 못하다는 점 등이 있다. 3차원 인쇄기술은 제3의 산업혁명으로 불리며 산업전반에 걸쳐 제조기술의 큰 변화를 가져올 것으로 예상되고 있다.

가공방식 일반적으로 가공방식은 크게 두 가지로 나뉜다.

적층가공(additive manufacturing) 가루나 액체 형태의 재료를 굳혀가며 한 층씩 쌓는 방식이다. 비교적 복잡한 모양을 만들 수 있고, 제작과 채색을 동시에 진행할 수 있다는 장점도 있다. 다만 완성품의 표면이 매끄럽지 못하여 품질이 상대적으로 떨어진다.

절삭가공(subtractive manufacturing) 재료를 공구로 깎아가며 모양을 만드는 방식으로 비교적 매끄럽게 인쇄할 수 있지만, 컵 같은 모양은 날이 들어가지 않아 만들기 어렵다. 3차원 인쇄는 적층가공방식에 속한다.

제작 프로세스 3D printing의 제작 프로세스는 다음과 같다.

모델링(modeling) 일반적으로 CAD 또는 3차원 모델링 소프트웨어를 이용하여 3차원 데이터를 완성하며, 3D 스캐너를 이용해 3차원 데이터를 얻을 수도 있다. CAD와 기기 간의 표준데이터 인터페이스는 일반적으로 STL파일 형식이다. 3D 스캐너로 생성된 파일은 보통 PLY파일 형식을 쓴다.

프린팅(printing) 기계가 모델링 과정에서 만들어진 도면을 이용해 물체를 만들어내는 과정이다. STL파일을 읽어 들여 CAD모델에서의 가상적인 단면을 만들어내 액체나 분말 등의 재료의 연속적인 층을 생성한다. 인쇄과정은 사용방법과 모델의 크기와 복잡성에 따라 몇 시간에서 며칠 정도의 시간이 소요될 수 있다.

마무리(finishing) 인쇄된 결과물에 대해서는 필요할 경우 마무리 공정이 추가되기도 한다. 사포로 연마하거나 또는 색칠하거나 인쇄된 파트들을 조립하는 공정이 추가될 수 있다.

해상도 3D프린터는 기존 잉크젯과 동일한 구동방식을 이용해 적층방식으로 찍으므로 XY축 해상도와 함께 각 층의 두께로 해상도가 정해진다. 즉 한 층의 두께와 XY축의 해상도를 dpi(dots per inch)로 표현하게 된다. 현재 기술로는 일반적으로 한 층에 100 m 정도되고 어떤 기기들은 16㎛ 정도까지도 표현하기도 한다. XY 해상도는 50~100 m 정도이다.

3D 프린팅기술의 응용분야 3D 프린팅기술은 산업적 응용을 넘어서 기계나 부품생산뿐만 아니라 의료 · 식품 · 패션에 이르기까지 3D 프린팅 기술을 이용한 제품들이 생산되어 판매되고 있다. 이에 따라서 전 세계적으로 3D 프린팅 기술은 3차 제조업 혁명을 주도할 기술로 주목받고 있다.

자동차 분야/우주항공 분야 자동차의 대시보드 · 바디패널 및 부품의 시제품에 3D 프린터를 사용하고 있는 추세이다. 고급 스포츠카 람보르기니는 아벤타도르(Aventador) 시제품 제작에 3D 프린터를 사용해 4개월 동안 4만 달러가 소요되는 기존 작업을 20일 동안 3천 달러 수준으로 제조단가를 줄일 수 있었다. 비슷한 사례로 GM은 2014년 중형 세단 말리브 제작 시 3D 프린터를 사용하여 2년 정도 제작시간을 단축시켰다. 기존의 점토 조각으로 만들던 방식에서 SLS와 SLA를 혼합한 공정을 통해 비용과 시간을 줄이는 효과를 얻었다. 최근 3D 프린터를 이용해서 자동차 콘셉트 카를 만드는 업체들이 생겨나고 있다.

자동차 문틀의 소재를 알루미늄에서 3D 프린팅으로 만든 탄소봉으로 바꾸어서 무게를 90%까지 낮춘 사례가 보고되었으며, 소형자동차 차체를 3일 안에 프린트할 수 있는 기술도 선보이고 있다. 특히 항공기의 엔진과 같은 고부가가치 부품을 제작하고, 나사 등에서 추진하는 달기지 건설을 위한 특수 환경 3D 프린팅기술이 개발되고 있다.

자료출처 : 3Dnatives/m-park

▲ 쉐보레 CB 콜벳의 3D 프린팅

바이오 3D 프린팅　3차원 스캔 이미지를 기반으로 맞춤형 제작 기술이 가장 필요로 하는 분야는 의학이나 헬스케어 분야이다. 모든 사람의 몸체가 각기 다른 특징 및 형상을 갖기 때문에 맞춤형 기술인 3D 프린팅 기술은 최적의 기술이다. 의료용 3D 프린팅 기술은 보청기 · 임플란트 · 인공 뼈 · 의학 보조기 등의 분야에서 활발하게 연구가 진행 중이다.

미국 델라웨어 병원은 희귀성 근골격계 질환인 관절 만곡증을 갖고 출생한 환자를 위해 3D프린터를 이용해 의료용 로봇 팔을 제작하였다. 어깨와 팔 등의 신체 크기에 맞게 제작된 로봇 팔은 팔의 움직임을 도와줌과 동시에 성장 속도에 따라 제작 및 교체가 가능해졌다.

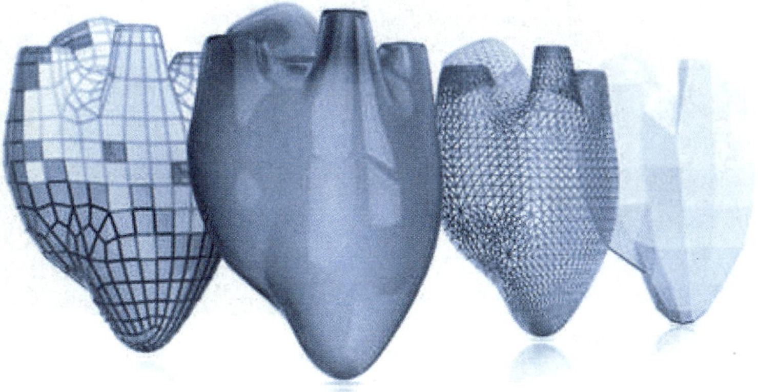

자료출처 : 국가생명연구원정보센터

▲ 바이오 인공장기 3D 프린팅

의학 보조기로써 의수와 의족에 대한 연구 및 실용화 기술개발이 한창이다. 3D 프린팅 기술이 가지는 맞춤형 특징을 활용함으로써 환자의 체형에 거의 유사한 재질도 금속이나 가죽, 플라스틱 등 다양하게 사용할 수 있고 디자인을 다양하게 표현하여 개인의 취향을 살릴 수 있는 장점을 가진다.

교육분야 3D 프린팅을 이용한 수업은 학생들의 수업 이해력과 창의력을 향상시킬 수 있으며 더 나아가 학생들이 직접 프린터 제작 및 디자인을 설계, 형상 제작에 이르기까지 여러 각도에서 참여할 수 있어 교육 분야에서의 활용분야는 무궁무진하다.

한국과학기술연구원(KIST)에서는 시각장애 학생들을 위한 교재인 3차원 입체 교구를 개발하고 있다. 시각장애 학생들이 배우고 있는 점자 중심의 점자책에는 생략되어 있는 그림들을 3D 프린팅 기술을 이용하여 3차원 형상의 촉각 교재로 제작하고 있다.

서울맹아학교와 함께 개발하고 있는 3차원 입체교구는 고고인돌 · 석굴암 · 첨성대 등의 유물이나 꽃의 성장과정이나 빛의 굴절 등에 이르기까지 다양하게 제작하고 있다.

사회교과과정에서 배우는 역사시대 유물과 유적 · 지도나 물리 · 생물과목 등에 사용되는 입체교구는 초등학교 시각장애 학생들의 인지력을 고려하여 적합한 크기와 형상의 정밀도를 맞춤형 방식으로 제작하여 이를 실제 수업 시간에 사용하고 있다.

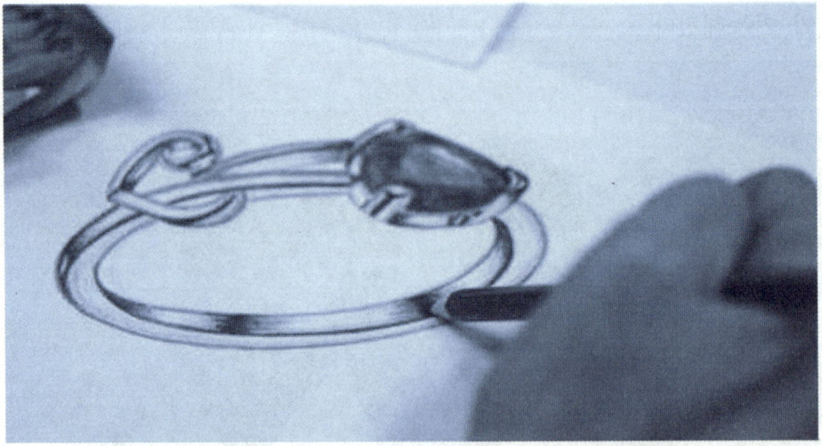

자료출처 : 중앙직업전문학교

▲ 3D 프린팅 주얼리디다인 제작

에너지/나노분야 미국의 하버드대학교와 어바나 샴페인 대학교의 연구진은 3D 프린터로 세계에서 가장 작은 리튬이온 배터리를 프린트해 만든 후 의료용 로봇을 가동하는 데 성공했다. 초미세 3D 프린터로 사용된 노즐의 크기는 30마이크로미터에 불과했다. 연구진은 16겹의 리튬 금속산화물 층을 쌓음으로써 서로 엇갈린 방식의 다섯 갈래로 된 전극을 만들었고 충방전기능 · 수명 · 에너지 밀도 등을 통해 본 이 전지의 전기화학적 성능은 상업용 배터리에 견줄 만하다고 보고했다.

3D 프린팅 소재가 갖는 한계인 전도성이나 신축성을 극복하기 위하여 그래핀 에어로젤 기반의 나노소재를 대량 합성하여 3D 프린팅이 가능한 소재를 개발하였으며 그래핀소재를 이용하여 다공성 대변형 구조체를 프린팅하는 데 성공한 보고도 있다.

■ 3D 프린팅 기술의 유형 및 장단점

3D 프린팅 기술유형	소재	기술의 장단점
선택적 레이저 소결 조형 (Selective Laser Sintering)	Thermoplastic, Metals powders, Ceramic powders	레이저로 재료를 가열하여 응고시키는 방식으로 높은 정밀성을 가짐.
압출 적층 조형 (Fused deposition modeling)	Thermoplastics, Eutectic Metals	고체수지 재료를 녹여 쌓아 만드는 방식, 제작 비용과 시간 면에서 효율적임.
직접 금속 레이저 소결 조형 (Direct metal laser sintering)	Almost any alloy metal	금속 파우더를 레이저로 소결시켜 생산하며 강도 높은 제품 등에 사용.
광경화수지 조형 (Stereo lithography)	Photopolymer	레이저광을 선택적으로 방출하는 방식, 얇고 미세한 형상 제작.
적층물 제조 (Laminated bjectmanufacturing)	Paper, Foil, Plastic film	종이와 같이 층으로 된 물질을 겹겹이 쌓아 만들며, 재료물질이 가장 저렴하다.
전자빔 소결 (Electron beam melting)	Titanium alloys	전자빔을 통해 금속파우더를 용해하여 티타늄 같은 고강도 부품을 제조.

12 연결 및 표시기술

연결기술은 좀 더 빠르게 연결·수행하는 기술로 대표적으로 5G LTE가 있다. 그리고 눈으로 보는 표시기술은 고정형으로 보는 UHD-TV와 이동형으로 보는 VR·AR 등을 통해 좀 더 빠르게, 좀 더 편리하게, 좀 더 많게 접속할 수 있게 하여 생산성을 향상시킬 수 있다.

5G LTE(5세대 이동통신) 5세대 이동통신(5G/fifth generation)은 차세대 이동통신으로서 4G 이동통신 LTE보다 100배 이상 빠른 혁신적인 기술이다. 과거 800M 영화 한 편을 다운로드하는데 1분 25초 걸리지만 5G에서는 단 1초면 끝난다. 대용량의 데이터를 순식간에 주고받을 수 있는 5G 이동통신이 상용화되면 수많은 변화가 예상된다.

인터넷이 등장했을 때 스마트 폰이 일반화된 지금을 생각해봤을 때 우리 생활 전반에 어떤 변화가 왔는지를 생각해보면 쉽게 이해할 수 있을 것이다. 마찬가지로 5G 이동통신의 등장은 다음에서 열거한 것과 같은 또 다른 우리 삶의 변화를 가져올 것으로 예상된다.

① 데이터 전송·다운로드 등의 속도가 매우 빨라진다.
② 스마트 폰 안테나가 필요 없어 고속 열차나 많은 인파로 인한 통신장애가 사라진다.
③ 자동차끼리의 통신이 정교하여 무인운전 스마트 카 기술이 상용화된다.
④ 사물인터넷으로 일상이 편리해진다.
⑤ 가상현실 등 영상미디어가 변화·발전한다.

■ 세대별 이동통신 비교

구 분	1G	2G	3G	4G	5G
최고전송속도	14.4Kbps	14.4Kbps	14Mbps	75Mbps	1Gbps
기능 서비스	음성	음성 텍스트문자	멀티미디어문자 음성 화상통화	음성 데이터 실시간동영상	홀로그램 사물인터넷 입체영상
상용화 시기	1984년	2000년	2000년	2011년	2020년

가상현실(VR : Virtual Reality) 가상현실(VR-Virtual Reality)이란 컴퓨터를 이용하여 구축한 가상공간(Virtual Environment 또는 Cyberspace) 속에서 인간이 가진 청각·후각·미각·촉각 등 인간이 오감으로 느끼는 감각과의 상호작용을 통해 현실감

을 느낄 수 있도록 만든 것을 말한다.

현실의 특정한 환경이나 상황을 컴퓨터를 통해 그대로 모방하여 사용자가 마치 실제 주변상황 및 환경과 상호작용을 하고 있는 것처럼 만드는 기술이다. 1960년대 이반 서덜랜드 교수의 3D컴퓨팅을 이용한 상호작용 연구에서 시작하여 비행기나 우주선의 조종을 위한 시뮬레이션기술을 거쳐 발달했다. 「매트릭스」나 「아바타」와 같은 영화를 통해 가상현실의 개념이 대중화된 이래 2010년대 이후 HMD기술개발이 상용화되면서 의학 · 생명과학 · 로봇공학 · 우주과학 · 교육학 등 다양한 분야에서 활용되고 있다.

가상현실은 사용자를 현실을 그대로 모방 재현한 환경에 몰입할 수 있도록 하는데, 이를 위해 사용자는 고글 · 헤드세트 · 장갑 · 특수복 등 정보를 주고받을 수 있는 장비를 착용하고 컴퓨터가 만들어낸 환경을 접한다.

가상현실은 1980년대 들어서 컴퓨터 그래픽 · 인공지능 · 산업공학 · 제어공학 등의 도움으로 본격적으로 연구되기 시작하였고, 지금까지 발전을 거듭하면서 여러 분야에서 이용되고 있다.

가상현실기술을 가장 유용하고 활발하게 이용할 수 있는 분야 중의 하나는 엔터테인먼트 산업으로서 인간의 오감을 자극하면서 사실 같은 게임을 즐길 수 있기 때문이다.

놀이공원에서는 어린이들이 시뮬레이션 놀이기구에 타고서 실감 있는 시각효과 및 음향효과, 그리고 거기에 일치하는 의자의 흔들림과 진동 등을 느끼면서 현실에 가까운 가상현실을 체험할 수 있는데, 우리나라도 여러 놀이공원에서 게임형 가상현실시스템을 도입하여 운용하고 있다.

근래에는 3차원 입체영상기술 등이 가상현실과 접목되면서 여러 분야에서 실용화가 진행되고 있으며, 가상현실은 21세기 신산업 질서에 맞는 핵심기술로서 경제 · 사회 · 문화 등 인류사회의 거의 모든 분야에서 많은 수요와 부가가치를 창출할 것이며, 무한한 잠재력을 지닌 미래 산업의 하나가 될 것으로 보인다.

VR의 유형

① 사이버공간형 가상현실 : 세컨드라이프(Second Life)는 인터넷 기반의 사이버공간 시뮬레이션 게임으로 2003년에 시작한 이래 초기 가상현실을 대표하는 사례였다. 사용자의 컴퓨터에 설치된 뷰어를 통해 인터넷공간 안에서 캐릭터를 창조한 후 거주자가 되어 공간 안에서 다른 사람과 교류하고 일상생활과 경제활동을 영위할 수 있도록 한 프로그램이다.

공간 안에서 토지를 구입한다거나 할 때에는 돈이 필요하며, 린든 달러(L$/Linden Dollar)라는 사이버 화폐를 사용했다. 이 화폐는 현실의 미국 달러

와도 환전이 가능했다. 이와 같이 사이버 공간에서 현실을 재현하거나 구성하는 방식도 가상현실의 개념 중 하나이다.

② 몰입형 가상현실 : 몰입형 가상현실 기술에서는 사용자가 양 눈에 입체화면이 부착된 헬멧을 쓰고 모의환경의 동영상을 본다. 사용자의 움직임을 포착하여 실시간에 화면의 시야를 조절하는 운동 센서의 작용으로 사용자로 하여금 그 곳에 존재한다는 착각을 하게 만든다. 따라서 사용자는 머리를 돌리거나 걸음을 걸을 때마다 시야와 원근감이 변하는 것을 생생하게 경험하면서 가상의 공간들을 여기저기 둘러볼 수 있다.

촉감을 느낄 수 있도록 힘을 피드백해주는 장비가 장착된 데이터글러브(data glove)를 끼면 사용자는 가상환경에서 보는 물체들을 들어 올리거나 조작할 수도 있다. 때로는, 촬영되고 있는 사용자의 모습을 가상현실에 투영하여 존재하는 것처럼 느끼게 하는 기술도 포함된다.

증강현실(AR/Augmented Reality) 증강현실은 사용자가 눈으로 보는 현실세계에 가상물체를 겹쳐 보여주는 기술로써 현실세계에 실시간으로 부가정보를 갖는 가상세계를 합쳐 하나의 영상으로 보여주므로 혼합현실이라고도 한다.

현실환경과 가상환경을 융합하는 복합형가상현실시스템으로 가상현실기술은 가상환경에 사용자를 몰입하게 하여 실제환경을 볼 수 없지만 실제환경과 가상의 객체가 혼합된 증강현실기술은 사용자가 실제환경을 볼 수 있게 하여 보다 나은 현실감과 부가정보를 제공한다.

원격의료진단 · 방송 · 건축설계 · 제조공정관리 등에 활용된다. 증강현실을 실외에서 실현하는 것이 착용식 컴퓨터(wearable computer)이다. 특히 머리에 쓰는 형태의 컴퓨터 화면장치는 사용자가 보는 실제환경에 컴퓨터 그래픽 · 문자 등을 겹쳐 실시간으로 보여줌으로써 증강현실을 가능하게 한다.

가장 흔하게 거론되는 것이 스마트 폰으로 거리를 비추면 인근의 상점이나 건물의 전화번호 등의 정보가 영상에 비치거나, 상품 바코드를 스마트 폰으로 스캔하면 가격정보가 나타난다. 개념적으로 획기적인 기술이란 평가를 받고 있지만 그 정의가 모호하고 사용자의 이해가 부족하여 아직은 서비스 영역이 그렇게 넓지는 않다.

그러나 관련 기술이 빠르게 발전하고 있어 사물인식 · 자동번역 · 음성인식 · 위치인식 등의 여러 기능이 결합할 가능성이 점쳐진다. 증강현실을 가장 먼저 적용한 것은 계기판 형태의 전방표시장치(HUDs)로 알려졌다. 전방표시장치란 군용비행기와 탱크에 사용되는 머리에 쓰는 형태의 컴퓨터 화면장치다. 일원 중 한 명이 실제의 외부환경을 살펴보게 되면 조종석 덮개나 뷰파인더 위로 같은 정보가 나타난다. 컴퓨터 프로세서의 속도가 빨라지면서 전방표시장치를 이용해 정보 디스플레이와 실시간 영상이 결합하는 것이 가능해졌다.

증강현실을 스마트폰에 적용함으로써 장치의 뷰파인더나 전자표시장치를 통해 보이는 특정 인터넷 사이트에서 건물 주소와 부동산 동향, 소매판매 할인, 식당이용 후기 같은 정보를 볼 수 있는 기능이 개발되었다. 이와 관련된 정보들은 상업적인 오픈소스 데이터베이스와 연계된 지구상위치파악 시스템(GPS)을 통해 제공할 수 있다. 미래의 증강현실은 구글 글래스처럼 가벼운 선글라스에 정보표시를 추가하거나 개인 식별태그정보를 추가하는 형태로도 발전될 전망이다.

13 빅데이터

빅데이터(Big Data)란 기존 데이터베이스 관리도구의 능력을 넘어서는 대량(수십 테라바이트)의 정형 또는 심지어 데이터베이스 형태가 아닌 비정형의 데이터 집합조차 포함한 데이터로부터 가치를 추출하고 결과를 분석하는 기술이다.

다양한 종류의 대규모 데이터에 대한 생성·수집·분석·표현을 그 특징으로 하는 빅데이터 기술의 발전은 다변화된 현대사회를 더욱 정확하게 예측하여 효율적으로 작동하게 하고 개인화된 현대사회 구성원마다 맞춤형 정보를 제공·관리·분석 가능하게 하며 과거에는 불가능했던 기술을 실현시키기도 한다.

빅데이터는 이용자들의 쇼핑기록·검색기록·위치정보·운동코스와 운동량·자동차 행선지와 주행기록·수면시간·생활패턴·생체정보가 기록될 뿐만 아니라, 더 사소한 동작과 행동데이터까지 저장되고 분석되어 이용된다. 심지어 기업이 어떤 모바일기기를 이용하여 잠재적 소비자들에게 온라인 광고를 전달하는 것 또한 이러한 개인정보·검색데이터·쿠키를 기반으로 이뤄진다.

■ 데이터 처리의 비교표

구 분	과 거	현 재
데이터 형태	특정 양식에 맞춰 분류	형식이 없고 다양함
데이터 속도	배치(batch)	근실시간(near real-time)
데이터 처리 목적	과거 분석	최적화 또는 예측
데이터 처리 비용	국가 정부 수준	개별기업 수준

과거에도 슈퍼 컴퓨팅을 이용해 거대한 양의 데이터를 분석할 수 있었지만, 이는 비용 대비 효과가 낮았다. 수십 억원을 들여야만 대용량데이터를 분석할 수 있었고, 이는 정부 차원에서나 할 수 있는 일이었다. 하지만 현재의 빅데이터 시대는 저렴한 비용으로 엄청난 데이터를 효과적으로 처리할 수 있게 되었다는 의미가 있다.

비정형데이터를 분석할 수 있는 자연어처리 기술과 텍스트 분석 · 하둡 등과 같은 기술이 뜨면서 기업은 과거 대용량처리에 들었던 비용과는 비교가 안 될 정도의 저렴한 비용으로 복잡한 데이터 안에서 적절하게 정보를 추출하고 이를 기존정보와 통합해 가치를 전달할 수 있게 되었다.

TIP 하둡

여러 대의 컴퓨터에서 빅데이터를 분산처리해주는 프레임워크로써 대규모의 데이터를 분산된 서버에서 운영하며, 개별 로콜 서버에서 각자의 연산을 수행하고 또한 이를 통합할 수 있는 데이터 운영기술을 말한다.

Chapter

II

환경요소의 사전예비조사

21세기의 기업은 변화무쌍한 환경 속에서 경영활동을 해나가야 한다. 현대 기업의 경영활동을 둘러싼 환경에는 시장환경 · 기술환경 · 국제환경 등 다양한 환경요소가 있으며, 이들 환경의 급격한 변화는 기업으로 하여금 환경의 불확실성이 높아짐에 따라 사업의 지속성과 성장성은 기업 내부의 환경과 함께 기업 외부환경의 변화에 얼마나 능동적으로 적응하고 대처하느냐에 따라 결정된다 해도 과언이 아니다.

이러한 요인들로 인하여 기업의 경쟁이 격화되고 환경조건이 복잡해졌을 뿐만 아니라 환경조건 자체가 급변하는 추세에 따라 의사결정을 위한 환경예측과 대책이 매우 곤란해졌다. 복잡하고 급변하는 환경을 어떻게 예측하고 어떻게 적응해야 하는가의 문제는 기업의 생존과 밀접한 관련이 있다.

오늘날 기업을 둘러싼 외부환경의 한 특성은 변화의 속도가 매우 빠르다는 점이다. 안정적 환경에서는 변화의 속도가 느리지만 환경에서는 변화속도가 매우 빨라서 환경변화의 가속화가 진행되고 있다.

또한, 환경의 복잡성은 기업경영에 영향을 미치는 환경요인들의 수와 기업이 이들에 대해 알고 있는 정도로서 측정한다. 현대기업은 세계시장에서 경쟁하기 때문에 환경의 복잡성(complexity)이 증대할 뿐만 아니라 활동영역도 과거처럼 소비자나 노동조합 등의 차원을 넘어 환경단체나 지역사회로 그 범위가 확대되어 환경변화의 방향이나 영향력의 정도를 예측하기가 어렵다.

이에 따라 환경의 불확실성으로 말미암아 많은 기업은 기업에 영향을 미치는 외부환경의 변화와 그의 추세를 예측하거나 대처하기가 용이하지 않다. 이러한 환경의 불확실성(uncertainty)은 외부환경에서 어떤 사태가 전개될지 완전한 정보를 갖지 못하는 데서 연유한다. 미래의 상황 전개를 예측하기 어려울 뿐만 아니라 기업에 미칠 잠재적 암시를 이해하기가 어렵다.

이러한 환경요인들은 사업타당성에 대한 분석에 앞서 기업내부의 환경뿐 아니라 기업을 둘러쌓고 있는 외부환경에 관해서 사전예비조사를 통한 전략적 대안을 수립하여야 할 것이다.

01 외부환경의 조사와 분석

경영환경이란 기업의 경영활동에 영향을 미치는 모든 환경을 말한다. 이는 모든 유기체나 인간 · 조직 등이 생존과 성장을 위해 주변 환경과 상호작용을 하는 것과 같이 기업도 이를 통해서 유지 · 성장 · 발전해 나간다. 따라서 기업은 경영환경의 특성을 잘 파악하여 변화하는 환경에 대처해 나가고, 이를 이용할 수 있는 경영활동을 펼쳐야 한다.

최근의 경영환경은 과학기술의 진보와 세계화 및 지구환경 변화 등의 이유로 인하여 빠르게 변해가고 있다. 급변하는 현대의 불확실한 경영환경을 극복하고 안정적인 성장을 위한 기회의 발판으로 삼기 위해서는 기업의 경영환경 분석과 이에 대한 적극적인 대응이 필요하다. 이는 기업이 존속 발전하는 데 필수적인 요소가 되며, 기업이 성장할 새로운 기회를 만들고 기업의 경쟁력을 강화시키는 기반이 된다.

기업의 경영의사결정 및 경영성과에 영향을 주는 기업 외적인 환경으로써는 거시환경과 산업환경으로 분류할 수 있다. 거시환경은 기업이 속한 산업에 영향을 주는 정치 · 경제 · 사회 · 문화 · 기술적 요인을 포함하며, 산업환경은 기업이 속한 산업환경 내의 고객 · 경쟁자 · 공급자의 움직임을 중심으로 하는 환경을 의미한다.

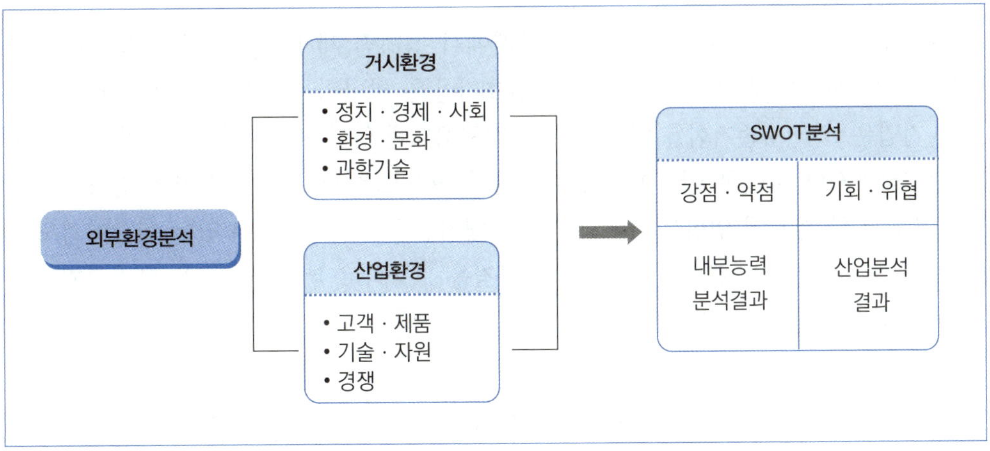

▲ 외부환경 분석 절차도

외부환경의 분석목적은 외부환경 분석을 통해서 기업 활동에 큰 영향을 주는 동인(動因)들이 어떻게 자사에 있어서 현재와 미래의 기회와 위협요인으로 작용하는가를 분석하여 기업전략 수립의 기본자료로 활용하기 위한 것이다

1 거시환경의 조사와 분석

일반환경(General Environment)은 특정 산업분야에 관계없이 한 사회 내에서 모든 조직에 대체로 유사한 영향을 미친다. 일반환경이란 개별조직이 어떠한 노력을 기울이더라도 그에 영향을 미칠 수 없는 환경으로써 거시환경이라고도 한다.

경기의 하강추세나 물가상승 등으로 한 사회 내의 모든 기업에 유사한 영향을 미치게 되며 개별기업의 입장에서는 그 영향을 통제하기가 힘들다. 이러한 변화가 기업 활동에 기회와 위협요인으로 작용하게 된다. 중요한 것은 사전에 변화의 흐름을 예측하고 이에 대한 대응전략을 세워나가는 것이 중요하다.

그러므로 정치 · 경제 · 사회 및 기술적인 환경요인을 분석함으로써 기업의 의사결정과 경영활동에 미치는 영향들을 예측하고 향후 전략수립에 참고할 수 있기 때문이다. 따라서 기업의 경영활동에 영향을 미치리라고 예상되는 요인을 중심으로 집중적인 분석을 할 필요성이 있다.

정치적 환경 정치적 환경(Political Environment)은 정부가 규정하고 있는 법률과 깊은 연관성이 있으며 많은 경우의 법률은 그 나라의 정치풍토와 일치되므로 정치적 · 법률적 환경으로 다루어지고 있다.

모든 조직은 여러 가지 정치적 체제 아래에서 정치적 체제를 통해서 운영되고 있다. 넓은 의미에서 볼 때 조직과 환경과의 상호작용은 하나의 상호영향관계가 된다.

즉 기업은 그의 생존기회를 얻기 위해서 정치체제에 영향을 미치려 한다. 이 같은 노력은 선진국에서나 후진국 어디에서나 마찬가지 현상으로 나타나며, 정치적 영향을 많이 받으면서 또한 정치에 영향을 미칠 수 있는 대기업에서 흔히 볼 수 있는 현상이기도 하다. 반면 입법기관과 같은 정치적 체제는 환경을 보호하고 부당한 경쟁을 예방하기 위해 기업 활동에 영향을 미치려 한다.

경제적 환경 경제적 환경(Economical Environment)은 생산과 배분 그리고 제품과 서비스에 대한 소비의 본질과 방향을 결정해주는 기업에 대한 압력인 동시에 전반적

인 경제적 건전성을 의미한다.

따라서 기업환경을 경제적 환경이라고 말할 만큼 경제적 환경은 기업의 일반적 환경 중에서 가장 중요한 위치를 점하고 있다. 즉 경제적 환경이란 기업경영 활동과 직접적인 관련을 가지는 경제시스템 전체를 말한다.

기업은 국민경제를 구성하는 개별경제로써의 생산활동을 능률적으로 수행하는 생산실체이므로 경제적 환경은 다른 모든 환경과는 달리 직접적이고 또한 즉각적인 영향을 미친다는 점에서 가장 중요한 요인인 것이다.

이러한 경제적 환경요인에는 경제체제나 경제성장 · 실업구조 · 경제형태 · 국민총생산 · 재정정책이나 금융정책 · 인플레이션 · 실업률 · 소비성향의 변화 · 수출입동향 등 다양하게 나누어지는데 여기에서는 중요한 3가지 Factor에 대해 간단히 살펴보기로 한다.

경제체제(Economic System) 경제체제란 거시적 차원에서 보면 '경제의 기본적 구성 요소인 경제이념과 질서 및 기술의 세 요인의 상호관계에 의해서 형성되는 경제형태'이며, 미시적 차원에서 보면 경제주체의 '경제행위와 결과에 직접 또는 간접적으로 영향을 미치는 모든 제도 · 조직 · 법규 · 전통 · 신념 · 태도 · 가치 및 그 결과 발생되는 행동패턴을 조합하는 경제형태'로 정의되고 있다.

자본주의적 경제체제와는 상반되는 사회체제하에서는 모든 재산은 공유 내지 국가소유이고, 생산 및 유통은 국가에 의해서 중앙집권적으로 계획 · 통제 · 관리하게 되므로 사기업이 있을 수가 없는 것이다.

그러나 자본주의 경제체제는 그 운용과정에서 자유방임적 요인으로 인하여 비합리적인 경제행위가 있으므로 일반사회대중의 희생을 강요하는 사례가 발생하여 자본주의적 경제체제의 모순점이 나타나게 된다. 따라서 개별기업도 국민전체의 경제적인 측면에서 필요한 경우 정부는 여러 가지 제약이나 간섭을 하게 된다.

경제성장 경제성장은 생활수준의 향상을 위한 재화 및 용역의 생산이 증대하게 되고 이에 따라 일반 소비대중의 국민소득이 증가함으로 경제적 생활수준이 향상되는 것을 말한다. 즉 국민총생산액 및 국민소득의 증대에 의해서 경제적 복지가 향상되는 것을 뜻한다.

한 나라의 생산능력은 꾸준히 증가되고 있는 추세로서 이런 안정적인 증가원인은 제품과 서비스를 생산하기 위해 끊임없는 기술개발의 중요함을 요구하게 되고, 이는 기업의 생존과 경제적 성장을 위한 필수적 요건이다.

그러나 이러한 고도 경제성장의 결과 각종 산업공해 · 생활환경의 파괴 · 사회공동

투자의 부진 · 땅값의 상승 · 자연자원의 고갈 등 기업생산과 관련된 많은 문제점을 낳고 있다

경제형태 경제체제가 자본주의 국가에 있어서의 기업은 독점과 과점, 독립적 경쟁 및 완전경쟁 등 4가지 환경 중의 어느 한 조건하에서 운영된다. 기업이 운영되는 이 같은 경제적 조건은 분명히 경영자의 행동에 중요한 영향을 미친다.

사회적 환경(Social Environment) 사회적 환경이란 사회나 집단을 구성하고 있는 개인의 행동에 영향을 미치는 여러 요인들로서 가치관 · 생활양식 · 사회구성원의 욕구 · 가족 구성원의 변화 · 그리고 사회적 전통이나 관습 등과 같은 모든 사회제도나 사회적 태도를 말한다.

이와 같은 요인은 기업경영자나 종업원의 행동은 물론, 소비자의 구매행동과 소비행태에도 영향을 미치기 때문에 기업의 의사결정이나 제품계획에 이를 반영하여야 한다. 그리고 개인이나 이들이 형성하는 집단은 기업과 직접적인 이해관계를 가지고 있어서 기업활동에 영향을 미치는 경우가 많다.

한편 문화적 환경은 인간이 사회의 구성원으로서 습득한 지식 · 신념 · 예술 · 도덕 · 관습 그리고 능력과 습관 등 오랜 기간에 걸쳐 형성된 생활방식 혹은 독특한 삶의 경험이 체계화된 것이라고 할 수 있다.

기술적 환경(Technological Environment) 안정적인 생산능력의 증가는 제품과 서비스를 생산하는데 사용되는 기술의 질을 발달시키는 원동력이 된다. 따라서 기업은 소비자가 요구하는 제품과 서비스를 생산하기 위해서는 기술개발에 투자를 아끼지 않아야 함은 기업생존과 경제적 환경을 위해 필수적인 것이다.

기술적 환경이라 함은 사회전반적인 기술발전 추세나 새로운 기술의 등장과 같은 거시적인 기술변화를 말한다. 이러한 기술변화는 기존 제품의 진부화 및 새로운 제품을 출현시켜 넓게는 전통적인 산업의 쇠퇴와 함께 새로운 산업의 형성을 초래하기도 한다. 기술적인 환경으로는 생산기술환경 · 제품기술환경 · 대체기술환경 · 재활용의 기술 등이 있다.

기업을 둘러쌓고 있는 독립적인 변수로서의 거시환경을 다음과 같이 요약하여 정리할 수 있다. 실제로 신사업 사업성검토에 있어서 활용할 수 있는 거시환경분석 Sheet는 다음과 같이 정리할 수 있다.

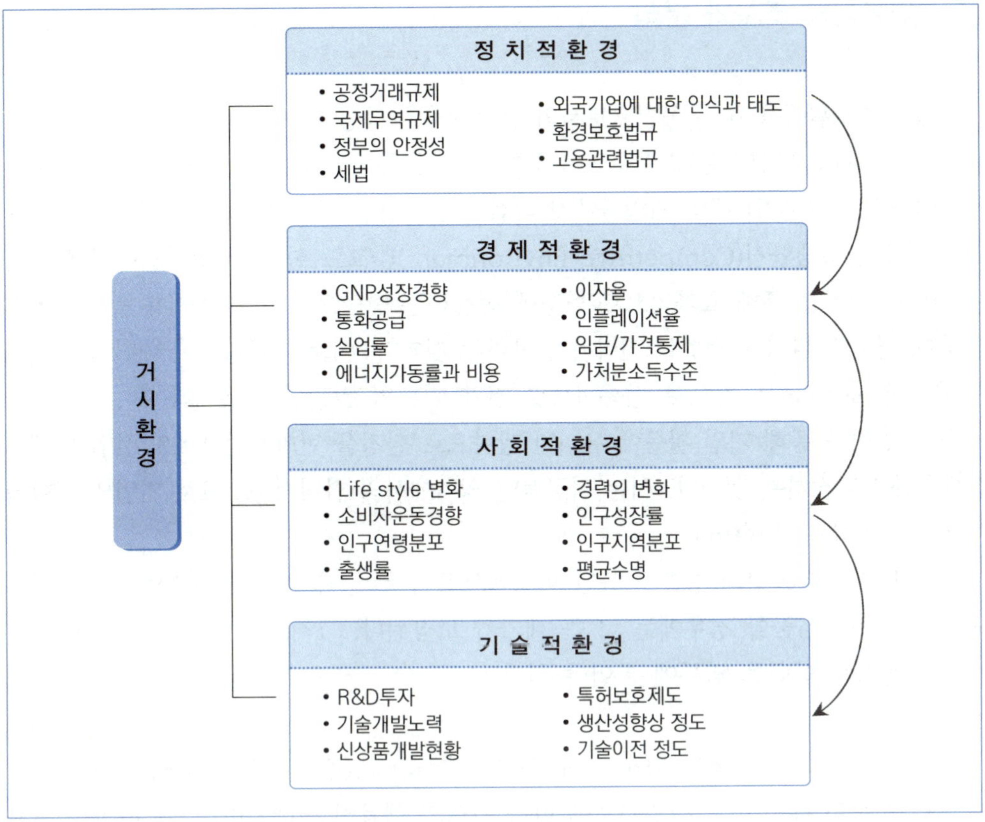

▲ 기업의 거시적 환경 요인도

환경요인	주요항목	현 재	미 래	기 회	위 협
정 치					
경 제					
사회 문화					
기 술					
기 타					

분석결과

▲ 거시환경 분석 Sheet

2 산업환경의 조사와 분석

기업이 경영활동을 하는 공간으로서의 산업환경은 경영전략에 직접적인 영향을 준다. 따라서 산업환경의 분석은 전략수립에 있어서 가장 중요한 요소 중의 하나이기도 하다.

산업환경은 그 산업 내의 기업들에게 직접적인 영향을 미치며, 경쟁의 정도를 결정한다는 점에서 경쟁환경(Competitive Environment)라고도 한다. 특정산업에서 활동하는 기업이 전략을 통해 효과적으로 환경에 적응하는 방법으로서 두 가지를 들 수 있다.

첫째, 당면한 환경에 적합한 전략을 활용하는 것이다. 이는 기존환경에 대한 적응이라는 측면에 초점을 둔 것으로 전통적으로 전략 이론의 일괄된 흐름이라 할 수 있다.

둘째, 전략을 통해 기업 활동에 유리한 방향으로 환경을 변화시킴으로써 산업 내에서 경쟁우위를 달성하는 것이다. 이는 적극적인 의미에서의 환경적응으로서 기업의 전향적 역할을 강조하는 관점이다.

이처럼 유리한 환경의 창출을 통한 환경적으로는 두 번째 경우가 기업의 입장에서는 보다 어렵지만 성공할 경우에는 더 큰 대가가 보장된다. 그러므로 환경분석은 항상 두 가지 환경적응 방법을 염두에 두어야 한다.

SCP 모형 SCP 모형은 Structure(구조) · Conduct(행동) · Performance(성과)의 앞 단어를 붙인 용어이다. 산업구조에 따라 기업의 행동이 정해지며, 그에 따라 성과가 창출된다는 단순하면서 명확한 이론으로 대체적으로 변화가 작은 산업군에 잘 맞는 모형이다. 외부의 충격에 따라 산업의 수익성 변동이 심한 산업군에서 더욱 강력한 분석모델이다.

구조(Structure) 구조란 산업의 경쟁 강도를 의미한다. 산업 내의 경쟁자 수가 수익에 가장 큰 영향을 주기 때문이다.

행동(Conduct) 행동은 구조에 따라 다른 양상을 나타낸다. 기업이 속한 구조가 독점산업 쪽에 위치할수록 고수익을 위한 행동이나 독점지위를 유지하기 위한 진입 · 철수 비용을 이용한 진입장벽전략 등을 사용할 수 있는 것이다. 단 하나의 기업이 높은 성과를 창출할 수 있고, 진입장벽 및 철수비용이 높으므로 쉽게 시장 진입을 결정할 수 없다.

성과(Performance) 성과에 가장 큰 영향을 주는 요인은 산업구조이다. 독점적

지위가 있는 기업은 경쟁자가 없으므로 수익에 대한 주도권을 쥐고 행동을 펼칠 수 있는 것이다. 완전경쟁의 위치에 있다면 치열한 경쟁이 진행되지만, 차별성을 뚜렷하게 나타낼 수 있는 방안 마련이 쉽지 않다. 대부분의 기업이 경쟁등위상태에 놓이게 되어 비슷한 성과를 만들게 된다.

진입장벽 진입장벽이란 기업들이 특정 시장에 진입하지 못하는 원인을 의미한다. 진입장벽의 예로는 요소독점, 특허 및 기술, 대규모의 매몰비용, 정부의 규제가 있다. 진입장벽의 유무는 해당 시장의 구조에 큰 영향을 미친다.

진입장벽이 높은 경우, 새로운 기업이 시장에 진입하기 어렵기 때문에 독점체제가 유지될 수 있다. 반면, 진입장벽이 낮은 경우에는 기업의 시장 진입과 퇴출이 자유로워 경쟁이 활성화될 수 있다.

규모의 경제 규모의 경제는 생산량의 증가나 기업의 규모가 커짐에 따라 나타나는 제품 원가상의 우위를 말한다. 기존 기업들이 규모의 경제를 가지면 잠재적 경쟁자 등의 시장진입을 억제하는 역할을 한다.

제품 차별화(product differentiation) 제품의 특성이나 상표인지도 및 고객서비스 등에 있어서 기존 기업들이 지하는 유리한 위치를 의미한다.

소요 자본 기존 기업들과 경쟁하기 위해서 대규모 자본 투자가 필요한 경우에는 진입상의 장애 요인으로 작용되며 이는 자본 투자의 규모에서 오는 제약뿐만 아니라 이에 따라는 위험에 의해서도 야기된다.

교체비용(Switching costs) 구매자가 기존에 사용하던 제품을 다른 회사의 제품으로 바꿀 때 그 과정에서 부담하게 되는 비용으로 교체비용의 발생 부분은 종업원의 재교육비, 새로운 보조설비 도입비, 새로운 제품의 적합화에 따르는 시간이나 비용, 제품 디자인의 변경 등이 있다.

유통경로에의 접근 기존 경쟁기업들이 오랜 거래 관계나 양질의 서비스 등을 발판으로 유통 경로와 유대 관계가 밀착되어 있는 경우 진입장벽으로 작용한다.

절대적 원가우위(absolute cost advantage) 기업규모 또는 규모의 경제와는 무관하게 기존 기업들이 잠재적 진입 기업이 활용할 수 없는 원가우위이다. 절대적 원가우위의 요소로는 특허, 비밀유지를 통해 보호되는 제품의 생산기술이나 노하우, 원자재에 대한 독점적 확보권, 유리한 입지조건, 정부의 보조, 경험곡선의 효과 등이 있다.

정부의 정책 정부는 인가 또는 허가의 형태로 기업의 자유로운 시장 진입을 규제함으로써 특정산업의 진입장벽에 영향을 미친다. 인허가 제도의 취지는 시장규모가 작고 자원이 빈약한 상황에서 과다한 기업 수와 시설 과잉으로 인한 자원의 낭비를 방지하기 위해서이고, 인허가 제도의 효과는 일단 진입한 기업이 갖는 기득권이 경쟁적 · 모방적 혁신으로 감퇴되거나 소멸되지 않는다.

따라서 기업의 시장 진입에 강력한 보복이 뒤따를 것으로 예상되어 결과적으로 진입을 억제하게 되는 상황들은 다음과 같다.

① 과거 진입 기업들에 대한 강격한 대응책을 행사했던 실례가 있는 경우
② 기존 기업들이 단기적인 이익을 희생하더라도 가격인하를 단행할 수 있는 경우
③ 자금능력이나 잉여생산능력을 보유하고 있는 경우
④ 고객이나 유통경로에 대한 기존 기업들의 영향력이 지배적인 경우
⑤ 해당 산업의 성장률이 원만한 경우

기존기업 간의 경쟁 경쟁구조는 한 산업 내 기업들의 수와 규모분포에 대한 것으로 세분화된 산업으로부터 통합된 산업에 이르기까지 다양한 형태를 띤다. 세분화된 산업(fragmented industry) 다수의 중소기업을 포함하고 있으며 어떤 기업도 지배적인 위치를 점하고 있지 못한 산업 진입장벽이 낮고 차별화하기 어려운 제품을 생산한다.

농수산업 · 비디오대여업 · 요식업 등이 이에 속한다. 세분화된 기업은 낮은 진입장벽 → 큰 수요와 초과 이익의 존재 → 많은 기업의 진입 → 공급능력 과잉 생산 → 치열한 가격경쟁 유발 → 전반적 산업의 수익성저하 → 도산 기업들 양산으로 이어지는 단점이 있어 위협요인으로 작용한다.

통합된 산업(consolidated industry)은 소수의 대기업에 의해 지배되고 있는 집중률이 높은 산업이다. 통합화된 산업 내의 기업 간의 상호의존성이 매우 높고 한 회사의 경쟁형태는 다른 기업 간에 묵시적인 담합을 통해서 가격을 높이거나 소비자의 이익을 저해할 수 있다.

따라서 정부는 독과점 산업의 폐해를 방지하기 위해 독과점 산업을 규제한다. 자동차 ·

가전 · 철강 · 항공산업 등이 이에 속한다. 산업의 성장이 빠른 경우 기업 성장의 여지가 크기 때문에 경쟁이 다소 완화된다. 반면 산업의 성장이 정체되거나 수요가 감소하는 경우 시장점유율의 유지를 위해 기업 간의 경쟁이 격화된다.

철수장벽(exit barrier) 특정산업으로부터 기업의 철수를 억제하는 구조적 특성으로 수익이 낮거나 적자를 실현하고 있을 때도 기업들이 해당 산업에서 계속 경쟁하도록 하는 경제적 · 전략적 · 정서적 요인을 말한다.

철수장벽의 요인

① 특수한 설비나 자산 : 생산설비나 특정목적의 시설 등이 다른 목적으로 사용하기 어렵고 매각도 불가능한 경우
② 전략적 관련성 : 다각화된 기업의 경우 성과가 저조한 사업부문이 여타 사업부문의 경쟁력에 중요한 역할을 할 경우
③ 정부 및 사회적 제약 : 실업 증대나 지역 경제에 미치는 영향 등을 우려하여 특정기업의 철수를 막거나 억제하는 경우
④ 정서적 장벽 : 해당 사업에 대한 소유자나 경영자의 애착이나 자부심, 장래에 대한 불안, 경영층의 이해관계 등이 있는 경우

진입 및 철수장벽과 수익성의 관계 기업의 입장에서는 진입장벽이 높고 철수장벽은 낮은 경우가 바람직하다.

진입장벽		저	고
	저	낮지만 안정적인 수익	수익도 낮고 위험도 큼
	고	높고 안정적인 수익	수익은 높지만 위험이 큼

▲ 철수장벽 Matrix

기 술 산업 내의 직접 경쟁을 유발한다기보다는 경쟁결정요인에 영향을 미침으로써 산업 내의 경쟁관계를 변화시키며 산업의 매력도를 증가 또는 감소시킨다.

기술과 대체품 기술변화는 전혀 새로운 제품을 창출해 내거나 기존의 재품을 대체할 수 있는 제품 또는 새로운 용도를 개발하는 기능을 수행한다. 대체재를 개발하는 기술은 가격에 대한 상대가치와 교체비용에 영향을 준다.

기술과 진입장벽 기술변화는 규모의 경제에 영향을 미침으로써 진입장벽의 높이를 결정하는 요인으로 작용할 수도 있다. 기술변화는 제품차별화에 영향을 미치며, 교체비용을 높이거나 낮출 수 있다. 예를 들면 유연생산시스템은 규모의 경제를 낮추는 효과가 있다.

기술과 구매자 교섭력 기술변화는 산업과 구매자 간의 협상 관계를 변화시킬 수 있으며, 제품차별화나 교체비용 형성에 기반이 되는 기술은 구매자의 구매력을 결정하는 중요한 수단이 된다.

기술과 공급자 교섭력 기술변화는 강력한 공급자 집단이나 새로 등장한 공급자로부터 구매의 필요성을 증가 또는 감소시킴으로써 산업과 공급자 간의 관계를 변화시킨다. 또한 대체 가능한 원자재의 범위를 확대시킨다. 기업의 기술에 대한 투자는 공급자의 보유기술에 대해 기업의 지식을 심화·확대시킴으로써 특정 공급자에 대한 의존도를 낮추고 교섭력을 높일 수 있다.

기술과 기존기업 간 경쟁 기술은 제품차별화에 직접 영향을 미침으로써 기존 기업 간의 경쟁구도에 커다란 영향을 미칠 수 있다. 기술 우위를 바탕으로 한 기술차별화는 경쟁의 강력한 무기가 되며 독점적 기술기업의 높은 가격을 설정할 수 있고 공정기술의 혁신은 원가구조에 영향을 줄 뿐만 아니라 또한 철수장벽에 영향을 준다.

기술변화와 산업영역 기술변화는 여러 가지 방법을 통하여 사업영역을 확대시키며 산업간의 상호 관련성도 기술변화에 영향을 받는다. 기술변화에 의해 산업의 경계가 축소될 수도 있다.

기술변화와 산업매력도 만약 기술변화가 진입장벽의 높이고 강력한 공급자 및 대체재를 제거하면 산업의 수익성을 개선할 수 있으나 구매자의 교섭력을 강화시키고 진입장벽을 낮추면 산업매력도 감소된다.

정 부 정부정책은 경쟁결정요인에 상당한 영향을 미칠 수 있으며 정부의 인허가 정책이나 각종규제는 잠재적 경쟁의 위협요인이 된다. 공정거래법 등은 기존기업 간의 경쟁형태에 영향을 준다. 정부는 여러 산업부문에 구매자 또는 공급자로서의 역할을 한다. 그러나 정부의 통제가 강화되고 개입의 정도가 지나치게 되면 기업의 자율적 환경적응은 오히려 저하될 수밖에 없게 된다. 실제로 사업타당성을 검토하면서 활용할 수 있는 산업환경 분석 Sheet는 다음과 같이 정리해 볼 수 있다

■ 산업환경 분석 Sheet

환경요인	주요항목	현 재	미 래	기 회	위 협
정 치					
제품 서비스					
자 원					
경 쟁					
기 술					
기 타					

분석결과

02 내부환경의 조사와 분석

사업타당성 사전예비조사에 있어서 외부환경의 조사와 분석뿐만 아니라 기업의 내부능력에 대한 평가는 외부환경의 좋은 기회를 활용할 수 있는 기업의 내부능력이 없다면 한갓 무용지물에 불과하다. 이러한 측면에서 내부환경 조사와 분석은 외부환경의 조사와 분석과 함께 사업타당성 분석에 있어 중요한 요소가 아닐 수 없다.

기업내부에 대한 분석은 기업 내부의 자원에 대한 분석을 통하여 강점과 약점을 파악하여 산업분석에서 파악된 주요성공요인과의 적합성을 평가하는 데 있어 기초자료를 마련하려는 데 있으며, 기업의 현재 및 미래경영능력을 진단하여 Vision을 실현할 수 있는 능력을 파악하고, 그 결과를 통해 기업의 강점과 약점을 도출하는 데 그 목적이 있다.

따라서 현재 수행하고 있는 전략적 사업단위 또는 개별사업단위가 속해있는 산업환경이 향후 사업수익을 얻는데 있어서 기회적 요소를 얼마만큼 가지고 있으며, 개별사업단위가 동종 산업의 경쟁기업의 사업단위와 비교 분석해 볼 때 더 높은 수익과 성과를 얻을 수 있는 경쟁우위를 접하고 있는지 평가하여 경쟁우위를 점할 수 있는 전략을 선택하여야 한다.

산업구조에 대한 분석 결과 산업환경이 매우 양호하더라도 기업이 사업을 성공적으로 수행할 수 있는 능력이 없거나 부족하다면 산업 내 경쟁에서 도태할 수밖에 없을 것이다. 그러므로 자신의 사업이 과연 지속적으로 경쟁우위를 창출할 수 있는 핵심역량을 가지고 있는지, 어떤 부분에 역량을 발휘해야 할지, 또한 부족한 측면이 무엇인지 파악하고 핵심역량을 강화하기 위해 해야 할 일들이 무엇인지 분석하는 것이 무엇보다 중요하다.

그러하기 위하여 외부의 기회를 이용할 수 있기 위해서, 또는 위협으로부터 자사를 보호하기 위해서 내부능력과 자원 그리고 그에 따른 적절한 운용이 요청된다. 무엇보다도 기업 고유의 독특한 자원이나 핵심역량을 찾아내고 집중적인 자원투자를 통하여 최대한 효율을 증대시킴으로써 지속적인 경쟁우위를 유지해 나가야 할 것이다

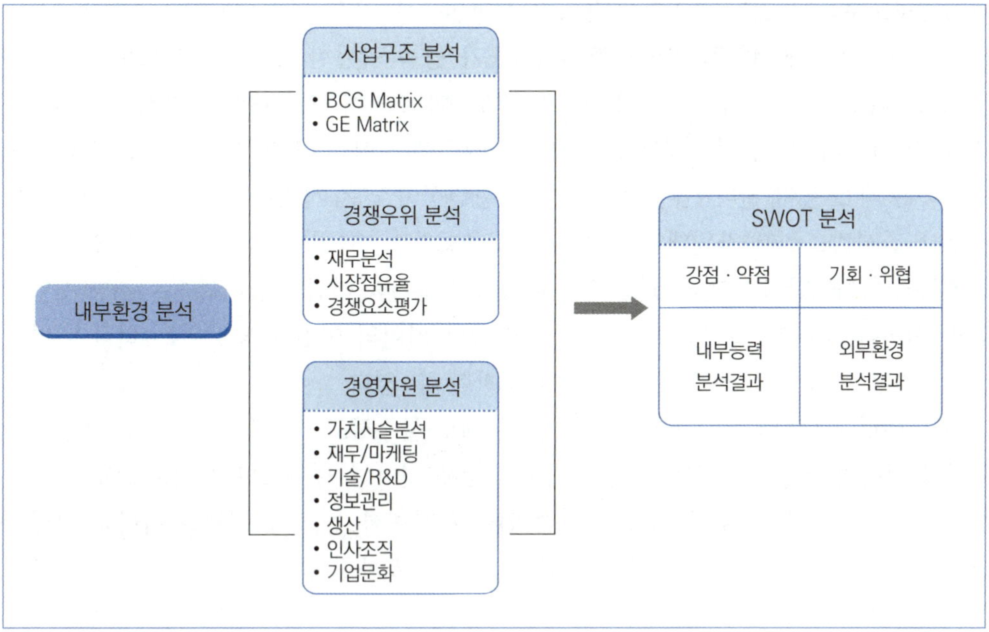

▲ 내부환경 분석 절차도

1 사업구조의 분석

사업구조분석은 경제적 부가가치 정도를 분석 · 평가하여 이에 기초한 목적한 대상사업이 어떻게 현재 또는 미래의 가치에 기여할 것인가를 평가하게 된다. 사업구조란 기업이 전개하고 있는 다양한 사업들의 구성형태를 말한다.

사업구조분석에서는 사업단위들 간의 전략적 연계성을 검토하고 사업단위들 간의 현금흐름은 문제가 없는가, 전사적 수익성과 성장성 전망은 어떠한지 등의 문제를 분석한다. 사업 다각화의 정도, 사업간 재무자원 및 인적자원의 배분형태, 사업전망에 따른 구성분포 등을 전사적 차원의 기업전략 관점에서 평가하는 것이다.

TIP SBU(Strategic Business Unit)

전략사업단위(Strategic Business Unit)란 경쟁자 및 고객을 대상으로 제품이나 서비스를 제공하는 사업조직단위를 의미한다. 고객 요구가 다양해짐에 따라 각 사업부 간 자원중복현상 등의 불합리한 점이 드러나게 되었고, 이러한 문제를 해결하기 위한 대응전략으로서의 운영하는 조직이 전략사업단위이다.

사업구조분석에 있어서 포트폴리오 분석방법으로 가장 많이 쓰이는 모형으로서는 BCG성장 · 점유율 매트릭스와 맥캔지와 GE가 공동 개발한 GE 매트릭스가 있다.

포트폴리오모형은 사업을 잘 이해할 수 있고, 이로 인해 보다 나은 전략적 의사결정을 내릴 수 있으며, 특히 자원배분에 관한 의사결정에 도움이 되며, 포트폴리오의 균형을 분석하는 데 도움이 된다는 이점을 가진다. 관련성이 낮은 사업단위들 간의 의사결정을 상호 연관시킴으로써 자원배분의 효율성을 극대화할 수 있다,

전통적인 사업단위의 관리목표, 특히 다각화된 분권적 기업의 관리목표는 개별 사업단위의 이익을 극대화하는 것이다. 그런데 다각화 기업의 어떤 사업단위는 현금이 남아 고민하거나 이를 수익성이 낮은 사업에 투자할 수 있다.

반면 어떤 사업단위는 자금이 몹시 필요함에도 불구하고 자체적으로 조달이 안 되어 곤란을 당하거나 성장이 제약을 받는 경우가 있을 것이다. 이때 포트폴리오 모형을 도입할 경우 각각의 사업단위에 다른 전략적 임무를 부여하고, 기업 전체를 하나의 통합된 단위로 운영함으로써 전략적 사업 단위들 간의 보완성을 높일 수 있다.

따라서 포트폴리오모형은 전략적 사업단위들 간의 자금 배분에 관한 의사결정을 내리는데 있어서 유용한 분석수단이다. 포트폴리오모형은 기업의 다양한 사업 단위들을 하나의 매트릭스 상에 표시해 줌으로써 포트폴리오 전체의 균형과 응집력, 그리고 성장잠재력을 나타내 준다.

이때 포트폴리오의 전체균형이란 현금흐름 · 영속성 · 위험 등과 같은 차원에서의 균형을 의미한다. 예컨대 현금흐름면에서 균형된 포트폴리오가 있을 경우, 외부자본시장에서 자금을 조달할 필요가 없게 된다. 이는 성숙기의 사업단위에서 창출되는 잉여현금을 현금을 필요로 하는 성장기 사업단위에 투자함으로써 가능하다.

또한 기업의 영속성을 유지하기 위해서는 제품수명주기 상 다른 단계에 있는 사업들로 포트폴리오를 구성하여야 할 것이다. 그리고 기업 전체의 위험관리라는 측면에서 보면, 이익 면에서 상관관계가 낮은 사업에 분산시킴으로써 위험을 감소시킬 수 있다.

BCG 매트릭스 BCG 매트릭스는 Boston Consulting Group(BCG)이 개발한 모형으로 수직축에 산업성장률을, 수평축에 상대적 시장점유율(최대 경쟁기업의 시장점유율에 대한 비율)을 측정변수로 정해놓고 있다.

BCG 매트릭스의 기본전제는 산업성장성과 시장점유율이 산업의 매력도와 사업의 경쟁지위를 대변하는 가장 좋은 변수라는 것이다. 이 모형은 산업성장률과 시장점유율이라는 단일 변수를 채택함으로써 간단하면서도 쉽게 계량화할 수 있는 장점이 있다.

이들 변수의 선정에는 다음과 같은 논리적 근거가 있다. 먼저, 산업성장률이 산업의

매력도를 잘 대변한다고 볼 수 있는 것은 첫째, 제품수명이론에 있어서 가장 중요한 설명 변수가 시장의 성장률이고 둘째, 성장률이 높은 시장에서는 시장점유율을 높이기가 쉽고 셋째, 성장기에 확보한 시장점유율은 경험곡선효과와 직결되어 수익성을 증가시키며 넷째, 성장기 시장은 미래의 시장지위를 구축하는데 중요한 비중을 점하며 다섯째, 성장기에는 보통 수요가 공급을 초과하므로 높은 마진을 부과할 수 있어 수익성을 높일 수 있고 여섯째, 성장기에 경쟁기업을 공략함으로써 시장에서 독점적 지위를 확보할 수 있다는 것 등을 들 수 있다.

한편, 시장점유율이 기업의 경쟁우위를 대변할 수 있다는 것은 시장점유율이 높을수록 경험곡선효과를 누릴 가능성이 높으므로 원가우위를 구축할 수 있고, 시장점유율이 높은 선도 기업일수록 규모의 경제 · 상표인지도 · 유통상의 지위 등이 높고, 시장점유율이 높을수록 기업의 수익성이 높아지는 것으로 나타났다는 것 등을 들 수 있다.

BCG 매트릭스를 작성하는데 있어서 수직축과 수평축의 중간점을 어떻게 정할 것인가 하는 것이 중요한 문제가 된다. 먼저 수직축의 산업성장률은 GNP 성장률 · 해당산업의 성장률 · 바람직한 성장률 등에서 하나를 선택할 수 있을 것이다.

한편 상대적 시장점유율은 원래 1.0이 중간점이 된다. 그런데 상대적 시장점유율은 자기 기업을 제외한 업계의 최대 기업과 비교한 점유율을 말하므로, 상대적 시장점유율이 1.0보다 크다는 것은 자기 기업이 업계의 선두기업이라는 것을 의미한다.

이상의 방법으로 중간점을 설정할 경우 매트릭스는 4개의 상한으로 나누어진다. 따라서 개별산업단위가 속한 산업의 성장률과 상대적 시장점유율을 평가함으로써 산업단위

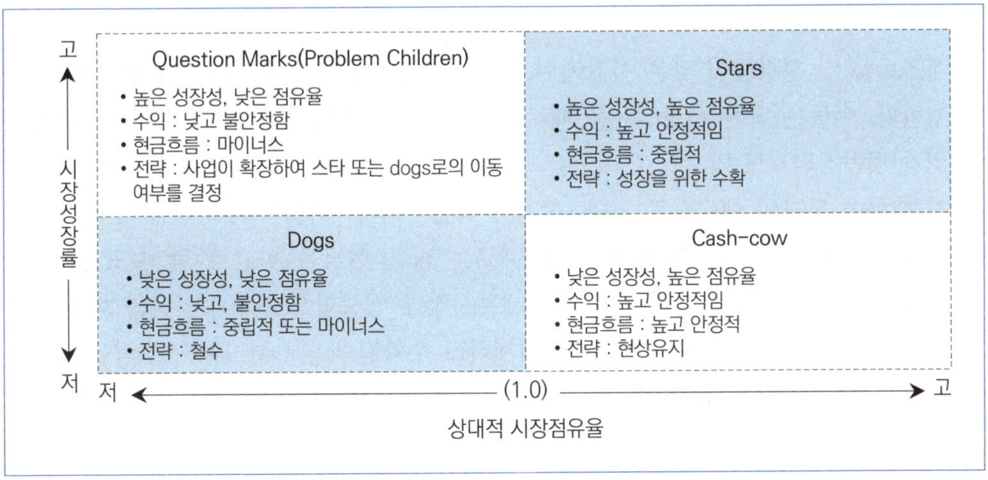

▲ BCG 매트릭스

들을 4개의 상한에 나타낼 수가 있다. 각 상한에 속한 사업단위들은 각각 스타(stars)·문제아(problem children)·현금젖소(cash cows)·개(dogs)로 불려진다.

스타(stars) 시장성장률이 높은 산업에서 높은 시장점유율을 점하고 있는 사업단위를 지칭한다. 스타에 해당되는 사업들은 산업이 성장국면에 있기 때문에 성장을 뒷받침하는 현금을 필요로 한다. 한편 이들 사업은 높은 시장점유율(강한 경쟁지위)로 인해 경험곡선효과를 크게 누릴 것이므로 마진이 매우 높다.

따라서 많은 현금을 창출하게 될 것이다. 그러므로 스타에 해당하는 사업들은 전체적으로 현금의 수요와 공급이 균형을 이루게 된다. 아직 경쟁지위를 완전히 굳히지 못한 사업단위(young stars)는 추가적인 투자가 필요할 것이므로 현금을 필요로 할 것이다. 산업의 전체 성장성이 낮아질 경우 스타는 현금 저조가 되어 현금을 창출하는 원천이 된다.

현금젖소(cash cows) 현금젖소는 저성장 산업에 속하면서 시장점유율이 높은 사업단위를 지칭한다. 현금젖소에 속한 사업 중에서도 현재 지위를 유지하는데 필요한 투자가 이뤄지기도 하지만, 이들 산업의 매력도가 낮아지고 있으므로 현금투자의 필요성을 그렇게 높지 않다.

반면 강력한 시장지위로 인해 많은 현금을 창출하게 될 것이므로, 전체적으로 다른 사업단위에 투자하는 데 필요한 현금을 공급하게 된다. 현금젖소에서 창출되는 현금은 다음에서 볼 문제아 사업 중에서 스타로 발전할 가능성이 있는 사업에 투자하거나 기업 전체의 연구개발 활동에 투자할 것이다

개(dogs) 성장률이 낮은 시장에 속하고 시장점유율도 낮은 사업단위를 개라고 지칭한다. 이들은 낮은 시장점유율 때문에 경험곡선효과를 거의 누릴 수 없고, 경쟁지위가 뒷받침되지도 않으므로 이익을 창출하지도 못한다. 그리고 산업의 성장성이 낮기 때문에 투자의 매력도도 낮다. 여기에 속한 사업단위들은 주로 현금 사용자가 되는데, 현재의 위치를 고수하기 위해 때로는 많은 현금을 필요로 할 수도 있다.

개에 해당되는 사업단위는 특정한 세분시장에 집중함으로써 수익성을 회복할 수 있다. 그렇지 않을 경우 신규투자를 억제하고 수확전략이나 투자회수 전략을 수행하거나, 사업을 매각하거나 청산을 통해 현금을 창출하여야 할 것이다.

문제아(problem children) 문제아는 성장성이 높은 산업에 속하지만, 시장점유율

이 낮은 사업단위를 지칭한다. 이들 사업은 사업매력도가 높으므로 성장에 필요한 자금을 많이 필요로 하지만 시장점유율이 낮아 경험곡선효과를 얻지 못하는 사업들이다.

GE 매트릭스 GE 매트릭스와 BCG 매트릭스는 그 아이디어에 있어서 기본적으로 동일하다. BCG 매트릭스가 산업성장률과 시장점유율이라는 단일 변수를 사용하는 것에 비해 GE 매트릭스는 복수의 변수를 사용한다는 것, BCG 매트릭스는 4개의 상한으로 나눠지는데 비해 GE 매트릭스는 9개의 셀로 나눠진다는 차이가 있다.

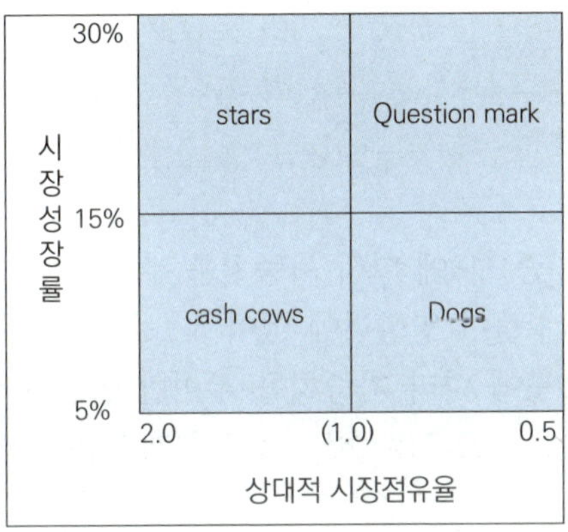

구 분		제품1	제품2	제품3
최근 3개년 평균	매출액			
	시장성장률			
	상대적 시장점유율			
목표 년노	매출액			
	시장성장률			
	상대적 시장점유율			
분석결과요약				

▲ BCG 매트릭스 사업구조 분석

GE 매트릭스는 크게 상황평가단계와 전략개발단계의 두 단계로 나누어서 설명할 수 있다. 상황평가단계는 매트릭스의 작성단계라고 할 수 있으며, 전략개발단계는 작성된 매트릭스를 바탕으로 각 사업단위에 적합한 전략을 개발하는 단계이다.

상황평가 단계 첫 번째 단계는 분석단위를 결정하는 것이다. 기업전략 수준에 있어서 개별 사업단위가 분석단위가 되는데, 사업전략 수준에서 이 모형을 사용한다면 주요 시장이나 제품 라인이 분석단위가 된다. 이때 각 분석 단위들은 어느 정도 독립된 의사결정이나 자원배분이 이뤄지는 단위이어야 할 것이다.

두 번째 단계에서는 적절한 변수를 파악하여야 한다. 산업에 따라서는 수익성을 결정하는 주요 변수가 무엇인가 하는 것이 잘 알려져 있는 경우도 있으나 어떤 산업에서는 여기에 대해 논란이 많은 경우도 있다. 평가 변수의 산정에는 다음과 같은 변수를 대체로 많이 사용하고 있다.

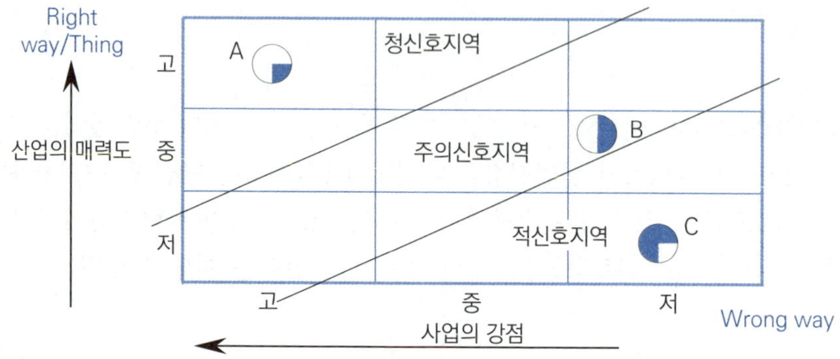

▲ GE Mckkinsey의 산업매력도 Matrix

세 번째 단계는 파악된 변수들의 상대적 중요도에 따라 가중치를 부여하는 단계이다. 산업매력도와 경쟁지위를 결정하는 변수들이 영향력에 있어서 모두 동일하다고 볼 수는 없을 것이다. 따라서 변수의 중요도에 따라 가중치를 부여할 필요가 있다. 가중치는 평가자에 따라 현저하게 달라질 수 있으므로 어느 정도의 객관성을 유지하는 것이 중요한 과제이다.

네 번째 단계는 매트릭스 상에 사업단위의 현재 위치를 나타내는 것이다. 이를 위해 두 가지 차원에 대해 각 변수들의 점수를 평가하고 차원별로 합산하면, 개별사업단위의 매트릭스상의 지위가 결정된다.

■ 산업매력도 분석

산업매력도	사업 강점
• 시장규모와 예상성장률	• 상대적 시장점유율
• 경쟁의 강도	• 핵심성공요인의 보유 정도
• 수익성의 정도	• 경쟁기업과 비교한 이익 마진
• 수요의 계절성과 주기성	• 제품 품질과 서비스의 정도
• 기술 및 자본의 요구 정도	• 상대적 원가 지원
• 진입장벽 및 철수장벽	• 고객과 시장에 대한 지식
• 사회, 문화, 정치적 환경 요인	• 기술적 능력
• 대두되고 있는 기회나 위협	• 경영층의 자질

전략의 개발단계　첫 번째 단계는 현재 전략을 계속 수행할 경우 환경변화에 따르는 미래 상황을 예측하는 것이다. 예측기간은 환경의 변화정도에 따라 보통 3년 내지 5년을 기준으로 그보다 길거나 짧게 잡을 수 있다.

두 번째 단계는 전략변화를 평가하는 것이다. 매트릭스 상에는 하나 이상의 표준적인 전략이 제시되어 있는데, 최고경영자는 이를 바탕으로 개별 사업단위의 실제 전략을 구체화하여야 할 것이다.

이를 위해 전략의 전반적 방향에 있어서 경영자들의 상반된 의견을 수렴시켜 주는데 도움을 준다. 그러나 실제로 어떤 구체적 행동을 취해야 할 것인가에 대해서는 별다른 도움이 되지 않는다. 따라서 매트릭스가 제시해 주는 일반적 투자전략을 구체화 시키는 전략을 수립하는 단계가 뒤따라야 한다.

BCG 매트릭스에서 시장점유율이 경쟁우위를 측정할 수 있다는 가정은 실제로 적용되지 않는 경우가 많다. 왜냐하면 규모의 경제를 활용할 수 있는 산업에서는 시장점유율이 비용우위를 결정하는 아주 중요한 변수이나 규모의 경제가 중요하지 않은 산업에서는 시장점유율은 그다지 큰 의미가 없기 때문이다. 그리고 분석이라는 것은 시간의 한 흐름을 잘라서 그 단면을 나열한 것이기 때문에 시시각각 계속 변화하고 있다. 하지만, 그 변화를 다시 적용하기란 쉽지 않다. 그리고 시장을 어떻게 정의하느냐에 따라서 시장점유율과 성장률이 각각 달라진다.

즉 자동차시장을 승용차와 버스로 나눌 것인지, 또는 승용차 시장을 소형차·중형차·대형차로 나눌 것인지에 따라서 각각의 시장에서의 성장률과 점유율도 달라지게 된다. 즉 시장의 개념에 대해 통일된 정의가 존재하지 않으므로 매트릭스 기법을 이용하여 분석하는 것은 기업이 사용하는 시장에 대한 조작적 정의에 따라서 분석결과가 달라지기 마련이다.

또한 시장점유율이 높은 사업단위와 기업이 핵심역량을 보유하고 있는 사업단위는 항상 일치하는 것은 아니다. 따라서 핵심역량적인 관점을 갖지 못하고 외부적인 시장의 상황과 현재의 시장점유율을 가지고 사업부에 대한 전략을 수립한다면 잘못된 전략이 되기 쉽다.

BCG 매트릭스 및 GE 매트릭스를 활용하여 사업구조분석을 한 결과 이를 전략으로 연계시키기 위해서는 다음과 같은 sheet를 통하여 종합적으로 정리해 볼 필요가 있다.

■ 매트릭스별 전략대안

사업강점				
	높음	성장 시장지배 촉구 투자의 극대화	성장시장의 파악 상당한 투자 현재 지위 고수	현재 지위 고수 현금흐름 확보 현상유지를 위한 투자
	보통	세분화 통한 지위 확보 약점을 파악 강점을 구축	성장시장의 파악 특화 선택적 투자	제품계열의 축소 투자의 최소화 투자회수 준비
	낮음	특화 틈새시장 추구 기업인수 고려	특화 틈새시장 추구 시장철수 고려	선두기업에게 운명을 맡김 경쟁기업의 현금창출사업 공격 시장철수 또는 투자회수

분석 결과 종합	
BCG Matrix	• • • •
GE Metrix	• • • •

전략과제
• • • • • • • •

2 경쟁우위분석

경쟁우위란 우월한 경쟁적 위치에서 현재 또는 잠재된 경쟁자에 의해 동시적으로 수행되지 않는 가치창조 활동을 수행하거나, 경쟁자와의 경쟁에서 전략적 우월지위를 확보함으로써 얻어질 수 있는 것이다.

따라서 경쟁우위는 기업이 수행하는 각각의 제반 활동인 본원적 활동과 이를 지원하는 활동을 통해서 얻어지는 것이다. 그러므로 전략적으로 중요한 활동을 경쟁자보다 비용에서 우위를 점하거나 가격경쟁 등에서 더 좋은 방법을 수행함으로써 경쟁우위를 확보할 수 있는 것이다.

경쟁우위는 크게 보다 원가우위와 차별화우위로 구분할 수 있다. 원가우위는 경쟁자와 동일하거나 유사한 상품을 제공함에 있어 경쟁자보다 낮은 비용구조로 가치활동을 수행함으로써 얻어진다.

모든 가치활동을 수행하면서 경쟁자보다 저원가선도전략에 의한 비용우위를 점할 때 원가우위를 갖게 된다. 차별화우위는 경쟁자와 동일한 제품을 가지고 경쟁함에 있어 일관된 차이가 중요한 구매속성에 반영되어 고객에게 인식될 때 비로소 달성하게 되는 것이다. 즉 고객이 중요하다고 생각하는 속성에서 경쟁제품과의 차이가 발생할 때 얻어지는 것이다.

성공적인 차별화는 차별화를 위해 소요되는 추가적인 비용을 초과하는 가격프리미엄을 얻을 수 있는 수준에서 구매자를 위해 새로운 가치를 창출할 수 있는 방법을 찾아냄으로써 가능한 것이다.

경쟁우위의 원천 일반적으로 경쟁우위의 원천은 자원과 기술로 나눌 수 있다. 자원은 기업이 그 능력을 발휘하는데 필요한 유형적인 대상들이다. 제조시설의 규모와 입지 · 판매 조직력 · 자동화 설비 · 브랜드 로열티 등이 이에 속한다. 기술은 경쟁기업의 인적자원이 지닌 역량과 구별되는 인적자원이 능력을 말한다.

개인적 기능을 경쟁사보다 효과적으로 수행할 수 있는 능력에서 생기는 것으로서 시장변화에 신속하고 효과적으로 적응할 수 있도록 하는 시스템이나 조직 구조에서 발생하는 것들이 있다. 이들 두 종류의 원천들은 한 사업단위가 낮은 원가나 차별화로 이르는 방법으로 가치사슬을 구성하여 다양한 본원적 활동과 지원활동을 수행하도록 한다.

이러한 경쟁우위의 원천은 차별화 우위나 원가우위 형태의 경쟁우위를 달성하는 것을 용이하게 한다. Poter가 제시한 경쟁우위의 원천들은 여섯 가지로 요약하면 다음과 같다.

규모 활동 수행량이 증가함에 따라 간접비나 하부구조가 상대적으로 적게 늘어나는 것에서 원가 우위에 기여를 하며, 규모가 커지면 작은 규모의 기업들이 할 수 없는 독특한 방식의 기업 활동이 가능해짐으로써 차별화가 용이해 진다.

학습효과 시간의 경과에 따라 간접비나 하부구조가 증대됨으로 각 가치활동의 원가가 줄어들게 되거나, 가치활동을 나은 방법으로 수행할 수 있게 됨으로써 차별화를 이룰 수 있다.

조업도 고정비가 클 경우 조업도가 낮을 때 원가가 급상승하므로 조업도는 원가에 민감한 영향을 미친다.

연계 가치사슬 내의 연계나 공급자, 유통경로와의 수직적 연계를 통해 원가를 줄이거나 차별화를 이룰 수 있다.

상호관련성 여러 사업단위가 유형 · 무형의 상호관련성을 통해 공유를 가능케 함으로써 원가를 낮추거나, 상품의 폭을 넓힘으로써 고객에게 선택의 기회를 넓혀주는 차별화를 이룰 수 있다.

통합 각 가치활동을 결합해서 운용함으로써 원가상의 이익을 얻을 수 있으며, 통제가 용이해짐으로써 차별화도 용이해 질수 있다.

결국 경쟁우위는 이들 원천을 잘 활용하여 경쟁자보다 유리한 위치를 선전함으로써 시장점유율과 수익을 얻게 되는 것이다. 경쟁우위의 원천을 활용하여 경쟁우위를 얻기 위해서는 경쟁우위의 원천을 제대로 파악하는 것이 중요하다. 핵심기술과 자원을 파악하기 위해서는 비즈니스 시스템의 각 요소에 대한 심층적인 분석이 필요하다.

TIP Poter의 경쟁우위 원천의 조건

- 경쟁사보다 뛰어난 기술과 자원보유
- 고객에게 가치를 제공하는 기술과 자원의 확보
- 경쟁에서 이길 수 있는 기술과 자원의 준비
- 환경변화에 유연한 기술과 자원의 유지 및 예측

경쟁우위의 지속성 경쟁우위의 지속성이란 이미 존재하는 경쟁우위, 즉 경쟁적 위치가 시간의 흐름에도 불구하고 유지되는 것을 의미한다. 사업단위의 경쟁우위가 있다 하더라도 지속성이 유지되지 않는다면 가치가 없는 일이다. 이는 장기적으로 산업 내 평균보다 높은 성과를 얻기 위해서는 경쟁우위를 지속시킬 수 있는가에 달려있기 때문이다. 경쟁우위를 지속시킬 수 있는 핵심역량을 발굴하기 위해서는 동종 산업군에 속하는 선진기업군을 벤치마킹함으로써 핵심역량을 찾아낼 수 있으며 또한 이를 지속적이고 차별적인 역량으로 유지해 나가는 것이 무엇보다 중요한 일이다.

지속적인 경쟁우위를 유지하기 위해서는 다음 사항을 유념하여야 한다.

첫째, 현재 확보하고 있는 핵심적인 기술이나 자원에 대해 지속적인 재투자를 해야 한다. 경쟁우위는 환경변화에 따라 변화되어지므로 지속성을 확보하기 위해서는 계속적인 투자가 필수적이다.

둘째, 특별히 강력한 기술이나 자원이 없거나 경쟁사들에게 모방당하고 있는 경우 기술이나 자원을 더욱 증강시켜야 한다.

셋째, 핵심기술과 자원이 보유하고 있는 장점을 활용하고 이를 확대해 나가야 한다. 즉 수시로 사업의 영역에 대한 재평가를 시도해야 한다.

따라서 전략담당자들은 자신들의 무기가 얼마나 다양한 사업에 확장될 수 있는지에 대해 지속적으로 문제를 제기해야 한다.

경쟁우위를 지속적으로 유지해 주기 위해서는 경쟁우위의 원천인 자원 기술이 모방되기 어려워한다는 점을 간과해서는 아니 된다. 그러나 자원은 경쟁자가 모방하기 어려운 다음과 같은 세 가지 이유를 지니고 있다.

첫째, 기업마다 독특한 성정과정과 역사를 지니고 있기 때문이다.

둘째, 어떤 기업이 보유하는 자원과 그 기업의 지속적 경쟁우위와의 관계가 명확하게 이해되지 않는 인과적 보호성이 존재하기 때문이다.

셋째, 자원에 의해 유발되는 경쟁우위는 매우 복잡한 사회적 현상으로서 체계적인 관리와 행동으로서 모방하기가 어렵기 때문이다.

따라서 지속적인 경쟁우위를 유지하기 위해서는 더욱 중시되는 것이 기술의 독창성이다. 경쟁우위를 지속적으로 유지 가능하게 하는 조직능력이나 독창적인 기술은 경쟁자가 쉽게 모방할 수 없는 경쟁우위의 요소이기도 하다.

경쟁우위 전략 현실적으로 모든 경쟁요소들에 대해서 우위를 누린다는 것은 불가능하다. 왜냐하면 경쟁요소들이 실현과정에는 서로 상충되는 요인들이 있기 때문이다. 가격에서 우위를 누리기 위해서는 보다 높은 생산성을 실현해야 한다. 높은 생산성은 생산수량에서의 융통성이나 제품의 다양화 요인과 상충관계가 있다. 또한 고품질과 낮은 가격도 서로 상충관계에 있다. 따라서 경쟁우위를 누리기 위해서 모든 경쟁요소에 대해 상대적으로 우위에 있지 않아도 가능하다. 즉 시장에서 자사제품이나 서비스의 경쟁력을 확보하기 위해서는 모든 경쟁요소에서 우위를 누리기보다 이들 간에 차별적 우선순위 경쟁개념을 적용하는 것이 보다 실현 가능성이 높다.

차별적 경쟁우위를 확보하기 위해서는 다양한 혁신 활동을 전개하는 것이 중요하다. 혁신활동을 전개하는데 있어 체계적이고 전략적인 어프로치가 필요하다. 혁신활동이 체계적이고 전략적으로 전개되지 않을 경우 도리어 부작용만 초래하기 쉽기 때문이다. 차별적 경쟁우위를 확보하기 위한 첫 번째 단계는 명확한 목표의 설정 단계이다. 목표설정의 단계는 경쟁우위 확보를 위한 첫 단계로 매우 중요한 의미를 지닌다. 목표설정이 되어있지 않거나 잘못 설정되었을 경우 경쟁우위 확보를 위한 활동은 표류상태에 처하기 때문이다. 경쟁우위 확보를 위한 목표는 제품차별화 · 원가우위 · 고품질 · 시간경쟁 등 다양한 요소들로 설정할 수 있다.

이러한 경우에는 자사가 속한 산업 · 업종 · 경쟁사 · 자사의 강점과 약점 등을 충분히 감안하여 경쟁우위 확보를 위한 차별적 요인을 발굴해내는 것이 중요하다.

차별적 경쟁우위 확보를 위한 두 번째 단계로 목표달성을 위한 전략의 수립과 집행이다. 이 단계에서는 구체적인 전략의 수립과 함께 전략실행을 위한 다양한 혁신활동이 전개된다. 경쟁우위를 확보하기 위한 전략을 수립함에 있어서는 첫 번째 단계에서 설정한 목표에 합당한 전략을 수립하여야 한다. 목표에 부합되는 차별적 우선순위 경쟁개념에 의한 경쟁전략을 수립하는 단계이기 때문이다. 마찬가지로 수립된 전략을 실행하기 위한 혁신활동을 전개할 경우에도 전략과 혁신활동 간에 깊은 연관성을 가져야 한다. 경쟁요소에 대한 차별적 우선순위 경쟁개념에 의한 경쟁전략은 비용우위전략 · 차별화전략 · 집중화전략을 들 수 있다.

비용우위 전략 타 기업보다 원가우위를 확보함으로써 산업의 가격측면에서 선도적인 위치를 확보하고 유지하는 것이다. 일단 비용우위를 확보하게 되면 강력한 경쟁요인이 있다고 하더라도 평균 이상의 수익을 올릴 수 있으며, 이러한 비용우위 전략은 새로운 경쟁자의 출현을 억제할 수 있다. 왜냐하면 비용우위는 시장에서의 진입장벽 역할을 하기 때문이다.

차별화 전략 산업에서 기업이 가격경쟁요소가 아닌 비가격 경쟁요소, 즉 품질이나 시간 · 융통성 · 디자인 등의 측면에서 구매자로부터 널리 가치를 인정받는 유일한 확보를 통한 경쟁전략을 의미한다. 그러므로 품질 · 납품시스템 또는 마케팅 등의 측면에서 차별화를 할 수 있다.

집중화 전략 구매자 집단이나 또는 지역적으로 한정된 시장을 집중적인 목표로 삼는 것이다. 비용우위 또는 차별화전략은 산업전체를 대상으로 하고 있으나, 집중화 전략은 산업 내에서 한정된 범위에 대해서 비용우위 또는 차별화를 적용함으로써 평균 이상의 성과를 올릴 수 있다. 차별적 경쟁우위를 위한 마지막 단계는 설정된 전략의 성과를 극대화할 수 있는 인프라를 구축하는 것이다. 인프라는 인체의 동맥과 같은 역할을 함으로 경쟁우위를 확보하기 위해서는 필수 불가결한 요소이기도 하다.

따라서 인프라 그 자체가 경쟁우위를 결정하는 요소가 되기도 한다. 따라서 차별적 경쟁우위 확보를 위해서는 3가지의 단계가 서로 균형과 조화를 이룰 때만이 가능해 진다. Poter의 본원적 전략을 도식화하면 다음과 같이 요약 정리할 수 있다.

<table>
<tr><td colspan="2" rowspan="2">구 분</td><td colspan="2">경쟁우위 요소</td></tr>
<tr><td>차별화</td><td>낮은 원가</td></tr>
<tr><td rowspan="2">경쟁범위</td><td>넓은 목표시장</td><td>차별화 전략</td><td>원가우위전략</td></tr>
<tr><td>좁은 목표시장</td><td>차별화 집중력</td><td>원가우위 집중화</td></tr>
</table>

▲ Porter의 본원적 전략

아무리 경쟁우위 확보를 위한 목표·전략·인프라가 잘 정비되어 있고, 혁신활동이 잘 이루어진다고 하여도 목표와 방향성이 제대로 확립되어 있지 않다면 내부 인프라에 기초한 혁신활동은 제대로 이루어 질 수가 없다. 따라서 지속가능한 경쟁우위를 확보하기 위해서는 목표를 설정하고, 여러 경쟁요소들 중에서 목표에 상충하는 경쟁요소를 지배적 경쟁전략으로 추구하는 것이 바람직한 일이다. 초우량기업으로 선진화한 회사들로부터 발견할 수 있는 공통점은 자사가 영위하는 사업에 적합한 핵심역량을 찾아내서 이들을 경쟁우위확보를 위한 핵심요소로 지속적으로 활용한다는 것과 경쟁우위 요소를 기반으로 고객중심적인 경영을 통해 수익창출사업을 지속적으로 발굴해 나간다는 점이다. 뿐만 아니라 모든 경쟁요소에 대해 우위를 누리는 것이 아니라, 특정의 동질적인 경쟁요소에 집중화하여 이를 지배적 경영전략으로 추진하고 있다.

<table>
<tr><td rowspan="2">Business Unit</td><td colspan="3">시장점유율</td><td colspan="4">경쟁요소분석</td></tr>
<tr><td>T=-2</td><td>T=-1</td><td>T=0
(P)</td><td>원가지위</td><td>생산능력</td><td>마케팅력</td><td>기술력</td></tr>
<tr><td>BU-1</td><td></td><td></td><td></td><td></td><td></td><td></td><td></td></tr>
<tr><td>BU-2</td><td></td><td></td><td></td><td></td><td></td><td></td><td></td></tr>
<tr><td>BU-3</td><td></td><td></td><td></td><td></td><td></td><td></td><td></td></tr>
<tr><td>BU-4</td><td></td><td></td><td></td><td></td><td></td><td></td><td></td></tr>
</table>

3 내부역량조사 및 자원분석

경영전략이 과거에는 산업환경이나 경영자에 대한 경쟁우위라는 외부환경이 중시되었지만, 현재에 이르러 점차적으로 기업내부의 핵심역량이 중요시 되고 있다. 따라서 최근의 경영전략은 경영자원과 핵심역량을 중심으로 하여 내부적인 경영환경을 분석하여 이를 전략에 적절히 반영하는 방향으로 전개되고 있다.

경영자원 분석 경영자원이란 기업이 생산물을 만들어 내기 위하여 투입하는 요소를 의미한다. 종래의 3M(Material · Money · Man), 즉 물적자원 · 재무자원 그리고 인적자원을 중시해 왔다. 현대에 들어오면서 과거와는 다른 형태의 경영자원, 즉 기능과 기술 및 특허권과 같은 기술자원, 외부로부터 수집된 정보나 학습을 통해 축적된 지식과 같은 정보자원, 그리고 원활한 생산활동을 가능하게 해주는 충분한 양의 용수나 공기 등과 같은 생태적자원의 중요성이 더욱 커지고 있다.

경영자원이 중요한 이유는 무엇보다도 필요한 경영자원을 확보하지 못할 경우 기업경영의 영속성을 보장받을 수 없기 때문이다. 또 생산설비는 크게 확충했지만, 원료수입국의 수출금지 조치로 인해 원재료를 확보하지 못해 대기업이 망하는 예를 통해 알 수 있듯이 기업경영의 영속성을 보장받기 위해서 기업은 필요한 경영자원을 반드시 확보하여야 한다.

내부여건을 분석하는 일차적 목적은 기업이 보유한 자원과 능력을 평가하여 경쟁우위의 원천이 되는 강점과 약점을 파악하는데 있으며, 보다 궁극적으로는 외부기회에 대해 강점을 활용하거나 또는 핵심역량 및 능력의 개발과 축적을 통해 강점을 계속 유지하고 약점을 보완하는 데 있다.

경영자원의 의의 경영자원이란 기업이 전략을 수립하고 실행하는 데 있어 도움이 되는 것으로 기업이 보유하고 있는 모든 자산 · 능력 · 정보 · 지식 등을 포함하고 있다. 경영자원이 기업에서 중요성을 가지는 이유로는 외부 여건분석에 의하여 여러 개의 기회가 포착되었을 때 그중 하나를 선택하기 위하여 경영자가 해야 할 첫 번째 일은 자신의 기업이 이러한 기회를 성공적으로 현실화할 수 있는 능력이 있는가를 판정하는 것이다.

기업의 내부 여건분석의 일차적 목적은 기업이 보유한 자원과 능력을 평가하여 경쟁우위의 원천이 되는 강점과 약점을 파악하는 데 있으며, 보다 궁극적으로는 외부기회에 대해 강점을 활용하거나 또는 핵심역량이나 능력의 개발과 축적을 통해 강점을 계속 유지하고 약점은 보완하는 데 있다.

따라서 기업이 누리는 경쟁우위의 원천이 무엇인가를 정확하게 파악하기 위해서는 경영자원의 종류와 개념에 대한 정확한 이해가 필수적이다. 기업이 보유한 자원을 크게 분류한다면 유형자원과 무형자원(인적자원)으로 나눌 수 있다. 유형자원은 기계·장비 같은 물질적 자산과 재무적 자원 등 가시적 자원을 의미하며, 무형자원은 기업의 명성·기술·노하우와 같은 비가시적 자원을 의미하며, 인적자원은 조직 구성원을 의미한다.

유형자원 기업이 보유하고 있는 유형자원은 눈에 보이며 가장 쉽게 파악할 수 있을 뿐만 아니라 또한 평가할 수 있다. 대차대조표에 나타나는 공장·기계·건물 등의 물적 자산과 금융자산은 기업이 보유하고 있는 중요한 경영자원 중의 하나이다.

이러한 유형자산의 가치는 인수하려는 기업의 전략에 따라서 상당히 달라질 수 있기 때문에 유형자산을 전략적으로 평가하기 위해서는 자산을 보다 효율적으로 활용할 수 있는 기회가 얼마나 많은지를 분석해 보아야 한다.

무형자원 경쟁우위를 가져다주는 경영자원 요소 중에서 무형의 경영자원은 유형자원에 비해 훨씬 더 값진 경영자원이란 것을 알고 있다. 유형자원이 많은 경우 특별한 경쟁우위를 창출하지 못하는 것에 비하여 무형자원, 즉 기업의 이미지나 브랜드는 경쟁기업이 모방할 수 없는 중요한 경영자원이다.

또 다른 무형자원으로는 기술이나 특허권·노하우가 있다. 이중에서 특허권으로 보호받는 것은 장기간 경쟁우위를 제공하지만, 그렇지 않다면 얼마나 쉽게 경쟁사에게 기술이 이전되느냐에 따라서 경쟁우위 지속성이 결정되기 때문이다.

인적자원 인적자원은 가장 중요한 경영자원이다. 인적자원이 제공하는 서비스는 그 조직구성원이 체득한 노하우·기술·의사결정 능력과 같은 눈에 보이지 않는 무형의 자산인 것이다.

인적자원을 가장 중요한 경영자원으로 판단하는 이유는 많은 경우에 무형의 경영자원이 조직 구성원들에게 체화(滯貨)되어 있기 때문이다. 예를 들어 어떤 기업의 생산과정의 노하우는 관리 매뉴얼에 쓰여 있기보다는 공장에서 일하는 종업원의 손끝과 머릿속에 체화된 숙련과 경험에서 기초하고 있다.

일본의 이따미 히로유키 교수는 "인적자원이 중요하다고 하는 것은 인적자원이란 기업이 갖고 있는 각종 경쟁우위의 원천이기도 하지만, 경쟁우위가 되는 기술이나 노하우를 축적하고 관리하는 근본적인 주체이기 때문이다"라고 인적자원의 중요성을 강조하였다

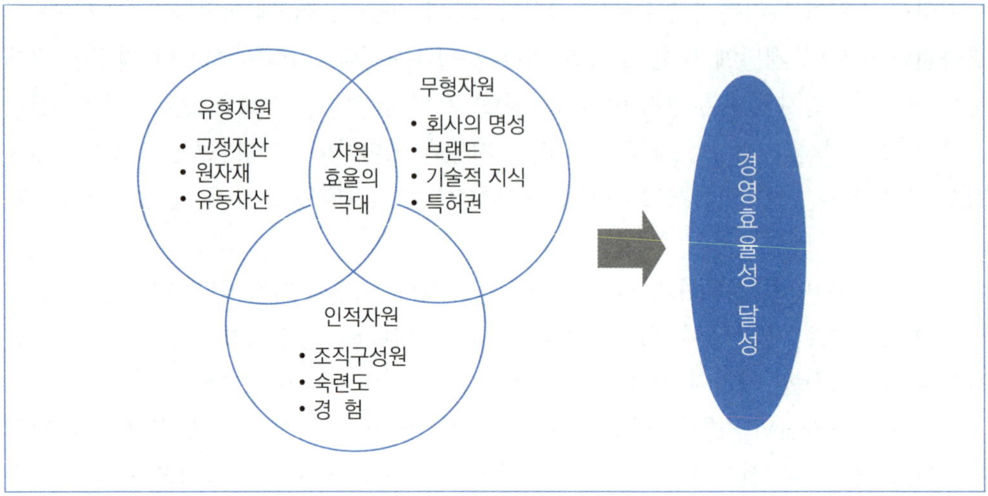

▲ 경영자원의 유형과 관계

경영자원의 특성

유용성 보유한 자원이 유용할 때 그 자원은 지속적인 경쟁우위의 원천이 될 수 있음을 의미한다.

희소성 다른 기업이 그 자원을 보유하고 있지 않을수록 자원의 희소성이 증대되고, 그러한 자원을 보유한 기업은 보유하지 않은 기업에 비해 경쟁우위를 갖게 된다.

불완전한 모방성 유용하면서 희소한 자원이라 하더라도 장기적으로 다른 기업들이 이들 자원을 획득할 수 없을 때, 비로소 경쟁우위를 지속적으로 유지할 수 있다. 이를 불완전한 모방성이라 할 수 있는데 모방의 불완전성에 영향을 주는 요인으로는 독특한 역사적 조건(기업의 독특한 성장과정과 기업문화 조성), 기업이 보유하고 있는 자원과 기업의 지속적 경쟁우위 간의 연관성에 대한 인과관계의 모호성, 경쟁우위의 사회적 복잡성 등이 있다.

불완전한 대체성 기업의 자원이 경쟁우위의 원천이 되기 위해서는 대체자원이 존재하지 않아야 한다. 즉 기업이 보유하고 있는 자원과 동등하게 취급되는 대체가 존재하지 않을 때 비로소 그 자원이 지속적인 경쟁우위를 가질 수 있는 것이다.

■ 자원의 특성과 경쟁지위

자 원 의 특 성				경 쟁 지 위
유용성	희소성	불완전한 모방성	불완전한 대체성	
×	×	×	×	경쟁열위
○	×	×	×	동등한 경쟁
○	○	×	×	일시적 경쟁우위
○	○	○	○	지속적 경쟁우위

핵심역량분석 핵심역량경영은 경쟁기업에 비하여 훨씬 우월한 능력으로 경쟁우위를 가져다주는 능력으로 기업을 기본적으로 유지시켜주고 있는 핵심역량을 발견하여 이것을 전사적 차원에서 이용하여 기존의 핵심역량에 새로운 기술·제품·서비스 등을 연계시켜 새로운 성장분야로 다각화하는 경영기법이다. 핵심역량은 고객에게 가치를 높이거나 그 가치가 전달되는 과정을 더 효율적으로 할 수 있는 특정한 방법의 능력을 나타내며, 이러한 능력은 또한 기업이 신규 사업으로 진출할 수 있는 능력이 된다.

핵심역량은 여러 조직단위에 내제되거나 통합되어 있는 능력이나 기술이다. 그러므로 핵심역량은 정체되어 존재하는 것이 아니며 산업 환경의 변화나 경쟁자의 등장, 고객의 새로운 욕구에 따라 항상 변하고 있다.

경영환경 변화에 따라 핵심역량을 어떻게 파악하고 확보해야 하는지가 매우 중요한 일이다. 대부분의 기업들은 자신들의 핵심역량(Core Competence)에 대해서 잘 알고 있다고 생각한다. 또한 자사가 누리고 있는 현재의 경쟁우위에 국한하거나, 과거의 역량이 아직도 자신들의 핵심역량으로 남아있는 줄 알고 이를 바탕으로 내부역량분석을 통해 전략을 전개하는 기업들이 매우 많다.

그러나 기업의 핵심역량은 정체되어 존재하는 것이 아니며 산업 환경의 변화나 경쟁자의 등장과 고객의 새로운 욕구에 따라 항상 변하고 있다. 미래 경영환경에 대한 통찰력이 반영된 자사의 핵심역량을 정확하게 파악하는 것이야말로 경쟁자와 승부에서 이길 수 있는 중요한 무기가 된다.

핵심역량의 의의 핵심역량이란 조직구성원들이 보유하고 있는 독자적 기술과 지식의 조합체로서 구체적으로는 경쟁사보다 몇 단계 뛰어난 수준에서 고객에게 이익을 제공할 수 있는 힘, 조직구성원의 내제된 능력을 결집하여 새로운 기술과 기능을 만들어내는 힘, 그것을 다양한 상품에 응용하고 발전시켜 나가는 힘, 조직구성원이 하나가 되어 환경 변화에 재빠르게 대응하는 힘 등을 말한다.

이와 같은 핵심역량은 기업 활동의 전 과정 중의 하나, 또는 여러 측면에서 세계최고의 자리를 확보하는 능력으로 과거에 이끌어 왔으며 또한 적절하게 전환하거나, 추가의 역량을 축적시키면서 미래 성장의 견인차 역할을 할 수 있는 기업 내부에 공유되고 있는 특유의 총체적인 능력 · 기술 · 지식 · 문화를 의미한다. 이와 같은 힘은 매우 본질적이고 근원적이기 때문에 특정사업 분야에서 뿐만 아니라 이것을 활용하여 다른 관련 사업으로의 진출까지도 성공을 보장해 주는 특성을 가지고 있다.

TIP 핵심역량의 특징

- 제품이나 기능이 아닌 능력이나 지식의 집합이다.
- 최종제품에 대하여 고객이 느끼는 편익을 제공해 준다.
- 핵심역량은 한정된 초점을 맞추어야 한다.
- 경쟁자들이 모방하기 어려워야 한다.
- 핵심역량은 경쟁 상대를 능가할 수 있는 분야이다.
- 지속적으로 축적되어 더 큰 역량을 발휘할 수 있다.
- 조직 시스템으로 인식되어야 한다.
- 핵심역량은 매우 다양한 시장으로 진출할 수 있는 가능성을 제공하여 준다.

핵심역량의 필요성 모든 기업의 전략수립단계에서 자연스럽게 등장하는 단어가 핵심역량의 확보일 것이다. 전략을 효과적으로 전개하기 위해서 등장하는 이 단어가 전사 차원에서 고려될 때는 사업 전체의 연결고리를 형성하는 중요한 개념으로 작용한다. 핵심역량을 이처럼 강조하는 이유는 다음과 같다.

첫째, 기업의 핵심역량을 파악함으로써 현재 영위하고 있는 사업의 경쟁력을 판단할 수 있다. 또한 사양산업에서의 철수는 그 분야가 가지고 있는 기술력을 포기하는 것과 같은 것이므로 자사의 핵심역량이 판단의 기준이 될 수 있다.

둘째, 전략적 제휴를 효과적으로 활용할 수 있는 기반이 된다. 전략적 제휴나 라이센스를 통하여 새로운 핵심역량을 확보하기 위해서는 자신이 보유하고 있는 핵심역량을 정확히 알고 있어야 한다.

셋째, 사업 다각화에 대한 기준을 제공한다. 기업들이 사업을 전개해 나갈 때 핵심사업의 기본으로, 이를 적극적으로 활용할 수 있는 분야로 진출을 모색하기 위해서는 자사의 핵심역량이 무엇인가를 정확하게 파악하는 것이 우선되어야 한다.

넷째, 조직의 활성화를 주도할 수 있다. 핵심역량을 추구하고 발전시켜나가는 기업들의 공통적인 특징은 조직이 능동적이며 활동적이라는 것이다. 이는 전사 차원의 목표를 명확하게 함으로써 개별사업부의 목표와 일치할 수 있으며 사업부간 시너지 확대와 조직 구성원의 시야를 넓혀주는 역할을 하게 되는 것이다.

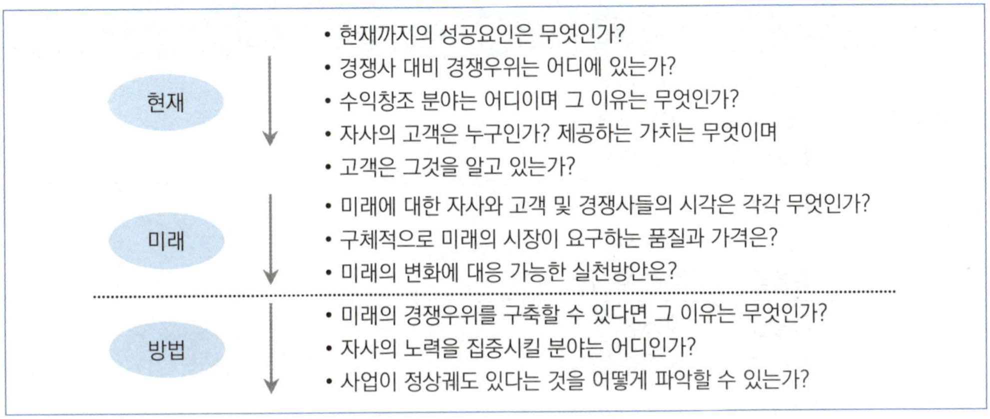

▲ 핵심역량의 도출을 위한 Keyword

그렇다면 자사의 핵심역량이 무엇인지를 어떻게 파악할 수 있을까. 우선 다음과 같은 질문들을 던져봄으로써 어떠한 분야에서 다른 기업과 차별화된 역량을 가지고 있는가를 파악해 볼 수 있다. 자사 사업의 뛰어난 분야는 정확하게 어디인가, 과거에 우리에게 성공을 가져다주었던 것은 어떤 특수한 기술 · 지식 · 서비스에서였나, 현재 수행하고 있는 여러 사업의 바탕이 되는 공통적인 기술이나 능력은 무엇인가, 축적된 역량을 미래에 최상으로 활용할 수 있는 방법은 무엇인가, 미래의 환경변화에 대응하기 위해 기존의 역량에 어떠한 역량을 축적해야 하는가, 그리고 이러한 새로운 역량을 갖추기 위해서는 무엇을 해야 하는가와 같은 질문을 통해 과거의 사업을 이끌어 왔던 역량과 이를 기초로 미래에 어떠한 역량이 필요한지를 명확히 파악해야 할 것이다.

경영자는 급격한 기술 변화와 고객니즈의 변화 등을 파악하기 위한 통찰력을 확보하고, 환경변화에 대한 시나리오 분석 · 예측력 · 상상력을 총동원하여 어떠한 것이 핵심역량이 되어야 할 것이지를 고민하여야 한다. 핵심역량은 다음과 같은 조건들이 반드시 고려되어 반영되어야 한다.

첫째, 매우 다양한 시장으로 진출할 수 있는 가능성을 제공하여야 한다. 둘째, 최종 제품에 대해 고객이 느끼는 편익을 증대시킬 수 있어야 한다. 셋째, 경쟁자들이 흉내내기가 어려워야 한다. 특히 핵심역량을 파악할 때 전사차원에서 비전을 설정하고 자사의 역량을 바라보아야 한다.

■ 내부역량 분석을 위한 평가시트 예시

내부능력 결정요인			능력 평가					가중치	평가치	가중 평가치
구 분	항 목		1	2	3	4	5			
본원적 활동	관리능력 자금조달비용 R&D투자	인력구조 가용자금 기술수준								
투입물류 산출물류	부품조달력 재고수준 결품률	물류비 조달시간 물류 입지								
생산운영	가동률 외주능력	제조원가 품질수준								
마케팅 판매	시장점유율 가격경쟁력 영업력	브랜드충성도 영업조직망 마케팅능력								
서비스	A/S 조직망 고객만족수준 서비스 품질									

주) 1: 상대적 열세 매우 큼 ... 3: 보통... 5: 상대적 우위 매우 큼

비전이 없는 상태에서의 역량은 표면적이고 가시적인 또는 부분적인 역량만을 발견하게 되지만, 비전이 설정된 상태에서는 잠재적인 역량, 역량간의 결합 등을 통하여 보다 강력한 핵심역량을 창조해 낼 수 있기 때문이다.

미래에 자사의 사업을 영위하는 데 가장 중요한 핵심역량이 무엇인지 파악되었다면 이를 확보하기 위해 전략적 접근법을 사용할 수 있다.

첫째, 핵심역량이 무엇인지, 그리고 무엇이 되어야 하는지가 명확해지면 우선적으로 확보해야 할 과제가 무엇인지를 파악해야 한다. 물론 모든 핵심역량을 단숨에 확보하는 것이야 말로 최선의 방법이 되겠으나, 한정된 자원을 효율적으로 이용하여 가장 시급하게 확보해야 할 부분부터 구체화해야 한다. 우선과제는 시급성, 실현 가능성 및 경쟁력에 미치는 영향 등을 평가하여 도출되어야 한다.

이 단계에서 효과적으로 활용이 가능한 기법으로는 기업의 전반적인 활동을 세분화한

가치사슬분석(Value Chain Analysis)이나 기업 조직차원의 기능별 분석이 효과적이다. 가치사슬분석을 통하여 구매 · 생산 · 판매 · 마케팅 · R&D 등 부문별로 몇 가지 핵심역량을 분류함으로써 어떠한 기능영역 부문에서 가장 시급한 경쟁력을 필요로 하는지를 분석해 낸다.

조직차원의 기능분석은 가장 기본적인 개인의 능력에서부터 이를 통합적으로 운영 · 관리할 수 있는 능력의 분석을 통해 핵심능력이 어느 부분에서 발생할 수 있는가를 파악하는 것이다.

둘째, 우선적 해결과제로 선정된 분야에서의 자사 능력을 정확하게 파악하여야 한다. 현재의 내부적 역량 수준은 어느 정도이며, 이러한 내부능력이 핵심역량의 역할을 하지 못하고 있는 문제점을 파악함으로써 세부 실행전략 수립의 기본적인 정보를 파악할 수 있다.

셋째, 핵심역량 확보를 위한 방법과 이를 실행하기 위한 세부 실행전략을 수립한다. 핵심역량을 확보하는 방법에는 내부적으로는 전 조직에 걸쳐 업무수행 자체에 대한 혁신적인 방안을 고려하는 방법과 프로젝트를 수행함으로써 특정 역량을 집중 육성하는 방안을 고려할 수 있다. 외부적으로는 전략적 제휴나 아웃소싱(Outsourcing) · 인수 · 합병(M&A) 등을 통하여 핵심역량을 갖춘 다 기업을 통해 신속히 핵심역량을 구축하는 방안을 고려할 수 있다.

핵심역량의 요소

통찰예견력

① 기술적 · 과학적 지식 : 혁신적 제품을 연이어 내놓을 수 있는 해당 분야에 관한 타의 추종을 불허하는 깊이 있는 지식의 축적
② 정보 접근 능력 : 필요한 정보를 수집하고, 관리 · 저장할 수 있는 능력
③ 창의력 : 번득이는 영감을 상품화할 수 있는 능력
④ 탁월한 분석 능력 : 수집한 정보를 필요에 따라 분석하고 이용할 수 있는 능력

핵심역량의 확대과정 핵심역량을 이용해 고객들이 원하는 가치를 경쟁기업보다 더 많이 제공할 수 있어야 하고, 이와 같은 핵심역량은 희소성을 띄며 경쟁사가 모방하기 어려운 것이어야 한다.

업무실행 능력 현장근로자 개개인의 업무 실행 능력

1단계
핵심역량파악

- 기업의 핵심역량은 기업의 노하우
- 핵심역량은 기업 경쟁력의 기반
- 개별사업을 고객의 입장에서 파악
- 타 분야의 장점도 핵심역량 강화

2단계
핵심역량배양

- 실제적용은 현장근로자 담당
- 급변하는 사업환경에 맞추어 수정
- 사업다각화에 핵심역량 활용

3단계
핵심역량적용

- 연수, 내부승진, 순환근무로 핵심역량적용 활성화
- 핵심역량에 대한 아낌없는 투자
- 핵심역량 실행을 체질화

기능분야	핵심역량	대표기업
경영관리	• 효과적인 재무관리 시스템 • 다각화된 기업의 전략적 통제에 필요한 전문지식 • 효과적인 부문별 및 사업부 단위의 경영조정과 동기부여 • 인수 · 합병 관리 능력 • 강력한 리더십	Hanson, Exxon General Electric, ABB Shell Electrolux Wal-Mart, Federal, Express
경영정보	• 중앙집중적인 MIS 네트워크	American Airline의 Sabre NW
연구개발	• 혁신적인 신제품 개발의 기초 연구 능력 • 신제품 개발의 속도	Merck, AT&T, Sony, 3M Cannon, Mazda, Honda
생산	• 생산의 효율성 • 제조공정의 지속적인 향상능력 • 유연성과 민첩한 반응속도	Toyota Nucor Benetton
제품디자인 마케팅	• 디자인 능력 • 브랜드의 관리 및 판촉 • 고품질의 명성을 널리 활용하는 판촉활동 • 시장 흐름에 대한 빠른 반응	Apple Computer P&G, Pepsi Co. American Express, Mercedes Benz, Gap
판매와 유통	• 판매량의 증대 • 신속, 효율적인 물류 • 대고객서비스의 품질과 효율성	Microsoft, Glaxo Federal Express, Limitted Walt Disney, Marks&Spencer
선진기업은 자사의 핵심역량을 명확히 파악하고 있음	• 기능별 능력을 종합 관리할 수 있는 관리능력이 뒷받침되어야 함.	핵심역량을 효과적으로 활용한 기업들은 치열한 경쟁환경에서 생존할 수 있었음.

▲ 핵심역량의 확대과정

4 가치사슬분석

가치사슬이란 컨설팅 회사인 McKinsey가 개발한 Business System을 Porter가 훨씬 정교한 분석틀로 발전시킨 것으로 기업의 전반적인 경영활동을 주 활동부분과 보조활동부분으로 나누어서 기업의 구매활동에서부터 생산 · 물류 · 판매 · 재고관리 · 애프터서비스 단계에 이르기까지 각각의 부문에서 비용이 얼마나 들고 소비자들에게 얼마나 부가가치를 창출할 수 있는가를 정교하게 분석할 수 있게 해 준다.

가치사슬(Value Chain)은 한 기업의 활동을 전략적으로 연관성이 있는 몇 개의 활동들로 나누어 원가가 발생하는 원천과 자사 제품을 경쟁사의 제품과 차별화시키는 원천을 밝혀내기 위해 도입된 개념이다.

가치사슬은 생산 · 판매 · 원료관리 · R&D · 인적자원 · 정보시스템 · 그리고 기업의 지원시설을 포함하는 일련의 별개의 가치창조활동으로 구성된다. 이들 구성요소는 서로 관련성을 가진 활동이 체계적으로 이루어진 것이지 독립적 활동의 단순한 집합이 아니다.

다시 말해 가치활동은 가치사슬 내에서 연계되어 있다. 연계는 하나의 가치활동이 수행할 때 다른 가치활동과 비용과 성과측면에서 관련성을 가지게 되는 것을 의미한다. 이처럼 기업이 경쟁우위를 확보하기 위해서는 전략적 관점에서 가치활동 간의 연계를 최적화해야 한다.

또한 경쟁우위를 확보하기 위해서는 활동 간의 조정이 필요하다. 가치사슬 내의 연계가 경쟁우위를 확보하는 데 있어 매우 중요하지만 이를 인식하는 일은 매우 어려운 문제이다.

최근에는 정보처리기술의 발전으로 인해 새로운 연계를 찾을 수 있게 되었으며 기존의 연계를 잘 조합해서 경쟁우위를 증진시킬 수도 있게 되었다. 연계는 기업의 가치사슬 내에서뿐만 아니라 공급자나 경로의 가치사슬과 기업의 가치사슬 간에도 이루어진다. 이러한 연계를 수직적 연계라고 한다.

수직적 연계를 통해 기업 내에서의 연계와 마찬가지로 공급자나 경로의 활동과 기업활동이 비용이나 성과 면에 영향을 주고받는다. 공급자는 기업의 가치사슬에 투입되는 제품이나 서비스를 공급함으로써 기업이 가치사슬에 영향을 미치는 한편 다른 측면에서도 기업에 영향을 준다.

기업의 획득활동이나 물류투입 활동은 공급자의 주문자처리시스템과 관련이 있으며 공급자가 제공하는 기술자는 기업의 기술개발 활동이나 제조활동에 기여하게 된다.

공급자가 제공하는 제품이 특성과 여러 측면에서 발생하는 상호관계는 기업이 원가를 절감하거나 차별화를 증진시키는 데 영향을 준다. 즉 공급자의 가치사슬과 기업의 사치사슬의 연계는 경쟁우위를 증진시켜준다.

한편 유통경로와의 연계도 공급자의 연계와 비슷하다. 경로는 기업이 생산한 제품의 유통과정상의 가치사슬을 형성하여 최종소비자가 지불하는 가격의 큰 부분을 차지하며 기업이 판매가격 결정에 중심적 역할을 한다.

포터는 오늘날만큼 경쟁우위의 중요성이 커진 시대는 없었다고 말하고 세 가지 경쟁우위 원천, 즉 원가절감 · 압도적인 차별화 · 좁고 깊은 시장에의 집중화 등 어느 한 가지 또는 모델에서 경쟁우위를 찾아야 한다고 하였다.

성공한 기업은 이러한 경쟁우위의 요건을 갖고 있다. 대량생산 · 대량마케팅 · 대량판매로 규모의 확대를 추구해 온 기업은 지금 유례없는 문제상황에 직면해 있다. 모든 기업활동과 그 상호관계를 체계적으로 검토하는 방법이야말로 경쟁우위의 원천을 분석하는데 필요하다고 하면서 포터는 가치사슬을 제안했다.

기업은 9가지의 기본적 활동, 즉 구매물류 · 제조 · 출하물류 · 판매/마케팅 · 서비스 · 조달활동 · 기술개발 · 인사/노무관리 · 기업관리의 지원활동으로 구성되어 있다. 포터는 이러한 활동 등과 그 상호관계를 체계적으로 검토하는 방법이야말로 경쟁우위의 원천을 분석하는 데 필요하다고 하였으며 그 분석의 기본 개념으로서 가치사슬을 제안했다.

각 기업 활동의 기능을 개개의 가치로 간주하고 이러한 가치들이 하나의 고리로 연결되어 기업가치가 된다는 것이다. 포터는 기업의 경쟁우위를 살피기 위해서 기업의 모든 구성요소를 몇 개의 범주로 세분하여 분석했다. 따라서 이러한 분석을 위한 세분화는 상호비교를 위해 기본적 틀이 필요하며, 이러한 필요에 따라 기업의 거의 모든 활동을 전략적 단위활동으로 구분해 놓은 그림이 바로 가치사슬이다.

가치사슬에서 가치란 기업이 공급하는 제품에 대해 구매자가 기꺼이 지불하려고 하는 금액을 말한다. 가치사슬은 총가치로 구성되며, 다시 총가치는 가치활동과 이윤으로 구분된다. 가치활동은 소비자에게 가치 있는 제품을 제공하기 위해 기업이 수행하는 활동이며, 이윤은 총가치에서 가치활동 수행 시 필요한 원가를 뺀 차액을 말한다.

가치활동은 경쟁우위를 창출하는 구성요소로써 이들 구성요소들은 독립된 활동들이 단순한 집합이 아닌 서로 관련성과 연계성을 가진 활동들이 체계적으로 이루어진 것이다. 즉 가치사슬은 기업이 행하는 모든 활동과 그 활동들이 어떻게 서로 반응하는가를 살펴보는 시스템적 방법이며, 원가형태와 기존의 잠재적 차별화 원천을 이해하기 위하여 하나의 회사를 전략적으로 관련된 활동들로 분해한다.

가치창출 활동 가치창출 활동은 본원적 활동과 지원활동으로 구분한다.

본원적 활동 본원적 활동이란 물류투입, 운영 및 생산, 물류산출, 마케팅 및 영업, 서비스에 이르는 활동들을 말하며 제품이나 서비스의 물리적 가치창출과 관련된 활동들로서 직접적으로 고객들에게 전달되는 부가가치 창출에 기여하는 활동들을 의미한다.

지원활동 지원활동이란 회사의 인프라, 인적자원관리, 기술개발, 구매조달이 이에 포함되며, 본원적 활동이 발생하도록 하는 투입물 및 인프라를 제공한다. 지원활동들은 직접적으로 부가가치를 창출하지는 않지만 이를 창출할 수 있도록 지원하는 활동을 의미한다.

가치활동과 가치시스템 특정산업에 있어서의 회사의 가치사슬은 가치시스템이라고 하는 보다 큰 활동들의 흐름 속에 포함되며, 가치시스템은 회사 내의 가치활동들은 연결할 뿐만 아니라, 회사의 가치사슬과 공급자 가치사슬 및 유통 · 구매자와 사용자 가치사슬이라는 전방채널 가치사슬 사이에 상호 이론적 관계를 창출케 한다.

따라서 가치시스템은 기업 간뿐만 아니라 동종업체 · 산업 및 국가 간에 이르기까지 확장될 수 있으며, 각각의 경쟁우위 강화 및 구축을 위한 전략적 도구로써 활용될 수 있다. 가치시스템 하에서 회사는 공급자와의 관계에서 공급사슬관리, 회사와 고객과의 관계에서는 고객관계관리가 삽입되며, 오늘날 ERP는 회사 하부구조 차원을 넘어 지원 및 본원적 활동 전 영역으로 확대되어 적용되고 있다.

가치사슬분석 가치사슬분석은 회사의 경쟁하는 방법을 검증하는 중요한 기법으로서 회사 전체의 비즈니스 프로세스와 활동을 연구하고, 정해진 프로세스에 대한 코스트의 할당과 서로 다른 프로세스에 의해 발생된 가치를 결정한다.

이러한 부분이 Cost(원가) · Speed(속도) · Efficiency(효율성)을 분석하여 경쟁우위 구축을 위한 도구로 활용된다는 데에 그 의미가 있다. 가치사슬분석에 있어서 각 가치활동들을 상호 독립적 활동들로 분리하여 분석해서는 아니 되며, 상호 이론적 활동으로 그 연계를 통한 시너지 효과를 고려하여 분석하여야 한다.

가치사슬과 경쟁우위 가치시스템의 경쟁우위는 가치시스템 참여기업들의 집단인 산업의 경쟁우위를 결정하게 되며, 회사의 경쟁우위평가는 자사의 가치사슬 · 공급자의 가치사슬 · 전방채널 참가자의 가치사슬을 포함하는 가치시스템에 대한 이해를 필요로 한다.

경쟁우위 평가를 위한 가치사슬분석 가치사슬분석은 최종 사용자에게 제공되는 제품이나 서비스를 형성하는 모든 활동에 대한 전략적 우위 및 열위를 결정함으로써 경쟁우위를 평가하는 하나의 방법이다. 이러한 활동들은 회사의 활동뿐만 아니라 회사 밖 외부기업들인 공급자 · 유통업자 · 물류업자 · 처리 및 리싸이클링 업자를 포함하며, 회사는 고객에게 Focus된 프로세스를 창출하는 전체 가치사슬의 한 부분이다.

가치사슬분석은 최고의 경쟁우위를 가져오는 가치사슬의 조합으로 가치사슬 분석의 핵심개념은 기능적 구조에 대한 강조를 줄이고, 제품투입과 함께 시작하여 제품산출 및 고객으로 종결되는 조직에 대한 수평적 관점인 프로세스 시작을 채택하는 것이다.

프로세스는 특정고객이나 시장을 위한 특화된 산출물을 생산하기 위해 설계된 구조화되고 측정된 일련의 활동들이다. 프로세스 강조란 「일이 행하여진 방법」에 집중함을 의미한다.

TIP 가치사슬분석을 통한 경쟁우위 평가방법

- 내부 코스트 분석 : 프로세스를 창출하는 내부 가치에 대한 수익성 원천 및 상대적 코스트 지위를 결정한다.
- 내부차별화 분석 : 프로세스를 창출하는 내부가치 내에서 차별화 원천을 이해하는 것이다.
- 수직적 연계 분석 : 고객에게 전달되는 가치를 최대화하고 코스트를 최소화하기 위하여 외부 공급자와 고객 중에서 관련성 및 연관된 코스트를 이해하는 것이다.

가치사슬은 경쟁우위부문 확인 및 핵심역량도출을 위한 도구인 동시에 지원적 활동 및 본원적 활동들이 서로 독립된 것이 아니라 협조와 통합을 통하여 시너지효과를 창출한다는 것이 중요하다. 가치활동에 의해 창출된 가치가 가치활동에 소요되는 비용을 초과할 경우 그 기업은 이윤을 남기게 된다. 따라서 다음의 등식이 성립하게 된다.

기업의 이익 = 기업이 창출하는 가치 - 가치창출 활동에 소요되는 비용
= 기업이 고객에게 제공하는 총가치 - 가치 제공을 위하여 소요되는 비용

결국 경쟁사들보다 경쟁우위를 가지기 위해서는 가치활동들을 경쟁사 보다 더 효율적으로 수행하여서 비용절감이 이루어지거나 가치활동들을 수행하는 방법을 경쟁사와는 다른 방식으로 수행하여 차별화를 이루어야 한다.

가치사슬의 한계성 가치사슬에서는 경쟁우위획득에 있어서 중요한 모든 혁신과 전략적 의사결정의 주체인 기업가 활동이 배제되어 있으며, 조직의 최상위수준에 적용하는 것은 한계가 있다. 그 이유로서는 하나의 산업은 서로 다른 프로세스에 대한 요구 및 서로 다른 경제적 상호관계와 역동성을 포함하는 많은 다른 구분된 부문들을 내포하고 있기 때문이다.

따라서 가치사슬분석은 참여자 등 사이에 정적인 상호관계를 평가하는 데는 매우 유용하나, 끊임없이 가치사슬관계를 재 정의하는 변화의 속도가 매우 빠른 산업과 관련된 역동성을 이해하기에는 약점을 가지고 있다. 또한 각 가치사슬활동에 대하여 쉽게 활용할 수 있는 데이터의 획득이 실무적으로 매우 어렵다는 한계성을 가지고 있다.

가치시스템의 성공요인 경쟁우위강화 및 구축을 위하여 가치활동을 연계하는 가치사슬, 즉 핵심활동 및 강·약점, 차별화 동인, 원가동인 구조적 분석 등을 제대로 이해하여야 하며, 가치시스템상에서 각 가치사슬간의 연계관리가 가능하도록 지원할 수 있는 정보기술을 적극적으로 활용하여야 한다.

가치사슬의 어떤 가치활동에 회사의 핵심역량을 집중하고 코스트 다운과 차별화로 경쟁우위를 강화할 것인가, 가치사슬의 재구축을 어떻게 하여 경쟁우위를 구축할 것인가, 전체 가치시스템상의 최적화를 위해 공급 측면이나 고객 또는 소비자 측면과 관계가 있는 각 조직들의 역량 강화가 필수적이다. 마이클 포터의 가치사슬모형과 같이 요약할 수 있다.

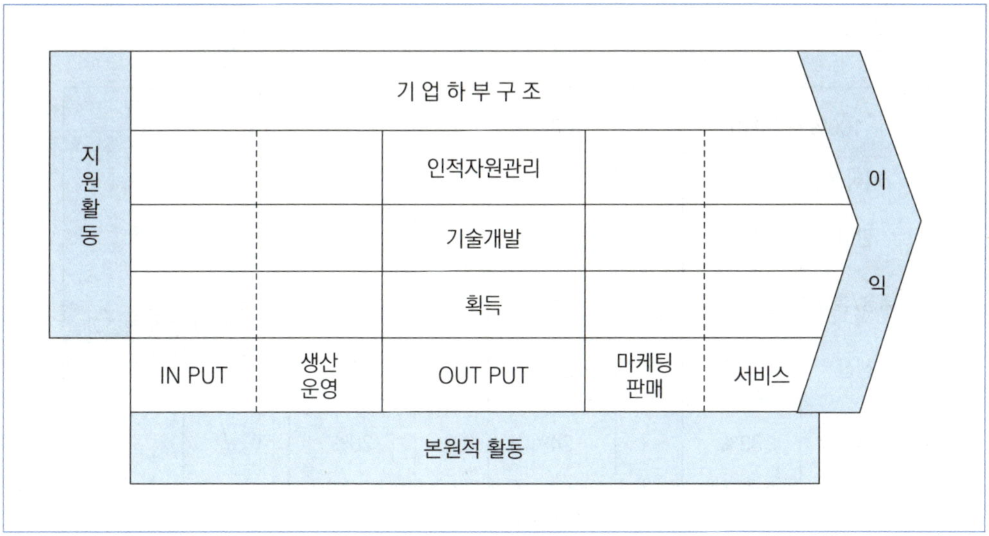

▲ 마이클 포터의 가치사슬 모형

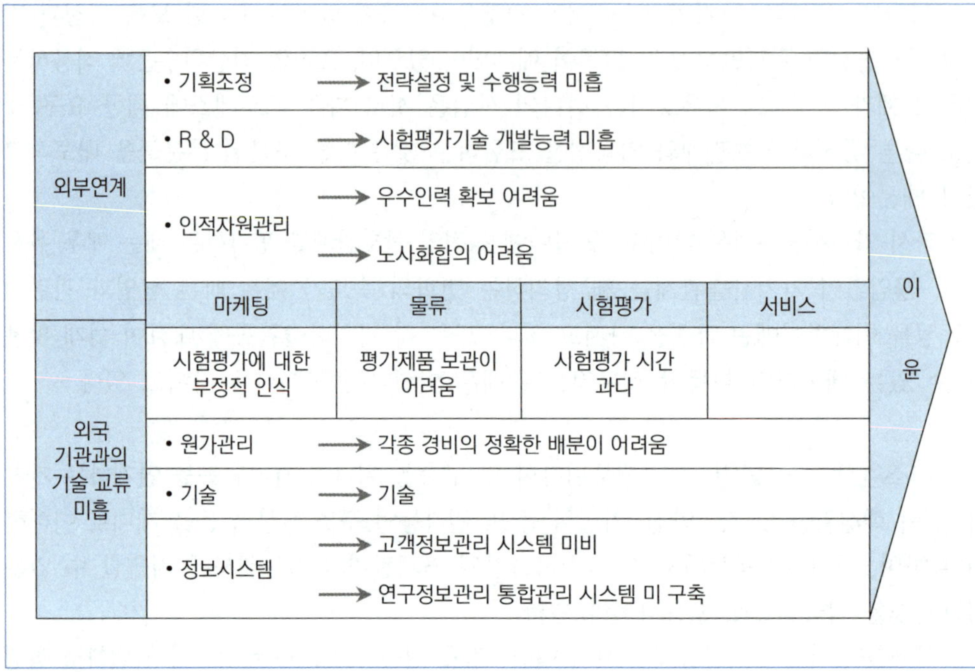

▲ Value Chain 분석 예시

또한 가치사슬의 본원적 활동을 통한 원가구조 비교를 다음과 같이 가치사슬분석에 대입해 보는 것도 필요하다.

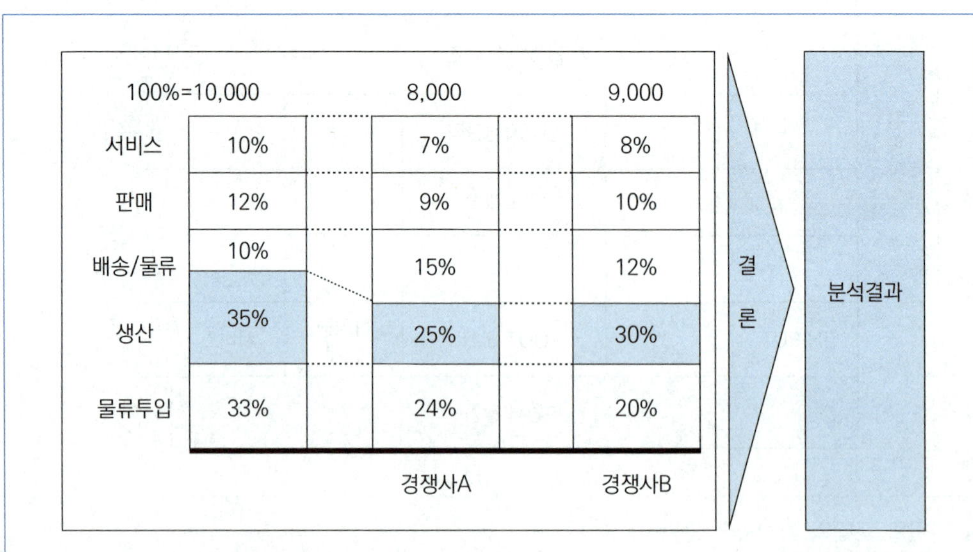

5 GE Matrix 분석

포트폴리오 비즈니스 포트폴리오는 기업을 구성하는 전략사업단위의 집합이다. 최적의 비즈니스 포트폴리오는 기업의 강점에 완벽하게 적합하고, 가장 매력적인 산업 또는 시장을 개발하는 데 도움을 주는 것이다.

전략적 사업단위 전략적 사업단위(SBU)의 규모는 대기업 내 하나의 부문(division)이나 중소기업 규모가 될 수 있다. 자체 수준의 전략을 수립하고 모회사와는 별개의 목표를 갖고 있는 하나의 사업단위이다.

포트폴리오 분석의 목표 기업의 현재사업 포트폴리오를 분석하고 어떠한 전략사업단위에 더 많거나 적은 투자를 해야 하는지를 결정하며. 포트폴리오에 새로운 제품과 사업을 추가하기 위한 성장전략을 개발할 뿐만 아니라 어떤 사업 또는 제품을 더 이상 보유하지 않을 것인지를 결정한다.

GE 매트릭스 GE 매트릭스는 3가지 측면에서 BCG 매트릭스보다 더 정교하다. 산업매력도는 시장성장 대신 산업매력도의 차원으로 사용된다. 시장매력도는 산업/시장의 매력도를 결정할 수 있는 단순한 시장성장률보다 더 넓은 범위의 요인들을 포함한다. GE매트릭스의 경쟁적 강점은 각각의 전략사업단위의 경쟁적 포지션이 평가함으로써 시장점유율을 대체한다. 경쟁적 강점은 전략사업단위의 경쟁적 강점을 결정할 수 있는 시장점유율만이 아닌 더 넓은 범위의 요인들을 포함한다. 결국 GE 매트릭스는 3×3 형태의 매트릭스가 되고 BCG 매트릭스는 2×2의 형태로서 GE매트릭스 좀 더 정교하다.

시장매력도에 영향을 미치는 일반적인 (외부) 요인들

① 시장 크기
② 시장 성장률
③ 시장 수익성
④ 가격 추세
⑤ 경쟁 강도/ 라이벌 관계
⑥ 산업 전반의 수익 리스크
⑦ 진입장벽

⑧ 제품과 서비스를 차별화하는 기회
⑨ 수요 가변성
⑩ 세분화
⑪ 유통 구조
⑫ 기술 개발

전략적 사업단위의 경쟁적 강점에 영향을 미치는 일반적 요인

① 자산과 역량의 강점
② 상대적인 브랜드의 강도
③ 시장점유율
④ 시장점유율 성장
⑤ 고객충성도
⑥ 상대적인 비용 포지션(경쟁자와 비교한 비용구조)
⑦ 경쟁자와 비교한 상대적인 이익률
⑧ 유통 강점 및 생산능력
⑨ 기술적 또는 다른 혁신기록
⑩ 품질
⑪ 재무 또는 다른 투자자원에 접근성
⑫ 경영상 강점

전략적 사업단위는 GE 매트릭스에서 하나의 타원으로 표시

① 원형의 크기는 시장의 크기를 나타낸다.
② 파이의 크기는 전략적 사업단위의 시장점유율을 나타낸다.
③ 화살표는 전략적 사업단위의 방향과 움직임을 나타낸다.

매트릭스의 실행을 위한 6단계 접근방법

① 각각의 차원의 추진요인(drivers)을 구체화한다.
② 각각의 추진요인의 가중치를 결정한다. 기업은 추진요인의 상대적인 중요도를 평가해야 한다.

③ 각각의 추진요인에 대한 전략적 사업단위의 점수를 매긴다.
④ 각각의 SBU에 대한 가중치와 점수를 곱한다.
⑤ 추출된 도표를 보고 해석을 한다.
⑥ 리뷰와 민감도분석을 수행한다.

시장매력도 \ 제품경쟁력	고수준	중간수준	저수준	
고수준	**유지/방어** 최대한 성장투자 경쟁력 유지노력	**성장을 위한 투자** 선도자에 도전 선택적 경쟁력 강화 취약부문 보완	**선택적 성장투자** 강점이용 전문화 약점보완책 모색 성장가망 없으면 철수	5.00
중간수준	**선택적 성장투자** 유망시장 집중투자 경쟁대응 능력배양 생산성 향상을 통한 수익성 강화	**선택적 수익관리** 현 프로그램 보호 수익성 높고, 위험 적은 부문에 집중 투자	**제한적 확장/축소** 위험 적은 확장 모색 투자제한 및 영업합리화	3.67
저수준	**유지/초점 조정** 단기수익 위주 관리 매력부문에 집중 현 위치의 방어	**수익성 경영** 수익성 좋은 부문에서의 위치방어 제품 고급화 투자 최소화	**전환/철수** 값 좋을 때는 매도 고정투자 피하고 추가 투자 회피	2.33
				1.00
5.00	3.67	2.33	1.00	

제 품 경 쟁 력

▲ GE Matrix 분석

사업강점

- 규모
- 성장률
- 시장점유율
- 수익성
- 이윤의 폭
- 기술상의 위치
- 강/약점
- 기업이미지
- 오염도
- 고객충성도

사업강점 \ 시장매력	저		고
고	현상유지 (수입최대, Cost최소, Risk최소)	선별적 투자 (최대이익, 최소Risk)	적극적 투자 (우위고수)
	재건책 검토 (선택적 수확, 제품라인축소 투자최소화)	혁신책 검토 (성장부문규명, 전문화, 선별 투자)	도전적 투자 (약점규명 후 주도권 확보)
저	합리적 철수 (제품라인축소, 철수매각)	감량 · 합리화 (제품라인축소, 투자연기)	진출호기기대 (전문화, 거점추구, 합병고려)

시장매력

- 사업규모
- 시장다양화
- 인플레위험
- 환경적 요인
- 시장성장률
- 경쟁구조
- 기술적 역할
- 법적요인
- 가격정책
- 수익성
- 사회적 요인
- 인적요인

▲ GE의 신호등 그리드

03 대상산업의 조사와 분석

산업분석(Industry Analysis)이란 산업의 특성과 전망에 대한 분석으로 개별산업 또는 관련 사업에 중요한 영향을 미치는 요인들을 광범위하게 연구·분석하는 것을 말한다. 즉 경제사회의 환경변화에 따른 산업의 변화와 이것이 개별기업에 미치는 영향을 파악하는 것이라고 할 수 있다.

산업분석은 현재 산업동향과 산업의 역동성·Life Cycle 분석 및 경쟁사분석 등을 통하여 산업의 핵심성공요인을 파악하고 경쟁우위확보를 위한 핵심역량강화 및 사업방향 등의 전략대안을 도출하는 데 그 목적이 있다. 따라서 산업분석에 있어서 전략집단은 전략적 사업단위(SBU/Strategic Business unit)로 구분하여 접근하는 것이 분석의 효율성을 제고시킬 수 있다.

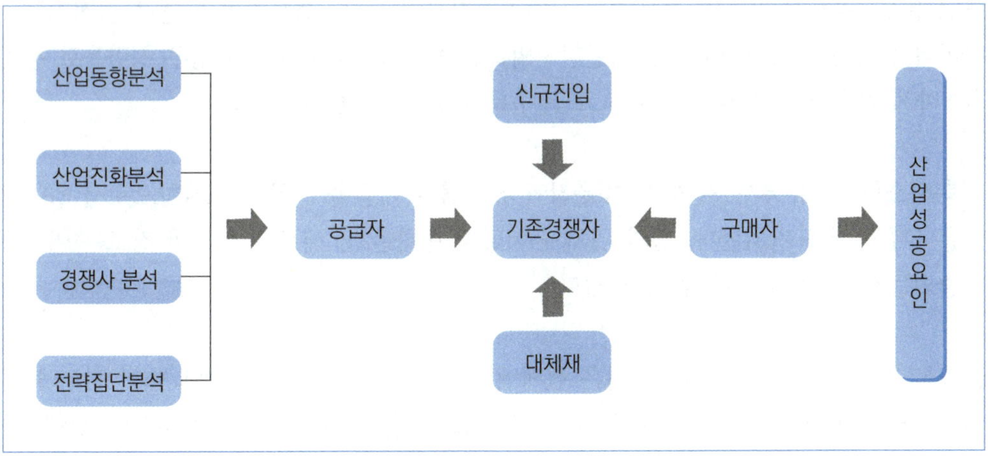

▲ 산업구조 분석의 기본 틀

1 대상산업의 조사와 분석범위

산업분석은 특정산업에 대한 매력도를 판단하고 특정산업에서 성공할 수 있는 핵심성공요인을 파악하기 위한 것이 목적이다. 산업분석의 내용과 범위에는 산업의 규모, 산업의 성장률과 산업수명 주기상의 단계, 산업의 성장 추이와 경향, 산업의 유통시스템, 산업의 원가구조, 산업구조가 포함된다.

산업규모 산업규모는 정부자료 또는 해당 산업협회 등의 자료나 공표된 재무자료로부터 경쟁기업의 판매량에 관한 정보, 고객 또는 기타 경쟁업자로부터 직접 자료를 수집하거나 특정산업에서 연관된 산업으로의 공급량이나 수요량 파악을 통해 추정된다.

산업구조 산업구조는 잠재적 경쟁기업 · 구매자의 교섭력 · 대체상품의 위협 · 공급업자의 교섭력으로 구성되는데 이 모든 것들이 업체의 수 · 제품차별화 · 고정비용 · 철수장벽 같은 기존 기업 간의 경쟁을 불러일으키게 된다.

원가구조 원가구조에서 생산단계별 부가가치는 매우 중요하게 여겨진다. 생산단계에서 가장 많은 부가가치가 창조되는 산업의 예로는 원자재 확보의 경우 금광 · 포도주 제조업 등을, 원자재 가공의 경우 철강산업 · 제지산업 등을, 생산가공의 경우 집적회로 · 타이어 산업 등을, 조립의 경우 장난감 · 의복산업 등을, 물적 유통의 경우 청량음료 산업을, 마케팅의 경우 화장품 산업 · 고급 주류산업 등을 들 수 있다.

유통시스템 유통시스템에서 효율적인 유통경로 이용을 위한 경로사항으로서 얼마나 많은 유통단계를 거치는가, 힘의 위치가 어떻게 변하는가, 새로운 형태의 경로는 어떻게 창출되는가를 잘 고려할 필요가 있다.

산업의 동향과 추세 산업분석은 현재에만 관심을 두지 말고 미래에 대한 관심을 가져야 하며, 미래의 그 산업매력도와 핵심성공요인을 미리 추정할 수 있어야 한다.

산업수명주기의 단계 제품수명주기의 개념을 특정산업의 전개과정에 적용시키면 산업수명주기의 개념이 된다. 산업수명주기의 단계는 도입기 - 성장기 - 성숙기 - 쇠퇴기이다

2 산업동향의 조사와 분석

산업동향 분석에서 그 산업의 특성인자로 시장성과 기술적 타당성 · 성장가능성 및 위험요소에 대해 분석해 볼 필요가 있다.

시장성 분석 현재 또는 미래에 자사가 추진하고자 하는 사업 환경으로서의 시장의 특성 및 구조가 어떻게 되어 있는지 파악하는 것은 중요한 일이다. 시장의 위치나 유통경로 및 조직 · Logistic · 거래조건 등의 특성과 구조를 먼저 이해하고 이들 전략사업단위의 국내의 수급동향과 중장기적인 수급 전망을 분석하고 동업자나 유사 제품과의 경쟁상태 및 향후 경쟁제품의 출현 가능성, 국내의 가격 구조 및 가격 동향, 목표시장 선정 및 판매전략 등은 시장성 분석에 있어서 중요한 검토 대상 요소가 될 수 있다.

TIP 시장성분석의 Key Point

- 수요분석 : 주요 고객, 예상 소비량, 총 수요금액
- 공급분석 : 기존 기업의 공급능력, 기존 제품의 가격 · 품질 · 판매전략 등
- 거래수요의 분석 : 생산제품에 대한 미래수요추정
- 시장점유율 추정 : 수요 · 공급 · 경쟁자의 위치와 구상하고 있는 사업의 판매 계획 등을 고려하여 계획한 상품의 시장점유율을 추정한다.

기술성 분석 기술성이란 제품의 생산과 관련된 제 요소인 제품이 원만하게 생산 될 수 있는지를 분석하는 요소이다. 제품에 대한 특성 · 화학적 반응 · 기계적 기능 · 생산시스템 · 수정 등 생산제품에 대한 철저한 조사 · 분석과 더불어 공장입지, 시설계획 및 생산시설규모, 생산능력 및 조업도, 원재료 조달 및 제품 원단위에 대한 원재료 소요량 산정 · 기술 및 기능인력 확보 · 예상불량률 및 개선 가능성들을 종합적으로 분석해야 한다.

기술성 분석은 사업계획의 기술적 타당성과 원가추정을 위한 기초자료를 제공하고, 사업에 영향을 미치는 여러 가지 요인을 고려하여 기술적 대안을 비교 · 검토하는 단계이다.

기술성 분석에서는 이용할 기술과 공정 등을 검토하여 다음 내용을 포함시켜야 한다.

① 제품의 물리적 · 기계적 · 화학적 특성에 관한 사항
② 제조공정에 관한 사항

③ 수요량을 생산할 수 있는 공장규모 및 생산능력의 결정
④ 구입한 기계의 가격 및 설비의 성능 · 예비부품의 조달가능성
⑤ 기계의 장 · 단점을 충분히 비교 · 검토한 자료 및 기계의 배치
⑥ 이용되는 기술로부터 예상되는 폐기품의 종류와 양, 처리방식 및 비용

성장성 및 위험요소분석 사업환경분석에서 검토되어야 할 또 다른 측면은 사업의 장기적 성장가능성 분석이다. 성장추세분석에서는 기업성패의 중대한 영향을 미치는 기업 환경요소 중 기업경영에 치명적 영향을 미칠 가능성이 있는 위험요소에는 어떤 것이 있으며, 이들 위험요소에 대한 정확한 대응전략의 수립이 가능한지의 여부와 장기적으로 성장가능성이 어느 정도인지를 분석하여야 한다. 산업분석을 위하여 다음과 같은 Sheet를 활용해 볼 수 있다.

■ 산업특성분석

수급동향	수요	
	공급	
시 장		
기 술		
경쟁구조		
발전전망		
경쟁원천		

■ 산업 발달과 핵심 Trend 분석

사업세분화	Trends		성장 Trends
	긍정적 측면	부정적 측면	

■ 성장추세 분석

구 분		SBU1			SBU2			SBU3		
		매출액	구성비	시장 성장률	매출액	구성비	시장 성장률	매출액	구성비	시장 성장률
과거	T=-3									
	T=-2									
	T=-1									
현재	T=0 (P)									
미래 예측	T=1									
	T=2									
	T=3									

■ 시장점유율 분석

구 분		자사	경쟁1	경쟁2	경쟁3
과거	T=-3				
	T=-2				
	T=-1				
현재	T=0(P)				
미래예측	T=1				
	T=2				
	T=3				

성장추세분석/그래프

3 산업진화분석

경제환경의 변화와 발전은 기업으로 하여금 혁신을 끊임없이 요구하게 되었고 이러한 혁신을 이루어내는 과정에서 산업의 변화 내지 진화에 대해 미치는 효과를 분석한 것이 산업진화분석이라고 할 수 있다.

기업이란 시장환경에 대한 불확실성과 경영성과의 결과에 대한 예측에 대한 불확실성으로 인해 나름대로의 독특한 행동규칙을 형성하고 있다. 이러한 행동규칙은 그 기업 고유의 역사와 경험에 의존하여 형성됨으로 기업 간의 이질성이 나타나는 한 원인이 되고 있다.

한편 이 행동규칙에 문제가 있을 경우 새로운 행동규칙을 모색하는 탐색과 이것이 성공적일 경우 경험학습을 통해 이를 적응하는 과정을 거쳐 변화되어 간다. 또 이 행동규칙은 통상적인 의사결정에 있어서 뿐만 아니라 장기적인 투자결정에 있어서도 형성됨으로 개별기업의 전략적 방향과 내용도 결정하게 된다.

산업진화의 특징은 시장이 선별과정을 통해 그 산업을 구성하고 있는 이질적인 기업들로 하여금 끊임없이 변화하도록 강제함에 따라 산업진화가 나타난다. 산업을 구성하는 기업들은 행동규칙의 차이와 탐색하고 적응하는 능력의 차이 등으로 인해 이질성을 지닐 수밖에 없고 이는 기업성과의 차이로 나타난다.

결국 기업은 시장경쟁에서 살아남거나 더 큰 성과를 얻기 위해서 끊임없는 혁신을 추구하게 되며 그 성과에 따라 선별되거나 쇠퇴하게 된다. 이러한 과정을 거치면서 산업 전체에 있어서도 진화가 나타나게 되며, 산업의 고유한 특성에 따라 선별환경도 달라지기 때문에 각 산업 사이에도 이질성이 나타날 수밖에 없다.

산업진화와 5가지 영향요인 산업진화에 따라 포터가 제시한 5가지 영향요인들이 변하고, 이에 따라 환경으로부터의 기회와 위협요인들이 달라질 수 있다. 이를 구체적으로 설명하면 다음과 같다.

잠재적 경쟁자의 위협 태동기에서는 기술적 지식이 잠재적 경쟁자들에게 가장 큰 진입장벽이 된다. 즉 확고한 기술적 지식을 보유함으로써 잠재적 경쟁자의 진입위협을 감소시킬 수 있다. 따라서 기술적 지식은 선도기업으로서의 이점을 향유하게 하는 가장 큰 요인이 된다. 이 기술적 지식은 빠른 기간 내에 잠재경쟁자에 의해 파악되어 그 효력을 상실할 수 있음에 유의해야 한다.

성장단계에서는 진입장벽으로서 기술적 지식의 중요성이 감소하는 반면 이를 대체할 만한 새로운 진입장벽이 많지 않다. 왜냐하면 규모의 경제나 상표충성도의 구축이 아직 충분하게 이루어지지 않기 때문이다.

따라서 성장단계에서는 기존의 기업들이 진입위협을 가장 크게 느끼게 된다. 하지만 시장 성장속도가 빠른 경우 신규진입으로 인한 위협이나 압박감을 실제로 느끼지 않고 넘어가는 경우가 많다.

과도기와 성숙기에서는 진입장벽이 대체로 높기 때문에 잠재적 경쟁자의 진입위협이 대체로 감소한다. 이 시기에 기업들은 시장성장의 둔화 속에서 살아남기 위하여 원가효율화와 상표충성도 구축에 총력을 기울이며, 이에 따라 잠재적 경쟁자들의 진입이 꺼려진다.

기존 경쟁자와의 경쟁 산업이 진화함에 따라 기존 경쟁자들과의 경쟁의 강도와 특징이 변화한다. 태동기와 성장기에서는 경쟁정도가 낮은 편이다. 태동기의 경우 기업들은 제품설계와 같은 기술적 문제에 몰두하여 소비자들에게 자신의 제품을 알리는 데 역점을 둔다. 그리고 성장기에서는 수요가 급격하게 증가하므로 경쟁자 간 시장점유율 경쟁 없이도 적절한 수익을 확보할 수 있다.

그러나 현명한 경영자라면 바로 성장의 호조건을 이용하여 앞으로 치열해질 경쟁에 미리 대비해야 한다. 과도기에서는 경쟁이 심화된다. 이 단계에서는 성장률이 둔화되기 때문에 과잉공급 현상이 일어나고, 그 결과 가격경쟁에서는 감소하는 시장수요에서 살아남아야 하기 때문에 경쟁은 더욱 치열해진다. 이때 경쟁의 강도는 수요감소의 속도와 퇴출장벽의 크기에 따라 달라진다.

수요자와 공급자와의 교섭력 산업이 진화함에 따라 구매자와 공급자와의 교섭력은 변화한다. 산업이 성숙단계로 접어들게 됨에 따라 기업은 거대해지고 독과점의 형태를 띠는 경향이 있다. 이 경우 기업의 수요자 및 공급자에 대한 교섭력은 증가한다. 반면에 공급자는 기업에게 가격인상을 요구할 만한 힘이 줄어들게 되며 소비자 입장에서도 가격인하나 품질향상을 요구할 힘이 줄어들게 된다.

대체재의 위협 대체재의 위협은 소비자가 얼마나 그 기업의 상표에 충성도를 보이느냐 따라 그 강도가 달라진다. 즉 상표충성도가 높을수록 소비자가 대체재로 전환할 위험이 적어진다. 일반적으로 산업이 성숙기에 이르면 기업들은 제품차별화와 상표충성도 구축에 많은 노력을 기울인다.

산업수명주기 모형 대부분 산업은 아래 그림과 같이 태동기 · 성장기 · 과도기 · 성숙기 · 쇠퇴기의 단계를 거친다. 이러한 진화단계에 따라 산업환경의 특성과 전략적 성공요인은 변한다고 할 수 있다.

예를 들자면 태동기산업에서는 수요자가 제품에 대해 익숙하지 않으며 가격수준이 높고 유통망도 취약하기 때문에 산업의 성장속도가 느린 편이다. 성장기에서는 수요자가 제품에 친숙하게 되고 규모의 경제의 실현으로 가격이 떨어지며 유통망이 발달하기 때문에 급속한 수요증가가 일어난다.

그러나 과도기에 이르러 수요가 포화상태에 가까워짐에 따라 성장률이 둔화되고 성숙기에는 주로 대체수요가 주종을 이룬다. 그리고 쇠퇴기에서는 시장 수요가 오히려 감소하게 되는데 그 이유는 주로 대체기술의 개발이나 인구감소 때문이다.

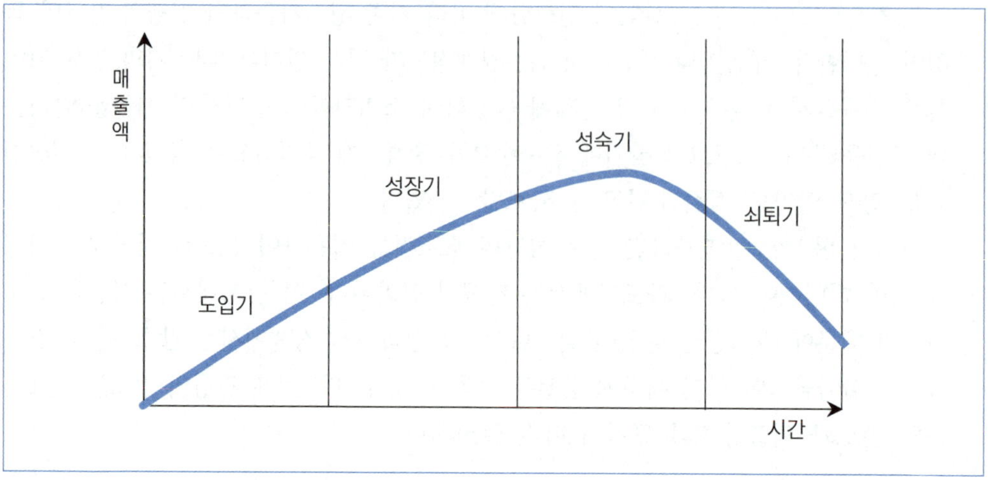

▲ 산업의 Life Cycle 모형

이와 같은 산업수명주기에 따라 중요한 성공요인도 달라진다. 예를 들자면 태동기와 성장기에는 연구개발과 마케팅이 중요한 성공요인인 반면, 성숙기 때는 효율적 생산관리가 더 중요한 것으로 인식되고 있다. 산업진화분석에 있어서 산업수명주기 모형과 산업진화분석 Sheet를 다음과 같이 작성해 볼 수 있다.

■ 산업진화분석 Sheet

구 분	도 입 기	성 장 기	성 숙 기	쇠 퇴 기
시장특성				
전략목표				
원 가				
구 매 자				
고 객				
경 쟁 자				
매 출 액				
마 케 팅				

4 경쟁자 조사와 분석

경쟁전략이란 경쟁자에 비해 상대적으로 우월한 경쟁우위전략을 개발하는 것이다. 이러한 경쟁전략을 도출하기 위해서는 경쟁자와 경쟁상황에 대한 정확한 인식이 먼저 이루어져야 한다.

경쟁자란 현재 존재하지 않거나 전략적인 목적 아래 또는 기존의 상표 · 유통경로 · 기술력 등을 이용하여 시장에 진입할 경우 상당한 상승효과를 거두면서 강력한 경쟁자로 부각되는 기업을 의미한다.

어떠한 산업에 새로이 진출하는 기업이 주는 위협 정도는 그 산업에 내제된 진입장벽과 신규 진출기업이 예상되는 기존 업체들의 여러 가지 형태의 대응방법에 의해 경쟁구조가 좌우될 수밖에 없다. 경쟁자 분석방법은 다음과 같은 프로세스에 의하여 결정된다.

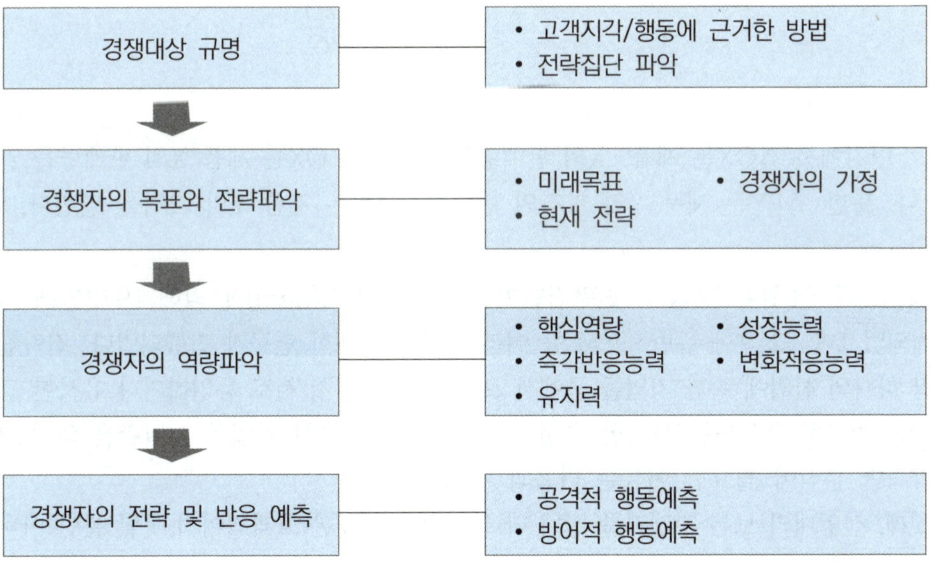

경쟁대상 규명 경쟁대상의 규명방법에는 고객의 지각이나 행동에 근거한 방법과 전략집단에 근거한 방법으로 구분하여 생각해 볼 수 있다

고객의 지각이나 행동에 근거한 방법 고객의 지각이나 행동을 분석하여 서로 대체 가능성이 높은 제품일수록 경쟁의 정도가 치열해진다. 따라서 고객의 지각에 근거하여 경쟁자를 규명하는 방법으로 사용 상황별 대체분석 방법을 주로 많이 사용한다. 예를 들어 와인에 대한 사용 상황별 대체에 대해 살펴보면 다음과 같다.

사용상황	초대 받은 경우 선물용	손님 접대용
대체가능한 제품 목록	꽃(10) 케익(4) 과일바구니(9) 화분(5)	맥주(10) 양주(8) 주스(6) 전통주(2)

또한 고객의 행동에 근거하여 경쟁자를 규명하는 방법으로 수요의 교차탄력성을 분석하는 방법을 많이 사용한다. 어떤 상표의 가격이 1% 상승했을 때 다른 상표의 판매량이 얼마나 변화되는가를 나타내는 지표이다.

$$\text{수요의 교차 탄력성} = \frac{\dfrac{\Delta QX}{QX}}{\dfrac{\Delta PY}{PG}}$$

여기에서 △QX는 제품 X의 판매량의 변화이며 QX는 제품 X의 판매량을 말한다. 또한 △PY는 제품 Y의 가격의 변화이고 PY는 제품 Y의 가격을 말한다.

전략집단에 근거한 방법 전략집단이란 용어는 헌트(hunt)에 의해 1972년에 처음 소개되었으며, 그 후에 뉴만 · 포터 등 여러 학자들에 의한 연구가 진행되었다. 전략집단이란 하나의 산업에 속한 기업들 중에서 오랜 시간에 걸쳐 서로 동일하거나 유사한 경쟁전략을 추구하거나 또는 유사한 특성, 자산 역량을 보유한 기업들의 집단을 의미한다. 전략집단 분석이 필요한 이유는 다음과 같다.

첫째, 산업내의 모든 경쟁자를 전체 다 분석한다는 것은 효과적이지 못할 뿐만 아니라 불가능한 일이다.

둘째, 자사가 경쟁하기에 유리할 것으로 판단되는 시장을 선택할 필요가 있기 때문이다.

전략집단에 근거한 경쟁자를 규명하기 위해서는 다음 사항을 고려하여 전략집단도를 작성하여 활용할 수 있다.

① 고객세분화 변수
② 브랜드 이미지

③ 제품라인의 다양성
④ 유통경로
⑤ 가격전략

■ 전략집단도

구 분	특징과 전략	주요경쟁사	기 회	위 협	점 유 율
전략집단A					
전략집단B					
전략집단C					

경쟁자의 목표와 전략의 분석 경쟁자의 목표와 전략을 분석하기 위해서는 먼저 경쟁대상자의 파악을 우선 실시해야 한다. 그러하기 위해서는 먼저 잠재경쟁자를 규명할 필요성이 있다. 잠재경쟁자란 현재시장에 참여하고 있지는 않지만, 시장의 진입장벽을 쉽게 극복할 수 있는 기업으로써 사사가 위치한 산업에 진입함으로써 현재 영유하고 있는 사업과의 시너지효과를 기대할 수 있는 기업들이다.

그러므로 현재 전략 확장과정에서 자사가 진출해 있는 산업에 진입가능성이 있는 기업으로서 전방통합이나 후방통합을 할 가능성이 있는 공급자나 구매자 또한 잠재경쟁자에 속한다고 할 수 있다.

경쟁대상자가 파악되면 이들의 목표와 전략을 분석해야 한다. 여기에서 경쟁자의 역량에 대한 분석을 위해서는 질적이고 판단적인 방대한 자료가 요구되어 진다.

이 자료에 포함되어야 할 사항으로 경쟁자의 목표 · 경쟁자의 가정 · 경쟁자의 현재전략 등이 있으며, 이를 구체적으로 살펴보면 다음과 같다.

경쟁자의 목표 경쟁자의 목표를 분석하려면 먼저 포괄적인 이해가 필요하다. 이는 방대한 정보와 충분한 해석이 요청되며 전 조직의 단일목표는 존재하지 않는다.

① 전략적 목표
② 기업문화 목표
③ 조직 목표
④ 재무적 목표

경쟁자의 가정 경쟁자의 가정(Assumption)을 분석하기 위해서는 경쟁자 자신에 대한 가정과 자사의 상황과 특성에 대한 가정이 동시에 이루어져야 한다. 또한 산업과 산업 내의 다른 기업들에 대한 가정으로써 산업환경과 경쟁자들에 대한 나름대로의 가정도 간과해서는 아니 된다.

경쟁자의 현재전략 경쟁자의 현재전략이란 규명된 목표를 어떻게 달성하고자 하는지를 파악하는 것이다. 그러하기 위해서는 먼저 경쟁자의 Target 고객을 규명해야 한다. 경쟁자가 추구하는 목표고객을 규명하는 방법으로써 경쟁제품의 특성자체를 직접 확인하여 파악하거나 기업·홍보자료 또는 연설문 등 자료를 통하여 파악할 수 있으며, 경쟁자가 어떠한 마케팅믹스전략을 활용하고 있는지를 조사함으로써 파악할 수도 있다.

■ 경쟁자의 마케팅 전략 분석 Sheet

전략요소	Competitor 1	Competitor 2	Competitor 3
미래목표			
표적시장			
포지셔닝전략			
제품전략			
가격전략			
촉진전략			
유통전략			

여기에서 주요한 체크사항으로서 경쟁자의 핵심전략과 그 기능들이 상호 어떤 연계를 이루고 있는지가 무엇보다 중요한 이슈들이 된다.

경쟁자의 역량 파악 경쟁자의 역량과 강점 및 약점을 파악하기 위해서는 그들의 핵심역량이 무엇이며, 성장능력과 환경변화에 신속한 대응능력이 있는지와 변화할 수 있는 능력이 있는지 파악하여야 한다.

■ 경쟁자의 역량 그리드 분석 Sheet

역 량		경쟁자1	경쟁자2	경쟁자3
생산능력	공장/규모, 노후			
	설비/자동화, 유연성			
	근로자/기술수준, 노조결성			
개발능력	기술/특허수, 개발단계			
	연구개발비/총액, 매출액비율			
	기술개발/핵심능력, 선점, 모방			
마케팅력	광고/능력, 인지도, 포지셔닝			
	판매조직/능력, 크기, 유형, 위치			
	서비스능력			
	유통력(경로, 커버리지)			
재무능력	유동성			
	현금흐름			
	부채비율			
관리능력	핵심인물/계획수립능력			
	인원충원/이직률, 숙련도			
	조직의 유연성			

* A : 강함, B : 평균 이상, C : 평균, D : 평균 미만, F : 약함

경쟁자의 전략 및 반응 예측 경쟁자의 전략과 반응예측에는 공격적 행동의 예측과 방어적 행동의 예측이 있다. 공격적 행동의 예측이란 경쟁자가 현재의 위치에 대해 만족하고 있는지를 경쟁자의 목표와 역량분석을 통해 발생 가능한 각 행동들의 강도를 예측하는 것이다. 방어적 행동의 예측이란 경쟁자가 현재의 위치에 대해 그들의 취약점이 무엇인지, 또는 그들의 도발성이 예측되는 부문이 무엇인지, 방어적 행동을 전략적으로 전개할 경우 반응의 효율성이 얼마만큼의 수치로 나타날 것인지를 예측하는 것이다.

5 전략집단 조사와 분석

전략집단(Strategic Group)이란 산업분석의 한 부분으로서 산업 내에서 유사한 경쟁방식과 포지션을 갖는 경쟁자들로 구성되어 있다.

전략집단을 분석하는 목적은 경쟁자의 경쟁 포지션과 산업그룹 내 또는 산업 그룹 간 경쟁강도를 파악할 뿐만 아니라 산업 내의 다양한 전략집단의 잠재수익률 및 분석대상기업의 경쟁포지션에 대한 정태적 · 동태적인 전략적 의미를 찾는 데 그 목적이 있다.

첫째, 전략집단에 대한 신규진입 위협의 영향
둘째, 전략집단에 대한 내부 경쟁의 영향
셋째, 전략집단에 대한 구매자와 공급자 간 교섭력의 영향
넷째, 전략집단에 대한 대체품 위협의 영향에 대한 접근을 통하여 전략적 근거와 의미를 둔다.

전략집단에 대한 신규진입 위협의 영향 경쟁자로부터 자사의 경쟁포지션을 보호하기 위하여 개별기업들은 이동장벽을 구축하여 진입을 저지하게 된다. 이동장벽의 원천으로는 시장 관련 전략 · 산업의 보급특성 · 기업의 특성이 포함된다.

전략집단에 대한 내부 경쟁의 영향 전략집단 간의 경쟁강도를 결정하는 요소로서는 다음을 둘 수 있다.

첫째, 산업 내의 전략집단 숫자와 집단 간의 시장점유율
둘째, 전략집단 간 전략상의 거리
셋째, 전략집단의 상호 시장의 혼성을 들 수 있다

전략집단에 대한 구매자와 공급자 간 교섭력의 영향 구매자와 공급자는 공통의 공급자와 구매자, 그리고 서로 다른 공급자와 구매자로 구분되어 진다. 공통의 공급자와 구매자의 차별적 요소로는 전략집단 간의 상이한 전략을 가지고, 서로 다른 공급자와 구매자의 차별적 요소는 전략 · 공급자와 구매자의 유형이다.

전략집단에 대한 대체품 위협의 영향 특정산업에서 경영활동을 하는 기업의 경우 넓은 의미에서 대체품을 생산하는 전략집단과도 경쟁을 해야 한다. 대체품이 자사의 제

품보다 가격 및 효능 측면에서 우월하거나 전략집단 자체가 높은 이윤을 얻는 경우가 있다.

전략군을 파악하는 방법으로는 기업 간의 차이를 보이는 변수를 파악하여 이 변수를 사용하여 각 기업의 위치를 선정하고 비슷한 위치의 기업을 Grouping할 수 있다.

전략집단의 강점은 개별기업에 포괄성을 가지고 있으며 산업진화에 대한 전략적 지침을 가지기가 용이할 뿐만 아니라 이질적 산업으로부터 동질성을 도출함으로써 강력한 집단 동질성으로 인한 조정효과나 효율성효과 · 평판효과와 같은 긍정적 효과를 가져 올 수 있다.

반면, 전략집단의 약점으로서는 성공적 실행을 위한 능력에 대하여 제한적일 뿐만 아니라 사회 · 정치적 전략의 영향에 대한 인식의 결여, 기업이 인식능력과 학습능력을 가진다는 가정으로 인하여 유연성의 감소, 전략적 근시안, 차선적인 행동 등의 부정적 효과를 가져올 수 있으며, 실증적 검증의 부족이란 한계점을 내포하고 있다.

■ 이동장벽 분석 Sheet

전략적 방향	이 동 장 벽
자사 → 집단A	
자사 → 집단B	
자사의 미래 전략방향	

전략집단에 근거한 전략집단별 특성을 분석하기 위해서 전략집단도를 이용할 수 있다. 전략집단도는 특정 산업 내에서 브랜드간의 경쟁상황을 두 개의 전략변수를 축으로 하여 도식화한 것을 말한다.

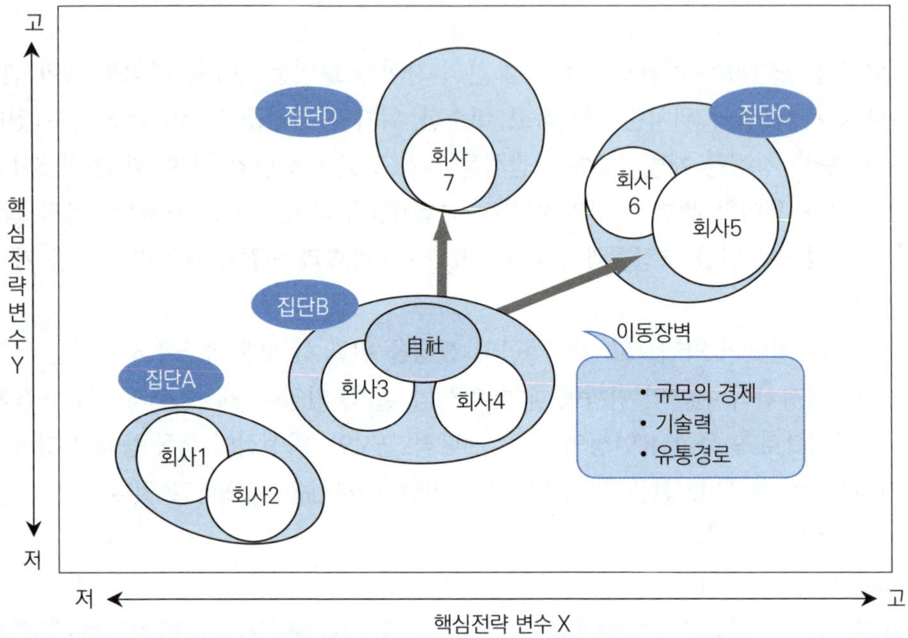

▲ 전략집단도

6 산업구조분석

산업구조를 분석하는 기법을 처음으로 경영전략에 도입한 사람은 Michael porter이다. 포터는 1980년 「Competitive Strategy」라는 자신의 저서에서 경제학의 산업조직론에서 발전된 산업구조분석을 기업에 적용하기 쉽도록 변형시킨 분석 툴을 제시하였다.

산업구조의 분석은 사업전략이라는 측면에서 환경을 분석할 때 사용하는 방법으로 이러한 환경분석으로 산업구조분석(Five Force Analysis)과 SWOT분석이 대표적이다.

포터의 이론체계를 올바로 이해하기 위해서는 산업구조 분석 혹은 다섯 가지 경쟁세력(Five-force) 모델에 대한 검토가 필요하다. 경쟁전략의 수립은 기업과 그 기업을 둘러싸고 있는 주변 환경을 연결시키는 데 본질적인 의미가 있다. 그러나 기업과 그 기업을 둘러싸고 있는 주변 환경을 연결시켜 경쟁전략을 수립하는 일이 쉽지는 않다. 따라서 전략가들은 모든 환경요인을 분석하기보다는 오히려 기업 간 경쟁에 가장 큰 영향을 미치는 환경요인, 즉 산업을 집중적으로 분석한다.

산업은 여러 환경요인 중에서 기업 활동에 가장 직접적인 영향을 미치는 요인이기 때문이다. 산업구조는 기업이 잠재적으로 활용할 수 있는 여러 가지 형태의 전략뿐만 아니라, 경쟁의 규칙에도 큰 영향을 미친다. 특정산업의 경쟁상황은 아래에 예시된 바와 같이 다섯 개의 기본적인 경쟁요인들에 의해 좌우되며 이러한 요인들의 총체적인 힘이 그 산업에서 기대할 수 있는 궁극적인 이윤 잠재력을 결정짓는다.

이 같은 관점에서 볼 때 경쟁전략의 목표란 기업이 이러한 경쟁요인으로부터 스스로를 잘 방어할 수 있거나 또는 그러한 요인들을 기업에게 유리한 상태로 변화시킬 수 있는 위치를 산업에서 찾아내는 것이다.

포터(M.E.Porter)는 어느 산업의 경쟁강도가 5개의 기본적인 경쟁세력(Five Force Analysis), 즉 잠재적 진출기업의 위협 · 대체상품의 위협 · 구매자들의 교섭력 · 공급자들의 교섭력 · 기존기업들 간의 경쟁에 의해 좌우되고 있으며, 이러한 요인들의 총체적인 힘이 그 산업에서 기대할 수 있는 궁극적인 이윤잠재력(利潤潛在力), 즉 투자에 대한 장기적인 측면에서 측정된 이윤잠재력을 결정짓는다고 보고 있다. 따라서 이들 요인에 대한 분석이 중요하다.

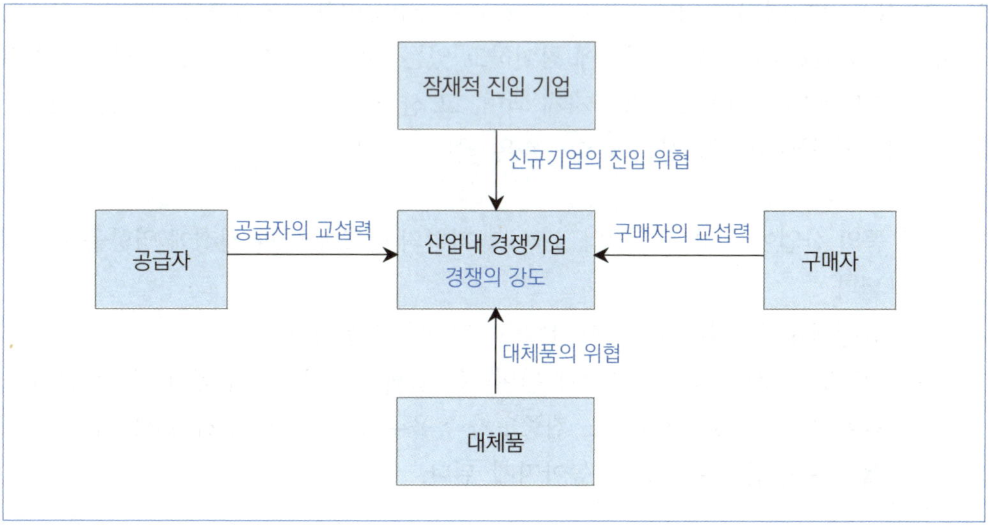

▲ 마이클 포터의 산업구조분석 MODEL

5개의 경쟁요인은 모두 산업의 경쟁강도와 수익성을 동시에 결정짓지만, 이 중 가장 유력한 요인이나 복수의 요인이 지배적인 영향을 미치는 만큼 이러한 유력한 요인을 중요 시 해야 한다. 예를 들어 잠재적 진출기업이 별다른 위협이 되지 않을 만큼 특정산업의 시장에서 매우 확고한 기반을 다져놓은 기업이라 할지라도 품질이 더 낮고 값이 싼 대체품이 등장하면 수익률이 저하되고 말 것이다.

또한 대체품이 없고 신규 진출자도 봉쇄되었다 하더라도 기존 기업들 간의 경쟁이 치열하다면 잠재적인 수익률은 제약을 받을 것이다. 물론 산업에 따라 경쟁상태를 형성시키는 주도적 요인들이 서로 다르게 마련이다.

이러한 경쟁요인들의 총체적인 힘 속에서 반영된 산업의 기본구조분석에 있어서 분석의 초점은 기업의 장기수익성에 영향을 주는 산업의 기본적 특성을 규명하는데 모아져야 하며, 일시적인 형태로 경쟁상황과 수익성에 영향을 미치는 단기적인 요인들과는 구별해야 한다.

산업 내 경쟁기업 대부분의 산업에서 경쟁의 양상과 산업전체의 수익률을 결정하는 가장 중요한 요인은 이미 그 산업 내에서 경쟁하고 있는 기업들 간의 경쟁관계이다. 산업 내의 기존 기업들 간의 경쟁양상과 강도를 결정하는 요소는 다음과 같다.

산업의 집중도 집중도(concentration)란 동일산업에 속하는 기업의 수와 그 개별 기업의 규모를 말한다. 우리나라에서는 공정거래위원회에서 상위 3개 기업들의 시장점유율을 더하여 3사 집중도(3 firm concentration)라는 지표를 발표한다. 산업이 집중되어 있을수록, 즉 그 산업에 참여하고 있는 기업의 수가 적을수록 산업의 전반적인 수익률은 상대적으로 높아지게 되며, 그 산업이 경쟁적일수록, 즉 많은 기업들이 경쟁에 참여할수록 산업의 수익률은 낮아지게 된다.

① 동일 산업에 속하는 기업의 수와 그 기업의 규모에 따라 경쟁에 영향을 미치게 된다.
② 공정거래위원회에서는 3사 집중도 지표를 사용한다.
③ 집중도가 낮을수록, 즉 경쟁에 참여하는 업체가 많을수록 산업의 전반적인 수익률은 상대적으로 낮아지고, 집중도가 높을수록, 즉 경쟁에 참여하는 업체가 적을수록 산업의 수익률은 높아지게 된다.

경쟁기업의 동질성과 이질성 동일산업 내에서 기업들 간의 경쟁을 피하기 위해 담합을 할 수 있는 가능성은 단순히 기업의 수에만 의존하지 않고 그 기업들의 전략과 목적에 따라 상당히 다양하다.

일반적으로 기업들의 전략과 목적 등이 유사할 경우에 훨씬 더 명시적이거나 암묵적인 담합하기가 쉬워진다. 그러나 일본기업이 미국시장에 진출하여 장기적인 이윤

극대화 목표 아래 적극적으로 가격을 내리고 시장점유율을 넓히는 전략을 취함에 따라 미국 철강산업 내에서의 공존은 깨지고 산업 전반적으로 가격경쟁이 불붙기 시작했다.

이러한 사실은 국제경쟁이 심화될수록 이질적인 목표나 전략을 가진 국제기업들과 경쟁을 하게 되기 때문에 기업 간에 상호 암묵적인 담합하기가 점차 어려워진다는 것을 의미한다.

① 산업 내 경쟁기업의 전략과 목적 등의 유사 여부에 따라 경쟁의 정도에 차이가 나게 된다.
② 목적이 상이한 기업들이 산업 내에서 경쟁할 경우 산업내의 수익률은 낮아지게 된다.
③ 산업 내에 지배적인 기업이 존재하지 않는 경우에는 가격경쟁이 치열해질 수 있고 이로 인해 수익률은 낮아지게 된다.

제품차별화 산업 내에서 경쟁하는 기업들이 제품이 디자인이나 품질 면에서 동일할수록 소비자들은 특정회사 제품을 선호할 이유가 없어질 것이다. 따라서 기업 입장에서는 동질화된 제품들에 대해서 가격 외에는 경쟁할 만한 수단이 없어지게 된다. 이러한 제품을 우리는 일상재(commodity)라고 부른다.

제품차별화가 많이 된 기업일수록, 예를 들어 의약품 혹은 빵 · 과자와 같이 소비자들의 제품브랜드에 대한 선호도가 높은 산업일수록 가격으로 경쟁하는 것을 피하고, 광고나 신제품 발매 등의 차별화 기법으로 경쟁하게 된다. 이렇게 차별화된 산업일수록 수익률이 높고 차별화가 적은 산업, 즉 일상재에 가까운 산업일수록 수익률이 낮아지게 된다.

① 일상적인 재화와 같이 기업들의 제품이 디자인이나 품질 면에서 동일하게 되면, 가격 외에는 특별한 경쟁요소가 없기 때문에 산업의 수익률은 낮아지게 된다.
② 차별화 정도가 높을수록 그 기업의 수익률은 높아지게 된다.

초과설비 산업의 수익률은 초과설비와 경기순환에 따라 민감하게 변하기도 한다. PIMS(Profit Impact of Market Share)의 실증연구에 따르면 생산설비와 수요가 일치할수록 기업의 수익률이 높아진다고 한다.

불황기에 많은 기업들은 유휴설비를 갖는다. 특히 자본집약도가 높은 산업일수록, 즉 거대한 생산설비가 필요할수록, 불황기의 기업들은 고정비용을 줄이기 위해 가격을 인하해야 할 필요성을 느낀다. 이러한 불황기의 유휴설비로 인한 가격인하는 산업의 수익률을 급격하게 악화시킨다.

그러나 주기적으로 불황과 호황을 반복하는 경기순환이 아니라 장기적으로 그 산업의 유휴설비가 있는 경우, 산업의 수익률은 퇴거장벽의 높이에 따라 결정된다. 퇴거장벽(exit barrier)이란 진입장벽(entry barrier)과 마찬가지로 산업에서 철수하는데 어려움이 있는 경우를 말한다.

만일 기업들이 쉽게 다른 산업으로 옮길 수 있다면 구조적인 불황에 있는 산업내의 기업 수는 자유롭게 조정이 되어서 산업내의 유휴설비는 금방 없어지게 된다.

① 설비의 초과가 많이 발생하는 산업일수록 산업수익률은 낮아지게 된다.
② 특히 퇴거(어떤 산업에서 다른 산업으로 설비 전용 가능 여부) 장벽이 높을수록 산업 내의 수익률은 더 낮아지게 된다.
③ 불황과 호황의 기복이 심한 산업일수록 불황기에 초과설비가 존재하기 때문에 산업 내의 경쟁은 경기순환이 완만한 산업에 비해 치열하게 된다.

비용구조 각각의 산업에서 기업들이 어느 정도 가격경쟁을 하는가는 산업의 비용구조에 따라 다르다. 비용구조는 고정비용과 가변비용의 비중을 뜻한다.

반도체산업의 비용구조를 살펴보면 자본설비에 대한 투자와 연구개발에 대한 투자가 대부분을 차지하고 원재료비는 꾸준히 감소하는 추세이다. 임금이 차지하는 비중은 극히 미미하고 유통비 · 운송비 등이 차지하는 비중은 전체에서 1~2% 정도로 아주 낮은 수준이기 때문에 대부분이 고정비용으로 구성되어 있어 기업들은 생산설비의 활용도를 높이기 위해 가격경쟁을 시도할 원인이 존재한다.

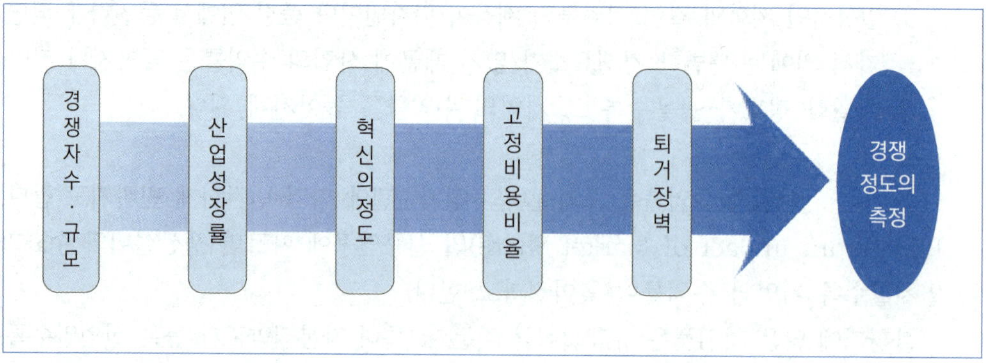

▲ 산업 내 경쟁기업 간 경쟁정도

강력한 경쟁기업이 다수 존재해 그 경쟁이 치열하지만 성장속도가 느린 산업은 상대적으로 신사적 경쟁을 하는 소수의 경쟁자로 이루어지고 고성장산업에 비해 매력이 훨씬 덜하다. 경쟁이 극심한 산업에는 많은 경쟁자들이 있으며, 성장의 속도가 상대적으로 느리며 높은 고정비용이 발생한다. 비용을 고정비와 변동비로 구분할 때 고정비용이 큰 산업에서는 변동비용이 큰 산업에 비해 산업 내 경쟁이 심하게 된다.

잠재적 진입자와의 경쟁 만일 어느 산업의 수익률이 상당히 높거나 그 산업이 정말 유망한 산업이라고 할 때, 모든 기업은 그 산업에 진입하고 싶어 할 것이다. 그러나 막대한 이익을 얻는다고 해서 모든 기업이 시장에 진입할 수 있는 것은 아니다.

모든 산업이 자유롭게 진입할 수 있다면 산업의 높은 수익률은 진입자들과의 경쟁에 의해 점차 낮아지게 될 것이다. 또한 실제적으로 진입이 일어나지 않는다고 하더라도 만일 다른 기업들이 언제든지 그 산업에 뛰어들 준비가 되어 있다면, 그 산업에 있는 기존 기업들은 잠재적 경쟁자가 진입할 수 있다는 위협 때문에 가격을 높게 받지 못하고 경쟁적인 수준으로 낮추어 이러한 진입을 막을 필요가 없다.

이와 같이 기존기업들이 신규진입기업에 비해 가지는 우위를 진입장벽(entry barrier)이라고 한다. 즉 진입장벽이란 신규진입기업들이 기존기업들에 비해 부담하는 상대적인 불리함이다.

이와 같은 진입장벽들은 그 산업에서의 경쟁기업의 진입을 약화시키고 그 산업에서의 높은 수익률을 유지할 수 있게 한다. George Yip의 실증연구에 따르면 진입장벽이 효과적으로 신규진입을 억제한다고 한다. 이러한 진입장벽이 효과적으로 신규 진입자들은 여러 가지 방법으로 이를 피해 가려고 한다.

신규 진입자들은 종종 새로운 방식으로 진입을 시도한다. 즉 새로운 기술, 새로운 경영능력, 새로운 브랜드를 가지고 효과적으로 진입에 성공하기도 한다.

① 진입장벽(entry barrier)이란 기존 기업들이 신규 진입 기업에 비해 갖게 되는 우위 요소를 말한다.
② 진입장벽이 없는 산업에서는 경쟁이 심화되어 정상적인 이윤 이상을 얻기 힘들게 된다. 함몰비용(sunk cost)이 없는 경우에는 진입 및 탈퇴가 자유로울 수 있다.

자본소요량 신규기업이 산업에 진입하는 데 필요한 투자액이 굉장히 많은 경우에는 소수의 기업을 제외하고는 이런 산업에 진입하기가 힘들다. 예를 들어 항공기 제작산업에는 Boeing · Airbus · McDonnell Douglas 등과 같은 세 회사만이 존재한다. 이렇게 자본소요액이 많은 산업에서는 신규기업의 진입이 원천적으로 저지되어 있다.

① 산업에 진입하는데 필요한 투자액의 규모에 따라 진입장벽의 정도가 결정된다.
② 항공기제작 산업과 같이 자본소요액이 과다하게 많은 경우에는 신규 기업의 진입이 원천적으로 저지된다.

규모의 경제　자본집약적이거나 연구개발투자가 많이 소요되는 산업에서 효율적으로 조업하기 위해서는 대규모 투자가 필요하다. 예를 들어 자동차산업에서는 규모의 경제가 상당히 크기 때문에 연간 수십만 대의 자동차를 생산해서 판매까지 할 능력이 없는 기업들은 시장진입을 할 수 없다.

절대적인 비용우위 기존기업들은 신규진입 기업들에 비해 때로는 절대적인 비용우위에 있기도 하다. 이러한 비용우위를 초기진입자의 이익이라고 하는데, 산업에 일찍 참여함으로써 기존기업들은 신규진입 기업들에 비해 원료를 싸게 구입할 수 있는 방법을 알고 있고, 경험효과의 이득을 더 많이 볼 수 있다.

경험효과는 생산에 대한 경험이 늘어남에 따라 수익률이 높아지고, 공정이 개선됨으로써 발생한다.

① 기존기업들은 신규진입 기업에 비해 때로는 절대적인 비용우위를 갖게 되는데 이를 초기진입자의 이익이라 한다.
② 이러한 절대적인 비용우위를 갖는 산업은 진입장벽이 두텁다.

제품차별화　제품차별화가 가능한 산업에서 기존기업들은 신규진입 기업들에 비해 브랜드인지도 및 소비자들의 상표충성도 측면에서 상당한 이득을 보고 있다. 실증연구에 따르면 미국 소비자들은 비슷한 품질이라도 소비자에게 잘 알려지지 않은 기업들의 제품보다는 더 잘 알려진 기업들의 제품을 더 높은 가격을 주고서라도 구입한다.

이에 비해 신규기업들은 차별화된 시장에서 자사의 브랜드를 정착시키기 위하여 많은 광고를 하여야 한다. 따라서 제품차별화가 된 시장에 있어서는 자신의 브랜드에 대한 투자에 많은 비용이 소요되므로 자본력이 없는 기업에게는 이것이 진입을 저지하는 하나의 진입장벽으로 작용하게 된다.

① 제품에 대한 차별화가 심한 산업은 신규진입 기업이 자신들의 브랜드에 대한 투자에 상당한 비용을 지출하여야 한다.
② 따라서 자본력이 없는 기업에 대해서는 진입장벽으로 작용할 수 있다.

유통채널　기존기업들이 이미 강력한 유통채널을 확보한 경우, 소매상들은 신규진입 기업의 제품을 진열할 수 있는 공간은 한정되어 있으므로 잘 알려지지도 않은 신규기업들의 제품보다는 널리 알려진 제품을 진열하기를 원하기 때문이다. 강력한 유통채널을 갖고 있는 경우에는 신규진입에 장애가 될 수 있다.

규제와 제도적 진입장벽 사실상 정부규제는 신규기업의 진입을 막는 가장 효과적인 진입장벽이다. 예를 들어, 정부는 개인택시사업자의 수를 제한한다든가 버스회사 사업자들의 면허를 조정함으로써 경쟁을 제한한다. 최근 한국에서는 각종 불합리한 정부규제를 철폐함으로써 경쟁을 촉진하려는 여러 움직임이 일고 있다. 예를 들어, 미국의 통상압력에 굴복하여 농수산물시장을 개방하였고 이로 인하여 농수산물시장에서 경쟁이 촉진되고 가격도 하락하고 있다.

① 산업에 진입하기 위해서는 정부의 허가 또는 인가가 필요한 산업이다.
② 특허권 등에 의해 신규진입이 제도적으로 불가능하다.

기존사업자의 보복 위에서 열거한 진입장벽은 신규진입자에 대한 기존사업자의 보복가능성이 높으면 높을수록 훨씬 더 효과적이게 된다. 기존기업들이 신규진입자에게 가할 수 있는 보복은 여러 가지가 있지만, 진입을 막기 위한 가격인하나 광고 및 마케팅활동의 증대, 신규진입자에 대한 법적 제소 등의 방법으로 신규 진입자들을 괴롭힐 수 있다.

① 기 사업자의 보복가능성이 높으면 높을수록 진입장벽은 높다
② 가격인하 · 광고 등 증대, 법적 제소 등이 발생된다.

잠재적 진입자의 경쟁관계를 다음과 같이 정리해 볼 수 있다.

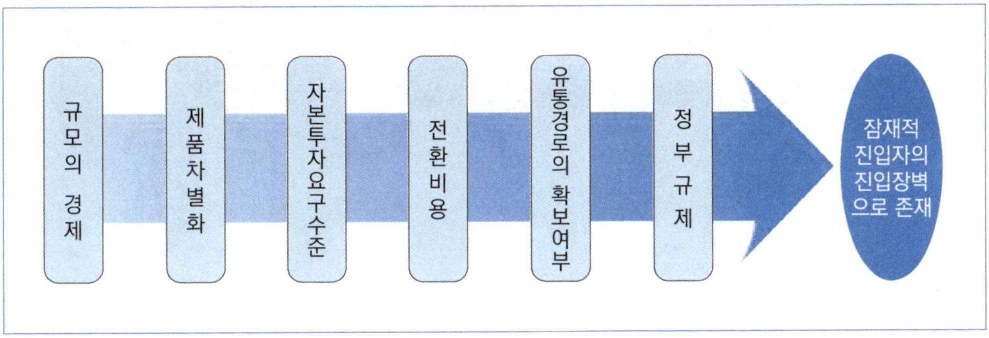

▲ 잠재적 진입자의 경쟁관계

대체재와의 경쟁 만일 산업의 수익률이 소비자가 그 제품이나 서비스에 대해 기꺼이 지불하려는 가격에 따라 결정된다면 산업의 수익률은 대체재(substitute)의 유무에 따라 굉장히 달라지게 된다. 이와 같이 대체재가 많으면 많을수록 기업들이 자신의 제품이나 서비스에 높은 가격을 받을 수 있는 가능성은 줄어든다. 이와 같이 대체재의 존재가 그 산업의 가격결정에 영향을 미치는 정도는 크게 두 가지 요소에 좌우된다. 첫째, 소비자들이 쉽게 대체재로 옮겨갈 수 있는가 하는 문제이다. 둘째, 대체재가 가진 유용성이다.

대체재화 및 서비스의 위협고객이 대체제품이나 대체서비스를 용이하게 획득할 수 있다면 그 산업의 매력은 사라진다. 예를 들어, 식당개업을 원하는 사람은 그 지역의 다른 식당들과의 경쟁을 고려할 뿐만 아니라 고객이 저녁시간을 유용하게 즐길 수 있는 영화관 · 헬스클럽 · 문화 및 스포츠 행사 등의 여러 가지 기회들에 대해서도 세밀하게 고찰해야 할 것이다.

① 대체재가 많으면 많을수록 산업의 수익률은 낮아지게 된다.
② 소비자들이 쉽게 대체재로 옮겨갈 수 있는 경우 경쟁은 치열하게 된다.
③ 소득수준이 높은 소비자계층은 브랜드충성도가 높기 때문에 대체재로 쉽게 이동하지 않으나, 소득수준이 낮은 계층은 쉽게 대체재로 이동할 가능성이 높다.
④ 가격에 대비한 품질 등 대체재의 유용성의 차이에 의해 대체재로의 이동이 결정된다.

대체재의 경쟁관계를 다음과 같이 정리해 볼 수 있다.

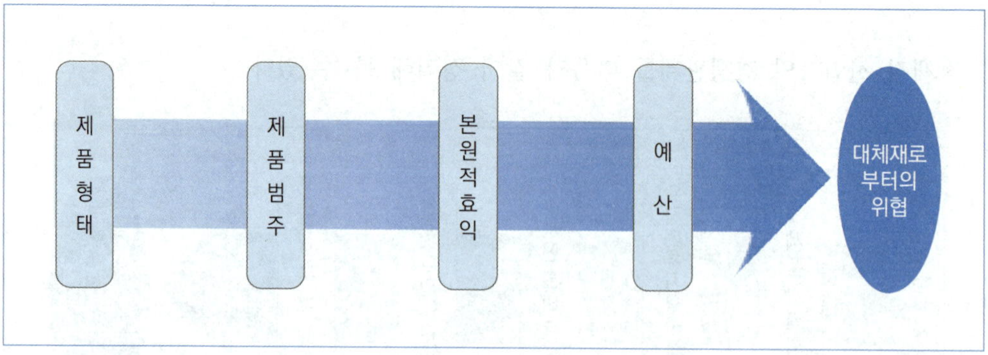

▲ 대체재의 경쟁관계

구매자의 교섭력 어떤 산업에 있는 기업이든 궁극적으로는 소비자들에게 제품이나 서비스를 공급한다. 구매자의 교섭력을 결정하는 데에는 다음 두 가지 요소가 중요하다.

① 먼저 제품차별화가 심할수록 구매자는 가격에 대해 민감하지 않게 된다. 예를 들어, 과자 · 의류 등과 같은 제품은 종종 원가보다 훨씬 높은 가격을 받고 있으며, 구매자들은 높은 가격을 지불하더라도 자신이 선호하는 제품을 사기 마련이다.

② 구매자의 교섭능력에 더 영향을 미치는 것은 판매하는 기업과 구매하는 기업 간의 교섭력의 차이이다.

- 구매자의 공급자에 대한 상대적 크기가 중요한 요소이다.
- 구매자들이 공급자의 제품 · 가격 · 비용구조에 대해 보다 자세한 정보를 가질수록 구매자의 교섭력은 강해진다.
- 구매자들이 공급선을 바꾸는데 많은 전환비용이 든다면 구매자의 교섭력은 떨어진다.
- 수직적 통합을 할 수 있는 경우 구매자의 교섭력은 훨씬 강화된다.

이와 같이 구매자의 교섭능력이 공급자들의 가격과 이윤을 낮춘다는 것은 이미 여러 실증연구에서 확인된 바 있다. PIMS데이터를 이용한 연구에 따르면 구매자가 더 큰 기업일수록, 구매자의 금액이 크기가 공급자의 매출에서 차지하는 비중이 크면 클수록, 구매자가 훨씬 가격에 민감할수록, 공급하는 기업의 수익률은 낮아지게 된다.

TIP 구매자의 교섭력이 강해지는 상황

- 구매자 집단은 소수이고 규모가 큰 경우
- 구매자의 구매량이 많고 해당 기업의 판매에서 차지하는 비중이 큰 경우
- 제품이 규격화되어 있어서 제품차별화가 어려운 경우
- 교체비용이 낮은 경우
- 구매자가 후방통합(backward integration)의 의도를 가지고 있는 경우 (ex. 자동차 부품 자체생산 기능)
- 해당 제품이 구매자의 제품 원가에서 차지하는 비중이 큰 경우
- 구매자가 해당 산업에 대해 자세한 정보를 가지고 있는 경우

구매자의 교섭력이 증가할 때 그 산업의 매력은 떨어지고 구매자의 교섭력이 하락하면 그 산업은 보다 매력을 갖게 된다. 구매 제품이 매우 표준화된 것이라면 구매자는 공급자와

가격 및 조건 등을 흥정하는 데 있어 유리한 입장에 서게 된다. 쉽게 그 제품의 다른 공급자를 찾을 수 있기 때문이다. 또한 그들의 구매가 공급자의 경영에 매우 중요한 비중을 차지한 것이라면, 이것 역시 교섭을 유리하게 이끌 수 있다.

예를 들어, 자동차산업에 있어서 자동차 제조업체는 그들의 부품 공급업체에 대해 많은 것을 요구한다. 현대 · 쉐보레 · 기아 등은 부품업체에게 있어서 매우 중요한 존재이므로 공급업체들은 제조회사가 원하는 것이면 가능한 한 무엇이든지 들어 주려하고 있다.

제조회사는 재고관리 비용을 공급업자에게 부담시키는 적시공급시스템과 전자자료 교환시스템을 자기 회사의 내부보고시스템의 양식에 맞추도록 요구한다. 구매자가 공급선을 바꾸는 것이 비용이 그다지 들지 않으므로 구매자가 유리한 위치에 있게 되고 따라서 판매자는 구매자에게 의존적이다.

구매자의 교섭력을 다음과 같이 정리해 볼 수 있다.

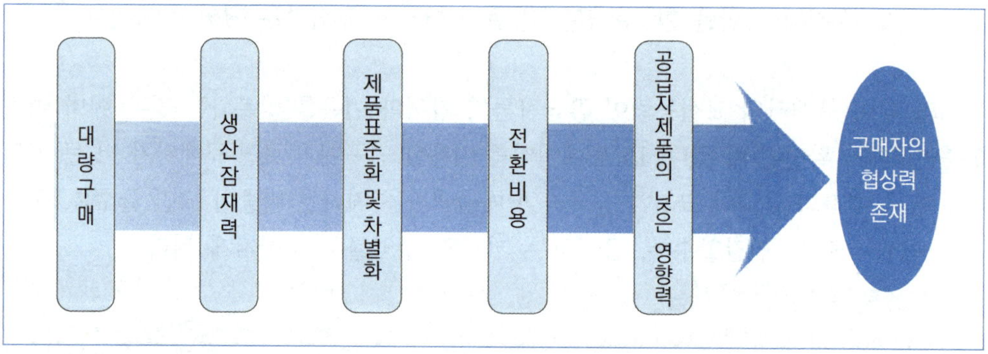

▲ 구매자의 교섭력 정도

공급자의 교섭력 강력한 구매자가 교섭력을 행사하여 가격을 낮춤으로써 공급자로부터 이익을 빼앗을 수 있는 것처럼 공급자들도 자신의 교섭능력이 강할 때 가격을 높임으로써 이윤의 폭을 넓힐 수 있다.

많은 산업에 있어서 일상재를 공급하는 기업들은 자신의 교섭능력을 높이기 위해 카르텔을 형성하기도 한다. OPEC는 산유국의 교섭력을 높이기 위한 카르텔이고, 노동조합도 사실은 노동서비스를 공급하는 노동자들이 단체교섭력을 높여 구매자인 기업으로부터 더 많은 이익을 얻기 위한 조직이라고 이해할 수 있다.

구매자의 경우와 같이 공급자의 교섭력이 증가할수록 그 산업의 매력은 적어지고 공급자의 교섭이 약화되면 그 산업의 매력은 상승하게 된다. 공급자의 수와 대체상품이 상대적으로 적고 공급자가 고객의 사업영역에 진출할 가능성이 있을 때에는 공급자가 교섭력을 주도할 수 있게 된다.

TIP 구매자의 교섭력이 강해지는 상황

- 공급자가 소수의 회사로 제한되어 있고 또 공급 대상 산업보다 집중되어 있다.
- 공급자들이 판매하는 제품에 대한 대체품이 거의 없다.
- 해당 산업이 공급자 집단의 주요 고객이 아니다.
- 공급자들의 제품이 구매자들의 생산 및 경영활동에 핵심이 되는 제품이다.
- 공급자들의 제품이 차별화되어 있거나 교체비용이 크다.
- 공급자들의 신빙성 있는 전방통합을 위협 수단으로 삼는다.

공급자의 교섭력을 다음과 같이 정리해 볼 수 있다.

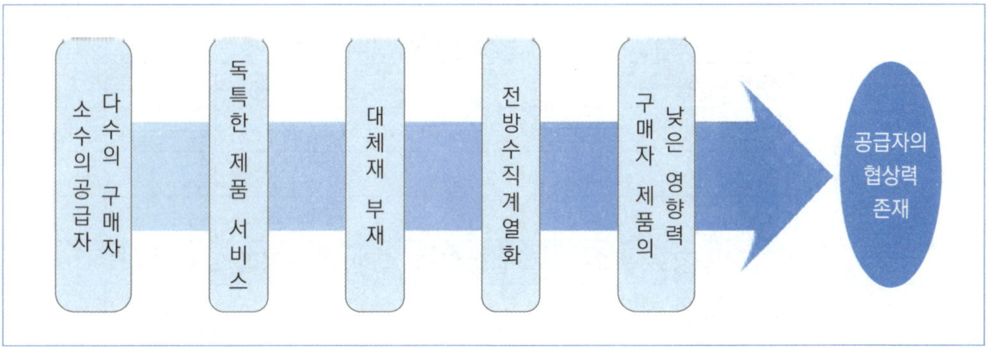

▲ 공급자의 교섭력 정도

포터의 모형에 대한 가장 큰 비판은 산업구조분석기법이 기본적으로 정태적인 모형이며 이 모형에서는 경쟁과 산업구조가 동태적으로 변한다는 사실을 충분히 구체적으로 고려하고 있지 못하다는 점이다.

포터의 분석에 따르면 산업의 구조가 그 산업 안에 있는 기업들의 경쟁방식을 결정하고, 이러한 기업들의 행동이 산업 또는 기업의 수익률을 결정하는 요인이 된다는 것이다. 그러나 산업구조는 고정되어 있는 것이 아니라 항상 변화하고 있다. 포터의 모델이 이런 점에서 한계를 지니고 있음에 반해, 경제학에서의 Joseph는 일찍이 경쟁과 산업구조의 동태적인 상호작용을 인식하고 이에 주목하였다.

Schumpeter의 지지자들은 현재 독점체제를 유지하고 있는 기업들도 새로운 기술,

새로운 유통망, 새로운 제품을 갖고 진입해 오는 새로운 경쟁자에 의해서 독점적 지위를 빼앗기고 시장은 점차 경쟁적인 체제로 바뀐다고 보고 있다.

따라서 어느 산업에서 구조적인 기업혁신으로 산업구조가 빠른 속도로 바뀌고 있다면, 고정된 시점에서 산업을 분석하는 포터의 방법은 기업들에게 별로 도움을 주지 못할 것이다. 그러나 Schumpeter가 말하는 기업혁신에 따르는 창조적 파괴의 과정은 상당히 느리게 진행된다.

■ 경쟁강도 분석 sheet

구 분	분석 요소 (결정 요인)	검 토 사 항	현재 위협	미래 위협
신규 진입자의 위협	규모의 경제			
	독점적 제품 차별			
	…………			
	경쟁강도 종합	경쟁강도에 대한 종합 정리		
기존 경쟁자간 경쟁강도	산업성장률			
	브랜드 이미지			
	…………			
	경쟁강도 종합	경쟁강도에 대한 종합 정리		
공급자 협상력	공급물품의 차별성			
	공급물량			
	…………			
	경쟁강도 종합	경쟁강도에 대한 종합 정리		
구매자 협상력	구매물량			
	가격 민감도			
	…………			
	경쟁강도 종합	경쟁강도에 대한 종합 정리		
대체재의 위협	대체재의 상대적 가격			
	교체비용			
	…………			
	경쟁강도 종합	경쟁강도에 대한 종합 정리		

산업의 흥망과 산업 내 기업들의 흥망성쇠 역시 대부분의 산업에서는 천천히 일어난다. 포터의 분석체계의 또 하나의 문제점은 기업 간의 구체적인 경쟁전략을 묘사하지 못한다는 점이다.

어느 산업에서 한 기업이 가격을 인하하여 자사의 시장점유율을 높이려 할 때, 경쟁기업이 이에 대응하여 가격을 경쟁적으로 내린다면, 결국 두 기업 간에는 가격차이가 없어지고 원래 계획한 대로 시장점유율을 탈취하기가 어렵게 된다.

결론적으로 다섯 가지 경쟁요인을 살펴보면 특정산업에서의 경쟁이라는 것이 기존 경쟁자들 간의 경쟁만을 뜻하는 것이 아니라는 것을 알 수 있다. 흔히 경쟁자들은 자신과 동일한 제품을 생산하고 판매하는 기업들만 경쟁자로 인식하는 경향이 있다. 그러나 이러한 기존경쟁자 외에 고객과 공급자 · 대체품 · 호시탐탐 사업진출을 노리는 신규 진입자들도 모두 그 산업에서 활동하는 기업들에게는 엄연한 경쟁자들이다.

특히 기술이 급변하고 제품의 라이프 사이클이 짧아지는 글로벌 경쟁시대에는 자신의 사업기반을 송두리째 무너뜨릴 수 있는 대체품의 출현을 가장 경계해야 할 것이다. 또한 다섯 가지 경쟁요인 모두 산업의 경쟁강도와 수익성에 영향을 미치지만, 이 중 가장 중요한 몇 가지 핵심요인이 산업에 지배적인 영향을 미치기 때문에 전략을 수립할 때에는 이러한 핵심요인을 파악하는 것이 무엇보다 중요한 것이다.

04 SWOT MATRIX를 통한 전략수립

SWOT모형은 기업의 내부환경과 외부환경을 분석하여 강점(strength)과 약점(weakness), 그리고 기회(opportunity)와 위협(threat)의 요인을 규정하고 이를 토대로 경영전략을 수립하는 기법으로서 SWOT분석의 가장 큰 장점은 기업의 내 · 외부환경 변화를 동시에 파악할 수 있다는 것이다. 기업의 내부환경을 분석하여 강점과 약점을 찾아내며, 외부환경 분석을 통해서는 기회와 위협을 찾아낸다.

내적인 면을 분석하는 강점 · 약점 분석과 외적 환경을 분석하는 기회 · 위협 분석으로 나누기도 하며 긍정적인 면을 보는 강점과 기회 그리고 그 반대로 위험을 불러오는 약점 · 위협을 저울질하는 도구이다. 보통 X · Y축으로 2차원의 사분면을 그리고 각각 하나의 사분면에 하나씩 배치하여 연관된 사항들을 우선순위로 배치한다. 이러한 분석을 통해 경영자는 회사가 처한 시장상황에 대한 인식을 할 수 있으며 앞으로의 전략을 수립하기 위한 중요한 자료로 삼을 수 있다.

이 방법은 스탠퍼드 대학에서 1960년대와 1970년대에 포춘지 선정 500대 기업들을 연구하면서 얻게 된 결과를 바탕으로 알버트 험프리가 고안해 낸 내 · 외부환경 분석방법의 하나이다. SWOT분석은 전략적인 분석수단으로서 외부환경의 기회요인(Opportunity factor)과 위협요인(Threat factor) 그리고 기업내부의 강점(Strength)과 약점(Weakness) 간의 적합한 연결을 통해 외부환경 분석에서 도출되는 기회요인과 위협요인 및 내부분석에서 도출되는 강점과 약점을 하나의 틀 속에 결합함으로써 기업의 전체 상황을 평가하고, 효과적인 전략을 수립하는 데 도움을 주는 분석기법이다.

다시 말하면 SWOT분석은 외부환경 분석을 통하여 기회요인과 위협요인을 파악하고, 기회요인은 활용하는 동시에 위협요인은 회피하며, 내부분석을 통하여 강점과 약점을 파악하여 강점은 강화시키며, 약점은 극복하는 전략을 수립하는 데 이용하는 분석기법이다.

1 SWOT 전략수립

손자병법을 보면 '지피지기면 승내불태요, 지천지지면 승내가전이다'라는 말이 있다. 이 말을 우리말로 쉽게 해석한다면 '적을 알고 나를 알며, 지리를 알고 천시를 알면 반드시 백전백승할 수 있다.'라는 뜻이다. 이처럼 나를 알고 또한 나를 둘러싸고 있는 환경을 분석함으로써 나에게 맞는 다양한 전략을 수립할 수 있는 것이다.

SWOT 전략수립은 SWOT 매트릭스를 작성한 후 수립해야 한다. 이때의 기본적인 관점은 외부요인에 대한 대응이다. 내부요인은 통제가 가능한 변수이지만, 외부요인은 대기업의 경우는 외부요인에 대해 통제도 어느 정도 가능하지만, 일반적인 기업들은 통제가 불가능하기 때문이다. 기회요인에 강점을 활용하는 전략(SO전략), 기회요인에 약점을 보완하여 대처하는 전략(WO전략), 위협요인에 강점을 활용하는 전략(ST전략), 위협요인에 약점을 보완하는 전략(WT전략)을 도출하여 정리한다.

이러한 작업은 대기업의 경우 관리자와 전략기획부서 담당자들, 중소기업의 경우 사장이나 임원, 그리고 일선 담당자들이 참여하는 브레인스토밍 과정을 거치면서 작성하는 것이 좋다. 공동 전략탐색 및 수립 작업은 단순히 서류화된 전략에 그치지 않고 함께 공감대를 형성하며, 보다 현실성 있는 전략의 수립과 실행과정에서 일어날 수 있는 혼선을 최소화할 수 있기 때문이다.

경영전략목표의 수립 SWOT분석을 통하여 목표로 하는 경영전략을 명확히 한다.

SWOT 분류정리 기업 외부환경이 자사의 사업에 영향을 미치는 요소를 분류하고, 이들 요소들을 기회요인과 위협요인으로 나누어 정리한다. 다음으로 자사의 역량에 대해 외부환경과 경쟁사와 비교하여 지니고 있는 강점과 약점을 분석하고 중요 요소들을 강점과 약점으로 분류한다.

SWOT 매트릭스의 작성 외부환경변화의 기회요인 · 위협요인과 기업자원 및 능력의 강점과 약점을 상호 연계시켜 전략대안을 개발하기 위하여 SWOT 매트릭스(SWOT matrix)를 이용한다.

내부환경 / 외부환경	Strength • 마켓 리더십(핵심제품) • 우수한 품질 및 가격 경쟁력 • R&D 및 핵심기술 선도 능력 • IT 기반 경영 인프라 • 자금력	Weakness • 미래 성장 엔진 미흡 (미래 유망 사업 아이템 부재) • 사업 포트폴리오의 불균형 • 조직 비대화/업무 비효율성 • 인적 자원의 역량관리
Opportunity • 산업/기술간 융합화 · 복합화 • IT 신기술의 발전 • Globalization • 중국시장의 급팽창	OS 전략 ① 핵심역량 사업 강화 · 확정 ② 해외 시장 적극 진출 ③ 기술기반 신규사업 적극 투자 ④ 차세대 성장엔진에의 집중투자 및 글로벌 전략적 제휴 추진	WO 전략 ① 기존 사업 포트폴리오 재구축 ② 조직 운영의 효율성 추구를 위한 혁신 강화 ③ 글로벌 인재 육성
Threat • 독과점에 대한 정부의 규제 강화 • 경쟁자간 경쟁심화/낮은 진입 장벽 • 주력시장의 성장 둔화 • Global 기업의 시장진입 가능성	ST 전략 ① 해외 유망 신시장 개척 ② 선택과 집중 강화 ③ 게임의 규칙을 새롭게 할 신기술 개발 ④ 새로운 비즈니스 모델 개발	WT 전략 ① 저수익 사업에 대한 투자 재검토 ② 조직 및 인력의 재구축 (전략적 아웃소싱) ③ 생산기지 · OEM 업체의 이전 검토

전략과제

다음과 같은 관점에서 우선순위를 두고 종합정리

- 단기/중기 기본전략 과제
- 핵심역량 구축/강화, 사업구조 · 사업영역 · 사업 포트폴리오, 경영능력/경영자원
- 조직구조/기업문화 등등

▲ SWOT 분석 예시

TIP 가치사슬분석의 활용

- 프로세스 혁신
- 품질향상
- 원가절감
- 납기일 단축

가치사슬분석 SWOT분석의 두 번째 단계는 자사가 가지고 있는 강점과 약점을 경쟁사와 비교 · 분석하여 자사가 가지고 있는 상대적인 강점을 향후 시장에서 어떻게 활용할 수 있는지, 그리고 자사의 상대적인 약점을 어떻게 보완하거나 방어할 수 있는지를 분석하는 단계이다. 이를 위해서는 가치사슬의 각 단계별로 비교하여 파악하는 것이 좋다. 가치사슬이란 기업의 제품이나 서비스가 어떻게 경영활동의 여러 단계를 거쳐 소비자에게 전달되는지를 파악할 수 있게 해주기 때문에 자사의 어떤 부분이 경쟁사에 비하여 상대적으로 취약한지 알기 쉽게 해 준다.

2 전략적 대안선택

SWOT분석을 이해하기 위해서 '긴장영역렌즈'모형을 사용할 수 있으며 그 내용을 구체적으로 설명하면 다음과 같다.

어떤 조직이든 강점과 약점으로 구체화되는 능력 및 위협과 기회로 구체화되는 잠재성으로 이루어진 '긴장영역(tension field)이 존재한다. 이러한 긴장영역은 조직의 강점과 약점을 환경으로부터의 기회와 위협과 상호작용하여 미래의 상황을 예측하게 하고, 조직의 방향설정을 하게 하는 렌즈와 같은 역할을 하게 되는 것이다.

바람직한 미래를 형성하기 위해서는 긴장영역요소(SWOTs)를 행동에 의해 관리해야 한다. 즉 강점을 신장시키고, 기회를 이용하고, 위협을 감소시키며, 약점을 극복해야 한다. 이러한 조직의 분석결과는 조직의 전략적 저항에 대한 확인과 비판을 하게 함으로써 조직변화의 도구로서 유용하다.

이러한 과정은 지속적인 순환과정이다. SWOT분석은 환경에서 나타나는 기회와 위협을 파악하고 조직의 강점과 약점을 인식하여 전략적 도전방법을 찾아내어 여러 형태의 전략적 반응을 유도하기 위한 방법이다. 즉 외부환경 분석에서 도출한 기회와 위협, 내부환경 분석에서 도출한 강점과 약점을 하나의 틀 속에 결합함으로써 전략적 상황을 효과적으로 평가할 있게 한다.

우리는 이러한 분석을 활용하여 효과적인 전략수립에 도움을 받을 수 있다. 이 방법은 과거와는 달리 기회와 위협이 불연속적으로 오는 환경에서 충격과 놀라움의 원인과 반응을 전략적으로 분석해서 미리 대비하고 나아가 위협을 극복하고 기회를 포착하는 분석방법이다.

WT전략(mini-mini) 일반적으로 WT전략의 목적은 약점과 위협 모두를 최소화하는데 있다. 조직이 외부의 위협에 노출되어 있고 이에 대응할 능력이 없는 상태, 즉 내부

약점이 존재한다면 이는 조직을 쇠퇴하게 만드는 매우 불안정한 상태를 말한다, 따라서 조직의 생존을 우선시하는 WT전략을 선택할 수밖에 없는 것이다. 기업조직의 경우 전통적 업종에 주력하는 기업이나 사양산업에 종사하는 기업 등이 이러한 WT전략을 종종 사용하게 된다. 그러나 환경에 적극적으로 대응하면서 변화를 창출하는 고객의 다양한 욕구를 만족시켜 주는 고객만족을 추구해야 하는 당위론적 입장에서 보았을 때는 별로 바람직하지 않은 소극적인 전략인 것이다.

WO전략(mini-maxi) WO전략은 약점을 최소화하고 기회를 최대화하는 전략이다. 어떤 조직이 외부환경에서의 기회를 맞이하였으나 이러한 기회를 활용하여 조직의 발전과 성장을 추구하는 것을 가로막는 내부의 약점을 가지고 있을 경우가 비일비재하다.

예를 들어, 어떤 자동차부품회사가 마이크로컴퓨터로 제어되는 자동연료분사장치를 대량으로 요구하는 주문을 받았을 때, 이러한 장치를 생산할 수 있는 기술이 미흡한 경우 모처럼의 기회를 활용하지 못하고 조직의 발전과 성장의 기회를 사장하게 되는 것이다. 이러한 불행한 사태를 미연에 방지하기 위해서는 SWOT분석을 기반으로 하여 조직의 약점을 최소화하고 핵심역량을 구축할 수 있어야 한다.

ST전략(maxi-mini) 이 전략은 환경으로부터의 위협에 능히 대처할 수 있는 조직의 강점에 기초를 두고 있다. 즉 ST전략의 목적은 강점을 극대화하고 위협요소를 극소화하는 데 있다. 이는 강력한 조직이 일거에 정면으로 환경으로부터의 위협에 직면하게 됨을 의미하는 것은 물론 아니다. 그러나 강력한 조직이라도 1960년대에 미국의 GM이 겪었던 것 같은 경우를 당할 수도 있다.

즉 GM은 당시 네이더라는 경쟁자의 등장으로 미처 예상하지 못했던 많은 문제에 직면했던 적이 있다. 이 사례가 주는 교훈은 자신의 강점만을 너무 의식하고 과신한 나머지 부적절한 대응을 해서는 아니 되며, 강점이 가끔씩은 창조적이며 유연한 대응에 거대한 제약으로 작용하므로 신중하게 판단할 필요가 있다는 것이다

SO전략(maxi-maxi) SO전략은 SWOT분석 결과 파악된 자신의 강점과 기회를 극대화하려는 전략이다. 어떠한 조직이라도 자신의 강점과 기회를 극대화시키려고 하는 것은 너무 당연하다. 이러한 조직은 자신의 강점을 발판으로 조직의 성장과 발전을 위해 생산 활동과 서비스 산출에 자원을 동원하고 배분한다.

성공적인 조직은 항상 당면한 기회를 잡기 위해 자신의 강점을 활용할 준비가 되어 있는 조직이다. 만약 약점이 발견되었다면 성공적 조직은 이를 극복하고 강점으로 전환

시킨다. 또 위협에 직면하게 되면 이에 적절히 대처함으로써 위기 뒤에 찾아오는 기회를 놓치지 않는다.

최종 전략의 채택 앞 단계에서 제시된 가능한 전략 중에서 최선의 전략을 채택하는 마지막 단계이다. 이를 도식화해 보면 다음과 같이 정리할 수 있다.

내부환경 \ 외부환경	강 점	약 점
기 회	SO전략	WO전략
위 협	ST전략	WT전략

전략 과제 도출
• 전략 과제 • 사업구조 전략 • 세계화 전략 • 핵심역량 전략

3 전략적 Matrix 분석

매트릭스 분석을 통하여 효율적인 기본전략, 즉 매트릭스에서의 위치에 따라 자사의 추구전략을 선택할 수 있다. 즉 기본전략의 매트릭스에서 자사의 위치를 살펴보아 시장 성장 및 경쟁지위 등을 파악하고 앞으로의 전략을 선택한다. 다음에 제시되는 SWOT 다이아그램에서는 내부의 강점 및 약점과 외부환경의 기회요인 및 위협요인에 따라 자사의 위치가 결정된다. SWOT 다이아그램의 1번 위치는 기회요인이 많은데 이를 활용할 수 있는 많은 강점을 지닐 경우로서 공격적 전략이 유효하다.

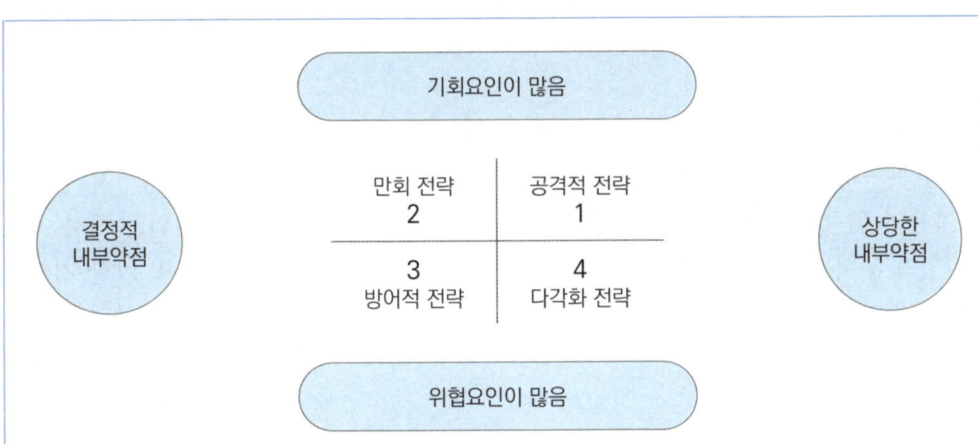

▲ SWOT Diagram

예를 들어 아스콘 산업은 외부의 환경 위협이 크고 내부의 약점이 많은 경우인데, SWOT 분석 매트릭스상의 3번 위치에 해당하는데 방어적 전략을 필요로 한다. 구체적인 전략으로서는 무엇보다도 경쟁력과 시장점유율의 유지가 필요하며. 비용의 합리화 · 제품의 차별화 · 가격정책 등을 이용할 수 있다. 아스콘산업에서는 제품의 차별화와 가격정책의 수립은 어렵고 결국 비용의 합리화를 추구하는 것이 바람직하다.

기본전략 매트릭스 1 기본전략 매트릭스(강약점 - 내외부지향) 상에서의 전략을 살펴보자. 예를 들어 분석 기업이 약점 극복 및 내부지향(내부자원의 재배치)이 필요할 경우 매트릭스상의 2번 위치에 해당하는데 이때 채택될 수 있는 기본전략들은 만회/감량전략, 투자회수전략 및 청산전력이다.

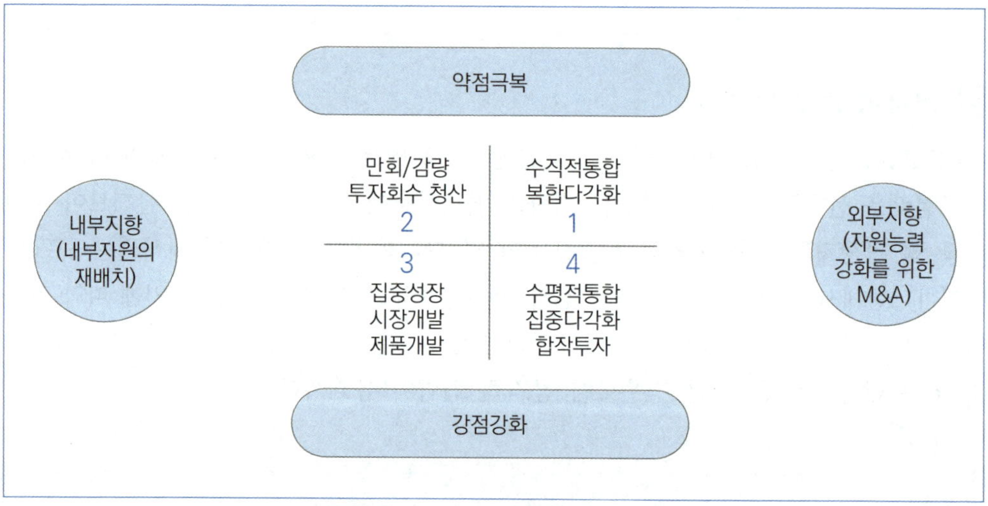

기본전략 매트릭스 2 기본전략 매트릭스(성장-경쟁지위) 상에서의 전략을 살펴보자. 성장-경쟁지위 매트릭스에서는 시장성장의 속도 그리고 시장에서의 경쟁지위에 따라 자사의 위치가 결정된다. 예를 들어 기본전략 매트릭스(성장 - 경쟁지위)상에서 아스콘산업의 위치를 살펴보면 매트릭스상의 4번 위치로서 완만한 시장성장 및 약한 경쟁지위에 속한다. 앞으로 아스콘산업의 생존전략들은 만회/감량, 투자회수 및 청산전략 등에서 선택되어야 한다.

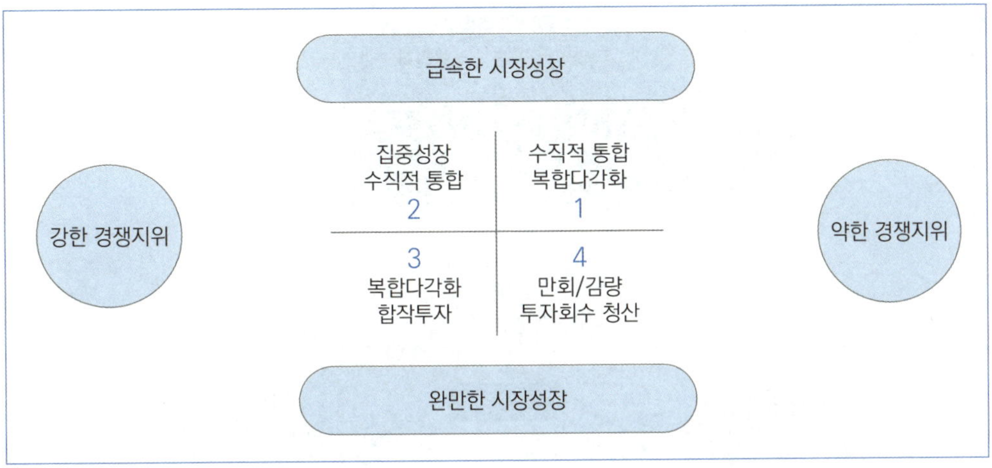

4 차별화전략의 수립

추진하고자 하는 사업의 본질을 철저히 파악하고 이를 따르는 것만으로는 부족하다. 그것만으로는 기존 경쟁업체와 차별화할 수 없기 때문이다. 사업의 본질을 파악했다면 후발사업자만이 할 수 있는 그 무엇으로 게임 룰을 바꾸어야만 한다.

사업의 본질을 철저히 파악하는 것과 게임 룰을 바꾸는 것은 서로 충돌하는 명제인 것처럼 느껴진다. 사업의 본질을 파악하다 보면 새로운 혁신의 가능성이 소실되고, 적응하는데 급급해질 수 있다는 이유 때문이다. 그러나 반대로 사업과 고객에 대한 이해 없는 성급한 차별화는 가치가 없는 차별화 또는 비용만을 증가시키는 차별화로 전락될 가능성이 크다.

사업과 고객에 대한 철저한 이해와 고민 속에서 변화가 시도되어야만 고객이 가치를 느끼는 차별화가 가능한 것이다. 한국 휴대폰의 성공은 게임 룰을 바꾸어 경쟁구도를 근본적으로 재편한 대표적인 예이자 한국기업에게 훌륭한 성공체험이다.

Mathur는 차별화를 하드웨어적인 성격과 소프트웨어적인 성격으로 구분한 후 차별화가 어떻게 창출되고 유지되는가를 제시하였다.

노키아나 모토로라와 같은 대형휴대폰업체들이 자신들의 수익극대화를 위해 개별통신서비스 사업자의 니즈에 일일이 대응하지 못한다는 점을 활용한 차별화 정책이었다. 이러한 전략은 B2C 마켓성격이 강했던 휴대폰시장의 게임 룰을 대형기업고객에 대한 밀착서비스와 빠른 제품개발력이 중요한 B2B 마켓의 그것으로 바꾸는 혁신적인 카드였다. 이는 이미 반도체나 LCD와 같은 핵심부품사업에서 한국전자기업이 성공체험을 확보했던 경쟁과 유사하게 게임 룰을 바꾸는 것이었다.

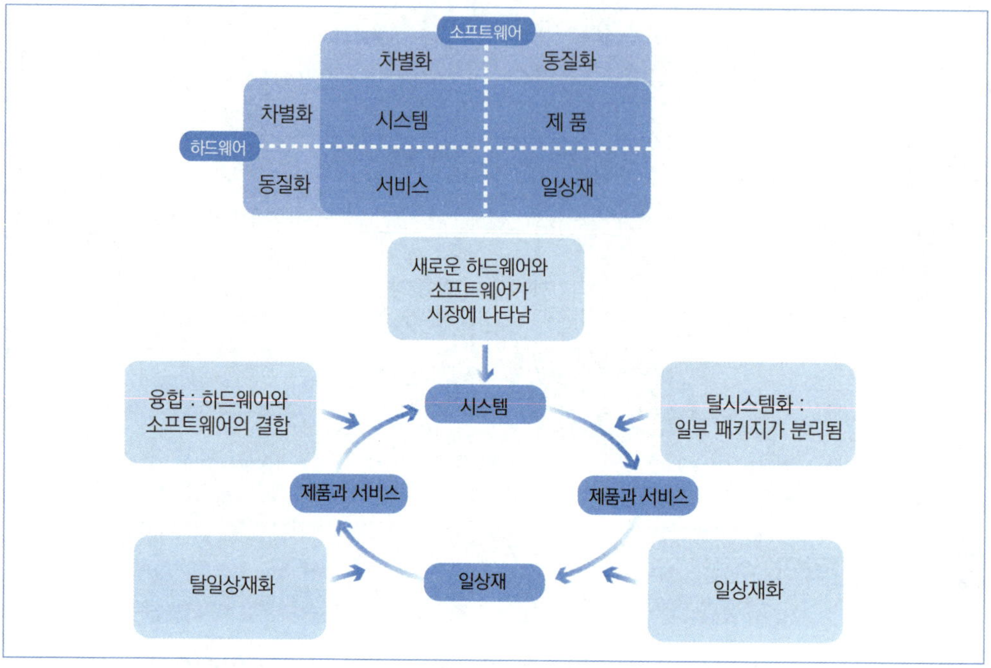

▲ Mathur의 차별화 주기이론

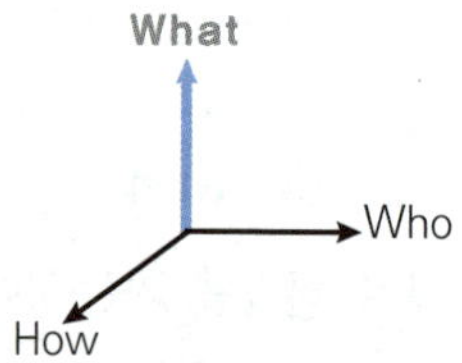

Varisty Based Positioning

특정 산업에서 고객을 구분하기 보다는 다양한 사업영역에서 자사의 독특한 가치활동을 이용하여 가장 **잘 할 수 있는 특정영역에 집중하는 Positioning**

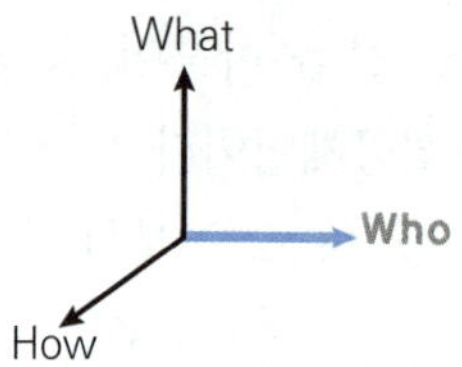

Needs Based Positioning

특정 산업에서 자사의 독특한 가치활동을 이용하여 가장 잘 충족시킬 수 있는 **특정 고객의 모든 욕구(needs)에 집중하는** Positioning

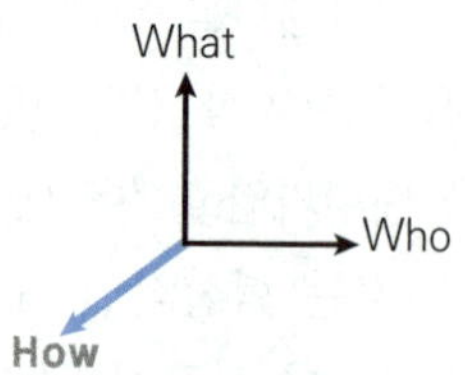

Access Based Positioning

유사한 욕구를 가졌으나 지리적으로나 규모상의 차이로 인해 다른 방법으로 접근이 가능한 **고객집단을 분할하고 이 중 최적의 집단에게 집중하는** Positioning

▲ 신규사업 개발전략 Framework

Chapter

III

사업타당성 분석

01 사업타당성 분석의 개요

사업타당성 분석은 기업의 목적달성을 위하여 부가가치를 창출할 수 있는 사업의 발굴과 효율적으로 사업수행을 위한 대상사업에 대한 산전 예비조사의 결과를 토대로 대상사업의 진출가능 여부를 분석하는 것을 말한다.

신규 사업이나 프로젝트의 성공 여부는 경제적 · 사회적 측면에서도 매우 중요하므로 체계적인 사업타당성 분석의 중요성이 더욱 강조되는 점이다.

따라서 신규 사업의 방향성을 명확히 하고, 성공적인 사업수행을 위하여 필요한 역량개발과 이에 따른 신규 사업의 성공적인 정착을 위한 전략적 접근방법과 Master Plan을 제시하여 체계적인 사업수행이 가능토록 함에 그 목적을 두어야 한다.

기업은 영속적인 성장을 위하여 사업 포트폴리오의 구축이 중요시 될 뿐만 아니라 미래의 주력사업이 될 수 있는 신성장 동력의 발굴이 절실히 요구되고 있다. 사업타당성 분석이란 이러한 사업을 전개하기 이전에 특정사업의 성공가능성에 대한 정보를 파악하기 위해 사업개발전략 · 기술성 · 시장성, 경제성 · 위험정도 등을 분석하고 평가하는 총체적인 일련의 과정을 말한다.

1 사업타당성 분석의 의의

타당성(Feasibility)이란 계획한 사업의 추진을 통해 달성하려는 목표를 실현할 가능성을 의미한다. 목표의 실현 가능성은 대상사업을 추진함으로써 달성하고자 했던 목표를 달성할 수 있는가에 대한 여부를 의미한다.

사업타당성 분석은 사업의 필요성 · 사업계획의 합리성 · 사업목표의 적정성 · 사업추진을 위한 자원 확보계획의 합리성 · 기대효과의 분석 및 위험대책의 수립 등을 사전에 분석함으로써 사업에 대한 최적대안을 선정하고, 그 대안을 효율적으로 추진하고자 하는 목적을 갖는다.

그러므로 사업타당성 분석이란 새로운 사업이나 프로젝트의 사업성에 대한 사업추진에 앞서 특정사업의 성공가능성에 대한 정보를 파악하기 위한 사업추진능력 · 기술성 · 시장성 · 수익성 · 경제성 · 성장성 · 위험정도 등을 분석하고 평가하는 총체적인 과정을 말한다.

오늘날 많은 기업이 미래의 새로운 성장엔진을 찾는데 골몰하고 있다. 신사업은 기업의 성장활력 강화 · 사업 리스크 감소 · 조직의 미래비전 제시 등을 통해 기업 가치를 제고시켜 주기 때문이다. 시장의 특성이 변화함에도 불구하고 대부분의 기업들이 과거와 같은 자기중심적 시장접근을 고수하고 있다. 이러한 행동은 전도유망한 시장에 대한 접근을 저해하여 기업성장의 걸림돌로 작용한다.

기업이 신사업을 추진하려 할 때도 모든 시장을 파악하고 모든 역량을 구축하려는 것은 어불성설이다. 가능성 있는 신시장을 발굴하는 데 있어 그 효과성이 떨어지고, 신사업을 진행하는 데 있어 그 효율성이 떨어지기 때문이다.

특히, 대규모 자본이 투입되거나 기술변화 및 난이도가 높은 하이테크 산업일수록 그러하다. 그러므로 내부역량 구축만이 아닌 합작 · 제휴 · M&A 등을 통한 외부로부터의 역량 소-싱도 적극적으로 활용해야 한다.

신사업을 추진하기 위해서는 지금까지 쌓아올린 것들을 버릴 수 있어야 한다. 새로운 것을 받아들이길 거부하는 것은 기업생존에 있어 결정적 장애물이다. 새로운 환경에서 성공적으로 신사업을 추진하기 위해 기업은 다양성을 존중하는 개방적인 문화를 구축해야 한다.

시장변화의 키워드 4C 오늘날 기업들이 직면하고 있는 시장의 환경변화는 4C(Complex · Comprehensive · Convergent · Customer-centric)라는 네 가지 특성을 가지고 있다. 4C를 차례로 살펴보면 다음과 같다.

Complex 복합적 상호작용이 증가하고 있다. 글로벌화의 진전으로 거시경제 · 정책 · 사회 · 문화 · 기술 · 기업 간 경쟁 등의 요인이 각각의 요인과 시장에 빠르게 복합적으로 작용하고, 그 영향이 커지고 있다. 입지 역시 냉전시대와는 달리 다자간 대립으로 그 복잡성이 커지고 있다.

Comprehensive 이러한 요인들에 의한 영향이 포괄적으로 나타난다. 시장과 직접적 연관성이 없어 보이는 산업 외적요인들이 다양한 시장에 영향을 미치는 것과 마찬가지로 국제정세도 직접적인 연관성이 없던 이해관계자들에게까지 영향을 미친다.

Convergent 시장간 경계가 모호해지며 하나의 시장으로 수렴해 간다. IT · BT · NT · ET 등의 기술융합과 글로벌화로 인해 기업이 기존시장에만 머무를 수 없게 되었다.

Customer-centric 시장은 고객의 주도하에 변화하고 있다. 전반적인 경제력 상승과 인터넷 등을 통한 빠른 정보 확산, 기술평준화 등으로 인해 시장은 공급자 중심에서 수요자 중심으로 이동하고 있다. 국제정세도 다양한 이해관계자들에게 영향을 미치고 있다.

4C는 단일 기업이 내부역량만을 활용해 모든 변화를 파악하여 시장변화에 맞는 신사업을 추진하기가 더욱 어려워졌음을 뜻한다. 비단 신사업뿐만이 아니라 기존시장도 계속해서 변화하기 때문에 이제는 자신의 홈그라운드에서조차 경쟁우위를 유지하기가 어려워지게 되었다.

신사업 창출요건의 변화 이제는 기업들도 기존의 자사 중심적인 신사업 전개방식을 재고하여 시장상황에 적합한 새로운 신사업 창출요건을 확보해야 한다. 변화하는 환경에 적응하고 생존할 수 있도록 하는 전략적 선택의 중요성이 강조되고 있다. 기업에 있어 시장과 경쟁자에 대한 정보, 즉 Market Intelligence(MI)라 할 수 있다.

Technology Intelligence(TI)를 포함한 Market Intelligence의 중요성 역시 오래전부터 강조되어 왔다. 하지만, 그 중요성에 동조하면서도 왜 필요한지에 대한 인식이 경영일선에서 부족한 것이 사실이다.

TIP Technology Intelligence와 Market Intelligence

Technology Intelligence(TI)는 기업이 비즈니스의 미래성장과 생존에 영향을 미칠 수 있는 기술적 기회와 위협을 식별할 수 있도록 하는 활동이다.
전략적 계획 및 의사결정에 필요한 기술정보를 캡처하고 배포하는 것을 목표로 한다. 기술수명주기가 단축되고 비즈니스가 더욱 세계화됨에 따라 효과적인 TI 기능을 갖추는 것이 점점 더 중요해지고 있다.
Market Intelligence(MI)는 동향 · 경쟁자 및 고객(기존 · 손실 및 표적) 모니터링, 수집 및 분석 등 회사의 시장과 관련된 정보이다. 경쟁 인텔리전스(CI)의 하위 유형으로 경쟁업체 및 고객가치 및 선호도와 같은 시장 동향에 대한 지속적인 통찰력을 제공하기 위해 회사에서 수집한 데이터 및 정보이다.

급변하는 환경에서 기존의 경쟁력을 유지하기에도 바쁘기 때문에 곧바로 가시적 성과가 나타나지 않는 MI는 언제나 우선순위에서 밀린다. 이는 내일을 위한 사과나무를 심지 않는 것과 같은 일이다.

4C라는 행태를 나타내는 시장에서는 거시환경 변화와 기술발전으로 인해 산업영역이 파괴되고, 여기서 새로운 시장이 파생되기 때문에 시장에서 기회를 파악하고 신사업을 추진하는 데 MI만큼 중요한 것이 없다. 그렇다고, 모든 영역의 MI를 파악할 수는 없기 때문에 기업의 상황에 따라 MI의 효과를 높이기 위해서는 선별적으로 대응해야 한다.

대기업의 경우, 기존의 크고 느린 조직이 시장에서 동시다발적으로 발생하는 기회를 감당하기는 어렵다. 그렇기 때문에 보다 빠르게 시장기회에 접근하여 신사업을 추진할 수 있는 조직이 필요하다. 다양한 사업을 영위하는 대기업의 경우, 기존의 조직체제에서는 자원배분 문제나 구성원들의 반발 등과 같은 문제로 인해 신사업 추진속도가 떨어질 가능성이 높다.

특히, 기존사업 및 기술과의 연관성이 낮을수록 그렇다. 그러므로 신사업을 기민하게 추진하기 위해서는 자원을 효율적으로 활용하고 신속한 의사결정이 이루어질 수 있도록 독립조직 신설도 고려해야 한다.

신사업은 근본적으로 기업의 기존사업 영역 밖에 존재하기 때문에 그에 대한 정보와 지식이 부족할 가능성이 크다. 따라서 신사업을 효과적으로 추진하기 위해서는 정보공유를 통해 사업전략과 기술전략의 적합성을 제고해야 한다. 또한, 가능하다면 신사업에 대한 전사적인 검토를 통해 기존 사업과의 시너지 창출 여지도 고려해야 한다.

21세기의 미래첨단기술인 정보통신기술(Information Technology : IT) · 생명공학기술(Biology Technology : BT) · 나노기술(Nano Technology : NT) · 로봇기술(Robot Technology : RT) · 환경공학기술(Environment Technology : ET) · 우주항공기술(Space Technology : ST) · 문화콘텐츠기술(Culture Technology : CT)의 7가지 첨단기술 산업이 미래의 신사업으로 각광을 받고 있다.

정보통신기술(Information technology : IT) 현재의 정보통신기술과 같은 개념으로 유비쿼터스가 주를 이루는 미래에는 다른 분야의 산업발달에 반드시 필요한 기술이다.

생명공학기술(Biology Technology : BT) 생명 현상을 일으키는 생체나 물질 또는 생물학적 시스템을 이용하여 산업적으로 유용한 제품을 제조하거나 공정을 개선하기 위한 기술이다.

나노기술(Nano Technology : NT) 나노미터 단위에서 물질을 조작하고 기계를 만드는 기술로 물질의 특성 개선은 물론 신물질 · 신소자 창출에 더욱 적합하여 그 응용분야가 전자 · 재료 · 통신 · 기계 · 의약 · 농업 · 에너지와 환경 · 국가안보 등 미치지 않는 곳이 없을 정도로 경제적 · 기술적 파급효과가 막대한 기술이다.

로봇기술(Robot Technology : RT) 단순한 위험요소에서의 작업뿐만 아니라 인공지능을 이용하여 스스로 생각해 내는 로봇을 연구 · 개발하는 기술이다.

환경공학기술(Environment Technology : ET) 환경오염을 저감 · 예방 · 복원하는 기술로써 환경기술 · 청정기술 · 에너지 기술 및 해양환경기술을 포함한다.

우주항공기술(Space Technology : ST) 위성체 · 발사체 · 항공기 등의 개발과 관련된 복합기술로써 전자 · 반도체 · 컴퓨터 · 소재 등 관련 첨단기술을 요소로 하는 시스템 기술이다.

문화콘텐츠기술(Culture Technology : CT) 가상현실 등 디지털 미디어를 활용하여 첨단문화산업을 만드는 기술로써 이공학적인 기술뿐만 아니라 인문사회학 · 디자인 · 예술분야의 지식과 경험을 포함한 복합적이고 총체적인 기술을 포괄한다.

2 사업타당성 분석요소

분석을 위해 검토해야 할 항목은 사업타당성 검토목적에 따라 약간의 차이가 있으며 어떤 목적으로 사업 타당성 분석을 하느냐에 따라 사업성 평가요소 및 그 가중치가 달라질 수 있다.

적합성 분석 신사업의 성패는 기업의 사업수행능력 및 해당 업종에 대한 적합도에 달려 있다. 계획된 일의 성공과 실패는 그 일을 추진하는 주체 내지는 참여 인력의 인적 요인에 의해 좌우된다고 해도 과언이 아니기 때문이다.

따라서 사업타당성을 검토할 때는 먼저 자사의 계획사업 수행능력과 해당 업종이 적합한가를 분석해 보아야 한다.

시장성 분석 시장에 뛰어들어 경쟁상품과 겨루어 소비자로부터 인정을 받을 때 비로소 매출이 늘어나고 시장범위도 확대되어 갈 것이다. 그러나 처음 생산하여 시장에 내놓았을 때 대부분의 제품은 비교적 소비자에게 생소한 것이 일반적 현상으로 품질이 확인되기 전까지는 판매가 결코 쉽지가 않다.

따라서 신사업 성공의 관건이 바로 시장성과 판로확보이기 때문에 시장성 분석이 무엇보다 중요하다. 시장성 분석요소에는 다음과 같은 사항들이 포함되어야 한다.

① 국내외 수급동향 및 중장기 수급전망
② 시장특성 및 구조 : 시장의 위치 · 수송방법 · 유통경로 및 조직 · 거래조건
③ 동업자 또는 유사 제품과의 경쟁상태 및 향후 경쟁제품의 출현 가능성
④ 국내외 가격구조 및 가격동향
⑤ 목표시장 선정 및 판매전략
⑥ 수출인 경우에는 해외시장 분석에 의한 수출가능 물량산정 등이다.

특히 판매량을 추정하기 위하여 기본적으로 다음과 같은 자료를 수집 · 분석하여야 한다.

① 수요분석 : 주요고객 · 예상소비량 · 소비총액 등
② 공급분석 : 기존 기업의 공급능력 · 기존제품의 가격 · 품질 · 판매전략 등
③ 거래수요의 분석 : 생산품에 대한 미래수요를 추정
④ 시장점유율 추정 : 수요 · 공급 · 경쟁자의 위치와 구상하고 있는 사업의 판매계획 등을 고려하여 계획한 상품의 시장점유율을 추정

기술적 타당성 분석 기술적 타당성이란 제품의 생산과 관련되는 제 요소, 즉 제품이 원만하게 생산될 수 있는지를 분석하는 요소이다.

제품에 대한 특성 · 화학적 반응 · 기계적 기능 · 생산시스템 · 공정 등 생산제품에 대한 철저한 조사 · 분석과 더불어 공장입지 · 시설계획 및 생산시설 규모 · 생산능력 및 조업도 · 원재료 조달 및 제품 1단위에 대한 원재료소요량 산정 · 기술 및 기능인력 확보 · 예상불량률 및 개선 가능성 등을 종합적으로 분석하여야 한다.

특히, 실험실 내에서의 검증만으로는 불충분하며 실제 산업현장에 적용해 보지 않으면 예상외로 사업실패확률이 높은 분야가 특허나 실용신안 등이다. 기술적 타당성 분석은 사업계획의 기술적 타당성과 원가추정을 위한 기초자료를 제공하고 사업에 영향을 미치는 여러 가지 요인을 고려하여 기술적 대안을 비교 · 검토하는 단계이다.

기술적 타당성 분석에서는 이용할 기술과 공정을 검토하여 다음과 같은 내용을 포함시켜야 한다.

① 제품의 물리적·기계적·화학적 특성에 관련된 사항
② 제조공정에 대한 사항
③ 수요량을 생산할 수 있는 생산일정 및 공장 규모의 결정
④ 구입할 기계의 가격 및 공급가격·구매일정·대금지불방식·설비의 성능·예비부속품의 조달가능성 등을 고려하여 기계를 선정
⑤ 기계의 장·단점을 충분히 비교·검토한 자료 및 기계의 배치(layout)
⑥ 이용되는 기술로부터 예상되는 폐기품의 종류·양·처리방식 및 비용

재무적 타당성 분석 아무리 제품이 성공적으로 생산되어 적정량이 판매되더라도 소요자금이 적기에 조달되지 못한다든가 적정수익을 제대로 실현하지 못한다면 그 사업은 성공가능성이 없는 것이다.

수익성 검토요소는 대부분이 향후 전망을 현재적 관점에서 분석하는 것이기 때문에 이의 근거자료가 되는 추정손익계산서·추정대차대조표·추정현금흐름표 등 추정재무제표 작성이 핵심과제가 된다.

또한 신사업의 위험도도 분석해야 하는데 예측 가능한 기업환경변수를 적용하여 신사업에 결정적인 영향을 미치는 변수가 어떤 것이며, 어느 정도 계획사업에 영향을 미치는지를 분석하고 이에 대한 대응책을 모색하여야 한다.

가장 중요한 자금조달 및 운용 분석 시에는 먼저 사업에 필요한 총 소요자금의 적정한 규모산정과 더불어 조달가능성을 자금조달상의 위험분석과 함께 추정하고, 이들 자료를 중심으로 자금조달 및 운용계획서를 작성하여야 한다.

자금조달 및 운용 계획서는 단기적 측면과 장기적 측면, 그리고 특정시설에 소요되는 자금으로 구분하여 누락되는 항목이 없도록 주의해야 한다. 재무적 타당성 분석에서 검토되어야 할 내용은 다음과 같다.

① 총사업비의 명세와 초기 자본소요액 및 사업에 관련된 현금수지 분석
② 손익계산서·대차대조표·현금수지분석표에 기초를 둔 재무예측

③ 재무예측을 뒷받침하는 보조자료로서 판매대금의 회수기간 · 재고수준 · 구매제품 및 제 경비 지불기간 · 생산원가의 항목 및 비용 · 판매 및 관리비
④ 수익에 관한 재무 분석을 위해 투자수익률 · 손익분기점 · 적정 생산량 및 가격 분석 등
⑤ 차입계획뿐만 아니라 차입금 상환재원 및 차입금 상환능력

성장가능성 및 위험요소 분석 분석에서 검토되어야 할 또 다른 측면은 신사업의 장기적 성장가능성의 분석이다. 성장성분석 시에는 기업성패에 중대한 영향을 미치는 기업 환경요소 중 기업경영에 치명적 영향을 미칠 가능성이 있는 위험요소에는 어떤 것이 있으며, 이들 위험요소에 대한 정확한 대응전략의 수립이 가능한지의 여부와 장기적으로 성장가능성이 어느 정도인지를 분석하여야 한다.

분석결과 종합 이와 같은 타당성분석의 결과를 토대로 사업계획서를 작성하게 된다. SWOT분석을 통하여 종합적으로 사업의 타당성을 분석할 수도 있다. 이 SWOT분석은 기업의 내적인 강점(Strength) 및 약점(Weakness)과 외적인 환경의 기회(Opportunity) 및 위협(Threat)을 의미하는 복합어로서 기업의 내외 환경요인을 기업의 경영전략과 연결시켜 분석하는 방법으로 이미 앞에서 설명한 바와 같다.

3 사업성분석의 대상

사업성분석은 그 용도에 따라서 분석 대상에 약간의 차이가 있다. 신규사업의 경우 사업타당성 분석요소 중 반드시 분석해야 할 것은 최소한 후보 아이템 상대평가 시 검토항목 및 후보 아이템별 우선순위 결정을 위한 예비사업성 분석항목과 손익분기점매출액 등이다. 기존사업을 확장하는 경우, 즉 기존의 제품을 새로운 방법과 새로운 기술로 생산하는 사업 또는 새로운 제품을 새로운 기술로 생산하는 사업을 신규로 추진하거나 업종전환 등을 위한 신규사업의 경우에도 제품성과 기술성 · 시장침투가능성과 판매전략 · 그리고 수익성 등에 대한 향후 개략적인 전망에서부터 통계적 방법에 의한 수요예측 · 회계적 방법 및 재무적 분석기법에 의한 수익성 분석 등의 방법에 의한 사업타당성을 평가해야 한다. 사업성분석의 대상은 크게 나누어 볼 때 다음과 같다.

신규사업 사업성분석

① 신사업(신제품) · 신규 프로젝트에 대한 타당성 검토
② 사업전환 또는 업종변경
③ 자회사 설립
④ 개인 창업 타당성

기존사업 사업성분석 기존사업의 사업성분석의 경우, 기존의 제품을 새로운 방법과 새로운 기술로 생산하는 사업이나 새로운 제품을 새로운 기술로 생산하는 사업을 신규로 추진하거나 업종 전환 등을 위한 신규사업의 경우에도 사업타당성을 분석 · 평가해야 한다.

기업경영 실적분석과 기업자가 진단

① 인적 · 물적 설비의 재투자 타당성+자금조달 적정성
② 기업의 중장기경영계획 수립
③ 효율적 경영관리를 위한 기업자가 진단

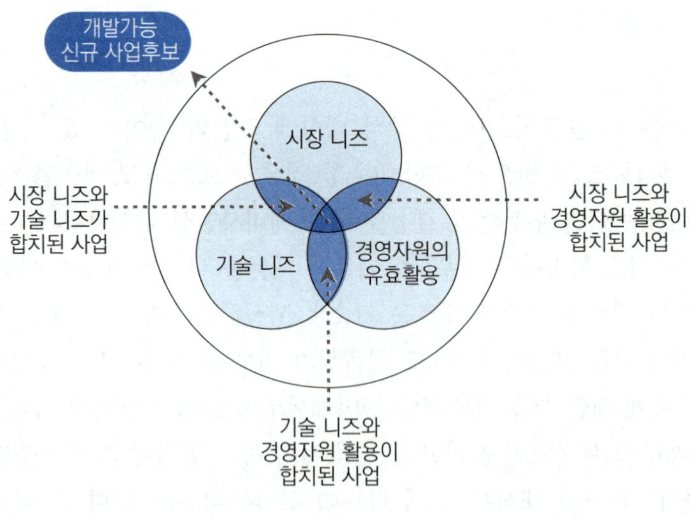

▲ 신규사업 개발 Key Success Factor

02 사업성분석의 기본절차

1 후보사업의 탐색

성공적인 사업을 발견하기 위해서는 될 수 있으면 많은 후보 사업군과 대상사업을 탐구할 필요가 있다. 가능한 모든 분야에서부터 출발하여 점차 좁은 범위로 옮겨가면서 체계적인 분석을 하다 보면 예비사업의 대상이 탐색되고 이어서 적합한 후보사업의 대상이 일차적으로 선정된다.

대상사업의 선정과정과 절차

사업유형의 선별　성공가능성이 높은 사업유형의 선별이 필요하다. 소비자에게 만족을 주는 신사업을 개발하여 수요가 있는 기존시장에 판매하는 경우로 성공가능성이 상당히 높다. 또한 성장기 또는 성숙기에 있는 기존제품을 대상사업항목으로 하여 새로운 시장에 참여하는 경우에도 성공가능성이 비교적 높은 편이다.

그러나 신제품을 생산하여 새로운 시장에 판매하기 위해서는 소비자의 의식변화가 선행될 필요가 있고 비교적 고가제품인 경우 성공가능성이 매우 낮다. 또한 기존제품을 기존시장에 판매하기 위해서는 경쟁회사 또는 해외제품과 경쟁하여 이겨야 하는 경우에도 성공가능성이 낮은 편이다.

사업유형의 기본요건　성공가능성이 높은 사업유형과 기본요건을 기준으로 현재 존재하는 사업을 조사한다. 성공가능성이 높은 이들 기존사업을 찾는 방법으로는 다음 사항들을 활용할 수가 있다.

① 정책적으로 지원하는 업종
- 중소기업 우선육성업종
- 중소기업 계열화 업종

- 중소기업 고유 업종
- 도시형 업종 및 기술집약형 업종

② 한국표준산업 분류표 및 표준산업 분류표 해설집
③ 세계무역박람회, 산업박람회 및 발명품 전시회 등
④ 제품 아이디어 관련 간행물의 활용 등의 방법을 통해 조사

기존제품의 응용가능성 검토 기존제품의 응용 및 개선가능성을 정밀 검토한다. 색깔이나 모양을 변경하거나 순서부품 · 패턴 등을 재배치하거나 확대 · 축소 · 대체 · 결합 등의 방법을 동원하여 특징이 개선되고 성능이 우수해진다면 적합한 후보아이템이 될 수 있는 것이다. 성공적인 제품의 기본요건은 다음과 같다.

① 욕구충족형 제품 : 필요성은 인정되나 욕구를 충족시킬 수 있는 제품을 생산하는 방법을 아는 사람이 없거나 욕구의 인식부족으로 인해 제품이 개발되지 않은 경우 또는 미래욕구 분출가능성이 있는 상품이다.
② 경쟁력이 있는 제품 : 실용신안 의장등록, 성능개선 및 특징추가 등으로 품질이 향상된 상품이거나 저렴한 원재료개발 및 기술혁신으로 원가절감을 가져올 수 있는 경우이다.
③ 일정기간 수요증가 예상제품 : 소비인구의 증가가 지속되는 경우, 소비자 취향의 변화 및 소비자의식의 변화가 예상되는 경우, 국민경제 수준의 증가 등으로 수요증가가 예상되는 제품이다.

2 예비사업성 분석

예비사업성 분석은 후보사업을 비교 · 분석하여 대상사업의 우선순위를 결정할 수 있도록 후보사업 상호간의 상대평가 및 후보사업에 대한 적응도분석을 통해 최적의 대상사업 선택을 위한 과정을 말한다.

모든 후보사업에 대해 개별적인 예비사업성 분석이나 세부분석을 한다는 것은 현실적으로 많은 시간과 비용이 소요된다. 그러므로 성공할 가능성이 희박한 후보사업은 예비선별을 통해 제거하고, 남아있는 사업 아이디어를 비교 평가함으로써 우선순위를 결정하게 된다.

예비사업성 분석과정 예비사업성 분석과정을 살펴보면 다음과 같다.

① 첫번째 단계는 후보아이템을 비교 · 분석하는 것이다.
② 두번째 단계는 제1단계에서의 평가요소별 세부검토사항에 대한 가중치부여와 각 요소에 대한 점수산정이다. 여러 가지 후보아이템을 비교 · 평가하기 위해 네 가지 주요 항목(상품성 · 시장성 · 수익성 · 안정성)에 대한 평균점수를 구해 비교하며, 산정방법은 다음과 같다.
- 네 가지 주요항목에 대한 배점
- 각 평가요소에 대한 가중치 부여
- 세부검토사항에 대한 점수산정
- 후보 사업군별 평균점수 산정 및 우선순위 결정 등의 순서로 비교 · 평가하여 선별한다.

③ 세번째 단계는 후보사업에 대한 적응도분석 및 예비사업성 분석이다. 어떤 방법으로 사업아이디어를 얻든지 간에 사업을 성공하기 위해서는 자사의 경험 · 능력 · 관심 · 목적 등에 적합한 사업대상이어야만 한다.

따라서 예비사업성 검토의 마지막 단계는 다음과 같다.

① 후보사업이 자사의 경험 · 지식 · 취미 등과 부합하여 적합한지
② 인 · 허가, 자금조달능력 등을 감안하여 자사의 능력범위 내인지의 여부
③ 대상사업이 빠른 성장과 투자수익률이 높아 발전가능성이 높은지 최종적으로 분석

후보 사업군별 우선순위결정 및 예비사업성 분석표에 의거 대상사업별로 평점을 산정하여 우선순위를 정하는 것과 병행하여 예비사업성분석표 외적요인에 대한 분석을 실시할 필요가 있다.

예비사업성분석표 외적요인으로 다음 사항들을 고려하여야 한다.

① 후보 아이템에 대한 소비자 및 소비지역의 인식 정도
② 사업장의 확보가능성 등을 검토하고, 여러 가지 방법을 이용하여 관련 업계에 대한 정보 및 자료를 수집해 보아야 한다.

이와 같은 관련 업계정보 및 자료의 수집방법은 다음의 요령을 참고토록 한다.

① 정부 및 협회 간행물
② 해당 업계의 협회 또는 조합 탐방
③ 정부 · 공공기관 인사 및 전문 컨설턴트와 면담
④ 판매원 및 관련 업계 종사자와의 접촉
⑤ 구매자 및 소비자와의 면담 등을 통해 수집할 수 있다.

예비사업성 분석은 이상과 같은 일련의 과정을 통해 구체화되고, 문제점이 제거되는데 다소 복잡하고 불필요한 과정일 수도 있다. 그러나 예비사업성 검토는 신사업 사업성분석의 기본단계로서 이를 소홀히 할 수는 없다. 예비사업성 평가가 끝나면 대상사업으로서의 특정한 업종 및 제품이 결정된다. 특정업종과 제품이 결정되면 반드시 사업타당성 평가를 실시하는 것이 원칙이다.

3 선정사업의 사업타당성 분석

국내외 유수의 연구소들은 21세기 지식기반경제 하에서 다양한 사회 · 경제 · 정치적 변화들이 도래할 것으로 예측하고 있으며, 이러한 미래사회에서 지속가능한 발전을 가져오는 유망한 산업을 선정하고 있다. 이러한 미래 유망산업의 발굴과 육성이야말로 기업의 지속적 존재가치를 확인시켜 주고 국가의 경제성장을 견인하는 키워드로써 그 중요성은 아무리 강조해도 지나치지 않다.

환경분석의 메가트렌드분석에서 도출된 외생변수 가운데 높은 영향력을 가지면서 불확실성이 낮은 핵심구동인자를 도출하여, 이들과 주력 산업군과의 상호관계 속에서 창출될 수 있는 산업군의 방향성을 확인하고, 유망 산업군을 발굴하도록 한다.

예비사업성 평가가 끝나면 사업대상으로서의 특정한 업종 및 제품이 결정된다. 특정업종과 제품이 결정되면 반드시 앞에서 이미 설명한 바 있는 사업타당성 평가를 실시하는 것이 원칙이다.

■ 후보 아이템 상대평가 시 검토항목

주요항목	평가요소	세부 검토사항
상품성	상품의 적합성	• 자사가 잘 아는 제품이나 공정인가? • 비필수품이거나 사치품은 아닌가?
	상품의 독점성	• 중소기업의 참여를 배제하는 사실상의 독점은 없는가? • 정부의 인 · 허가에 의해 실제 사업이 제한되어 있지 않은가?
시장성	시장의 규모	• 예상되는 고객의 수는 어느 정도인가? • 국내 및 해외 시장규모는 금액으로 어느 정도인가?
	경쟁성	• 경쟁자의 세력 및 지역별 분포는 어떤가? • 경쟁제품과 비교했을 때 품질과 가격관계는 유리한가? • 판매 유통이 용이하며, 물류비용이 저렴한가?
	시장의 장래성	• 잠재 고객 수의 증가는 있는가? • 새로운 기업의 침투 가능성은 어느 정도인가? • 소비자 성향이 안정적이고, 필요성이 증가하는가?
수익성	생산 비용의 효익성	• 적정 비용으로 제품을 생산할 수 없는 요인이 있는가? • 생산공정이 복잡하지 않고, 효율성은 있는가?
	적정 이윤 보장성	• 원자재조달이 용이하고, 값은 안정적인가? • 필요한 노동력 공급이 용이하며 저렴한가? • 제조원가, 관리비, 인건비 등 제 비용 공제 후 적정 이윤이 보장되는가?
안정성	위험수준	• 경제 순환 과정에서 불황 적응력은 어느 정도인가? • 기술적 진보 수준은 어느 정도이며, 기술적 변화에 쉽게 대처할 수 있는가?
	자금투입의 적정성	• 초기 투자액은 어느 정도이며, 자금조달이 가능한 범위인가? • 이익이 실현되는 데 필요한 기간은 어느 정도이며, 그 동안 자금력은 충분한가?
	재고수준	• 원자재 조달, 유통과정상 평균재고 수준은 어느 정도이며, 재고 상품의 회전기간은 어느 정도인가? • 수요의 계절성은 없는가?

차세대 성장산업과 제품들을 선정하기 위한 7단계의 프로세스를 살펴볼 필요가 있다. 각 단계마다에서 평가기준에 의한 테스트나 필요조건과 영향력에 대한 평가를 통해 논리적인 결론을 도출할 수 있다. 이 프로세스는 기업의 외적요인과 내적요인으로 구분하여 평가하고 있다. 기업 외부적 요인들을 다루고 있는 외적요인은 5단계로 구성되고, 내부적인 기업역량과 경쟁력을 다루고 있는 내적요인은 2단계로 구성된다.

① 외적요인

- 제1단계 : 수요측면의 결정요인 테스트
- 제2단계 : 공급측면의 요건평가
- 제3단계 : 산업전망 테스트
- 제4단계 : 기술요건 평가
- 제5단계 : 정부정책의 영향평가

② 내적요인

- 제6단계 : 기업역량 테스트
- 제7단계 : 기업경쟁력 테스트

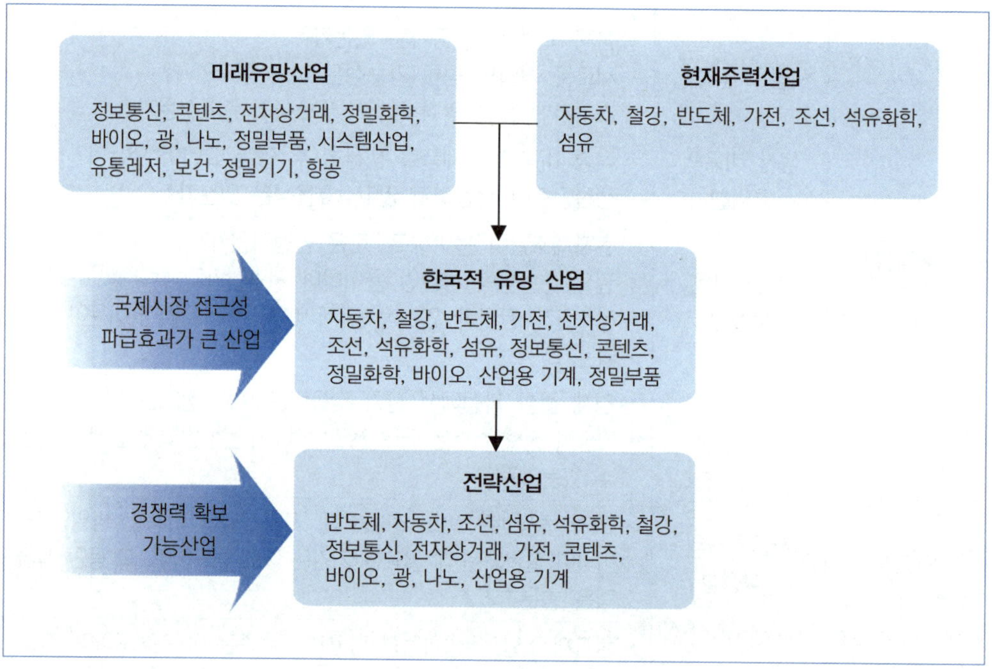

▲ 한국의 전략산업도

03 시장성 분석

사업의 성패는 계획하고 있는 사업의 시장성 정도의 유무에 따라 결정된다고 하여도 과언이 아닐 것이다. 따라서 시장성분석은 사업성패의 기초가 되며 사업타당성분석의 핵심요소가 된다. 충분한 시장성분석을 통하여 객관적인 검증절차를 거치는 것이 실패의 가능성을 최소화 하는 방법이 될 수 있을 것이다.

시장성분석의 최종목표는 계획제품이나 서비스가 시장에서 얼마나 매출을 올릴 수 있는가를 분석하는 것으로 일반적으로 계획제품에 대한 전체 시장규모의 파악을 위한 전반적인 시장동향의 분석 · 계획제품의 특성 · 제품경쟁력분석 · 미래수요예측분석 · 시장환경분석과 판매전략 수립 등의 실시이다.

1 시장성 분석의 중요성

아무리 품질이 우수하고 신제품이라 하더라도 판매가 되지 않으면 결코 사업에 성공할 수 없다. 흔히 좋은 제품을 만들고서도 매출이 제대로 되지 않거나, 매출액증가율이 높지 않아 손익분기점 매출액에 이르는 기간이 너무 길어 사업이 본궤도에 올라보지도 못하고 도산해 버리는 경우가 많다. 따라서 철저한 시장성 분석이 선행되어야 한다.

시장성 분석은 그 구체적 목표에 따라서 신제품개발에 필요한 정보수집을 위한 시장분석, 미래수요예측을 위한 시장분석, 유통경로개선 내지는 유통경로발굴을 위한 시장분석 및 광고전략 수립을 위한 시장분석 등으로 구분해 볼 수 있다.

TIP 시장성분석이 중요한 이유

- 사업성공 여부의 핵심요소
- 사업아이디어의 선별수단 – 사업초기 불필요한 낭비제거
- 프로젝트 평가의 수단 – 성공가능성 검토

시장성 분석의 범위 및 평가항목 시장성 분석의 최종목표는 계획제품에 대한 판매예측, 즉 앞으로 생산할 제품이 시장에서 얼마나 팔릴 것이냐, 향후 수요 증가추세는 어떻게 변할 것이냐를 분석하는 것으로 집약할 수 있다.

시장성 분석은 이와 같은 최종목표 달성을 위해 조사항목을 결정하고, 구체적인 시장조사계획을 수립하여 구체적으로 판매예측을 하지 않으면 안 된다. 시장성 분석범위는 많은 시간이 소요되기 때문에 조사자가 적정한 범위를 정하여 수행할 수밖에 없다. 따라서 시장성 분석은 그 목표와 수준에 맞게 조사항목을 선정하여 활용한다면 보다 효율적인 시장성 분석이 이루어질 것이다.

시장성 분석은 사업타당성 분석을 하는 과정에서 별도로 수행하는 경우도 있지만, 계획사업의 전반적 타당성조사의 일부로 수행하는 경우가 대부분이기 때문에 각 평가항목 상호간의 관계와 순서도 생각하면서 분석하지 않으면 안 된다. 시장성 분석은 이와 같이 시장성분석 자체 항목수도 다양할 뿐 아니라, 평가항목 상호간에도 조화가 이루어져야 한다.

2 시장성 분석 프로세스

분석 목표설정 시장성 분석에서 맨 먼저 해야 할 일은 계획제품의 시장성을 분석하기 위한 구체적인 작업 목표를 설정하는 것이며, 이는 제품의 종류 · 원료 · 용도나 특성에 따라 달라진다.

따라서 계획제품의 수요처가 그렇게 많지 않고, 경쟁사의 현황도 잘 알려져 있다면 목표 설정과 시장성 분석 자체가 비교적 쉽다.

그러나 제품 용도가 일반 대중적이고, 유통구조가 복잡할 뿐만 아니라, 경쟁사도 많은 경우라면 시장분석을 위한 작업이 매우 복잡해지므로 목표설정 과정에서부터 상세하고, 체계적인 계획을 세우지 않으면 아니 된다. 시장성 분석의 최종목표는 제품이 얼마나 팔릴 수 있는가를 조사 · 분석하는 것으로 전체시장 규모와 동종 및 유사제품과의 경쟁상태에서 경쟁시장 침투 가능성, 그리고, 당해 회사가 점유할 수 있는 시장의 규모를 추정하는 일련의 과정에 따라 세부적인 분석목표를 설정하여야 한다.

신사업 시장성분석 목표 신사업과 관련하여 시장성 분석을 하는 경우에는 다음과 같은 세부적인 사항들을 조사목표로 설정하는 것이 보통이다.

첫째, 제품에 대한 전체 시장 규모가 어느 정도이며, 경쟁제품과 유사제품 그리고 수입제품에 대한 시장은 어떤 특성과 구조로 이루어지고 있는지를 분석함과 동시에 소비자 구성 분포 및 변화 추세 등도 분석한다.

둘째, 계획제품이 경쟁제품과 비교하여 어떤 특성을 가지고 있으며, 품질수준은 어느 정도인지, 경쟁회사에는 어떤 회사들이 있으며, 이들 회사의 기본적 재무상태와 영업실적, 가격 경쟁력의 여부도 분석해야 한다.

셋째, 국내의 주요 경쟁업체의 시장점유율 현황 분석과 각 판매 영역에 있어서의 제품별 판매 가능량을 향후 2~3년간 추정한다.

넷째, 시장 및 제품 환경분석과 판매전략의 수립이다.

아무리 정확한 수요예측이 이루어졌다 하더라도 이 예측은 시장 및 제품 환경의 변화에 따라 유동적일 수밖에 없다. 따라서 가능한 모든 환경변화를 고려하여 그에 따른 구체적인 판매전략이 수립되어야 한다. 신사업에 있어서는 다양한 시장성 분석 항목 중 적어도 이상과 같은 항목은 심층적으로 분석되어야 하며, 이들 요소를 신사업과 관련한 시장성 분석의 목표로 설정할 필요가 있다.

시장성 분석 계획수립 시장성 분석의 목표가 정해지면 다음으로 시장성 분석의 구체적인 계획을 세워야 한다. 시장성 분석 계획에 포함할 내용은 조사명칭, 조사목적, 조사내용, 조사방법, 조사일정, 조사자 및 조사부문으로 구분된다.

시장성 분석 계획은 시장성 분석의 최종 목표인 정확한 수요예측과 판매전략을 전제로 하여 수립되어야 한다.

시장조사 및 시장성 분석 계획수립 시 고려해야 할 사항을 살펴보면 다음과 같다.

첫째, 이미 설정한 시장성 분석 목표상의 하위 분석목표, 즉 분석 항목의 범위와 수준을 결정하는 일이다.

모든 항목을 분석대상으로 하면 더없이 유용하겠지만 조사자의 능력, 분석기간의 제약 등으로 모든 항목을 분석 대상으로 하기에는 많은 제약이 뒤따른다. 따라서 조사자의 능력과 분석 계획기간에 맞춰 적절한 항목을 선별하지 않으면 안 된다. 또한 시장성 분석 계획 수립 시 고려해야 할 사항은 시장성 분석의 수준 결정 문제이다. 시장성 분석의 수준은 약식 시장성 분석 정도로 할 것인가, 아니면 외부의 전문 컨설턴트 또는 전문기관에 의한 정식 시장성 분석으로 할 것이냐도 계획수립 시 검토해야 할 사항이다.

둘째, 시장성 분석의 자료수집 범위, 자료 수집처 및 자료수집 방법 등의 결정이다. 시장성 분석 시 활용되는 자료에는 정부기관 및 단체 · 금융기관 · 대학 · 정부 연구기관 · 기업부설 연구소 · 업계의 협회 · 조합 등에서 발행한 통계자료, 각종 연감 · 보고서 · 잡지 등에서 수집 가능한 기존 자료와 제품과 관련된 사람들과 기관 즉 경쟁자 · 정부관리 · 무역협회 · 소비자 단체 · 구매자 및 소비자를 통한 설문조사 · 전화면담 · 직접면담 등의 방법을 통해 추가 생산한 새로운 자료로 구분할 수 있다.

따라서 많은 자료 중에서 시장성 분석목표 달성을 위해 꼭 필요한 자료를 수집하기 위해 시장성 분석 계획단계에서 자료의 수집범위 · 자료 수집처 · 그리고 자료수집방법을 사전에 계획하여야 한다. 자료수집이 얼마나 목적에 부합되는가, 그 질과 양이 유용한가, 자료 수집처의 선정이 잘 되었는가, 그리고 자료수집 방법에 있어 질문항목, 질문방법 및 질문에 대한 응답률 제고를 위해 사전에 얼마나 치밀한 계획을 세웠느냐에 따라서 시장성 분석 그 자체가 잘 되었느냐 못 되었느냐에 따라 판가름이 나기 때문에 자료수집 계획은 중요한 의미를 갖게 되는 것이다.

또한 시장성 분석자료 수집에 못지않게 중요한 사항은 수집된 자료를 어떻게 분석하고 해석할 것인가의 문제이다. 이와 같이 자료의 활용가치 여부는 그 자료의 타당성 · 공평성 · 신뢰성 등으로 판단되기 때문에 그 자료가 사용자의 목적에 부합할 수 있도록 가장 최근의 자료를 수집해야 함은 물론, 그 자료가 객관성과 공평성을 가질 수 있도록 가능하면 공공기관에서 발행된 자료를 활용하는 것이 바람직스럽다.

셋째, 분석항목별 소요인력 · 분석기간 및 소요예산 등에 대한 계획의 수립이 필요하다. 시장성 분석항목이 많을 때에는 한사람이 수행하기에 부적합한 경우도 있을 수 있기 때문에 필요한 분석기간을 결정한 다음 여기에 맞는 분석 소요인력과 소요예산을 계획하여야 한다.

넷째, 시장성 분석기법, 즉 수요예측방법의 결정이다.

시장성 분석에서 주로 쓰이는 예측 방법에는 분석자의 직관과 주관적인 관점에서 수요를 예측하는 판단 예측법 · 계획제품 시장과 깊은 관련이 있는 소비자 · 판매자 · 중개상 · 관련 기업이나 조합 · 연구기관 등의 종사자들에게 설문조사를 하여 수요를 예측하는 설문조사 예측법, 과거의 경향이 앞으로도 지속될 것이라는 가정 하에 통계적 방법을 활용하여 수요를 예측하는 시계열 분석법, 종속변수와 독립변수 또는 설명변수 상호간의 관련 정도를 알아내어 수요를 예측하는 상관 분석법 등이 있는데 이들 방법 중 적절한 방법을 선택하는 것도 시장성 분석의 계획단계에서 결정할 일이다.

시장성 분석 시 분석기법의 선택은 조사자의 능력, 제품의 종류와 용도, 유통구조 등의 특성에 따라 어떤 방법을 사용할 것인지와 자체 분석에 의할 것인지 외부의 전문가에게 위임할 것인지도 계획단계에서 검토되어야 한다.

다섯째, 시장성 분석은 제품의 시장출시와 관계가 깊기 때문에 시판계획 시점에 맞춰 진행하지 않으면 안 된다. 따라서 계획제품의 시판을 전제로 한 시장성 분석은 계획된 일정에 따라 추진하지 않으면 안 되기 때문에 시장성 분석의 계획단계에서부터 시장성 분석의 일정 계획이 수립되어야 하는 것이다.

자료수집 및 분석 시장성 분석자료는 시장성 분석의 계획수립단계에서 설계된 내용에 따라 수집하면 된다. 앞에서 설명한 방법에 따라 수집된 자료는 분석과정을 통해 시장성 분석목적에 맞게 재생산되어야 한다. 이렇게 재생산된 자료는 시장성 유무의 평가기준으로 활용된다. 또한 기존시장의 크기 · 시장점유율 · 시장의 성장추세 및 전망 · 유통과정 및 기타 시장의 특성에 대한 정보로도 활용된다.

자료의 분석과 해석과정에서 간과해서는 안 될 사항은 자기중심적 판단이 아니라 객관성이 있는 해석이 요구된다는 점이다. 신사업 타당성분석에 있어서 흔히 실수하기 쉬운 부분이 바로 자사의 계획사업 및 제품에 대해 지나치게 낙관적으로만 판단하는 경향이 있다는 점이다.

시장성 분석의 핵심요소 시장성 분석의 핵심요소란 전반적인 시장동향 분석 · 제품성 분석 · 경쟁적 지위분석 · 제품가격분석 · 수요예측, 그리고 시장 및 제품환경분석 등에 핵심이 되는 요소들을 말한다. 이들 시장성 분석요소는 신사업의 시장성 유무평가의 기준이며, 이들 요소의 평가결과 사업성이 있다고 판단되는 경우에는 판매계획 및 판매전략 수립을 통해 그 효과를 극대화하여야 한다. 이들 요소는 개별적으로 분석하되 그 평가는 시장성 측면에서 종합평가 되어야 함은 물론, 여타 사업타당성 평가항목과도 연관시켜서 분석되어야 한다.

판매전략 수립 시장성 분석결과는 엄격하게는 여러 가지 기업환경 변화와 판매계획 및 판매전략에 따라서 좌우될 수밖에 없다. 즉 시장성 분석은 기업환경 변화예측과 더불어 적정한 판매전략이 연계될 때 가치가 있는 것이다. 판매계획 및 판매전략을 수립하는 데 있어 고려하여야 할 사항은 마케팅 계획 · 광고 등의 판촉활동 · 판매비용계획 등이며, 광고 · 판촉 · 판매 활동에 투입할 인적 · 물적 자원의 규모와 투입시기도 함께 결정되어야 한다.

마케팅 계획은 일명 영업계획이라고도 할 수 있으며, 제품별 · 지역별 판매계획을 수량 또는 금액으로 표시하여야 한다. 이 마케팅 계획은 생산 및 원자재 구입계획과 연결되도록 계획돼야 한다. 광고와 판촉계획에는 판촉방법 · 광고매체 및 시기 · 광고선전비 등이 포함되어야 하며, 계획단계에서 결정해야 할 주요한 내용은 계획제품의 성격 · 시장의 특성 · 소비자의 분포 등에 따라 광고와 판매활동을 어느 수준에서 어떤 방법으로 전개할 것인지가 결정되어야 한다.

판매비용 계획은 마케팅계획을 근거로 하여 고객과의 접촉 · 제품의 인도 및 배달 · 수금 등에 소요되는 비용계획을 대상으로 하되, 변동비와 고정비를 구분하여 수립하면 손익분기점분석 등이 용이해서 좋다.

시장성 유무평가 일련의 시장성 분석 항목평가에 의거하여 계획상품의 시장성 유무를 평가하게 되는데, 이 평가기준을 정형화하는 데는 한계가 있다. 왜냐하면 어느 정도의 시장규모가 있어야 시장성이 있는지, 또 어느 정도의 시장점유율 확보가 가능할 때 향후 시장성 전망이 있는 것으로 볼 것인지 등의 객관적 기준이 없기 때문이다.

일반적으로 시장성이 있다는 것은 경쟁업체 수와 대비하여 연도별로 점진적인 시장점유율 확보가 가능 시 되고, 계획기간 내에 손익분기점 매출액에 도달할 수 있는 경우를 말한다.

손익분기점 매출액은 제조업일수록, 그리고 설비투자 규모가 큰 사업일수록 오랜 기간이 지나야 달성되며, 품목에 따라서는 개시연도에 손익분기점 매출액을 상회하여 당기순이익이 시현되는 경우도 있다. 도 · 소매업의 경우에는 특별한 경우가 아니면 개시연도부터 이익이 시현되는 것이 보통이다. 그러나 제조업이든 설비투자 규모가 큰 사업이든 적자가 3년 이상 지속된다면 문제가 있다.

이와 같은 사업은 자기자본 조달능력이 뛰어난 기업이 아닌 경우 사업이 지속되더라도 은행 등 금융기관의 신용평가에서 좋은 점수를 받기 어렵기 때문에 자금에 큰 어려움을 겪을 수밖에 없게 된다. 따라서 창업 후 2~3년 이내에 흑자경영이 곤란한 사업은 창업품목으로 부적합하다고 볼 수 있으며 이런 사업은 포기하거나, 시장규모가 신장될 때까지 착수를 늦춰야 한다. 아울러 시장성 유무 평가 시에는 시장성 검토과정에서 파악된 여러 가지 불확실성 요인에 의한 위험성의 정도와 그 위험의 극복가능성도 평가되어야 한다.

3 시장성 분석의 평가요소

시장성 분석의 최종목표는 계획사업에 대한 판매예측, 즉 앞으로 생산할 제품이 시장에서 얼마나 세일즈 아웃 되느냐로 집약할 수 있다. 이와 같은 최종목표를 달성하기 위해 평가기준이 되는 시장조사 범위를 결정해야 하며 조사자는 그 목표와 수준에 맞게 조사항목을 선정하여 활용하여야 한다. 가능하면 광범위하게 시장분석 범위를 정하는 것도 필요하겠지만, 그 범위가 넓으면 비전문가에게는 한계가 있고, 많은 시간이 소요되기 때문에 조사자가 적정한 범위를 정하여 수행할 수밖에 없다.

전체적인 시장현황 분석 시장성 분석에 있어서 제일 먼저 조사되어야 할 내용으로 기존 제품 및 유사 경쟁제품에 대한 전체적인 동향분석이다. 업계의 자료를 충분히 수집하여 관련 시장에 대한 시장규모, 시장의 특징 및 구조, 소비자 행태 등에 대해 분석하여야 한다.

제품경쟁력 분석 시장성 분석 자체는 어떤 특정제품에 대한 시장의 내용 · 특성 · 수요 등에 대한 분석이지만, 제품 자체를 염두에 두지 않은 시장성 분석은 의미가 없다. 따라서 제품성은 기술성 분석 차원에서도 검토되어야 하지만 제품 자체의 강점과 약점 분석, 제품의 라이프 사이클, 보급률 등에 대해 분석하여야 한다.

경쟁적 요소분석 시장성 분석 중 가장 중요한 요소로 반드시 행해야 하는 항목이라 할 수 있다. 경쟁기업의 범위는 동일 한 제품을 생산하는 회사는 물론 유사제품 또는 대체품을 만드는 회사까지 포함하여 분석하는 것이 좋다. 그 다음 경쟁회사가 선정되면 기본적인 재무상태, 생산능력과 생산실적, 시장점유율 등 기타 주요 경쟁요소를 비교해 보아야 한다.

채산성 분석 제품에 대한 채산성 분석은 사업의 수익성을 측정하는 중요한 항목으로 아무리 높은 매출을 실현하더라도 채산성이 없다면 시작하지 말아야 한다. 오히려 매출액은 적더라도 수익성이 좋은 사업이 더 좋은 사업이라 할 수 있다. 채산성 분석은 제품원가 및 영업비용 분석 · 도매가 · 소매가 및 마진율 분석을 포함 하는 것이 일반적이다.

수요예측 시장성 분석의 최종적인 주된 내용은 판매되는 상품의 수량 또는 매출액 측정에 있다고 하겠다. 수요예측이 사업성 분석과정에서 중시되는 이유는 판매계획, 생산계획, 자금조달계획 등이 바로 이 수요예측의 추정에서부터 출발하기 때문이다. 시장수요예측 방법의 종류와 특징은 다음과 같다.

구매의견조사법

① 잠재고객의 설문조사
② 신제품 구매확률로 환산
잠재고객 수 × (응답산출/응답자)
이방법의 한계는 잠재고객의 규모추정과 대표성 높은 표본추출이 어렵고 자의성이 개입된다)

전문가의견법 델파이법

① 장점 : 전문적인 예측치 확보
② 단점 : 외부전문가 활용비용이 높고, 전문가들의 예측도 큰 오차 가능

시험판매법

① 소비재의 경우
- 샘플 소비자를 사용하게하고 구매의사 타진
- 샘플이 대표성을 가져야 함
- 정보노출의 단점

② 산업재의 경우
- 기업 내의 알파 테스트나 외부고객 대상의 베타 테스트
- 베타 테스트를 통해 버그 보완
- 정보노출의 단점

시계열분석법

① 과거 실적을 바탕으로 미래 시장수요를 예측하는 방법
- 추세 : 시간경과에 따른 매출실적 변화
- 주기 : 매출실적의 변동을 가져오는 데 기여한 경기 순환적 요소

- 계절적 요소 : 계절에 따라 변하는 패턴
- 불규칙 요소 : 수요에 영향을 미치는 예측 불가능한 요소

② 이동평균법 · 지수평활법

인과관계분석법　매출액과 상관관계가 높은 변수들을 이용하여 미래시장 수요를 예측

① 회귀분석법 : 특정 제품의 시장수요와 관계를 맺고 있는 변수들과 시장수요 간의 통계적인 함수관계를 이용하여 미래 시장수요를 예측

② 선행지수법 : 특정 제품의 수요변화를 예측하기 위해 그 제품 수요변화를 선행하는 변수들을 이용하는 방법

4 시장매력도 분석

시장매력도 분석절차　시장 매력도란 어떤 시장에 진입한 조직(기업)들이 잠재적으로 얻을 수 있는 매출과 이익의 크기를 말한다. 시장 매력도는 다음과 같이 분석된다.

매력도 평가기준 결정　시장매력도를 평가하는 기준은 각 조직이 자체적으로 개발하거나 다른 조직이 쓰는 기준들을 도입하여 자기 조직에 맞게 수정하기도 한다. 어느 경우든 조직의 경영진이 중요하다고 여기는 요인들이 포함될 수 있도록 경영진의 토의를 거쳐서 획정되어야 한다. 일반적으로 많이 쓰이는 시장매력도 평가기준들이 세 가지 종류로 분류되어 있다.

■ 시장 매력도 평가기준

요 인	세 부 항 목	
외형적 요인	• 현재 시장규모 • 성장률 • 현재의 수익성	• 시장 잠재력 • 판매의 주기성 또는 계절성
구조적 요인	• 잠재적 진입자로부터의 위협 • 대체품으로부터의 위협	• 구매자와 교섭력으로부터의 위협 • 현재 시장 내에서의 경쟁
환경적 요인	• 인구통계적 환경 • 사회적 환경 • 법률적 환경	• 경제적 환경 • 기술적 환경

평가기준 가중치 부여 시장매력도 평가기준이 조직의 입장에서 모두 똑같이 중요한 것이 아니라면 그 중요도에 따라서 가중치를 부여하여야 한다. 가중치는 여러 조직의 시각을 대표할 수 있는 구성원들에게 맡겨서 토의를 거쳐서 합의에 도달되도록 하는 것이 바람직하다.

가중치를 부여하는 방법으로 합이 100이 되도록 각 요인에 점수를 부여하는 일정합(constant sum) 방법이 많이 쓰인다. 가령 외형적 요인, 구조적 요인, 한경적 요인에 각각 35 · 40 · 25 씩 중요도를 부여하고, 그 안에서 세부항목들에게 가중치를 부여한다.

평가기준별 평가점수 부여 평가기준과 가중치가 결정된 다음에는 우리 조직이 진입을 고려하고 있는 후보시장 각각을 평가기준별로 평가하여야 한다. 이때, 복잡하고 정교한 분석방법을 사용할 수도 있고, 단순하고 대략적인 판단방법을 사용할 수도 있다.

각 시장에 대한 데이터와 정보가 풍부하고 분석할 시간이 충분하다면 복잡하고 정교한 평가방법을 사용하는 것이 바람직하지만, 그렇지 못한 경우가 대부분이다. 지금 이 단계에서는 우리가 이미 잘 알고 있는 시장이 아니라 아직 진입해 보지도 않은 시장을 평가하는 것이므로 데이터와 정보가 부족하기 때문이다.

또한 한 개의 시장이 아니라 여러 개의 시장을 평가해야 하므로 부족한 데이터와 정보를 새로 수집해 가면서 평가하려면 시간과 노력이 너무 많이 소요될 것이다. 그러므로 진입할 시장을 결정하는 단계에서는 이미 가지고 있는 데이터와 정보를 기초로 경영진의 주관적인 판단을 가미하여 각 시장을 평가하는 것이 바람직하다.

평가점수를 부여하는 데에도 여러 가지 방법이 있는데 5점 척도 방법이 많이 쓰인다.

1	2	3	4	5
전혀 매력적 이지 못함		보통임		매우 매력적임

평가점수는 한 사람에게서 받는 것보다는 조직 내의 여러 시각을 대표할 수 있는 구성원들로부터 각각 평가점수를 받는 것이 바람직하다.

점수 가중총합 계산 가중치와 평가점수를 각각 곱한 다음 이를 합계하여 구한 가중

총합점수가 높을수록 매력도가 높은 시장이다. 이렇게 얻은 가중총합점수는 경영진의 의사결정에 도움을 주기 위한 도구일 뿐이지 의사결정을 대신할 수 있는 것은 아니다. 가중총합점수에 따라 기계적으로 시장을 결정하기보다는 관련 부문 책임자들의 토의를 거쳐 합의를 도출하는 것이 바람직하다.

시장매력도 평가기준

외형적 요인분석　　시장의 매력도에 영향을 미치는 외형적 요인에는 현재시장규모 · 시장잠재력 · 성장률 · 상품수명주기단계 · 주기성(계절성) · 현재의 수익성 등

① 현재시장규모 : 현재의 시장규모는 주로 정부 · 협회 · 민간연구소 또는 마케팅 조사회사 등이 제공하는 데이터를 기초로 추정한다. 어떤 시장이 충분히 큰지 작은지를 판단할 때에는 절대적인 크기가 아니라, 조직의 규모를 감안한 상대적인 크기를 기준으로 삼아야 한다.

② 시장잠재력 : 시장 잠재력(market potential) 이란'어떤 시장 내에서 일정기간 동안에 이상적인 조건하에서 우리 조직과 경쟁조직들이 달성할 수 있는 최대 매출액을 의미하며, 이상적인 조건이란 조직을 포함한 이 시장 내의 모든 경쟁자들이 최대한의 마케팅 노력을 기울이는 경우를 의미한다.
그러나 실제로는 조직들이 최대한의 마케팅노력을 기울이지는 않으므로 시장잠재력은 같은 기간 동안에 실제로 달성되는 매출액, 즉 현재 시장규모보다는 훨씬 큰 수치이다. 이와 비슷한 개념으로 판매잠재력(sales potential)이란 것이 있는데, 이것은 시장잠재력 중에서 조직이 차지할 수 있는 최대매출액을 말한다.

무엇이 최대한의 마케팅 노력인가 하는 것은 물론 시장상황에 따라 달라진다. 즉 시장잠재력은 시장상황에 따라 변할 수 있다.

시장잠재력 추정방법

① 잠재구매자　파악 : 가령 4인 이상의 가족이 있는 가구들은 식기세척기에 대한 욕구를 갖고 있고, 이 중 50평 이상의 집에 사는 가구들이 식기세척기를 들여놓을 공간을 갖추었으며, 그 중에서도 중형차 이상을 갖고 있는 가구들이 지불능력을 갖고 있다고 추정할 수 있다. 이 단계에서 필요한 데이터는 주로 정부의

각종 센서스 데이터나 협회나 민간연구소의 발간자료들로부터 획득할 수 있다.

② 잠재구매량 추정 : 현재구매자 또는 사용자들의 평균구매량 또는 사용량 추정치가 이 추정치로서 가장 많이 쓰인다. 식기세척기와 같은 내구재는 구매량은 대개 1대이지만, 일회용 기저귀와 같은 비 내구재는 대량 사용자와 소량 사용자 사이에 큰 차이가 있을 수 있으므로, 현재사용자들을 상대로 설문조사를 실시한다.

성장률 추정 성장률을 추정하려면 미래의 시장상황 아래에서 경쟁자들이 달성할 것으로 기대되는 매출액, 즉 미래의 시장규모를 예측하여야 한다. 이것을 시장예측(market forecast)이라고 부르며, 자사가 달성할 것으로 기대되는 매출액을 예측하는 것을 판매예측(sales forecast)이라 한다.

① 예측의 기초 : 미래시점의 시장규모나 자사의 매출액도 거시환경요소 및 고객의 행동 · 자사의 행동 · 경쟁자의 행동요인들에 의하여 영향을 받는다. 그러므로 미래의 시장규모나 매출액을 예측한다는 것은 이러한 변수들의 모든 가능한 조합 하에서 일어날 수 있는 결과들을 예측하는 것이다. 그러나 이러한 변수들의 가능한 조합의 수는 너무 많기 때문에 실제로는 비관적인 상황 · 중립적인 상황 · 낙관적인 상황 등의 시나리오 하에서 각각 예측치를 구하는 것이 바람직하다.

② 예측방법 : 예측방법은 크게 판단적 기법 · 고객반응 조사기법 · 시계열 기법 · 상관관계 기법 등 네 가지로 분류한다.

- 판단적 기법 : 마케팅관리자나 관련 분야의 전문가들의 판단에 의존하는 예측방법
  - 단순추세 연장법 : 가장 간단한 것은 지난 분기의 매출액에 일정한 비율을 더하여 이번 기의 매출액 예측치로 삼는 것이다. 또는 최근 몇 분기 동안의 매출액을 그래프로 표시한 다음 눈대중으로 추세를 파악하여 그 연장선상에서 다음 분기의 매출액을 예측하는 방법이나, 이 방법은 단순하다는 장점이 있으나, 과거의 추세가 계속될 것이라고 가정한다는 단점이 있다.
  - 판매사원 의견종합법 : 고객과 가장 가까이 있는 판매사원들의 의견을 기초로 한다는 장점이 있으나 판매사원들은 자신들에게 할당되는 매출액이 높아지는 것을 원하지 않기 때문에 비관적인 예측치를 제시하는 경향이 있다.
  - 델파이(Delphi) 기법 : 여러 명의 전문가로 패널을 구성한 다음, 패널 멤버들이 모두 합의한 예측치를 얻는 방법으로 먼저 패널 멤버 각자에게 독자적인 예측치를 얻는다. 진행자가 이를 집계한 다음 패널 멤버들에게 예측

치의 분포를 알려주고, 각자의 예측치를 수정해 달라고 요청한다. 이러한 절차를 몇 번 반복하여 일치된 예측치에 도달한다. 이 방법은 과거의 데이터가 없는 전혀 새로운 상품의 매출액을 예측하는 데 유용하다.

- 고객반응 조사기법 : 해당 상품 잠재구매자들의 반응을 조사하여 이를 기초로 매출액을 예측.
  - 컨셉 테스트(concept test) : 신상품을 개발하는 초기단계에 이용되는 것으로 신상품 컨셉을 잠재구매자들에게 보여주고, 이에 대한 선호도나 구매의도 등을 측정한 다음, 이것을 기초로 시장점유율이나 매출액을 예측.
  - 시장 테스트(market test) : 신상품개발이 거의 완료된 시점 즉 출시 이전에 잠재구매자들에게 신상품을 주어서 사용하게 하거나, 시험적으로 판매해 본 다음 이들의 반응을 조사하여 이를 기초로 매출액을 예측.
- 시계열(time series) 기법 : 과거의 매출액 데이터만을 이용하여 미래의 매출액을 예측하는 통계적 기법.
  - 이동평균법(moving averages) : 과거의 데이터에 존재하는 잡음(noise)을 제거하여 바탕에 깔려있는 패턴을 도출한다. 가령, 실제로는 매출액이 매달 꾸준히 증가하더라도 표면상 매출액은 날씨나 경쟁자의 마케팅활동 등의 영향으로 매달 들쭉날쭉한 기복을 보일 수 있다. 그러나 몇 달치 매출액의 평균을 구하면 이러한 잡음은 대체로 상쇄되어 사라지기 때문에 바탕에 깔려있는 패턴을 발견할 수 있다.
- 상관관계 기법 : 매출액과 높은 상관관계를 갖고 있는 변수들을 이용하여 미래의 매출액을 예측한다.
  - 회귀분석(regression analysis) : 매출액과 관계를 맺고 있는 변수들과 매출액 간의 통계적인 함수관계를 이용하여 미래의 매출액을 예측하는 방법으로 시계열기법은 단순히 과거의 매출액만을 이용하여 미래의 매출액을 예측하는 데 비하여, 회귀분석은 가격이나 광고 등과 같은 마케팅변수들을 설명변수로 이용하여 예측하기 때문에 마케팅관리자가 의사결정을 내리는 데 훨씬 더 유용한 정보를 제공해 주는 장점이 있다.
  - 선행지수법(leading indicators method) : 매출액의 변동에 앞서서 움직이는 변수들의 변화를 이용하여 미래의 매출액을 예측하는 방법으로 반도체나 건설 등의 산업에서는 그 산업 고유의 선행지수들이 개발되어 산업전체의 미래의 시장규모를 예측한다.

주기성(cyclicity) 혹은 계절성(seasonality) 주기성은 1년 이상의 기간, 계절성은 1년 이하의 기간에 대한 것이다. 주기성이 높은 시장이란 한마디로 호황인 해와 불황인 해 사이에 매출액의 차이가 크게 벌어지는 시장으로 주로 조선 · 반도체 · 자동차 등과 같은 장치산업들이 해당된다.

현재의 수익성 시장에 이미 들어가 있는 조직이 현재 올리고 있는 수익성은 그 시장의 이익잠재력을 추정하는데 중요한 단서가 된다. 전통적으로 낮은 수익성을 보여 온 시장은 그렇지 않은 시장에 비하여 매력도가 떨어질 수밖에 없다.

구조적 요인분석 시장매력도는 시장의 외형적 요인들뿐만 아니라 시장에 직접적 또는 간접적으로 참여한 플레이어(player)들이 어떤 행동을 보이는가에 의해서도 영향을 받는다. 가령 플레이어들이 치열한 가격경쟁을 벌이는 시장의 매력도는 나쁠 수밖에 없다.

환경적 요인분석 환경이란 자사는 물론 경쟁자들이 마음대로 움직일 수 없는 외부요인을 말한다. 환경요인은 기업이 통제할 수 없는 요인들이기 때문에, 어떤 시장이 환경변화에 민감한 영향을 받는다면 그 시장은 그다지 매력적인 시장이 되지 못한다.

① 통계적 환경
② 경제적 환경
③ 사회적 환경
④ 기술적 환경
⑤ 법률적 환경

04 기술적 타당성 분석

기술적 타당성 분석은 사업타당성분석 중 가장 어렵고 자료나 지식이 부족한 상태에서 실시해야 하는 경우가 많아 정확성이 떨어지는 수가 종종 있다. 물론 기술전문가이거나 엔지니어인 경우에는 기술면에서 자신감을 가지고 추진하겠지만 그렇지 않은 경우 엔지니어의 계획이나 활동에 의해 사업의 운명이 좌우될 수도 있기 때문에 세심한 조사 · 분석 및 판단이 필요한 항목이다.

1 기술적 타당성 분석의 중요성

기술적 타당성 분석이란 현재 구상하고 있는 아이디어가 기술적으로 실현가능한지 여부를 분석하고 그 대안을 찾고자 하는 절차이다. 신상품에 대한 아이디어가 있다고 하여도 기술적으로 불가능할 경우에는 사업화가 어렵고 또한 기술적으로 가능하다 하더라도 여러 가지 대안 중에서 최적의 방법을 찾아 최대의 이익을 창출할 수 있도록 하여야 할 것이다.

즉 기술성분석은 계획하고 있는 사업을 영위하는 데 필요한 기술 · 기계와 장비 · 자재와 노동력 · 입지 및 시설 등을 대상으로 하여 제반의 기술적인 측면을 검토하고 평가하는 분석영역을 말한다.

기술적 타당성 검토는 계획제품에 대한 기술적 측면에서의 사업타당성 평가 부분으로서 일반적으로 계획제품의 효율적 생산 가능성과 관련된 계획제품의 특성 · 생산공법 · 생산공정의 적정성 · 공장입지 조건의 적합성 · 시설규모 및 생산능력 · 계획시설의 적정 여부 · 생산계획의 적정성 · 소요 원재료의 수급계획 등을 검토대상으로 하고 있다.

신기술 및 기술집약형 사업의 성공 여부는 기술의 신규성과 독창성 및 사업의 성공가능성에 있는 만큼 기술적 타당성 분석은 계획사업의 핵심기술에 대한 내용을 정확히 파악함은 물론 기술의 유용성 · 기술의 위험요소 및 기술적 성공가능성 정도를 평가하는 것을 핵심과제로 하고 있다.

기술적 타당성 평가요소는 크게 나누어 계획제품의 용도 · 품질 · 경쟁성 분석 · 입지조건 분석 · 계획시설의 적정성 및 장래성 분석 · 생산 및 재고 분석 등으로 분류할 수 있다. 이와 같은 기술적 타당성 평가요소는 다음과 같은 두 가지 관점에서 객관적이고 심층적으로 분석하고 있다.

첫째는 특정 문제로 인하여 제품생산 자체가 불가능한지의 여부, 시험생산 결과 불량률이 사업한계선을 상회하는지의 여부, 제품에 대한 기술력이 평균수준을 하회하여 제품의 경쟁성이 현저히 낮은 경우 등이 존재하는지를 검토해야 한다.

둘째는 생산 환경문제로서 계획시설 수준이 동 업계 평균수준에 못 미치는지의 여부, 주요 계획시설 내용 · 시설배치 · 계획시설의 장래성 등으로 보아 시설계획의 적정성에 하자가 있는지의 여부, 생산방식 · 생산공정 · 가동률 · 생산조직 · 주요 원재료 수급 · 재고량 등 생산 및 재고관리의 합리성이 결여되어 있는지의 여부 등을 평가하는 것이다.

신사업이나 프로젝트투자에 관한 사업성검토에서 기술적 타당성 분석이 중요한 이유는 다음과 같다.

첫째, 계획하고 있는 제품을 생산하거나 판매하는 데 필요한 기술의 질적 수준은 사업의 성패를 좌우하는 핵심적 요인의 하나이므로 이에 대한 면밀한 검토는 사업성검토에서 중요하게 된다. 예를 들어 제품을 생산하는 기술이 우수해야 질적인 측면에서 경쟁력 있는 제품을 생산하는 것이 가능하게 되어 사업의 성공가능성은 높아지게 된다.

둘째, 계획하고 있는 제품을 생산하는데 필요한 설비 · 원재료 · 인력 등의 가격이나 수급과 관련된 문제는 계획사업의 성패를 결정하는 중요한 문제이므로 이에 관한 자세한 검토는 사업성검토에서 중요하게 된다. 예를 들어 인력과 원재료의 가격수준이 높고 공급에 차질이 있을 수 있는 제품이라면, 자연히 이러한 제품의 원가는 높아질 것이고 그만큼 경쟁력은 낮게 되어 성공을 기대하기 어렵게 될 것이다.

셋째, 사업성패의 핵심적 요소들인 생산기술 · 생산설비 · 원재료 · 인력 등에 관한 분석된 정보는 계획사업의 성공가능성을 말해줄 뿐만 아니라, 계획사업의 성공가능성을 높이기 위해 무엇을 어떻게 해야 할 것인지에 대한 대비를 가능하게 해주기 때문에 중요하다. 예를 들어 경쟁기업에 비해 생산기술이 떨어진다면, 이를 보완하거나 향상시킬 수 있는 대안을 마련하지 못하는 한 계획사업의 성공은 기대할 수 없을 것이다.

이와 같이 기술적 타당성 분석은 계획사업의 강점과 약점에 관한 정보를 제공해주기 때문에 내 · 외의 분석주체들로 하여금 계획사업의 사업성을 평가가능하게 하며, 사업주체들에게 계획사업의 성공가능성을 높이기 위해 무엇을 어떻게 해야 할 것인지에 대한 대비를 가능하게 한다.

특히 현대와 같이 기술의 발전 속도가 빨라 생산기술 및 설비의 진부화 속도가 빠른 환경에서는 새로 시작하려는 사업의 기술성에 대한 분석이 중요하게 된다. 사업의 내용이 제조업인지 또는 판매업인지에 따라 분석대상과 내용이 달라질 수 있지만 일반적으로 기술적 타당성 분석에서 분석대상으로 삼아야 할 내용은 계획하고 있는 제품의 기술적 특성 · 입지의 적합성 · 설비 및 장비 · 생산공정과 공법 · 생산자원 · 건물규모 및 건설계획 등이 있다.

2 기술적 타당성 분석대상

기술적 타당성의 분석대상은 일반적으로 보유기술의 분석과 생산기술여건의 분석으로 구분할 수가 있다.

보유기술 분석 보유기술의 분석항목으로는 아이템 특성의 분석 · 보유기술 분석 · 보유기술의 유용성과 경쟁성을 검토하고 보유기술의 장래성과 향후 개발기술이 기술적 타당성 분석을 통해 아이템의 적합성 분석과 개발계획을 수립해야 한다.

아이템특성 분석

① 아이템의 사양 · 기능 · 재료 · 품질 · 가격 등을 검토한다.
② 아이템을 제공하는데 필요한 장소 · 시설 · 자원 등을 검토한다.
③ 아이템의 특성 분석을 통해 필요한 기술 · 시설 · 인력 내용을 파악한다.

보유기술 분석

① 사업과 관련된 법률에 의한 기술과 기능자격 보유 여부를 검토한다.
② 보유기술과 자격의 수준 및 활용 정도에 대하여 검토한다.
③ 보유기술과 자격 분석을 통해 생산 인력계획을 수립한다.

보유기술의 유용성

① 사업화를 위한 자금 규모는 적정한지를 검토한다.
② 사업화에 대한 소요기간의 적정성 여부를 검토한다.
③ 신규 사업자에게 진입장벽이 될 수 있는 기술인지를 분석한다.
④ 계속해서 기술이 발전될 수 있는 전망을 가지고 있는지 검토한다.
⑤ 기술수명의 사이클이 사업에 장애가 되지 않는지 검토한다.
⑥ 고객의 구매를 확대시킬 수 있는 기술인지 여부를 검증한다.
⑦ 산업재산권으로 보호받을 수 있는 기술인지 확인한다.

기술의 경쟁성

① 경쟁에 영향을 미칠 수 있는 기술인지 검토한다.
② 복잡한 기술로 모방가능성의 정도를 검토한다.
③ 기술의 차별화가 가능한지 분석한다.
④ 기술의 대체 가능성이 어느 정도인지 검토한다.
⑤ 사업에서 전략적 위치 선정이 가능한 기술인지 검토한다.
⑥ 기술을 사용하는데 제한적인 사항이 없는지 검토한다.
⑦ 기술적 가치가 사라질 가능성은 없는지 검토한다.

생산기술여건 분석 생산기술여건의 분석항목으로는 입지분석 · 시설분석 · 자원분석 · 작업분석 등으로 나누어 볼 수 있다.

① 입지분석
- 상권 및 입지선정요인을 검토한다.
- 법률에 의한 입지 제한요소를 검토한다.
- 입지분석을 통해 입지의 적합성과 사업장 비용을 파악한다.

② 시설분석
- 사업장 구조 및 면적과 법적인 시설요건을 검토한다.
- 설비 · 장비 · 비품의 규모 및 수량을 검토한다.
- 시설분석을 통해 사업장 및 시설의 적정성과 투자금액을 파악한다.
- 주요시설 장비보유현황을 파악한다.

③ 자원분석
- 재료수급의 원활성과 소요재료를 검토한다.
- 재료의 재고기준 및 구매주기 등을 검토한다.
- 자원분석을 통해 재료조달계획과 재료비용을 파악한다.

④ 작업분석
- 시설의 레이아웃과 공정별 작업내용을 검토한다.
- 작업내용별 필요인원과 기술수준을 검토한다.
- 인원분석을 통해 인력계획과 소용인원 및 인건비용을 파악한다.
- 참여인력 현황표를 작성한다.

3 기술 경제성 분석

세계를 움직이는 주요 국가들은 모두 자국의 기술 · 산업 · 인적 경쟁력을 바탕으로 글로벌화 및 블록화를 추진하고 있으며 이러한 국가들의 첨병인 거대 다국적기업들은 국제표준을 무기로 세계 곳곳에서 시장확보 쟁탈전을 벌이고 있다. 즉 이제는 어떠한 상품도 개발초기부터 국제 경쟁력을 통해 시장을 창출해야 하는 치열한 경쟁상태에 처해 있다고 볼 수 있다.

이러한 과학기술 시장경제의 구조변화 속에서 경제성 개념이 배제된 주먹구구식의 기술개발과 상품생산은 자칫 막대한 연구개발비를 낭비할 수도 있다. 특히, 인프라로서 파급효과가 큰 IT의 경우에는 더욱 그렇다고 말할 수 있겠다. 이에 따라 최근 기술경제성 분석이 강조됨은 물론 사전에 사업성 검토를 철저히 수행함은 새삼스러운 일이 아니다.

경제주체는 시장을 지배하거나 새로운 시장을 선점하기 위해 또는 생산성을 향상시킬 목적으로 연구개발을 통한 기술혁신과정을 끊임없이 수행하고 있으며 여기서 성공한 기술은 시장구조를 변화시키고 있다.

즉 연구개발 투자의 성과는 경제적 가치를 지닌 기술발전뿐만 아니라 산업화와 상용화를 통해 경제적 잉여창출을 가져와 궁극적으로 경제성장에 이바지하는 것이다. 하지만 모든 투자가 반드시 경제적 효과를 나타내는 것은 아니므로 경제주체는 연구개발 투자에 앞서 사전적으로 기술경제성을 파악하는 것이 성공적인 사업전략이 될 것이다.

기술경제성 분석이란 연구개발을 수반하는 신기술의 타당성을 검토하기 위한 것으로 투자가치가 있다고 판단되는 어떤 사업의 시행에 앞서 직 · 간접적 영향으로 발생하는 투입 · 산출과 비용 · 편익을 시장개념에 입각하여 측정하는 것이다. 이 결과는 어떤 사업의 수행 여부 또는 우선순위를 결정하기 위한 중요자료로 활용되기도 한다.

그러므로 기술경제성 분석은 경제적 가치 외에 기술성 · 시장성 · 사업성을 종합적으로 분석할 필요가 있다. 과학기술과 정보통신이 성장동력으로서 거듭나고 있는 시대적 역할에 비추어 볼 때 기술경제성 분석이 우리나라에서도 제도화가 되어야 할 것이다.

그러나 아직까지는 상당부분 형식에 치우치고 경제성 분석에 대한 개념 및 평가체계가 불분명하여 대형 사업을 제외하면 유명무실한 형편이다. 다행스럽게도 정부는 국책 R&D사업의 사업화 촉진을 위해 경제성 검증을 강화키로 하고 외부기관을 통한 경제성 평가를 도입하였다.

4 기술적 타당성 평가

사업타당성 평가요소 중 가장 어렵고 전문성이 요구되는 부분이 바로 기술적 타당성 검토이며, 특히 최근에 이르러 신사업 전개 방향을 볼 때 신기술 및 기술집약형 사업을 기업화하는 경우가 많아지는 추세를 감안할 때 기술적 타당성 검토는 중요한 의미를 갖는다.

신기술 및 기술집약형 사업의 성공 여부는 기술의 독창성 및 사업의 성공가능성에 있는 만큼 기술적 타당성 분석은 계획사업의 핵심 기술에 대한 내용을 정확히 파악함은 물론 기술의 유용성 · 기술의 위험요소 및 성공가능성 정도를 평가하는 것을 핵심과제로 하고 있다.

기술적 타당성 평가의 핵심은 제품을 확보 가능한 기술진에 의해 원만히 생산할 수 있는지, 불량률을 목표수준까지 낮출 수 있으며, 이로 인한 제품의 경제성 및 경쟁력을 확보할 수 있느냐에 달려있다.

결국 제품이 당해 회사의 기술수준에 의해 원만히 생산되고, 생산된 제품의 불량률이 목표수준에 이름으로써 제품의 경제성이 인정되며, 나아가서 국내 경쟁사의 경쟁제품뿐만 아니라 외국의 제품과 비교해서 품질 및 가격 측면에서 경쟁력이 있을 때 기술적 타당성이 높다고 볼 수 있다.

그러나 현실적으로 이와 같은 제품을 발견하기란 어려운 일이며 더군다나 객관성 및 신빙성이 있는 평가기준을 마련하기란 결코 쉽지 않은 일이다. 그러나 신사업을 검토함에 있어 기술적 타당성을 확보하지 못한다면 사업은 실패할 수밖에 없는바, 가능한 범위 내에서 최선의 검토방법을 찾아내지 않으면 아니 된다.

5 기술적 타당성 평가요소

제품에 대한 기술적 타당성 검토는 일반적으로 제품의 효율적 생산가능성과 관련된 제품의 특성 · 생산공법 · 생산공정의 적정성 · 공장입지조건의 적합성 · 시설규모 및 생산능력 · 계획시설의 적정 여부 · 생산계획의 적정성 · 소요원재료의 수급계획 등을 대상으로 하고 있다. 기술적 타당성 평가요소는 크게 나누어 계획제품의 용도 · 품질 경쟁성 검토 · 입지의 적합성 검토, 생산능력의 검토 · 생산공법 및 공정의 검토 · 시설계획의 검토 · 생산자원의 검토 · 시설소요자금의 검토 등으로 분류할 수 있다.

이와 같은 기술적 타당성 평가요소는 다음과 같은 관점에서 객관적이고 심층적으로 분석되지 않으면 아니 된다.

첫째, 기술적 근본문제로서 기술 환경요소라고 할 수 있는 치명적 요소가 존재하는지를 검토하는 일이다.

둘째, 생산 환경요소로서 제품개발에 간접적으로 작용하는 평가요소를 검토하는 것이다.

기술 환경요소의 평가 기술 환경요소는 기술과 제품 사이에 존재하는 핵심요소로서 이들 요소를 간과하였을 때 제품생산은 물론 사업 실패와 직결되는 치명적 요소가 되는 것이다.

이와 같은 기술 환경요소는 제품 생산 관련 요소 중 어떤 특정 문제로써 제품생산 자체가 불가능한 경우는 없는지, 제품의 불량률이 경쟁사와 비교하여 상대적으로 높은지, 제품의 경쟁성, 과다한 제조원가, 소비자 인식제고 곤란 등의 이유로 인하여 기술의 경제성이 없는지 등을 검토하기 위한 것이다.

기술 환경요소 평가 결과 장기적으로 부정적인 요인이 존재한다면 해당 기술을 기각하고 새로운 대체기술 개발이 이루어져야 할 것이며, 새로운 대체기술마저도 없다면 그 사업 자체를 포기하는 것이 바람직할 것이다.

생산 환경요소의 평가 기술적 생산 환경요소란 기술관련 사항 중 기술 환경요소라 할 수 있는 직접요소 이외에 제품기술에 간접적으로 작용하는 평가요소를 말한다. 기술적 생산 환경평가요소는 크게 다음과 같이 나누어 볼 수 있다.

① 계획제품의 용도 · 품질 및 경쟁성 분석
② 일반적 입지조건 및 제조업 주요입지인자 분석

③ 계획시설의 적정성 및 장래성 분석
④ 생산설비의 선정 및 적정성 분석
⑤ 생산 및 재고 분석 등으로 나눌 수 있다.

용도 · 품질 및 경쟁성 분석 기술적 타당성 평가요소 중 계획제품의 용도 · 품질과 경쟁제품의 용도 · 주요 소비처 · 제품의 기능과 제품의 물리 화학적 특성 · 제품의 품질 · 특성 · 기술보유 내용 등 계획제품의 품질 및 기술수준, 원가 · 품질 · 공정 · 채택원료의 국내외 경쟁제품과의 비교우위성 · 가격경쟁성 등 제품 및 기술의 경쟁성과 계획사업기술에 대한 대체기술 여부 및 출현 가능성 · 보유기술의 기술변화 사이클 상의 단계 등 기술의 장래성을 검토한다.

제품은 근본적으로 그 용도 · 특징 · 품질 및 경쟁성을 분석해 보아야 한다. 하나의 기술이 제품화될 때 가장 먼저 평가되는 부분이 바로 어떤 소비자에게, 어떤 용도로 사용되는 제품이며, 품질수준이 어느 정도인지 분석하는 일이다. 제품의 특질 및 품질은 제품의 일반적 특징뿐만 아니라 화학적, 물리적 특성까지도 분석되어야 한다.

제품의 경쟁성은 국내 경쟁회사의 경쟁제품 · 유사제품 · 대체제품뿐만 아니라 해외 업계의 도입제품에 대해서도 분석해야 한다. 국내 경쟁업계에 대해서는 업체명칭 · 사업장 소재지 · 공정과 시설 내용 · 자동화 정도 · 시설의 노후도 및 최근 시설개체 내용 및 향후 계획 · 기술수준 및 원단위 · 신제품 출현가능성 및 개발계획 등 경쟁회사에 대한 모든 정보를 수집하여 심층 분석해야 한다. 해외 수입제품에 대해서도 원가 및 수송비 · 기술수준 · 유통경로, 국내 판매원 등도 조사 · 분석해야 하며, 해외 경쟁업체들의 생산시설 · 기술수준 · 향후 수출입과 관련된 해당 국가 간의 상호무역협정 · 지역동맹 · 교역수준 · 향후 수출입 규모 등과 더불어 기타 계획제품과의 경쟁에 영향을 미치는 제 요인을 검토해야 한다.

입지의 적합성 분석 계획사업의 사업장이 들어설 입지는 제품의 제조원가 또는 판매가격에 큰 영향을 미친다. 뿐만 아니라 일단 입지가 결정되고 나면 바람직한 방향으로 주변여건이 급격하게 변화되지 않는 한 주어진 여건을 수동적으로 감수해야만 하므로 그 영향을 장기간에 걸쳐 피할 수 없게 된다는 특징을 갖고 있다. 따라서 제조업의 경우 공장입지를 잘못 선정하면 인력수급 · 수송 · 용수 · 전력 · 공해 등으로 원가와 투자비용 면에서 큰 부담을 안게 된다. 그리고 판매업의 경우 점포의 위치를 잘못 선정하면 교통 · 주차장 · 주변지역의 여건 등으로 인해 일정수준 이상의 매출액증대를 기대할 수 없게 된다.

위치와 교통 여기서는 원재료 공급지 및 주요 소비자와의 거리, 최적수송수단의 이용가능성과 인접도로의 개설 여부 등을 검토한다. 물론 판매업의 경우에는 교통문제 · 주차공간의 확보 · 주택가 · 상가 · 공장지대 · 학교 · 오피스 지역 등 주변 여건을 추가적으로 검토해야 한다.

특히 계획제품이 철강 · 시멘트 · 점토 · 목재 · 화학 · 산업설비 등 부피와 중량이 큰 제품인 경우에는 제품과 원자재의 수송비가 생산원가에 미치는 영향이 크므로 도로 · 철도 · 선박 · 항공기 등 수송수단에 대한 철저한 검토가 기본적으로 요구된다.

뿐만 아니라 장시간 동안의 무리한 수송에 따라 원료 및 제품의 질이 변질될 수도 있기 때문에 수송시간 · 수송거리 · 수송수단 등에 대한 검토도 필요하게 된다. 그리고 계획사업이 판매 · 식 · 음료 · 유흥 · 오락 · 스포츠 · 호텔 · 여관 등 서비스업인 경우에는 대중교통수단의 이용가능성 · 주차공간의 확보가능성 · 주택 · 아파트 · 상가 등 주변 여건에 대한 검토가 중요하다.

전력 및 용수 많은 공장의 주요 동력원은 전력이다. 특히 전력 사용량이 많은 철강 · 비철금속 · 석유화학 등의 공장은 풍부한 전력의 공급이 가능한 지역에 위치해야 한다. 왜냐하면 전력공급원과 거리가 먼 경우에는 수전 설비와 송전선 등 고압전력의 인입에 따른 설치비용을 추가적으로 부담해야 한다. 그리고 대부분의 공장은 많은 양의 물을 필요로 한다.

그러므로 계획사업이 필요로 하는 용수확보에 대한 문제를 검토해야 한다. 특히 식 · 음료 · 제지 · 섬유 · 철강업종의 경우에는 수자원의 비중이 크기 때문에 필요한 물의 확보 여부는 제품의 원가 및 품질에 결정적인 영향을 미칠 수 있다. 특히 음료와 술 등의 경우에는 질 좋은 많은 양의 물을 필요로 하므로 수자원은 사업성패의 큰 요인으로 될 수 있다.

노동력 제조업의 경우 일시적으로 제조원가에서 차지하는 인건비의 비중이 재료비 다음으로 크기 때문에 제조업의 기술성분석에서 노동력의 확보가능성에 대한 검토는 중요하게 된다. 특히 전자 · 섬유 · 조립금속 등 많은 노동력을 필요로 하는 노동집약적 업종의 경우에는 공장입지 선정 시 양적으로는 물론 질적 측면에서도 노동력의 확보가능성에 대한 충분한 검토가 요망된다.

노동집약적인 업종의 경우 대부분 노동력이 풍부한 대도시 인근지역이나 공업단지에 위치하고 있으나, 지가의 상승으로 점차 대도시 인근지역에 공장을 설치하는 것이 어려워지고 있다.

그러므로 신규사업에 대한 기술성을 분석할 때는 사업장이 들어설 주변지역의 상주 인구수 · 근로가능 인구수 · 노동력의 질적 수준 등을 감안하여 소요인력의 확보가능성을 검토해야 한다. 또한 인력확보의 방안으로 기숙사와 사택건축, 출퇴근을 위한 교통지원 등에 대한 대책도 세워야 한다.

원재료 철강 · 시멘트 · 정유 등 원재료수송 물량이 방대한 업종의 경우는 원재료산지와 인접해 있거나 수입항 근처에 위치한 지역에 공장을 세움으로써 수송비를 크게 절약할 수 있다.

특히 원재료의 장기보관이 어려운 농수산물가공업, 원재료와 제품의 가격 및 중량차이가 큰 요업, 목재가공업, 철강과 시멘트 등 원재료의 부피가 크고 중량이 많이 나가는 업종은 원재료 공급지와의 거리가 생산원가에 큰 영향을 주게 된다.

따라서 이들 업종이 계획입지를 선정할 때는 이러한 요인을 충분히 검토해야 한다. 그러나 수송비를 절약할 수 있는 유리한 입지는 대개 토지가격이 높으므로 장기적인 수송비 누계와 지가의 차이를 분석하여 유리한 방안을 선택해야 할 것이다.

공해 산업화가 진전될수록 공해의 폐해는 커질 수밖에 없다. 따라서 오늘날 공해방지에 대한 사회적 관심이 높아지고 있으며, 공해방지를 위한 입법이 늘어나고 있다.

특히 계획된 사업장의 인근지역에 주거 및 농경 지역이 있는 경우 생산 활동의 결과로 발생되는 폐수 · 분진 · 소음 · 중금속오염 등의 공해문제로 지역주민이나 농민과 심각한 마찰을 빚을 가능성이 크다. 또한 그 폐해로 인한 법적 책임 및 보상문제로 기업이 심각한 위기에 봉착할 수도 있다.

따라서 공해발생이 불가피한 업종이 경우에는 공장입지에 따라 직 · 간접으로 나타나는 원가부담이 크게 되므로 이로 인한 비용부담이 적은 지역에 공장을 세워야 한다. 예를 들어 도금이나 염색 등 공해업종은 폐수처리시설 등 공해방지설비가 이미 갖추어진 공업단지에 입주함으로써 공해문제로 발생되는 추가적인 비용을 절약할 수 있다.

적정성 및 장래성 분석 현재 계획기술이 최상의 것이라 해도 기술수준이 수시로 변화하기 때문에 신사업기술에 대한 대체기술 여부 및 향후 출현가능성과 보유기술의 기술변화 사이클상의 단계도 미리 예측해야 한다.

시설계획의 적정성 분석은 주요계획 시설의 내용, 시설규모 및 능력 분석 등 계획시설의 적정 여부, 시설 배치의 합리성, 시설 공사 진행 계획 분석, 그리고 생산기계 진부화에 따른 위험도, 시설개체 시기 및 경제성, 생산설비의 대체성 및 호환성 등 계획시설의 장래성을 주요분석 대상으로 하고 있다.

과잉시설의 경우에는 설비투자에 따른 금융비용이 상대적으로 높고, 시설관리비 및 생산원가 등이 많이 소요되기 때문에 결국 자금부족 현상으로 이어지는 것이다. 따라서 계획시설 문제는 그 규모, 성능 등이 경쟁회사와 비교하여 경쟁성이 있어야 하는 동시에, 과잉설비로 인한 자금 부담을 경감해야 하는 상반된 틀 속에서 조화성 및 적정성을 염두에 두고 계획되어야 한다.

생산설비 설치계획이 수립되면 구체적으로 어떤 기계설비를 설치할 것인가 하는 문제, 즉 국산기계로 할 것이냐, 외국산기계로 할 것이냐, 자동화기계로 할 것이냐, 수동식기계를 설치할 것이냐, 값은 어느 정도의 기계설비로 할 것이냐 등 결정해야 할 문제가 여러 가지 있다. 생산설비는 비교적 값이 고가이기 때문에 한 번 잘못된 설비는 새로이 교체하기가 불가능하다. 설령 부분적인 교체가 가능하더라도 전체 생산설비와의 조화 등에서 예상 밖의 문제가 생길 수도 있기 때문에 생산설비 선정에 신중을 기하지 않으면 아니 된다.

생산능력의 검토 기술적 타당성 분석에서는 계획하고 있는 사업의 현재와 미래수요를 감안하여 설비의 생산능력이 적합한 것인지를 검토해야 한다. 이론적으로 볼 때 최적 생산능력은 장기평균비용이 최소로 되는 생산규모이지만, 실제로는 미래의 예상수요, 경쟁업체의 생산능력, 보유하고 있는 인력의 작업능력, 자본조달능력 등에 따라 영향을 받기 때문에 계획사업의 최적생산능력을 결정한다는 것이 결코 쉽지 않다. 따라서 실무적으로는 기대되는 시장수요와 경쟁업체와의 원가비교 등을 통해 설비규모의 적정성 여부를 검토하게 된다.

생산능력의 산정 생산능력은 기술적인 제약 없이 정상적으로 가동되는 상태를 가정하는 경우 특정 생산설비가 생산해낼 수 있는 최대생산능력을 말한다. 생산능력은 1일 가동시간과 연간 가동 일수에 따라 달라질 것이므로 제품특성상 1일 가동시간과 연간 가동 일수가 관례적으로 정해진 경우가 아니면, 통상 1일 8시간, 연간 300일을 기준으로 삼는다. 그리고 유리 · 철강 · 도금 · 시멘트 등 주 생산설비의 가동중단이 불가능한 경우에는 1일 24시간, 연간 365일을 기준으로 생산능력을 산정한다.

그러나 계획사업의 실제생산량은 학습부족 · 기술의 미숙 · 불량품 · 시장여건 등의 영향으로 산정된 생산능력에 미치지 못하는 것이 일반적이다. 따라서 실무적으로는 이들 요인을 고려하여 추정된 가동률에 최대 생산 가능량을 곱하여 생산 가능량을 구하게 된다.

생산능력의 산정방법은 각 공정별 생산능력을 파악하여 최소공정능력을 기준으로 산정하는 방법, 생산이 주공정과 부 공정으로 이루어지는 경우 주공정의 능력을 기준으로 산정하는 방법, 조립업종의 경우 투입인력에 의해 산출하는 방법, 석유화학설비에서와 같이 설비제조업자가 보장생산능력을 기준으로 산정 하는 방법 등이 있다.

생산능력의 적정성 검토　이론적으로 특정 계획사업의 최적생산규모를 계산하는 것은 불가능하므로 경쟁업체와의 경쟁 · 시장수요 등을 고려하여 적정 여부를 판단하게 된다. 즉 실무적으로는 동종기업 중 생산규모 상위 50%에 속하는 기업들의 평균생산능력을 계산하여 계획사업의 생산능력과 비교해 보고, 계획사업의 가능판매액과 계획사업의 생산능력을 대비하여 적정 여부를 검토할 수 있다.

그리고 계획사업의 손익분기점을 계산해 계획사업의 생산능력과 비교하여 적정성 여부를 판단할 수 있다. 즉 계획사업의 손익분기점비율이나 안전한계(margin of safety)비율을 계산하여 모범기업이나 경쟁기업의 그것들과 비교할 수 있다. 일반적으로 손익분기점비율이 50% 이하이면 매우 우수한 것으로 평가되며, 80% 이상이면 불량한 것으로 평가한다. 그리고 안전한계 비율은 큰 값을 가질수록 더욱 우수하고 안전한 기업으로 평가된다.

생산공법 및 공정의 검토　신규사업의 기술적 타당성 분석에서는 계획제품의 생산을 위한 생산공법 및 생산공정이 품질과 원가 면에서 적합한 것인지에 대한 검토를 해야 한다.

생산공법의 검토　생산공법을 검토할 때는 계획하고 있는 공법과 경쟁기업의 공법을 상호 비교하여 투자금액 · 제조원가 · 품질 · 생산성 · 기술진보수준 등의 측면에서 우열 여부를 평가해야 한다. 또한 채택한 공법이 실천가능성이 있는지 또는 진부화된 공법은 아닌지를 검토하여야 하며, 비록 국제적으로 인정된 최신공법이라 할지라도 경제성과 성공사례 등에 대한 추가적인 조사를 수행해야 한다.

또한, 채택한 공법의 특허권 침해 여부를 검토해야 하고, 특허공법이 포함된 경우에는 특허권자와의 특허권사용계약의 체결가능성도 검토해야 한다. 특히 석유화학제품 등 생산에 다양한 공법이 있는 경우 공법들 사이에 고유한 장 · 단점이 있을 것이므로 현재 또는 미래의 가능여건을 고려하여 가장 유리한 공법을 선택해야 한다.

생산공정의 검토　생산공법과 마찬가지로 생산공정을 검토할 때도 계획하고 있는 공정과 경쟁기업의 공정을 상호 비교하여 투자비용 · 제조원가 · 품질 · 생산성 등의 측면에서 우열을 평가해야 한다. 그리고 계획하고 있는 공정에 특허가 있는 경우 특허권자와의 사용계약체결 가능성도 검토해야 한다. 또한 생산공정 절차와 내용에 문제점이 없는지를 검토하고 공정 간의 균형 여부를 파악할 필요도 있다.

시설계획의 검토 계획사업의 시설계획에 대한 검토에서는 토지 · 건물 · 기계장치 등 고정자산의 질적 · 양적 적합성 여부를 평가하고 공사진행 계획의 절차와 일정을 검토하게 된다.

생산시설의 검토 생산시설에 대한 검토에서는 부지와 공장면적 · 기계보유대수 등 양적인 측면과 생산성과 성능 등 질적인 측면에서 보유하려는 고정자산이 얼마나 적합한 것인지를 검토하고, 품질과 원가 면에서 경쟁기업의 그것과 어떻게 다른지를 평가하게 된다.

토지의 경우에는 제품의 성격 및 생산능력 등을 검토하여 소요면적을 산정하고 확보된 토지가 이에 적절한 것인지를 검토한다. 또한 건물의 경우에는 제품 · 제조공정 · 제조공법 · 시설내용 등을 고려하고 소요면적 구조와 배치 등을 참작하여 건축할 건물의 적합성을 평가한다.

공사진행 계획의 검토 여기서는 공사의 진행일정 및 절차 · 공사소요기간 · 착공 및 완공 시점 · 시운전기간 등 공사진행 계획이 합리적이고 타당한 것인지를 검토하고, 현재 진행상황을 참작하여 계획한 대로 공사가 순조롭게 진행될 것인지를 검토한다.

또한 건설공사의 진행에 있어 지질검사, 설계, 엔지니어링 등 전문기술분야의 전문가를 보유하고 있는지의 여부를 파악해 보고, 필요한 경우 외부 전문기술을 이용할 수 있을 것인지도 평가해야 한다.

생산자원의 검토 기술적 타당성 분석에서는 원재료 · 노동력 · 유틸리티 · 기술수준 등 제품생산에 투입될 자원의 소요량 및 질, 자원의 확보가능성, 자원사용의 효율성 등을 검토하여 적정한 원가에 생산이 가능한지를 검토하게 된다.

원재료 계획하고 있는 제품을 생산하는데 투입되는 원 · 부재료의 내용 · 소요량 · 요구되는 품질 및 규격, 조달 가능성 등을 평가하여 원재료문제로 인한 생산의 차질 가능성과 원가부담 등을 검토한다. 원 · 부재료의 내역 및 소요량은 일반적으로 계획

제품단위당 원 · 부재료별로 표시되는 원단위로서 파악하게 되며, 이를 경쟁업체와 비교하여 원재료비 구성상의 장 · 단점을 파악한다.

또한 원재료의 국내 · 외 수급상황 · 가격동향 등을 검토하여 소요원재료의 조달가능성을 평가하고 조달할 원재료의 품질과 가격 면에서 경쟁업체와의 경쟁가능성을 검토한다.

특히 철강 · 석유화학 · 목재 · 점토 · 시멘트 등 원재료 물동량이 큰 제품의 경우 소요원자재의 조달가능성에 대한 검토에서는 원자내의 성격상 수송비가 문제로 될 수 있으므로 이를 입지와 연계하여 검토해야 한다.

노동력　계획사업에 필요한 소요인원 · 노동력의 질 · 임금수준 · 노동력의 확보가능성 등을 검토하고 인원계획이 적절한지를 검토한다. 소요인력은 설비 및 공정별로 구분하여 한 번 교대하는 데 필요한 인원수를 산정한다.

또한 소요인력을 기술자 · 숙련공 · 미숙련공으로 구분하여 산정한다. 특히 기술자 또는 기능공 중 특별한 자격능력 및 자격조건이 필요한 경우를 검토하고 이들의 확보가능성도 검토한다. 그리고 동종업계의 임금수준을 조사하여 계획사업에서 제시하고자 하는 임금수준으로 인력을 확보할 수 있을 것인지도 검토한다.

유틸리티　전력 · 용수 · 연료 등 계획제품을 생산하는 데 소요되는 자원의 양 · 조달가격 · 조달가능성 등을 조사하고 평가한다. 유틸리티 소요량은 원 단위를 기준으로 산정하고 소요량의 적합성 여부를 경쟁업체 또는 이론적 계산값과 비교하여 타당성을 검토한다.

기술수준　계획제품을 생산하는 데 요구되는 기술의 내용과 수준을 열거하고, 이를 계획하고 있는 사업에서 확보 가능한 기술수준과 비교한다. 만약 자체적으로 조달할 수 있는 기술수준이 부족한 경우라면 기술습득방안 또는 기술도입방안을 강구하고 그 타당성을 조사한다. 특히 기술도입에 관한 계약 내용을 검토하여 필요한 기술의 도입가능성과 기술도입의 경제성 등을 다른 회사의 기술도입사례와 비교하여 평가한다.

05 재무적 타당성 분석

재무적 타당성은 계획사업에 필요한 주요자본의 추정과 수익성 추정, 그리고 이를 기초로 한 경제성 평가가 중심이 된다. 재무적 타당성 분석은 먼저 판매계획과 생산계획, 그리고 일반관리계획에서 나타난 총 소요자금을 추정하고, 그 자금조달계획을 결정한 후에 추정손익계산서와 추정대차대조표를 작성하고, 현금흐름분석과 계획사업의 경제성 평가를 실시한 후 계획사업이 투자의사결정기준을 만족하는 경우 다시 영업상태 예측가능치를 변경하여 감도분석을 실시함으로써 계획사업이 종합적으로 사업성이 있느냐의 여부를 통찰력 있게 판단한다.

1 재무적 타당성 분석의 필요성

아무리 제품의 품질이 좋고 시장성이 뛰어나서 성공적으로 생산 · 판매된다 하여도 수익이 제대로 창출되지 못하거나 투자의 경제성이 없다면 그 사업은 근본적으로 실익이 없는 것으로 판단할 수 있다.

이러한 재무타당성 분석은 사업타당성 분석의 최종단계일 수도 있으며 나아가서 경영전략을 수립하기 위한 사전준비 과정일 수도 있다. 왜냐하면 신사업이 그 특성상 수익성이 낮다면 영업외적 요소, 즉 인건비나 경비를 줄일 수밖에 없는 경영전략 수립이 요구되며, 경제성이 없다면 새로운 사업 분야의 탐색 등이 필요하기 때문이다.

재무타당성 분석 및 경제성 분석은 추정재무제표의 작성을 그 전제로 하고 있다. 수익전망은 향후 3년 내지 5년간의 추정제조원가 명세서와 추정손익계산서를 작성하여야만 그 예측이 가능하며, 예측된 매출액 및 당기순이익 규모에 의해 손익분기점 분석이 가능한 것이다. 또한 추정대차대조표와 자금조달 운용계획표가 작성되어야만 이를 근거로 투자수익 및 계획사업에 대한 경제성 평가가 가능하고, 자금흐름 예측에 의거하여 자금수지 및 자금조달능력을 검토할 수 있기 때문에 수익성 분석은 추정재무제표 작성을 전제로 하고 있다.

2 평가기준

평가항목은 크게 나누어 수익전망 · 손익분기점분석 · 투자수익 및 계획사업의 경제성 분석 등으로 분류할 수 있다.

첫째, 수익전망은 창업 후 3년 내지 5년간의 추정 손익계산서와 제조원가명세서, 추정 대차대조표 및 자금수지계획서를 작성한 후 이를 근거로 기준시점 이후 3년 내지 5년간의 수익전망 및 흑자실현 가능시점 등 수익성을 검토한다.

둘째, 손익분기점분석은 손익분기점매출액, 즉 기업이 영업활동에서 발생하는 수익과 비용이 일치하는 매출액과 비용은 어느 정도이며, 어느 시점에 실현 가능한지를 중점적으로 분석한다. 또한 부수적으로 손익분기점 산출 후 판매수량 · 금액 · 고정비 · 변동비 등이 균형을 이룰 수 있는지도 검토되어야 한다.

셋째, 투자수익 및 계획사업의 경제성 분석은 각종 투자수익률 산출방식에 의한 투자수익률을 산출함과 동시에 계획사업을 통해 최소한 목표수익률 이상의 수익실현이 가능하며, 나아가서 계획사업의 경제성은 있는지를 분석하게 된다.

수익전망　수익전망은 추정손익계산서를 근거로 하여 예측한다. 향후 3년 내지 5년간의 추정손익계산서가 작성되면 손익계산서상 연도별 매출액 · 매출총손익 · 영업이익 · 경상이익 · 세전 순이익 · 그리고 당기순이익 등을 분석한다. 매출액에 대한 매출원가는 동 업계와 비교하여 과다하지 않은지, 판매비와 일반관리비는 매출액 또는 전체적인 영업규모에 비해 과다하지 않은지 종합하여 분석해 보아야 한다.

그리고 최종적으로는 당기순이익 규모가 적정한지, 매출액에 대한 당기순이익률은 경쟁사 대비 어느 수준인지도 검토되어야 한다.

수익전망분석에서 검토되어야 할 또 다른 요소는 흑자실현 가능시점의 분석이다. 몇 년이 지나도록 이익이 실현되지 못하고 있거나, 이월결손금 보전이 안 된 경우라면 결코 사업성이 있다고 볼 수 없다. 아무리 신사업이라 하더라도 2~3년 내에 이익실현이 불가능한 경우이거나 5년 이내에 이월결손금이 보전되지 않은 사업이라면 재고의 여지가 있다고 본다. 또한 아무리 대규모 장치 산업이라 하더라도 중소기업에 있어서는 5년 이내에 이익실현이 불가능한 경우라면 5년 이후에 큰 수익이 기대되더라도 사업자체를 재고하지 않으면 아니 된다. 5년 내에 자금 압박으로 도산해 버린다면 5년 이후의 큰 수익은 아무 소용이 없기 때문이다.

3 손익분기점분석

손익분기점이란 기업경영에 있어서 수익총액과 비용총액이 일치하게 되는 이익도 손실도 없는 매출액 또는 조업도를 말한다. 손익분기점은 어느 정도의 매출을 실현하여야만 이익도 손실도 아닌 분기점에 도달할 수 있는 것이며, 분기점 도달 시점은 영업개시 후 언제가 될 것이냐가 분석의 핵심과제가 되는 것이다.

손익분기점분석은 사업성패의 관건인 동시에 자금수급계획의 지침이기도 하다. 매출이 손익분기점에 이르기 전까지나 손익분기점에 이른 후에도 일정기간 동안은 자금의 투입만이 이루어지기 때문에 동 기간 동안 소요될 자금을 미리 확보하지 않으면 사업이 정상궤도에 오르기 전에 실패하고 마는 결과를 가져올 수 있는 것이다. 따라서 손익분기점분석은 자금조달계획을 미리 수립하기 위한 척도로서 활용할 수 있다. 또한 손익분기점 산출 후 손익분기점 달성시점을 재조정할 필요성이 있는 경우 판매수량 · 금액 · 고정비 · 변동비 등의 타당성을 검토함은 물론 이들 요소로부터 경비의 절약방안 등을 강구할 수 있어서 손익분기점 자체를 재조정할 수도 있다.

손익분기점의 평가기준은 그 평가목적에 따라서 다양하다. 단순히 손익분기점매출액을 산출하는 경우에는 손익분기점에 이르는 매출액 규모의 산출에 그 목적이 있으며, 이 손익분기점매출액을 산출하면 이를 근거로 하여 창업 후 어느 시점에 이익실현이 가능한지를 예측해 볼 수 있는 것이다. 이때 손익분기점 매출액은 다음과 같은 산식에 의해 산출이 가능하다.

$$\text{BEP(손익분기점)} = \text{F(고정비)} \div \left(1 - \frac{\text{V(변동비)}}{\text{S(매출액)}}\right)$$

$$= \text{F(고정비)} \div \text{공헌이익(부가가치)률}$$

여기에서 손익분기점매출액 규모가 산출되면 현재의 실제매출액을 기준으로 언제쯤 이익실현이 가능한지 분석해 볼 수 있다. 신사업에 있어서는 손익분기점매출액 자체보다는 언제쯤 이익실현이 가능한지가 더 중요한 지표일 수가 있다. 이외에도 손익분기점분석은 다음과 같은 좌표를 경영자에게 제시하여 준다.

① 목표이익을 ○○○원으로 할 때 이 목표이익 달성을 위한 매출액의 산출

$$\text{매출액} = (\text{고정비} + \text{목표이익}○○○\text{원}) \div \left(1 - \frac{\text{변동비}}{\text{매출액}}\right)$$

② 목표 매출액 ×××원일 때 예상손익 규모의 산출

$$\text{예상손익} = \text{목표매출액 xxx원} \times \left(1 - \frac{\text{변동비}}{\text{매출액}}\right) - \text{고정비}$$

③ 목표 매출액 ×××원일 때 목표이익 ○○○원을 달성하기 위한 비용절감 목표액산출

$$\text{비용절감목표액} = (\text{고정비} + \text{목표이익}○○○\text{원}) - \text{목표매출액} \times\times\times\text{원} \times \left(1 - \frac{\text{변동비}}{\text{매출액}}\right)$$

4 경제성 분석

계획사업의 경제성 분석은 목표수익률 이상의 수익률실현이 가능하며, 얼마나 확실성이 있는지를 순현가법(Net Present Value Method)·내부수익률법(Internal Rate of Return Method)·수익성지수법(profitability index)·회수기간법 (payback period method)·회계적이익률법(average return on book value method) 등의 재무적 방법을 사용하여 평가한다.

순현재가치법(NPV) 순현재가치법이란 어떤 투자안에 대한 투자액을 최소한의 자본비용, 즉 할인율로 할인한 현재가치와 투자자의 과실로 얻어지는 현금유입액을 시장할인율로 할인하여 현재가치화한 후 현금유입의 현재가치에서 투자액의 현재가치를 차감한 순액이 양(+)이면 투자안이 경제성이 있다고 평가하며, 음(-)이면 경제성이 없다고 평가한다.

따라서 2개 이상의 예비사업 아이템에 대해 순현재가치법으로 경제성 평가를 하는 경우에는 순현재가치의 크기가 큰 순으로 사업 우선순위를 결정하게 되는 것이다. NPV

는 모든 예상되는 현금유입의 현재가치에서 모든 현금유출의 현재가치를 빼주면 된다. 이를 산식으로 표시하면 다음과 같다.

$$NPV = (\text{미래 예상 현금유입} - \text{현재 현금유출})/(1+\text{시장이자율})$$

$$NPV = -L_o + \sum_{i=1}^{n} \frac{CF_2}{(I+y)^2}$$

CF_t : t 기간의 현금유입
L_o : 투자 지출액,
y : 할인율

미래의 모든 현금유입의 현재가치에서 미래의 모든 현금유출의 현재가치를 뺀 값이 바로 순현재가치(NPV)이고, 이때 판단기준은 NPV가 0보다 크면 투자안을 채택하고, 0보다 작으면 투자안은 기각한다. NPV=0인 경우도 투자안은 채택한다. 할인율만큼은 보상되면서 기업 활동을 통한 다른 가치 창조가 일어나기 때문이다.

어떤 신사업에 45,000백만원을 투자하면 다음과 같은 현금흐름이 예상되고 할인율은 15%이라면 NPV는 다음과 같이 구할 수 있다.

$$\begin{aligned} NPV = & -45{,}000 + 5{,}000/(1.15) + 10{,}000/(1.15)^2 + 15{,}000/(1.15)^3 \\ & + 20{,}000/(1.15)^4 + 40{,}000/(1.15)^5 \\ = & \ 8{,}094\text{백만원} \end{aligned}$$

기 간	0	1	2	3	4	5
현금흐름	-45,000	5,000	10,000	15,000	20,000	40,000

따라서 위 투자안은 재무관리 관점에서는 충분히 채택할 수 있는 투자안이다. 만약 같은 방식으로 계산된 또 다른 프로젝트의 NPV=7,000이라면 재무관리 관점에서는 NPV=8,094인 쪽이 더 매력적이다.

그런데 할인율은 어떤 의미일까? 할인율은 문자 그대로 할인되는 비율이다. 할인율이 높아지면 NPV가 작아진다. 미래 현금의 현재가치가 줄어들기 때문이다. 그러므로 할인율은 리스크의 크기로 볼 수 있다.

똑같은 현금흐름이 발생하더라도 할인율이 20%인 프로젝트는 할인율이 15%인 프로젝트보다 NPV가 더 작아진다. 이렇게 NPV법은 프로젝트의 리스크 정도에 따라 적절한 할인율을 넣어서 계산해 볼 수 있다는 장점을 가지고 있다.

내부수익률법(IRR) 내부수익률법은 어떤 사업안에서 예상되는 투자액의 현재가치와 현금유입의 현재가치를 일치시켜주는 할인율(자본수익률)에 의해 사업안의 경제성을 평가하는 방법이다. 내부수익률(IRR)은 투자안으로부터 현금유입액의 현가와 현금유출액의 현가를 일치시키는 할인율이다. 또는 일련의 미래의 현금흐름의 순현가(Net Present Value)를 0으로 만드는 할인율이다. 내부수익률(r)이 산출되면, 그 내부수익률에 따라 $r > r0$(목표수익률)이면 경제성이 있고, $r = r0$이면 경제성은 0이며, $r < r0$이면 경제성이 없는 것으로 평가한다.

이 방법은 장기간에 걸친 사업의 현재가치를 0으로 하는 수익률이 얼마인가를 알아보는 방법으로, 이 때의 수익률(r)이 목표수익률($r0$)보다 클 경우 채택하는 것이다.

현재가치로 할인한 투자수익과 자본투자액의 순액이 0이 되게 하는 r값을 산출하면, 이 값이 바로 구하고자 하는 내부수익률로써 내부수익률을 구하는 식은 n차 고차방정식이므로 수작업으로 해를 구할 수 없으며, 전자계산기나 컴퓨터를 이용하여 시행착오법에 의해 근사치를 구해야 한다.

이를 산식으로 표시하면 다음과 같다.

내부수익률 : “$NPV = 0$”이 되게 하는 할인율 “Y”이므로

$$I_o = \sum_{t=1}^{n} \frac{CF_t}{(I+y)2}$$

CF_t : t기간의 현금유입

I_o : 투자 지출액,

y : 할인율

위의 산식에서 내부수익률(r)이 산출되면, 그 내부수익률에 따라 $r > r0$이면 경제성이 있고, $r1 = 1r0$ 이면 경제성은 0이며, $r < r0$이면 경제성이 없는 것으로 평가한다.

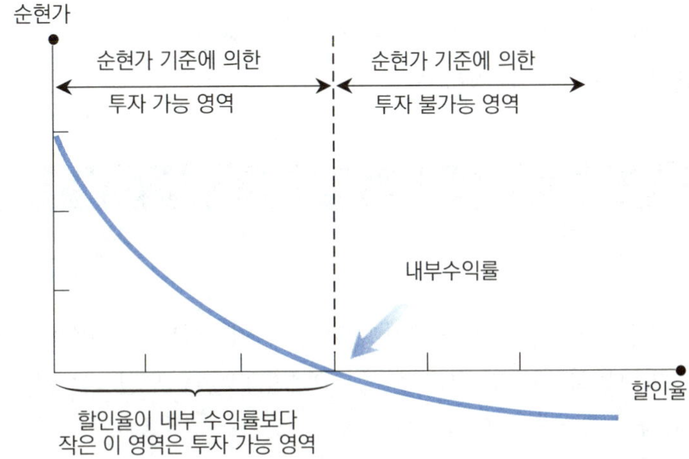

▲ IRR에 의한 투자 분석 Grape

수익성지수법(PI) 수익성지수법은 투자금액의 현재가치에 대한 현금흐름의 현재가치를 비율로 나타내는데, 이는 투자 원금 1원당 현금흐름의 크기를 나타내며, 결국 투자금액의 크기를 고려한 효율성 지수이다.

$$PI = \frac{\text{현금유입의 현가}}{\text{총투자액의 현가}} = \frac{\sum_{t=1}^{n} \frac{CF_t}{(I+k)^y}}{\sum_{t=1}^{n} \frac{I_t}{(I+k)^t}}$$

k : 할인율(자본비용)

수익성지수를 이용하여 투자안을 비교 · 평가하는 것은, 각 투자안에 동일한 투자금액을 중복하여 투자할 수 있다는 가정을 하고 있는 것과 같다. 즉 수익성지수를 기준으로 투자안을 평가하는 방법은 똑같은 투자기회가 여러 번 있을 경우를 가정한 것이다.

회수기간법 회수기간법이란 투자 후 얼마의 기간이 경과 하여야만 투자액을 회수할 수 있는지를 평가하는 방법이다. 투자금액을 되찾는 데 걸리는 기간으로 투자안의 가치를 평가한다. 회수기간법은 이해하기가 쉽고 간편하기 때문에 기업 현장에서 자주 쓰이기도 한다. 계산하는 법을 요약하면 다음과 같다.

100억원을 투자하면 1년째 20억원이 들어오고, 2년째 30억원, 3년째 40억원 순으로 예상되는 프로젝트가 있다고 가정하자.

투자액	1년째	2년째	3년째	4년째	5년째
100억원	20억원	30억원	40억원	50억원	60억원

100억원의 투자액을 되찾는 데는 3.2년이 걸린다. 왜냐하면, 3년째까지 총 90억원이 들어오고, 4년째 벌어들일 액수인 50억원 중 10억만 더 들어오면 되므로, 1년을 1/5로 나누면 0.2년, 따라서 3.2년이 된다.

회수기간법에 의해 투자안을 채택할 것인가, 부결시킬 것인가를 결정하는 기준은 특별히 없다. 다만 기업의 선택에 달려 있을 뿐이다. 투자 후 4년 안에 투자액을 회수하기를 원한다면 위 투자안의 경우 회수기간이 3.2년이므로 채택할 수 있다. 회수 기간을 길게 잡는 것은 그만큼 더 리스크를 안겠다는 의미이기도 하다.

회수기간법은 위와 같이 간단하게 계산해 볼 수 있는 현금흐름을 감안한 투자안 평가 방법이며, 리스크가 고려된 방법이라는 장점을 갖는 대신 화폐의 시간가치가 고려되지 않고 있다는 점과 회수기간 이후의 현금흐름에 대해 고려하지 않는다는 단점이 있다.

동일한 투자금액 10억원, 회수기간이 10년인 두 개의 프로젝트일지라도 매년 1억원씩 들어오는 프로젝트와 10년 후에 10억원이 들어오는 프로젝트의 가치는 많이 다르지만 회수기간법으로는 양 프로젝트 모두 10년으로 동일하다.

또한 회수기간 이후의 현금흐름을 고려하고 있지 않기 때문에 위의 프로젝트가 6년째 140억원의 적자가 나는 것이더라도 투자안 채택 쪽으로 결정될 수가 있다. 반대로, 6년 이후에도 계속 로열티가 지급되는 어떤 프로젝트의 경우는 6년째 이후 부분을 감안할 수가 없다.

회계적 이익률법 회계적 이익률법이란 회계적 자료를 활용하여 연평균 순이익을 구하고 이를 연평균 투자액으로 나눈 값이 예상하고 있는 목표이익률보다 클 경우 채택하는 방법이다. 1년 단위로 평균 투자액 대비 회계적 이익이 얼마가 발생하였는지 분석하는 것으로써 과거 성과를 평가하는 방법이다.

회계적 이익률＝회계이익/평균투자액

회계적 이익률법에 속하는 분석평가지표에는 ROE(Return On Equity)·ROA(Return On Asset) 등이 있다. ROE는 한 기간의 당기순이익을 자기자본으로 나눠준 것이고, ROA는 당기순이익을 자산으로 나눈 값이다. 전자는 주주가 투자한 것에 대해서 회수 정도를 의미하고, 후자는 자산 대비 회계적 이익을 의미한다.

ROE와 ROA는 양자 모두 회계장부상의 데이터를 단순계산하는 방법으로써 화폐의 시간가치가 고려되지 않은 방법이다. 이 방법은 간단하여 이해하기 쉽고 자료수집이 용이한 반면 목표수익률 설정이 자의적이라는 단점이 있다.

5 자금수지분석

자금수지 및 자금조달 능력은 수익성이 있는 사업이라 하더라도 과연 그 사업에 필요한 적정자금의 규모는 어느 정도이며, 이 자금을 적기에 차질 없이 조달할 수 있는지, 그리고 조달된 자금은 상환조건에 따라 상환기간별로 원만히 상환할 능력이 있는지 여부를 검토하는 것이다.

소요자금 검토 소요자금의 규모결정은 사업규모와 함께 생각하는 것이 좋다. 반면 사업규모는 자금조달 능력에 의해서 결정된다. 따라서 소요자금 규모결정은 자금조달 능력과 연계시켜 검토하는 것이 합리적이다. 자금조달·운용계획을 수립하는 제1단계는 총 소요자금 규모에 따라 자금조달계획을 수립하는 것이다.

신사업 프로젝트에서 총 소요자금 사정은 여러 측면에서 정확한 산정이 현실적으로 매우 어려운 것이 사실이다. 공장 건설비 견적서의 부정확, 기계설비 내용 및 성능 차이에서 오는 소요자금 차이뿐만 아니라, 예측치 못한 여러 상황에 따라 추가로 소요되는 경우도 허다하다.

따라서 자금조달계획을 수립할 때는 총 소요자금을 최대한 정확히 산정하되, 소요자금의 불확실성 및 소요자금 산출상의 누락분 등을 감안하여 총 소요자금의 1.5배 내지 2배로 자금조달 계획을 수립하는 것이 필요하다. 이와 같은 불확실성 또는 불예측성 요인뿐만 아니라, 공기가 연장되는 경우, 시운전기간의 연장, 사업 준비 지연, 그리고 매출액 증가에 따른 추가 운전자금 소요 등의 이유로 약 5년간 소요될 총 자금을 정확히 산정할 수 없다는 제약점 때문에 이들 요소를 충분히 감안하기 위한 것이다.

총 소요자금 대비 자금조달계획이 수립되면 제2단계로 자금조달 능력을 검토하여야 한다. 자금조달 방법으로 자기자본과 타인자본으로 구분할 수 있는데, 자금조달 능력은 자금조달에 따른 위험수준에 따라 자사의 실정에 맞춰 그 조달범위를 결정하여야 한다.

자금조달 · 운용계획의 수립 절차상 제3단계는 자금조달 능력의 적정성 평가이다. 자금조달 능력이 계획금액에 이르지 못하면 사업규모를 줄이지 않으면 안 된다. 자금조달계획이 아무리 정확하게 산정되었다 하더라도 사업을 하다 보면 추가로 자금이 소요되는 경우가 반드시 발생할 수밖에 없기 때문에 안정적 경영을 도모하기 위해 사업규모를 자금조달능력의 1.5 내지 2배 정도로 결정함이 바람직할 것이다.

자금계획서 소요자금의 규모 및 조달가능성 검토가 끝나면 이들 자료와 추정재무제표, 특히 자금조달운용표를 작성한 후 이를 근거로 자금계획서를 작성한다. 자금계획서는 기간 및 자료성격에 따라 단기총괄자금계획 · 시설자금 조달계획 · 연도별 소요자금 및 조달계획을 작성한 후 이를 심층적으로 분석한다. 자금계획서 작성 시에 누락되는 항목이 없도록 세심한 주의를 필요로 하며 견적서 등 객관적이 근거자료에 의거해서 작성하여야 할 것이다.

차입금 상환능력 검토 차입금은 장기적 측면에서 상환능력 범위 내에서 조달되어야 한다. 흔히 차입금의 상환가능성을 염두에 두지 않거나, 벌어서 갚을 수 있으리라는 막연한 생각만 가지고 당장 급하다고 하여 차입을 늘리다 보면 이들 차입금의 상환기간이 거의 일시에 중복적으로 도래할 경우 기업은 큰 곤경에 처하게 되는 것이다. 이런 관점에서 차입금 상환능력 검토 시에는 연도별 매출액과 당기순이익의 규모 및 증가율을 감안하여 조달계획을 수립하지 않으면 아니 된다.

06 성장성 및 위험요소 분석

신규사업의 타당성 분석의 최종적인 단계로서 기업의 성패에 중대한 영향을 미칠 수 있는 위험요소의 분석과 더불어, 장기적 기업경영 측면에서 지속적인 성장발전이 가능한지를 분석하는 성장성 분석이 요구된다. 이들 요소는 장기 안정성장을 도모하는데, 절대적으로 필요하다.

1 성장성 분석

신규사업 타당성 분석에서 검토되어야 할 또 다른 측면은 계획사업의 장기적 성장가능성의 분석이다. 성장성 분석 시에는 기업성패에 중대한 영향을 미치는 기업 환경요소 중 기업경영에 치명적 영향을 미칠 가능성이 있는 위험요소에는 어떤 것이 있으며, 이들 위험요소에 대한 정확한 대응전략의 수립이 가능한지의 여부와 장기적으로 성장가능성이 어느 정도인지를 분석하여야 한다.

기업의 성장성, 즉 미래 지향성 분석은 근본적으로 장기경영계획을 전제로 분석하는 것이다. 즉 장기경영계획을 체계적으로 작성하고 있는 경우에 이 장기계획이 순조롭게 이행될 수 있는지의 여부와 각종 계획수행에 필요한 자금 및 예산이 원활이 조달되고 집행될 수 있는지의 여부를 분석한다.

또한 기업의 미래지향성 분석은 연도별 생산 · 판매계획의 적정성 · 인력 증원의 합리성 · 시설투자의 적정성 · 수익전망의 합리성 · 자금조달 · 운용계획의 실현 가능성 등 경영 전반에 걸친 장기예측의 정확성을 검증함으로써 이루어진다.

제품의 수명 및 신제품 개발전망 분석 제품의 수명분석은 제품의 수명주기에 의해 시장상태를 알아보는 이외에 해당 제품시장이 5년 후 또는 10년 후 어떤 상황, 어떤 상태에 있을 것인지를 예측해 보는 것이다. 제품수명 분석을 한 후에는 신제품의 개발시점, 품목 등도 어느 정도 예측해 보아야 한다.

성장전략의 달성가능성 분석 특히 추정손익계산서를 근거로 한 매출액은 흔히 외형이라 하여 기업규모의 측정기준이 되므로 정확한 예측과 더불어 미래지향성 측면에서 5년 후, 10년 후의 증권거래소 상장요건 대비 및 상장가능성 등의 예측도 필요하다.

조직/인력 분석 설립 후 5년 또는 10년 후의 조직 규모, 총인원 등에 대해서도 미래지향성을 분석해 볼 필요가 있다.

2 위험요소 분석

투자사업의 타당성을 평가하는 과정에서 사업성 분석 항목들이 고정값으로 주어지고 있다. 그러나 사회경제지표의 급격한 변화, 사업목적 및 설계의 오류, 공사기간 연장 등의 이유로 공사기간과 비용이 초과되는 경우가 많다.

따라서 이러한 사업의 변동을 사업초기의 사업성에 반영하기 위해서는 사업의 위험도를 정확히 파악하고 계량화하는 작업이 필요하다. 기존의 사업성 분석은 최소한의 사업성 변동을 평가하기 위해 민감도분석(Sensitivity Analysis)을 수행하고 있으나 이 기법은 사업성평가 기법상의 논리적인 문제점을 안고 있다.

즉 민감도분석은 여타 조건은 일정하다는 가정 하에 특정항목의 변동을 추정하고 있으나, 사업의 불확실성을 고려하기 위해서는 변동 가능한 항목간의 복합적인 조합을 분석해야 한다.

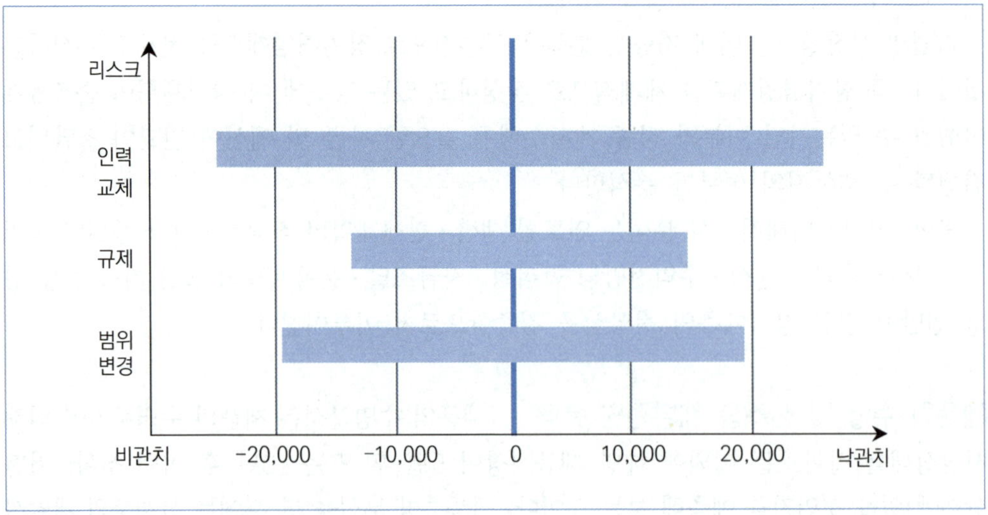

▲ 민감도분석

또한 할인율 · 이자율 등 사업 외적변동은 분석기간 내 장기간에 걸쳐 일률적으로 적용됨으로써 분석을 경직적으로 만든다. 이러한 기존 사업성 분석의 한계점을 개선하고 사업에 진입함으로써 발생하는 사업성의 변동을 분석하기 위해서는 고정값으로 주어지던 재원인 비용 · 시간의 변동을 확률적 개념으로 적용하는 위험도분석(Risk Analysis)을 도입하는 것이 바람직하다.

특히 수익이 불확실한 경우 사업추진 과정 중에 발생하는 사업성의 변동을 합리적으로 관리하기 위해서는 무엇보다도 각 사업주체 간의 역할을 설정하여, 합리적인 위험도 분담원칙 하에 위험을 경감하는 방안을 모색하여야 한다.

따라서 이러한 위험도의 기본개념과, 위험요소 · 분석의 종류 및 종류별 장 · 단점을 살펴보고는 것도 무엇보다 중요한 일이다.

위험도의 정의 및 분류 사업성의 변동은 미래의 불확실성으로부터 발생한다. 확실성(Uncertainty)과 위험도(Risk)의 차이를 프랭크 나이트는 확실성이 결여되어 있는 세계에서 의사결정을 하는 경우, 의사결정의 기초가 되는 확률분포가 존재하느냐의 여부를 기준으로 삼아 분류하였는데 확률분포가 존재하면, 위험성 하의 의사결정이라 하고 존재하지 않으면, 불확실 하의 의사결정이라고 하여 양자를 구분하였다.

따라서 위험도는 사업의 불확실성으로 인하여 금전적으로 손실을 입을 가능성 중 확률분포로 나타낼 수 있는 경우로 정의 할 수 있다. 위험도는 위험도의 성격에 따라, 발생원에 따라, 사업에 미치는 영향에 따라 다양하게 분류될 수 있다.

위험도의 성격에 의한 분류

① Known : 알고 있으나 정확히 측정을 못하는 경우(노동의 생산성)
② Known-Unknown : 예상할 수 있으나 일반적으로 기대되지 않는 것(지진 · 태풍 등)
③ Unknown-Unknown : 예측할 수 없는 것(산업재해)

위험도의 성격과 발생원에 의한 분류

① External-Unpredictable(자연재해)
② External-Predictable(인플레이션 · 환율 · 환경적 영향 · 사회적 영향)
③ Internal-technical(기술적 사항 · 사업규모 등)
④ Legal(특허권)

사업에 미치는 영향에 의한 분류

① Cost Risk
② Schedule Risk
③ Quality Risk

위험 요소 기업경영은 경영 환경 변화에 따라서 수시로 변한다. 추정재무제표뿐만 아니라 사업타당성 분석도 여러 가지 가정과 상황 안에서 이루어지기 때문에 여기에 대응한 새로운 대응책이 나오지 않으면 안 될 상황에 이르게 된다.

■ 계획사업에 대한 위험 요소

구 분	위 험 요 소
정책변동	• 조세 · 관세정책 및 금융지원제도의 변경 • 금리 및 환율의 변동 • 생산 제품에 대한 중소기업 고유업종 해제 및 수입 개방
시장경쟁 심화	• 경쟁기업 진입(대기업 참여 포함) • 판매단가 조정
생산요소변동	• 주요원자재(수입 · 내수) 파동 가능성 • 생산량 및 생산수율, 판매량 · 가동률 변동요인 발생 여부 • 전략 제품의 변경 및 제품믹스의 실패
기타	• 노사분규 • 시설자금 및 소요운전자금의 적기조달 실패 • 입지조건 부적합 • 자연환경 및 공해 규제 • 환경 · 보건 · 조세 등 법률상 제약 • 공장 건설의 지연 • 기타 계획사업에 대한 위험요소 등

계획사업에 대한 위험요소는 수행하고 있는 업종에 따라, 그리고 그 업체의 특성에 따라 다르기 때문에 일률적으로 말할 수 없지만 일반적인 경우를 살펴보면 위 표에서 보는 바와 같다. 분석자는 이와 같은 위험요소 중 해당기업의 성패에 중대한 영향을 미칠 수 있는 항목을 선택하여 그 항목의 변화 정도에 따라 계획사업에 어느 정도의 영향을 미치며, 위험요소별로 대응책을 마련함으로써 그 위험요소가 통제범위 내인지를 분석하여야 한다.

프로젝트 위험관리 순서

① 위험관리 기획
- 프로젝트 위험을 식별하고 이를 대응·감시하는 방법을 정의
- 프로젝트의 구상 및 초기단계에 위험관리 계획 수립

② 위험 식별
- 개별위험 및 전반적 위험의 원천을 식별하고 특성을 문서화
- 프로젝트 전체에 걸쳐 새로이 등장한 위험을 지속적으로 식별

③ 정상적 위험분석
- 특성·발생가능성·영향을 근거로 개별위험의 우선순위 결정
- 주기적으로 수행하고 각 위험의 책임자 지정

④ 정량적 위험분석
- 여러 위험들이 결합하여 발생하는 영향을 정량적으로 분석
- 복잡하고 전략적으로 중요한 대규모 프로젝트에서 특히 필요

⑤ 위험 대응 기획
- 위험에 대한 대응방안을 수립하고 최적의 조치를 합의
- 선택한 대안은 위험의 심각성에 부합하면서도 효율적이어야 한다.

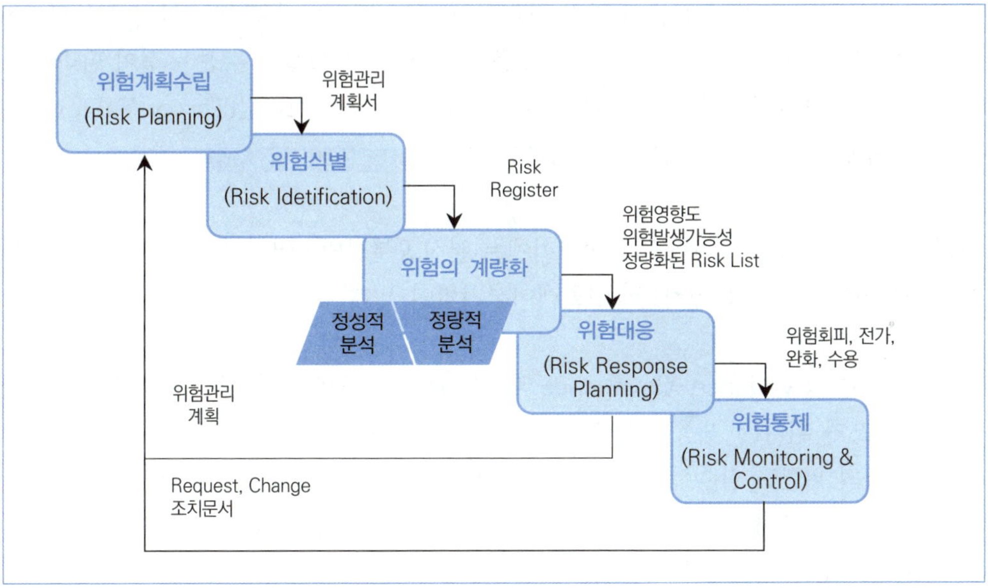

▲ 프로젝트 위험관리 Process

⑥ 위험감시 및 통제 : 리스크 대응계획을 구현하고 식별된 리스크 추적 · 잔존리스크 감시 · 신규리스크 식별 · 리스크 프로젝트 효과평가하는 프로세스이다.

- 프로젝트 가정사항 유효성 지속 여부
- 평가된 리스크의 변경 여부 또는 철회 가능성 여부
- 리스크 관리정책 및 절차 준수성 여부
- 현재 리스크 평가결과 우발사태 예비 수정 여부

3 위험도 분석기법

위험도의 모형화 위험도분석의 모형화는 계획, 건설과 재무적 위험도의 크기를 계량화하는 과정이다. 여러 가지의 다양한 방법들이 사용될 수 있다. 건설과 재무적 변동을 분석하는 위험도 분석기법은 건설기간 또는 사업기간 내에 발생하는 위험도를 결정하는 변수를 확률분포로 설정하여 비용 또는 재무옵션의 위험도(Financial Risk)를 설명하는 기법이다. 여기서 비용은 결정적인 모델에 의해서 이루어지지 않고 확률적 추정에 의해서 이루어지며, 확률적 추정은 위험도 변수의 선택과 위험도의 분포형태, 변수들 간의 상관관계에 의해 결정된다.

이때 결과는 비용과 시간의 확률밀도함수(PDF) · 누적확률분포함수(CDF)로 제공되며, 분석가는 사업주체의 효용에 따라 합리적인 재원배분을 계획한다. 사업성을 평가하는 과정에서는 사업주체의 위험에 대한 효용 유형에 따라 사업의 추진 유형이 달라진다. 사업주체는 사업의 효용수준에 따라 합리적인 위험도 관리목표 값(Target Value)을 선정하고, 이에 따라 총투자비용을 결정한다.

위험도의 분석기법 위험도 분석기법에는 분산공분산법 · 이력시뮬레이션기법 · 시나리오시뮬레이션기법 · 몬테카를로시뮬레이션기법이 있다.

분산공분산법(Variance-Covariance Approach) 중심극한 이론에 의해 관찰치가 정규분포가 된다는 가정에서 출발하여 모든 위험도의 변수는 정규분포를 띄고 정규분포 하의 위험도 함수는 선형의 성질을 가지는 것으로 분석한다. 따라서 계산시간이 짧고 분석이 용이하지만, 분석의 정확도가 떨어지고 비정규(Non-normality)와 비선형(Non-linearity)의 특성을 반영하지 못하는 단점을 가지고 있다.

① 분산(variance) : 내가 가진 자료(데이터)가 평균값을 중심으로 퍼져있는 평균적인 거리

② 공분산(covariance) : 두변수가 얼마나 함께 변화하는지를 측정하는 지표

- 2차원 (변수 2개)
- cov(x,y) 〉 0 : x와 y가 같은 방향으로 변화한다.
- cov(x,y) 〈 0 : x와 y가 다른 방향으로 변화한다.
- cov(x,y) = 0 : x와 y가 서로 상관이 없이 움직일 경우 공분산은 0이다.

이력시뮬레이션기법(Historical Simulation Approach) 과거의 이력자료를 이용하여 위험도 변수의 분포를 추정하는 방법으로 개념적으로 간단하고 확률분포에 관한 가정에 의존하지 않아 분포의 계수추정으로 인한 평가의 부정확성에 대한 위험이 존재하지 않고 과거의 위험도 발생 추세를 적절히 반영할 수 있다. 그러나 실질적인 자료획득이 어렵고, 이력자료 집합의 신뢰성에 문제가 있을 수 있을 뿐만 아니라, 이력자료 추세별로 미래의 불확실성이 발생하지 않을 경우에 대한 분석이 불가능하다.

시나리오 시뮬레이션기법(Scenario Simulation) 이력시뮬레이션기법과는 반대로 사업성을 결정하는 중요한 변수에 대해 일어날 수 있는 대안들을 시나리오로 작성한다. 이때 분석가는 이력자료에는 없지만, 있음직한 대안을 주관적으로 판단하여 적용한다. 그러나 잘못 설정된 시나리오는 잘못된 추정을 낳게 되고, 변수간의 상관관계가 발생할 경우, 추정의 정확도가 떨어지는 단점이 있다. 따라서 사업의 대규모 변동을 나타내는 변수에 대하여 타 기법을 보완하는 기법으로 적용하는 것이 바람직하다.

몬테카를로 시뮬레이션기법(Monte Carlo Simulation) 몬테카를로 시뮬레이션이란 불확실한 상황에서 의사결정을 목적으로 확률적 시스템의 모의실험에 이용되는 절차를 말한다. 몬테카를로 시뮬레이션의 핵심은 모형의 확률요소들에 대한 실험인데 이는 확률적 또는 우연결과를 발생시켜 주는 도구를 이용하여 수행된다.

이 도구는 모형에서 가정한 확률분포에 따라 무작위표본추출에 의해서 우연결과를 발생시켜 주는 데 이용된다. 따라서 몬테카를로 시뮬레이션을 모의적 표본 추출법(simulated sampling technique)이라고도 한다.

우연결과 또는 확률적 결과를 발생시켜 주는데 이용되는 도구로는 주사위나 룰렛바퀴(roulett wheel) · 복권추첨에 이용되는 숫자 공 등이 있으며, 가장 일반적으로 쓰이는 것은 난수(random number)이며 컴퓨터에 의해 발생되는 의사난수(pseudo-random number) 등이 있다.

TIP 의사 난수(Pseudo-Random Number)

프로그램으로 난수를 생성하는 식을 사용해서 연관성이 없는 듯한 수열을 생성한다. 이는 진정한 난수가 아니기 때문에 의사(Pseudo) 난수라고 한다. 일반적으로 선형합동법 알고리즘을 이용한 난수 생성을 많이 이용한다.

- 초기값(Seed)에서 출발
- 특정 공식을 통해 수 생성
- 그 수를 다시 초기값으로 지정

몬테카를로 시뮬레이션의 시행을 위한 절차로는 먼저 확률변수의 확률분포를 얻고, 그 다음은 누적확률분포를 설정단계이다. 확률변수의 값이나 값의 범위를 나타내기 위해서 적절한 난 수의 집합 - 난수의 구간 - 을 할당한다. 그리고 무작위표본추출을 이용하여 시뮬레이션실험을 실시한 후 행동방안을 설계 · 시행하고 통제한다.

몬테카를로시뮬레이션기법은 위험도 발생항목의 확률변수를 설정하여, 해당 분포의 범위 내에서 난수를 발생하여 사업성의 불확실성을 평가하는 시뮬레이션기법이다. 위험도 변수들을 광범위하게 평가하며, 다양한 분포형태와 변수 간의 상관관계를 설명할 수 있다. 이는 주어진 분포 형태별로 난수를 발생하여 위험도 발생변수의 분포를 추정한다. 이 방법은 여타 방법들의 문제점을 해소할 수 있으나, 많은 추정량과 이에 따른 시간 때문에 컴퓨터 등의 관련 기술이 발달되기 이전에는 아이디어를 현실화시키는 한계가 있었다.

Chapter

IV

예비타당성조사와 분석

사업타당성 검토란 사업을 시행하기 이전에 특정 사업의 성공가능성에 대한 정보를 파악하기 위해 사업추진능력 · 기술성 · 시장성 · 경제성 · 위험정도 등을 분석하고 평가하는 총체적인 과정을 말한다. 즉 사업타당성 검토는 특정사업을 추진하는 내부주체 또는 그 사업의 투자와 자금조달과 관련되는 외부관계자가 사업주체의 사업추진능력, 제품의 생산과 판매에 따르는 제반의 기술적인 문제, 시장조사와 판매가능 수요의 예측, 손익추정 및 경제성 등에 관한 정보를 입수하기 위해서 행하는 일련의 활동을 말한다.

사업타당성 검토를 필요로 하는 집단은 다양하지만 크게 두 유형으로 나누어 볼 수 있다. 하나는 직접 사업의 주체가 되는 사업을 계획하고 있는 기업이며, 다른 하나는 사업의 주체는 아니지만, 사업에 필요한 자본을 투자 또는 융자하거나 정부의 예산을 배분해야 할 입장에 있는 금융기관과 정부기관 등이다. 전자를 내적 사업성검토, 후자를 외적 사업성검토라 할 수 있는데 이들 평가주체들은 모두 특정사업의 성공가능성에 대한 정보를 필요로 하고 있으므로 사업성 검토에 관한 강한 필요성을 갖게 된다.

내적 사업성검토는 기업의 입장에서 계획하고 있는 사업을 추진하는 데 있어서 제기되는 제반의 문제와 위험요소를 사전에 점검해 보고 계획 중인 사업이 수익성 있는 해볼만한 사업인지를 확인하려는데 기본 관심이 놓여진다.

반면에 외적 사업성검토는 계획사업에 투자되거나 여신의 원금과 이자가 차질 없이 회수될 수 있을 만큼 충분히 경제적인 사업인지 또는 국가자원의 효율적인 배분에 기여할 수 있는 사업내용 인지를 확인하려는데 기본관심을 두게 된다.

자본주의 경제가 발전하고 산업화가 진전되면 될수록 사업성검토 문제는 경영의 주요과제로 등장하게 된다. 따라서 현대기업경영에서 사업성검토 능력은 기술 · 자본 · 정보 등과 같이 기업성패의 핵심요인으로 되고 있다. 이는 현대의 경영환경에서 사업성검토의 필요성이 그만큼 커지고 있으며 사업성검토가 다음과 같은 중요성을 갖고 있기 때문이다.

첫째, 살아 숨 쉬는 생물과도 같이 변화하는 환경에 적응하지 못하면 기업은 생명을 유지할 수 없기 때문에 변화된 환경에 적응하기 위한 노력을 계속해야 한다. 기존 제품의 생산을 확대하거나 시장을 확장해야 하고, 소비자의 변화된 욕구에 부응할 수 있는 신제품을 개발해야 한다. 그리고 부단히 새로운 시장을 개척해야 하며, 새로운 사업 분야를 추가해 다각화를 추진해야 한다.

그러나 이러한 모든 행위에는 필연코 자본의 희생이 따르게 마련이다. 그리고 그 결과가 반드시 기업에게 유리한 것으로만 나타나는 것이 아니므로 이를 시행하기 전에 면밀한 분석과 검토가 요망되는 것이다.

둘째, 프로젝트나 신규 사업에는 대부분 거대한 자본의 희생이 따르게 마련이다. 이러한 희생은 반드시 상응하는 보상이 전제될 때 정당화되는 것이다. 만약 잘못된 사업성검토나 주먹구구식 투자로 인해 거대한 자본이 회수 불가능하게 된다면 개인이나 사회 전체적으로 볼 때 큰 손실이 아닐 수 없다.

따라서 창업이나 신규투자에 앞서서 반드시 그 성공가능성에 대한 다각적인 검토와 분석이 필요하게 된다. 분석된 정보에 의해 가능성이 낮은 투자를 회피함으로써 성공할 수 있는 확률을 높일 수 있기 때문이다.

셋째, 사업성검토에서 얻은 정보는 사업을 추진하는 주체가 지니고 있는 약점을 보완하고 미래의 위험상황에 대비할 수 있도록 하는 전략정보로 이용될 수 있다는 점이다. 예를 들어 그런대로 수익성은 있으나 기술 · 경쟁 · 자금 등이 경쟁기업에 비해 취약하다는 분석정보를 입수했다면 향후 무엇을 집중적으로 보완해야 할 것인지가 보다 분명해진다.

사업타당성 분석은 크게 나누어 1단계 예비사업성분석과 2단계 사업타당성 분석, 3단계 사업타당성 평가로 나누어 볼 수 있다. 예비사업성분석의 방법과 절차에 관하여는 신규 사업타당성분석에서 이미 구체적으로 설명하였기에 여기에서는 종래의 예산회계법과 기금관리기본법을 통폐합하여 2007년 1월 1일 제정한 국가재정법에서 정하고 있는 예비타당성조사제도와 관련하여 논하기로 한다.

01 예비타당성조사

예비타당성조사란 대형 신규 공공투자사업의 정책적 의의와 경제성을 판단하고, 사업의 효율적이고 현실적인 추진방안을 제시하는 데 목적이 있다. 수요가 없거나 경제성이 낮은 사업의 무리한 추진을 방지하고, 예기치 않은 사업비 증액과 잦은 사업계획 변경으로 인한 재정운영의 불확실성을 차단하고, 중도에 사업을 취소하는 것을 방지하며, 경제적 · 기술적 측면에서 타당성이 있다 하더라도 전반적인 재정운용이라는 정책적 측면에서 문제가 되는 경우를 막기 위해 대형투자 사업에 대한 면밀한 사전검토를 실시하게 된다.

예비타당성조사는 국가재정법 제38조와 동법 시행령 13조를 근거로 시행하며, 약칭으로 "예타"라고 부르기도 한다. IMF 외환위기로 인해 한국 경제가 침체되면서, 재정과 공공부문의 효율성 · 투명성 제고의 필요성이 제기되었다. 이에 따라 1998년 공공사업 효율화 추진단이 구성되었고, 예비타당성조사 등 공공사업 효율화 종합대책이 마련되었다. 예비타당성조사가 타당성조사와의 다른 점은 타당성조사는 기술적 타당성에 초점을 맞추는 반면, 예비타당성조사는 경제적 타당성을 주요 조사대상으로 삼는다.

1 예비타당성조사 제도

예비타당성조사란 대규모의 신규개발 사업을 진행함에 있어 그 사업의 경제성을 사전에 면밀하게 검토하는 제도로써 계획된 사업의 추진 여부를 판단하는 중요한 기준이 되는 조사라고 할 수 있다. 예비타당성조사는 사업의 경제적 타당성 분석을 통하여 한정된 자원을 효율적으로 집행하는 데 도움을 주는 제도로써 사업의 경제성뿐만 아니라 정책목표의 달성가능성 등 다양한 분야의 타당성을 검증하여 사업착수에 따른 재정투자의 효율성을 높일 수 있다.

예비타당성조사 제도는 대규모 개발 사업에 대하여 개략적인 조사를 통하여 경제성분석 · 투자우선순위 · 적정투자시기 · 재원조달방법 등 타당성을 검증함으로써 대형 신규 사업의 신중한 착수와 재정투자의 효율성을 높이기 위한 제도로써 1999년 예산회계법 시행령을 개정하면서 도입되었으나, 2006년도에 "국가재정법"이 제정되면서 총사업비가 500억원 이상이면서 국가의 재정지원 규모가 300억원 이상인 사업에 대해서 예비타당성조사를 실시하도록 하였다.

다만, 재정지원 규모나 총사업비에서 예비타당성조사에 포함되는 경우라 할지라도 국가안보와 관련된 국방사업 · 재해예방 및 복구지원 · 문화재 복원사업 · 교육시설의 신 · 증축사업 · 기초생활수급자에 대한 현금 · 현물급여 등 단순 소득이전을 목적으로 하는 사업은 예비타당성조사 대상에서 제외된다.

예비타당성조사의 실질적인 업무는 기획재정부장관의 요청에 의해 한국개발연구원(KDI) 공공투자관리센터(PIMAC)에서 총괄하여 수행하며, 국가연구개발사업의 경우에는 한국과학기술기획평가원(KISTEP)에서 총괄하여 수행한다. 다만, 기획재정부장관은 효율적인 조사를 위해 필요한 경우 예비타당성조사 수행기관을 변경하거나 추가로 지정할 수 있다.

타당성조사는 주로 기술적인 타당성을 검토하여 사업시행기관이 담당하는 반면 예비타당성조사는 경제적 타당성과 정책적 타당성이 주요 검토대상이 되고 있으며, 현재 기획재정부가 예비타당성조사에 대한 업무를 관장하고 있다. 일반적으로 대형투자사업의 경우 예비타당성조사는 크게 경제성분석과 정책성분석으로 나누어 실시되며 경제성분석을 통하여 수요 및 편익추정 · 비용추정 · 경제성 및 재무적 평가가 이루어지고, 정책성분석을 통하여 지역경제 파급효과 · 지역균형개발 · 정책의 일관성 및 추진의지 · 국고지원의 적합성 · 재원조달 가능성 · 환경성 등이 검토된다.

예비타당성조사의 목적 예비타당성조사의 목적은 대규모 국가재정이 투입되는 사업에 대해서 보다 객관적이 중립적인 입장에서 대규모 사업을 평가하고 국고지원의 필요성을 판단하여 국가재원을 보다 효율적으로 활용하고, 수요가 없거나 경제성이 낮은 사업의 무리한 사업추진을 방지하는데 보다 큰 의의가 있다고 할 수 있다. 경우에 따라서는 경제적 · 기술적 측면에서 타당성이 있다고 하더라도 전반적인 재정운용 상태와 환경성 · 정책적 측면까지 고려하여 사업의 무리한 추진을 방지할 수 있다.

▲ 예비타당성조사 실무절차

평가항목 건설사업의 경우 경제성 · 정책성 · 지역균형발전이 평가항목에 포함된다.

경제성 예견비타당성조사 대상사업의 국민 경제적 파급효과와 투자적합성을 분석하는 핵심적 조사과정이다. 비용 - 편익분석을 기본적인 방법론으로 채택하여 분석한다. 일반적으로 B/C비율이 1보다 클 경우 경제적 타당성이 있음을 의미한다. 비용 - 편익분석이 적합하지 않다고 판단되는 사업의 경우, 경제사회적 파급효과 등을 산출하고 이를 통해 비용 - 효과분석을 실시할 수 있다. 여유자금 등을 활용하여 수입증대를 주요 목적으로 하는 사업은 경제성분석 대신 수익성 분석으로 대체할 수 있다.

TIP 비용 - 편익분석(B/C Ratio)

정부의 계획 및 예산수립 과정에서 제안된 사업계획의 사회적 이익을 화폐단위로 환산해 실제로 그 사업에 필요한 비용과 비교 · 평가하는 방법이다.

정책성 해당 사업과 관련된 정책의 일관성 및 사업 준비정도, 사업 추진상의 위험요인 · 고용효과 · 사업별 특수평가항목 등의 평가항목들을 정량적 또는 정성적으로 분석한다. 이 과정에서 환경적 가치의 고려가 필요하거나 저탄소 · 녹색성장에 기여하는 바가 큰 사업에 대하여는 사업 특수평가항목에 반영하여야 한다.

지역균형발전 지역 간의 불균형상태의 심화를 방지하고 지역 간 형평성 제고를 위해 지역낙후도 개선 · 지역경제 파급효과 · 고용유발 효과 등 지역개발에 미치는 요인을 분석한다.

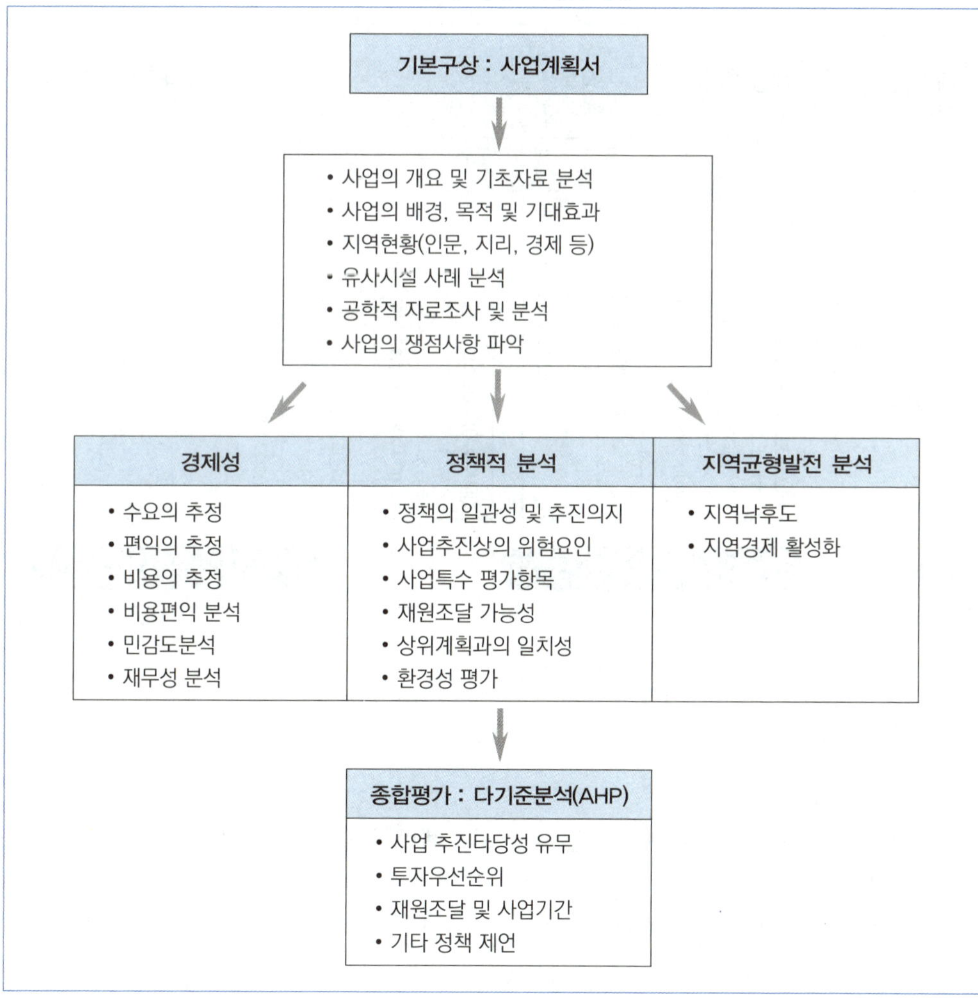

▲ 예비타당성조사의 수행절차

정보화 산업의 경우, 경제성 · 정책성 · 기술성이 평가항목에 포함되며, 기타 재정사업의 경우 경제성 · 정책성이 포함된다. 위의 항목들을 바탕으로 한 종합평가 시 계층화분석법(AHP)을 활용하여 계량화된 수치를 도출한다. 이때 건설 사업의 경우, 경제성에 35~50%, 정책성에 25~40%, 지역균형발전에 25~35%의 가중치를 부여한다. 일반적으로 AHP가 0.5 이상이면 사업시행이 바람직함을 의미한다.

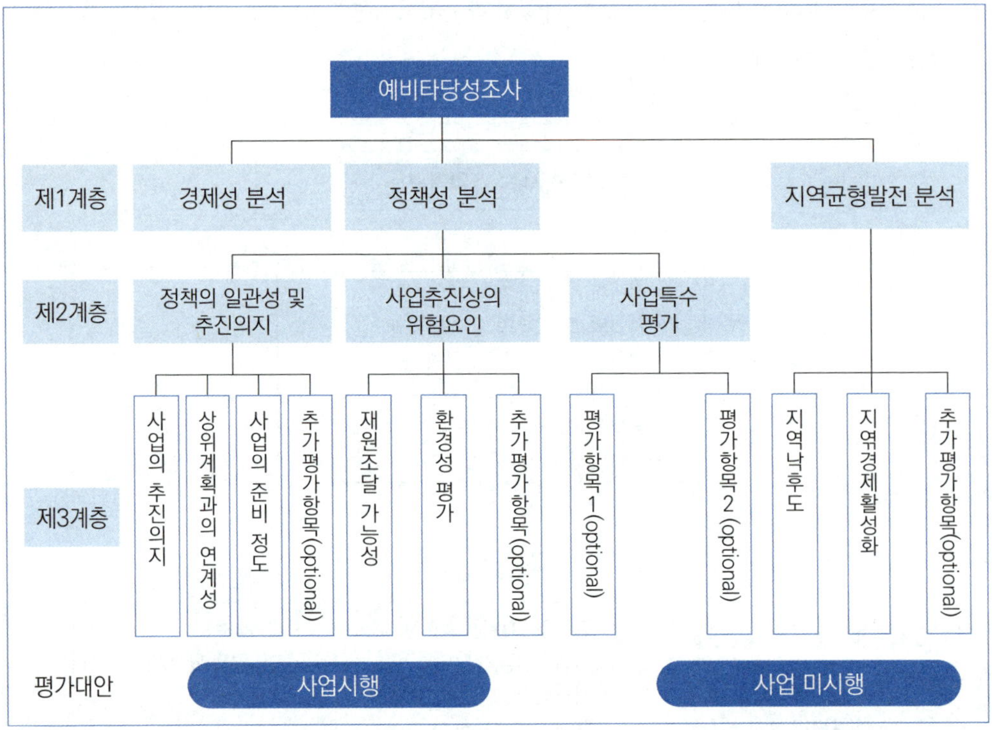

2 공공 프로젝트의 평가

다양한 목적을 달성하기 위해 설계된 공공 프로젝트의 평가를 위해서는 평가의 일관성을 위하여 모든 투자 프로젝트의 편익과 비용을 동일한 측정단위를 사용하여 추정해야 한다.

일반적으로 편익과 비용을 화폐가치로 표현하지만, 실제 분석과정에서 편익과 비용의 화폐가치화 작업은 정확한 자료가 없이 수행해야 하는 경우가 자주 발생한다. 편익-비용 분석을 수행할 때, 일반 시민을 수혜자(user)로 정부를 제안자(sponsor)로 정의한다.

편익-비용분석 수행과정 공공 프로젝트로부터 발생되는 모든 편익(바람직한 결과)과 불편익(바람직하지 않은 결과)을 파악할 필요가 있다.

① 편익 〉 시간 단축 등
② 편익 - 비용분석(benefit-cost analysis)
③ 공공 프로젝트의 사회적 편익이 사회적 비용보다 더 많은지의 여부
④ 공공 프로젝트는 일반적으로 막대한 지출을 요구하지만, 그 편익은 장기간에 걸쳐 광범위하게 발생 여부
⑤ 대중교통시스템 · 소음과 오염에 관한 환경규제 · 공공안전프로그램 · 교육 및 훈련프로그램 등은 편익-비용분석이 필요

편익과 비용의 가치평가 공공 프로젝트의 전체적인 편익-비용분석의 체계는 민간기업의 프로젝트 평가를 위해 사용한 투자분석의 체계와 동일하다. 하지만 현실적으로 공공 프로젝트의 경제성 평가를 수행할 때 편익과 비용의 가치를 파악하고 이를 화폐가치로 수치화하는 작업이 매우 어렵다. 그러므로 수혜자의 편익과 제안자의 비용을 화폐가치로 수치화하는 계산방법에 대해 알아야 한다.

수혜자의 편익 수혜자의 순편익을 파악하기 위하여 먼저 편익들을 일차적 편익과 이차적 편익으로 구분하여 분석의 효율성을 향상시키고, 일차적 편익만으로도 공공 프로젝트의 비용을 정당화할 수 있다면 이차적 편익을 수치화할 필요는 없다.

① 일차적 편익 : 공공 프로젝트에 의해 발생하는 직접적인 편익 및 불편익
② 이차적 편익 : 공공 프로젝트에 의해 발생하는 간접적인 편익 및 불편익

수혜자의 순편익(net benefits) = 편익(benefits) - 불편익(disbenefits)

제안자의 비용 실현될 수입과 비용절감액, 그리고 지출된 비용을 파악하여 분류함으로써 제안자의 비용을 결정한다. 제안자의 비용은 투자자본과 연간 운영비용을 포함하며, 공공 프로젝트의 수입은 프로젝트 완성 후 발생하는 제품이나 서비스의 판매로 인한 수입으로 고속도로 통행료와 같은 수입이 이에 속한다.

제안자 비용 = 투자비용 + 운영 및 유지비용 - 매출액(수입)

사회적 할인율(social discount rate) 민간기업의 프로젝트평가를 위해서 이에 적절한 최소요구수익률(MARR)을 결정해야 한다. 공공 프로젝트의 경제성 평가를 수행하기 위해 MARR과 같은 개념의 이자율인 사회적 할인율을 결정하기 위해서 사회적 할인율을 이용하여 기준 연도의 화폐가치로 공공 프로젝트의 편익과 비용을 계산하고, 공공 프로젝트의 경제성 평가를 수행한다.

공공 프로젝트의 경제성 평가를 위해 사용되는 사회적 할인율은 일반 민간기업 프로젝트의 경제성 평가에 사용되는 할인율보다 상대적으로 낮은 것이 일반적이다. 최근 공공 프로젝트의 중요성이 사회적으로 강조되면서 효율적인 자원할당을 위한 공공분야의 투자분석을 위해 적합한 할인율의 결정에 대한 연구는 지금까지도 지속적으로 진행되고 있음을 알 수 있다.

사회적 할인율의 결정

① 민간 기업이 참여하지 않은 공공 프로젝트
- 정부의 국채(혹은 지방채)이자율을 반영
- 홍수조절용 댐 건설, 비상업용 도로 건설, 수자원 개발사업 등과 같은 공공 프로젝트는 민간기업이 시공업자로 참여
- 정부에서 차입한 부채에 대한 자본비용이 되는 것이 타당

② 민간 기업이 참여하는 공공 프로젝트
- 모든 공공 프로젝트의 투자자본이 민간기업의 투자자본으로 구성되어 있는 경우엔 사회적 할인율은 민간 기업에서 수행하는 일반적인 프로젝트의 자본비용을 기준으로 하는 것이 타당
- 민간 분야의 프로젝트와 유사한 공공 프로젝트를 평가할 경우에 투자자본의 기회비용으로 민간 분야의 투자수익률을 사용

편익-비용분석(benefit-cost analysis) 공공 프로젝트의 평가에 주로 사용되는 편익-비용분석은 제안된 공공 프로젝트의 사회적 편익이 사회적 비용보다 더 많은지의 여부를 알아보는 것으로써 공공 프로젝트는 일반적으로 막대한 지출을 요구하지만 그 편익은 장기간에 걸쳐 광범위하게 발생하는 경우가 많다. 대중교통시스템, 소음과 오염에 관한 환경규제, 공공안전프로그램, 교육 및 훈련프로그램 등은 편익-비용분석이 필요한 대표적인 공공 프로젝트이다.

편익－비용 비율은 사용자의 편익(B)과 제안자의 비용(C)을 비교한다.

$$B = \text{Benefit} \ / \ C = \text{Cost}$$

$$B = \sum_{n=0}^{N} b_n (1+i)^{-n} \quad C = \sum_{n=0}^{N} c_n (1+i)^{-n}$$

B=공공 프로젝트의 편익
C=공공 프로젝트의 비용
B_n =n기간 말의 편익($b_n > 0$)
C_n =n기간 말의 비용($c_n > 0$)
N=프로젝트 사용기간
I= 공공투자에 적용되는 이자율(할인율)

3 예비타당성조사 대상사업 선정기준

예비타당성조사 제도는 국가재정법 제38조 및 동법 시행령 제13조에 규정되어 있지만 동 규정은 대상사업을 간략히 언급하는 수준에 그치고 있어서 실제로는 기획재정부의 예비타당성 운영지침에 의해 제도가 운영되고 있다.

예비타당성조사 대상사업 선정기준을 요약하면 다음과 같다.

■ 예비타당성조사 대상사업 선정기준 요약

구 분	내 용
범 위	추정된 총 사업비 총액이 1,000억원 이상인 예산 또는 기금사업으로서 건설공사가 포함된 대규모 개발사업
종 류	• 총 사업비 1,000억원 이상인 사업 －총 사업비는 설계비, 보상비, 공사비 등 사업 추진과 관련된 모든 경비를 합한 것으로 국고분만 아니라 지자체 지원, 민자유치 등 －지자체가 시행 주체인 사업 및 민간투자사업 중 정부고시사업은 총사업비 1,000억원 이상이고 국고지원이 500억원 이상인 경우에만 실시 －건설공사가 포함된 대규모 개발사업 －원칙적으로 개별사업별로 실시

구 분	내 용
면제범위	• 불필요한 예산낭비와 사업지연이 객관적으로 예상되는 경우 예비타당성조사를 면제 – 사업효과가 국지적이고 정형화된 건축공사 : 청사, 교정시설 – 단순개량 및 유지보수사업, 법정시설 및 필수설치시설 등 – 민간제안 사업(민간투자지원센터의 타당성조사로 대체)
선정요건	예비타당성조사 대상사업 중 사업계획이 구체화되어 있고, 사업추진의 시급성이 인정되는 사업
선정절차	• 중앙관서의 장은 신규사업을 예산 또는 기금운영계획에 반영하고자 하는 경우, 원칙적으로 사업시행 전전년도에 기획예산처장관에게 예비타당성조사 요구 • 기획예산처장관이 필요하다고 인정하는 경우에는 중앙관서의 장의 신청 없이도 예비타당성조사 실시 가능 – 감사원 감사결과 예비타당성조사가 필요하다고 지적된 사업 – 예비타당성조사를 거친 사업으로서 총사업비 변경 등으로 타당성 재검증이 필요한 사업 – 관계부처 공무원 및 전문가 등이 참여하는 선정회의의 심의 후 선정
수행기관	용역은 한국개발연구원(KDI) 공공투자관리센터를 중심으로 수행

4 평가기준

일반적으로 예비타당성조사 결과 B/C≥1이면 경제적 타당성이 있음을 의미하며, 정책적 타당성 등을 고려한 종합평가를 뜻하는 AHP≥0.5이면 사업시행이 바람직함을 의미한다. 경제성 · 정책성 · 지역균형 · 기술성 등을 반영하여 산출한 AHP의 점수가 0.5 이상이면 예비타당성조사 통과가 가능하다.

AHP 계산 시 각 평가항목별 가중치는 2019년 5월 1일부로 개정된 사항이 적용되며, 이는 5월 1일 이전에 실시되어 개정된 이후에도 조사 중인 사업에도 적용된다. 각 평가항목별 가중치는 특별한 사유가 없는 한 다음과 같다.

① 건설사업(비수도권 유형) : 경제성 30~45%, 정책성 25~40%, 지역균형발전 30~40%

② 건설사업(수도권 유형) : 경제성 60~70%, 정책성 30~40%

③ R&D · 정보화 업

- B/C 분석 시 경제성 40~50%, 기술성 30~40%, 정책성 20~30%

- E/C[10] 분석 시 경제성 30~40%, 기술성 40~50%, 정책성 20~30%

④ 기타 재정사업

- B/C 분석 시 경제성 25~50%, 정책성 50~75%
- E/C 분석 시 경제성 20~40%, 정책성 60~80%

예비타당성조사는 경제성만으로 통과 여부가 결정된다는 인식이 흔히 있다. 이는 예비타당성조사 도입 당시에는 평가요소가 B/C만 있었기에 맞는 말이었다. 그러나 2003년, 경제성 평가 외 정책성 평가도 도입되었고 2006년 지역균형발전 평가가 정책성 평가에서 분리되었다.

즉 이렇게 변화된 정책에 따르면 사업시행이 바람직한가를 판별하는 것은 종합평가인 AHP이고 B/C는 AHP 점수에 반영되는 요소 중 일부일 뿐이다. 경제성만으로 통과된다는 예타제도 개편 이전에는 경제성이 종합평가점수에서 가장 큰 비중을 차지하여 완전히 틀린 말은 아니었으나, 2020년 현재 예타평가 비중이 개편된 이후로는 수도권의 경우 이전보다 경제성 점수가 더 많이 반영되어 이전과 같이 경제성만으로 통과여부가 갈릴 가능성이 높지만, 비수도권의 경우 경제성 점수가 낮더라도 정책성이나 지역균형 항목에서 높은 점수를 받는다면 예비타당성조사 통과가 가능하다.

TIP AHP분석(Analytical Hierarchy Process)

평가기준이 다중적인 경우, 이를 세부요인으로 계층화하여 세부 요인별 상대적 중요도의 비교 등을 통해 세부요인들을 순위화 시키는 기법으로 정량적 요소와 정성적 요소를 동시에 고려할 수 있는 장점이 있다. BC분석의 한계를 보완하기 위한 수단으로 사용되고 있으며 통상적으로 AHP가 0.5 이상이면 사업시행이 미시행보다 바람직한 것으로 해석한다.

일반적으로 AHP는 8인의 평가위원에 의해 진행되며, 사업 시행과 사업 미시행 의견을 낸 위원의 수 및 그에 따라 산출된 AHP 점수는 평가가 진행된 사업의 시행 여부에 대하여 다음 표와 같은 결론을 도출한다.

■ 평가자별 의견일치도와 AHP평점에 따른 결론

<table>
<tr><th>종합평점
시행:미시행</th><th>AHP 〈 0.450</th><th>0.450 ≤ AHP
〈 0.500</th><th>0.500 ≤ AHP
〈 0.550</th><th>0.550 ≤ AHP</th></tr>
<tr><td>8 : 0</td><td>-</td><td>-</td><td>타당성 있음</td><td>타당성 있음</td></tr>
<tr><td>7 : 1</td><td rowspan="3">Feedback</td><td rowspan="3">아주 신중</td><td rowspan="3">약간 신중</td><td rowspan="3">타당성 있음</td></tr>
<tr><td>6 : 2</td></tr>
<tr><td>5 : 3</td></tr>
<tr><td rowspan="2">4 : 4</td><td>0.420 〈 AHP
약간신중</td><td rowspan="2">신중</td><td rowspan="2">신중</td><td>0.580 〈 AHP
타당성 있음</td></tr>
<tr><td>AHP 〈 0.420
타당성없음</td><td>AHP 〈 0.580
약간신중</td></tr>
<tr><td>3 : 5</td><td rowspan="3">타당성 없음</td><td rowspan="3">약간 신중</td><td rowspan="3">아주 신중</td><td rowspan="3">Feedback</td></tr>
<tr><td>2 : 6</td></tr>
<tr><td>1 : 7</td></tr>
<tr><td>0 : 8</td><td>타당성 없음</td><td>타당성 없음</td><td>-</td><td>-</td></tr>
</table>

주: 1) '시행 : 미시행'은 사업시행 평가자 수와 사업미시행 평가자 수의 비율(8인 기준)을 나타냄.
2) AHP는 사업시행 대안의 AHP 종합점수를 나타냄.
3) '-'는 해당 사항 없음을 나타냄.

5 예비타당성조사 면제대상

정부는 2019. 1. 29 대규모 공공투자 프로젝트 가운데 예비타당성조사를 면제받아 조기 착공될 사업들을 발표하였다. 예비타당성조사는 사회간접자본 등 재정투입이 예상되는 사업의 경제성을 미리 검토해 사업성을 판단하는 절차이다. 정부는 낙후지역은 예비타당성조사와 관련해 경제성 평가에서 불이익을 받는 경우가 많기 때문에 지역균형발전을 위해 이 같은 방안을 결정했다고 한다. 이에 따라 예비타당성조사에서 면제받을 대상사업은 다음과 같다.

① 정부예산이 지원되는 사업 중「국가재정법」 제38조 규정에 의거 예비타당성조사를 실시하는 사업
② 공공청사 · 교정시설 · 초중등 교육시설의 신/증축사업

③ 문화재 복원 사업
④ 국가안보에 관계되거나 보안을 요하는 국방산업,
⑤ 남북교류협력 관련 또는 국가 간 협약 · 조약에 따라 추진하는 사업
⑥ 재난 및 안전관리기본법 제3조 제1호에 따른 재난 복구지원 · 시설안전성 확보 · 보건 · 식품안전 등의 문제로 시급한 추진이 필요한 사업
⑦ 재난예방을 위하여 시급한 추진이 필요한 사업으로서 국회 소관 상임 위원회 동의를 받은 사업
⑧ 법령에 따라 추진해야 하는 사업
⑨ 출연 보조기관의 인건비 및 경상비 지원 · 융자사업 등과 같이 예비타당성조사의 실익이 없는 사업
⑩ 지역균형발전 · 긴급한 경제적 · 사회적 상황 대응 등을 위하여 국가 정책적으로 추진이 필요한 사업으로서 다음 각 목의 요건을 모두 갖춘 사업으로써 이 경우, 기관장은 제7조에 의한 기획재정부장관의 면제확인을 받은 후 예비타당성조사 면제사업의 내역 및 사유를 지체 없이 국회 소관 상임위원회에 보고하여야 한다.
  - 사업목적 및 규모, 추진방안 등 구체적인 사업계획이 수립된 사업
  - 국가 정책적으로 추진이 필요하여 국무회의를 거쳐 확정된 사업

6 예비타당성조사 심층평가

조세특례 예비타당성조사의 대상 연간 감면액이 300억원 이상인 신규 조세특례와 기존 특례의 변경(특례세율변경 · 대상추가 등)으로 추가감면액이 연간 300억원 이상인 조세특례로써 특정납세자의 세 부담경감 목적이 아닌 제도(소득세 기본공제 등)는 제외하며, 면제 대상은 경제 · 사회적 상황 대응, 남북교류협력 · 국제조약 관련 사항, 국제행사 지원이 이에 속한다.

심층평가결과 반영사항 경기 전반에 상당한 위축이 발생 또는 발생할 우려(㉮ 경제성장률 · 고용율 등의 경기지표 하락 등)

① 특정 산업부문 · 경제활동(고용 · 투자 등)의 상당한 위축 또는 위축될 우려
② 소득격차 확대 · 빈곤율 증가 등 주요사회지표 악화 또는 악화될 우려

③ 그 밖에 대내외 경제 · 사회적 상황변화에 대응하기 위하여 신속히 도입할 필요가 있는 경우

위에서 정한 해당사항의 구체적인 요건충족 여부는 자문위원회 심의를 거쳐 결정한다.

조세특례 예비타당성조사 수행절차

① 예타 신청 : 각 부처는 세법개정 건의 전년도 8월말까지 신청
그러나 국세감면율관리, 조세지출기본계획수립 등을 위해 직권 선정가능
② 대상선정 : 예타대상 신규 조세특례 중 선정기준을 감안, 조세특례 성과평가 자문위원회의 심의를 거쳐 조사대상 선정
③ 조사수행 : 한국조세재정연구원을 총괄수행기관으로 지정(KDI 등에 과제 위탁가능)
④ 수행기간 : 예타 수행기간은 5개월을 원칙이나 필요시 연장가능
⑤ 결과활용 : 경제성(B/C, E/C 분석) · 정책성 · 형평성 분석 후 이를 종합(계층화분석법, AHP)하여 계량화된 수치로 제시

조세특례 심층평가의 대상 해당 연도에 일몰 도래하는 연간감면액이 300억원 이상인 조세특례에 대해 예산범위 내에서 의무심층평가를 실시한다.

그러나 지원 대상의 소멸 · 남북교류협력 · 국제조약 관련 사항, 최근 3년 이내 심층평가를 거쳐 중요한 변화가 없는 사항은 제외한다.

① 분야별 일괄평가가 필요한 사항 등은 임의심층평가 실시 가능
② 조세지출예산서 상의 조세특례사항을 대상으로 선정

조세특례 심층평가 수행절차

대상선정 평가대상 조세특례 중 정책적 기준(평가 실익), 기술적 기준(평가수행의 용이성), 예산사정 등을 고려하여 조세특례 성과평가 자문위원회의 심의를 거쳐 선정한다.

임의심층평가 사전예고제도　정책적 기준은 충족하나 기술적 기준을 불충족하여 평가수행이 불가능한 경우 사전예고 후 추후 심층평가를 실시한다.

평가수행　한국조세재정연구원을 총괄수행기관으로 지정하나 KDI 등에 과제위탁도 가능하며, 평가 수행기간은 5개월을 원칙으로 하되 필요시 연장도 가능하다.

결과 활용　효과성 · 타당성 및 제도개선방안의 분석을 통해 조세특례의 일몰 연장 · 폐지 여부 등에 대한 평가결과 대상 · 지원수준과 그 효과, 기타 개선방안 등에 대해 정책 제언을 제시토록 하고, 심층평가결과 및 정책제언을 세법개정안에 반영 가능하다.

7 예비타당성조사 운영지침

예비타당성조사는 '국가재정법'에 의해 대규모 재정사업에 대한 신규투자를 우선순위에 입각해 투명하고 공정하게 결정함으로써 불필요한 예산낭비를 방지하고 재정운영의 효율성을 제고하기 위한 제도다. 즉 대규모 신규사업에 대한 예산편성 및 기금운용계획을 수립하기 위해 기획재정부 주관으로 실시하는 사전 평가에 해당한다.

예비타당성조사는 특히 각 부처가 수립한 사업계획에 대해 사업타당성 여부, 대안 검토, 사업추진과정에서 고려할 점 등 사업 추진과 관련된 객관적 · 중립적인 정보를 사전에 충분히 제공하는 효과가 있다. 또한 향후 사업추진 여부, 적정 사업시기와 최적 사업규모 등에 관한 결정이 합리적으로 이뤄지도록 하는데 기여할 수 있다. 예비타당성조사는 대규모 재정사업의 타당성에 대한 객관적이고 중립적인 조사를 통해 재정사업의 신규투자를 우선순위에 입각하여 투명하고 공정하게 결정하도록 함으로써 예산낭비를 방지하고 재정운영의 효율성 제고에 기여함을 목적으로 한다.

기획재정부는 '2012년 예비타당성조사 운용지침'을 제정하여 각 중앙관서의 장에게 통보하였다. 예비타당성조사 운용지침은 국가재정법 제38조 제4항에 따라 예비타당성조사 대상사업의 선정기준 · 조사 수행기관 · 조사방법 및 절차 등에 대한 세부사항을 정하는 지침으로써 2012년 운용지침은 비건설 재정사업의 타당성검증 강화, R&D 예타 수행기관 일원화 및 기술성 분석 강화 등 그 동안의 제도개선 내용을 반영하였으며, 그 동안 "예타"를 면제하여 왔던 단순 소득이전 목적사업을 예타 면제대상에서 제외('11.12.30, 국가재정법 시행령 제13조 개정)하여 정책적 타당성을 중심으로 장기비용 추계, 효율적인 전달체계 및 추진대안을 제시하는 타당성분석을 실시키로 했다. 경제성

분석 중심의 예타 시 상대적으로 어려움을 겪고 있는 낙후지역을 위해 지역균형발전분석 가중치를 15~30%에서 20~30%로 상향조정하였으며, 또한 계속사업은 예비타당성조사 대상규모로 사업비가 증가하는 등의 경우에 사업계획 적정성 재검토를 실시하여 꼭 필요한 사업에 적정 규모의 예산을 투입함으로써 국민에게 더 좋은 공공서비스를 제공할 수 있도록 하였다.

그 동안 한국개발연구원(KDI)과 한국과학기술기획평가원(KISTEP)이 나누어 수행하던 R&D 사업 예타를 과학기술 전문인력으로 구성된 KISTEP으로 일원화하여 조사의 일관성과 기술성 분석의 전문성을 제고하고, 2011.12월에 발간한 R&D 예타 표준지침을 활용하여 기술성 분석을 강화하는 등 보다 체계적인 타당성 분석을 실시할 예정이다. 각기 따로 조사를 실시했던 정부고시 민간투자사업의 예타와 민간투자 타당성 분석을 동시에 실시할 수 있도록 절차를 간소화하여 One-Stop 서비스를 제공할 예정이다. 2018년 12월 27일 개정된 '예비타당성조사 운영지침'은 다음과 같다.

예비타당성조사 운영지침

개정일 : 2018. 12. 27
시행일 : 2019. 01. 01

제 1 장 총 칙

제1조(지침의 목적) 이 지침은 공공기관의 운영에 관한 법률(이하 "공운법") 제40조 제3항 및 동법 시행령(이하 "시행령") 제25조의3 제6항의 규정에 따라 예비타당성조사 사업의 선정기준 · 조사수행기관 · 조사방법 및 절차 등에 관한 세부사항을 규정함을 목적으로 한다.

제2조(예비타당성조사의 정의) 예비타당성조사는 공운법 제40조 제3항 및 시행령 제25조의3 규정에 따라 공기업 · 준정부기관(이하 "공공기관"이라 한다.)이 신규 투자사업 및 자본출자에 대한 예산을 편성하기 위하여 실시하는 사전적인 타당성 검증 · 평가를 말한다.

제 2 장 예비타당성조사 대상사업

제3조(예비타당성조사 대상사업) 예비타당성조사는 공공기관 사업 중 총사업비가 1,000억원 이상이고, 국가의 재정지원금액과 공공기관(이 경우 공운법 제6조에 따라 지정된 모든 공공기관을 포함한다.) 부담금액의 합계액이 500억원 이상인 신규(사업추진을 위한 관련 예산이 투입되기 이전 상태) 투자사업 및 자본출자에 대하여 실시한다.

(주1) 사업기획 · 구상단계에서 수행하는 사전용역비만 투입된 사업의 경우 신규 사업 해당한다.
(주2) 공공기관의 장(이하 "기관장"이라 한다.)은 공운법 및 시행령에 따른 예비타당성조사 대상사업의 경우, 예비타당성조사가 완료되기 전까지는 사업추진을 확정하여서는 아니 된다.

제4조(총사업비의 정의)

① 총사업비라 함은 사업 추진에 소요되는 모든 경비를 합한 금액을 말한다. 다만, 사업기간의 정함이 없이 계속 추진되는 사업의 경우에는 원칙적으로 최초 5년간의 사업비 합계액을 총사업비로 본다.
② 제1항의 규정에 의한 총사업비에는 국가 재정지원금액, 지방자치단체 부담금액, 공공기관 부담금액 및 민간 부담금액 등을 포함한다.

(주1) 총사업비 중 국가 재정 또는 공공기관이 지원하는 융자금액은 그 상환주체가 공공기관인 경우를 제외하고는 '국가 재정지원금액과 공공기관 부담금액' 산정시 포함하지 않는다.(이 경우 "공공기관"은 공운법 제6조에 따라 지정된 모든 공공기관을 포함한다.)
(주2) 기 보유한 토지 등 자원은 그 가액을 총사업비에 포함하며, 시설 등의 운영기간 동안 소요되는 운영비는 총사업비에서 제외한다.

③ 기관장은 신규 투자사업과 자본출자에 대해 사업추진 단계별로 총사업비를 합리적으로 관리함

으로써 사업추진의 효율성 및 기관의 재무건전성 강화를 위해 노력한다.

제5조(대상사업의 단위) 사업의 특성, 목적, 추진 방식 등에 비추어 여러 유형의 사업이 상호 연계되어 하나의 사업으로 추진되는 경우에는 원칙적으로 이를 단일 사업으로 간주한다.

(주) 토목, 건축 및 기타 부대사업이 동일한 목적으로 상호 연계되어 추진되는 경우에는 이를 단일 사업으로 본다.

제 3 장 예비타당성조사 면제사업

제6조(면제사업) 공운법 제40조 제3항에 따라 다음 각 호의 어느 하나에 해당하는 사업으로서 제7조에 의한 기획재정부장관의 면제 확인을 받은 경우에는 예비타당성조사 대상에서 제외한다.

1. 정부예산이 지원되는 사업 중 「국가재정법」 제38조 규정에 의거 예비타당성조사를 실시하는 사업
2. 남북교류협력에 관계되거나 국가 간 협약 · 조약에 따라 추진하는 사업
3. 도로 유지보수, 노후 상수도 개량 등 기존 시설의 효용 증진을 위한 단순개량 및 유지보수사업
4. 「재난 및 안전관리 기본법」 제3조 제1호에 따른 재난(이하 "재난"이라 한다)복구 지원, 시설 안정성 확보, 보건 · 식품 안전 문제 등으로 시급한 추진이 필요한 사업
5. 재난예방을 위하여 시급한 추진이 필요한 사업으로서 기관장이 국회 소관 상임위원회의 동의를 받은 사업
6. 법령에 따라 추진하여야 하는 사업

(주) 법령에 따라 설치 또는 추진이 의무화되어 있고, 사업계획이 구체적으로 수립되어 있는 경우에 한한다.

7. 지역균형발전, 긴급한 경제적 · 사회적 상황 대응 등을 위하여 국가 정책적으로 추진이 필요한 사업으로서 다음 각 목의 요건을 모두 갖춘 사업. 이 경우, 기관장은 제7조에 의한 기획재정부장관의 면제 확인을 받은 후 예비타당성조사 면제 사업의 내역 및 사유를 지체없이 국회 소관 상임위원회에 보고하여야 한다.
   가. 사업목적 및 규모, 추진방안 등 구체적인 사업계획이 수립된 사업
   나. 국가 정책적으로 추진이 필요하여 국무회의를 거쳐 확정된 사업

제7조(예타 면제 확인 절차)

① 시행령 제25조의3 제4항에 따라 기관장은 제6조의 각 호에 해당하는 사업에 대해 예산을 편성하려는 경우 기획재정부장관에게 미리 예비타당성조사 면제대상임을 확인받아야 한다. 이 경우 기관장은 제9조에 규정된 예비타당성조사 신청 절차를 준용하여 기획재정부장관에게 〈별표1, 2〉에 따른 예비타당성조사 면제대상 확인요구서 및 〈별표3〉에 따른 주무기관 의견서를 제출하여야 한다.

(주) 제6조 제5호에 해당하는 사업의 경우, 공운법 제40조 제3항 제5호에 의한 국회 소관 상임위원회의 동의를 받기 전에 해당 사업이 재난 예방을 위하여 시급한 추진이 필요한 사업임을 기획재정부장관에게 확인받아야 하며, 국회 소관 상임위원회의 동의를 받은 후 면제사업으로 확정된다.

② 기획재정부장관은 제1항에 따른 예비타당성조사 면제대상 확인요구서를 제출받은 경우 제12조의 규정에 의한 공공기관 사업 예비타당성조사 자문회의를 거쳐 제6조 각호의 어느 하나에 해당하는 사업인지를 확인한 후 기관장에게 그 결과를 통보한다.

제8조(사업계획 적정성 검토) 기획재정부장관은 공공기관의 재무건전성 확보, 사업의 효율적인 추진 등을 위하여 필요한 경우, 기관장으로 하여금 제6조의 규정에 의한 예비타당성조사 면제사업에 대하여 예비타당성조사 방식에 준해 재원조달방안, 총사업비, 효율적 대안의 분석 등을 통해 사업규모 등 사업계획의 적정성을 검토하게 할 수 있다.

제 4 장 예비타당성조사 실시사업의 선정

제9조(예비타당성조사의 신청)

① 기관장은 제3조에 따른 예비타당성조사 대상에 해당하는 사업에 대해서는 〈별표 1, 2〉 "예비타당성조사 사업계획서" 및 〈별표 3〉 "주무기관 의견서"를 원칙적으로 해당 사업의 예산이 처음으로 편성되는 전년도 1월말, 5월말 또는 9월말까지 기획재정부장관 및 제16조에 따른 예비타당성조사 수행기관에 제출하여 예비타당성조사를 신청하여야 한다.

② 제3조에 의한 예비타당성조사 대상임에도 불구하고 예비타당성조사를 실시하지 않고 사업예산이 편성된 경우 기관장은 지체없이 예비타당성조사를 신청하여야 하며, 예비타당성조사가 완료되기 전까지 예산집행을 보류하여야 한다.

③ 제2항에 해당되는 사업, 사업추진 절차상 시급한 해외 입찰형 사업 등의 경우에는 제1항에도 불구하고 수시로 예비타당성조사를 신청할 수 있다.

④ 2개 이상의 공공기관이 공동으로 사업을 추진하는 경우에는 원칙적으로 재원부담 규모(기보유토지 등의 가액 포함)가 가장 큰 기관이 대표하여 예비타당성조사를 신청하여야 한다.

⑤ 제1항에 의한 예비타당성조사 사업계획서에는 '사업개요', '사업추진의 필요성', '소요자원의 규모와 확보방안', '사업추진상의 위험요인과 대응방안' 등이 명시되어야 하며, '사업개요'에는 '사업목적', '추진경위', '사업규모', '총사업비', '재원조달방식', '사업기대효과' 등이 포함되어야 한다.

⑥ 기획재정부장관은 필요할 경우 기관장에게 예비타당성조사 신청사업에 대한 추가 설명자료 등 관련 자료를 요구할 수 있으며, 기관장은 특별한 사유가 없는 한 이에 응하여야 한다.

⑦ 제7조에 따라 기관장이 예비타당성조사 면제대상 확인요구서를 제출한 사업이 기획재정부장관에 의해 면제대상이 아닌 것으로 확인된 경우, 기획재정부장관은 기관장과 협의하여 해당 사업에 대한 예비타당성조사가 신청된 것으로 간주할 수 있다.

제10조(예비타당성조사 실시사업의 선정)

① 기획재정부장관은 제9조 제1항에 따라 기관장이 제출한 예비타당성조사 사업계획서를 검토한 후 제12조의 규정에 의한 공공기관 사업 예비타당성조사 자문회의를 거쳐 예비타당성조사의 실시 여부를 결정하고, 그 결과를 해당 기관장에게 통보한다.

② 사업규모, 입지, 사업주체 등 사업내용이 구체적이지 않거나 사업계획이 확정되지 않은 사업, 예비타당성조사 실시사업의 단위가 적정하지 않다고 판단되는 사업의 경우(연관성이 없는 다수 사업을 1개 사업으로 묶거나, 1개 사업으로 신청할 사업을 다수 사업으로 분리한 경우를 포함) 기획재정부장관은 사업계획서의 보완을 요구하거나 반려할 수 있다.

제11조(예비타당성조사 실시 의뢰)

① 기관장은 제10조 제1항에 따라 예비타당성조사 실시를 통보받은 날로부터 원칙적으로 30일 이내에 제16조에 의한 예비타당성조사 수행기관에 예비타당성조사를 의뢰하여야 한다. 다만, 불가피한 사유가 있는 경우에는 기획재정부장관과 협의를 거쳐 의뢰시기를 달리할 수 있다.

(주) 해외 입찰형 사업의 경우 원칙적으로 우선협상대상자로 선정된 이후 예비타당성조사를 의뢰하여야 한다. 다만, 입찰사업의 계약절차상 조사가 시급한 경우 기관장은 관련 설명자료를 첨부하여 우선협상대상자 선정 이전이라도 예비타당성조사를 의뢰할 수 있다.

② 기관장이 예비타당성조사를 의뢰하고자 하는 경우에는 〈별표 4〉 "예비타당성조사 의뢰서"를 기획재정부장관, 주무기관의 장 및 예비타당성조사 수행기관에게 제출하여야 한다.

제12조(자문회의) 기획재정부장관은 예비타당성조사 제도 운용, 예비타당성조사 실시 여부의 결정 및 면제대상 확인 등과 관련하여 전문가의 자문을 받기 위해 '공공기관 사업 예비타당성조사 자문회의'를 구성 · 운영한다.

제13조(사업계획의 변경)

① 기관장은 예비타당성조사 실시가 결정된 이후 사업의 계획을 변경할 필요가 있는 경우에는 사업의 당초 추진목적과 취지에 부합하는 한도 내에서 주무기관의 장과 협의 후 기획재정부장관에게 사업계획의 변경을 요청할 수 있다.

(주) 사업계획의 변경요청은 예비타당성조사의 원활한 수행을 위하여 원칙적으로 예비타당성조사 실시 결정일로부터 3개월 이내, 예비타당성조사 의뢰일로부터 2개월 이내에 하여야 한다.

② 기획재정부장관은 기관장으로부터 사업계획의 변경요청을 받은 경우 당초 사업목적과의 부합성, 변경계획의 필요성 · 적정성, 주무기관의 장 및 예비타당성조사 수행기관의 의견 등을 종합적으로 고려하여 사업계획의 변경을 인정할 수 있다.

제14조(예비타당성조사 신청 · 의뢰의 철회) 예비타당성조사 수행과정에서 다음 각 호의 하나에 해당되

는 경우, 기관장은 제9조 및 제11조에 의한 신청 및 의뢰를 철회할 수 있다.

1. 총사업비 추정 오류, 사업계획의 변경 등으로 인해 제3조에 의한 예비타당성조사 대상규모에 해당하지 않게 된 경우
2. 공공기관이 경영여건 변화 등으로 사업을 추진하지 않거나 보류하는 것으로 결정한 경우
3. 사업계획의 구체성 미비 등으로 조사 수행이 현저히 곤란하여 예비타당성조사 수행기관이 기획재정부장관과의 협의를 거쳐 철회를 요청하는 경우
4. 그 밖에 예비타당성조사 신청 · 의뢰 이후 해당 사업과 관련된 법령 제 · 개정 등으로 면제대상사업에 해당하게 되는 등 불가피한 사유로 철회가 필요한 경우

제15조(예비타당성조사의 재신청 제한) 예비타당성조사가 이미 실시된 사업은 원칙적으로 예비타당성조사를 다시 신청할 수 없다. 다만, 이미 수행된 예비타당성조사 결과를 변경할 수 있을 정도로 해당 사업과 관련된 경제 · 사회적 여건 또는 사업계획이 현저히 변동된 경우에는 예비타당성조사를 다시 신청할 수 있다.

(주) 단순한 사업비 조정 및 일부 사업계획 보완의 경우는 재신청이 가능한 여건변동으로 보지 않는다.

제 5 장 예비타당성조사 수행체계

제16조(예비타당성조사 수행기관)

① 한국개발연구원(공공투자관리센터)은 예비타당성조사 수행기관이 되며, 한국지질자원연구원은 자원개발 탐사사업에 대하여 공동수행기관이 될 수 있다. 다만, 기획재정부장관은 효율적인 조사를 위해 필요한 경우 예비타당성조사 수행기관을 변경하거나 추가로 지정할 수 있다.

② 예비타당성조사 수행기관은 효율적인 예비타당성조사 수행을 위하여 개별사업의 특성에 맞춰 과제책임자(PM)를 선정하고, 학계 · 연구기관 등 관련 전문가로 연구진을 구성하여야 한다.

③ 기획재정부장관은 예비타당성조사 수행기관에 분야별 전문가를 추천하여 개별 사업의 예비타당성조사 과정에서 의견개진 및 종합평가에 참여하게 할 수 있다.

④ 예비타당성조사 수행기관은 조사의 전문성 및 객관성 확보를 위해 필요한 경우 별도의 자문위원회를 구성하여 활용할 수 있다.

⑤ 예비타당성조사 수행기관은 예비타당성조사의 원활한 수행을 위해 필요한 경우 조사를 의뢰한 공공기관에 조사와 관련한 추가적인 자료의 제출을 요청할 수 있다.

제16조의2(예비타당성조사 연구진의 선정)

① 예비타당성조사는 예비타당성조사 수행기관이 연구책임을 맡아 수행하는 내부과제와 예비타당성조사 수행기관 외 전문가가 연구책임을 맡아 수행하는 외부 위탁과제(Outsourcing)로 구분하여 추진할 수 있다.

② 외부 위탁과제의 연구진은 원칙적으로 공개경쟁을 통하여 선정하되, 분야별 전문 국책연구기관에 대해서는 수의계약을 통하여 선정할 수 있다.

제17조(예비타당성조사 수행기간)

① 예비타당성조사 수행기관은 원칙적으로 예비타당성조사 의뢰일로부터 2주일 이내에 조사를 착수하여야 한다.

② 예비타당성조사는 원칙적으로 착수한 날로부터 4개월 이내에 완료하여야 하며 사업의 성격, 조사의 난이도 등을 고려하여 그 기간을 연장할 수 있다. 다만, 예비타당성조사 수행기관은 조사기간이 8개월을 초과하는 경우에는 미리 기획재정부장관과 협의하여야 한다.

(주) 계약체결시까지 시간이 촉박한 해외 입찰형 사업 등 조사의 시급성이 인정되는 경우 또는 기존에 유사한 예비타당성조사 선행사례가 있는 경우 에는 예외적으로 조사기간을 2개월까지 단축하여 시행할 수 있다.

제18조(예비타당성조사 수행 지침)

① 예비타당성조사 수행기관은 조사의 일관성을 유지하기 위하여 세부 분석기준 및 방법 등을 규정한 별도의 지침을 마련하여야 하며, 예비타당성조사 연구진은 동 지침에 따라 조사를 수행하여야 한다.

② 예비타당성조사 수행기관 및 조사에 참여한 연구진은 조사 수행과정에서 습득한 공공기관의 영업비밀, 자료 유출 금지 등 보안을 철저히 준수하여야 하며, 예비타당성조사 수행기관은 이와 관련한 별도의 지침을 마련하여 시행하여야 한다.

제19조(예비타당성조사 비용)

① 예비타당성조사 수행기관은 기획재정부장관과의 협의를 거쳐 예비타당성조사의 수행을 위한 조사비용 산정기준을 마련하여야 한다.

② 제1항의 조사비용 산정기준에 따라 예비타당성조사 수행기관은 공공기관에 예비타당성조사 수행을 위한 비용을 청구할 수 있다.

제 6 장 예비타당성조사 분석방법

제20조(예비타당성조사 분석 원칙)

① 예비타당성조사는 원칙적으로 '공공성'과 '수익성'에 대한 분석에 기초하여 해당 사업의 타당성을 종합적으로 평가한다.

② 제1항에도 불구하고 공공청사의 신 · 증축, 국제적인 환경규제 준수를 위한 사업 등 공공성이 현저하게 높고 수익성 검토 필요성이 낮은 사업은 수익성 등의 분석을 생략할 수 있다.

(주) 예비타당성조사 신청사업 중 공공성이 현저하게 높고 수익성 검토 필요성이 낮은 사업 해당여부, 해당 사업별로 분석을 생략할 평가항목 선정 등은 제10조에 따라 예비타당성조사 실시사업을 선정하는 단계에서 이루어져야 한다.

③ 제1항 및 제2항에 의한 종합평가는 원칙적으로 다기준분석의 일종인 계층화분석법(AHP:

Analytic Hierarchy Process)을 활용하여 계량화된 수치로 도출한다.

(주) 일반적으로 AHP가 0.5 이상이면 사업의 타당성이 있음을 의미한다.

④ 예비타당성조사 수행기관은 필요한 경우 제1항 및 제2항에 의한 종합평가와 별도로 사업추진상의 위험요인, 정책적 고려사항 및 사업의 타당성 제고방안 등을 정책제언으로 제시할 수 있다.

제21조(국내사업 예비타당성조사 방법)

① 국내사업의 공공성 평가에서는 경제적 타당성 및 정책적 타당성을 평가한다. 경제적 타당성은 해당 사업으로부터 발생하는 사회적 비용과 편익을 국민경제적 관점에서 분석하여 제시하는 '비용-편익(B/C) 비율'로 평가하며, 정책적 타당성은 '기관의 설립목적과의 합치성', '정책일관성 및 추진의지', '환경성', '지역균형발전효과', '일자리 창출효과', '안전성', '사회적 기여도' 등에 대해 평가할 수 있다.

(주) 비용-편익(B/C) 분석시 현재가치 산정을 위한 할인율은「예비타당성조사 수행 총괄지침」의 사회적 할인율을 준용한다.

② 국내사업의 수익성 평가에서는 재무성과 재무안정성을 평가한다. 재무성 평가는 투자비 대비 운영수입의 현금흐름을 분석하는 수익성지수법(Profitability Index Method)을 활용하며, 재무안정성은 '공공기관의 재무상태', '투자비 재원조달 가능성', '운영기간 중 추가재원조달 위험' 등에 대해 평가할 수 있다.

(주1) 수익성 지수(PI) 분석시 현재가치 산정을 위한 할인율은 4.5%로 한다.
(주2) 평가항목별 가중치는 원칙적으로 공공성 70%, 수익성 30%를 적용하되, 사업의 성격을 고려하여 달리 적용할 수 있다.

제22조(해외사업의 예비타당성조사 방법)

① 해외사업의 공공성 평가에서는 정책적 타당성 및 국내경제 파급효과를 평가한다. 정책적 타당성은 '기관의 설립목적과의 합치성', '정책의 일관성 및 추진의지' 등에 대해, 국내경제 파급효과는 '수출 · 고용/자원확보 효과' 및 '기관경쟁력 제고효과' 등에 대해 평가할 수 있다.

② 해외사업의 수익성 평가에서는 재무성, 재무안정성 및 해외사업 위험도를 평가한다. 재무성 및 재무안정성은 국내사업과 동일한 방법으로, 해외사업의 위험도는 사업추진 해당 국가 및 사업이 가지는 기타 위험에 대해 평가한다.

(주1) 해외사업의 재무성 평가시 사업추진 해당 국가의 신용위험을 고려하되, 국제기구의 보증이 있는 경우 등 특별한 사유가 있는 경우에는 그 위험을 경감하여 반영할 수 있다.
(주2) 국제금융기구 등이 참여하는 해외사업의 경우, 재무성 평가시 국제금융기구 등의 수익성 검증자료를 활용할 수 있다. 이 때 예비타당성조사 수행기관은 필요한 경우 조사를 의뢰한 공공기관에 추가적인 자료의 제출을 요청할 수 있다.
(주3) 평가항목별 가중치는 원칙적으로 공공성 30%, 수익성 70%를 적용하되, 사업의 성격을 고려하여 달리 적용할 수 있다.

제23조(예비타당성조사 방법의 특례 등) 기획재정부장관은 제20조 내지 제22조의 규정에도 불구하고 사업의 성격에 따른 특수성을 반영할 필요가 있다고 판단하는 경우 기관장 및 예비타당성조사 수행기관의 장과 협의를 거쳐 분석방법과 평가항목 등을 달리 적용하게 할 수 있다.

(예시) 자원개발을 위한 탐사사업의 경우, 사업의 불확실성이 매우 큰 점을 감안하여 별도의 분석방법을 적용할 수 있다.

제 7 장 타당성재조사

제24조(타당성재조사)

① 기관장은 다음 각 호의 어느 하나에 해당하는 경우에는 타당성재조사를 시행하여야 한다.

1. 예비타당성조사를 거친 사업 중 물가인상분 및 공익사업의 시행에 필요한 토지 등의 손실보상비 증가분을 제외한 총사업비가 사업단계별로 이전단계보다 30%이상 증가한 사업

(주1) 실제 사업비예산으로 편성하지 않지만 예비타당성조사시 총사업비에 포함된 기회비용 등(예: 기보유한 토지 가액)은 타당성재조사 대상사업 판단시 총사업비에 포함하지 아니한다.
(주2) 예비타당성조사 이후 공사입찰 및 계약을 통해 사업을 추진하는 경우, 낙찰 및 계약금액을 변경된 총사업비로 본다.
(주3) 사업단계는 설계단계, 공사단계 등으로 구분할 수 있으며, 설계 또는 공사단계를 거치지 않는 투자사업의 경우 30%이상 투자확대 방침을 정한 시기를 사업단계로 본다.

2. 총사업비 또는 국가의 재정지원금액과 공공기관 부담금액의 합계액이 제3조에 의한 예비타당성조사 대상규모에 미달하여 예비타당성조사를 실시하지 않았으나 사업추진과정에서 예비타당성조사 대상규모 이상으로 증가할 것으로 예상되는 사업
3. 예비타당성조사 대상사업 중 예비타당성조사를 거치지 아니하고 예산이 편성되어 집행중인 사업

(주) 예산이 편성되었으나 아직 집행되지 않은 사업은 제3조에 의한 예비타당성조사를 실시한다.

② 기관장은 제1항에도 불구하고 타당성재조사의 실익이 없다고 판단하는 경우 주무기관의 장 및 기획재정부장관과의 협의를 거쳐 타당성재조사를 실시하지 않을 수 있다.

(예시) 사업내용의 상당 부분이 이미 시공되어 매몰비용이 차지하는 비중이 큰 경우, 재해예방 · 복구지원 또는 안전문제 등으로 시급한 추진이 필요한 경우 등

③ 기관장은 제1항 각호에 해당하는 사유가 발생한 경우 지체없이 사업계획, 사업의 필요성, 타당성재조사 실시 사유 등을 포함한 타당성재조사 계획서를 기획재정부장관과 주무기관의 장에게 제출하고, 제16조에서 지정한 예비타당성조사 수행기관에 타당성재조사를 의뢰하여야 한다.
④ 기관장은 조사완료 후 1개월 이내에 조사결과보고서와 후속 조치계획을 기획재정부장관과 주무기관의 장에게 제출하여야 한다.
⑤ 타당성재조사 방법은 원칙적으로 제6장(예비타당성조사 분석방법)의 규정을 준용한다.

제 8 장 예비타당성조사 결과의 활용

제25조(예비타당성조사 결과의 통보) 예비타당성조사 수행기관은 예비타당성조사가 완료된 경우 지체 없이 그 보고서를 해당 사업의 조사를 의뢰한 기관장 및 기획재정부장관에게 송부하여야 한다.

제26조(예산편성의 연계) 기관장은 예비타당성조사 결과를 반영하여 예산을 편성하여야 한다.

제 9 장 보 칙

제27조(재검토기한) 기획재정부장관은 이 고시에 대하여「훈령 · 예규 등의 발령 및 관리에 관한 규정」에 따라 2018년 1월 1일 기준으로 매 3년이 되는 시점(매 3년째의 12월 31일까지를 말한다)마다 그 타당성을 검토하여 개선 등의 조치를 하여야 한다.

부 칙 〈2018. 12. 27〉

제1조(시행일) 이 지침은 2019년 1월 1일부터 시행한다.

제2조(적용례) 제20조제2항과 제22조 주(2)는 2019년도 1월 1일 이후에 제9조에 따라 예비타당성조사를 신청한 사업부터 적용한다.

부 칙 〈2017. 9. 28〉

제1조(시행일) 이 지침은 2017년 9월 28일부터 시행한다.

부 칙 〈2016. 11. 7〉

제1조(시행일) 이 지침은 2016년 11월 7일부터 시행한다.

제2조(예비타당성조사에 대한 적용례) 이 지침 시행일 이전의 '공기업 · 준정부기관 사업 예비타당성조사 세부시행계획(기획재정부)'에 따라 선정된 예비타당성조사 사업은 동 시행계획의 기준에 따라 예비타당성조사를 시행한다.

제3조(타당성재조사에 대한 적용례) 이 지침 제24조제1항제1호 규정에 해당하는 사업의 타당성재조사는 이 지침 시행일 이전의 '공기업 · 준정부기관 사업 예비타당성조사 세부시행계획'(기획재정부)에 따라 예비타당성조사를 실시한 사업도 포함하여 적용한다.

[별 표]

〈별표 1〉 예비타당성조사 사업계획서 및 면제대상 확인요구서(국내사업)

아래와 같이 예비타당성조사 사업계획서(면제대상 확인요구서)를 제출합니다.

1. 사업 총괄표

○ ○ ○ 기관명

(억원)

사 업 명[1]	구 분 (국내)	사업 규모	사업 기간	총 사 업 비					대상 사업 여부[3]
				합 계	공공[2] (자체)	국 고	지방비	민 간	
○○사업									
○○사업									
○○사업									
○○사업									
합 계									

1 기관의 사업추진 우선순위 순으로 기입

2 제3조의 공공기관 전체 부담금액과 사업시행자인 예타 신청 공공기관 자체부담분을 나누어 기입

3 예타대상사업, 면제사업으로 구분하여 기입 / 대상사업 여부 판단 기준에 대한 근거를 별첨자료를 통해 제시

2. 사업별 설명자료 제출양식

사업명 : ○○○사업

1 사업개요(안)

<table>
<tr><td colspan="2">사업명</td><td colspan="4"></td></tr>
<tr><td colspan="2">총사업비
(자체, 국고)</td><td colspan="2">○○억원
(자 체: ○○ 국고: ○○
지방비: ○○ 민간: ○○)</td><td>사업기간</td><td>○○년~○○년</td></tr>
<tr><td rowspan="3">추진
주체</td><td rowspan="2">주관기관</td><td rowspan="2">○○기관명</td><td>사업추진부서</td><td colspan="2">○○과 (담당자 / 전화번호 / E-mail)</td></tr>
<tr><td>예산부서</td><td colspan="2">○○과 (담당자 / 전화번호 / E-mail)</td></tr>
<tr><td>주무기관
· 지자체</td><td colspan="4">○○부 / ○○과 (담당자 / 전화번호 / E-mail)
지자체 · 기관명 / 담당자 (전화번호 / E-mail)</td></tr>
<tr><td colspan="2">사업목적</td><td colspan="4">○</td></tr>
<tr><td colspan="2">추진경위</td><td colspan="4">○ 추진근거 :
- 관계법령 · 상위계획 · 공약 · 내부지침 등을 구체적으로 명시
- 주관기관의 설립목적에 부합하는지 여부 등 제시
○ 사전절차 추진내용 :
- 관계기관(각 부처 · 지자체 · 공기업 · 기타 민간) 협의과정 및 협의 내용</td></tr>
<tr><td colspan="2">현 추진 단계</td><td colspan="4">○ 기본계획 및 실시계획 수립 또는 승인 여부
○ 타당성조사 시행 여부
○ 재원조달 계획 확정 여부
○ 이사회 또는 위원회 의결 여부 등 기타 사항</td></tr>
<tr><td colspan="2">사업규모</td><td colspan="4">○ 사업내용 : 예정부지 등
○ 사업물량 : 건축사업의 경우 부지규모, 건축규모, 연면적 및 입지선정 사유 등 제시</td></tr>
<tr><td colspan="2">사업추진체계</td><td colspan="4">○ 사업수행주체 : (*공공기관, 지자체, 국가, 민간 등)
○ 사업진행절차 및 일정: (*사업 추진 흐름도 제시)</td></tr>
<tr><td colspan="2">재원조달방식</td><td colspan="4">○ 지원형태 : 출자 · 융자 · 보조 · 정액 지원 등
○ 재원분담 : 자체/국고/지방비/민간 등 구분 (별도 분담기준이 있을 경우 제시)
○ 시설운영비 충당 : 시설의 관리운영계획, 사용료 등 수입 및 지출계획 등</td></tr>
<tr><td colspan="2">향후 진행
절차 및 일정</td><td colspan="4">○ 향후 사업진행절차 및 일정 : (*사업 추진 흐름도 제시)</td></tr>
<tr><td colspan="2">사전용역</td><td colspan="4">○ 조사기관 :
○ 조사기간 :
○ 용역결과 : 경제성 분석(B/C), 수익성지수(PI), 기타 분석결과 등

* 사전용역 수행자료 요약본 별도 첨부 필요
* 용역수행이 없을 경우 '사전용역 미수행' 등으로 명기</td></tr>
<tr><td colspan="2">사업기대효과</td><td colspan="4">○ B/C, 기관수익성 제고효과, 지역경제 파급효과 등 계량화가 가능하도록 기술
○ 사업시행이 환경에 미치는 영향
○ 기타 예상되는 부수적 효과 등을 구체적으로 기술</td></tr>
</table>

2 사업 추진의 필요성

<table>
<tr><td>사업추진의 적시성</td><td>○ 예산요구 예정연도, 사업착수시점, 완공시점 등 적정 사업 추진시기를 설명
※ 국내외 주요 환경변화, 사업 미추진시 예상되는 점 등을 고려하여 사업추진시기의 적절성을 기술
※ 공공기관내 우선순위, 분야별 우선순위 선정 근거가 있을 경우 근거를 제시하고, 구체적으로 설명
※ 추진단계(사업구상, 기본계획, 기본설계, 실시설계 등)</td></tr>
<tr><td>중장기 계획과의 연계성</td><td>○ 타 법령에 의한 계획(국토이용계획, 도시계획 등)과의 부합성, 상위계획에 반영 여부, 기타 관련계획과의 연계성 등</td></tr>
<tr><td>기존 사업과의 차별성</td><td>○ 차별성 또는 연계 추진방안
<table>
<tr><th>구분</th><th>동 사업</th><th>○○사업
(○○기관)</th><th>○○사업
(○○부)</th></tr>
<tr><td>사업목적</td><td></td><td></td><td></td></tr>
<tr><td>추진방법</td><td></td><td></td><td></td></tr>
<tr><td>사업규모</td><td></td><td></td><td></td></tr>
<tr><td>사업위치</td><td></td><td></td><td></td></tr>
<tr><td>기타</td><td></td><td></td><td></td></tr>
</table>
※ 동 사업과 유사한 기존사업이 있을 경우 기존 사업과의 사업목적, 추진방법, 사업규모, 사업위치 등을 비교 · 분석하고 차별성 및 연계추진방안 등을 기술</td></tr>
</table>

3 국고지원의 적합성

<table>
<tr><td>국고지원 요건</td><td>○ 국고지원을 받고자 하는 경우 그 내용 및 사유
○ 자체사업, 국가사업, 지자체사업인지에 대한 사전검토
○ 국고지원이 가능한 법적 근거 · 요건 등 검토
○ 유사사업, 중복 지원 여부, 매칭비율 등 점검
※ 국고지원이 있을 경우에 한함.</td></tr>
<tr><td>중장기 재정운용 계획과의 연계</td><td>○ 중장기 재정운용계획에 반영 여부
○ 기존 재원범위 내에서의 수용 가능성
○ 향후 재원조달방식 등을 구체적으로 기술</td></tr>
</table>

4 소요자원의 규모와 확보방안

<table>
<tr><td>소요 예산</td><td>
○ 소요예산 산출근거 (공종별 · 내역별 사업비 등 상세한 사업비 산출 근거자료)
○ 예산확보방안(예시)
〈소요 예산〉
(단위: 억원)
<table>
<tr><th></th><th>'11</th><th>'12</th><th>'13</th><th>'14</th><th>'15</th><th>'16</th><th>'17</th><th>'18</th><th>'19</th><th>계</th></tr>
<tr><td>자체</td><td></td><td></td><td></td><td></td><td></td><td></td><td></td><td></td><td></td><td></td></tr>
<tr><td>국고</td><td></td><td></td><td></td><td></td><td></td><td></td><td></td><td></td><td></td><td></td></tr>
<tr><td>지방비</td><td></td><td></td><td></td><td></td><td></td><td></td><td></td><td></td><td></td><td></td></tr>
<tr><td>민간</td><td></td><td></td><td></td><td></td><td></td><td></td><td></td><td></td><td></td><td></td></tr>
<tr><td>기타</td><td></td><td></td><td></td><td></td><td></td><td></td><td></td><td></td><td></td><td></td></tr>
<tr><td>계</td><td></td><td></td><td></td><td></td><td></td><td></td><td></td><td></td><td></td><td></td></tr>
</table>
※ 사업에 소요되는 총사업비와 연도별 소요예산, 예산확보 방안, 사업수행기관의 재무안정성 관련 자료를 제출함.
</td></tr>
<tr><td>소요 인력 등</td><td>※ 사업에 소요되는 인력 규모 및 확보방안 제시</td></tr>
</table>

5 지역균형발전 요인

지역낙후도	○ 해당 지역의 재정자립도, 낙후도 등을 기술
지역경제 활성화	○ 향후 지역개발과 지역경제 발전에 기여도 등을 기술

6 사업추진상의 위험요인과 대응방안

민원 · 분쟁 가능성	○ 현재 제기되고 있거나, 제기될 소지가 있는 민원, 소송 등 분쟁 가능성을 기술 ○ 환경에 미치는 부정적 영향 등
지자체 협의	○ 사업 추진과정에서 지자체와의 협의가 필요한 사안이나, 지자체 협의가 어려운 점 등을 기술 ※ 지자체의 지원 또는 운영과 관련이 있거나, 지역에 기반을 두고 있는 사업인 경우에 한함.
민원 및 분쟁 가능성 등 기타 예상되는 문제점	○ 향후 야기될 수 있는 사업 추진상의 애로요인 등 ○ 대응방안

7 사업의 수익성 검토

사업의 재무성	○ 사업 추진으로 인한 예상 현금 흐름 제시 ○ 기관의 예상 사업수익률(ROE, IRR, PI 등) 제시 ○ 기관의 기대 수익률(목표 수익률) 제시 ※ 사업의 재무분석모델 제시
기관의 재무 안정성	○ 기관의 재무 안정성을 파악할 수 있는 기초자료 제시 - 최근 3년간 재무비율(영업이익률, 자기자본순이익률, 이자보상배율, 부채상환계수, 부채비율, 총차입금의존도) 등을 제시

8 예비타당성조사 면제대상 사유(면제대상 확인요구 시에만 해당)

예비타당성조사 면제대상 사유	○ 공공기관의 운영에 관한 법률 제40조제3항 각 호 중 해당하는 호를 기술하고, 판단 근거를 제시

9 수익성 등 분석 생략 필요성(운용지침 제20조제2항 해당시)

수익성 등 분석 생략 필요성	○ 운용지침 제20조제2항의 "공공성이 현저하게 높고 수익성 검토 필요성이 낮은 사업"에의 해당 여부와 그 판단근거를 제시
분석 생략 항목 및 사유	○ 수익성 등 분석을 생략할 필요가 있는 평가항목과 그 판단 근거를 제시

〈별표 2〉 예비타당성조사 사업계획서 및 면제대상 확인요구서(해외사업)

아래와 같이 예비타당성조사 사업계획서(면제대상 확인요구서)를 제출합니다.

1. 사업 총괄표

○ ○ ○ 기관명

(억원)

사 업 명[1]	구 분 (해외)	사업 규모	사업 기간	총 투 자 비					대상 사업 여부[3]
				합 계	국 내			해 외	
					공공[2] (자체)	국 고	민간 기업		
○○사업									
○○사업									
○○사업									
○○사업									
○○사업									
합 계									

1 기관의 사업추진 우선순위 순으로 기입

2 제3조의 공공기관 전체 부담금액과 사업시행자인 예타 신청 공공기관 자체부담분을 나누어 기입

3 예타대상사업, 면제사업으로 구분하여 기입 / 대상사업 여부 판단 기준에 대한 근거를 별첨자료를 통해 제시

2. 사업별 설명자료 제출양식

사업명 : ○○○사업

1 사업개요(안)

<table>
<tr><td colspan="2">사업명</td><td colspan="5"></td></tr>
<tr><td colspan="2">총투자비
(자체, 국고)</td><td colspan="3">○○○억원
(자 체: 자본금 000억원 중 ○○억원,
국고(지방비): ○○)</td><td>사업기간</td><td>○○년~○○년
(○단계 ○년)</td></tr>
<tr><td rowspan="3">추진주체</td><td rowspan="2">주관기관</td><td rowspan="2">○○기관명</td><td>사업추진부서</td><td colspan="3">○○과 (담당자 / 전화번호 / E-mail)</td></tr>
<tr><td>예산부서</td><td colspan="3">○○과 (담당자 / 전화번호 / E-mail)</td></tr>
<tr><td>주무기관
· 지자체</td><td colspan="5">○○부 / ○○과 (담당자 / 전화번호 / E-mail)
지자체 · 기관명 / 담당자 (전화번호 / E-mail)</td></tr>
<tr><td colspan="2">사업목적</td><td colspan="5">○ 해당국가에서 사업을 추진하고자 하는 목적
○ 국내 공공기관이 사업에 참여하고자 하는 목적</td></tr>
<tr><td colspan="2">추진경위</td><td colspan="5">○ 추진근거 :
- 관계법령 · 상위계획 · 국가간 협약 · 내부지침 등을 구체적으로 명시
- 주관기관의 설립목적에 부합하는지 여부 등 제시
○ 사전절차 추진내용 :
- 해당국가의 관계기관과의 협의과정 및 협의 내용
- 사업추진 관계기관(각 부처 · 공기업 · 국내민간 · 해외참여기관)간 협의과정 및 협의 내용</td></tr>
<tr><td colspan="2">현 추진 단계</td><td colspan="5">○ 타당성조사 시행 여부
○ 재원조달 계획 확정 여부
○ 이사회 또는 위원회 의결 여부 등 기타 사항</td></tr>
<tr><td colspan="2">사업규모</td><td colspan="5">○ 사업내용 : 예정부지 등
○ 사업물량 : 발전사업의 경우 시설용량 등 제시</td></tr>
</table>

사업추진체계	○ 사업수행주체 : (*SPC, 공공기관, 국가, 국내민간, 해당국가정부, 해외참여기관) ○ 사업추진구조 : 해외참여기관간 역할 (*사업추진구조도 제시)
재원조달구조	○ 총투자비 : ○○억원 - 총투자비 항목을 제시하고 항목별 투자비 기술 ○ 운영비 : ○○억원(연간 ○○억원) - 시설의 관리운영계획 및 운영비용 조달계획 ○ 재원조달구조와 기관의 참여형태 : ① 총투자비: - 자기자본: 00%, 타인자본 00% ② 기관출자: 자기자본 00%. 0000억원(자본금/차입금으로 구분) ○ 시설운영비 충당 :
투자재원회수	○ 사업의 총투자비 회수방식 : 전력구매계약(PPA)를 통한 전력요금수익을 통한 총투자비 운영비 회수 등 ○ 운영비용 지출 및 회수계획(사용료 수입 등) ○ 자체의 투자비 회수방식 : 배당 · 후순위이자 등
향후 진행 절차 및 일정	○ 향후 사업진행절차 및 일정 : (*사업 추진 흐름도 제시)
사전용역	○ 조사기관 : ○ 조사기간 : ○ 용역결과 : 수익성지수(PI), 기타 분석결과 등 * 사전용역 수행자료 요약본 별도 첨부 필요 * 용역수행이 없을 경우 '사전용역 미수행' 등으로 명기
사업기대효과	○ 기관수익성 제고효과, 향후 해당국가 진출을 위한 전략적 투자 등 기술 ○ 기타 예상되는 부수적 효과 등을 구체적으로 기술

2 사업 추진의 필요성

<table>
<tr><td>사업추진의
적시성</td><td>○ 예산요구 예정연도, 사업착수시점, 완공시점 등 적정 사업 추진시기를 설명
※ 국내외 주요 환경변화, 사업 미추진시 예상되는 점 등을 고려하여 사업추진시기의 적절성을 기술
※ 공공기관내 우선순위, 분야별 우선순위 선정 근거가 있을 경우 근거를 제시하고, 구체적으로 설명
※ 추진단계(사업구상, 기본계획, 기본설계, 실시설계 등)</td></tr>
<tr><td>중장기 계획과의
연계성</td><td>○ 타 법령에 의한 계획과의 부합성, 상위계획에 반영 여부, 기타 관련계획과의 연계성 등</td></tr>
<tr><td>기존 사업과의
차별성</td><td>○ 차별성 또는 연계 추진방안
<table>
<tr><th>구 분</th><th>동 사 업</th><th>○○사업
(○○기관)</th><th>○○사업
(○○부)</th></tr>
<tr><td>사업목적</td><td></td><td></td><td></td></tr>
<tr><td>추진방법</td><td></td><td></td><td></td></tr>
<tr><td>사업규모</td><td></td><td></td><td></td></tr>
<tr><td>사업위치</td><td></td><td></td><td></td></tr>
<tr><td>기타</td><td></td><td></td><td></td></tr>
</table>
※ 해당국가 또는 타 국가에 유사 투자사례가 있을 경우 해당사업들의 사업목적, 추진방법, 사업규모, 사업위치 등을 비교 · 분석하고 차별성 및 연계추진 방안 등을 기술</td></tr>
</table>

3 사업추진상의 위험요인과 대응방안

<table>
<tr><td>국가위험 평가</td><td>○ 해당국가 투자에 대한 위험을 기술 및 평가</td></tr>
<tr><td>사업위험 평가</td><td>○ 입지여건 및 시장여건 등 여건 검토를 통해 사업추진시 발생할 수 있는 위험 기술 및 평가</td></tr>
<tr><td>사업참여기관간
위험배분</td><td>○ 사업참여기관간 위험의 배분과 헷지전략(해당국가와의 실시협약, 주주약정, 금융약정조건 등을 예측한 사업참여기관간 위험배분과 기관의 헷지전략)</td></tr>
<tr><td>민원 및 분쟁가능성 등
기타 예상되는 문제점</td><td>○ 향후 야기될 수 있는 사업 추진상의 애로요인 등
○ 대응방안</td></tr>
</table>

4 소요자원의 규모와 확보방안

<table>
<tr>
<td>소요 재원</td>
<td>
○ 소요예산 산출근거 (공종별 · 내역별 사업비 등 상세한 사업비 산출 근거자료)
○ 예산확보방안(예시)
〈소요 예산〉 (단위: 억원)
<table>
<tr><th></th><th>'11</th><th>'12</th><th>'13</th><th>'14</th><th>'15</th><th>'16</th><th>'17</th><th>'18</th><th>'19</th><th>계</th></tr>
<tr><td>출자기관</td><td></td><td></td><td></td><td></td><td></td><td></td><td></td><td></td><td></td><td></td></tr>
<tr><td>(자체)</td><td></td><td></td><td></td><td></td><td></td><td></td><td></td><td></td><td></td><td></td></tr>
<tr><td>대출기관</td><td></td><td></td><td></td><td></td><td></td><td></td><td></td><td></td><td></td><td></td></tr>
<tr><td>기타</td><td></td><td></td><td></td><td></td><td></td><td></td><td></td><td></td><td></td><td></td></tr>
<tr><td>계</td><td></td><td></td><td></td><td></td><td></td><td></td><td></td><td></td><td></td><td></td></tr>
</table>
※ 사업에 소요되는 총투자비와 연도별 소요예산, 예산확보방안, 사업수행기관의 재무안정성 관련 자료를 제출함.
</td>
</tr>
<tr>
<td>소요 인력 등</td>
<td>※ 사업에 소요되는 인력 규모 및 확보방안 제시</td>
</tr>
</table>

5 사업의 수익성 검토

<table>
<tr>
<td>사업의 재무성</td>
<td>○ 사업 추진으로 인한 예상 현금 흐름 제시
○ 기관의 예상 사업수익률(ROE, IRR, PI, 재무분석모델 등) 제시
○ 기관의 기대 수익률(목표 수익률) 제시
※ 사업의 재무분석모델 제시</td>
</tr>
<tr>
<td>기관의 재무성</td>
<td>○ 출자의 경우 배당 현금 흐름 제시</td>
</tr>
<tr>
<td>기관의 재무 안정성</td>
<td>○ 기관의 재무 안정성을 파악할 수 있는 기초자료 제시
- 최근 3년간 재무비율(영업이익률, 자기자본순이익률, 이자보상배율, 부채상환계수, 부채비율, 총차입금의존도) 등을 제시</td>
</tr>
</table>

6 예비타당성조사 면제대상 사유(면제대상 확인요구 시에만 해당)

예비타당성조사 면제대상 사유	○ 공공기관의 운영에 관한 법률 제40조제3항 각 호 중 해당하는 호를 기술하고, 판단 근거를 제시

7 수익성 등 분석 생략 필요성(운용지침 제20조제2항 해당시)

수익성 등 분석 생략 필요성	○ 운용지침 제20조제2항의 "공공성이 현저하게 높고 수익성 검토 필요성이 낮은 사업"에의 해당 여부와 그 판단근거를 제시
분석 생략항목 및 사유	○ 수익성 등 분석을 생략할 필요가 있는 평가항목과 그 판단 근거를 제시

〈별표 3〉 예비타당성조사 주무기관 의견서 제출양식

[△△△△부]

1. 사업 총괄표

(억원)

공공기관명	사 업 명[1]	구 분 (국내)	사업 기간	총사업비	예타대상 여부[2]	주무기관 의견[3]
○○○	① ○○○사업	국내				
	② ○○○사업	해외				
소 계						
○○○	① ○○○사업					
	② ○○○사업					
소 계						
합 계	합 계					

1 사업추진 우선순위 순으로 기입
2 예타 '대상', '면제' 등으로 구분하여 기입(공공기관 신청 의견)
3 예타 '대상', '면제', '비대상', 'ㅇㅇㅇ분석항목 생략' 등으로 구분하여 주무기관 검토의견 기입

2. 주무기관 검토의견

① ○○○사업

〈 △△부 △△과 담당자명, 전화번호 〉

※ 각 공공기관은 사업계획서 제출전 주무기관과 사전 협의를 진행하고, 동 양식을 주무기관에 전달하여 ㅇ월 ㅇ일까지 기획재정부에 주무기관 의견을 제출해야함을 사전 고지

1 사업개요

□ 사업목적 : 화물부두 신설을 통해 △△화력 석탄사용량(ㅇㅇ만톤/년) 대비 기존 ㅇ개 선석 하역능력(ㅇㅇ만톤/년) 부족 문제 해소

□ 사업내용(부지 약 ㅇㅇㅇ㎡, 건축면적 약 ㅇㅇㅇ㎡)
- ㅇ ○만톤급 ㅇ선석, 선회장 준설 등 접안 및 수역시설(ㅇㅇ억원)
- ㅇ △△하역기, 컨베이어 등 석탄취급설비 ㅇ기(ㅇㅇ억원)
- ㅇ △△발생기 교체 기술지원 용역 : ㅇㅇ억원
- ㅇ △△발생기(길이 ㅇm, 무게 ㅇt) ㅇ대 제작 : ㅇㅇ억원

□ 총사업비: ㅇㅇ억원(자체, 국고, 지방비 등으로 구분)
□ 사업기간: ㅇㅇ년 ~ ㅇㅇ년(ㅇ년)
□ 사업시행주체 : ㈜△△△△

2 추진 근거 및 경과
□ 추진근거
- ㅇ △△법 제ㅇ조 제ㅇ항: "보유부동산 활용사업으로서 대통령령으로 정하는 요건의 어느 하나에 해당하는 사업"
- ㅇ 산업부 "△△△△추진방안('ㅇ년, ㅇ월, ㅇ일, △△위 안건보고)"

□ 추진경과: 사전용역('ㅇ년, ㅇ~ㅇ), △△추진계획 수립('ㅇ년, ㅇ), 'ㅇ년 △△△ 시범 사업(ㅇㅇMw) 세부계획 수립 중

3 공공기관 의견: 예타 대상 / 면제 등
4 주무기관 검토의견: 예타 대상 / 면제 / 예타 비대상 등

※ 판단 근거 및 사유 상세 기술
- 공공기관의 운영에 관한 법률에 따른 면제요건외에는 원칙적으로 예타 대상이나, 사업준비부족, 선결절차 미이행, 사업계획의 구체성 미흡 등의 경우에는 '비대상'으로 분류
- 운용지침 제20조제2항에 따라 분석을 생략할 필요가 있는 항목이 있는 경우, 항목별로 생략 필요성을 구체적으로 기술

〈별표 4〉 예비타당성조사 의뢰서

아래와 같이 예비타당성조사(또는 사업규모의 적정성 조사)를 의뢰합니다.

1. 사업 총괄표

○ ○ ○ 기관명

(억원)

사업명[1]	구 분 국내 · 해외	사업 규모	사업 기간	총 사 업 비						의뢰 유형[3]
				합계	공공[2] (자체)	국고	지방비	민간	해외	
○○사업										
○○사업										
○○사업										
○○사업										
○○사업										
합　계										

1 기관의 사업추진 우선순위 순으로 기입

2 제3조의 공공기관 전체 부담금액과 사업시행자인 예타 신청 공공기관 자체부담분을 나누어 기입

3 예비타당성조사 대상사업, 사업규모의 적정성 조사 대상사업 여부 기재

02 예비타당성 분석

예비타당성조사의 분석에 대해서는 대체로 경제성평가와 분석, 정책성 평가와 분석 및 분석적계층화법의 3단계로 세분화하여 분석을 실시하고 있다.

경제성 평가와 분석은 대상사업의 국민경제적 파급효과와 투자적합성을 조사하는 과정으로서 원칙적으로 비용편익분석(Cost-Benefit Analysis)을 기본적인 수단으로 하고 있다. 편익추정에 있어서는 과거의 경험이나 유사사업 사례 등을 토대로 수요를 추정하고 이를 근거로 경제적 편익을 추정하도록 하고 있다. 비용의 경우 건설비 · 용지보상비 등 시설구축을 위한 비용과 유지관리비 · 시설 개량비 등 시설운영에 따른 비용을 추정하여야 한다.

예비타당성지침에서는 제시하고 있지는 않으나 연구시설 등에 있어서는 연구개발 수행을 위한 소요연구비 규모의 추정이 필요할 것으로 판단된다. 경제적 타당성 분석과 평가를 위해서는 다양한 방법이 존재하며 각각의 장단점이 있으므로 가능한 다양한 방식으로 경제성을 검토하는 것이 필요하다.

이를 위해 우선 비용편익비율(B/C : Benefit Cost Ratio)을 구하여야 하며 이 비율이 1보다 클 경우 경제성이 있다고 분석한다.

사업추진에 따른 비용과 편익을 기준으로 순현재가치(NPV : Net Present Value)를 추정하는 것도 필요하다. 순현재가치란 사업에 수반된 모든 편익과 비용을 기준년도의 현재가치로 할인(discount)하여 총 편익에서 순편익을 제한 값이며 NPV〉0이면 경제성이 있는 사업으로 분석된다.

이와 함께 내부수익률(IRR : Internal Rate of Return)을 계산하는 것도 병행하고 있다. 내부수익률은 편익과 비용의 현재가치로 환산된 값이 같아지는 할인율을 구하는 방법으로 사업 시행 시 순현재가치를 '0'으로 만드는 할인율이다. 내부수익률이 사회적 할인율보다 클 경우 사업이 경제성이 있다고 판단한다.

사업의 경제성 평가와 분석을 위해 고려해야 할 중요한 기준의 하나는 현재가치로 전환시키는 사회적 할인율의 결정이다. 또한 경제성 평가와 분석을 위한 비용편익 산정기간은 교통시설(도로 · 철도 등)과 동일하게 완공 후 30년을 분석기간으로 하고 있다.

정책성 평가와 분석은 경제성 평가 · 분석에는 포함되지 않으나 사업 전반의 타당성조사를 위해 고려해야 하는 제반 평가요소들을 포함하여 검토하는 것을 의미한다. 계량적 분석을 주로 하는 경제성 분석과는 달리 정책성 분석은 계량화하여 비용편익분석 틀 속에서 검토할 수는 없으나 사업의 시행 여부를 결정하는 데 있어 반드시 고려해야할 특성분석을 포함한다.

예비타당성조사에서는 모든 사업에 공통적으로 고려해야 하는 '기본항목'과 '사업 특수평가항목'으로 구분하여 정책성 평가와 분석을 추진하도록 하고 있다.

기본항목에서는 지역경제 파급효과, 지역균형 발전을 위한 낙후도 평가, 정책의 일관성 및 추진의지, 사업 추진상의 위험요인, 국고지원의 적합성 등 매우 다양한 항목이 분석되고 있다.

특히 지역경제 파급효과 분석과 관련, 역산업 연관모형(KDI Multi-Regional Input Model)을 구축하여 해당 사업투자가 생산 · 부가가치 · 고용 · 임금 등 주요 경제지표상에 미치는 영향을 분석하는 점은 특기할 만하다. 특수항목의 경우 개별사업 특성을 반영한 지표를 신축적으로 활용할 수 있도록 하고 있다.

■ 예비타당성 정책성 분석평가기법 비교

중 분 류	세 부 평 가 항 목
지역균형발전	• 지역낙후도, 지역경제 파급효과, 추가 평가항목(선택적)
정책의 일관성 및 추진의지	• 관련 계획 및 정책방향과의 일치성, 사업추진 의지 및 선호도, 사업의 준비정도 • 추가 평가항목(선택적)
사업추진상의 위험요인	• 재원조달 가능성, 환경성, 추가 평가항목(선택적)
사업특수 평가항목	• 추가 평가항목(선택적)

사업타당성 평가와 분석의 최종단계는 경제성 평가 · 분석과 정책성 평가와 분석결과를 종합하여 조사에 참여한 연구팀원들의 의견을 수렴 평가하여 사업의 시행 여부를 판단하는 과정이다. 다기준분석(Multi-Criteria Analysis) 방법의 일종인 분석적계층화법(AHP : Analytic Hierarchy Process)을 활용하여 경제성과 정책성 평가와 분석의 다양한 평가요소들을 주요요소와 세부요소로 구분하여 계층화하고 계층별 요소들에 대한 쌍

대비교를 통해 각 요소와 대안들의 선호도를 척도로 측정, 정량적인 형태로 결과를 도출하는 과정을 갖는다.

이 과정이 중요한 이유는 경제성 분석은 그 결과가 B/C 비율 등 정량적으로 제시되는 반면 지역균형발전 등 정책적 분석에 포함되는 많은 평가항목은 정성적인 요소로서 경제성 분석결과와 연계하기가 어렵기 때문이다.

결론적으로 본 과정을 통해 다수의 정량적 · 정성적 평가항목을 고려하여 경제성이 높으면서도 정책으로 타당한 사업을 식별해 내는 데 의의가 있다.

1 비용편익분석

비용편익분석(benefit-cost analysis)은 정부에 의해 수행되는 갖가지 정책이나 투자사업에 대한 평가를 위해 사용되는 가장 일반적인 분석의 틀로서 정부가 정한 정책목표를 달성하기 위해 사용할 수 있는 여러 가지 정책대안을 수행하는데 소요되는 비용과 그로 인한 편익을 측정하고, 이에 기초하여 최선의 대안을 선택하기 위해 사용되는 기법이다.

따라서 비용편익분석은 환경영향평가 · 경제영향평가 · 규제영향평가 · 비용효과분석 · 환경피해평가 · 환경위험평가와 같은 기타 정책평가기법을 포괄하는 대단히 종합적인 분석기법이라고 할 수 있다.

비용편익분석의 특징으로서는 우선 비용편익분석이 정부의 정책과 투자사업에 대한 평가를 위해 사용되므로 그 구성항목도 역시 국민경제 전체의 관점에서 파악되어야 한다는 점을 들 수 있다.

개별기업이 자신의 투자사업에 대한 평가를 할 경우에는 투자에 소요될 것으로 예상되는 비용과 그로 인해 기대되는 수입을 비교하여, 기대 수입에서 예상 비용을 빼준 기대이윤이 최대가 되는 사업에 투자하고자 할 것이다.

이 경우 기업의 수입과 비용은 어디까지나 기업 자신에게만 귀속되는 사적인 수입과 비용이다. 그러나 비용편익분석에 있어서의 편익과 비용은 환경 질적인 개선이나 오염의 피해와 같은 사회나 국가전체의 관점에서의 편익과 비용에 영향을 주는 요소들을 모두 포함하여야 한다.

비용편익분석의 두 번째 특징은 현실성을 고려한 실무적인 분석수단이라는 점이다. 비용편익분석은 학문적인 관심을 충족하기 위해서 행해지기도 하지만 무엇보다도 가장 효율적인 방법으로 정부의 정책목표를 달성할 수 있는 정책수단을 찾고자 사용되고 있으며, 또한 정부정책을 의회가 승인하는데 필요한 정보를 얻기 위해 사용되기도 한다. 따라서 비용편익분석에는 정책의 실행가능성에 영향을 미치는 여러 사회·경제적, 정치적 요인들이 고려되어야 한다.

결론적으로 비용편익분석은 이와 같은 정부의 공공투자사업을 현명하게 선정하는 데 이용되는 절차와 방법을 다루고 있다. 따라서 비용편익분석은 정책결정자에게 중요한 의사결정수단으로서의 역할을 제공하며, 공공투자사업의 타당성분석(feasibility analysis)의 하나라고 하겠다.

비용편익분석에 의한 정책대안의 평가와 이를 토대로 한 최적 정책대안 선택의 절차는 대략 다음과 같은 다섯 단계로 나누어 볼 수 있다.

① 1단계 : 정책대안의 식별과 분류
② 2단계 : 각 대안들의 편익과 비용의 추정
③ 3단계 : 대인비교기준의 결정
④ 4단계 : 비교기준에 의한 대안의 비교
⑤ 5단계 : 최적대안의 선택

위의 절차는 정책분석에서 최선의 정책수단선택을 위해 행하는 일반적인 분석적·합리적 방법의 절차와 동일하다. 이를 좀 더 구체적으로 살펴보면 다음과 같다.

정책대안의 식별과 분류 정책대안(policy alternative)은 채택 가능한 여러 가지 정책들 하나를 지칭하는 용어이다. 이를 좀 더 구체적으로 보면 일정한 정책목표를 달성하기 위해서 여러 가지 정책수단을 채택할 수 있을 때, 정책목표와 이를 달성하기 위한 정책수단들의 배합 하나하나가 정책대안이다. 예를 들면, 대도시의 교통문제를 해결하는 것을 정책목표로 하여 이를 달성하기 위한 정책수단으로 대중교통수단의 확대를 채택할 수 있을 때 이것이 하나의 정책대안이 되고, 동일한 정책목표달성을 위해서 도로의 신설·확대·포장을 정책수단으로 채택할 수 있을 때 이 목표와 수단의 조합이 또 하나의 정책대안이 된다. 이런 식으로 하나의 정책목표를 위해서 여러 가지 정책수단이 이용된다.

사업수명 결정 최초의 사업투자가 시작되어 투자가 끝나는 시점까지를 말하는데, 비용발생이 계속되는 한 사업이 지속된다고 본다. 사업기간에 따라 편익·비용의 결과가 상당히 달라지므로 사면수명을 결정하는 것은 중요하다. 투자기간과 편익발생기간이 다른 경우가 많은데, 투자를 시작해서 더 이상 편익을 발생하지 않을 때까지를 공공사업의 사업수명으로 보아야 한다.

할인율 및 편익/비용의 시간적 가치측정 공공사업의 타당성 여부는 현재시점에서 평가되어야 하는데, 공공사업의 편익과 비용은 일시에 발생하는 것이 아니라 수년에 걸쳐 발생한다. 따라서 미래의 모든 편익과 비용을 현재가치로 환산해야 하는데, 이는 현재가치로 할인한다는 뜻이며, 이 때 적용되는 이자율을 할인율(discount rate)이라 한다. 할인율은 시간에 대한 선호를 반영시키고 있는 이자율이라 하겠다.

공공사업의 내구기간이 n년이라고 하고 할인율 r을 선택했을 때 비용편익분석에서 순편익($B-C$)의 할인된 현재가치는 다음과 같이 나타낼 수 있다.

$$NPV = \left[\frac{(B-C)_0}{(1+r)^0}\right] + \left[\frac{(B-C)_1}{(1+r)^1}\right] + \left[\frac{(B-C)_n}{(1+r)^n}\right]$$

$$= \Sigma\left[\frac{(B-C)_t}{(1+r)^t}\right] \quad \text{단, } t = 0,\ 1,\ 2,\ \cdots,\ n$$

NPV가 정(正)이면 검토 중인 사업은 채택될 수 있고, 부(負)이면 기각될 것이다. 높은 할인율은 편익이 단기간에 걸쳐 집약적으로 발생하는 단기투자에 유리하고, 낮은 할인율은 장기간에 걸쳐 편익이 발생하는 장기투자에 유리하다. NPV와 같이 공공사업을 평가하고 순위를 결정하는 작업에서 어떤 규모의 할인율을 적용하느냐에 따라서 그 결과가 크게 달라져, 할인율은 어떤 사업의 평가결과에 결정적인 역할을 하게 된다.

편익의 현재가치는 할인계수를 먼저 구하고 이를 발생되는 편익액에 곱하여 줌으로써 계산된다. 할인율(r)의 해당연도(t)에서의 할인계수는 다음의 공식에 의해 구해진다.

$$\text{할인계수} = \frac{1}{(1+r)^t}$$

이 때 t는 사업시작연도인 0부터 마지막 사업연도까지 가능하다. 시간이 흘러감에 따라 할인계수의 크기는 급격히 감소하는데 이는 미래에 발생하는 편익의 현재가치가 그만큼 감소한다는 것을 의미한다. 이처럼 미래에 발생하는 가치를 현재가치로 전환시키는 것을 할인한다고 하는데, 이 때 적용되는 할인율은 이자율의 일종이지만 개념상으로는 이자율과 서로 반대의 의미를 가진다.

할인율 할인율은 미래의 가치를 현재의 가치로 바꾸는데 사용되는 반면, 이자율은 현재의 가치를 미래의 가치로 환산하는데 사용된다. 할인율을 너무 높게 잡으면 순현재가치가 작아지므로 사회적으로 필요한 사업이 불합격 판정을 받을 수 있고, 반대로 너무 낮게 잡으면 불필요한 사업이 타당성 있는 사업으로 평가될 수도 있으므로 적정할인율의 선택은 매우 중요한 과제이다. 할인율 적용에 있어서의 고려해야 할 대상은 다음과 같이 요약할 수 있다.

시장이자율 민간자본시장에서 형성된 시장이자율을 공공사업의 할인율로 사용하는 것이다. 자본시장이 완전 경쟁적이라면 이 때 형성된 시장이자율은 소비자의 시간적 선호가 적절히 반영되고 있으며 동시에 자본이 갖는 한계생산성과도 일치하게 된다. 따라서 완전한 자본시장이 존재한다면 시장이자율을 공공사업의 할인율로 사용하는 데 아무런 문제가 없다.

그러나 현실적으로 자본시장은 불완전하므로 장래에 대한 불확실성 및 위험부담으로 프리미엄이 붙은 이자율이 형성되고 또한 단기 · 장기에 따라 다양한 금리체계를 형성하게 된다. 이런 상황에서 어떤 시장이자율을 할인율로 사용할 것인가를 결정하기 위해서는 우선 시장이자율의 구조가 검토되어야 하며, 또한 여러 가지의 시장이자율을 통합한 적절한 가중평균이자율을 채택해야 할 것인데 실제로 이러한 이자율을 계산한다는 것은 쉬운 일이 아니다.

공채이자율 정부공채이자율은 정부가 발행하는 국공채에 부과된 이자율로서 이것은 정부가 민간부문으로부터 차입하는 차입금에 대해 지불하는 이자율을 뜻한다. 만약 정부가 국공채에 5%의 이자율을 부과하고 국민들이 이 수준의 이자율에서 국공채를 구입하는데 만족한다면 이는 다르게 표현해서, 정부가 공공사업을 추진하여 최소한 5%의 수익을 달성한다면 국민들은 아무런 불평 없이 이에 만족할 수 있다는 의미가 된다.

따라서 이러한 의미에서 정부의 국공채 이자율이 국민들에게 받아들여질 수 있는 수준이라면 이를 공공투자사업의 할인율로 채택할 수 있을 것이다. 정부국공채는 위험부담이 전혀 없으므로 정부국공채이자율이 투자수익률 측면에서 최소한의 대안으로 간주될 수 있다.

기업할인율 기업할인율은 한 기업이 자신의 잠재적 투자사업을 평가할 때 사용하는 할인율을 가리킨다. 기업할인율은 투자사업에서 최소한 기대되어야 하는 수익률에 위험부담률 및 기업이 부담하는 세금까지도 포함시키는 것이 일반적이다.

이와 같은 기업할인율을 공공투자사업에서의 할인율로 사용하고자 하는 이유는 자원의 효율적 사용이라는 측면에서 공공투자도 민간기업 투자와 경쟁적인 것으로 간주되어야 하고, 공공투자도 민간기업 투자만큼 수익률을 올려야 타당성이 있게 된다는 논리에 근거하고 있다. 이는 공공투자에서 자본의 기회비용을 강조하는데서 유래된 것이다.

사회적 할인율 사회적 할인율은 개인을 사회의 한 구성원으로 파악하고 이들 구성원들의 경제적 행태에 의해 할인율이 결정된다고 보는 것이다.

사회적 할인율이란 과연 무엇이고 어떻게 결정되느냐에 관해서는 그 동안 학계에서 많은 연구와 논란이 있어 왔다. 사회적 할인율의 개념을 거시경제이론적인 시각에서 살펴보면 한 국가나 사회의 투자와 저축간의 적정배합을 통해 사회적 할인율이 도출된다.

투자와 저축은 소득의 일정량으로 고정되어 있고 그래서 균형 상태에서는 자본의 성장률은 소득의 성장률에 일치되고 나아가서 소득의 균형성장률은 노동의 성장률과 같아지게 된다. 한 나라의 경제가 이러한 상황에 있을 때 진정한 사회적 할인율은 소득의 균형성장률, 즉 노동인구의 성장률이 된다.

대안의 분석기준 설정 비용편익분석에서 대안을 분석하는 기준으로는 비용변제기간 · 순평균수익률 · 순현재가치(NPV) · 비용편익비율(B/C ratio) · 내부수익률(IRR) 등이 있는데, 주로 순현재가치(NPV)와 비용편익비율(B/C ratio) 그리고 내부수익률(IRR)이 주로 이용된다.

비용변제기간 이 기준에 따르면 사업의 총비용을 가장 짧은 기간에 변제할 수 있는 사업이 가장 우선적으로 선정된다. 이 기준은 사업을 선정하는데 할인율을 적용시킬 필요가 없는 상황에서 주로 사용되며, 민간 기업에서 단기사업의 경우 고려되고, 과거 사회주의 국가에서 주로 사용되었다.

순평균수익률 순평균수익률(net average rate of return)이란 사업의 전 기간에 걸쳐 발생하는 순편익의 합계를 편익이 발생하는 사업기간 연수(年數)로 나눈 것을 의미한다. 이 기준은 사업의 총 연한을 중요하게 고려하는데, 장기에 걸쳐 편익이 발생하는 공공사업에 적용시키는 데에는 한계가 있다.

순현재가치(NPV) 순현재가치(net present value)란 투자사업의 전 기간에 걸쳐 발생하는 순편익의 합계를 현재가치로 환산한 갑을 의미한다. NPV 〉 0인 경우, 그 사업은 경제적으로 타당성 있다고 평가된다.

순현재가치기준은 비용편익분석에서 가장 널리 사용되는 보편적인 기준이지만 이 기준에 전적으로 의존하는 것은 문제가 있다. 이 기준은 대규모 사업이 소규모 사업에 비해 순현재가치가 크게 발생하게 되어 대규모사업이 통상 유리하게 평가된다는 문제점을 지닌다.

비용편익비율(B/C ratio) 비용편익비율 기준은 B/C ratio가 높은 사업일수록 경제적 타당성이 높은 것으로 평가하는 기준이며 다음 산식에 의하여 나타낼 수 있다.

$$B/C = \sum B_t / (1+r)^t / \sum C_t / (1+r)^t$$

$t = 0,\ 1,\ 2,\ \cdots\ ,\ n$

이 경우 B/C ratio 〉 1이면 사업은 타당성이 있다고 평가된다. 소규모 사업이 상대적으로 높은 B/C ratio를 갖게 되는 경우가 많다는 문제점을 지닌다.

내부수익률(IRR) 내부수익률(IRR : Internal Rate of Return)은 투자사업이 원만히 진행된다는 전제하에서 기대되는 예상수익률로서 투자사업의 전 기간에 걸쳐 발생하는 편익의 현재가치와 비용의 현재가치를 일치시켜 순현재가치(NPV)가 0이 되게 하는 어떤 할인율이다. IRR 〉 rs(rs＝사회적 할인율)이 되면 통상적으로 그 사업은 타당성이 있는 것으로 평가된다.

이때의 사회적 할인율(rs)은 사업평가자의 입장에서 그 사업을 통해 얻어야 한다고 느끼는 최소한의 수익률(cut-off rate)을 의미한다. 내부수익률 기준이 사업평가에 널리 사용되는 이유는 내부수익률을 계산하는 데 있어 순현재가치(NPV) 기준과 달리 사회적 할인율을 몰라도 그 계산이 가능하기 때문이다.

내부수익률은 일종의 이익률 개념이므로 내부수익률이 높을수록 사업의 타당성도 그만큼 높아진다. 따라서 여러 개의 사업들 가운데서 우선순위를 결정할 때에도 내부수익률이 높은 순서대로 선택하면 된다. 그러나 이것은 어디까지나 여러 사업들이 서로 독립적인 관계를 가지고 있는 경우에만 허용될 수 있는 기준이다. 사업들이 상호배타적인 관계를 가지고 있을 때에는 내부수익률의 크기에 따라 사업을 선정하는 방법은 옳지 못하다.

상호배타적인 사업에 있어서는 사업들의 내부수익률을 계산하여 이를 직접 비교하는 것은 아무런 의미가 없다. 내부수익률은 어떤 사업이 성질상 사업의 초기에 많은 비용이 투입되고 어느 정도의 편익기간이 지난 후 다시 대규모 비용이 발생하는 경우 두개로 계산될 수 있고, 예산상 제약이 있거나 사업 간의 상호배타적인 관계가 있을 때에는 직접적으로 적용할 수 없다는 취약점을 가진다.

■ 예비타당성 경제성 분석평가기법 비교

분석기법	판 단	장 점	단 점
편익/비용비율 (B/C)	B/C≥1	• 이해용이, 사업규모 고려 가능	• 상호배타적 대안선택의 오류 발생 가능
순현재가치 (NPV)	NPV≥0	• 대안선택 시 명확한 기준 제시 • 장래발생편익의 현재가치 제시 • 타 분석에 이용가능	• 장래발생편익의 현재가치 • 이해의 어려움 • 대안 우선순위 결정시 오류발생 가능
내부수익률 (IRR)	IRR≥r	• 사업의 수익성 측정가능 • 타 대안과 비교가 용이 • 평가과정과 결과 이해가 용이	• 사업의 절대적 규모 고려하지 않음 • 복수의 내부수익률 가능

비용편익분석의 한계 비용편익분석은 유용한 정책의사결정의 분석도구이지만 이 또한 많은 문제점과 한계를 가지고 있다. 가장 심각한 문제가 정보획득의 문제이다. 아무리 정교한 분석기법을 개발하였어도 정보가 불충분하고 부정확하다면 의미 있는 결과를 도출하는 것이 불가능해진다.

비용편익분석의 또 다른 중요한 한계는 분석자체가 많은 비용과 시간을 수반한다는 것이다. 현실적인 정책의사결정은 많은 경우 긴급하게 이루어져야 하는데, 통상의 비용편익분석은 흔히 수개월 내지는 수년까지의 시간을 요구하며 이에 막대한 예산과 인력을 수반하는 것이다.

비용편익분석을 실제로 수행하는 분석전문가들의 전문성이 절대로 중요하지만 이에 못지않게 정책결정권자들도 비용편익분석의 원리 등에 대해서 상당한 이해가 있어야 한다. 그렇지 않으면 분석과정에 정치적 이해관계가 개입될 수 있고, 정책결정권자의 편견이나 정실 · 부정 등이 개입될 여지가 있는 것이다.

아무리 분석을 철저히 잘 했다고 하더라도 정책결정권자의 이에 대한 이해가 부족하면 그 분석은 무용지물이 되고 만다. 우리나라를 비롯한 많은 국가에서 예산과 관련된 각종 공공사업에 대한 타당성 평가가 제도적으로는 비교적 원만하게 이루어지는 것처럼 되어 있으면서도 사실상 제대로 이루어지지 않고 있는 이유는 이상에서 말한 여러 가지 제약요인들 때문이다.

따라서 비용편익분석에 대하여 개선되어야 할 사항을 다음과 같이 요약해 본다.

장래수요에 대한 정확한 예측 정부에 의해 제공되는 주요 서비스들의 장래수요에 대하여 정확한 예측이 선행되어야 한다. 정확한 수요예측은 공공투자사업의 규모를 적정하게 결정토록 하는 데 필수적이며 불필요한 과다투자가 일어나지 않도록 도와준다. 그러나 부정확한 수요예측 아래에서 이루어진 비용편익분석의 결과는 공공자금의 낭비를 초래하고 나아가서 민간부문의 생산 활동까지 위축시키는 부정적인 효과를 가져다 줄 것이다.

목표를 달성할 수 있는 가능한 모든 대안제시 정부가 어떤 명확한 정책목표를 가지고 특정한 공공서비스를 제공하고자 할 때 이 목표를 달성할 수 있는 대안들을 가능한 한 모두 제시하고 이들 각각에 대하여 철저한 검토가 이루어지도록 하는 노력이 필요하다. 자칫 시간과 예산에 쫓겨 한 가지의 대안만을 가지고 타당성을 검토하려고 하는 경향이 있는데 이는 대단히 위험하며 성급한 판단을 내릴 가능성이 높다.

사회영향분석의 활성화 비용편익분석에서는 여러 가지 정보수집의 어려움 때문에 각종의 사회영향분석을 소홀히 하기가 쉽다. 그러나 이러한 사회영향분석들은 가능한 자료수집의 범위 내에서 최선을 다해 그 효과를 규명하는 노력이 필요하며, 계량적 분석접근이 어려울 때에는 비계량적 분석이라도 충실히 해야 할 것이다. 특히 최근에는 환경에 대한 영향평가가 주요 관심사가 되고 있으므로 환경을 보호한다는 이유에서도 환경영향분석에 최선의 노력을 다해야 할 것이다.

2 비용효과분석

비용편익분석은 공공사업의 비용과 편익이 모두 화폐가치로 측정되고, 양자의 크기를 NPV나 B/C ratio 등과 같은 동일한 기준으로 비교할 수 있는 것을 전제로 하고 있다. 그러나 현실의 공공사업 중에는 비용과 편익이 모두 화폐가치로 측정되고 양자의 크기를 동일한 기준으로 비교할 수 있는 분야가 많지 않기 때문에, 이런 경우에는 비용편익분석 방법으로 대안을 비교 · 평가하기가 힘들어진다. 이때에 이용될 수 있는 것이 비용효과분석이다.

비용효과분석의 필요성 비용과 편익항목들이 제대로 분류되고 측정되지 못한다면 비용편익분석은 무용지물이 되고 만다. 그런데 경제적 편익의 측정이 거의 불가능한 경우가 생기며, 특히 사회정책사업(social project)에서 이런 경우를 자주 발견하게 된다. 이러한 상황에서 사용되는 방법이 비용효과분석이다.

비용효과분석에서 가치측정이 전적으로 배제되는 것은 아니다. 비용은 비용편익분석에서와 똑같은 개념과 절차에 따라 추정되어야 한다. 다만 효과를 측정할 때 화폐단위보다는 물리적 단위를 사용하여 측정하게 된다.

비용효과분석은 첫째, 목표(효과)가 알려지고 주어져 있다고 할 때 이 목표를 달성하는데 가장 적은 비용이 들어가는 대안을 선택하는 방법이다. 둘째, 예산(비용)이 주어져 있다고 할 때 이 예산 아래에서 목표를 최대로 달성하게 하는 대안을 선택하는 방법 중 한 가지 방법에 의해서 행해진다.

첫 번째 방법을 택한다면 각 대안의 비용 · 효과비율을 계산하여 이 비율이 가장 낮은 대안을 택해야 할 것이며, 두 번째 방법을 택한다면 각 대안의 효과 · 비용비율을 계산하여 이 비율이 가장 높은 대안을 택하는 것이 원칙이다. 비용효과분석에서 서로 다른 목표를 가지고 있는 사업들에 대해서는 이를 비교, 평가할 방법이 없다.

의사결정기준 비용효과분석에 있어서의 의사결정기준을 몇 가지로 나누어서 살펴보면 다음과 같다.

한 개 사업의 채택 여부 한 개 사업의 채택 여부는 그 사업의 비용 · 효과비율이 정책결정자의 지불의사(WTP)와 어느 정도 차이가 나느냐에 달려있다. 만약 그 비율이 WTP보다 낮거나 최소한 같으면 사업은 채택된다.

독립적인 사업들 중 몇 개 선택 예산제약이 없는 경우에는 독립적인 사업들 중 각각 비용·효과비율에 따라 순위를 매길 수 있는데, 이 경우 정책결정자의 WTP가 어느 정도인가에 따라 1순위라도 비용·효과비율이 WTP보다 높으면 선택될 수 없고 마지막 순위라도 WTP보다 낮으면 그 사업과 선순위 사업들은 선택된다. 반대로 예산제약이 있는 경우에는 예산의 범위 내에서 비용·효과비율이 가장 낮은 사업부터 순차적으로 높은 사업을 채택하면 될 것이다. 물론 이 때에도 비용·효과비율이 정책결정자의 WTP보다 높지 않아야 함은 당연하다.

상호배타적인 사업들 중 하나를 선택 상호배타적 사업의 경우 각 대안의 독자적인 비용/효과 비율을 비교하는 것은 의미가 없다. 이 경우 한계적 비용/효과 비율을 비교해야 하는데, 한계적 비용/효과 비율은 'with 對 without'의 상황에서 계산되는 것과 같은 개념에 해당된다. 한계적 비용/효과 비율은 아래와 같이 구해진 값을 가지고 어느 대안을 선택하느냐는 앞의 경우와 마찬가지로 정책결정자의 WTP에 달려있다.

$$\text{한계적비용/효과비율} = \frac{\text{연속되는 사업(정책)간의 비용 변화 분}}{\text{연속되는 사업 (정책)간의 효과 변화 분}}$$

의존적인 사업들 중 몇 개를 선택 예산제약이 없는 경우 가장 단순한 의사결정기준은 한계적 비용·효과비율이 정책결정자의 WTP보다 낮은 한 조합 가능한 사업의 조합들을 모두 선택하는 것이다. 그러나 예산제약이 있는 경우에는 한계적 비용·효과비율이 정책결정자의 WTP보다 낮은 한 예산의 범위 내에서 가능한 사업의 조합들이 어떤 것인가를 확인하여 그것을 선택하는 것이다.

대안분석 의사결정기준에 따른 대안분석은 최소비용기준 대안분석과 최대효과기준 대안분석으로 나누어 생각해 볼 수가 있다.

최소비용기준 대안분석 최소비용으로서 일정 수준의 효과수준을 정해 놓은 다음에 이 수준에 도달하는 몇 개의 대안들의 비용을 비교하여 이 중에서 가장 작은 비용의 대안을 선정한다. 예를 들면 과다한 교통량을 해소하기 위한 동일한 효과를 위해서 동일한 지역을 통과하는 두 가지의 도로 중에서 건설비용이 적게 드는 도로를 선택하는 것이다.

최대효과기준 대안분석 최대효과로서 비용의 최고 한도를 정해 놓고, 이 비용한계를 넘는 것은 제거하고 나머지 가운데서 최대효과를 발휘하는 대안을 택한다. 또는 비용이 동일한 대안이 여럿이면 이 중에서 효과가 가장 큰 대안을 선정한다.

비용편익분석과 비용효과분석의 비교 비용편익분석과 비용효과분석을 비교하면 다음과 같다.

비용효과분석이 적합한 경우 비용효과분석은 편익을 화폐적 단위로 측정할 수 없는 그런 사업들을 평가하는 데 있어서는 매우 유요한 분석기법이다. 또한 실제로 많은 정부사업을 평가하는 데 비용편익분석보다도 비용효과분석을 더 많이 활용하기도 한다.

비용효과분석에서는 비용과 효과가 서로 다른 단위로 측정되기 때문에 총효과가 총비용을 초과하는지의 여부에 대한 직접적인 증거는 제시하지 못한다. 그러나 한 공공사업이 달성해야 할 효과수준이나 지출할 수 있는 자원의 한도가 확정되어 있을 경우에는 비용효과분석은 대안선택의 복잡성을 감소시킬 수 있는 적절한 방법이 될 수 있다.

비용편익분석이 적합한 경우 정책판단을 위한 정보를 더 많이 제공해줄 수 있는가라는 측면에서는 비용편익분석이 더 적실하다. 그리고 비용편익분석은 경제적 효율성을 측정하고 있는 반면, 비용효과분석은 경제적 효율성에 관해서는 아무런 정보를 제공하지 못하고 있다.

비용효과분석은 사업에 투하된 자원이 어느 정도 효과를 내고 있느냐를 밝히는 것이 주목적이며 자원배분에 대한 사회구성원의 사회적 선호(social preference)를 측정하지는 않는다. 따라서 어떤 대안에서 자원이 가장 효율적으로 사용되고 있는가에 대해서는 비용효과분석만으로는 아무런 결론을 내릴 수 없음을 인식해야 할 것이다.

양자의 접목 비용효과분석과 비용편익분석을 적절히 함께 사용함으로써 정부사업을 더욱 정확하게 평가할 수 있다. 예를 들어, 환경문제가 내포된 정부의 여러 사업들을 평가하는데 있어서 비용편익분석을 우선적으로 실시한 후 여기서 합격된 사업들에 대하여 비용효과분석을 행하여 최종적인 선택이 이루어지게 함으로써 최선의 결과를 얻도록 하는 것이다. 경우에 따라서는 비용효과분석을 먼저 실시하여 여기서 도출된 정보에 따라 대안별 비용효과분석을 행하는 것도 무방할 것이다.

3 민감도분석

불확실성하에서 위험 발생의 경우에 대비하여, 가정의 변화에 따라 달라지는 대안들의 결과를 알려주어 제대로 평가할 수 있게 해주는 분석으로, 미래에 발생할 수 있는 다양한 변동 상황이 사업에 어떠한 영향을 미치는가를 분석하는 것을 민감도분석(sensitivity analysis)이라고 한다.

민감도분석은 각각의 가정변수(입력변수)들이 예측변수(결과변수)에 미치는 영향력에 대한 정보를 제공해 준다. 시뮬레이션이 수행되는 동안 크리스탈 볼은 모든 가정변수와 예측변수 간의 순위상관계수를 계산하여 민감도를 분석하여 이를 차트로 보여준다.

상관계수는 예측변수와 가정변수 간의 상관관계의 정도를 나타내는 수치로 만약 가정변수와 예측변수가 높은 상관계수를 갖는다면 가정변수가 예측변수에 대해 유의한 영향력을 갖는다는 것을 의미하고, 양의 상관관계는 가정변수가 증가함에 따라 예측값도 증가한다는 것을 의미한다.

반대로 음의 상관관계는 가정변수가 증가함에 따라 예측값이 감소함을 의미함으로 상관계수 값이 크면 클수록 더 강한 상관관계를 갖게 된다. 크리스탈 볼의 민감도차트는 가정변수가 예측변수에 미치는 영향력의 크기에 따라서 순차적으로 표시한다. 또한 영향력의 정도를 막대 또는 파이 차트로 보여준다.

민감도분석으로 가정변수가 예측변수에 어느 정도의 영향력을 갖는지 알 수 있으며 보다 현실적인 스프레드시트 모델을 구축할 수 있다. 또한 가정변수들이 모델에 어떠한 영향을 미치는지 알게 됨으로써 결과의 정확도를 증가시킬 수 있다.

민감도분석의 목적 공공사업을 운영하는 과정에서 예기치 못한 변동 상황이 발생하며 각종의 위험요소들이 도사리고 있다. 이는 그만큼 미래의 불확실성이 존재하고 있다는 것을 의미한다. 따라서 공공사업에 대한 타당성을 사전에 평가할 때 이와 같은 변동 상황을 미리 고려하여 이것이 공공사업의 성패에 어떠한 영향을 미치는가를 분석하여, 그 분석결과가 최종결정권자의 사업 선택에 관한 최종판단에 도움을 줄뿐만 아니라 사업의 성공적 집행을 위한 사전예방조치를 강구하도록 하는 계기를 줄 수 있다.

민감도분석의 접근방법 민감도분석을 위한 접근방법에 대한 구체적인 접근방법에 대해서 알아보기로 한다.

주관적 예측 주관적 예측이란 장래에 발생할지도 모를 변동 상황을 주관적인 느낌으로 예측하고 판단하는 것으로 가장 신속하고 간편한 접근방법이라 하겠다. 이와 같은 판단은 분석전문가의 경험과 감각에 의존하는 경우가 많다. 그런데 이러한 예측, 판단은 공식적인 계산과정을 통해 도출되는 것이 아니라 순전히 주관적 · 경험적 판단에 의해 도출된다.

선택적 민감도분석　　선택적 민감도분석이란 객관적인 검토과정을 거쳐 이루어지는 것으로 여러 가지 가능성 있는 변동상황 가운데서 중요한 상황들을 선택하고 이들의 변화가 사업의 NPV와 IRR에 어떻게 영향을 미치는가를 밝혀내는 방법이다.

이 방법에서는 첫째로 산출물의 가격 · 산출량, 둘째로 투입물의 가격 · 산출량, 셋째는 시설의 가동률, 넷째로 공사기간이나 혹은 시설가동률을 목표수준까지 끌어올리는 데 소요되는 시간 등에 대해 심층분석이 이루어져야 한다.

① 민감도지수 : 민감도 지수는 '내부수익률의 %변화/관련변수의 %변화폭'으로, 민감도지수가 클수록 내부수익률에 민감하게 영향을 주게 된다.
② 전환 값 : 전환 값이란 사업의 NPV를 0으로 만드는 어떤 변수의 변화 분을 백분율(%)로 나타낸 값을 말한다. 사업이 성공적으로 완성되기 위해서는 순현재가치의 값이 최소한 0보다 커야하는 바, 주요변수들의 변화폭을 어느 정도까지 감수할 수 있는가를 밝혀주는 것이 전환 값의 역할이라 하겠다.

$$\text{SI(민감도 지표 또는 민감도 지수)} = \frac{\text{IRR(내부수익률)의 변동률}}{\text{특정변수의 변동률}}$$

일반적 민감도분석　　일반적 민감도분석은 사업의 NPV 또는 IRR에 영향을 미칠 수 있는 주요변수들의 변화가 실제적으로 일어날 수 있는 가능성을 모두 나열하고 그 가능성 하나하나에 대해 확률을 부여함으로써 장래에 발생하는 여러 상황을 종합적으로 정리 분석하는 방법이다.

예컨대 선택적 민감도분석에서는 몇 가지 선택된 주요변수들의 변화상황으로 범위를 제한하고 이에 대한 민감도를 계산하는 것이라면, 일반적 민감도분석에서는 주요변수가 10개이고 변화될 수 있는 상황이 3가지라면 총 310가지의 변화상황을 모두 고려하여 이의 효과 및 이에 상응하는 확률을 배분하는 접근방법을 택한다. 따라서 일반적 민감도분석은 사업효과에 대한 확률분석이라고 하겠으며 일종의 위험분석(risk analysis)이라 하겠다.

학술적인 정의를 가지고 양자를 구별한다면, 위험은 비록 주관적인 판단이지만 어떤 의미 있는 확률을 배정할 수 있는 상황을 의미하는 반면, 불확실성이란 이와 같은 확률을 배정하는 것조차 불가능한 상황을 의미한다. 물론 위험과 불확실성 모두가 분석가의 주관적 판단에 의해 설정되는 상황이지만 대체로 불확실성의 상황이 위험상황보다 더 많은 추측이 요구되는 상황이라 할 수 있다.

예를 들어, 어느 연도의 우리나라 강수량에 대한 예측은 위험상황에 해당하는 것인 반면 남북관계에 대한 예측은 불확실성의 상황이라고 볼 수 있다. 그렇다고 불확실성의 상황에 대해서는 민감도분석을 할 수 없는 것은 아니다. 다만 분석이 그만큼 어렵고 애매해질 수밖에 없어 정밀도가 뒤떨어질 수 있다.

민감도분석의 수준 민감도분석의 수준에 관한 어떤 일반적인 규칙은 없으나 경제이론상의 '효율성 규칙(efficiency rule)'을 적용시켜 볼 때 다음과 같은 설명이 가능하다.

① 비용편익분석의 절차가 사업목표의 설정 및 구체적 대안 마련
② 각 대안에 대한 비용과 편익의 분류 확인
③ 비용과 편익의 측정 및 수익성 도출
④ 민감도분석
⑤ 최종선택 및 보고서 작성

효율성규칙이란 위의 5단계 절차에 대하여 예산을 배정할 때 한 절차에 배정한 달러의 한계가치가 다른 절차에 배정한 달러의 한계가치와 일치하도록 하고 그래서 전체 비용편익분석의 총가치가 최대로 증가될 수 있도록 자금을 배분해야 한다는 것이다.

민감도분석의 수준을 결정하는 데 있어서 효율성 규칙을 반드시 적용시켜야 한다는 절대성은 없다. 다만 분석전문가들은 정책결정자가 원하는 수준과 예산사용의 효율성 등을 고려하여 가장 합당한 분석의 수준을 결정하면 족할 것이다.

주어진 조건을 기반으로 투자안에 대한 경제적 타당성 분석이 끝나면 각 조건을 변경해서 살펴보는 민감도분석(sensitivity analysis, what-if analysis)을 수행한다. 민감도분석은 하나 또는 그 이상의 독립변수가 변화함에 따라 종속변수가 어떻게 반응하는지를 분석하는 관리기법으로서, 할인율에 대한 민감도분석과 비용 및 효익에 대한 민감도분석으로 나누어 구성한다.

할인율에 대한 민감도분석 결과는 다음과 같이 나타난다.

■ 할인율에 대한 민감도분석 결과

할인율	NPV(USD)	BC ratio
9%	389,990,072	6.54
10%	332,666,150	5.78
11%	285,146,195	5.13
12%	245,528,121	4.59
13%	212,309,422	4.12
14%	184,298,196	3.73
15%	160,544,924	3.39

비용 및 효익에 대한 민감도분석 결과는 다음과 같이 나타난다. 비용의 경우 비용이 10% · 20% 증가했을 경우 또는 10% · 20% 감소했을 경우 NPV · BC ratio와 IRR이 어떻게 변화하는지를 표시한다.

■ 비용 및 효익에 대한 민감도분석 결과

민감도 분석 항목		NPV(USD)	BC ratio	IRR
비용일정	효익일정	245,528,121	4.59	32.89%
비용증가(10%)	효익일정	238,683,898	4.17	28.49%
비용증가(20%)	효익일정	231,839,674	3.82	25.02%
비용감소(10%)	효익일정	252,372,344	5.10	38.69%
비용감소(20%)	효익일정	259,216,568	5.73	46.67%
비용일정	효익증가(10%)	276,925,156	5.05	38.00%
비용일정	효익증가(20%)	308,322,192	5.50	43.70%
비용일정	효익감소(10%)	214,131,086	4.13	28.06%
비용일정	효익감소(20%)	182,734,050	3.67	31.82%
비용증가(10%)	효익감소(10%)	207,286,862	3.75	24.34%
비용증가(20%)	효익감소(20%)	169,045,603	3.06	23.02%
비용감소(10%)	효익증가(10%)	283,769,380	5.61	45.00%
비용감소(20%)	효익증가(20%)	322,010,639	6.88	63.53%

최적대안 제안 최적대안의 제안은 정책분석가가 정책결정자에게 분석결과 최선의 대안으로 판명된 최적의 대안을 제안하는 것을 말한다.

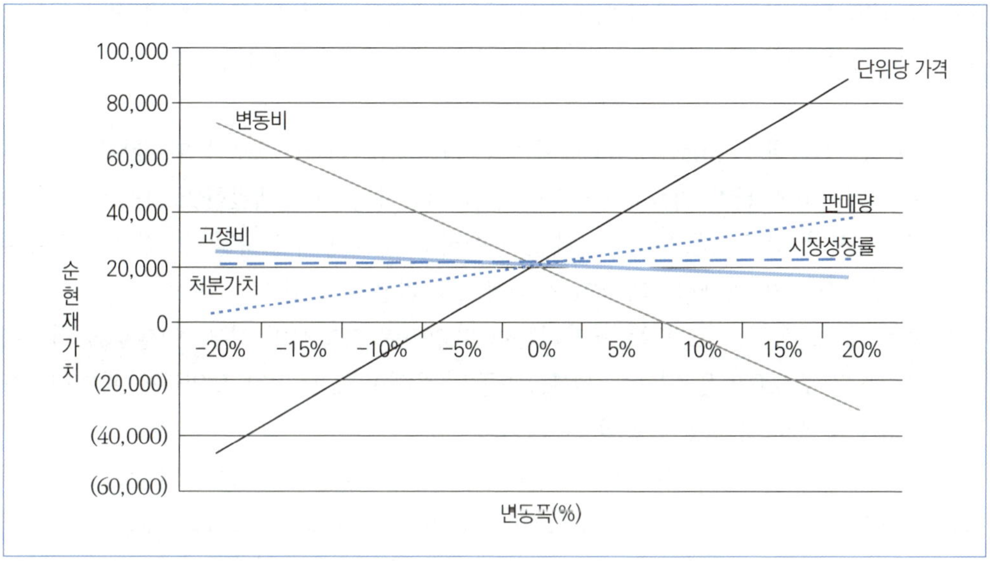

▲ 민감도 분석 (Sensitivity Analysis) 예시

4 AHP 분석

AHP는 Analytic Hierarch Process의 약어로 계층분석과정 또는 계층분석방법이라고 불린다. AHP는 의사결정의 계층구조를 구성하고 있는 요소간의 쌍대비교를 통해 평가자의 지식·경험 및 직관을 포착하는 의사결정방법론 중 하나이다. 즉 의사결정의 전 과정을 여러 단계로 나눈 후 이를 단계별로 분석 해결함으로써 최종적인 의사결정에 이르는 방법이라고 할 수 있다.

즉 AHP는 다수의 대안에 대하여 다면적인 평가기준과 다수 주체에 의한 의사결정을 위해 설계된 방법이다. 의사결정자의 직관적·합리적 또는 비합리적 판단을 근거로 정량적인 요소와 정성적인 요소를 동시에 고려함으로써 의사결정문제의 해결을 위한 포괄적인 틀을 제공해준다.

AHP의 과정은 우선 직면한 의사결정 문제를 구성하고 있는 모든 요소를 나열한다. 그 요소로는 의사결정의 목적·대안·그 대안을 평가할 수 있는 기준 등이 있다. 이러한 요소들을 계층의 형태로 만든다. 이후 그 계층을 구성하고 있는 요소들 간 1 대 1로 쌍대비교를 한다.

비교결과를 선형대수학의 고유벡터법을 이용하여 요소들의 가중치를 구한다. 마지막으로 각 레벨에서 구한 요소들의 가중치를 상위레벨에서 하위레벨로 곱하게 되면 의사결정대안의 최종가중치가 구해진다. 이를 토대로 의사결정을 내리게 된다.

AHP는 1970년대 Pennsylvania 대학의 Thomas L. Saaty 교수가 미 국무부의 무기통제 및 군비축소에 관한 의사결정의 비능률을 개선하기 위해 개발하였으며, 인간의 사고체계와 유사한 접근방법으로서 문제를 분석하고 분해해 구조화할 수 있다는 점에서 공공부문투자사업의 의사결정과정에 적극적으로 활용되고 있다.

AHP는 의사결정의 목표 또는 평가기준이 다수이며 복합적인 경우, 이를 계층화하여 주요요인과 그 주요요인을 이루는 세부요인들로 분해하고, 이러한 요인들을 쌍대비교를 통해 중요도를 산출하는 분석방법이다.

AHP는 다수의 속성들을 계층적으로 분류하여 각 속성의 중요도를 파악함으로써 최적대안을 선정하는 기법으로 정의할 수도 있다. AHP는 의사결정요소들의 속성과 그 측정척도가 다양한 다기준 의사결정문제에 효과적으로 적용되어 의사결정자가 선택할 수 있는 여러 가지 대안들을 체계적으로 순위화를 시키고, 그 가중치를 비율척도로 도출하는 방법을 제시한다.

AHP(계층화 분석법)는 사업타당성 등의 여부를 판별하기 위해 널리 쓰이는 분석기법이다. 오늘날 AHP는 대운하 · 새로운 공항 · 지하철 · 도로 등 기반시설 사업의 타당성 여부를 판별하는데 있어 B/C분석과 더불어 가장 많이 쓰이는 분석기법 중 하나이다.

AHP의 적용분야는 에너지 · 자원 · 교통 · 입지 등을 비롯한 경제문제에서부터 재무 · 금융 · 회계 · 인사조직 · 마케팅 · 호텔 · 관광 등의 경영문제, 정부 · 국방 등의 정치문제, 교육 · 안전 · 재해 · 복지 · 도시 · 환경 · 건설 · 보건 · 의료 · 농업 · 체육 등의 사회문제, R&D · 신제품개발, 생산 · 제조 · 품질 · 컴퓨터 · 정보 등의 기술문제까지 매우 다양하게 활용되고 있다.

AHP의 원리는 인간이 의사결정시 두뇌가 단계적 또는 위계적 분석과정을 활용한다는 사실에 착안하여 개발되었다. 연구결과에 의하면 사람은 문제를 해결할 때 첫째로 계층적 구조의 설정, 둘째로 상대적 중요도의 설정, 마지막으로 논리적 일관성 유지란 이러한 원칙을 따른다.

계층적 구조의 설정 인간은 복잡한 현상을 그 구성요소별로, 나아가 더 작은 부분으로 나누어 종국적으로 계층구조를 설정한다. 어떠한 현상을 동질성을 가진 부분으로 나누고 다시 보다 더 작은 부분으로 나눔으로써 보다 많은 정보를 문제의 구조에 포함시켜 보다 완벽한 전체 시스템을 구성할 수 있게 된다.

가장 기본적인 AHP계층은 맨 윗부분에 목적을 두며, 그 밑에 판단기준이 되는 기준을 두고 가장 아래 계층에 대안을 두는 구조이다. 판단기준이 되는 요소를 여러 단계로 나눌 필요가 있을 경우에는 Criteria 밑에 Sub-criteria를 두게 되며, 더 나아가 Sub-sub-criteria를 둘 수도 있다. 이 과정에는 한계가 없으며 그 현상이나 문제 또는 시스템이 난해하거나 심층적 분석을 요하거나 많은 변수들을 가질수록 더 복잡한 계층구조를 가지게 된다.

상대적 중요도의 설정 사람은 관측한 사물 사이의 관계를 인식하고, 유사한 사물들을 짝으로 묶어 특정기준에 대하여 비교하고 그 짝의 구성인자 사이의 선호도를 판단하는 능력을 소유하고 있으며, 최종적으로 상상이나 논리적 과정을 통하여 그들이 내린 판단을 종합하여 전체시스템에 대한 이해를 보다 강화한다.

AHP의 가장 큰 장점은 이러한 인간의 특성을 그대로 반영하여 복잡한 의사결정상황에서 수많은 의사결정요소들의 가중치 또는 중요도를 간단한 쌍대비교(1 : 1 비교)를 통하여 산출해 내는 데 있다. 여러 의사결정 요소들을 동시에 고려해서는 그들 사이의 중요도를 산출하기가 사실상 불가능하다. 그러나 요소를 1 : 1로 비교하는 것은 누구나 쉽게 할 수 있으며 이들 전 요소에 대한 1 : 1비교자료를 가지고 비교행렬을 구성한다.

논리적 일관성의 유지 사람은 사물이나 생각들을 논리적 일관성을 갖도록 관계를 설정하는 능력을 갖고 있다. 일관성은 두 가지 의미를 갖는데, 유사한 사물이나 생각들을 동질성이나 관련성에 따라 묶는 것과 특정한 기준이 있을 경우 생각이나 사물들의 관계의 강약을 그 기준에 따라 논리적인 방법으로 구성한다는 것이다.

AHP에서는 비교행렬의 주 고유벡터를 활용한 1 : 1 비교결과의 통합과정에서 AHP의 커다란 장점 중 하나인 "비일관성지수"를 도출하게 되며 이를 이용하여 의사결정자의 논리적 일관성 유지 여부를 확인하고 의사결정의 합리성과 논리성을 높일 수 있게 된다.

일반적으로 비일관성지수(Inconsistency Index)를 Random Index로 나눈 비일관성비율(Inconsistency Ratio)이 0.1을 넘게 되면 의사결정자가 논리적 일관성을 잃고 있는 것으로 판단하여 의사결정과정을 재점검하도록 하는 신호를 보내는 기준으로 삼고 있다.

AHP의 활용단계 AHP는 5단계로 구분하여 활용하여야 한다.

제1단계 : 브레인스토밍(Brain storming) 브레인스토밍은 계층구조를 설정하기 위하여 평가의 목표를 명확히 하고 평가에 중요한 요인들을 도출하기 위하여 머릿속에 떠오르는 모든 관련된 항목과 대안을 열거하는 과정이다.

제2단계 : 계층구조의 설정 계층구조의 설정이란 Brain storming을 통하여 찾아낸 의사결정에 영향을 미치는 요소들 사이의 종속관계를 찾아내고 군집화하여 최상의 계층에는 문제의 궁극적인 목표를 나타내고 제1수준에는 최종목표에 영향을 미치는 평가기준을, 그 다음 단계로서 제2수준에는 제1수준에 영향을 미치는 세부평가기준을 나타내고, 최하위수준에는 평가대안들을 위치시키는 과정이다. 이러한 과정을 통하여 복잡한 사안들을 계층화시키고 시각화함으로써 논리적인 판단을 통한 보다 올바른 의사결정을 할 수 있도록 하는 단계이다.

제3단계 : 쌍대비교 및 상대적 중요도의 설정 이러한 계층적인 분석을 통하여 얻어낸 각각의 요소 및 대안간의 쌍대비교(1 : 1 비교)를 통하여 각각의 요소 및 대안들이 상위요소 및 기준에 대하여 얼마나 많은 영향을 미치는지 또는 중요성을 갖는지 등을 찾아내는 과정이며 이러한 과정을 전 계층에 대하여 수행하고, 찾아낸 비교 값을 고유치계산 방법을 이용하여 풀면 최종적으로 각 요소들 간의 중요도 및 대안의 선호도를 찾아낼 수 있다.

제4단계 : 논리적 일관성의 유지 분석적 사고의 다음 단계는 의사결정자나 설문에 응한 사람의 판단이 얼마나 논리적 일관성을 유지하는가를 판단하는 것이다. 일관성이 결여된 판단은 잘못된 정보나 개념으로 인한 계층구조의 모순일 경우도 있지만 의사결정자의 판단상의 오류에서 기인하는 것이 대부분이다.

AHP모델에서는 이러한 비일관성의 정도를 측정하는 비일관성 비율을 산출해 줌으로써 결과의 수용 여부를 결정할 수 있도록 하며 이러한 수치가 일정수준 이상으로 나타날 때에는 정확한 판단이 얻어질 때까지 반복 작업을 수행한다.

제5단계 : 피드백(Feedback) 아무리 잘 된 모델이나 그를 통하여 도출된 요소별 가중치라고 하더라도 모든 상황에서 타당성을 갖는 것은 아니다. 상황의 변화에 따라 융통성 있게 조정 및 개선되어야 한다. 예를 들어 중동에서의 전쟁의 발발, 세계적

폭설로 인하 유가의 폭등 등 의사결정 당시에는 예상하지 못했던 매우 중요한 상황의 변화가 발생할 수 있는 것이 현실이다.

따라서 주기적으로 상황변화에 따른 모델의 타당성과 가중치의 적정성 등을 점검하여야 한다. AHP는 이러한 시장상황의 변화와 이에 따른 새로운 기준의 추가 또는 삭제, 모델의 재설정 등의 Feedback을 쉽게 할 수 있도록 지원하는 융통성 있는 의사결정방법이다. 이는 의사결정의 시간과 질을 향상시키는 데 크게 공헌하게 될 것이다.

AHP의 과정 과정은 3단계로써 문제설정 및 계층적 구조화단계, 문제별 쌍체비교단계, 가중치산정 및 일치성 분석단계로 구분할 수 있다.

문제설정 및 계층적 구조화 의사결정을 해야 할 문제를 제시하고 각 문제의 구성요소를 계층화하는 단계인데, 계층화과정에서 비교되는 각 요소들이 최종목적을 결정하는데 영향을 주기 때문에 서로 비슷한 특징끼리 묶고 분류하여 계층화해야 한다.

이 단계에서는 어떤 문제를 구성하고 있는 가장 핵심요소들을 결정하고 그 다음으로 최선의 방법으로 이들 요소를 보완하고 대체하여 평가해야 한다. 최종적으로 해결대안들을 가장 효과적인 방법으로 측정하게 된다. 이러한 과정은 중요한 모든 요소가 포함되었다고 간주될 때까지 계속해서 수정과 재검토를 반복하고 되고 일련의 계층구조에 따라 순차적으로 수행하게 된다.

척 도	정 의	내 용
1	동등하게 심각함	해당 문제에 대한 A가 B의 심각도와 동일
3	약간 더 심각	A가 B보다 약간 더 심각
5	꽤 더 심각	A가 B보다 꽤 더 심각
7	상당히 심각	A가 B보다 상당히 심각
9	절대적으로 심각	A가 B보다 절대적으로 심각
2,4,6,8	인접한 두 판단 사이의 중간 정도 중요	필요시 사용
이상척도의 역수	B가 A보다 중요한 경우 사용	-

문제별 쌍체비교 단계 문제별 구성요소들은 그들이 내포하고 있는 특징별로 상대적인 영향 측면에서 한쌍씩 비교되는데, 즉 각 평가요소를 1대1로 비교하여 상대적

중요도를 결정하게 된다. 두 요소를 비교할 경우에 비교하는 방법은 A와 B 중에 어느 것이 더 중요한가(심각한가) 라고 질문하게 되는데, 그 심각성의 정도를 비교하는데 사용되는 쌍체비교의 척도는 일반적으로 다음과 같이 1에서 9까지 사이의 점수를 사용하게 된다.

쌍체비교의 주된 이점은 인간 마음이 여러 문제를 동시에 구별하는 것보다 2개의 상이한 문제별로 세분하여 판단하면 중요도의 차이를 더 쉽게 구별할 수 있다는 점에 있다.

가중치산정 및 일치성분석 단계

가중치산정 계층분석법의 최종단계는 각 문제별 가중치를 산정하고 응답의 신뢰성을 검증하는 단계이다. 이 단계에서는 전문가 집단이 응답한 쌍체비교의 값을 집계하여 해당 부문별 중요도, 즉 가중치를 산정하고 이를 기초로 전체 응답자들이 신뢰성 있고 일관성 있는 응답을 하였는지 여부를 확인하게 된다.

가중치 계산방법은 문제별 쌍체비교 값을 정방행렬로 배열하고 이를 이용하여 문제별 가중치를 산정한다. 각각의 지속가능부문 이슈를 A1… An로 두고 지속가능 정도를 V1…Vn이라 할 때 이슈별 쌍체비교 값을 정방행렬[A]로 배열하면 다음과 같다.

구 분	A1	A2	…	An
A1	V1/V1	V1/V2	…	V1/Vn
A2	V2/V1	V2/V2	…	V2/Vn
–	–	–	…	–
An	Vn/V1	V2/Vn	…	Vn/Vn

위 표에서 V1/V1은 A1 자신에 비교한 것으로 그 값은 1이다. V1/V2은 A2에 비교한 A1의 심각 정도를 나타낸 값이고 V/Vn은 An에 비교한 A1의 쌍체비교값을 의미한다.

일치성 분석 다음으로 전문가 집단이 주관적으로 판단한 요소간의 심각성이 이행성의 공리를 만족시키면서 얼마나 일관성 있게 응답하였는가를 알기 위해서 일치성 분석이 필요하다. 일치성분석을 하려면 첫째, 최대고유치 λmax를 구하고 둘째, λmax를 이용하여 일치성지수(CI)를 구해야 한다. 셋째, 최종적으로 일치성지수 CI를 가지고 일치성비율을 구하게 되며 이 일치성비율(CR)을 가지고 일치성 여부를 판단하게 된다.

먼저 λmax는 다음의 과정을 통하여 도출한다. 즉 n × n 정방행렬[A]와 n × 1 가중치행렬[W]를 곱하면 새로운 n×1 가중벡터행렬[Y]가 산정되는데, 이 가중벡터 행렬의 구성요소 Y1…Yn과 가중치 W1…Wn을 이용하여 λ max를 얻을 수 있다. 이를 수식으로 표현하면 다음과 같다.

[A] × [W] = [Y]이고,

$$(Y1/W1 + Y2/W2 + \cdots + Yn/Wn)/n = \lambda max$$

그 다음, 일치성 여부검증은 일치성지수(CI)와 각 행렬의 크기별로 결정되는 임의 지수(Random Index)간의 비중을 의미하는 일치성비율(CR)로 판단한다. 일치성 비율은 설문에 응한 응답자의 일치성이 임의적인 응답의 일치성과 얼마나 차이가 나는지 보여주게 되는데, 일치성지수는 다음과 같이 정의된다.

$$CI = \lambda\ max - n/n - 1$$

$$\lambda max \geq n$$

(단, n = 행렬의 차원)

여기서 주관적 쌍체비교가 임의적으로 이루어질 때 발생할 수 있는 값, 즉 임의지수와 일치성지수를 비교하면 일치성비율(CR)을 얻게 된다. 응답자들이 쌍체비교에서 완전히 일치되게 응답할 것으로 기대하지는 않지만, 통상 CR이 10% 이하이면 양호하게 응답한 것으로 간주된다.

무작위 일관성 지수에 관한 행렬의 크기는 다음과 같다.

행렬의 크기	무작위일관성 지수	행렬의 크기	무작위일관성 지수	행렬의 크기	무작위일관성 지수
2	0	5	1.12	8	1.14
3	0.58	6	1.24	9	1.45
4	0.90	7	1.32	10	1.49

이렇게 산정된 가중치와 사업 시행 적합도를 곱해서 나온 수치들을 모든 요소에 대해 구한다. 이렇게 해서 구한 수치들을 총합하여 이 총합치가 0.5를 넘는지 여부를 판단한다. 다시 말해 타당도의 판정 기준은 0.5이다. 0.5를 넘으면 AHP로 분석한 사업의 타당성이 입증된 것이고 그렇지 못하다면 입증되지 못했다고 판단한다. 예를 들어 AHP종합 평점이 0.4752라면 0.5 미만이므로 이 수치를 제공한 사업의 타당성은 낮다고 판단하는 것이다.

■ APH분석을 위한 가중치 산정범위

경제성 분석	정책적 분석	지역균형발전 분석
40~50%	25~35%	15~25%

■ 예비타당성조사 결과 요약 매트릭스(예시)

지표 분야	주 요 결 과	
Ⅰ. 사업의 개요	• 사업추진주체 • 사업의 기대효과	• 사업의 목적 • 사업기간
Ⅱ. 경제성 분석	• 총사업비 • 총편익 • 순현재가치 • 재무성 분석	• 수요 • B/C비율 • 내부수익률
Ⅲ. 정책적 분석	• 지역경제 파급효과 분석 • 재원조달 가능성 평가 • 사업추진 의지	• 지역낙후도 평가 • 환경성 평가 • 기타 특수항목
Ⅳ. 종합판단 및 정책제언	• 타당성 유무 • 정책적 고려사항	• 대안 검토 및 제시

■ 예비타당성 사 결과의 등급화 지표(예시)

평가등급	해 당 조 사 결 과
A+	경제적 타당성 및 정책적 타당성이 명확함. 타당성조사 및 기본설계의 동시 실시를 건의함
Ao	경제적 타당성 및 정책적 타당성이 명확함. 기술성 검토에 치중한 타당성조사가 필요함
A−	경제적 타당성 및 정책적 타당성이 인정됨. 타당성조사 단계로의 이행을 건의함
B+	경제적 타당성 등에 다소 문제가 있으나 정책적 추진이 필요함. 타당성조사 단계로의 이행을 건의함

평가등급	해 당 조 사 결 과
Bo	사업계획을 일부 수정 · 보완하여 현 단계에서 추진 가능함. 타당성조사 단계로의 이행을 건의함.
B -	현 단계에서 타당성이 없으나 향후 일정한 요건 충족 시 자동적으로 타당성조사 단계로 이행 가능함.
C +	현재는 타당성이 없으나 일정기간 후, 또는 사업계의 변경 후 약식의 예비타당성조사를 통해 재검토함.
Co	현재는 타당성이 없으나, 일정기간 후, 또는 사업계획 변경 후 약식의 예비타당성조사를 통해 재검토함.
C -	사업의 타당성이 전혀 없었으므로 추후의 논의가 불필요함.
I	조사결과의 등급화가 불가능함(이 경우 종합적으로 서술하는 의견 개진)

AHP의 평가

평가내용과 평가기준 ASP의 평가항목별 평가내용과 평점기준은 아래의 표에서 설명하는 바에 의한다.

■ ASP평가항목별 평가기준

<table>
<tr><th colspan="3">평가항목</th><th>평가내용</th><th>평점기준</th><th>비 고</th></tr>
<tr><td colspan="3">경제성분석</td><td>경제적 측면에서의 사업타당성</td><td>경제성분석 결과 도출된 B/C비율</td><td>B/C비율이 높을수록 사업시행 점수가 높음</td></tr>
<tr><td rowspan="3">정책적 분석</td><td rowspan="2">지역균형발전</td><td>지역 낙후도</td><td>지역균형발전 측면에서 사업의 필요성</td><td>지역낙후도지수 및 순위(다수의 시 · 군에 걸쳐있는 경우 대표 시 · 군의 낙후도를 기준으로 평가)</td><td>낙후 정도가 심할수록 사업시행 점수가 높고, 발달된 지역일수록 사업미시행 점수가 높음</td></tr>
<tr><td>지역경제 파급효과</td><td>해당 사업의 시행으로 인한 지역경제 파급효과</td><td>지역 내 부가가치유발액/지역 내 총생산액 및 연구수행과정에서 얻은 정보를 정성적 판단</td><td>비율이 높을수록, 파급효과가 클수록 사업시행 점수가 높음</td></tr>
<tr><td>일관성 · 추</td><td>관련계획 정책방향 일치성</td><td>• 상위계획 및 관련 계획에의 반영 여부
• 주무부처에서 추진하는 정책방향과 일치 여부</td><td>연구 수행과정에서 얻은 정보를 정성적으로 판단</td><td>반영이 구체적일수록, 일치성이 높을수록 사업시행 점수가 높음</td></tr>
</table>

평가항목		평가내용	평점기준	비 고
진의지	사업추진 의지 및 선호도	중앙정부, 해당 지자체 및 주민의 사업에 대한 추진의지, 선호도 및 숙원도	연구 수행과정에서 얻은 정보를 정성적으로 판단	추진의지가 클수록 사업시행 점수가 높고, 대의견이 많을수록 사업미시행 점수가 높음
추진상위험요인	재원조달 가능성	재원조달계획의 실현 가능성	연구 수행과정에서 얻은 정보를 정성적으로 판단	재원조달 문제가 없을 시 AHP평점은 [1] 문제가 있을 경우 사업미시행 점수가 높음
	환경성	주변환경에 미치는 영향, 환경문제 발생 가능성	연구 수행과정에서 얻은 정보를 정성적으로 판단	환경문제가 없을 시 AHP 평점은 [1] 문제가 있을 경우 사업미시행 점수가 높음.
	사업특수 평가항목	기타 사업타당성 평가를 위하여 고려할 사항		

예비타당성조사 종합판단 　예비타당성조사 종합판단과정은 다수의 전문가로 구성된 예비타당성조사 연구진 각자의 의견을 반영하여 종합적인 판단을 수행한다는 측면에서 집단의사결정의 성격을 갖는다.

■ 평가자별 의견일치도와 AHP 평점에 따른 결론

구 분	AHP < 0.45	0.45 < AHP < 0.5	0.5 < AHP < 0.55	0.55 < AHP
4 : 0	–	–	타당성 있음	타당성 있음
3 : 1	Feedback	아주 신중	약간 신중	타당성 있음
2 : 2	AHP < 0.42 타당성 없음 AHP > 0.42 약간 신중	신중	신중	AHP > 0.58 타당성 있음 AHP < 0.58 약간 신중
1 : 3	타당성 없음	약간 신중	아주 신중	Feedback
0 : 4	타당성 없음	타당성 없음	–	–

주 : 구분의 '횡선'란은 종합평점, '종선'란은 시행 : 미시행을 의미함.

AHP기법은 개개인의 의견을 종합하여 최종적인 의사결정에 도달하도록 지원하는 집단의사결정 지원도구(group decision support system)로서도 적절한 방법론이다. 집단의사결정시 의사결정에 참여하는 구성원은 의사결정 결과에 직접적인 영향을 미치므로 AHP기법을 통하여 사업의 타당성을 종합 판단할 때 평가자를 신중히 선정해야 한다.

AHP의 장점　AHP의 장점을 크게 세 가지로 구분해서 생각해 볼 필요가 있다.

정량적 요소와 정성적 요소의 통합　일반적인 의사결정 방법의 가장 큰 문제점은 비용 · 수익 · 거리 · 무게 등과 같은 계량화가 가능한 정량적 요소의 반영은 가능하나 "고객서비스의 향상", "회사 이미지 제고" 등과 같은 정성적 요소의 반영에는 커다란 한계를 가지고 있다는 사실일 것이다.

일정규모의 금전적 · 경제적 이득보다는 고객서비스의 향상, 회사의 이미지 제고, 직원의 사기진작과 만족도의 향상과 같은 정성적 요소가 더 중요한 의사결정요인인 경우가 많이 있다. 그러나 이런 정성적 요소를 합리적으로 반영하고 정량적 요소와의 중요도의 비교를 설득력 있게 도출할 수 있는 방법을 찾기가 쉽지 않다.

AHP는 이런 문제점을 극복하면서도 누구나 쉽게 활용할 수 있는 의사결정이론이다. 상이한 척도를 가진 요소들의 비교 · 통합, 또한 계량화가 가능한 정량적 요소라고 하더라도 척도(scale)가 다른 요소들의 합리적 비교 · 통합은 또 다른 문제점으로 지적되고 있다. 이러한 경우 일반적으로 주관적인 감각이나 직관에 의존하게 된다. 그러나 AHP를 활용함으로써 다른 척도를 가지고 있는 요소간의 비교와 통합을 보다 수월하면서도 합리적이며 체계적으로 할 수 있게 된다.

평가의 일관성 파악 및 개선　AHP의 또 다른 특징은 AHP를 활용하여 의사결정하는 과정에서 의사결정자의 논리적 일관성의 유지 여부를 확인할 수 있도록 지원한다는 점이다. AHP에서 이용하고 있는 고유치계산방법을 수행하는 과정에서 필연적으로 비일관성지수(Inconsistency Index)가 산출되며 이를 통하여 의사결정자의 논리적 일관성 유지 여부와 개선을 위한 기준을 제시한다.

의사결정 참가자의 의견통합 및 집단의사결정 도출　AHP개발의 동기가 되었던 점이 바로 의사결정자의 의견을 합리적 · 논리적으로 통합하여 집단의 의사결정을 도출하는 것이었다. 통상적인 경우 의사결정참여자의 다수의견을 취하거나 평균을 내어 집단의 의사결정으로 삼는 것이 대부분일 것이다.

그러나 이런 방법을 취할 경우에는 소수의 의견이 완전히 무시되거나 의사결정참여자의 정확한 요소별 또는 대안별 선호도 차이의 반영이 불가능하게 된다. AHP는 의사결정참여자 모두의 의견을 반영시킬 뿐만 아니라 각자의 요소별 또는 대안별 선호도의 차이를 100% 반영할 수 있게 되어 보다 합리적인 집단의사결정의 결과가 도출되도록 지원한다.

03 공기업 준정부기관 사업 예비타당성조사

공공기관이란 국가의 소관에 속하는 특수한 사업을 관리하기 위하여 설립되어 국가로부터 독립한 인격을 가진 단체라고 할 수 있다. "국가나 사회의 구성원에게 두루 관계되는 것"을 의미하는 '공공'의 개념이 매우 광범하고 추상적이기에 공공기관의 개념 역시 포괄적 개념일 수 있으며, 따라서 공공기관의 개념은 정책 목적상 혹은 학술상 다양한 개념으로 정의되고 있다. 현행법 역시 다수의 법률에서 공공기관이라는 용어를 사용하고 있지만 입법 목적에 따라 공공기관의 범위를 넓게 혹은 좁게 정하고 있다.

공공기관의 운영에 관한 법률은 경영합리화와 운영의 투명성 제고를 통해 대국민 서비스 증진에 기여함을 목적으로 하고 있어 타 법률상 공공기관보다는 범위가 좁다고 할 수 있다. 공운법상 공공기관이란 국가 · 지방자치단체가 아닌 법인 · 단체 또는 기관으로서 정부의 출연, 정부의 지원, 출자 등이 이루어진 기관 중 기획재정부 장관이 지정한 기관을 의미한다.

공공기관 사업 예비타당성조사는 공공기관의 운영에 관한 법률 (이하, '공운법' 이라 한다) 제50조 및 이에 따른 '예산편성지침'에 근거하는 조사이다. 기획재정부는 공공기관 투자사업의 효율성 제고 및 재무건전성 강화를 위하여, 재정사업 예비타당성조사를 총괄 · 수행하고 있는 한국개발연구원(KDI)을 공기업과 준정부기관 사업의 예비타당성조사 전문기관으로 지정하였다. 기획재정부는 예타 조사기관을 지정함과 동시에 2011년부터 공공기관 예타를 시행하기 위하여 재정사업 예비타당성조사 전문기관인 한국개발연구원에 의뢰하여, 사업유형별(해외투자사업, SOC, 자본투자 등) 분석기법 등 예타 세부시행계획, 즉 공기업 · 준정부기관 사업 예비타당성조사 세부시행계획을 마련하였다. 동 시행계획에 따르면, 예비타당성조사 전문기관은 조사의 일관성 제고를 위하여분석 기준, 방법 등을 규정한 지침을 마련하여야 하며, 예비타당성조사 연구진은 동지침에 따라 조사를 수행하여야 함을 명시하고 있다.

1 공공기관 사업 예비타당성조사의 개요

사업 예비타당성조사의 수행절차 공공기관 사업 예비타당성조사는 공공기관이 추진하고자 하는 사업의 추진 가능성 여부 · 적정 사업시기 · 사업규모 등에 대한 합리적 의사결정이 이루어질 수 있도록 하기 위해 우선 각 공공기관이 수립한 사업계획에 대한 타당성 검토, 사업 추진과정에서의 고려할 점 등을 분석한다.

공공기관 사업 예비타당성조사는 우선 사업계획이 법적 · 정책적 부합성을 갖추고 있는지에 관해 사전 검토를 거친 후, 공공성과 수익성의 두 가지 기준을 중심으로 평가한다. 마지막으로 공공성과 수익성을 고려하여 해당 사업의 타당성을 종합적으로 평가(AHP 수행)하며, 필요한 경우 사업추진상의 위험요인 및 기타 정책적 고려사항 등을 정책제언으로 제시한다.

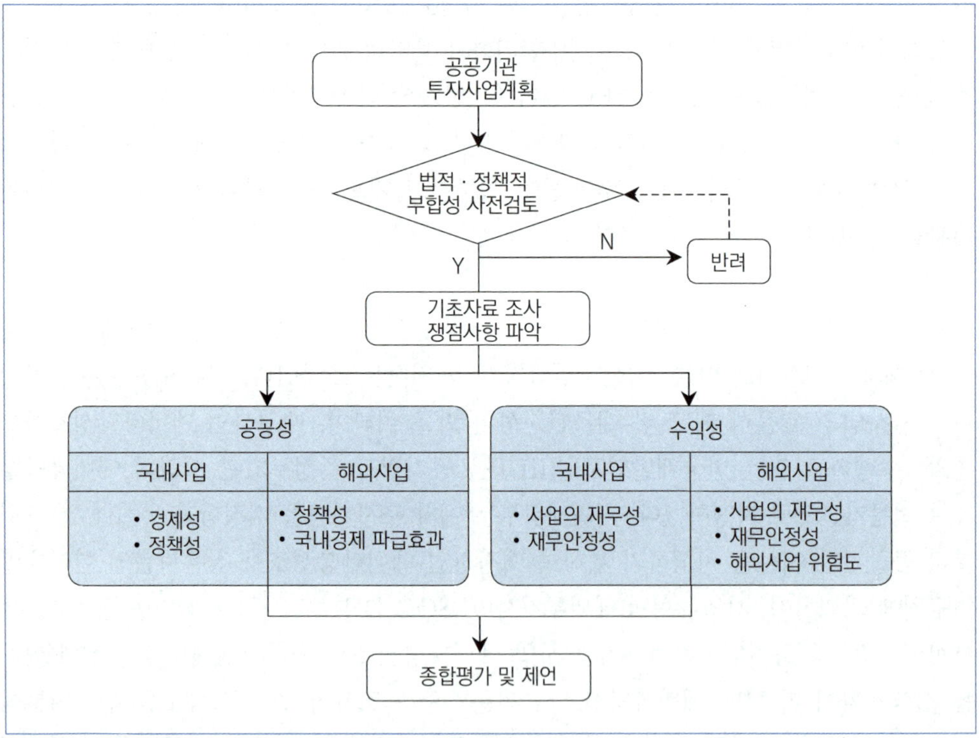

▲ 공공기관 사업 예비타당성조사 평가흐름도

현행 '재정사업' 예비타당성조사 평가는 경제적 타당성 및 정책적 타당성 평가에 초점을 두며, '민간투자사업' 평가는 경제성, 재무성 및 민자 적격성(Value for Money Test : VFM)을 평가하는 데 초점을 두고 있다. 공공기관의 국내 사업은 공공성을 중시하는 재정사업 및 수익성을 중시하는 민간 투자사업의 중간적인 성격을 가질 것이므로, 공공기관 사업 예비타당성조사는 크게 '공공성'과 '수익성'의 두 가지 기준을 중심으로 평가할 필요가 있다.

공공성 평가 공공성 평가에서는 편익/비용 분석을 통한 경제적 타당성(경제성)과 더불어 정책적 타당성(정책성)을 평가한다. 경제성은 해당 사업의 비용과 편익을 국민경제적 관점에서 분석하여 제시하고, 정책성 평가항목으로는 법적 · 국가정책적 부합성, 지역경제파급효과 등과 같은 평가항목에 더하여 사업 추진기관의 설립목적과의 합치성을 고려한다.

수익성 평가 수익성 평가에서는 개별 사업의 재무성을 위주로 하되, 기관 자체의 재무안정성에 미치는 영향을 추가적으로 평가한다. 재무성은 사업의 투자안에 대한 수익성을 판단하는 것으로 투자비 대비 운영수입의 현금흐름을 수익성지수법(Profitability Index Method : PI)을 활용하여 분석한다.

재무안정성 평가 재무안정성 평가는 사업수행기관의 재원조달 가능성 및 사업추진 시 사업수행기관의 재무적 안정성에 미치는 영향 등을 평가한다. 재무안정성 평가는 공공기관의 재무상태, 투자비 재원조달 가능성, 운영기간 중 추가 재원조달 위험 등을 평가한다. 공공기관의 재무상태는 영업이익률 · 이자보상배율 · 부채비율 등의 재무비율을 통해 수익성 · 차입금 상환능력 및 재무 레버리지를 종합적으로 평가한다. 투자비 재원조달 가능성은 자기자본 및 타인자본의 조달 가능성을 평가한다. 운영기간 중 추가 재원조달 위험은 단순부채상환계수의 적정 수준 달성 여부 및 추가 재원조달 소요금액의 정도를 토대로 추가 재원의 조달 가능성을 평가한다.

종합평가 마지막으로 종합평가에서는 본 사업에 대한 사업 추진경위와 주요 쟁점을 분석하고 공공성 및 수익성 평가결과를 종합적으로 검토하여 사업의 지속 추진 여부를 판단한다. 공공성과 수익성 분석결과를 바탕으로 조사에 참여한 연구진과 자문위원, KDI 공공투자관리센터의 의견을 수렴하여 사업의 타당성을 종합적으로 평가한다. AHP 수행 시 각 평가항목별 가중치 비중은 특별한 사유가 없는 한 다음과 같이 적용한다.

① 수익형 사업의 경우 : 공공성 30%, 수익성 70%
② 비수익형 사업의 경우 : 공공성 70%, 수익성 30%

2 기초자료의 분석

공공투자사업을 추진하거나 타당성을 평가할 때 가장 우선되는 작업은 해당 사업지역에 대한 기초자료를 충분히 분석하는 것이다. 공공기관 사업 예비타당성조사도 예외가 아니어서 조사팀은 사업추진 공공기관 및 사업지역을 직접 방문하고 그 지역의 기초자료를 수집하는 작업에서부터 조사를 시작한다.

공공기관의 현황분석 지역의 기초자료란 크게 자연적 환경에 관한 자료와 사회경제적 환경에 관한 자료로 나눌 수 있다.

자연적 환경자료는 기상 · 지질 · 표고 · 경사분석 등과 관련한 자료를 말하며, 예비타당성조사보다는 본 타당성조사에서 지질조사 · 현지실사 등을 통하여 더욱 상세하게 조사가 이루어질 부분이다. 예비타당성조사에서는 해당 지역에 대한 통계집이나 상위 계획 등 기존 문헌 등을 통하여 기초적인 조사를 수행한다. 사회경제적 환경자료로는 인구구조 및 산업별 취업구조 · 지역총생산 · 토지이용현황 등을 분석한다. 예를 들어 산업단지 또는 항만배후단지 조성사업의 경우, 진입도로계획이나 항만인입철도 건설계획이 반영되었는지, 해당 사업과 시기적으로 연관성이 있는지를 함께 검토하여야 할 것이다. 기초자료분석은 단순히 지역현황에 대한 정형화된 자료를 나열하기보다는 예비타당성조사 대상사업과의 관련 속에서 해당 지역의 현황을 기술하는 것이 중요하다. 전력수급현황 분석에서는, 해당 지역의 현재 전력수급체계 속에서 해당 사업이 갖는 의미가 무엇인가를 파악함으로써 본격적인 수급분석이 이루어지기 전이라도 해당 사업의 중요도를 사전에 가늠할 수 있을 정도의 분석을 수행하여야 한다.

사업대상지역의 현황 분석 사업의 성격에 따라서 자연적 환경의 영향을 덜 받을 수 있고 혹은 더 받는 사업이 있을 수 있다. 예컨대 고속도로나 철도건설 사업은 자연적인 조건, 즉 노선이 산간지역 또는 평야지역을 통과하는지 여부, 호수 혹은 강이 있는지 여부, 지질이 암반지질이냐 등에 따라 사업의 내용 및 비용조건이 크게 달라질 수 있다. 반면, 산업단지 조성사업 등은 자연적 환경보다는 사회경제적 환경에 의해서 더 큰 영향을 받을 것이다. 인구 · 산업구조 · 지역의 소득수준 등에 따라서 산업단지 조성사업의 성패가 좌우될 것이기 때문이다. 수질오염 · 토지오염 · 위생 · 공사소음 등과 같이 인간의 의식주 생활에 직접적으로 영향을 미칠 수 있는 생활환경자료를 조사하는 것도 중요하다. 해당 사업이 추진될 경우 발생할 위험이 있는 생활환경오염 등에 관해서는 기존의 타당성조사에서는 전혀 다루지 못하고 있으나, 예비타당성조사 단계에서는 어떤 형태로든 개략적인 조사가 이루어져야 할 것이다. 예를 들어, 환경 변화에 영향을 많이 미치는 수자원개발사업 등은 사업추진 여부를 결정하는 정책결정단계에서 환경영향에 대한 검토가 매우 중요하다. 지역주민의 반발이나 환경파괴의 우려로 인하여 댐 개발 자체가 거부되는 것을 영월다목적댐 · 낙동강 물 종합대책 등의 사례에서 볼 수 있듯이, 앞으로 환경영향에 대한 검토 없이 수자원 개발사업이 추진된다면 사업수행 시 큰 어려움을 겪을 것으로 예상되기 때문이다. 생활환경으로 토지오염 · 위생 · 소음공해 등도 무시하지 못할 문제로 제기될 수 있다. 해당 사업의 특성에 맞추어 다양한 형태의 생활환경 문제를 검토하여야 한다.

사회경제적 환경분석 사회경제적 환경으로 해당 지역의 인구구조 및 산업구조 · 지역총생산 · 토지이용현황 · 교통현황 등이 검토되어야 함은 이미 지적한 바 있다. 우선 인구 · 산업구조 및 지역총생산자료는 사업의 성격이 무엇이든지 가장 기초적인 자료이면서 사업의 파급효과에 큰 영향을 미치는 자료이다. 인구가 밀집된 지역은 그렇지 않은 지역에 비하여 수요가 높을 것이고, 그만큼 사업의 경제성이 높을 가능성을 시사한다. 지역의 산업구조는 해당 사업이 동 지역에 입지하는 것이 타당한지를 한 눈에 알아볼 수 있는 자료라 할 수 있다. 지역총생산자료도 경제성 및 지역균형개발 차원의 평가에서 중요한 기초자료가 될 수 있다. 다만 인구 · 산업구조 및 지역총생산 관련 자료는 광역자치단체 수준에서는 원자료를 획득하기 용이하나 기초자치단체 수준에서는 원자료를 얻기 힘든 경우가 있다. 특히 미래에 대한 전망자료는 더욱 그러하다. 도로 · 철도 등 교통부문 사업의 경우 예비타당성조사의 기초조사에서 가장 중요한 부분은 해당 지역의 교통현황을 파악하는 것이다. 예를 들어, 사업대상 지역의 도로종류별 차로 수 및 연장 교통량 등을 제시한다. 특히 예비타당성조사 대상사업과 관련성이 높은 교통시설에 대해서는 상세한 기술을 통하여 예비타당성조사 대상사업이 지역에서 갖는 의미를 파악한다. 산업단지 진입도로 · 항만 진입도로 및 인입철도 등에 대한 예비타당성조사에서는 교통시설 현황 못지않게 산업단지 및 항만의 시설현황 및 교통발생량 등 해당 사업의 중요도를 개략적으로 파악할 수 있도록 산업단지나 항만의 시설현황에 대한 상세한 정보를 파악하여 기술한다.

3 수요 및 편익추정

수요추정 사업추진의 타당성 검토는 사업의 수요추정으로부터 시작된다고 할 수 있다. 수요를 전망하기 위해서는 다양한 통계학적 방법이 필요하다. 또한 과거의 경험이나 국내외 유사사업의 사례에 대한 분석을 통하여 수요추정치의 적합성 여부를 점검하여야 한다. 수요추정의 기본원칙은 과거의 통계자료 및 유사시설의 사례를 바탕으로 관련된 변수 간의 통계적 관계를 찾아낸 후 이를 미래로 연장시키는 것이다. 따라서 수요추정 시에는 수요에 영향을 미칠 것으로 판단되는 변수들의 과거자료를 수집하고 여기에 다양한 통계기법을 사용하게 된다.

문화·관광·체육·과학 등 건축부문 조성사업은 사업의 직접적인 효과는 별로 크지 않은 반면 간접적인 파급효과가 대부분을 차지한다. 따라서 이에 대한 수요역시 사업에 대한 직접적인 수요보다는 간접적인 파급효과에 기인하는 수요가 높을 것이다. 개별 연구진은 구득 가능한 자료의 범위와 사업의 특성 등을 종합적으로 고려하여 적정한 수요분석 방법론을 선택하고, 이와 관련된 내용을 보고서에 기술하여야 할 것이다

편익추정 추정된 수요에 입각하여 편익을 추정하는 작업은 매우 중요하다. 편익 산정은 우선 편익항목을 식별(identify)하는 작업에서부터 시작한다. 특정 사업의 편익항목은 사업의 성격과 내용에 따라 매우 다양하므로 해당 부처가 제출하는 사업계획에 따라 편익항목을 구체적으로 세분화하는 작업이 필요하다. 각종 편익항목들이 식별되고 나면, 항목별로 단위당 기회비용 혹은 가치를 계산하여 편익을 추정하게 된다.

예를 들어, 편익항목 i의 단위당 가치가 P_i라고 하고, 시점 t에서의 수요추정치가 D_{it}라고 한다면, 편익 산정치 B_{it}는 다음과 같이 나타낼 수 있다.

$$B_{it} = P_i \times D_{it}$$

$$B_i = \Sigma B_{it}$$

이하에서는 각 세부 사업부문과 기타 사업으로 나누어 살펴보기로 한다. 단, 동지침에서 언급하지 않은 구체적인 추정 방법은 재정사업 예비타당성조사 수행을 위한 제 지침을 따르기로 한다.

4 공공성 평가

공공기관 대규모 사업의 예비타당성조사에서 공공성 평가는 경제적 타당성 평가와 정책적 타당성 평가로 구분하여 평가한다. 경제성 분석은 사업 시행으로 인한 국민경제적 효과를 편익(benefit)과 비용(cost)으로 계량화하여 비교하는 비용 - 편익분석(Cost-Benefit Analysis)의 틀을 이용하여 사업의 경제적 타당성 여부를 평가한다.

한편, 정책적 분석은 경제성 분석을 통해 계량화가 불가능한 비용과 편익 중 사업의 시행 여부를 판단하기 위하여 반드시 고려하여야 하는 평가요소를 분석한다. 경제성 분석과 정책적 분석의 틀은 원칙적으로 재정사업의 예비타당성조사와 차별되지 않는다. 공공성 평가에 관한 한 공공기관 설립법 등에 명시된 사업은 정부를 대신하여 수행하는 측면이 있고, 일부 공공기관의 사업 가운데 중앙정부의 재정지원이 되는 사업은 1999년 이후 재정사업의 예비타당성조사를 수행해 오고 있기 때문이다.

따라서 경제성 분석과 정책적 분석에 필요한 기법 등 자세한 사항은 재정사업 예비타당성조사 일반지침과 도로 · 철도 부문 사업의 예비타당성조사 표준지침 등 사업부문별 표준지침과 일관성 있게 적용할 필요성이 있을 것이다.

경제성 평가 경제적 타당성 분석은 비용과 편익을 화폐가치로 환산하여 비교 · 분석함으로써 경제적인 타당성을 추정하는 것으로 분석과정에서 평가자의 주관이 개입될 여지가 적고 균일한 척도로 비교 가능한 비용 · 편익 분석에 의해 분석된다. 경제성 분석의 평가지표는 편익/비용비(B/C Ratio) · 순현재가치(NPV) 등이 보편적으로 이용되고 있다. 경제적 타당성을 평가하기 위해서는 우선 편익/비용비율(Benefit Cost Ratio : B/C)을 구한다. 편익/비용비율이란 총편익과 총비용의 할인된 금액의 비율, 즉 장래에 발생될 비용과 편익을 현재가치로 환산하여 편익의 현재가치를 비용의 현재가치로 나눈 것이다. 일반적으로 '편익/비용비율≥1'이면 경제성이 있다고 판단한다.

$$\text{편익/비용비율(B/C)} = \frac{\sum_{t=0}^{n} \frac{B_t}{(1+r)^t}}{\sum_{t=o}^{n} \frac{C_t}{(1+r)^t}}$$

여기서, B_t : t기의 편익, C_t : t기의 비용

r : 할인율(이자율), n : 사업의 내구연도(분석기간)

물론 편익/비용비율이 '1.0'을 상회한다고 해서 공공투자의 경제적 타당성이 있다고

단순 판단하는 데에는 문제가 제기될 수 있다. 예컨대 미국의 경우는 편익/비용비율이 단순히 '1.0'을 상회한다고 해서 해당 투자가 경제적 타당성이 있다고 판단하지는 않는다.

두 번째로 순현재가치(Net Present Value : NPV)를 추정하는 것도 중요하다. 순현재가치란 사업에 수반된 모든 비용과 편익을 기준연도의 현재가치로 할인하여 총편익에서 총비용을 제한값이며, '순현재가치 ≥ 0'이면 경제성이 있다는 의미로 해석한다.

$$\text{순현재가치}(NPV) = \sum_{t=0}^{n} \frac{B_t}{(1+r)^t} - \sum_{t=0}^{n} \frac{C_t}{(1+r)^t}$$

마지막으로 내부수익률(Internal Rate of Return : IRR)을 구하는 작업도 수행하여야 한다. 내부수익률은 편익과 비용의 현재가치로 환산된 값이 같아지는 할인율 R을 구하는 방법으로 사업의 시행으로 인한 순현재가치를 0으로 만드는 할인율이다. 내부수익률이 사회적 할인율보다 크면 경제성이 있다고 판단한다.

$$\text{내부수익률}(IRR) = \sum_{t=0}^{n} \frac{B_t}{(1+R)^t} = \sum_{t=0}^{n} \frac{C_t}{(1+R)^t}$$

■ 경제성 분석기법의 비교

분석기법	판 단	장 점	단 점
편익/비용비율(B/C)	B/C ≥ 1	• 이해 용이, 사업규모 고려 가능	• 상호배타적 대안 선택의 오류 발생 가능
순현재가치(NPV)	NPV ≥ 0	• 대안 선택 시 명확한 기준 제시 • 장래발생편익의 현재가치 제시 • 한계 순현재가치 고려 • 타 분석에 이용 가능	• 이해의 어려움 • 대안간 우선순위 결정 시 오류 발생 가능
내부수익률(IRR)	IRR ≥ r	• 사업의 수익성 측정 가능 • 타 대안과 비교 용이 • 평가 과정과 결과 이해가 용이	• 사업의 절대적 규모 고려하지 않음 • 몇 개의 내부수익률이 동시에 도출될 가능성 내재

정책성 평가　공공기관 사업 예비타당성조사 분석에서 공공성은 경제성 분석과 정책적 분석으로 구성된다. 정책적 분석은 경제성 분석에는 포함되지 않으나, 사업의 타당성을 평가하는 데 고려하여야 할 평가요소들을 포함한다. 정책적 분석은 사업시행으로 인한

사회적 편익 또는 비용 중에서 계량화하여 편익/비용 분석 틀 속에 포함시킬 수는 없으나 사업의 시행 여부를 판단하는 데 있어서 고려해야 할 평가요소들에 대한 분석을 포함한다.

정책적 분석에 포함해야 할 평가내용은 모든 공공기관 사업대상사업에 공통적으로 적용되는지 여부에 따라 기본평가항목과 사업특수 평가항목으로 구분할 수 있다. 기본 평가항목이란 해당 내용과 무관하게 모든 공공기관 사업 예비타당성조사 대상사업에 대한 평가에 있어 공통적으로 포함하여야 할 평가항목들이다. 기본평가항목을 사전적으로 설정하는 가장 중요한 이유는 사업의 성격에 관계없이 공공기관 사업 예비타당성조사 대상사업이 제한된 예산제약 하에서 일반적으로 고려해야 할 공통사항이 존재하며, 사업 간 평가의 일관성을 기하기 위해서는 평가항목 선정에 어느 정도의 통일성을 기하여야 할 필요성이 있기 때문이다.

공공기관 사업 예비타당성조사에서는 정책적 분석의 기본평가항목으로 기관의 설립목적과의 합치성, 지역균형발전을 위한 지역낙후도, 지역경제 파급효과, 관련 계획 및 정책 방향과의 일치성, 사업 추진의지 및 선호도, 사업의 준비 정도, 환경성 평가항목을 고려한다.

■ 정책적 분석항목의 범주화

중분류	평가항목	평가항목 예시
지역 균형 발전	형평성	영호남 형평성 제고, 접경지역 개발, 수도권 지역의 투자 형평성, 동일구간에 대한 지역간 형평성 등
정책의 일관성 및 추진의지	-	안정적 정주여건의 제공, 수자원 안보 등
사업추진상의 위험요인	계획 및 추진방식의 적정성	부지 선정의 적합성, 사업내용의 조정 필요성, 규모의 적정성, 사업 주체 및 관련 부처의 문제, 전시물 구입의 문제, 관련 사업의 추진 가능성 등
	기술적 타당성	기술적 애로구간 발생 가능성, 사업시행에 따른 병목구간 발생 가능성, 실현 가능성 등
	민원, 외교, 국방 등의 위협요인	민원 발생, 문화재 보존, 외교적 문제, 군과의 협조 체계, 해당 지자체의 반발 등
사업 특수평가	사업 불확실성	장래 에너지가격의 변동성 및 SNG 이용에 관한 법적 · 제도적 문제로 인한 사업추진상의 불투명성 존재
		온실가스 배출 증가에 따른 사회적 비용
	비계량 편익/부가효과	열차의 불통피해 절감 : 수해피해가 예방되었을 경우 낙석, 노반유실 등의 수해로 인해 열차의 운행이 중단되었을 경우에 발생될 도로의 혼잡예방 편익발생과 화물운송의 정시성 확보를 통한 화물의 효율적 활용을 가능하게 할 것으로 판단됨
	-	타 사업과의 중복투자 문제 등

■ 사업특수 평가항목의 범주화

<table>
<tr><th colspan="2">중 분 류</th><th>세부 평가항목</th></tr>
<tr><td rowspan="4">기본
평가항목</td><td colspan="2">기관의 설립목적과의 합치성</td></tr>
<tr><td>정책의 일관성
및 추진의지</td><td>• 관련 계획 및 정책방향과의 일치성
• 사업추진 의지 및 선호도
• 사업의 준비 정도
• 추가 평가항목(선택적)</td></tr>
<tr><td colspan="2">환경성</td></tr>
<tr><td>지역균형발전</td><td>• 지역낙후도
• 지역경제 파급효과
• 추가 평가항목(선택적)</td></tr>
<tr><td>사업특수
평가항목</td><td colspan="2">추가 평가항목(선택적)</td></tr>
</table>

사업특수 평가항목은 해당 사업을 평가하는 데 특히 중요하게 고려해야 할 특수한 평가항목으로서 국방 · 문화 · 도시문제 등 사업내용에 따라 다양할 수 있다. 사업특수 평가항목이라는 중분류 평가항목을 두어 앞의 네 가지 범주에 속하지 않는 평가항목들을 포함하도록 한다.

5 수익성 평가

수익성 평가는 국가 · 사회적 입장에서 비용편익을 측정하여 사업의 타당성 여부를 판단하는 공공성 평가와는 달리 개별 사업주체의 입장에서 실제의 현금흐름을 추정하는 재무적 관점에서의 타당성, 즉 사업 자체의 수익적 타당성과 사업참여 주체의 재무건전성 또는 소요재원의 조달가능성 등을 평가한다.

공공기관의 대규모 신규투자를 통해 공공성을 확보함은 물론 해당 기관의 재무건전성에 기여하고 재무위험을 초래하는 무리한 투자가 되지 않도록 예비타당성조사에서는 수익성을 평가하게 된다.

공공기관 사업은 사업대상 지역에 따라 국내사업과 해외사업으로 구분하며, 사업의 주된 목적에 따라 비수익형사업과 수익형 사업으로 구분한다. 지난 2011년도에 제도 도입 이후 공공기관 사업 예비타당성조사에서는 국내사업과 해외사업으로 구분하여 공공성과 수익성을 종합적으로 분석하여 사업추진의 타당성 유무를 평가하였다.

이후 많은 논의를 거쳐 2013년 이후 공공기관 사업 예비타당성조사부터 비수익형 사업과 수익형 사업으로 구분하고 사업특성에 맞도록 평가방식을 개선하였다. 이에 따라 비수익형 사업의 경우에는 공공성 위주의 평가가 이루어지며 수익형 사업의 경우 수익성을 중심으로 평가하게 된다.

공공기관 국내사업의 수익성 평가는 재정사업을 위한 예비타당성조사 수행을 위한 일반지침에서의 재무성 분석방법론과 큰 차이는 없으나 공공기관이 제시하는 사업계획의 세부적인 재무조건 등을 고려함으로써 사업의 수익성 평가에 대한 보다 엄밀하고 현실성 있는 검토가 요구된다.

투자안의 가치평가방법 투자안의 가치를 평가하는 방법에는 크게 화폐의 시간가치를 고려하지 않는 방법과 화폐의 시간가치를 고려하는 방법이 있다. 화폐의 시간가치를 고려하지 않는 방법에는 회수기간법과 회계적 이익률법이 있으나, 일반적으로 투자의 가치평가는 화폐의 시간가치를 고려한 현금흐름할인법(Discounted Cash Flow : DCF Method)을 사용한다. 현금흐름할인법은 미래의 현금흐름을 예측한 후 가중평균자본비용(Weighted Average Cost of Capital : WACC) 등으로 대변되는 자본의 기회비용으로 할인한 현재가치를 구하여 평가하는 방법이다. 일반적으로 사용되는 현금흐름할인법에는 순현재가치법(Net Present Value Method : NPV) 및 내부수익률법(Internal Rate of Return Method: IRR), 수익성지수법(Profitability Index Method : PIM) 등이 있다.

첫째, 순현재가치법(Net Present Value Method: NPV)은 모든 예상되는 현금유입의 현재가치에서 모든 현금유출의 현재가치를 차감해서 산정한다. 즉, 예상되는 현금의 유입과 유출을 가중평균자본비용으로 할인한 값들의 합으로 나타낼 수 있으며, 이는 투자안이 채택됨으로 인해 증감되는 기업가치라고 볼 수 있다. 이렇게 하여 얻은 재무적 순현재가치(NPV)가 0보다 크면 투자안의 재무적 타당성이 있는 것으로 판단한다.

$$NPV = \sum_{t=0}^{n} \frac{R_t}{(1+r)^t} - \sum_{t=0}^{n} \frac{C_t}{(1+r)^t}$$

여기서, R_t는 t기간의 현금유입을, C_t는 t기간의 현금유출을 나타냄

둘째, 내부수익률법(Internal Rate of Return Method : IRR)은 계획사업에 대한 투자로부터 기대되는 현금유입과 현금유출의 현재가치를 일치시키는 할인율, 즉 내부수익

률(IRR)을 산출하고 이를 자본비용과 비교하여 투자안을 평가하는 방법이다. 즉, 투자안의 NPV가 0이 되게 하는 할인율이라고 볼 수 있으며, 이때 내부수익률이 투자에 따른 자본비용보다 높을 경우 재무적 타당성이 있다고 판단한다.

$$0 = \sum_{t=0}^{n} \frac{R_t}{(1+IRR)^t} - \sum_{t=0}^{n} \frac{C_t}{(1+IRR)^t}$$

셋째, 수익성지수법(Profitability Index Method : PIM)은 투자로 인하여 발생하는 현금유입의 현가를 현금유출의 현가로 나눈 비율로, 투자안의 단위당 효율성을 평가하는 방법이다. 따라서 수익성지수가 1보다 크면 재무적 타당성이 있는 것으로 보며 이는 NPV가 0보다 크다고 보는 것과 같은 의미를 지닌다. 다만, 순현재가치법이 어떤 투자안의 재무적 타당성을 절대적 금액으로 측정하는 데 비하여, 수익성지수법은 투자안의 비용 대비 수익을 상대적 비율로서 측정하여 판단한다.

$$PI = \sum_{t=0}^{n} \frac{R_t}{(1+r)^t} \div \sum_{t=0}^{n} \frac{C_t}{(1+r)^t}$$

6 공기업 · 준정부기관 사업 예비타당성조사 운용지침

공기업 · 준정부기관 사업 예비타당성조사 운용지침

시행 2021. 08. 01

제 1 장 총 칙

제1조(지침의 목적) 이 지침은 공공기관의 운영에 관한 법률(이하 "공운법") 제40조 제3항 및 동법 시행령(이하 "시행령") 제25조의3 제6항의 규정에 따라 예비타당성조사 사업의 선정기준 · 조사수행기관 · 조사방법 및 절차 등에 관한 세부사항을 규정함을 목적으로 한다.

제2조(예비타당성조사의 정의) 예비타당성조사는 공운법 제40조 제3항 및 시행령 제25조의3 규정에 따라 공기업 · 준정부기관(이하 "공공기관"이라 한다.)이 신규 투자사업 및 자본출자에 대한 예산을 편성하기 위하여 실시하는 사전적인 타당성 검증 · 평가를 말한다.

제 2 장 예비타당성조사 대상사업

제3조(예비타당성조사 대상사업) 예비타당성조사는 공공기관 사업 중 총사업비가 1,000억원 이상이고 국가의 재정지원금액과 공공기관(이 경우 공운법 제6조에 따라 지정된 모든 공공기관을 포함한다.) 부담금액의 합계액이 500억원 이상인 신규(사업추진을 위한 관련 예산이 투입되기 이전 상태) 투자사업 및 자본출자에 대하여 실시한다.

제4조(총사업비의 정의)

① 총사업비라 함은 사업 추진에 소요되는 모든 경비를 합한 금액을 말한다. 다만, 사업기간의 정함이 없이 계속 추진되는 사업의 경우에는 원칙적으로 최초 5년간의 사업비 합계액을 총사업비로 본다.

② 제1항의 규정에 의한 총사업비에는 국가 재정지원금액, 지방자치단체 부담금액, 공공기관 부담금액 및 민간 부담금액 등을 포함한다.

③ 기관장은 신규 투자사업과 자본출자에 대해 사업추진 단계별로 총사업비를 합리적으로 관리함으로써 사업추진의 효율성 및 기관의 재무건전성 강화를 위해 노력한다.

제5조(대상사업의 단위) 사업의 특성, 목적, 추진 방식 등에 비추어 여러 유형의 사업이 상호 연계되어 하나의 사업으로 추진되는 경우에는 원칙적으로 이를 단일 사업으로 간주한다.

제 3 장 예비타당성조사 면제사업

제6조(면제사업) 공운법 제40조 제3항에 따라 다음 각 호의 어느 하나에 해당하는 사업으로서 제7조에 의한 기획재정부장관의 면제 확인을 받은 경우에는 예비타당성조사 대상에서 제외한다.

1. 정부예산이 지원되는 사업 중「국가재정법」 제38조 규정에 의거 예비타당성조사를 실시하는 사업
2. 남북교류협력에 관계되거나 국가 간 협약 · 조약에 따라 추진하는 사업
3. 도로 유지보수, 노후 상수도 개량 등 기존 시설의 효용 증진을 위한 단순개량 및 유지보수사업
4. 「재난 및 안전관리 기본법」제3조 제1호에 따른 재난(이하 "재난"이라 한다)복구 지원, 시설 안정성 확보, 보건 · 식품 안전 문제 등으로 시급한 추진이 필요한 사업
5. 재난예방을 위하여 시급한 추진이 필요한 사업으로서 기관장이 국회 소관 상임위원회의 동의를 받은 사업
6. 법령에 따라 추진하여야 하는 사업
7. 지역균형발전, 긴급한 경제적 · 사회적 상황 대응 등을 위하여 국가 정책적으로 추진이 필요한 사업으로서 다음 각 목의 요건을 모두 갖춘 사업. 이 경우, 기관장은 제7조에 의한 기획재정부장관의 면제 확인을 받은 후 예비타당성조사 면제 사업의 내역 및 사유를 지체없이 국회 소관 상임위원회에 보고하여야 한다.
   가. 사업목적 및 규모, 추진방안 등 구체적인 사업계획이 수립된 사업
   나. 국가 정책적으로 추진이 필요하여 국무회의를 거쳐 확정된 사업

제7조(예타 면제 확인 절차)

① 시행령 제25조의3 제4항에 따라 기관장은 제6조의 각 호에 해당하는 사업에 대해 예산을 편성하려는 경우 기획재정부장관에게 미리 예비타당성조사 면제대상임을 확인받아야 한다. 이 경우 기관장은 제9조에 규정된 예비타당성조사 신청 절차를 준용하여 기획재정부장관에게 〈별표1, 2〉에 따른 예비타당성조사 면제대상 확인요구서 및 〈별표3〉에 따른 주무기관 의견서를 제출하여야 한다.

② 기획재정부장관은 제1항에 따른 예비타당성조사 면제대상 확인요구서를 제출받은 경우 제12조의 규정에 의한 공공기관 사업 예비타당성조사 자문회의를 거쳐 제6조 각호의 어느 하나에 해당하는 사업인지를 확인한 후 기관장에게 그 결과를 통보한다.

제8조(사업계획 적정성 검토) 기획재정부장관은 공공기관의 재무건전성 확보, 사업의 효율적인 추진 등을 위하여 필요한 경우, 기관장으로 하여금 제6조의 규정에 의한 예비타당성조사 면제사업에 대하여 예비타당성조사 방식에 준해 재원조달방안, 총사업비, 효율적 대안의 분석 등을 통해 사업규모 등 사업계획의 적정성을 검토하게 할 수 있다.

제 4 장 예비타당성조사 실시사업의 선정

제9조(예비타당성조사의 신청)

① 기관장은 제3조에 따른 예비타당성조사 대상에 해당하는 사업에 대해서는 〈별표 1, 2〉 "예비타당성조사 사업계획서", 〈별표 3〉 "주무기관 의견서" 및 〈별표 5〉 "예비타당성조사 사전점검항목"을 원칙적으로 해당 사업의 예산이 처음으로 편성되는 전년도 1월말, 5월말 또는 9월말까지 기획재정부장관 및 제16조에 따른 예비타당성조사 수행기관에 제출하여 예비타당성조사를 신청하여야 한다.

② 제1항에 따라 기관장이 예비타당성조사를 신청하는 경우에는 해당 기관 내부의 타당성 검증 및 심사 절차를 거친 이후에 관련 증빙자료를 예비타당성조사 신청시 함께 제출하여야 한다.

③ 제3조에 의한 예비타당성조사 대상임에도 불구하고 예비타당성조사를 실시하지 않고 사업예산이 편성된 경우 기관장은 지체없이 예비타당성조사를 신청하여야 하며, 예비타당성조사가 완료되기 전까지 예산집행을 보류하여야 한다.

④ 제3항에 해당되는 사업, 사업추진 절차상 시급한 해외 입찰형 사업 등의 경우에는 제1항에도 불구하고 수시로 예비타당성조사를 신청할 수 있다.

⑤ 2개 이상의 공공기관이 공동으로 사업을 추진하는 경우에는 원칙적으로 재원부담 규모(기보유토지 등의 가액 포함)가 가장 큰 기관이 대표하여 예비타당성조사를 신청하여야 한다.

⑥ 제1항에 의한 예비타당성조사 사업계획서에는 '사업개요', '사업추진의 필요성', '소요자원의 규모와 확보방안', '사업추진상의 위험요인과 대응방안' 등이 명시되어야 하며, '사업개요'에는 '사업목적', '추진경위', '사업규모', '총사업비', '재원조달방식', '사업기대효과' 등이 포함되어야 한다.

⑦ 기획재정부장관은 필요할 경우 기관장에게 예비타당성조사 신청사업에 대한 추가 설명자료 등 관련 자료를 요구할 수 있으며, 기관장은 특별한 사유가 없는 한 이에 응하여야 한다.

⑧ 제7조에 따라 기관장이 예비타당성조사 면제대상 확인요구서를 제출한 사업이 기획재정부장관에 의해 면제대상이 아닌 것으로 확인된 경우, 기획재정부장관은 기관장과 협의하여 해당 사업에 대한 예비타당성조사가 신청된 것으로 간주할 수 있다.

제9조의2(예비협의) 기관장은 새로운 유형의 사업이거나 예비타당성조사 사례가 적어 사전협의를 필요로 하는 사업의 경우 제9조에 따른 예비타당성조사 신청 기한 2개월 이전에 예비타당성조사 수행기관과 미리 협의할 수 있다.

제10조(예비타당성조사 실시사업의 선정)

① 기획재정부장관은 제9조 제1항에 따라 기관장이 제출한 예비타당성조사 사업계획서를 검토한 후 제12조의 규정에 의한 공공기관 사업 예비타당성조사 자문회의를 거쳐 예비타당성조사의 실시 여부를 결정하고, 그 결과를 해당 기관장에게 통보한다.

② 사업규모, 입지, 사업주체 등 사업내용이 구체적이지 않거나 사업계획이 확정되지 않은 사업, 예비타당성조사 실시사업의 단위가 적정하지 않다고 판단되는 사업의 경우(연관성이 없는 다수

사업을 1개 사업으로 묶거나, 1개 사업으로 신청할 사업을 다수 사업으로 분리한 경우를 포함) 기획재정부장관은 사업계획서의 보완을 요구하거나 반려할 수 있다.

제11조(예비타당성조사 실시 의뢰)

① 기관장은 제10조 제1항에 따라 예비타당성조사 실시를 통보받은 날로부터 원칙적으로 30일 이내에 제16조에 의한 예비타당성조사 수행기관에 예비타당성조사를 의뢰하여야 한다. 다만, 불가피한 사유가 있는 경우에는 기획재정부장관과 협의를 거쳐 의뢰시기를 달리할 수 있다.

② 기관장이 예비타당성조사를 의뢰하고자 하는 경우에는 〈별표 4〉 "예비타당성조사 의뢰서"를 기획재정부장관, 주무기관의 장 및 예비타당성조사 수행기관에게 제출하여야 한다.

제12조(자문회의) 기획재정부장관은 예비타당성조사 제도 운용, 예비타당성조사 실시 여부의 결정 및 면제대상 확인 등과 관련하여 전문가의 자문을 받기 위해 '공공기관 사업 예비타당성조사 자문회의'를 구성 · 운영한다.

제13조(사업계획의 변경)

① 기관장은 예비타당성조사 실시가 결정된 이후 사업의 계획을 변경할 필요가 있는 경우에는 사업의 당초 추진목적과 취지에 부합하는 한도 내에서 주무기관의 장과 협의 후 기획재정부장관에게 사업계획의 변경을 요청할 수 있다.

② 기획재정부장관은 기관장으로부터 사업계획의 변경요청을 받은 경우 당초 사업목적과의 부합성, 변경계획의 필요성 · 적정성, 주무기관의 장 및 예비타당성조사 수행기관의 의견 등을 종합적으로 고려하여 사업계획의 변경을 인정할 수 있다.

제14조(예비타당성조사 신청 · 의뢰의 철회) 예비타당성조사 수행과정에서 다음 각 호의 하나에 해당되는 경우, 기관장은 제9조 및 제11조에 의한 신청 및 의뢰를 철회할 수 있다.

1. 총사업비 추정 오류, 사업계획의 변경 등으로 인해 제3조에 의한 예비타당성조사 대상규모에 해당하지 않게 된 경우
2. 공공기관이 경영여건 변화 등으로 사업을 추진하지 않거나 보류하는 것으로 결 정한 경우
3. 사업계획의 구체성 미비 등으로 조사 수행이 현저히 곤란하여 예비타당성조사 수행기관이 기획재정부장관과의 협의를 거쳐 철회를 요청하는 경우
4. 그 밖에 예비타당성조사 신청 · 의뢰 이후 해당 사업과 관련된 법령 제 · 개정 등으로 면제대상 사업에 해당하게 되는 등 불가피한 사유로 철회가 필요한 경우

제15조(예비타당성조사의 재신청) 이미 수행한 예비타당성조사 결과를 변경할 수 있을 정도로 해당 사업과 관련된 경제 · 사회적 여건이 변동된 경우 또는 기존 예비타당성조사 결과 반영 등을 통해 전면적으로 사업을 재기획한 경우에는 예비타당성조사를 다시 신청할 수 있다.

제 5 장 예비타당성조사 수행체계

제16조(예비타당성조사 수행기관)

① 한국개발연구원(공공투자관리센터)은 예비타당성조사 수행기관이 되며, 한국지질자원연구원은 자원개발 탐사사업에 대하여 공동수행기관이 될 수 있다. 다만, 기획재정부장관은 효율적인 조사를 위해 필요한 경우 예비타당성조사 수행기관을 변경하거나 추가로 지정할 수 있다.

② 예비타당성조사 수행기관은 효율적인 예비타당성조사 수행을 위하여 개별사업의 특성에 맞춰 과제책임자(PM)를 선정하고, 학계 · 연구기관 등 관련 전문가로 연구진을 구성하여야 한다.

③ 기획재정부장관은 예비타당성조사 수행기관에 분야별 전문가를 추천하여 개별 사업의 예비타당성조사 과정에서 의견개진 및 종합평가에 참여하게 할 수 있다.

④ 예비타당성조사 수행기관은 조사의 전문성 및 객관성 확보를 위해 필요한 경우 별도의 자문위원회를 구성하여 활용할 수 있다.

⑤ 예비타당성조사 수행기관은 예비타당성조사의 원활한 수행을 위해 필요한 경우 조사를 의뢰한 공공기관에 조사와 관련한 추가적인 자료의 제출을 요청할 수 있다.

제16조의2(예비타당성조사 연구진의 선정)

① 예비타당성조사는 예비타당성조사 수행기관이 연구책임을 맡아 수행하는 내부과제와 예비타당성조사 수행기관 외 전문가가 연구책임을 맡아 수행하는 외부 위탁과제(Outsourcing)로 구분하여 추진할 수 있다.

② 외부 위탁과제의 연구진은 원칙적으로 공개경쟁을 통하여 선정하되, 분야별 전문 국책연구기관에 대해서는 수의계약을 통하여 선정할 수 있다.

제17조(예비타당성조사 수행기간)

① 예비타당성조사 수행기관은 원칙적으로 예비타당성조사 의뢰일로부터 2주일 이내에 조사를 착수하여야 한다.

② 예비타당성조사는 착수한 날로부터 해외사업은 4개월, 국내사업은 5개월 이내에 완료하여야 한다. 다만, 해외 자원 개발 · 탐사사업과 국내 산업단지 조성사업은 그 기간을 7개월로 한다.

③ 제2항에도 불구하고 제10조의 규정에 의한 예비타당성조사 실시사업 선정 시 자문회의를 거쳐 사업 일정이 확정적이고 조사의 시급성이 명백한 사업 또는 유사한 예비타당성조사 선행사례를 활용할 수 있는 사업이라고 인정된 경우에는 예비타당성조사 기간을 착수한 날로부터 2개월로 한다.

④ 제2항에도 불구하고 제13조에 따른 사업계획의 변경이 있거나 제23조의2에 따라 시나리오 또는 대안 분석을 실시하거나 그 밖에 사업의 성격 · 조사의 난이도 등을 고려하여 불가피한 경우에는 기획재정부장관과 협의하여 제2항에 따른 수행기간을 연장할 수 있다. 다만, 제3항에 해당하는 사업은 기관장이 제13조에 따른 사업계획의 변경요청을 하는 등 특별한 사유가 있는 경우에 한하여 수행기간을 연장할 수 있다.

제18조(예비타당성조사 수행 지침)

① 예비타당성조사 수행기관은 조사의 일관성을 유지하기 위하여 세부 분석기준 및 방법 등을 규정한 별도의 지침을 마련하여야 하며, 예비타당성조사 연구진은 동 지침에 따라 조사를 수행하여야 한다.

② 예비타당성조사 수행기관 및 조사에 참여한 연구진은 조사 수행과정에서 습득한 공공기관의 영업비밀, 자료 유출 금지 등 보안을 철저히 준수하여야 하며, 예비타당성조사 수행기관은 이와 관련한 별도의 지침을 마련하여 시행하여야 한다.

제19조(예비타당성조사 비용)

① 예비타당성조사 수행기관은 기획재정부장관과의 협의를 거쳐 예비타당성조사의 수행을 위한 조사비용 산정기준을 마련하여야 한다.

② 제1항의 조사비용 산정기준에 따라 예비타당성조사 수행기관은 공공기관에 예비타당성조사 수행을 위한 비용을 청구할 수 있다.

제 6 장 예비타당성조사 분석방법

제20조(예비타당성조사 분석 원칙)

① 예비타당성조사는 원칙적으로 '공공성'과 '수익성'에 대한 분석에 기초하여 해당사업의 타당성을 종합적으로 평가한다.

② 제1항에도 불구하고 공공청사의 신 · 증축, 국제적인 환경규제 준수를 위한 사업 또는 국가 · 지자체가 위탁한 국 · 공유지 개발사업 등 공공성이 현저하게 높고 수익성 검토 필요성이 낮은 사업은 수익성 등의 분석을 생략할 수 있다.

③ 제1항 및 제2항에 의한 종합평가는 원칙적으로 다기준분석의 일종인 계층화분석법(AHP: Analytic Hierarchy Process)을 활용하여 계량화된 수치로 도출한다.

④ 예비타당성조사 수행기관은 필요한 경우 제1항 및 제2항에 의한 종합평가와 별도로 사업추진상의 위험요인, 정책적 고려사항 및 사업의 타당성 제고방안 등을 정책제언으로 제시할 수 있다.

제21조(국내사업 예비타당성조사 방법)

① 국내사업의 공공성 평가에서는 경제적 타당성 및 정책적 타당성을 평가한다.

1. 경제적 타당성은 해당 사업으로부터 발생하는 사회적 비용과 편익을 국민경제적 관점에서 분석하여 제시하는 '비용-편익(B/C) 비율'로 평가한다.
2. 정책적 타당성은 '기관의 설립목적과의 합치성', '정책일관성 및 추진의지', '환경성', '지역균형발전효과', '일자리 창출효과', '안전성', '사회적 기여도', '주민생활여건 영향', '특수평가(선택)' 등에 대해 평가할 수 있다.
3. 해당 사업이 특정지역으로 정해져 있지 않거나 사업효과가 특정지역에 국한되지 않는 사업, 「수도권정비계획법」 상 수도권 지역에서 시행하는 사업은 제2호의 규정에도 불구하고 지역균

형발전 분석을 생략할 수 있다. 다만, 다음의 경우에 해당하는 지역에서 시행하는 사업은 그러하지 아니하다.

② 국내사업의 수익성 평가에서는 재무성과 재무안정성을 평가한다. 재무성 평가는 투자비 대비 운영수입의 현금흐름을 분석하는 수익성지수법(Profitability Index Method)을 활용하며, 재무안정성은 '공공기관의 재무상태', '투자비 재원조달 가능성', '운영기간 중 추가재원조달 위험' 등에 대해 평가할 수 있다.

제22조(해외사업의 예비타당성조사 방법)
① 해외사업의 공공성 평가에서는 정책적 타당성 및 국내경제 파급효과를 평가한다. 정
② 해외사업의 수익성 평가에서는 재무성, 재무안정성 및 해외사업 위험도를 평가한다. 재무성 및 재무안정성은 국내사업과 동일한 방법으로, 해외사업의 위험도는 사업추진 해당 국가 및 사업이 가지는 기타 위험에 대해 평가한다.

제23조(예비타당성조사 방법의 특례 등) 기획재정부장관은 제20조 내지 제22조의 규정에도 불구하고 사업의 성격에 따른 특수성을 반영할 필요가 있다고 판단하는 경우 기관장 및 예비타당성조사 수행기관의 장과 협의를 거쳐 분석방법과 평가항목 등을 달리 적용하게 할 수 있다.

제23조의2(시나리오 및 대안의 검토)
① 예비타당성조사 수행기관은 사업 타당성에 영향을 미치는 중요한 요소를 예비타당성조사 수행단계에서 확정하기 어려운 경우에는 시나리오를 설정하여 분석할 수 있다.
② 예비타당성조사 수행기관은 필요시 제안된 사업계획 이외의 사업규모의 축소, 입체교차의 평면교차 대체 등의 대안에 대해서 제11조에 따라 예비타당성조사 실시를 의뢰한 기관장과 협의하여 검토할 수 있다.

제 7 장 타당성 재조사

제24조(타당성 재조사) 삭제<2020.8.26.>

제 8 장 예비타당성조사 결과의 활용

제25조(예비타당성조사 결과의 통보) 예비타당성조사 수행기관은 예비타당성조사가 완료된 경우 지체 없이 그 보고서를 해당 사업의 조사를 의뢰한 기관장 및 기획재정부장관에게 송부하여야 한다.

제26조(예산편성의 연계) 기관장은 예비타당성조사 결과를 반영하여 예산을 편성하여야 한다.

제9장 보칙

제27조(재검토기한) 기획재정부장관은 이 고시에 대하여「훈령 · 예규 등의 발령 및 관리에 관한 규정」에 따라 2018년 1월 1일 기준으로 매 3년이 되는 시점(매 3년째의 12월 31일까지를 말한다)마다 그 타당성을 검토하여 개선 등의 조치를 하여야 한다.

부 칙 〈2021. 7. 28.〉

제1조(시행일) 이 지침은 2021년 8월 1일부터 시행한다.

제2조(적용례) 제3조 (주3), 제9조 제1항 (주2), 제9조의2, 제17조 제3항 및 제4항, 제20조 제2항 및 (주), 제21조 제2항 (주2), 제22조 제2항 (주2) 및 (주3)은 지침 시행일 이후 제9조에 따라 예비타당성조사를 신청하는 사업부터 적용한다.

부 칙 〈2020. 8. 26.〉

제1조(시행일) 이 지침은 2020년 9월 1일부터 시행한다.

부 칙 〈2020. 4. 29.〉

제1조(시행일) 이 지침은 2020년 5월 1일부터 시행한다.

제2조(적용례)

① 제21조, 제22조, 제23조의2는 지침 시행일 현재 조사중인 사업부터 적용한다.

② 제9조제1항, 제15조, 제17조제2항, 제17조제3항은 지침 시행일 이후에 제9조에 따라 예비타당성조사를 신청하는 사업부터 적용한다.

③ 제9조제2항은 2020년 9월 1일 이후에 제9조에 따라 예비타당성조사를 신청하는 사업부터 적용한다.

부 칙 〈2018. 12. 27.〉

제1조(시행일) 이 지침은 2019년 1월 1일부터 시행한다.

제2조(적용례) 제20조제2항과 제22조 주(2)는 2019년도 1월 1일 이후에 제9조에 따라 예비타당성조사를 신청한 사업부터 적용한다.

부 칙 〈2017. 9. 28.〉

제1조(시행일) 이 지침은 2017년 9월 28일부터 시행한다.

부 칙 〈2016. 11. 7.〉

제1조(시행일) 이 지침은 2016년 11월 7일부터 시행한다.

제2조(예비타당성조사에 대한 적용례) 이 지침 시행일 이전의 '공기업 · 준정부기관 사업 예비타당성조사 세부시행계획(기획재정부)'에 따라 선정된 예비타당성조사 사업은 동 시행계획의 기준에 따라 예비타당성조사를 시행한다.

제3조(타당성재조사에 대한 적용례) 이 지침 제24조제1항제1호 규정에 해당하는 사업의 타당성재조사는 이 지침 시행일 이전의 '공기업 · 준정부기관 사업 예비타당성조사 세부시행계획'(기획재정부)에 따라 예비타당성조사를 실시한 사업도 포함하여 적용한다.

[별 표]

〈별표 1〉 예비타당성조사 사업계획서 및 면제대상 확인요구서(국내사업)

아래와 같이 예비타당성조사 사업계획서(면제대상 확인요구서)를 제출합니다.

1. 사업 총괄표

기관명 ○ ○ ○

(단위: 억원)

사 업 명[1]	구 분 (국내)	사업 규모	사업 기간	총 사 업 비					대상 사업 여부[3]
				합 계	공공[2] (자체)	국 고	지방비	민 간	
① ○○○사업									
② ○○○사업									
③ ○○○사업									
④ ○○○사업									
합 계									

1 기관의 사업추진 우선순위 순으로 기입

2 제3조의 공공기관 전체 부담금액과 사업시행자인 예타 신청 공공기관 자체부담분을 나누어 기입

3 예타대상사업, 면제사업으로 구분하여 기입 / 대상사업 여부 판단 기준에 대한 근거를 별첨자료를 통해 제시

2. 사업별 설명자료 제출양식

① 사업명 : ○○○사업

1 사업개요(안)

<table>
<tr><td colspan="2">① 사업명</td><td colspan="4"></td></tr>
<tr><td colspan="2">② 총사업비
(자체, 국고)</td><td colspan="2">○○억원
(자 체: ○○ 국고: ○○
지방비: ○○ 민간: ○○)</td><td>③ 사업기간</td><td>○○년~○○년</td></tr>
<tr><td rowspan="3">③ 추진
주체</td><td rowspan="2">주관기관</td><td rowspan="2">기관명 ○○</td><td>사업추진부서</td><td colspan="2">○○과 (담당자 / 전화번호 / E-mail)</td></tr>
<tr><td>예산부서</td><td colspan="2">○○과 (담당자 / 전화번호 / E-mail)</td></tr>
<tr><td>주무기관
· 지자체</td><td colspan="4">○○부 / ○○과 (담당자 / 전화번호 / E-mail)
지자체 · 기관명 / 담당자 (전화번호 / E-mail)</td></tr>
<tr><td colspan="2">④ 사업목적</td><td colspan="4">○</td></tr>
<tr><td colspan="2">⑤ 추진경위</td><td colspan="4">○ 추진근거 :
- 관계법령 · 상위계획 · 공약 · 내부지침 등을 구체적으로 명시
- 주관기관의 설립목적에 부합하는지 여부 등 제시
○ 사전절차 추진내용 :
- 관계기관(각 부처 · 지자체 · 공기업 · 기타 민간) 협의과정 및 협의 내용</td></tr>
<tr><td colspan="2">⑥ 현 추진 단계</td><td colspan="4">○ 기본계획 및 실시계획 수립 또는 승인 여부
○ 타당성조사 시행 여부
○ 재원조달 계획 확정 여부
○ 이사회 또는 위원회 의결 여부 등 기타 사항</td></tr>
<tr><td colspan="2">⑦ 사업규모</td><td colspan="4">○ 사업내용 : 예정부지 등
○ 사업물량 : 건축사업의 경우 부지규모, 건축규모, 연면적 및 입지선정 사유 등 제시</td></tr>
<tr><td colspan="2">⑧ 사업추진체계</td><td colspan="4">○ 사업수행주체 : (*공공기관, 지자체, 국가, 민간 등)
○ 사업진행절차 및 일정: (*사업 추진 흐름도 제시)</td></tr>
<tr><td colspan="2">⑨ 재원조달방식</td><td colspan="4">○ 지원형태 : 출자 · 융자 · 보조 · 정액 지원 등
○ 재원분담 : 자체/국고/지방비/민간 등 구분
(별도 분담기준이 있을 경우 제시)
○ 시설운영비 충당 : 시설의 관리운영계획, 사용료 등 수입 및 지출계획 등</td></tr>
<tr><td colspan="2">⑩ 향후 진행\
절차 및 일정</td><td colspan="4">○ 향후 사업진행절차 및 일정 : (*사업 추진 흐름도 제시)</td></tr>
<tr><td colspan="2">⑪ 사전용역</td><td colspan="4">○ 조사기관 :
○ 조사기간 :
○ 용역결과 : 경제성 분석(B/C), 수익성지수(PI), 기타 분석결과 등
* 사전용역 수행자료 요약본 별도 첨부 필요
* 용역수행이 없을 경우 '사전용역 미수행' 등으로 명기</td></tr>
<tr><td colspan="2">⑫ 사업기대효과</td><td colspan="4">○ B/C, 기관수익성 제고효과, 지역경제 파급효과 등 계량화가 가능하도록 기술
○ 사업시행이 환경에 미치는 영향
○ 기타 예상되는 부수적 효과 등을 구체적으로 기술</td></tr>
</table>

② 사업 추진의 필요성

<table>
<tr><td>① 사업추진의 적시성</td><td>ㅇ 예산요구 예정연도, 사업착수시점, 완공시점 등 적정 사업 추진시기를 설명
※ 국내외 주요 환경변화, 사업 미추진시 예상되는 점 등을 고려하여 사업추진시기의 적절성을 기술
※ 공공기관내 우선순위, 분야별 우선순위 선정 근거가 있을 경우 근거를 제시하고, 구체적으로 설명
※ 추진단계(사업구상, 기본계획, 기본설계, 실시설계 등)</td></tr>
<tr><td>② 중장기 계획과의 연계성</td><td>ㅇ 타 법령에 의한 계획(국토이용계획, 도시계획 등)과의 부합성, 상위계획에 반영 여부, 기타 관련계획과의 연계성 등</td></tr>
<tr><td>③ 기존 사업과의 차별성</td><td>ㅇ 차별성 또는 연계 추진방안
<table>
<tr><th>구분</th><th>동 사업</th><th>○○사업</th><th>○○사업
(○○부)</th></tr>
<tr><td>사업목적</td><td></td><td></td><td></td></tr>
<tr><td>추진방법</td><td></td><td></td><td></td></tr>
<tr><td>사업규모</td><td></td><td></td><td></td></tr>
<tr><td>사업위치</td><td></td><td></td><td></td></tr>
<tr><td>기타</td><td></td><td></td><td></td></tr>
</table>
※ 동 사업과 유사한 기존사업이 있을 경우 기존 사업과의 사업목적, 추진방법, 사업규모, 사업위치 등을 비교 · 분석하고 차별성 및 연계추진방안 등을 기술</td></tr>
</table>

③ 국고지원의 적합성

<table>
<tr><td>① 국고지원 요건</td><td>ㅇ 국고지원을 받고자 하는 경우 그 내용 및 사유
ㅇ 자체사업, 국가사업, 지자체사업인지에 대한 사전검토
ㅇ 국고지원이 가능한 법적 근거·요건 등 검토
ㅇ 유사사업, 중복 지원 여부, 매칭비율 등 점검
※ 국고지원이 있을 경우에 한함.</td></tr>
<tr><td>② 중장기 재정운용 계획과의 연계</td><td>ㅇ 중장기 재정운용계획에 반영 여부
ㅇ 기존 재원범위 내에서의 수용 가능성
ㅇ 향후 재원조달방식 등을 구체적으로 기술</td></tr>
</table>

④ 소요자원의 규모와 확보방안

<table>
<tr><td rowspan="1">① 소요 예산</td><td>
ㅇ 소요예산 산출근거 (공종별 · 내역별 사업비 등 상세한 사업비 산출 근거자료)
ㅇ 예산확보방안(예시)
〈소요 예산〉
(단위: 억원)
<table>
<tr><th></th><th>'13</th><th>'14</th><th>'15</th><th>'17</th><th>'18</th><th>'19</th><th>'20</th><th>'21</th><th>'22</th><th>계</th></tr>
<tr><td>자체</td><td></td><td></td><td></td><td></td><td></td><td></td><td></td><td></td><td></td><td></td></tr>
<tr><td>국고</td><td></td><td></td><td></td><td></td><td></td><td></td><td></td><td></td><td></td><td></td></tr>
<tr><td>지방비</td><td></td><td></td><td></td><td></td><td></td><td></td><td></td><td></td><td></td><td></td></tr>
<tr><td>민간</td><td></td><td></td><td></td><td></td><td></td><td></td><td></td><td></td><td></td><td></td></tr>
<tr><td>기타</td><td></td><td></td><td></td><td></td><td></td><td></td><td></td><td></td><td></td><td></td></tr>
<tr><td>계</td><td></td><td></td><td></td><td></td><td></td><td></td><td></td><td></td><td></td><td></td></tr>
</table>
※ 사업에 소요되는 총사업비와 연도별 소요예산, 예산확보 방안, 사업수행기관의 재무안정성 관련 자료를 제출함.
</td></tr>
<tr><td>② 소요 인력 등</td><td>※ 사업에 소요되는 인력 규모 및 확보방안 제시</td></tr>
</table>

⑤ 지역균형발전 요인

① 지역낙후도	○ 해당 지역의 재정자립도, 낙후도 등을 기술
② 지역경제 활성화	○ 향후 지역개발과 지역경제 발전에 기여도 등을 기술

⑥ 사업추진상의 위험요인과 대응방안

① 민원 · 분쟁 가능성	○ 현재 제기되고 있거나, 제기될 소지가 있는 민원, 소송 등 분쟁 가능성을 기술 ○ 환경에 미치는 부정적 영향 등
② 지자체 협의	○ 사업 추진과정에서 지자체와의 협의가 필요한 사안이나, 지자체 협의가 어려운 점 등을 기술 ※ 지자체의 지원 또는 운영과 관련이 있거나, 지역에 기반을 두고 있는 사업인 경우에 한함.
③ 민원 및 분쟁 가능성 등 기타 예상되는 문제점	○ 향후 야기될 수 있는 사업 추진상의 애로요인 등 ○ 대응방안

7 사업의 수익성 검토

① 사업의 재무성	○ 사업 추진으로 인한 예상 현금 흐름 제시 ○ 기관의 예상 사업수익률(ROE, IRR, PI 등) 제시 ○ 기관의 기대 수익률(목표 수익률) 제시 ※ 사업의 재무분석모델 제시
② 기관의 재무 안정성	○ 기관의 재무 안정성을 파악할 수 있는 기초자료 제시 - 최근 3년간 재무비율(영업이익률, 자기자본순이익률, 이자보상 배율, 부채상환계수, 부채비율, 총차입금의존도) 등을 제시

8 예비타당성조사 면제대상 사유(면제대상 확인요구 시에만 해당)

① 예비타당성조사 면제대상 사유	○ 공공기관의 운영에 관한 법률 제40조제3항 각 호 중 해당하는 호를 기술하고, 판단 근거를 제시

9 수익성 등 분석 생략 필요성(운용지침 제20조제2항 해당시)

① 수익성 등 분석 생략 필요성	○ 운용지침 제20조제2항의 "공공성이 현저하게 높고 수익성 검토 필요성이 낮은 사업"에의 해당 여부와 그 판단근거를 제시
② 분석 생략 항목 및 사유	○ 수익성 등 분석을 생략할 필요가 있는 평가항목과 그 판단 근거를 제시

10 신속 예비타당성조사 필요성(제17조제3항 해당시)

① 신속예타 해당 여부	○ 운용지침 제17조제3항의 "사업일정이 확정적이고 조사의 시급성이 명백한 사업 또는 유사한 예비타당성조사 선행사례를 활용할 수 있는 사업"에의 해당 여부
② 해당 사유	○ 운용지침 제17조제3항에 해당 여부를 판단할 수 있는 근거를 제시 - 확정된 사업일정 및 시급성 증빙자료 - 유사 예타 선행사례 ※ 해당 여부를 판단할 수 있는 근거자료 첨부

〈별표 2〉 예비타당성조사 사업계획서 및 면제대상 확인요구서(해외사업)

아래와 같이 예비타당성조사 사업계획서(면제대상 확인요구서)를 제출합니다.

1. 사업 총괄표

기관명 ○ ○ ○

(억원)

사 업 명[1]	구 분 (해외)	사업 규모	사업 기간	총 투 자 비					대상 사업 여부[3]
				합 계	국 내			해 외	
					공공[2] (자체)	국 고	민간 기업		
① ○○○사업									
② ○○○사업									
③ ○○○사업									
④ ○○○사업									
합 계									

1 기관의 사업추진 우선순위 순으로 기입
2 제3조의 공공기관 전체 부담금액과 사업시행자인 예타 신청 공공기관 자체부담분을 나누어 기입
3 예타대상사업, 면제사업으로 구분하여 기입 / 대상사업 여부 판단 기준에 대한 근거를 별첨자료를 통해 제시

2. 사업별 설명자료 제출양식

① 사업명 : ○○○사업

1 사업개요(안)

<table>
<tr><td colspan="2">① 사업명</td><td colspan="5"></td></tr>
<tr><td colspan="2">② 총투자비
(자체, 국고)</td><td colspan="3">○○○억원
(자 체: 자본금 000억원 중 ○○억원,
국고(지방비): ○○)</td><td>③ 사업기간</td><td>○○년~○○년
(○단계 ○년)</td></tr>
<tr><td rowspan="3">③ 추진
주체</td><td rowspan="2">주관기관</td><td rowspan="2">○○기관명</td><td>사업추진부서</td><td colspan="3">○○과 (담당자 / 전화번호 / E-mail)</td></tr>
<tr><td>예산부서</td><td colspan="3">○○과 (담당자 / 전화번호 / E-mail)</td></tr>
<tr><td>주무기관
· 지자체</td><td colspan="5">○○부 / ○○과 (담당자 / 전화번호 / E-mail)
지자체 · 기관명 / 담당자 (전화번호 / E-mail)</td></tr>
<tr><td colspan="2">④ 사업목적</td><td colspan="5">○ 해당국가에서 사업을 추진하고자 하는 목적
○ 국내 공공기관이 사업에 참여하고자 하는 목적</td></tr>
<tr><td colspan="2">⑤ 추진경위</td><td colspan="5">○ 추진근거 :
- 관계법령 · 상위계획 · 국가간 협약 · 내부지침 등을 구체적으로 명시
- 주관기관의 설립목적에 부합하는지 여부 등 제시
○ 사전절차 추진내용 :
- 해당국가의 관계기관과의 협의과정 및 협의 내용
- 사업추진 관계기관(각 부처 · 공기업 · 국내민간 · 해외참여기관)간 협의과정 및 협의 내용</td></tr>
<tr><td colspan="2">⑥ 현 추진 단계</td><td colspan="5">○ 타당성조사 시행 여부
○ 재원조달 계획 확정 여부
○ 이사회 또는 위원회 의결 여부 등 기타 사항</td></tr>
<tr><td colspan="2">⑦ 사업규모</td><td colspan="5">○ 사업내용 : 예정부지 등
○ 사업물량 : 발전사업의 경우 시설용량 등 제시</td></tr>
</table>

⑧ 사업추진체계	○ 사업수행주체 : (*SPC, 공공기관, 국가, 국내민간, 해당국가 정부, 해외참여기관) ○ 사업추진구조 : 해외참여기관간 역할 (*사업추진구조도 제시)
⑨ 재원조달구조	○ 총투자비 : ○○억원 - 총투자비 항목을 제시하고 항목별 투자비 기술 ○ 운영비 : ○○억원(연간 ○○억원) - 시설의 관리운영계획 및 운영비용 조달계획 ○ 재원조달구조와 기관의 참여형태 : ① 총투자비: - 자기자본: 00%, 타인자본 00% ② 기관출자: 자기자본 00%. 0000억원(자본금/차입금으로 구분) ○ 시설운영비 충당 :
⑩ 투자재원회수	○ 사업의 총투자비 회수방식 : 전력구매계약(PPA)를 통한 전력요금수익을 통한 총투자비 운영비 회수 등 ○ 운영비용 지출 및 회수계획(사용료 수입 등) ○ 자체의 투자비 회수방식 : 배당 · 후순위이자 · 등
⑪ 향후 진행 절차 및 일정	○ 향후 사업진행절차 및 일정 : (*사업 추진 흐름도 제시)
⑫ 사전용역	○ 조사기관 : ○ 조사기간 : ○ 용역결과 : 수익성지수(PI), 기타 분석결과 등 * 사전용역 수행자료 요약본 별도 첨부 필요 * 용역수행이 없을 경우 '사전용역 미수행' 등으로 명기
⑬ 사업기대효과	○ 기관수익성 제고효과, 향후 해당국가 진출을 위한 전략적 투자 등 기술 ○ 기타 예상되는 부수적 효과 등을 구체적으로 기술

2 사업 추진의 필요성

<table>
<tr><td>① 사업추진의 적시성</td><td>○ 예산요구 예정연도, 사업착수시점, 완공시점 등 적정 사업 추진시기를 설명
※ 국내외 주요 환경변화, 사업 미추진시 예상되는 점 등을 고려하여 사업 추진시기의 적절성을 기술
※ 공공기관내 우선순위, 분야별 우선순위 선정 근거가 있을 경우 근거를 제시하고, 구체적으로 설명
※ 추진단계(사업구상, 기본계획, 기본설계, 실시설계 등)</td></tr>
<tr><td>② 중장기 계획과의 연계성</td><td>○ 타 법령에 의한 계획과의 부합성, 상위계획에 반영 여부, 기타 관련 계획과의 연계성 등</td></tr>
<tr><td>③ 기존 사업과의 차별성</td><td>○ 차별성 또는연계추진방안
<table>
<tr><th>구분</th><th>동 사업</th><th>○○사업
(○○기관)</th><th>○○사업
(○○부)</th></tr>
<tr><td>사업목적</td><td></td><td></td><td></td></tr>
<tr><td>추진방법</td><td></td><td></td><td></td></tr>
<tr><td>사업규모</td><td></td><td></td><td></td></tr>
<tr><td>사업위치</td><td></td><td></td><td></td></tr>
<tr><td>기타</td><td></td><td></td><td></td></tr>
</table>
※ 해당국가 또는 타 국가에 유사 투자사례가 있을 경우 해당 사업들의 사업목적, 추진방법, 사업규모, 사업위치 등을 비교 · 분석하고 차별성 및 연계추진방안 등을 기술</td></tr>
</table>

3 사업추진상의 위험요인과 대응방안

① 국가위험 평가	○ 해당국가 투자에 대한 위험을 기술 및 평가
② 사업위험 평가	○ 입지여건 및 시장여건 등 여건 검토를 통해 사업추진시 발생할 수 있는 위험 기술 및 평가
③ 사업참여기관 간 위험배분	○ 사업참여기관간 위험의 배분과 헷지전략(해당국가와의 실시협약, 주주약정, 금융약정조건 등을 예측한 사업참여 기관간 위험배분과 기관의 헷지전략)
④ 민원 및 분쟁가능성 등 기타 예상되는 문제점	○ 향후 야기될 수 있는 사업 추진상의 애로요인 등 ○ 대응방안

4 소요자원의 규모와 확보방안

<table>
<tr><td>① 소요 재원</td><td>
○ 소요예산 산출근거 (공종별 · 내역별 사업비 등 상세한 사업비 산출 근거자료)
○ 예산확보방안(예시)
〈소요 예산〉
(단위: 억원)
<table>
<tr><th></th><th>'14</th><th>'15</th><th>'16</th><th>'17</th><th>'18</th><th>'19</th><th>'20</th><th>'21</th><th>'22</th><th>계</th></tr>
<tr><td>출자기관</td><td></td><td></td><td></td><td></td><td></td><td></td><td></td><td></td><td></td><td></td></tr>
<tr><td>(자체)</td><td></td><td></td><td></td><td></td><td></td><td></td><td></td><td></td><td></td><td></td></tr>
<tr><td>대출기관</td><td></td><td></td><td></td><td></td><td></td><td></td><td></td><td></td><td></td><td></td></tr>
<tr><td>기타</td><td></td><td></td><td></td><td></td><td></td><td></td><td></td><td></td><td></td><td></td></tr>
<tr><td>계</td><td></td><td></td><td></td><td></td><td></td><td></td><td></td><td></td><td></td><td></td></tr>
</table>
※ 사업에 소요되는 총투자비와 연도별 소요예산, 예산확보 방안, 사업수행기관의 재무안정성 관련 자료를 제출함.
</td></tr>
<tr><td>② 소요 인력 등</td><td>※ 사업에 소요되는 인력 규모 및 확보방안 제시</td></tr>
</table>

5 사업의 수익성 검토

① 사업의 재무성	○ 사업 추진으로 인한 예상 현금 흐름 제시 ○ 기관의 예상 사업수익률(ROE, IRR, PI, 재무분석 모델 등) 제시 ○ 기관의 기대 수익률(목표 수익률) 제시 ※ 사업의 재무분석모델 제시 ○ 대주단의 수익성 검증 자료(F/S 등)가 있을 경우 제시
② 기관의 재무성	○ 출자의 경우 배당 현금 흐름 제시
③ 기관의 재무 안정성	○ 기관의 재무 안정성을 파악할 수 있는 기초자료 제시 - 최근 3년간 재무비율(영업이익률, 자기자본순이익률, 이자보상배율, 부채비율, 총차입금의존도) 등을 제시

6 예비타당성조사 면제대상 사유(면제대상 확인요구 시에만 해당)

① 예비타당성조사 면제대상 사유	○ 공공기관의 운영에 관한 법률 제40조제3항 각 호 중 해당하는 호를 기술하고, 판단 근거를 제시

7 수익성 등 분석 생략 필요성(운용지침 제20조제2항 해당시)

① 수익성 등 분석 생략 필요성	○ 운용지침 제20조제2항의 "공공성이 현저하게 높고 수익성 검토 필요성이 낮은 사업"에의 해당 여부와 그 판단근거를 제시
② 분석 생략 항목 및 사유	○ 수익성 등 분석을 생략할 필요가 있는 평가항목과 그 판단 근거를 제시

8 신속 예비타당성조사 필요성(제17조제3항 해당시)

① 신속예타 해당 여부	○ 운용지침 제17조제3항의 "사업일정이 확정적이고 조사의 시급성이 명백한 사업 또는 유사한 예비타당성조사 선행 사례를 활용할 수 있는 사업"에의 해당 여부
② 해당 사유	○ 운용지침 제17조제3항에 해당 여부를 판단할 수 있는 근거를 제시 - 확정된 사업일정 및 시급성 증빙자료 - 유사 예타 선행사례 ※ 해당 여부를 판단할 수 있는 근거자료 첨부

〈별표 3〉 예비타당성조사 주무기관 의견서 제출양식

[△△△△부]

1. 사업 총괄표

(억원)

공공기관명	사 업 명[1]	구 분 (국내)	사업 기간	총사업비	예타대상 여부[2]	주무기관 의견[3, 4]
○○○	① ○○○사업	국내				
	② ○○○사업	해외				
소 계						
○○○	① ○○○사업					
	② ○○○사업					
소 계						
합 계						

1 사업추진 우선순위 순으로 기입
2 예타 '대상', '면제' 등으로 구분하여 기입(공공기관 신청 의견)
3 예타 '대상', '면제', '비대상', 'ㅇㅇㅇ분석항목 생략', '신속예타' 등으로 구분하여 주무기관 검토의견 기입
4 운용지침 제22조제2항(주3)에 해당하는 경우 기입(관련자료 첨부)

2. 주무기관 검토의견

① ○○○사업

〈 △△부 △△과 담당자명, 전화번호 〉

※ 각 공공기관은 사업계획서 제출전 주무기관과 사전 협의를 진행하고, 동 양식을 주무기관에 전달하여 ○월 ○일까지 기획재정부에 주무기관 의견을 제출해야함을 사전 고지

1. 사업개요

□ 사업목적 : 화물부두 신설을 통해 △△화력 석탄사용량(○○만톤/년) 대비 기존 ○개 선석 하역능력(○○만톤/년) 부족 문제 해소

□ 사업내용(부지 약 ○○○㎡, 건축면적 약 ○○○㎡)
- ○만톤급 ○선석, 선회장 준설 등 접안 및 수역시설(○○억원)
- △△하역기, 컨베이어 등 석탄취급설비 ○기(○○억원)
- △△발생기 교체 기술지원 용역 : ○○억원
- △△발생기(길이 ○m, 무게 ○t) ○대 제작 : ○○억원

□ 총사업비: ○○억원(자체, 국고, 지방비 등으로 구분)

□ 사업기간: ○○년 ~ ○○년(○년)

□ 사업시행주체 : ㈜△△△△

2. 추진 근거 및 경과

□ 추진근거
- △△법 제○조 제○항: "보유부동산 활용사업으로서 대통령령으로 정하는 요건의 어느 하나에 해당하는 사업"
- 산업부 "△△△△추진방안('○년,○월,○일, △△위 안건보고)"

□ 추진경과: 사전용역('○년,○~○), △△추진계획 수립('○년,○), '○년 △△△ 시범사업(○○MW) 세부계획 수립 중

3. 공공기관 의견: 예타 대상 / 면제 등

□

ㅇ

4. 주무기관 검토의견: 예타 대상 / 면제 / 예타 비대상 등

※ 판단 근거 및 사유 상세 기술

- 공공기관의 운영에 관한 법률에 따른 면제요건외에는 원칙적으로 예타 대상이나, 사업준비부족, 선결절차 미이행, 사업계획의 구체성 미흡 등의 경우에는 '비대상'으로 분류
- 운용지침 제20조제2항에 따라 분석을 생략할 필요가 있는 항목이 있는 경우, 항목별로 생략 필요성을 구체적으로 기술

〈별표 4〉 예비타당성조사 의뢰서

아래와 같이 예비타당성조사(또는 사업규모의 적정성 조사)를 의뢰합니다.

1. 사업 총괄표

기관명 ○ ○ ○

(억원)

사 업 명[1]	구 분 (국내 · 해외)	사업 규모	사업 기간	총 사 업 비						의뢰 유형[3]
				합계	공공[2] (자체)	국고	지방비	민간	해외	
① ○○사업										
② ○○사업										
③ ○○사업										
④ ○○사업										
합 계										

1 기관의 사업추진 우선순위 순으로 기입
2 제3조의 공공기관 전체 부담금액과 사업시행자인 예타 신청 공공기관 자체부담분을 나누어 기입
3 예비타당성조사 대상사업, 사업규모의 적정성 조사 대상사업 여부 기재

2. 사업별 설명자료 제출양식

※ "〈별표 1, 2〉 2. 사업별 설명자료 제출양식"과 동일한 양식으로 제출
- 예비타당성조사가 원활히 수행될 수 있도록 각 항목들을 보다 구체적으로 기술
- 필요시 별도 참고자료 첨부
  (예: 건축사업의 경우 사업계획을 반영한 도면, 토목사업의 경우 주변 현황을 반영한 사업 위치도 등)

〈별표 5〉 예비타당성조사 사전점검항목

1 종합 평가

o 〈붙임〉의 사전점검항목을 기준으로 사업의 구체화 정도를 평가하여, 점검결과를 제시

2 미흡 사항

o 종합평가 결과, 구체화 정도가 미흡한 사항에 대해 기술

3 보완 방안

o 2의 미흡한 사항에 대한 향후 보완 방안을 제시

붙임1 | 사업계획 체크리스트 - 국내 산업단지 조성사업

〈표〉 산업단지 조성사업 체크리스트 - 사업계획 작성시 확인 사항

구분	자료명	세부내역 예시	점검결과 (○, ×)
사업개요		• 타당성 검증 보고서(사전용역 등) 및 타당성 심사 증빙자료	
		• 사업 추진 목적 및 기대효과, 추진경위 및 향후 일정	
		• 사업규모, 추진근거(기관 설립근거법, 기관 정관, 법령, 상위계획 등)	
기술성 검토	사업현황 (대상지현황)	• 사업현황 도면(위치도, 배치도, 조감도)	
		• 사업대상지 현황(부지현황, 지장물 현황 조사 등)	
	계획적정성	• 사업부지 개발계획 현황(공사 공종별 계획)	
		• 입주업종별 비율 및 배치계획(필수 사항)	
		• 시설 규모 산정 근거 등 - 용도지역, 건폐율, 용적률 등 제시 - 상부시설 계획 제시	
총 사업비	공사비	• 항목별 공사비 산정근거 - 총사업비 산정 전산파일	
	보상비	• 보상비(부담금 포함) 산정근거 - 무상취득시 관련 근거 - 지장물 및 간접보상비(영업권보상비, 영농보상비 등) 보상단가 근거 자료 등	
		• 토지조서(소유자 구분) 및 공시지가 현황	
	시설부대경비	• 조사 및 측량비, 설계비, 감리비, 시설부대비 등 산정 근거자료 등	
	기타	• 연차별 투자계획	
운영비		• 시설 관리 운영계획, 관리 인원 충원 계획(신규/기존 구분)	
		• 운영비용 및 산정내역(적용기준 포함) - 예: 산업단지 관리인건비, 공공시설 유지관리비, 상부건축비 유지관리비	

<table>
<tr><th>구분</th><th>자료명</th><th>세부내역 예시</th><th>점검 결과 (○, ×)</th></tr>
<tr><td colspan="2" rowspan="2">수요</td><td>• 수요 추정 및 추정근거 자료
- (예)입주수요 추정 자료 등</td><td></td></tr>
<tr><td>• 수요 추정 관련 자료
- 예: 토지이용계획, 유치업종 및 업종별 비중, 주변 유사시설 현황자료 등</td><td></td></tr>
<tr><td colspan="2">편익</td><td>• 편익 추정 및 근거자료
- 예: 시설별 부가가치/생산성, 입주율, 가동률 적용 자료 제시</td><td></td></tr>
<tr><td rowspan="5">재무성 분석</td><td rowspan="2">재무자료</td><td>• 사업의 재무모델(엑셀파일)
- 분양가 산정 근거 자료 필수 제시
- 수입/지출 항목별 산정 근거(제세공과금 포함) 등</td><td></td></tr>
<tr><td>• 최근 유사사업 공사비 낙찰률(3~5개년)</td><td></td></tr>
<tr><td>국비/지자체 지원 내용</td><td>• 세제 혜택(구체적인 지원 내용), 국비지원 근거 관련 법령, 지자체 지원에 대한 협의 내용 등</td><td></td></tr>
<tr><td rowspan="2">재원조달</td><td>• 조달원천별 세부내역
• 재원조달 규모와 시기, 조건 등의 계획 등</td><td></td></tr>
<tr><td>• 이자율 산정 근거(3~5개년) 등</td><td></td></tr>
<tr><td colspan="2">재무안정성</td><td>• 중장기 재무관리계획, 최근5개년 회계감사보고서 등</td><td></td></tr>
<tr><td colspan="2">환경성 및 안전성</td><td>• 사업추진에 따른 환경피해 및 안전문제에 대한 대책 등</td><td></td></tr>
<tr><td colspan="2">사회적 기여도</td><td>• 기관의 사업시행에 따른 사회적 가치 실현 항목 및 평가 내용
- 경영평가 상의 사회적 가치 구현 평가 항목, 기관 내의 사회적 가치 실현 추진과제 목록, 기관 자체 사회적 가치 영향 평가 지표 등 활용</td><td></td></tr>
<tr><td colspan="2">주민생활여건 영향</td><td>• 기관의 사업시행에 따라 주변지역 주민생활여건 영향에 관한 사항
- 공공서비스 접근성 개선(악화) 정도, 시설이용의 쾌적성•정시성•편리성, 건강한 삶에 대한 영향, 공동체 복원 영향도 등</td><td></td></tr>
</table>

붙임 2 | 사업계획 체크리스트 - 국내 도시개발/건축사업

〈표〉 도시개발/청사건립사업 체크리스트 - 사업계획 작성시 확인 사항

<table>
<tr><th>구분</th><th>자료명</th><th>세부내역 예시</th><th>점검결과 (○, ×)</th></tr>
<tr><td colspan="2" rowspan="3">사업개요</td><td>• 타당성 검증 보고서(사전용역 등) 및 타당성 심사 증빙자료</td><td></td></tr>
<tr><td>• 사업 추진 목적 및 기대효과, 추진경위 및 향후 일정</td><td></td></tr>
<tr><td>• 사업규모, 추진근거(기관 설립근거법, 기관 정관, 법령, 상위계획 등)</td><td></td></tr>
<tr><td rowspan="4">기술성 검토</td><td rowspan="2">사업현황
(대상지현황)</td><td>• 사업현황 도면(위치도, 배치도, 조감도)</td><td></td></tr>
<tr><td>• 사업대상지 현황(부지현황, 지장물 현황 조사 등)</td><td></td></tr>
<tr><td rowspan="2">계획적정성</td><td>• 사업부지 개발계획 현황
- 공사 공종별 계획
- 토지이용계획 등 관련 자료</td><td></td></tr>
<tr><td>• 시설 규모 산정 근거 등
- 용도지역, 건폐율, 용적률 등 제시
- 상부시설 계획 제시</td><td></td></tr>
<tr><td rowspan="5">총 사업비</td><td>공사비</td><td>• 항목별 공사비 산정근거
- 총사업비 산정 전산파일</td><td></td></tr>
<tr><td rowspan="2">보상비</td><td>• 보상비(부담금 포함) 산정근거
- 무상취득시 관련 근거
- 지장물 및 간접보상비(영업권보상비, 영농보상비 등) 보상단가 근거 자료 등</td><td></td></tr>
<tr><td>• 토지조서(소유자 구분) 및 공시지가 현황</td><td></td></tr>
<tr><td>시설부대경비</td><td>• 조사 및 측량비, 설계비, 감리비, 시설부대비 등 산정 근거자료 등</td><td></td></tr>
<tr><td>기타</td><td>• 연차별 투자계획</td><td></td></tr>
<tr><td colspan="2" rowspan="2">운영비</td><td>• 시설 관리 운영계획, 투입인원계획(신규/기존 구분)</td><td></td></tr>
<tr><td>• 운영비용 및 산정내역(유사사례, 적용기준 등)
- 예: 관리인건비, 공공시설 유지관리비, 상부건축비 유지관리비</td><td></td></tr>
</table>

구분	자료명	세부내역 예시	점검결과 (○, ×)
수요		• 수요 추정 및 근거자료 - 예: 토지이용계획, 유치업종 및 업종별 비중, 주변 유사시설 현황자료 등	
편익		• 편익 추정 및 근거자료 - 예: 시설별 부가가치/생산성, 입주율, 가동률 등	
재무성 분석	재무자료	• 사업의 재무모델(엑셀파일) - 분양가 산정 근거 자료 필수 제시 - 수입/지출 항목별 산정 근거(제세공과금 포함) 등	
		• 최근 유사사업 공사비 낙찰률(3~5개년)	
	국비/지자체 지원 내용	• 세제 혜택(구체적인 지원 내용), 국비지원 근거 관련 법령, 지자체 지원에 대한 협의 내용 등	
	재원조달	• 조달원천별 세부내역 • 재원조달 규모와 시기, 조건 등의 계획 등	
		• 이자율 산정 근거(3~5개년) 등	
재무안정성		• 중장기 재무관리계획, 최근5개년 회계감사보고서 등	
환경성 및 안전성		• 사업추진에 따른 환경피해 및 안전문제에 대한 대책 등	
사회적 기여도		• 기관의 사업시행에 따른 사회적 가치 실현 항목 및 평가 내용 - 경영평가 상의 사회적 가치 구현 평가 항목, 기관 내의 사회적 가치 실현 추진과제 목록, 기관 자체 사회적 가치 영향 평가 지표 등 활용	
주민생활여건 영향		• 기관의 사업시행에 따라 주변지역 주민생활여건 영향에 관한 사항 - 공공서비스 접근성 개선(악화) 정도, 시설이용의 쾌적성 · 정시성 · 편리성, 건강한 삶에 대한 영향, 공동체 복원 영향도 등	

Chapter

V

사업타당성 평가

선진국 진입의 갈림길에서 선택과 집중이 요구되는 우리나라의 경우 한정된 자원과 재원의 효율적 활용은 필수적인 중요한 전략으로서 이를 위해 장기적인 관점에서 성장의 원동력이 되는 유망산업의 발굴과 육성은 다양한 분야에서의 공통적인 관심사가 되고 있다. 더욱이 기술혁신의 가속화와 글로벌화의 진행으로 산업공동화 현상이 나타나고 국가경제의 침체에 따른 성장둔화에 대한 우려가 제기되고 있는 현실에서 향후 국가경제를 주도할 주력산업 발굴의 중요성은 아무리 강조해도 부족함이 없다고 할 수 있다.

따라서 신규사업이나 프로젝트를 검토하고 이를 분석한 후 사업타당성에 대한 검증과 평가를 내리는 일은 쉬운 것만은 아닐 것이다. 왜냐하면 한번 결정한 계획된 사업추진은 성공과 실패의 양날이 될 수도 있기 때문이다.

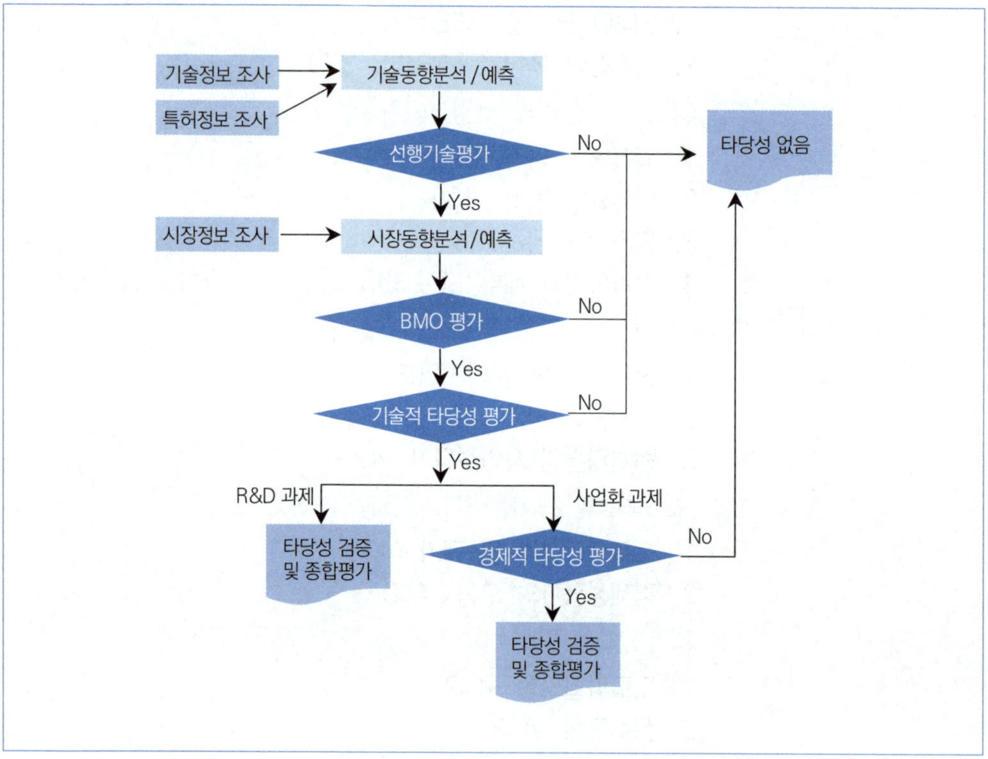

▲ 사업성 평가 프로세스

01 사업성 평가기법

1 BMO 평가법

BMO(Bruce Merrifeld-Ohe) 평가법이란 신규사업의 아이디어의 대표적인 평가방법으로써 펜실베니아 대학 경영대학원 Bruce Merrifeld 교수가 고안한 것을 일본의 Takeru Ohe 교수가 일본의 기업환경에 적합하게 조정하여 만든 것으로 두 사람의 머리글자인 Bruce Merrifeld & Ohe의 머리글자를 따서 이름 붙여진 것이다.

BMO 평가법은 신규 사업참여 시 성공확률을 정량적으로 평가하기 위한 기법으로 주로 경영자가 생각해 낸 아이디어에 대한 평가 · 연구 성과에 대한 정량적인 평가 · 컨설턴트 · 은행 · 납품고객 · 무역상사 등 외부로부터 들어 온 아이디어 또는 사내 공모아이디어를 평가하는 경우에 널리 사용되는 한편 신규사업에 대한 선택기준과 기존사업에서의 철수기준을 결정하기 위한 방법으로도 활용되어 오고 있다.

BMO 평가법을 도입하는 경우에는 여러 가지 연구를 통하여 기업실정에 맞게 평가항목의 일부를 변경하거나 또는 평가항목의 비중을 달리하거나 평가항목을 추가하는 등의 방법을 통하여 기업의 실정에 적합하게 기준의 일부를 변경하여 활용할 수도 있다.

평가단계 BMO 평가방법은 후보사업을 3단계로 나누어서 평가한다. 제1단계에서는 후보사업이 어느 정도 매력적인 사업인가를 평가한다. 일단 매력적인 사업이라고 판단되면 제2단계로 그 매력적인 사업이 회사의 실정에 적합하다고 판명되면 제3단계로 어느 정도 성공확률이 있는가를 평가한다.

과거의 사업평가로부터 사업의 성공률과 BMO 평가법의 평가결과와의 상관성은 X축을 성공도, Y축을 사업도(매력도+적합도)로 한 성공곡선을 통하여 경험적으로 산출할 수가 있다. 이 성공률이 기업의 기준에 만족한다면 그 사업에 참여할 필요가 있다고 평가할 수 있다.

많은 기업이 이용하고 있는 신규사업 평가방법을 조사해 보면 매력도만을 기준으로 평가하는 경향이 있다. 단순히 시장의 크기와 시장의 성장률만으로 사업을 평가하며 그 사업이 자사분석 결과 적합한지에 관해서는 대부분 무시하는 경향이 없지 않다. 동업종의 경쟁자가 참여함으로 자사도 참여할 수밖에 없다는 결정은 매우 위험한 결정이며, 대부분의 경우 매력도와 적합도가 혼재되어 있는 경우가 많다. 그러나 보통 사업의 매력도와 적합도는 별개 사항이다. BMO 평가법은 평가항목을 기업의 내·외부적인 요인으로 분리하고 사업을 매력도와 자사의 적합도로 구분하여 정량적으로 평가한다.

■ BMO 평가법]지표

매 력 도		적 합 도	
시장규모(매출, 이익가능성)	10	자금력	10
성장성	10	마케팅력	10
경쟁력	10	제조력	10
리스크분산도	10	기술력	10
사업 재구축 가능성	10	원자재 확보 능력	10
사회적 우위성	10	경영 지원	10
소계	(60)	소계	(60)

매력도 매력도는 사업의 아이디어가 사업으로서 어느 정도 매력이 있는가를 평가하는 것으로 기술 및 아이디어의 사업화 가능성의 조건을 발취하고 단순히 성장성과 시장규모뿐만 아니라 경쟁의 정도와 이익가능성 등을 반영하여야 한다.

매력도의 평가요소로는 매출·이익가능성·시장의 성장성·경쟁력·리스크 분산·업계 재구축 가능성·특별한 사회적 돌발상황 등으로 이 6가지를 각각 10점 만점으로 평가한다.

매력이 있는 사업이라면 최소 목표를 35점 이상으로 하고 사업의 형태가 변경되면 당연히 매력도 평가도 변화한다. 그 중에서 매출과 이익성장률 지표의 평가는 시장선택에 관한 사항으로 참여시장에 대한 검토가 필요하며 현재 시장에 대한 평가가 아니고 사업 참여 후에 예상되는 시장규모를 평가하고 투자수익률 계산은 현시점에서 평가가 어려움으로 무리한 계산은 불필요하다.

■ 매력도 평가 가이드라인

항	목	기 준	점수
시장규모 (10점)	시장참여 5년 후의 시장규모추정 (5점)	• 1조원 이상 : 5점 • 5천억원 이상 : 4점 • 1천억원 이상 : 3점 • 1백억원 이상 : 2점 • 1백억원 이하 : 1점	
	투자효율 ROI (5점)	• 20% 이상 : 5점 • 15% 이상 : 4점 • 10% 이상 : 3점 • 5% 이상 : 2점 • 1% 이상 : 1점	
성장성 (10점)	시장성장가능성 (10점)	사업참여 후 5년간의 연평균 시장성장률(%) • 20% 이상 : 10점 • 14% 이상 : 7점 • 10% 이상 : 5점	
경쟁력 (10점)	선발회사와의 대응력 정도 (4점)	선발회사의 독점시장 : 0점	
	Product Life Cycle (3점)	5년 이상 : 3점	
	특허 · 상표 방어가능 여부 (3점)	• 강력한 특허 보유 : 3점 • 지적재산권 없음 : 0점	
리스크분산 (10점)	Segment에 따른 리스크분산 (10점)	• 시장세분화 종류 5종 이상 : 10점 • 3종 이상 : 6점 • 1종류 : 0점	
업계재구축 (10점)	업계에 미치는 임팩트 (10점)	• 업계재편 유발가능 : 10점 • 양분화 가능 : 5점	
사회적우위성 (10점)	정치적 공정거래, 사회환경 상의 문제 (10점)	• 문제없음 : 10점 • 문제가 있는 경우 : 5점에서 감점	
합 계			

적합도 적합도는 자금력 · 판매력 · 제조운영 능력 · 기술서비스 기획력 · 원자재 확보능력 · 경영지원 등 6가지 지표가 이용되고 그 사업에 대한 기업의 경험과 능력에 관한 적합성을 평가한다. 각각 10점 만점으로 매력도와 적합도의 합계를 사업도로서 120점 만점으로 한다.

자금력 지표에서 필요한 자금이 누구에게서나 조달할 수 있는 자금이라면 그 조달하는 것이 간단하여도 10점이 아닌 5점으로 평가하고, 막대한 자금이 필요하고 극히 소수만이 조달 가능하고 충분히 자체적으로 해결이 가능한 경우에는 10점으로 하며 필요 자금규모가 적고 누구라도 조달이 가능한 경우에는 5점으로 한다.

마케팅능력 · 제조능력 · 기술력 · 원자재 확보능력 지표는 미래에 대한 평가가 아니고 현재에 대한 평가로서 경영지원지표는 최고경영자의 협력을 얻을 수 있는가에 관한 사항으로서 신규사업 프로젝트가 기업의 비전과 일치하면 점수가 높으며 더욱이 프로젝트를 추진하기 위한 강력한 인재가 필요한 것이다.

한편 사업을 평가하는 경우에는 미래에는 어떻게 될 것인가를 평가하는 것이므로 누구도 미래의 상황에 관하여 알 수는 없다. 따라서 너무 세심한 부분까지 검토하지 않는 것이 바람직하며 여러 가지 전문지식을 구비한 전문가로부터 도움을 받아 합리적인 방법을 도출하기 위한 방법으로 BMO 평가법이 활용되고 있다.

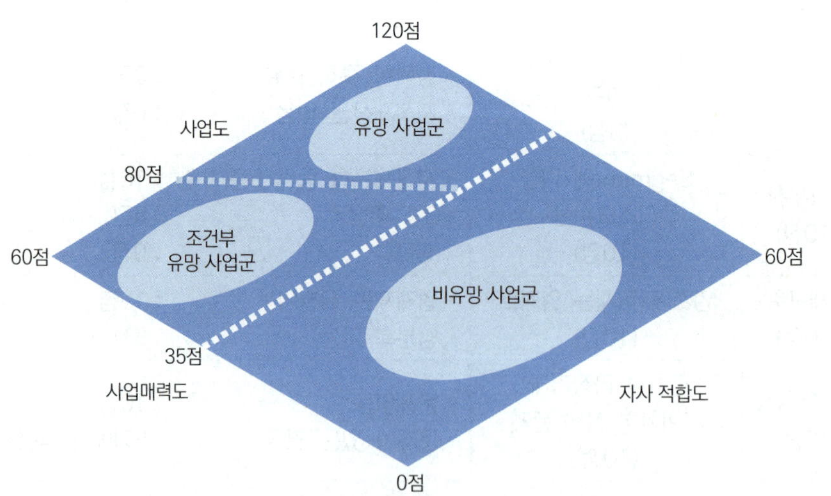

▲ BMO의 평가 Map

사업 참여기준 BMO평가법을 사용하여 사업계획을 평가하면 실제로 사업에 참여할 필요가 있는가에 관한 판단이 어느 정도는 가능하다.

신규 사업이 어느 정도 성공할 것인지, 사업계획에서의 모순과 약점, 그리고 기업이 성장하기 위해서 필요한 과제를 명확히 하고 필요한 전략을 수립하기 위한 자료로도 활용할 수가 있다.

■ 적합도 평가 가이드라인

항목		기준		점수
자금력 (10점)	필요자금 규모와 대응 가 · 부 (10점)	• 막대한 자금 필요 자체적 대응 가능 • 누구에게나 조달 가능 • 자체적 자금조달 어려움	: 10점 : 5점 : 감점	
마케팅력 (10점)	기존 마케팅력과의 적합성 (10점)	• 조기 사장 확보 가능 • 새로운 마케팅 채널 및 인재 육성 필요	: 10점 : 감점	
제조력 (10점)	설비 · 인력 · 기술력과의 적합성 (10점)	• 기존 설비 · 인력 · 기술력을 사용 경우	: 고 7~10점 중 4~6점 저 0~3점	
기술력 (10점)	기술 및 서비스 기획력과의 적합성 (10점)	• 고객에게 새로운 서비스의 기획 능력	: 고 7~10점 중 4~6점 저 0~3점	
원자재 확보력 (10점)	원자재 · 부품 · 상품 정보 수집력 (10점)	• 저렴하고 안전하게 우수한 부품 및 원재료 입수 가능 여부	: 고 7~10점 중 4~6점 저 0~3점	
경영지원 (10점)	최고경영자의 참여도 (5점)	• 장기적 비전에 의한 인재 · 자금적인 지원가능 여부 • 경영자의 사업 자신감	: 고 7~10점 중 4~6점 저 0~3점	
	강력한 사업 추진자의 유 · 무 (5점)	• 강력한 사업 추진자 존재 • 강력하여도 겸직 경우	: 5점 : 감점	
합계				

일반적으로 신규 사업 프로젝트에 관한 조사로부터 매력도가 35점 이상이고 매력도와 적합도를 합친 사업도의 점수가 80점 이상이면 프로젝트의 성공확률은 80% 정도로 사업의 성공가능성이 크며 70점 미만이면 성공가능성이 낮다고 할 수 있다.

2 기술전략분석법(STAR법)

기술전략분석법(Strategic Technology Assessment Review Program)은 기업 이익에 기여할 수 있는 개발 테마의 선택과 효율적인 개발투자를 위한 연구개발과 사업전략을 효율적으로 관리하여 연구개발 활동의 효율을 높이기 위한 프로그램이다.

기술전략분석법은 개발 프로젝트에 대한 효과를 무리하게 수치와 금액으로 나타내는 대신 수입·원가·리스크 등에 영향을 미치는 여러 가지 요소들을 검토하여 개발 프로젝트의 성격과 특징을 이해하는 한편 어떠한 성격과 특징을 가지고 있는 개발 프로젝트인가를 파악하여 기업의 이익에 직접 공헌할 수 있는 프로젝트인가를 평가하는 기법이다.

STAR법의 평가요소는 리스크 분야 2요소와 사업특성 4요소 등 총 21종류의 평가항목으로 구성되어 있으며 이들 6가지 요소가 균형 있게 높은 평가를 얻는 것이 유망한 개발 테마의 전제조건이다. 프로젝트화 평가항목인 리스크 요소는 다음과 같다.

① 외적인 불확실성 : 시장불확실성으로 시장 및 경쟁에 관한 정보분석
② 내적인 불확실성 : 기술 불확실성으로 연구개발 리스크와 기술개발 리스크로 구분된다.
③ 연구개발 리스크 : 기술의 어려움, 조직 내부의 반발 가능성의 정도 등이 이에 속한다.
④ 기술개발 리스크 : 연구개발비·필요인재·코아 콤피던스 등이 이에 속한다.

사업특성 요소 상품화 평가항목인 사업특성 요소는 다음과 같다.

① 예상되는 수입규모 : 수요의 크기, 진입장벽, 채용속도 등
② 수입 지속성 : 대체품 출현, 경쟁에 의한 모방가능성, 표준화 가능성 등
③ 제품화 원가 : 기존 생산시설 및 판매규칙의 활용 가능성
④ 상품화 원가

기술전략분석법에서의 사업특성 요소는 미래의 시장규모 및 매출을 무리하게 금액으로 환산하는 것이 아니다. 개발하려고 하는 기술로부터 탄생되는 제품이 집중화된 시장을 구성하는지, 제품의 용도, 고객층과 고객의 구매빈도, 수요예측 등의 관점에서 제품의 특성을 판단할 수 있으며, 특정사업이 파악되면 사업의 잠재성도 알 수 있다.

즉 시장규모를 포함하여 개발능력의 우수성 여부, 시장지배력 등에 대한 예측이 가능

하고 시장점유율이 증가하는 경향을 예상할 수 있다. 또한 전체 원가 및 소요경비에 대해서는 정확히 알지는 못하여도 원재료 조달 여부, 개발기술의 중요성 등에 관한 개발 프로젝트 성격을 알 수 있다. 한편, 리스크 요소에 관해서도 개발 프로젝트가 가지고 있는 리스크 및 불확실성 요소들을 이해할 수 있다.

외적인 불확실성은 제품수요의 정확한 파악 정도, 법적책임의 인식정도, 시장에서 받아들이는 시간에 대한 판단의 정확도, 등에 관한 질문으로부터 개발 제품의 불확실성이 어느 정도로 높은가 낮은가를 파악할 수 있다. 그러나 내적인 기술적 불확실성은 개발완료 시점, 개발총비용 규모, 개발인력의 채용 등과 같은 프로젝트가 내포하고 있는 리스크

■ 외적 불확실성 평가

번호	평 가 항 목	평 가 점 수						
		1	2	3	4	5	6	7
1	참여하고자 하는 시장의 총 수요는		●					
2	장래의 매출 규모는			●				
3	협력업체로부터 지원정도			●				
4	매출의 커다란 변동폭은				●			
5	장기적인 법적 책임문제의 정도는		●					
6	제품가격 수준 정도는					●		
7	인 · 허가에 필요한 기간은						●	
8	시장에서 상품을 인정 받기까지의 기간은							
9	상품을 시장에 런칭하기까지의 투자비용은			●				
10	서비스 체제구축에 소요되는 투자액은					●		
11	디자인 변경의 빈도는				●			
12	경쟁기업에 대한 기업체 인지 정도는	●						
13	경쟁업체의 저항력의 강도는			●				
14	고객이 요구하는 상품의 조합성은						●	
15	경쟁상품을 개발 중에 있는 업체 수는			●				
16	신제품이 나올 때까지 고객의 기대심리에 대하여							●
17	표준규격이 준비되었는가		●					
18	업계의 규격설정 시작까지의 소요시간은					●		
19	행정기관의 규격설정 완료 시까지의 시간은				●			
20	협력업체의 규격결정 전 투자 가능성은						●	

정도를 사전에 파악할 수 있다. 실제로 자체적으로 개발할 수 있는가에 관한 내적요인에 관한 불확실성과 함께 시장규모와 경쟁제품 등 외적 불확실성의 정도에 따라 개발테마에 어떠한 개발전략이 필요한 것인가에 대한 가이드라인을 제시한다.

특히 STAR기법의 특징은 기술전문가가 아닌 경영자 층에서도 기술에 대한 가치를 이해하고 연구개발의 시비를 판단할 수 있는 정량적인 평가방법이다.

■ 내적 불확실성 평가

번호	평 가 항 목	평 가 점 수						
		1	2	3	4	5	6	7
1	개발완료 시기에 대하여			●				
2	개발 프로젝트의 개발비는				●			
3	필요한 인프라의 구축에 대하여		●					
4	개발에 필요한 총 소요비용은				●			
5	필요한 기술 입수 가능성은			●				
6	필요한 시스템의 원가에 대하여						●	
7	필요 기술의 종류에 대하여					●		
8	인재확보에 관하여				●			
9	필요한 설비 및 기기류의 종류에 대하여			●				
10	필요한 설비 및 기기류의 입수 가능성은				●			
11	필요한 설비 및 기기류의 원가에 대하여				●			
12	필요한 원자재의 종류는		●					
13	필요 원자재 조달 가능성은	●						
14	예측되는 기술적 장애를 극복하기 위한 능력은					●		
15	시장에서 요구되는 품질 수준은							●
16	시장에서 요구되는 서비스 수준은			●				
17	필요한 생산 능력은					●		
18	필요한 인력확보 가능성은		●					
19	프로젝트를 실패하는 경우 원인규명 방법에 대하여			●				
20	상품화에 필요한 기술은					●		
21	전문연구팀 구성 가능성에 대하여						●	
22	개발기간 단축에 대하여				●			
23	프로젝트 성공을 위한 필요한 문제해결책은			●				

개발방침의 결정　불확실성의 포트폴리오에 현재 추진 중인 여러 종류의 개발 프로젝트를 기입하여 보면 그 포트폴리오가 과연 기업의 성장전략과 일치하고 있는지를 평가할 수 있다.

개발테마의 선택방법　기업의 경영자원은 한계가 있으므로 연구개발 프로젝트를 평가하여 그 중에서 필요한 프로젝트를 선택해야 하며 이와 같은 경우에 STAR기법이 이용된다.

경쟁환경의 분석　먼저 개발 프로젝트를 선택 대상으로 할 것인지 여부를 검토해야 하며 그러기 위해서 경쟁 환경상황을 분석한다. 이 분석 중에서 진입이 불가능하거나 이익이 착취당할 우려가 있는 프로젝트에 관하여는 대응전략이 마련될 때까지 기다리거나 프로젝트 자체를 단념할 필요가 있다.

수요와 모방　다음으로 경쟁 환경을 검토한 결과 채택된 프로젝트에 대해서는 수요와 모방에 관한 평가를 한다. 이상적인 프로젝트는 수요가 크고 모방되지 않는 프로젝트이지만 그와 같은 프로젝트는 존재하지 않는다. 따라서 수요가 크다고 파악되면 어느 정도 모방되어도 개발에 참여하는 의미도 있을 수 있다. 그러나 수요가 적으면 참가하는 의미가 없다.

수요와 원가　다음으로 수요와 모방 검토과정에서 채택된 프로젝트를 대상으로 수요와 원가의 특징을 나타내는 평가를 한다. 이 단계에서는 수요가 많으며 원가 경쟁력을 구비하고 있는 프로젝트를 모방당할 우려가 적은 사업이며 사업가능성이 높은 프로젝트로 보고 선정 평가한다.

내적 불확실성과 외적 불확실성　마지막으로 지금까지 검토된 개발 프로젝트를 실제 개발 프로젝트로 선정할 것인지를 검토한다. 외적인 불확실성이 높다는 것은 시장이 아직 형성되어 있지 않으며 경쟁상대가 누구인지, 고객이 어느 정도의 가격을 지불할 것인지, 시장규모가 발전할 것인가를 확실히 알지 못하는 상황이다.

이와 같은 상황에서는 개발 프로젝트를 추진하는 것보다 좀 더 시장을 관망하여 본 다음에 개발 프로젝트를 추진하는 것이 바람직할지도 모른다. 한편, 내적인 불확실성이 높다는 것은 프로젝트의 진행을 늦추는 것이 좋다.

02 미래 유망산업의 사업성평가

유망산업에 대한 선택의 단계로서 SRI의 차세대 성장산업 스크리닝 프로세스와 BMO 평가방법이 있다. 이는 유망산업평가 시에 고려되는 요인을 정하고 그 평가방법을 체계화하는 데 의의가 있다. BMO평가기법에 대해서는 이미 앞에서 설명하였으므로 여기에서는 SRI을 통해서 미래 유망산업의 유망성을 평가하는 요인들을 체적으로 세분화하고 각 요인별 특성들을 정리하여 보기로 한다.

TIP 사회책임투자(SRI : Socially Responsible Investment)

자본시장에서 투자자들의 투자원칙에 가치와 윤리신념을 도입해 실행하는 방식이다. 도덕적이고 투명한 기업, 환경친화적인 기업에는 투자하지만 비도덕적이고 환경파괴를 일삼는 기업에는 투자하지 않음으로써 자본시장이 기업의 변화와 노력을 이끌어내는 효과를 가져온다.
사회책임투자(Social Responsible Investment)의 영어 머리글자를 딴 SRI펀드가 선진 자본시장에는 보편화되어 있다.

SRI는 차세대 성장산업과 제품들을 선정하기 위한 7단계의 프로세스를 제시한다. 각 단계마다 평가기준에 의한 테스트나 필요조건과 영향력에 대한 평가를 통해 논리적인 결론을 도출한다. 뿐만 아니라 SRI는 기업의 외적요인과 내적요인으로 구분하여 평가하고 있다. 기업 외부적 요인들을 다루고 있는 외적요인은 5단계로 구성이 되고, 내부적인 기업역량과 경쟁력을 다루고 있는 내적요인은 2단계로 구성된다.

1 외적요인 평가

수요측면의 요건테스트 첫번째 단계는 기본적으로 소비자와 시장추세라는 관점에서 특정산업의 제품에 대해 지속적인 성장이 가능할 만한 큰 시장과 수요가 있는 지를 판단

단 계	평가대상 요인
제1단계	수요측면의 결정요인 테스트
제2단계	공급측면의 요건 평가
제3단계	산업전망 테스트
제4단계	기술요건 평가
제5단계	정부정책의 영향 평가

하기 위한 테스트이며, 다음에 제시한 요소들을 포함한 “수요 측면의 동인들”은 21세기 초의 직업 및 개인생활에 필수적인 제품형태들을 도출하는 데 도움을 줄 것이다.

① 잠재시장규모
② 소비자기호 · 가치관 · 생활양식 요소들(예 : 건강중심의 생활양식 · 편리성 · 속도)
③ 관련 소비계층(예 : 고령화 · 베이비붐 시장)
④ 표적집단의 실질적인 구매력
⑤ 현재의 또는 예상되는 소비패턴
⑥ 기타 장기적 추세(환경보호 추세 등)
⑦ 신기술로 창출되는 수요
⑧ 시장변화 또는 특수 환경

수요측면의 요건 테스트는 소비재산업과 자본재산업의 두 가지 측면으로 나누어서 결정요인들을 정한다.

본 단계에서는 각 산업의 소비재산업에 있어서 외적 수요측면의 변인들에 따라 점수를 산정한다.

■ 소비재 산업에 대한 수요측면의 결정요인

<table>
<tr><th colspan="12">A 테스트</th></tr>
<tr><th colspan="12">소비재산업에 대한 21세기의 수요측면의 결정요인들</th></tr>
<tr><th>총계</th><th rowspan="2">시장
규모</th><th colspan="4">가치</th><th colspan="4">생활양식</th><th colspan="2">대상소비계층</th></tr>
<tr><th>산업</th><th>환경친화형
제품</th><th>건강</th><th>효율</th><th>학습</th><th>편리성
스피드</th><th>옵션</th><th>자극</th><th>레저 ·
오락</th><th>고령화</th><th>베이비
붐세대</th></tr>
<tr><td></td><td></td><td></td><td></td><td></td><td></td><td></td><td></td><td></td><td></td><td></td><td></td></tr>
</table>

① 시장규모(Market Size)

- 3점 : 전세계 시장이 500억 달러 이상일 때
- 2점 : 전세계 시장이 250억 달러~500억 달러일 때
- 1점 : 전세계 시장이 30억 달러~250억 달러일 때
- 0점 : 전세계 시장이 30억 달러 이하일 때

② 가치(Value)

- 환경친화적 제품
  - 3점 : 환경보호 제품에 대한 소비자 요구에 상당한 긍정적 영향
  - 2점 : 환경보호 제품에 대한 소비자 요구에 어느 정도의 긍정적 영향
  - 1점 : 환경보호 제품에 대한 소비자 요구에 긍정적이든 부정적이든 별 영향이 없을 때
  - 0점 : 환경에 부정적 영향을 미치는 제품
- 건강(Health)
  - 3점 : 건강 제품에 대한 소비자 요구에 상당한 긍정적 영향
  - 2점 : 건강 제품에 대한 소비자 요구에 어느 정도의 긍정적 영향
  - 1점 : 건강 제품에 대한 소비자 요구에 긍정적이든 부정적이든 영향이 없을 때
  - 0점 : 소비자 건강에 부정적 영향을 끼치는 제품
- 완전성/효율성(Perfection/Efficiency)
  - 3점 : 완전성/효능성에 대한 소비자 요구에 상당한 긍정적 영향
  - 2점 : 완전성/효능성에 대한 소비자 요구에 어느 정도의 긍정적 영향
  - 1점 : 완전성/효능성에 대한 소비자 요구에 긍정적이든 부정적이든 별 영향이 없을 때
  - 0점 : 완전성 · 효능성에 대한 소비자 인식에 부정적 영향을 미치는 제품
- 학습/교육(Learning/Education)
  - 2점 : 학습/교육에 대한 소비자 요구에 상당한 긍정적 영향
  - 1점 : 학습/교육에 대한 소비자 요구에 어느 정도의 긍정적 영향
  - 0점 : 교육에 대한 소비자 요구에 별 영향이 없을 때

③ 생활양식(Lifestyle)

- 편리성(Convenienec)
  - 3점 : 편리성에 대한 소비자 요구에 상당한 긍정적 영향
  - 2점 : 편리성에 대한 소비자 요구에 어느 정도의 긍정적 영향

- 1점 : 편리성에 대한 소비자 요구에 긍정적이든 부정적이든 별 영향이 없을 때
- 0점 : 소비자의 편리성 인식에 부정적 영향을 끼치는 제품

• 속도(Speed)
  - 3점 : 시간 절약에 대한 소비자 요구에 상당한 긍정적 영향
  - 2점 : 시간 절약에 대한 소비자 요구에 어느 정도의 긍정적 영향
  - 1점 : 시간 절약에 대한 소비자 요구에 긍정적이든 부정적이든 별 영향이 없을 때
  - 0점 : 소비자의 시간 절약 요구에 부정적 영향을 미치는 제품

• 선택권 제공(Choices)
  - 2점 : 선택권 제공에 대한 소비자 요구에 상당한 긍정적 영향
  - 1점 : 선택권 제공에 대한 소비자 요구에 어느 정도의 긍정적 영향
  - 0점 : 선택권 제공에 대한 소비자 요구에 아무런 영향이 없을 때

• 자극(Stimulation)
  - 2점 : 자극에 대한 소비자 요구에 상당한 긍정적 영향
  - 1점 : 자극에 대한 소비자 요구에 어느 정도의 긍정적 영향
  - 0점 : 자극에 대한 소비자 요구에 아무런 영향이 없을 때

• 레저/레크리에이션(Leisure/Recreation)
  - 2점 : 레저/레크리에이션에 대한 소비자 요구에 상당한 긍정적 영향
  - 1점 : 레저/레크리에이션에 대한 소비자 요구에 어느 정도의 긍정적 영향
  - 0점 : 레저/레크리에이션에 대한 소비자 요구에 아무런 영향이 없을 때

④ 인구통계(Demographics)

• 고령화(Aging)
  - 2점 : 고령 인구층의 요구에 상당한 긍정적 영향
  - 1점 : 고령 인구층의 요구에 어느 정도의 긍정적 영향
  - 0점 : 고령 인구층의 요구에 부응하지 못함

• 베이비붐(Baby Boom)
  - 2점 : 베이비붐 세대의 요구에 상당한 긍정적 영향
  - 1점 : 베이비붐 세대의 요구에 어느 정도의 긍정적 영향
  - 0점 : 베이비붐 세대의 요구에 부응하지 못함

위의 단계에 따라서 소비재산업에 대한 수요측면의 변인들을 테스트하고 아래 표에 나타낸 바와 같이 자본재산업에 대한 수요측면의 변인들에 따라 점수를 산정한다.

■ 자본재산업에 대한 수요측면의 결정요인

B 테스트								
자본재산업에 대한 21세기의 수요 측면의 결정요인들								
총계	시장 규모	본제품을 사는 기업의 혜택			성장산업에의 연계성	소비재산업에 인풋제공	필수서비스 인프라	친환경성
산업		원가절감	정보지식	효율성				

① 시장규모(Market Size)

- 3점 : 전 세계시장이 500억 달러 이상일 때
- 2점 : 전 세계시장이 250억 달러~500억 달러일 때
- 1점 : 전 세계시장이 30억 달러~250억 달러일 때
- 0점 : 전 세계시장이 30억 달러 이하일 때

② 제품을 사는 기업에 주는 이익

- 원가절감(Cost Reduction)
  - 3점 : 원가절감에 대한 기업의 요구에 상당한 긍정적 영향
  - 2점 : 원가절감에 대한 기업의 요구에 어느 정도의 긍정적 영향
  - 1점 : 원가절감에 대한 기업의 요구에 긍정적이든 부정적이든 별영향이 없을 때
  - 0점 : 원가에 부정적 영향으로 원가를 증가시킴
- 정보/지식(Information/Knowledge)
  - 2점 : 보다 많은 정보/지식을 얻으려는 기업요구에 상당한 긍정적 영향
  - 1점 : 보다 많은 정보/지식을 얻으려는 기업요구에 어느 정도의 긍정적 영향
  - 0점 : 보다 많은 정보/지식을 얻으려는 기업요구에 긍정적이든 부정적이든 아무런 영향이 없음
- ③ 효율성(Efficiency)
  - 3점 : 보다 큰 효능성에 대한 기업요구에 상당한 긍정적 영향
  - 2점 : 보다 큰 효능성에 대한 기업요구에 어느 정도의 긍정적 영향
  - 1점 : 보다 큰 효능성에 대한 기업요구에 긍정적이든 부정적이든 아무 영향이 없음
  - 0점 : 사업의 효능성에 부정적 영향을 끼치는 경우

③ 성장산업에의 연계성
- 2점 : 성장산업과의 상당히 긍정적인 연계성
- 1점 : 성장산업과의 어느 정도 긍정적인 연계성
- 0점 : 성장산업과의 아무런 긍정적 연계가 없음

④ 소비재산업에 대한 인풋 제공
- 2점 : 소비재산업에 상당한 인풋을 줌
- 1점 : 소비재산업에 어느 정도 인풋을 줌
- 0점 : 소비재산업에 아무런 인풋이 없음

⑤ 기초 필수적 서비스/인프라
- 2점 : 산업/제품이 필수적인 기초 서비스나 인프라를 제공해 줌
- 0점 : 산업/제품이 필수적인 기초 서비스나 인프라를 제공해 주지 못함

⑥ 환경친화성
- 3점 : 환경친화형 제품에 대한 기업요구에 상당한 긍정적 영향
- 2점 : 환경친화형 제품에 대한 기업요구에 어느 정도의 긍정적 영향
- 1점 : 환경친화형 제품에 대한 기업요구에 긍정적이든 부정적이든 아무 영향이 없음
- 0점 : 환경에 부정적 영향을 끼치는 제품의 경우

공급측면의 요건 테스트 제2단계인 이 평가는 업계에 새로 진입하려는 기업은 물론 해당산업에 대한 공급측면의 요건들을 검토하며, 이 평가에서는 아래에 서술한 것과 같은 투입요소들은 물론, 기타 공급능력에 영향을 미칠 수 있는 주요 변인에 초점을 맞춘다.

① 천연자원 요건/확보가능성
② 자본투자 요건
③ 생산 노동기술 요건
④ 기술 요건(4단계에서 다시 분석)
⑤ 규모의 경제(Economies Of Scale) 요건
⑥ 시장/유통망 요건
⑦ 물류 요건
⑧ 제품원가의 경쟁력
⑨ 애프터서비스 요건
⑩ 신기술로 창출된 생산효율성

⑪ 전 세계적/지역적/국가적 시장 접근성

1단계의 테스트를 마치면 다음으로 산업들은 각 요건들이 실행 가능한지 확인하기 위한 공급측면의 체크리스트를 제공한다.

■ 공급측면의 산업평가

21세기의 공급측면의 산업							
산업	진입장벽		천년자원 요건	마케팅 유통요건	자본투하 요건	노동기술 니즈	애프터세일즈 니즈
	규제	기술					
	V	V	Yes	V	$$	V	V

진입장벽(Barriers To Entry)　해당 산업 내에 제품의 생산과 마케팅에 관련된 제반 진입장벽의 유형을 검토한다. 진입에 대한 장벽은 그 업계에 들어서려는 기업에게 처음에는 불리하게 작용하지만, 일단 기업이 그 장벽을 건너게 되면 유리하게 작용한다.

규제(Regulatory)　해당 산업/제품의 제조와 마케팅에 대해 중요한 규제 장벽이 있는지를 검토한다.

기술(Technology)　해당 산업/제품에 필요한 기술의 구매, 사용허가취득 또는 개발에 관해서 중요한 규제 장벽이 있는가를 검토한다.

천연자원과 관련한 요건　해당 산업/제품의 천연자원이나 특수한 인풋에 대한 니즈를 평가해 보고, 해당 산업의 생산지가 천연자원이나 특수한 인풋을 확보하기에 편리한가를 파악한다.

마케팅/유통요건　해당 산업/제품의 마케팅과 유통요건들을 평가한다.

자본(Capital)　해당 산업에서의 조업개시와 운영을 위해 필요한 자본을 검토하고, 필요한 자본이 터무니없이 엄청난 것은 아닌지 파악한다.

노동기술 니즈(Labor Skill Needs)　해당 산업/제품에 필요한 노동기술을 평가한다. 현재의 노동력을 가지고 해당 산업/제품의 기술적 필요조건을 충족시킬 수 있을지 파악한다.

애프터세일즈 니즈(After Sales Needs)　해당 산업/제품에 대한 애프터세일즈 요건을 파악한다.

산업전망 테스트　앞의 두 단계를 통과한 산업들은 추세분석 · 전망평가 · 라이프사이클 측정 등을 포함한 일련의 산업평가들을 거치게 된다. 3단계의 목적은 21세기에 산업이 생존 가능할 것인가, 발전할 것인가, 또는 쇠퇴할 것인가를 판단하기 위해서이다.

이를 위한 첫번째 과제는 특정산업에서의 향후 성장전망에 대한 결정요인들을 얻기 위해 그 산업의 현재 추세를 검토하는 일이다.

다음에 제시된 수량적 지표들은 고객요건 · 기술추세 · 산업간 경쟁 · R&D 활동 등과 같은 질적 평가에 의해 보완될 수도 있다.

① 생산액과 매출액 성장
② 자산/자본/매출수익률
③ 수익성 수준 및 추세
④ 해당산업의 주가추세
⑤ 장기적 투자수준
⑥ 국제무역 성장

두번째 과제는 해당산업이 라이프 사이클상 어디에 위치해 있는지 판단하는 일이다. 산업/제품 발전의 단계를 알면 미래 성장전망을 도출하는 데 도움이 된다.

■ 산업전망 테스트

B 테스트									
21세기의 산업전망 테스트									
점수	추세분석				전망		라이프 싸이클상 단계		
산업	매출액 성장	수익성장	자본 이익률	자산 이익률	가격 추세	신제품 전망	고 성장기	안정기	쇠퇴기

① 추세분석(Trend Analysis)

- 매출액 성장
  - 3점 : 매출액 성장률이 연간 15% 이상일 때
  - 2점 : 매출액 성장률이 연간 10%~15%일 때
  - 1점 : 매출액 성장률이 연간 5%~10%일 때
  - 0점 : 매출액 성장률이 연간 5% 이하일 때
- 이익 성장
  - 3점 : 이익성장률이 연간 15% 이상일 때
  - 2점 : 이익성장률이 연간 10%~150%일 때
  - 1점 : 이익성장률이 연간 5%~10%일 때
  - 0점 : 이익성장률이 연간 5% 이하일 때
- 자본이익률
  - 3점 : 자본이익률이 연간 15% 이상일 때
  - 2점 : 자본이익률이 연간 10%~15%일 때
  - 1점 : 자본이익률이 연간 5%~10%일 때
  - 0점 : 자본이익률이 연간 5% 이하일 때
- 자산이익률(Return On Assets)
  - 3점 : 자산이익률이 연간 15% 이상일 때
  - 2점 : 자산이익률이 연간 10%~15%일 때
  - 1점 : 자산이익률이 연간 5%~10%일 때
  - 0점 : 자산이익률이 연간 5% 이하일 때

② 전망(Prospects)

- 가격추세
  - 3점 : 예상가격 상승률이 연간 10% 이상일 때
  - 2점 : 예상가격 상승률이 연간 5%~10%일 때
  - 1점 : 예상가격 상승률이 연간 0%~5%일 때
  - 0점 : 가격하락이 예상될 때
- 신제품 전망(Prospects For New Products)
  - 2점 : 신제품이 상당히 많이 등장할 것으로 전망될 때
  - 1점 : 신제품이 어느 정도 등장할 것으로 전망될 때
  - 0점 : 신제품이 거의 등장하지 않을 것으로 전망될 때

③ 산업의 라이프사이클(Industry Growth Cycle)

- 2점 : 고성장 또는 상승기

- 1점 : 안정기
- 0점 : 쇠퇴기

기술요건 평가 제4단계인 기술요건 평가에 있어서 SRI의 견해는 전부가 아니라 하더라도 대부분의 산업들의 전망이 직접적·필수적으로 기술의 추세와 발전에 연계되어 있다고 보며, 실제로 기술적 혁신이 많은 전통산업들을 재편하기도 하고 성장산업들을 주도한다. 이에 따라서 본 평가도 해당 산업에 성공적으로 진입하고 경영하는데 필요한 핵심기술요건을 도출하는 데 초점을 맞추고 있다.

① 요구되는 기술의 절대적인 확보성
② 필요한 기술에의 접근성(사용허가, 합작투자, 기술협정 등)
③ 기술취득 비용
④ 중핵기술 기반에 대한 요건
⑤ 기술변화속도(즉 따라잡아야 할 수준)

산업들에 대해 필요한 기술이 실행가능한 지를 확인하기 위해 다음 표와 같은 체크리스트를 이용하여 평가한다.

■ 기술상의 필요조건 체크리스트

21세기를 위한 기술상의 필요조건 체크리스트							
산업	기술 확보 가능성	필요한 기술의 확보			M&A 또는 업그레이드 비용	지적재산권 여건평가	기술의 변화속도
		기업내부 능력	라이센스	합작투자			

① 절대적인 기술확보성(Absolute Availability Of Technology) : 이 산업 또는 제품에 필요한 기술을 누가 갖고 있는지 파악한다.
② 필요한 기술의 확보성(Access To Needed Technology)
- 기업 내부역량 : 해당산업에서 필요한 기술을 창출할 R&D 능력을 현재 갖고 있는지, 그렇지 않다면 연구능력 수준의 개량을 통해서 기술을 창출할 수 있는지를 평가한다.
- 라이센스 : 기술의 사용허가협정이 요구되는지, 만일 그러하다면 어떤 조건

하에서인가를 파악한다.

- 합작투자 : 기술 취득/개발을 위해 합작투자가 요구되는지, 만일 그렇다면 어떤 조건 하에서인가를 파악한다.

③ 기술인수 혹은 업그레이드에 드는 비용 : 기술을 인수하거나 기존 R&D 능력을 업그레이드하는 데 소요되는 비용을 산정한다.

④ 지적재산권 보호 평가 : 개발 중인 제품 및 프로세스에 대한 지적재산권 비용, 전략 및 관련 사항들을 검토한다.

⑤ 기술변화의 속도 : 해당 산업/제품에 대한 기술변화속도와 그 산업/제품에서의 첨단기술 수준을 유지하기 위해 필요한 비용과 노력을 평가한다.

정책영향 평가 제5단계는 정책영향 평가이다. 경제 및 산업정책들은 산업전망에 막대한 영향을 미친다. 예를 들어 미국에서의 규제철폐정책은 항공 · 정보통신 · 금융산업을 근본적으로 바꾸어 놓았다. 환경보호 관련 규제는 제품과 제조 프로세스 양쪽에 영향을 미쳤으며, 전 세계적으로 특정산업들(예 : 방위 · 우주항공)은 막대한 정부보조를 받아왔다. 따라서 21세기의 새로운 산업기회를 고찰하려면 최소한 다음에 등장하는 유형의 정책들이 갖는 성질과 영향력에 대한 기본적인 연구가 필요하다.

① 글로벌시장 및 주요 시장의 무역정책(그리고 그 정책의 실행)
② 규제정책
③ 독점금지 및 대외 투자정책
④ 환경정책 및 관련 요건
⑤ R&D정책과 프로그램
⑥ 정부보조 및 세계
⑦ 지적재산권 정책추세
⑧ 민영화 추세(예, 공공사업에 미치는 영향)

다음으로 모든 산업들에 대한 정부정책의 영향에 대해 다음 표에 나타낸 체크리스트를 이용하여 평가하고 각 산업에 유리하게 작용하는지 확인한다.

■ 정책의 영향에 관한 체크리스트

21세기의 산업전망 테스트									
산업	무역정책영향			인센티브&세제		규제평가		독과점 정책	환경규제 영향
	세계	지역	국가	인센티브	세제	생산(국내)	해외규제		
	V		V	$$	$$	V	V	V	V

① 무역정책 영향

- 전세계(Global) : 세계시장의 무역정책(WTO)이 해당 산업/제품의 수출과 수입에 대해서 끼치는 영향을 평가한다.
- 지역(Regional) : 각 지역 무역협정(예 : NAFTA, EU, 기타)이 해당 산업/제품의 수출 및 수입에 대해 끼치는 영향을 파악한다.
- 국가(National) : 최종 수요 국가 내에서 해당 산업/제품을 생산하는데 발생할 수 있는 무역정책의 영향을 평가한다.

② 정부 인센티브 및 세제

- 인센티브(Incentives) : 각 생산가능 지역마다 생산상의 인센티브가 어떠한가를 파악하고 중요하다면 현재 고려 중인 제품에 대한 정부지출과 보조금정책을 평가한다.
- 세제(Texation) : 다양한 시나리오를 가지고 투자 · R&D · 운영 · 수익 · 배당 등에 대한 주요 과세정책의 영향을 평가한다.

③ 규제 평가(Regulatory Assessment) : 현재 고려중인 산업/제품에 있어서 생산과 마케팅에 대한 주요 규제정책의 영향은 무엇인지 파악한다.

④ 독점금지 정책의 영향(Anti-Trust Policy Impact) : 특히 주요 전략이 M&A에 바탕을 두고 있을 때 독점금지 정책의 내용을 파악한다.

⑤ 환경규제의 영향(Environmental Regulatory Impact) : 해당 제품 제조에 관련된 환경정책의 영향을 평가한다. 환경정책에는 해당 산업의 현재 및 장래의 규제법안 모두가 포함된다.

2 내부요인 평가

단 계	평가대상 요인
제6단계	기업역량 테스트
제7단계	기업경쟁력 테스트

기업역량 테스트　제6단계는 현재 평가 중인 산업에 있어서 자신의 생산능력에 대한 내적 평가과정이다. 본 단계부터는 외적분석에서 내적분석으로 옮겨가며, 특히 6단계는 해당산업 및 제품들에 대한 기업의 생산능력을 평가하는 내부평가를 포함하고 있다. 아래의 그림에서 보듯이 공급측면의 필요요건, 산업평가 및 기술 측면의 필요요건들을 이용하여 기업의 내부적 니즈를 직접 테스트할 수 있다.

■ 기업역량 테스트

C 테스트								
21세기에 대한 기업능력 테스트								
점수	핵심역량과 산업니즈의 만족도	기존제품과 시너지 효과측정	신규수요 창출능력	캐쉬플로 예측		시장진입 자원		
산업				BEP	IRR	노동	R&D	설비

① 핵심역량(Core Competencies)

- 3점 : 핵심역량이 고려중인 산업/제품 니즈를 강력하게 만족시킴
- 2점 : 핵심역량이 고려중인 산업/제품 니즈를 어느 정도 만족시킴
- 1점 : 핵심역량이 고려중인 산업/제품 니즈를 겨우 만족시킴
- 0점 : 핵심역량이 고려중인 산업/제품 니즈를 만족시키지 못함

② 기존제품들과의 시너지 창출 기회

- 3점 : 기존제품과의 시너지효과가 매우 큰 경우
- 2점 : 기존제품과의 시너지효과가 큰 경우
- 1점 : 기존제품과의 시너지효과가 보통인 경우
- 0점 : 기존제품과의 시너지효과가 미미한 경우

③ 제품에 대한 새로운 수요창출 기회
- 2점 : 기존제품에 대한 강력한 수요를 만들어 냄.
- 1점 : 기존제품에 대한 적당한 수요를 만들어 냄.
- 0점 : 기존제품에 대한 수요를 창출할 가능성이 없음.

④ 캐쉬 - 플로우 예측
- 손익분기점(Break-Even Point) : 현재 고려중인 산업/제품에 대해 손익분기점을 측정한다.
- 내부수익률(IRR) : 현재 고려중인 산업/제품에서 예상되는 투자에 대한 순수 캐쉬 플로우와 내부수익률을 측정한다.

⑤ 시장진입에 필요한 자원
- 노동(Labor) : 고려중인 산업/제품에서 요구되는 새로운 노동자들의 수를 측정한다.
- R&D : 현재 고려중인 산업/제품에 필요한 총 R&D 예산을 측정한다.

설비(Facilities) : 새로운 산업/제품에 대한 전체 자본비용을 측정한다.

기업경쟁력 테스트 마지막 제7단계는 기업경쟁력 테스트 단계이다. 6단계에서 얻은 정보를 활용하여 해당기업은 경쟁사에 대한 자신의 위치를 벤치마킹함과 동시에 해당산업에서의 자신의 잠재적 경쟁지위를 평가한다.

이 과정에서 이 기업은 자신의 강점과 약점의 판단은 물론 현재의 업종 내 최고의 회사에 대한 경쟁전략을 결정하게 된다.

7단계는 현재 평가 중인 산업에서 가장 경쟁력이 있는 선진기업과 비교한 자신의 능력을 평가하며 벤치마킹하기 위한 준비과정이다.

■ 기업경쟁력 테스트

D 테스트							
21세기에 대비한 기업능력							
특징	기술혁신	원가경쟁력	관리	생산성	재정자원	마케팅 유통	공급회사 접근성
산업주도1							
산업주도2							

다음 목록에 따라서 주도기업에 대한 경쟁지위 점수를 평가한다.

① 기술/이노베이션
② 원가경쟁력
③ 관리
④ 노동자 기술/생산성
⑤ 재정자원
⑥ 마케팅/유통
⑦ 협력회사 확보성

- 3점 : 기업이 그 범주에서 매우 강력한 경우
- 2점 : 기업이 그 범주에서 강력한 경우
- 1점 : 기업이 그 범주에서 중간 정도인 경우
- 0점 : 기업이 그 범주에서 약한 경우

3 평가 프레임

평가영역 유망산업에 대한 사업성평가 시 어떤 영역을 다룰 것인가에 대해서 기본적인 프레임을 SRI의 7단계 프로세스를 적용한다.

① 산업의 유망성, 즉 매력도 측정 영역은 연구의 목적에 맞도록 첨삭하여 다양하게 구성할 수 있고, 각 영역에 대한 가중치를 적절히 조정할 수 있을 것이다.
② 구체적으로는 7단계 프로세스 중 사업주체에 대한 주관적인 영역을 제외하고 외적요인 평가영역인 5단계 부문을 사용한다.
③ 관점에 따른 필요에 따라 다양한 평가영역을 제시할 수 있으나 수요측면, 공급측면, 산업전망, 기술요건, 정책영향을 평가영역으로 한다.
④ 기본적인 시장 메커니즘을 결정하는 수요와 공급 측면, 거시환경을 바라보는 시각에서 산업전망과 정책부분, 미래 신규 유망산업의 속성을 규정하는 대표적인 속성인 기술부문을 평가하는 것이 비교적 합리적 접근이라고 판단된다.

- 제1단계 : 수요측면의 결정요인
- 제2단계 : 공급측면의 요건 평가
- 제3단계 : 산업전망 테스트

- 제4단계 : 기술요건 평가
- 제5단계 : 정부정책의 영향 평가

평가수준(Level) 산업(Industry)이란 유사한 제품을 유사한 니즈를 갖고 있는 고객 집단에게 상품이나 서비스를 생산 또는 판매하는 기업들의 집단으로 정의할 수 있다. 일반적으로 물적 재화의 생산과 더불어 서비스의 생산을 포함한다. 즉 농림어업 · 광업 · 제조업 · 건설업 · 공익사업 · 운수통신업 · 유통업 · 금융업 · 보험업 · 부동산업 기타 모든 서비스업을 지칭한다.

산업매력도분석이란 어떤 산업은 다른 산업에 비해 왜 더 많은 이익을 내고 있는가, 또는 미래 지향적 관점에서 이익창출 가능성이 어느 정도인가, 라는 질문에 대해 객관적으로 산업을 분석하여 평가하는 것이다.

산업매력도가 높다는 것은 그 산업이 장기적으로 높은 이익률을 유지 할 수 있다는 것을 의미하며 평가가 낮다는 것은 그 산업에 진출하려는 기업은 사업기회를 재검토하고 신중해야 한다는 것을 의미한다. 이에 반해 사업(Business)은 구체적으로 특정 산업(Industry)에 포함된 기업과 개인들의 구체적인 경제활동의 내용이라고 할 수 있다.

사업매력도란 특정 경제활동의 주체들이 얼마나 이익을 창출할 수 있을 것인가에 대한 판단으로 산업매력도와 개념상 차이가 있다. 따라서 산업매력도는 기업의 입장에서 필수적으로 겪어야 할 외부환경에 속하며 사업매력도는 구체적이고 주관적인 환경이라고 할 수 있다.

산업매력도가 높은 분야에서의 사업매력도가 반드시 높다고 할 수는 없으나 많은 사업기회를 제공할 수 있다. 그러므로 신규사업에 대한 평가 시 거시적 관점에서 산업평가와 미시적 관점에서 사업평가가 함께 고려되는 것이 바람직하다.

평가요인(Determinants) 신규사업 유망성을 평가하는 평가영역 내에서 구체적인 요인(Determinants)은 SRI의 평가요인과 BMO의 평가 요인들을 참고로 17개 평가요인을 제시할 수 있다.

제1단계 : 수요측면의 요건(Demand-Side Determinants) 미래 유망산업은 산업분야를 막론하고 소비자의 트렌드와 속성을 적극적으로 반영하는 것이 매우 중요한 전제이다. 따라서 소비자의 트렌드를 반영하여 미래 큰 시장이 형성되며 그 속에서 개별 기업이 일정수준의 규모로 사업을 수행할 수 있는가에 대한 평가요인들을 포함시켜야 한다.

제2단계 : 공급측면 요건(Supply-Side Requirements)　이 평가는 산업영역에서 특정산업에 진입 시 평균적으로 어느 정도의 자금력을 필요로 하며 여타 진입장벽이 무엇이고 비즈니스 영역에서 경쟁에서 승리하여 시장구조 및 업계판도를 재구축할 수 있는가에 대한 평가요인들을 포함시킨다.

제3단계 : 산업전망(Industry Prospect)　거시적 측면에서 신규산업의 이익창출가능성을 산업성장성 · 수익성 · 산업 라이프 사이클로 평가하고 비즈니스 영역에서 새로운 개념의 사업기회를 창출할 수 있을 것인가에 대한 평가요인들을 포함시킨다.

제4단계 : 기술요건(Technology Requirement)　산업의 미래 유망성을 판단하는 중요한 요인인 기술에 대해 현재 국내 기술의 선진국과 비교한 격차와 수준, 그리고 사업을 수행하는데 필요한 기술을 적절한 시점에 확보할 수 있을 것인가에 대해 기술 실현시기를 평가요인으로 한다.

제5단계 : 정책영향(Policy Impact)　자유경제주의 체제에서도 정부의 규제나 지원 정책은 산업과 비즈니스 영역에서 매우 중요한 요소가 되어 정책영향을 평가요인으로 한다. 기업의 경쟁력 평가는 기업이 지니고 있는 고유의 자원이 산업 내 다른 경쟁기업에 비해 경쟁요소별로 우위에 있는가를 평가하는 것이다. 기업의 경쟁우위는 외부환경에 대해 적절히 대응하여 사업기회를 포착하고 내부의 핵심역량을 극대화하여 경쟁에서 승리함으로써 생기는 것이다. 따라서 기업의 외부환경과 기업의 경쟁능력을 평가하는 것은 기업의 미래수익을 판단할 수 있는 지표가 될 것이다. 그러나 기업의 경쟁력 평가 기준은 개별 기업의 특성에 따라 다양하여 개별 기업의 평가부분은 제외시킨다.

4 평가요인의 세부기준

미래유망산업의 세부평가요인은 구체적인 정량적 데이터에 의해 상대적 · 절대적 평가가 가능한 요인들과 분석자의 주관이 반영되는 정성적 요인들이 혼재되어 있다. 이들 평가요인들을 종합하여 특정산업의 유망성을 평가하기 위해 미래유망산업 후보군 속에서의 절대적 · 상대적 위치를 계량화하여 평가한다. 평가기준시점은 미래유망성에 대한 판단이라는 점에서 적어도 현재시점으로부터 4~5년 뒤의 현상을 보는 것이 적합할 것이다.

따라서 현재 연도를 평가의 기준시점으로 하고 각 세부평가 요인별 결과를 10점 만점으로 하여 별도의 세부기준을 마련한다.

이 책에서는 사업주체가 국내 대기업 군에 속하며 기업의 핵심주력사업으로 자리매김할 수 있는 위치에 있는가를 판단하고자 한다. 그러나 사업화 주체의 특성과 사업화 시점에 따라 세부평가요인들의 평가기준들은 탄력적으로 수정이 가능할 것이다.

미래 유망산업의 유망성을 평가하는 요인들을 구체적으로 세분화하고 각 요인별 특성을 정리하고자 한다.

■ 세부평가요인 종합

평가 Determinants		평가Level		Determinant 특성	
		Industry	Business	정량적	정성적
수요측면	시장규모	●		●	
	유효시장성		●		●
	소비자 트렌드	●			●
공급측면	투자자본	●		●	
	기타 진입장벽	●			●
	업계재구축 가능성				●
산업전망	성장성	●		●	
	수익성 수준	●		●	
	신시장창출가능성		●		●
	산업 Life Cycle	●			●
기술요건	기술수준 및 기술격차	●	●	●	●
	기술격차	●		●	●
	기술실현시기	●		●	●
정책영향	정부인센티브(지원)정책	●	●		●
	정부규제정책(환경 등)	●	●		●

수요측면(Demand-Side) 수요측면의 평가요인은 정량적 데이터의 조사 및 예측이 가능한 시장 규모와 표적시장(Target Market)의 적정성으로 한다. 환경분석을 통해 도출한 정성적으로 도출한 소비자 트렌드를 정량화하여 평가한다. 시장규모에 대한 평가기준 평가대상 연도를 기준으로 하며 세부 기준은 아래 표와 같다.

■ 시장규모 평가기준

0점	2점	4점	6점	8점	10점
5천억원 미만	1조원 미만	5조원 미만	10조원 미만	20조원 미만	20조원 이상

그러나 다른 방법론의 주요 결정요인이 되는 시장규모의 경우 시장규모가 커서 해당 산업의 파급효과가 크고 유망성이 보장된다 하더라도 세부 시장이 분할되어 있고, 시장 간 연계성이 낮아 실제로 특정 기업이 진출하여 점유할 수 있는 마켓 - 쉐어가 적은 경우가 있다.

예를 들면 의료기기 사업의 경우 수 십조원 이상의 시장규모로 시장규모만으로는 유망하다고 할 수 있으나 시장구조를 분석하여보면 중소벤처 기업, 1억원 미만의 영세한 소규모 기업들이 다수 포진하여 있어 특정기업의 신규 사업군으로는 유망성이 떨어진다고 할 수 있다. 이런 경우 시장규모만으로 유망성을 판단할 수는 없으며 실제로 기업이 진출하여 점유할 수 있는 시장을 표적시장의 적정성으로 평가하도록 하여야 한다.

■ 표적시장의 적정성 평가기준

독립된 표적시장의 수	보편적 개념에 의한 시장 접근성	원천기술의 산업 내 일관성	기업집중도
1~3점	1~3점	1~3점	1~3점

독립된 세부산업의 수가 적을수록 특정기업이 점유할 수 있는 유효한 시장규모가 크다고 할 수 있으며 1개의 산업이 존재할 경우 만점인 3점을 부여받게 된다.

보편적 개념(Universal Concept)에 의한 접근가능성에서는 이질적 산업 내에 속한 사업주체들이 보편적 관점, 즉 실버 · 환경 친화 등의 주제(Key Words)를 표방하며 산업 또는 시장에 어느 정도 접근이 가능한가를 질문할 수 있다. 보편적 개념에 의한 접근가능성이 높은 산업일수록 산업 내 표적시장의 적정성이 낮을 가능성이 크며, 이에 대한 평가는 분석자의 주관적 판단에 따라 1~3점까지 부여할 수 있다.

또한 일관된 원천기술을 보유 여부에 따라 1~3점을 부여한다. 해당 세부 산업 내 시장구조에 따라 기업집중도를 평가한다. 시장구조상 독점 · 과점 · 자유경쟁 등의 개념과 유사하며 1~3점까지 부여한다.

이상을 종합(12점 만점)하여 10점 만점으로 환산하여 표적시장의 적정성을 평가한다. 소비자 트렌드 평가는 환경분석 중 수요중심의 핵심 트렌드를 도출하여 트렌드별 영향력

지수(0~3점)를 고려하여 점수를 부여한다. 이후 Σ(핵심 수요 트렌드×영향력)으로 수요 트렌드를 평가하며, 영향력(2점~10점)을 평가하고 이상을 종합(12점 만점)하여 10점 만점으로 환산하여 표적시장의 적정성을 평가한다.

공급측면(Supply-Side) 공급측면의 결정요인은 정량적 측면의 평가인 투자자본평가와 정성적 측면의 평가인 업계재구축가능성평가와 진입장벽평가가 있다. 투자자본의 평가는 산업별 평균투자규모와 신규사업 추진기업의 적정 투자규모를 비교하여, 산업 진입 시 투자 부담의 정도를 기준으로 평가하여야 한다.

업계재구축가능성은 기술 또는 마케팅에 의해 공급패턴의 변화를 통한 기존업계의 판도가 바뀔 가능성에 대한 평가이며, 기타 진입장벽은 해당산업의 진입 시 투자규모·기술·정책부문 이외의 진입장벽의 강도를 평가하도록 한다. 업계재구축가능성과 진입장벽에 대한 평가는 분석자의 심층분석을 전제로 정성적 평가에 의한다. 공급자측면의 결정요인 세부평가기준은 아래 표와 같다.

■ 공급자 측면의 결정요인 평가기준

투자자본	산업진입시 투자부담 없이 사업전개가 가능함	10점
	산업진입시 투자부담이 다소 있으나 사업전개에는 지장이 없음	5점
	산업진입시 투자부담이 상당히 큼	2점
업계재구축 가능성	혁신적 기술로 업계 재구축의 달성 가능성 매우 높음	10점
	제품 또는 판매형태에 혁신을 초래할 가능성이 있음	5점
	상품의 단순 개량, 개선	
진입장벽	진입장벽이 없어 자유로운 진입 퇴출이 예상됨	10점
	진입장벽의 강도가 다소 있으나 신규진입의 절대적 기준 아님	5점
	진입장벽이 매우 강하여 신규진입이 매우 어려움	2점

산업전망 제3단계 산업전망평가에서는 평가대상 기준연도의 매출액을 기준으로 한 성장성과 업계선두업체의 최근 3년간 영업이익률을 기준으로 한 수익성평가를 통한 추세분석, 산업의 발전단계 평가, 신제품 창출을 통한 신시장 전망을 평가하며 산업전망 결정요인의 정량평가 세부기준은 아래 표와 같다.

■ 산업전망 결정요인 정량평가 기준

구 분	10점	7점	5점	3점	0점
성 장 성	20% 이상	15% 이상	10% 이상	5% 이상	5% 이하
수 익 성	13% 이상	10% 이상	7% 이상	4% 이상	1% 이하

그러나 해당 산업군의 라이프사이클이 유망성 판단시점이 성장기에 있는 경우 가장 다이나믹한 시장전개로 기업의 성장성과 수익성이 높을 가능성이 크다. 시장의 성장이 단순 수요증가인지, 신제품 · 신 서비스의 출현을 포함하고 있는지 평가로 신시장 창출가능성을 평가하며 산업전망 결정요인의 정성평가 세부평가기준은 아래 표와 같다.

■ 산업전망 결정요인 정성평가 기준

구 분	10점	5점	0점
Life Cycle	성장기	도입기, 성숙기	쇠퇴기
신시장 창출가능성	신제품, 서비스의 다수 등장	신제품, 서비스의 등장	단순수요증가

기술요건　제4단계인 기술요건평가의 경우 서비스산업은 제외하는 것을 원칙으로 하고, 기술수준의 정성적 평가 결정요인인 주요기술의 실현시기와 기술수준 및 격차를 바탕으로 해당 산업군을 평가한다. 기술요건평가는 산업의 유망성과는 간접적으로 관련이 있으나, 이후 기술기반을 고려한 사업추진전략을 수립하는 것으로 부족한 부분의 해결이 가능하다.

기술수준과 격차평가에서는 기술수준으로 먼저 파악하고 기술격차로 정성적으로 조정하고, 기술실현 시기는 사업화 시점을 기준으로 실현 여부를 판단하며 기술수준과 격차 평가기준 및 기술실현시기의 세부 평가기준은 아래 표와 같다.

■ 기술수준과 격차 평가기준

구 분	2점까지	4점까지	6점까지	8점까지	10점까지
기술수준과 격차	40 미만	60 미만	70 미만	80 미만	80 이상

■ 기술실현시기 평가기준

구 분	4점까지	7점까지	10점까지
국 내	현시점기준 5년 이내	현시점기준 5년 이내	현시점기준 이내
세 계	현시점기준 5년 이내	현시점기준 이내	현시점기준 이내

정책영향 제5단계 정책영향평가의 경우는 정부 인센티브정책과 규제정책의 정성적 평가만을 결정요인으로 선정하여 해당 산업군을 평가하며 정부정책 영향의 세부평가기준은 아래 표와 같다.

■ 정부정책영향의 평가기준

정부정책	구체적이고 강력한 긍정적 정부정책이 있음	6 ~10점
	특별한 정부 지원 및 규제 정책 없음	5점
	정부규제정책이 존재하며 영향이 큼	0 ~4점

미래 유망산업의 선정은 외부환경, 내부역량 등 포괄적인 접근에 의한 산물이며, 발굴 주체에 따라 다양한 시각에서의 접근방법이 모색될 수 있다. 이 책에서는 객관적 기준설정이 비교적 용이한 외부환경 중심의 미래 유망산업 선정 프로세스를 체계화하여 제시하였다. 이 프로세스는 기존의 방법론과 비교하여 다음과 같은 차별성을 가진다.

첫째, 기존의 막연한 환경분석의 절차를 사업유형을 구체화하는 단계에서 핵심구동요인으로 반영한다.

둘째, 기존의 유망산업에 대한 문헌을 종합하고 국내 실증자료 및 산업분석으로 보정하는 절차를 통해 객관적이고 주관적인 시각을 동시에 포함시킨다.

셋째, 산업유망성의 평가단계에서 평가영역, 평가수준, 평가요인으로 고려사항을 체계화하고 세부평가요인을 계량화하여 미래 유망성 판단의 결과를 가시적으로 확인할 수 있도록 한다.

넷째, 신규유망사업 아이템 발굴을 체계화함으로써 학문적 단계에 머무르지 않고 실무적으로 용이하게 활용할 수 있는 실용적 접근에 무게를 두고 있다.

03 신기술의 사업성 평가

세계경제의 불황과 국내경제의 침체를 극복하고 지속적인 국가발전을 위해서는 기존 산업의 고부가가치화와 함께 신산업의 창출을 통한 국가경쟁력 강화가 필요한 시점이다.

21세기 성장 동력원이 될 정보기술(IT)·생명공학기술(BT)·나노기술(NT)·우주항공기술(ST)·환경기술(ET)·문화기술(CT) 등 미래유망 신기술은 과학기술의 발전과 경제사회 변혁을 주도할 새로운 패러다임으로 정착하고 있다.

미국·일본·EU 등 주요 선진국들도 각국의 특성에 따라 국가 중점투자 대상 분야를 선택하여 전략적으로 이를 집중지원하고 있는 실정이며 일부 미래유망 신기술은 선진국도 개발초기 단계일 뿐만 아니라 세계시장의 빠른 성장과 주도권경쟁이 전망되므로 국가적인 육성전략이 필요한 시점이기도 하다.

미래유망 신기술은 21세기 미래사회에 지속적인 국가경쟁력 제고와 삶의 질 향상을 위한 핵심수단이 될 것이다. 우리나라의 경우 이동통신기술·초고속통신망·반도체 등 IT분야를 중심으로 신기술을 확보할 수 있는 기반이 구축되어 있고 미래 유망신기술에 대한 R&D 투자를 확대하고 있지만 주요 선진국에 비해 투자의 절대규모와 인력이 부족한 우리의 실정을 감안하여 전략적인 육성지원 시책 또한 필요하다. 따라서 미래유망 신기술분야를 국가전략과학기술로 지정하고, 국가차원의 핵심기술 확보가 필요하다.

미래유망 신기술은 미래 사회경제와 생활방식을 주도적으로 변화시킬 것으로 예상되며, 정보를 생성·도출·가공·전송·저장하는 모든 유통과정에서 필요한 정보기술인 IT(Information Technology)기술은 타 분야와의 융합이 급속히 진화되어 생명현상을 일으키는 생체나 생체유래물질 또는 생물학적 시스템을 이용하여 산업적으로 유용한 제품을 제조하거나 공정을 개선하기 위한 생명공학기술인 BT(Bio Technology), 물질을 원자·분자 크기의 수준에서 조작·분석하고 이를 제어할 수 있는 과학과 기술을 총칭하는 나노기술인 NT(Nano Technology), 디지털미디어에 기반을 둔 첨단 문화예술 산업을 발전시키기 위한 기술을 총칭하는 문화기술인 CT(Culture Technology) 등의 기술발전을 주도할 기반기술이 될 것으로 예상되고 있다.

BT는 IT 이후의 미래 선도기술로서 식량문제 해결 · 신약개발 · 생명공학 등 응용분야가 넓고 경제사회 전 분야의 모습을 바꿀 수 있는 핵심기술로 부각되고 있으며, NT는 물리 · 화학 등 기초기술을 바탕으로 미래 기술혁신을 주도할 기반핵심기술이 될 것으로 전망된다. 또한 위성체 · 발사체 · 항공기 등의 개발과 관련된 복합기술인 우주항공기술 ST(Space Technology)는 전자 · 반도체 · 컴퓨터 · 소재 등 관련 첨단기술을 요소로 하는 시스템기술로 기술개발 결과가 타 분야에 미치는 파급효과가 매우 큰 종합기술로서 IT · NT 등 각 산업분야의 첨단기술을 주도해 나갈 미래유망 핵심기술 분야이다.

또한 환경오염을 저감 · 예방 · 복원하는 기술로 환경기술 · 청정기술 · 에너지기술 및 해양환경기술을 포함하는 환경기술인 ET(Environment Technology)는 쾌적한 삶에 대한 욕구의 증대, 환경기준의 설정을 통한 새로운 무역규제의 등장 등 환경관련 수요가 증대되고 있으며, 지구적 차원에서 환경문제 해결방안 모색을 위해 그린라운드가 현실화될 것으로 예상되는 등 향후 환경기술은 급격하게 발전될 전망이다.

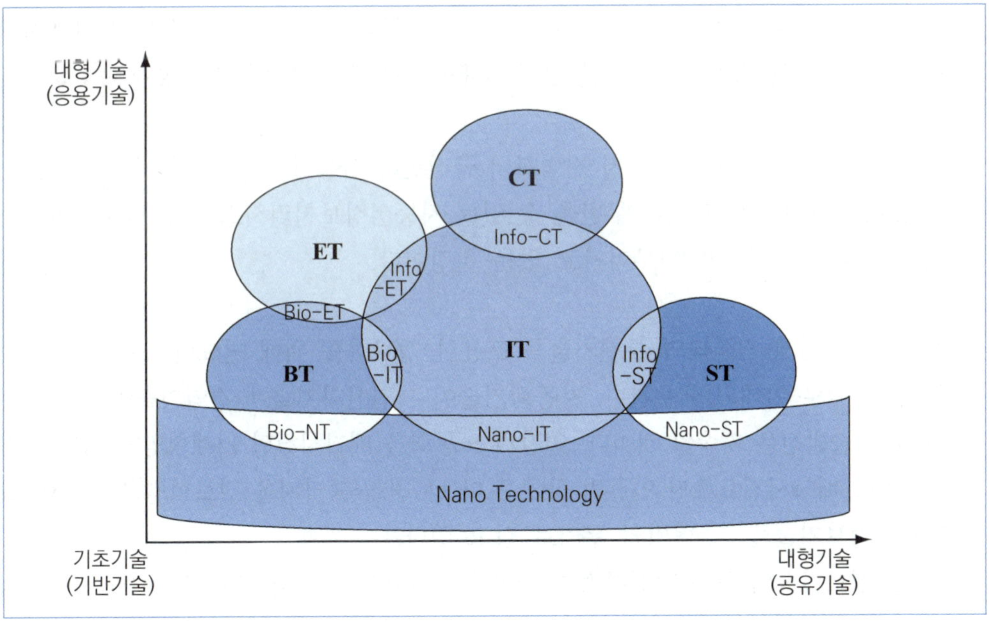

▲ 미래 신기술 산업의 구성도

1 신기술 사업 분야

기술과 도구의 발전은 단순히 삶의 생활변화 뿐만 아니라 사회 전반적인 산업구조 · 경제구조 · 정치구조 · 문화 · 군사적 힘의 불균형과 외교안보 문제 등 모든 사회구조를 변혁시키고 있다. 혁신 미래기술인 인공지능(AI) · 로봇공학 · 자율주행차 · 미래자동차 · 스마트기기 · 5G 빅뱅 · 사물인터넷 · 스마트시티 · 바이오산업 · U헬스케어 · 신소재 · 2차전지 · 빅데이터 · 클라우드 · 사이버안보 · 3D 프린팅 · 공유경제 · 블록-클러스터 체제 등이 주요 신기술 사업 분야로 각광을 받고 있다.

정보기술(IT) 분야 광대역 멀티미디어 중심의 기술 환경변화와 데이터 수요의 폭발적 증가로 통신망의 고속화 · 대용량화가 전망된다. 따라서 트래픽 병목현상을 해결하기 위한 대량의 정보를 짧은 시간에 효과적으로 전송할 수 있는 초고속 · 대용량의 광통신기술과 대량의 정보를 짧은 시간에 효과적으로 분배하기 위해 점대점 광신호 전송에서 광네트워크로 발전되고 있다.

또한 이동통신 등 무선통신기술의 발전으로 유 · 무선 통합환경이 조성되고 사용지가 어디서나 정보처리를 할 수 있는 이동성이 극대화됨에 따라 무선통신 시장이 유선분야를 앞지르게 되었다.

정보기기의 고집적 · 다기능 · 저 전력화의 급진전은 사용자 위주로 원하는 시간에 원하는 정보통신서비스를 편리하게 받을 수 있는 지능형정보처리시스템 및 정보보안기술의 발전이 하루가 다르게 이루어지고 있는 실정이다.

정보기술은 이제 컴퓨터와 통신기술을 포용한 정보화를 위해 필요한 모든 기술들의 포괄적인 의미로 이해되어야 한다. 자동화기술이나 전산화기술에 경영기술이 융합되는 방향으로 기술발전은 지속될 것이다. 인간의 노동력을 배가시켰던 기계혁명에 이어 인간의 두뇌력을 배가시킴으로써 인류의 삶에 보다 큰 변화를 가져올 정보혁명은 인간이 그 주체이되 정보기술을 그 혁명의 무기로 삼고 있다.

앞으로 정보기술의 한층 발전하려면 사회학 · 심리학 · 언어학 · 언론학 · 예술 · 문헌정보학교 · 육학 · 법학 · 철학 분야의 전문가들이 동참해야 할 것이며, 그래야 비로소 정보기술의 궁극적 목표인 밝고 건전하고 활기찬 정보시대가 본격적으로 개막될 수 있을 것이다.

■ 정보기술(IT)분야 중점개발기술

구 분	기 술 명	비 고
핵심부품	테라비트급 광통신 부품 기술	• 정보통신기반 구축에 필요한 핵심원천기술
	집적회로기술(설계, 장비 및 비메모리 분야 중점)	• 산업경쟁력강화에 필요한 핵심기술 • 정보통신 기반 구축에 필요한 핵심원천기술
	차세대 디스플레이 기술	• 고도정보사회구현을 위한 차세대 정보원천기술
	고밀도 정보저장장치 기술	• 경제적 파급효과가 크고 산업경쟁력 강화에 기여도가 큰 기술
차세대 네트워크 기반	4세대 이동통신	• 차세대 정보원천 기술
	대용량 광전송 시스템 기술	• 정보기반의 핵심원천기술
	고속 인터넷 네트워킹 기술	• 정보통신기반 구축에 필요한 핵심원천기술 • 전략적 중요도, 경제적 · 기술적 · 사회적 파급효과가 큰 기술
정보처리 시스템 및 S/W	멀티미디어 단말기 및 운영체계 기술	• 차세대 정보원천기술 • 기술개발 수준과 가능성이 높은 기술
	정보보안 및 암호기술	• 정보사회구현 및 기반 구축에 필요한 핵심원천기술
	전자상거래 기술	• 전략적 중요도와 공공성이 큰 기술
	신호처리기술	• 영상처리기술과 음성처리기술을 통합
	정보검색 및 DB 기술	• 시장규모가 급증할 것으로 예상되는 정보원천기술

생명공학기술(BT) 분야 인간 유전자지도 공개에 따라 포스트게놈 시대에 생명공학 시장을 선점하기 위한 유전체 관련 신기술 개발 경쟁이 치열해질 것으로 예상되며, 규명된 유전자지도를 이용하여 유전자의 기능을 밝히는 유전체 기능연구, 질병발생 및 의약품 개발과 직결된 단백질체학(Proteomics) 등의 연구 분야에서 세계적 경쟁이 심화됨에 따라 생명공학과 정보기술이 융합되어 유전자 정보의 분석과 활용, 관련 DB구축을 추구하는 생물정보학기술 개발이 급속히 확대되는 추세이다.

이에 따라 보건 · 의료분야에서는 유전체 연구를 기반으로 바이오 의약품 · 유전자 진단 · 치료 · 기능성 바이오 소재 · 바이오 칩 등의 개발과 암, 치매 등 각종 난치병 퇴치와 질병예방이 가능해질 것으로 전망된다.

■ 생명공학기술(BT) 분야 중점개발기술

구 분	기 술 명	비 고
기초·기반기술	유전체 기반 기술	• 유전체 분석 등 생명공학 분야의 핵심 기술로서 전략적 중요도가 매우 높음
	단백질체 연구	• 단백질 응용을 위한 기초기술로서 전략적 중요도가 매우 큼
	생물정보학 기술	• 전략적 중요도와 공공성이 매우 높은 미래원천기술
	생명현상 및 기능연구	• 기술의 범위가 포괄적이지만 미래원천기술
	뇌신경과학연구	• 전략적 중요도가 크고 기술 및 사회경제적 파급효과가 큰 미래원천기술
	생물공정기술	• 생물 의약품 및 산업용 단백질제품 등의 산업화 관련 기술로서 경제적 파급효과가 큼
	생명공학 산물 안전성 및 유효성 평가기술	• 바이오 보건 제품의 안전성 관련 기술로서 공공성 및 전략적 중요도가 매우 큼
	바이오 칩 개발 기술	• 응용 영역과 성장가능성이 큰 미래원천기술
보건의료관련응용	바이오 신약 개발 기술	• 산업경쟁력 강화에 크게 기여할 수 있는 기술
	난치성질환 치료 기술	• 고령화 사회로의 진입에 따른 삶의 질 강화에 필수적인 원천기술
	생체조직 재생기술	• 인공장기 등 시장에의 파급효과는 지대하며 기술 및 사회적 파급효과와 전략적 중요도가 매우 큼
	유전자 치료 기술	• 유전자 서열 규명후 시장 확대가 예측되는 등 경제적 파급효과가 큰 기술
	기능성 바이오 소재 기반 기술	• 경제적 파급효과가 매우 큰 기술로서 바이오 소재는 생명공학 시장을 주도 • 국가 전략적 중요도가 높음
	한방응용기술	• 국가 경쟁력을 강화시킬 수 있는 특화기술
농업·해양관련응용	유전자 변형 생물체 개발 기술	• 선진국 시장독점에 대비한 시장보호 및 세계시장 선점을 위한 전략적 중요도가 높은 기술 • "농업 · 해양 형질전환 동식물" 및 "산업유용물질 생산용 형질전환체" 포함
	농업 · 해양 생물자원의 보존 및 이용기술	• 신기능 생물소재 산업화를 위한 기초기술로 생명공학 육성 기반기술 • 세계 각국의 유용유전자 확보경쟁에 대응한 전략적 중요도가 높은 기술
	동식물 병해충 제어 기술	• 식량의 지속적 확보에 필수적인 기술로서 공공성이 매우 큼

또한 농업 · 해양 · 식품 분야에서는 유전체 이용 식품의 품질 향상과 유전자변형 농수산물의 생산 등으로 기술발전이 가속화되고 있으며, 환경 · 에너지 등의 영역에서는 생명공학기술이 적용되어 이전과는 새로운 개념의 공정 · 제품 · 서비스 등이 등장하고 있다.

나노기술(NT) 분야 나노기술이란 나노미터 정도로 아주 작은 크기의 소자를 만들고 제어하는 기술로 분자와 원자를 다루는 초미세 기술이다. 나노(nano)란 10억분의 1을 나타내는 단위로, 고대 그리스에서 난쟁이를 뜻하는 나노스(nanos)란 말에서 유래되었다. 1나노미터(nm)라고 하면 10억분의 1m의 길이, 즉 머리카락의 1만분의 1의 초미세 세계가 된다. 원자 3~4개가 들어갈 정도의 크기다. 한편 나노바이오기술이란 나노기술과 생명공학기술이 접합된 형태의 기술분야를 말한다. DNA 칩 · 단백질 칩 · 초소형 바이오센서 개발과 적용에 핵심적인분야로 꼽힌다.

나노기술은 정보통신 · 생명공학 · 재료 · 환경 등과 융합되어 모든 산업의 기술혁신을 주도해 나갈 것으로 전망된다. 나노기술발전에 의해 정보통신 분야에서는 기존 반도체의 집적도나 속도의 한계를 극복할 수 있는 새로운 정보저장 · 메모리 반도체 · 평판표시상치 등의 치리속도 100만배, 집적도 100배 이상, 주파수 대역 100배 증가 개발이 가능하다.

생명공학기술과의 융합을 통해 기존에 인체 적용이 불가능하다고 생각되었던 미세영역의 적용으로 보건의료 분야의 나노진단 및 치료장치 · 생체센서 · 약물전달체계개발 등 유전자 차원에서 생명현상의 이해와 질병진단 · 치료 효과의 획기적인 개선 발전을 도모할 수 있다.

또한 분자단위에서 설계된 고기능성 · 고성능 · 고효율 나노소재기술이 개발되어 100°C에서 녹고 강도는 3배 이상인 고분자 소재 등 소재산업의 부가가치를 획기적으로 제고시킬 수 있다. 뿐만 아니라 오염물 감소 및 제거용, 재활용 등 화학 · 환경 나노소재기술의 발전으로 환경오염의 원인과 결과를 측정 · 제어하여 눈에 보이지 않는 분진 · 미세먼지 등의 제거 등 환경문제 해결에도 기여할 수 있다.

그리고 길이 · 질량 · 자성 및 기타물질을 원자크기의 수준에서 측정할 수 있는 기술개발로 기존 표준화, 측정 및 도량화 개념과 나노수준의 물질 분석과 측정 및 공정을 위한 관련 장비 및 기술체계의 변화가 불가피하다.

■ 나노기술(NT)분야 중점개발기술

구 분	기 술 명	비 고
나노소자 및 시스템	나노전자소자기술	• "나노바이오칩, 소자", "나노고분자", "나노바이오센서", "인공감각" 포함
	나노정보저장기술	• 전략적 중요도, 공공성 및 파급효과가 큰 원천기술
	가변 파장 광소자기술	• 산업경쟁력 강화에 필요한 원천기술
	나노 photonics 기술	• 전략적 중요도, 공공성 및 파급효과가 큰 기술 • 산업발전에 기여할 수 있는 미래원천기술
나노소재	나노소재기술(나노분말소재, 광학용 나노소재, 고기능 시너지 소재, 촉매 · 환경 · 기공소재에 중점)	• 산업발전에 기여도가 크고 전략적 중요도 및 파급효과가 큰 기술 • 세계적 경쟁우위를 유지하기 위한 미래원천기술
나노 바이오 보건	나노 바이오 물질 합성 및 분석 기술	• NT와 BT의 융합기술과 미래원천기술 • 전략적 중요도와 파급효과가 큰 기술
	의약 약물전달 시스템	• 공공성과 파급효과가 큰 기술 • 의약분야의 중요성 반영
나노 기반 · 공정	원자 · 분자 레벨 물질 조작기술	• 전략적 중요도, 공공성 및 파급효과가 큰 미래원천기술
	나노 측정기술(100nm 이하)	• 전략적 중요도, 공공성이 높은 기초기반기술 • 산업경쟁력 강화에 기여하는 기술
	나노 모사 기술	• 산업발전에 기여할 수 있는 미래원천기술
	계면 혹은 표면의 나노구조화 기술	• 산업발전에 기여도가 크고 기술개발 가능성이 높은 기술
	나노 신기능 분자 합성기술	• 전략적 중요도와 공공성이 큰 기초연구기술
	나노 패터닝 공정기술	• 세계적 경쟁우위를 확보할 수 있는 미래원천기술
	나노화학 공정기술	• 산업경쟁력 강화에 기여도가 크고 공공성이 강한 원천기술

우주항공기술(ST) 분야 우주 항공 기술은 항공기 · 우주선 · 인공위성 등과 같이 비행체를 설계 · 제작 · 운영하는 기술로써 신소재공학 · 기계공학 · 에너지공학 · 전기전자공학 등 다양한 학문의 발전과 관련 산업분야로의 파급효과가 매우 큰 고부가가치의 미래의 성장동력기술이다.

보다 나은 삶을 추구하려는 인간의 욕구는 기술개발의 영역을 점차 우주로 넓혀 가고 있다. 수송시간 단축을 위한 최신형 초음속여객기와 최첨단위성 기술개발이 예상되며, 국제 우주정거장의 건설 등 우주를 인류의 새로운 생활공간으로 개척하기 위한 움직임도 빨라질 것이다.

미국 · EU 등 소수 선진국이 우주항공기술을 선도하고 있으며, 우위기술을 바탕으로 우주 및 항공기 관련연구의 고도화를 추구하고 있다. 인공위성 발사는 통신 · 관측 등 다양한 목적으로 개발 · 활용되고 있으나 대용량 자료전송, 정밀도 향상, 지상해상도 향상 등의 성능개선 수요에 따라 고정밀도화 · 대형화 · 고출력화 · 경량화 등 관련기술 개발경쟁이 치열해질 전망이며, GPS · 첩보위성 · 군용통신위성 개발 등 군사우주기술 개발도 전략적 핵심분야로서 세계적 경쟁이 가열되는 추세이다.

■ 우주항공기술(ST)분야 중점개발기술

구 분	기 술 명	비 고
위성	위성 설계 및 개발기술	• 고정밀 해상도를 지닌 위성개발 기술로서 전략적 중요도가 큰 기술 • "초정밀 저궤도 지구 탐사위성 설계 및 개발기술", "정지궤도 기상위성 설계 및 개발기술", "통신위성 설계 및 개발기술", "소형 과학시험위성 설계 및 개발기술", "이동통신 위성기술" 포함
	위성 관제기술	• 위성 운용을 위한 핵심 기술로서 전략적 중요도가 높고 기초, 응용, 개발 단계의 포괄적 연구로 파급효과가 큼
	차세대 통신위성 탑재체 기술	• 전략적 중요도 및 공공성이 높은 기술로서 향후 통신위성의 성공적 개발에 필요한 원천 기술
발사체	로켓 추진기관 기술	• 국가안전 및 성공적 발사체 기술 확보를 위한 원천기술
	소형 위성 발사체 개발기술	• 국가 안전에의 기여 및 성공적 위성 발사기술 확보에 필수적인 원천기술
	발사 운용, 통제 및 관제 기술	• 기술개발 가능성이 낮으나 전략적 중요도, 공공성이 매우 높고 성공적 위성 및 발사체 개발에 필수
항공기	항공기 체계종합 및 비행성능 기반 기술	• 항공기 개발과 관련하여 반드시 확보하여야 하는 원천기술로서 전략적으로 중요한 기술
	지능형 자율비행 무인 비행기기 시스템 기술	• 전략적으로 중요하고 공공성이 큰 기술로서 기초 연구단계의 기술
	다목적 헬리콥터기술 개발	• 전략적으로 중요하고 공공성이 매우 높은 기술로서 경제적 파급효과가 큰 기술

발사체분야는 대형 저궤도위성 등의 수요증가에 따라 고출력 발사체기술에 대한 연구가 수행되고 있으며, 2세대 재사용 발사체 개발이 추진 중에 있으며, 항공기분야에서는 항해 안전기술 · 저소음 항공기기술 · 소형 항공기운송시스템 · 무인비행체(UAV) · 초소형 비행체(MAV) 등의 개발 및 차세대항공기 개발에 주력하고 있다.

유인 우주비행분야에서는 국제우주정거장을 활용한 우주공간에서의 인간 활동 및 제품생산 등의 연구수행을 통하여 우주영역의 상업적 활용 가능성이 증대되고 있을 뿐만 아니라 우주왕복선의 안정성 향상을 통한 보다 안전하고 신뢰성 있는 우주극소중력이 생명체에 미치는 영향에 대한 기초연구를 수행하고 있으며, 우주의학연구가 추진되고 있다. 우주과학 관련 연구로는 태양계 탐사 · 행성발견 · 외계생명체발견 등에 대한 탐사가 수행되고 있으며, 우주의 신비를 탐구하는 연구가 국제협력을 통하여 확대될 전망이다.

우리나라는 우주 선진국보다 한 세대 늦은 1990년대부터 우주개발에 뛰어들었으나, 불과 20여 년 만에 인공위성개발 및 상용화와 독자적인 우주개발 기반을 마련하였다. 또한, 독자적인 발사체개발, 달 궤도선 발사, 달 착륙선을 발사할 계획을 세우고 있다.

환경기술(ET) 분야 환경기술은 환경오염을 예방 · 저감 · 복원하는 기술 · 과학문명의 고도화가 불러온 환경오염을 해결하는 기술로 대기오염을 저감하는 기술, 폐기물처리기술, 에너지 관련기술, 해양환경 기술 등을 포함한다. 차세대 성장 동력인 바이오기술이나 나노기술 등과 융합해 시너지 효과를 일으킬 핵심기술 분야이다.

세계적인 환경규제 강화와 무역 · 환경의 연계 등으로 인하여 환경산업 시장이 급성장할 것으로 예상된다. 세계적 환경규제가 강화됨에 따라 오염물질 배출의 저감 및 제거, 폐기물 처리 및 활용 등 환경기술의 연구개발에 대한 경쟁이 심화됨에 따라 쾌적한 삶에 대한 욕구가 국가 주요정책에 반영되어 자연환경의 보전 및 오염예방, 복원에 대한 기개발이 급속히 확대되고 있는 추세이다.

지구온난화 방지를 위한 기후변화협약 등으로 인하여 에너지기술 혁신의 중요성이 증대되고 연료전지 · 바이오 에너지 등 대체에너지기술 개발에 따른 관련시장의 확대와 연구개발 경쟁의 심화가 급속히 확대될 전망이며, 대체에너지기술개발 및 에너지 자원의 효율적 활용 제고를 위한 에너지 절약 및 효율향상기술 개발은 온실가스 배출 저감효과와 함께 시 확보를 통한 산업경제에의 파급효과가 지대할 것이다.

뿐만 아니라 오염물질의 유출을 원천적으로 억제하기 위한 청정생산기술의 중요성이 강조되면서 환경문제 해결에의 산업계 의무 및 참여가 확대되고 지속가능한 성장의 달성과 연계하여 원료 획득에서부터 제조 · 사용 및 처리에 이르기까지의 산업체별 특징에 따라 환경친화적 소재개발, 혁신공정기술 개발 등 소재 및 에너지원단위 감축, 재생가능

■ 환경기술(ET)분야 중점개발기술

구 분	기 술 명	비 고
환경기반	대기오염물질 저감 및 제거 기술	• 오염물질 허용기준의 강화로 인하여 반드시 확보해야 하는 전략기술 • 공공성 및 파급효과가 매우 큼
	자연환경 · 오염토양 · 지하수의 정화 · 복원기술	• 삶의 질 향상에 필요한 환경기술로서 공공성이 매우 큰 기술
	수질오염처리 및 재이용 기술	• 사회적 수요가 큰 기반기술로서 삶의 질 향상에 기여
	폐기물 처리 및 활용 기술	• 시장전망 또한 밝아 경제적 파급효과가 큼
	환경관리 · 정보 및 시스템 기술	• 삶의 질 향상을 위한 공공성이 매우 크고 전략적으로 중요함
에너지	에너지 소재기술	• 에너지의 지속적 확보를 위한 원천기술로서 전략적 중요도 및 공공성이 매우 큼
	미활용 에너지 이용기술	• 에너지 절약 잠재력이 커서 기술개발시 파급효과가 큰 기술
	고효율 반응 분리공정기술	• 석유화학 산업 등 세계적 우위를 견지할 수 있는 산업경쟁력 강화 기술 • 경제적 파급효과가 큰 전략적 기술
	연료전지기술	• 무공해 동력 시스템 개발을 위한 미래원천기술 • 경제적 파급효과가 크고 전략적으로 중요
	수소생산 이용기술	• 에너지의 지속적 확보를 위한 미래원천기술
	바이오 에너지기술	• 에너지의 지속적 확보 및 산업경쟁력 강화에 기여할 수 있는 전략적 중요기술
	에너지저장 이용기술	• 응용 분야 및 시장이 넓어 산업경쟁력 강화에 기여하며 경제적 파급효과가 큼
청정생산	청정원천공정기술	• 사전오염방지 기술로서 국민 삶의 질 향상에 크게 기여할 수 있으며 경제적 파급효과도 큼
	환경친화형소재 개발기술	• 삶의 질 향상을 위한 공공성이 높은 기술로서 전략적으로 중요함
	유해성 원부재료 대체기술	• 향후 시장성이 큰 미래원천기술 • 공공성 및 전략적 중요도가 큼
	공정내 재자원화 기술	• 공공성과 파급효과가 큰 전략적 중요기술
해양	해양환경 관리기술	• 해양환경분야 핵심기술 개발은 국가적 전략적 주요과제
	연안생태계 복원기술	• 공공성 및 전략적 중요도가 매우 높음

자원의 이용 극대화, 제품의 내구성 확대 등 청정생산의 핵심인 환경효율성 제고 방안 연구의 가속화로 청정생산기술 개발이 확대될 전망이다.

또한 오염물질의 국가 간 이동방지, 해양폐기물처리 및 해양 생태계보전 규제에 대응하기 위한 관련 연구개발의 촉진과 자국의 관할 수역에 대한 체계적 환경 감시망을 구축하고 전 지구 기후변화 및 이에 따른 연안환경변화를 모니터링 할 수 있는 기술 축적 추진이 국가 간 협력을 강화하는 방향으로 전개될 것으로 전망되고 있다.

문화기술(CT) 분야 문화기술은 가상현실 등 디지털 미디어를 활용하여 첨단문화산업을 만드는 기술로서 이공학적인 기술뿐만 아니라 인문사회학 · 디자인 · 예술분야의 지식과 경험을 포함한 복합적이고 총체적인 기술을 포괄한다.

문화기술은 선진국을 중심으로 정보기술과 창의적인 상상력을 바탕으로 한 문화가 결합하여 급속한 발전이 전망되는 기술로서 디지털 콘텐츠 제작편집 기술 · 유통 · 관리기술 · 서비스 기술 등 디지털화된 데이터는 가공 · 처리 · 유통 · 활용하는 기술이 발전되어 3차원 음향 · 가상현실(VR) 및 그래픽 · 3차원 게임 및 애니메이션 · 하이퍼텍스트 기술 등이 개방되어 새로운 개념의 첨단 콘텐츠가 등장하였다.

■ 문화기술(CT)분야 중점개발기술

구 분	기 술 명	비 고
문화 콘텐츠	가상현실 및 인공지능 응용기술	• 신산업 창출 가능성이 높은 기술
	디지털영상 · 음향 디자인기술	• 전략적 중요도와 파급효과가 높은 기술 • 미래문화산업과 접목되는 첨단기술
	영화 · 영상 · 디지털미디어 표준화 기술	• 전략적 중요도 및 경쟁력 제고의 핵심기술 • 기술개발 가능성과 파급효과가 큰 기술
	디지털 콘텐츠 저작도구	• 전략적 중요도와 파급효과가 높은 기술 • 경쟁력 제고를 위한 핵심기술
	게임 엔진제작 및 기반기술	• 전략적 중요도와 파급효과가 크며 신시장 창출 가능성이 높음
생활문화	사이버 커뮤니케이션 기술	• 전략적 중요도 및 기술 · 사회 · 문화적 파급효과가 큰 기술 • 미래문화산업과 접목되는 첨단기술
문화유산	문화원형 복원기술	• 공공성과 기술 · 사회 · 문화적 파급효과가 큰 기술 • 신산업 창출가능성이 높은 기술

이에 따라 급변하는 세계의 표준화 동향에 적극대응하기 위하여 디지털 콘텐츠 분야별로 표준화연구가 활성화되어 왔으며, 사이버 공간상에서의 의사소통 기술 및 문화 · 역사 · 공공정보 등 양질의 콘텐츠 제작기술이 발전되어 초고속 정보통신망 · 위성방송 등 정보기반이 구축됨에 따라 양질의 콘텐츠에 대한 수요가 증가하고 있다.

2 신기술의 평가

전통적 의미의 기술평가는 기술이 개발되어 사회에 도입되고 이후 발전 또는 보완되었을 때 사회에 미칠 수 있는 효과를 체계적으로 조사 · 검토하는 것이다. 기술평가는 정책 현안들을 파악하고 여러 가지 대안들이 미칠 제반 영향들을 평가하여 그 결과를 제시하는 것으로 기술 프로그램의 특성 · 의미 · 상태 및 장점 등을 체계적으로 평가하는 분석방법이다. 그러므로 기술평가의 본래 의미는 정책연구의 한 형태로서 정책 입안자에게 균형 잡힌 평가를 제공하는데 그 목적이 있다.

이러한 의미의 기술평가는 정책연구의 하나로서 예기치 못한 간접적인 영향과 나중에 나타날 영향을 중점적으로 다루기 위해서 도입되었다. 따라서 기술평가의 주안점은 기술은 사회에 영향을 미치기 때문에 기술이 사용되기 전에 그 영향을 충분히 검토되어야 한다는 것이다.

그러나 80년대 이후에 정보기술의 발달과 더불어 기술의 변화 속도가 급변하고 기술집약적인 기업에 대한 가치가 새롭게 조명되면서 기술가치에 대한 평가에 본격적인 관심을 보이게 되었다. 신기술은 아이디어 발굴단계에서부터 상업화에 이르기까지 여러 가지 검증을 거쳐야 한다.

그리고 신기술의 사업화를 위한 평가나 타당성분석은 이미 다양한 형태로 이루어지고 있으나 대부분이 암묵지적인 컨설팅의 형태로 제공되었다. 90년대 이후에 벤처기업의 등장과 신기술의 가속화로 과학기술이나 신기술의 사업화 및 상품화를 위한 이행속도가 빨라지면서 신기술의 사업화를 위한 평가체계에 눈을 돌리게 되었다.

이러한 일련의 의사결정에서 기술은 어떤 형태로든지 평가하여야 한다. 이러한 평가방법은 새로운 사업아이템을 구한다든지, 그리고 기술개발 전략에서 향후 시장가치가 높은 기술을 파악하기 위한 평가인 것이다. 이 책에서는 새로운 기술을 상품화하기 위해서 사용되는 여러 가지 모델 중에서 대표적인 방법 몇 가지를 정리하였다.

신기술의 사업화를 위해서 아이템을 스크리닝하는 기본적인 평가방법, 그리고 유망한 아이템을 선정하는 평가방법에 대해서 설명하고자 한다. 이러한 평가기법은 실제로 기업에서의 신사업 아이템의 도입이나 사업의 구조조정을 위해서 사용되고 있기도 하다.

기술이전과 유망기술의 발굴을 위해서 기본적으로 스크리닝 테스트(screening test)가 이루어져야 한다. 이러한 평가단계는 기술 · 시장 및 사업화를 위한 기본적인 내용을 조사하고 체크하는 것이라 할 수 있다. 이러한 스크리닝 테스트는 단순히 기술이전을 위한 아이템 선정 외에도 벤처기술의 유망아이템 선정, 벤처밸리 등의 입주를 위한 아이템 선정 등에도 적용될 수 있다. 이 방법은 단지 최소한의 아이템 선정을 위한 가이드라인을 제시하는 것이다.

■ 신기술의 사업화를 위한 선행성평가

구 분	테 스 트	No/ Low	Yes/ High	Rating 1-5
기본 테스트	특허검색 완료, 문헌검색 완료, 기술에 대한 우선권 주장 여부 및 특허에 의해 보호된 기술인지의 여부			
기술성	새로운 산업기술, 기술의 현황, 기술의 설명에 대한 용이성, 중요한 장점 및 특이성, 시작품의 제작, 기존 특허와의 우위성 및 제품수명의 각 항목 평가			
시장성	시장의 니즈, 시장규모 및 성장성, 시장 잠재성, 경쟁제품에 대한 경쟁성, 확실한 틈새시장, 시장접근성 및 기술과 제품의 일치성의 각 항목 평가			
사업성	시장의 니즈, 시장규모 및 성장성, 시장 잠재성, 경쟁제품에 대한 경쟁성, 확실한 틈새시장, 시장접근성 및 기술과 제품의 일치성의 각 항목 평가 연구기반에 의한 사업화, 미래 라이선싱 확보, 생산성 향상 및 가격 저감, 재무적 위험도, 스핀오프 회사를 위한 기술 기초, 지속적 경쟁적 이익 및 제품 및 기술의 표준문제			
발명자	발명자의 특허에 대한 수상경력, 발명자의 현실성 및 발명자의 팀 플레이어 여부			

신기술 사업의 선행성 평가가 끝나면 BMO평가를 하게 된다. BMO평가에 관해서는 이미 앞에서 설명하였기에 이 절에서는 생략하기로 한다.

기술가치의 평가 기술평가는 전략적 관점에서 기술예측을 통하여 기술적 자원이 어떠한 영향을 미치는가를 파악하는 넓은 의미를 갖고 있다. 반면에 기술가치평가는 기술 자체가 갖고 있는 공정한 시장가치를 평가하거나 기술의 금전적 가치를 측정하므로 기술

평가와는 차이가 있다.

기술가치 평가는 다양한 분류기준으로 구분되고 있다. 먼저 기술평가에 대하여 기업전체를 대상으로 할 때와 기업이 보유하고 있는 개별기술에 대한 평가로 나눌 수 있다. 특히 개별기술, 즉 개발이 완료된 기술자체를 대상으로 하여 기술의 경제성 및 상업적 가치를 측정하여 이를 기술시장에 상정하여 기술의 수요자들에게 객관적인 기준척도를 제공하고자 하는 경우, 정성적인 평가단계로서 기술투자의 상대적 우선순위를 정하는 과정인 등급평가를 하거나 개별기술 자체의 경제적 가치를 금전적으로 평가를 한다.

기술자산평가를 하는데 있어서 기술등급평가와 기술가치 평가가 있고, 아울러 기술등급평가 및 정량적 기술가치 평가를 포괄하여 기술에 대한 전반적인 평가를 의미하는 용어로 기술가치 평가를 정의할 수 있다.

개별 기술평가의 접근방법으로 얻어지는 기술의 평가치는 기술이 수행하는 기능을 명확히 파악해야 하고, 기능의 수행정도를 잘 나타내는 단일 또는 복수의 측정요소를 선정해야 한다.

현재까지 가치평가에 개발된 모형을 보면 평점모형 · 체크리스트 방법 · 전통적 자본예산기법 · 지수 또는 공식을 이용하는 방법 · OR기법을 이용하는 방법 · 동태적 모형 등 여러 가지 형태로 많은 모형이 존재 한다.

위에서 언급한 대부분의 가치평가모형들은 연구개발의 프로젝트 선정에 관련된 평가모형으로 사용되었으나 개별기술에 대한 가치평가방법으로써 현재 많이 사용되고 있다.

그리고 이러한 다양한 평가기법이 있듯이 평가기법을 분류하는 방법도 여러 가지이다. 대표적인 분류 방법이 결정론적 평가법 · 경제론적 평가법 · OR적 평가법 등으로 분류된 기준과 선정모형 · 평가모형 · 포트폴리오분석모형으로 분류된 기준 등이 있다.

현재 기술등급평가를 시행하고 있는 사례들을 살펴보면 국내에서 기술평가를 하는 기관으로는 점검표모형 및 평점모형을 이용하는 기술신용보증기금 · 국민은행과 서술형식의 평가모델을 이용하는 한국발명진흥회 이외의 12개 이상의 연구기관이 있다. 평점모형으로 기술신용보증기금의 기술평가보증 심사기준을 보면 기술평가항목을 4가지, 즉 경영주의 기술능력 · 기술수준 · 기술의 시장성 · 사업계획의 타당성 및 수익성으로 나눈 다음 각 항목별로 심사 항목들을 다시 나누었다. 기술신용보증기금의 기술평가 전문가가 기업의 기술에 대하여 항목별로 점수를 주어 합계를 한다. 이 합계점수가 기업이 가지고 있는 기술수준을 나타내고 있다. 미국에서 진행하고 있는 대표적인 기술평가 정부산하기관으로는 NTTC(National Technology Transfer Center)가 있다. 기술평가 이외에도 대학 · NASA · 기업 · 그리고 군대를 연계하여 교육 · 자금지원 · 특허 등 여러 가지 지원 정책을 하고 있다.

■ 기술신용보증기금의 기술평가보증 심사기준

항 목 별	점 수	심 사 기 준
경영주의 기술능력	25점	• 기술지식 수준 (5점) • 기술경험 수준 (5점) • 경영능력 (5점) • 자금조달 능력 (5점) • 경영진의 인적구성 및 팀워크 (5점)
기술수준	35점	• 기술개발환경 (5점) • 기술개발실적, 인증, 특허권 (5점) • 신규기술개발과제 수행 여부 및 성공가능성 (5점) • 기술의 우수성 (10점) • 기술의 제품화 능력 (10점)
기술의 시장성	20점	• 시장규모 (5점) • 시장의 성격 및 경쟁상황 (5점) • 제품의 경쟁력 (10점)
사업계획의 타당성 및 수익성	20점	• 판매계획의 타당성 (10점) －소액 · 창업의 경우 • 사업추진 일정의 적정성 (5점) • 투자대비 회수가능성 (5점) －기타 기업의 경우 • 매출액경상이익률 (5점) • 수익전망 (5점)
합계 점수	100점	

신기술의 평가기준 심사기준

1차심사위원회의 심사기준

① 신규성 : 최초로 개발된 기술이거나 개량된 기술로서 기존기술과 차별성, 안전성, 독창성과 자립성 등이 인정되는 기술

② 진보성 : 기존의 기술과 비교하여 품질 향상, 개량 정도, 첨단기술성 등이 인정되는 기술

③ 경제성 : 기존의 기술과 비교하여 설계 · 시공 공사비, 유지관리비 등 비용 절감 효과가 인정되는 기술

2차심사위원회의 심사기준

① 현장적용성 : 시공성, 안전성, 구조안정성, 유지관리 편리성, 환경성 등이 우수하여 건설현장에 적용할 가치가 있는 기술

② 보급성 : 시장성, 공익성 등이 우수하여 기술보급의 필요성이 인정되는 기술

신기술 보호기간 연장의 심사기준

품질검증 신기술이 적용된 주요 현장에 대하여 모니터링한 결과, 지정시 제시된 신기술 성능 및 효과가 검증된 기술

기술의 우수성 국내외 동종 기술과 비교하여 우수성이 인정되는 기술

활용실적 지정 · 고시 후 연장신청일 전까지 신기술의 범위에 해당되는 활용 실적이 있는 기술

기타 지정 · 고시 후 연장신청일 전까지의 사후평가 결과, 기술가치평가기관의 기술가치평가 결과, 국가 및 지방자치단체에서 주관, 주최 또는 후원하는 전시회, 설명회 참여실적 등이 우수한 기술

보호기간 연장기간의 평가기준

■ 종합평가점수에 따른 등급 및 보호기간

종 합 평가점수	80 이상~ 100	70 이상~ 80 미만	60 이상~ 70 미만	50 이상~ 60 미만	40 이상~ 50 미만
등 급	가	나	다	라	마
보호기간	7년	6년	5년	4년	3년

■ 활용실적(최대 30점)

구 분	1구간	2구간	3구간	4구간	5구간
활용건수	3 이하	4 ~ 15	16 ~ 60	61 ~ 150	151 이상
공사비(억원)	3 이하	3 ~ 25	25 ~ 120	120 ~ 300	300 초과
배점한도	0 ~ 6	7 ~ 12	13 ~ 18	19 ~ 24	25 ~ 30

※ 활용건수와 공사비 중 높은 구간의 배점한도를 반영

■ 기술의 우수성(70점)

항 목	배 점 기 준	점 수
기술준 (15점)	선진외국기술(100%기준)을 능가하는 수준	15
	선진외국기술(100%기준)과 동등하여 수입대체가 가능한 수준	12
	국내 기존기술보다 10% 이상 우수한 수준	9
	국내 기존기술과 동등한 수준	6
	국내 기존기술보다 미흡한 수준	3
품질증 (15점)	신기술 지정시 제시한 품질기준을 상회하여 획기적으로 개선	15
	신기술 지정시 제시한 품질기준을 상회하여 개선	12
	신기술 지정시 제시한 품질기준에 적합하게 검증 완료	9
	신기술 지정시 제시한 품질기준에 미달	6
	신기술 지정 이후 품질검증 미실시 또는 자료 없음	3
경제성 (15점)	기존기술 대비 경제성이 30% 이상 높음	15
	기존기술 대비 경제성이 20% 이상 높음	12
	기존기술 대비 경제성이 10% 이상 높음	9
	기존기술 대비 경제성이 유사	6
	기존기술 대비 경제성이 미흡	3
시장성 (5점)	국내외 시장수요가 기존기술 대비 30% 이상 높음	5
	국내외 시장수요가 기존기술 대비 20% 이상 높음	4
	국내외 시장수요가 기존기술 대비 10% 이상 높음	3
	국내외 시장수요가 기존기술과 유사	2
	국내외 시장수요가 기존기술 대비 미흡	1
안전성 (10점)	기존기술 대비 안전성이 30% 이상 높음	10
	기존기술 대비 안전성이 20% 이상 높음	8
	기존기술 대비 안전성이 10% 이상 높음	6
	기존기술 대비 안전성이 유사	4
	기존기술 대비 안전성이 미흡	2
기술 개량 (5점)	지정시 대비 30% 이상 개량 · 개선	5
	지정시 대비 30% 이내에서 개량 · 개선	4
	지정시 대비 20% 이내에서 개량 · 개선	3
	지정시 대비 10% 이내에서 개량 · 개선	2
	지정시 대비 개량 · 개선되지 않음	1
권고사항이행 (5점)	권고사항 이행	5
	권고사항 미이행	0

가점

■ 사후평가결과(5점)

배점					
0	1	2	3	4	5
100~105점 미만	105~115점 미만	115~120점 미만	120~125점 미만	125~130점 미만	130점 이상

■ 해외활용실적(2점)

(단위 : 건, 만$)

구 분	배점		
1	1.5	2	2
해외활용건수	5건 미만	5~10건 미만	10건 이상
해외활용공사비	500 미만	500~1,000 미만	1,000 미만

※ 해외활용건수와 공사비 중 높은 구간의 점수를 반영

■ 기술보급노력(1점)

홍보실적	배점		
	0	0.5	1
	5건 미만	5~15건 미만	12건 이상

■ 활용실적 누락 및 미제출 금액에 따른 보호기간 단축조정기준

금 액	100억 미만	100억~200억 미만	200억~400억 미만	400억~600억 미만	600억 이상
단축기간	0.5년	1년	1.5년	2년	3년

신기술의 평가기준 및 평가절차 등에 관한 규정

제1장 총칙

제1조(목적) 이 규정은 건설기술진흥법 시행령(이하 "영"이라 한다) 제32조 및 제35조의 규정에 따라 건설신기술의 평가 등에 관하여 필요한 사항을 정함을 목적으로 한다.

제2조(정의) 이 규정에서 사용하는 용어의 정의는 다음과 같다.

1. "신청인"이라 함은 영 제31조의 규정에 의하여 신기술의 지정을 신청한 자(법인인 경우에는 그 법인을 포함한다) 또는 영 제35조의 규정에 의하여 신기술 보호기간의 연장을 신청한 자를 말한다.
2. "이해관계인"이라 함은 영 제32조제3항, 제35조제4항 및 본 규정 제8조의 규정에 의하여 이해관계의견을 제출한 자를 말한다.
3. "지정신청"이라 함은 영 제31조의 규정에 의하여 신기술의 지정을 신청하는 것을 말하며, "연장신청"이라 함은 영 제35조의 규정에 의하여 신기술 보호기간의 연장을 신청하는 것을 말한다.
4. "신청서"라 함은 건설기술진흥법 시행규칙(이하 "규칙"이라 한다) 제7조의 규정에 의한 신기술 지정신청서 또는 규칙 제11조의 규정에 의한 신기술보호기간연장신청서를 말한다.
5. "위원회"라 함은 영 제32조제4항의 규정에 의한 신기술심사위원회와 본 규정 제19조의2의 규정에 의한 신기술관리위원회를 말하며, 신기술심사위원회는 1차신기술심사위원회(이하 "1차심사위원회"라 한다)와 2차신기술심사위원회(이하 "2차심사위원회"라 한다)로 구분한다.
6. "구비서류"라 함은 지정신청의 경우는 영 제31조, 규칙 제7조 및 본 규정 제5조제2항 각 호의 사항을 기재한 서류를 말하며, 연장신청의 경우는 영 제35조제3항, 규칙 제11조 및 본 규정 제6조제2항 각 호의 서류를 말한다.
7. "선행건설기술"이라 함은 신청기술과 유사한 용도 · 목적을 가진 기술로서 심사기관에서 신청기술 조사시점 이전에 국내 및 외국의 특허, 실용신안 등을 획득하였거나 신기술로 등록 또는 논문 · 학술지 등에 게재된 기술을 말한다.
8. "지식재산권"이라 함은 인간의 창조적 활동 또는 경험 등을 통해 창출하거나 발견한 지식 · 정보 · 기술이나 표현, 표시 그 밖에 무형적인 것으로서 재산적 가치가 실현될 수 있는 지적창작물에 부여된 재산에 관한 권리를 말하며, 특허권, 실용신안권, 디자인권, 저작권 및 소프트웨어와 관련한 권리가 이에 포함된다.

제3조(신청인의 자격)

① 지정신청의 경우 신청인은 다음 각 호의 어느 하나에 해당하는 자격요건을 갖추어야 한다.

1. 국내에서 최초로 특정 건설기술을 개발하거나 기존 건설기술을 개량한 자
2. 신청기술과 관련된 특허, 실용신안 등 지식재산권의 등록권자(출원 포함)

3. 국가연구개발사업 성과의 소유권자로부터 기술 실시권 및 신기술 신청에 대한 동의를 받은 자

② 연장신청의 경우 건설신기술 지정증서에 명시된 자에 한한다.

③ 기술을 공동으로 소유한 경우 일부 구성원이 신기술을 신청하고자 할 때에는 나머지 공동 소유자의 동의를 받아야 한다.

제4조(심사기준)

① 건설기술진흥법(이하 "법"이라 한다) 제14조제1항의 규정에 의한 신기술 지정의 심사기준은 다음 각 호와 같다.

1. 1차심사위원회의 심사기준
   가. 신규성 : 최초로 개발된 기술이거나 개량된 기술로서 기존기술과 차별성, 안전성, 독창성과 자립성 등이 인정되는 기술
   나. 진보성 : 기존의 기술과 비교하여 품질 향상, 개량 정도, 첨단기술성 등이 인정되는 기술
   다. 경제성 : 기존의 기술과 비교하여 설계 · 시공 공사비, 유지관리비 등 비용절감효과가 인정되는 기술
2. 2차심사위원회의 심사기준
   가. 현장적용성 : 시공성, 안전성, 구조안정성, 유지관리 편리성, 환경성 등이 우수하여 건설현장에 적용할 가치가 있는 기술
   나. 보급성 : 시장성, 공익성 등이 우수하여 기술보급의 필요성이 인정되는 기술

② 영 제35조제2항의 규정에 의한 신기술 보호기간 연장의 심사기준은 다음 각 호와 같다.

1. 품질검증 : 신기술이 적용된 주요 현장에 대하여 모니터링한 결과, 지정시 제시된 신기술 성능 및 효과가 검증된 기술
2. 기술의 우수성 : 국내외 동종 기술과 비교하여 우수성이 인정되는 기술
3. 활용실적 : 지정 · 고시 후 연장신청일 전까지 신기술의 범위에 해당되는 활용 실적이 있는 기술
4. 기타 : 지정 · 고시 후 연장신청일 전까지의 사후평가 결과, 기술가치평가기관의 기술가치평가 결과, 국가 및 지방자치단체에서 주관, 주최 또는 후원하는 전시회, 설명회 참여실적 등이 우수한 기술

③ 위원회는 신청기술의 특성을 고려하여 필요한 경우, 위원장을 제외한 출석위원의 3분의2 이상의 찬성으로 제1항 및 제2항의 심사기준 중 세부항목 및 배점을 조정하여 심사할 수 있다.

제2장 신기술 지정 및 보호기간 연장신청의 접수

제5조(지정신청의 접수)

① 신기술을 지정 받고자 하는 자는 규칙 별지 제1호 서식의 신기술지정신청서를 국토교통과학기술진흥원장(이하 "진흥원장"이라 한다)에게 제출하여야 한다.

② 영 제31조제5호의 규정에서 "그 밖에 신기술의 평가에 필요하다고 인정되는 사항"은 다음

각 호를 포함한다.

1. 삭제
2. 신청기술을 적용한 시험시공 현장, 시공중인 현장 또는 준공현장의 목록과 해당 실적증빙 자료. 다만 설계관련 기술인 경우에는 예외로 할 수 있다.
3. 현장실사시 주요 확인사항
4. 신청인(공동신청인 포함)의 연도별 상세 참여내역 및 증빙자료
5. 신청인의 신청기술 관련 특허 · 실용신안 출원 또는 등록 내역
6. 신청기술과 유사한 기존 기술(유사 신기술 포함)과의 차별성, 개량내용, 우수성 등 비교 분석 자료
7. 건설공사 원가계산을 주 전문으로 하는 공인된 원가계산용역기관이 발급한 일위대가 및 원가계산서

③ 진흥원장은 접수된 지정신청서를 확인하여 다음 각 호의 1에 해당될 경우에는 신청인에게 보완을 요구할 수 있으며, 신청인은 보완을 요구받은 날부터 7일 이내에 이에 응하여야 한다.

1. 영 제31조의 규정에 의한 신기술지정신청서 구비서류 및 증빙서류에 누락이 있는 경우
2. 신청인이 제3조에 의한 신청자격에 적합하지 않은 경우

④ 진흥원장은 다음 각 호의 1에 해당되는 경우에는 그 사유를 명시하여 지정신청서를 반려할 수 있다.

1. 제3항의 규정에 의하여 2회에 걸쳐 보완을 요구하였으나, 신청인이 정당한 사유 없이 이에 응하지 아니한 경우
2. 신청인이 이미 신기술 지정이 거부된 건설기술을 개선 · 보완 없이 제출한 경우
3. 신청인이 신기술 지정신청을 철회한 경우 등

⑤ 진흥원장은 신기술 지정신청 구비서류에 대한 점검, 안내 등을 위하여 기술분야에 따라 구비서류 목록을 관리하여야 한다.

제6조(연장신청의 접수)

① 신기술의 보호기간을 연장받고자 하는 자는 규칙 별지 제6호 서식의 신기술보호기간연장신청서를 보호기간 만료 150일 전까지 진흥원장에게 제출하여야 한다.

② 영 제35조제3항제1호의 규정에서 “신기술의 활용실적 및 현장적용결과를 비교 · 분석한 서류”는 다음 각 호의 서류를 말한다.

1. 영 제117조제1항의 규정에 의하여 국토교통부장관으로부터 업무의 위탁을 받은 기관에서 발급한 신기술 활용실적 증명 자료
2. 신청기술 적용 현장의 주기적인 모니터링 자료와 기존 기술과의 비교 · 분석 자료(관련 증빙자료 포함)
3. 건설공사 원가계산을 주 전문으로 하는 공인된 원가계산용역기관이 발급한 일위대가 및 원가계산서

③ 영 제35조제3항제2호의 규정에서 “보호기간 연장에 대한 근거자료”에는 신기술 관련 지식재산권 내역 등의 자료를 포함한다.

④ 영 제35조제3항제4호의 규정에서 “현장을 실제 조사할 때 확인할 주요사항을 적은 서류”는

다음 각 호의 서류를 말한다.

1. 신청기술을 적용한 준공현장과 시공중인 현장의 목록 및 현장실사에 필요한 현황자료. 다만, 설계관련 건설기술인 경우에는 예외로 할 수 있다.
2. 현장실사시 주요 확인사항

⑤ 진흥원장은 접수된 연장신청서를 확인하여 다음 각 호의 1에 해당될 경우에는 신청인에게 그 보완을 요구할 수 있으며, 신청인은 보완을 요구받은 날부터 7일 이내에 이에 응하여야 한다.

1. 영 제35조제3항에 의한 신기술보호기간 연장신청서 구비서류에 누락이 있는 경우
2. 신청인이 제3조에 의한 신청자격에 적합하지 않은 경우

⑥ 진흥원장은 다음 각 호의 1에 해당되는 경우에는 그 사유를 명시하여 연장신청서를 반려할 수 있다.

1. 제5항의 규정에 의하여 2회에 걸쳐 보완 요구하였으나, 신청인이 정당한 사유 없이 이에 응하지 아니한 경우
2. 연장신청기술이 신기술 지정 · 고시 후 연장신청일 전까지 당해 신기술의 범위에 해당되는 활용실적이 없는 경우
3. 신청인이 신기술 보호기간 연장신청을 철회한 경우 등

제7조(공고)

① 진흥원장은 신청서가 접수된 경우 관보공고를 위해 제2항 각 호의 내용을 국토교통부장관에게 보고하여야 한다.

② 국토교통부 장관은 영 제32조의제3항 또는 제35조제4항의 규정에 따라 이해관계인의 의견청취를 위해 다음 각 호의 내용을 관보에 공고하여야 한다.

1. 신청인의 성명(법인인 경우에는 그 명칭 및 대표자의 성명) 및 전화번호
2. 이해관계인의 의견제출방법 등에 관한 사항
3. 지정신청의 경우 신청된 기술의 명칭 · 분야 · 기술의 요지 및 범위
4. 연장신청의 경우 신기술 지정번호 · 명칭 · 분야 · 기술의 요지 · 범위 및 보호기간

③ 진흥원장은 신청기술에 대하여 이해관계인의 의견청취를 위해 제2항 각 호의 내용을 인터넷 및 건설관련 전문지 등에 게재할 수 있다.

제8조(이해관계인의 의견청취)

① 이해관계인 의견청취 기간은 제7조의 규정에 의한 관보공고일부터 30일로 한다.

② 진흥원장은 이해관계 의견을 제출하고자 하는 자가 의견 제출을 위하여 당해 신청서 열람을 요청할 경우에는 이를 교부할 수 있으며, 이 경우 신청인의 동의 없이 신청서의 내용을 임의로 공개하지 않는다는 별지 제14호의 각서를 징구할 수 있다.

③ 이해관계의견을 제출하고자 하는 자는 의견청취 기간 내에 별지 제1호 서식의 이해관계 의견서에 다음 각 호의 사항을 기재하여 진흥원장에게 제출하여야 한다.

1. 신청기술의 명칭 및 이해관계의견을 제출하고자 하는 자의 인적사항

2. 다음 각목의 사항과 같이 이해관계가 성립되는 직접적이고 구체적인 내용
   가. 신청기술이 이해관계인 기술을 모방 · 도용한 경우
   나. 신청기술이 산업재산권과 관련하여 이해관계인 기술과 분쟁 중에 있는 경우
   다. 기타 신청기술이 이해관계인 기술과 직접적인 이해관계가 있는 경우 등
3. 제2호의 내용을 증명하는 자료

④ 진흥원장은 다음 각 호의 1에 해당하는 경우 이해관계 의견서를 반려하거나 의견 제출을 제한할 수 있다.

1. 이해관계인이 신청인의 동의 없이 신청서의 내용을 임의로 공개한 사실이 확인될 경우
2. 이해관계 의견서의 내용이 동종기술의 시장진입 반대, 신청기술의 문제점 제기 등 이해관계와 관련한 직접적인 내용이 아닌 경우

⑤ 진흥원장은 의견청취 기간이 만료되면 접수된 이해관계 의견서를 신청인에게 송부하여야 하며, 신청인은 이해관계 의견서를 받은 날부터 10일 이내에 별지 제2호 서식의 이해관계 의견에 대한 답변서를 진흥원장에게 제출하여야 한다. 이 경우 신청인이 위 기간 내에 이해관계 의견에 대한 답변서를 제출하지 아니한 때에는 답변서 없이 심사할 수 있다.

⑥ 진흥원장은 이해관계 의견서 및 신청인의 답변서를 제10조의 규정에 의한 1차심사위원회 및 제16조의 규정에 의한 2차심사위원회의 심사위원에게 배부하여 당해 심사에 활용할 수 있도록 하여야 한다.

제9조(관계기관의 의견조회)

① 진흥원장은 신청기술에 대하여 관계기관의 의견을 들을 수 있다. 이 경우 "관계기관"이라 함은 다음 각 호의 기관을 말한다.

1. 영 제32조제2항에 의한 국토교통부령이 정하는 기관 또는 영 제65조에 따라 설계 및 시공기준을 관리하는 기관(이하 기술검토기관이라 한다)
2. 신청기술이 적용된 공사의 발주청 또는 감리자
3. 진흥원장이 인정한 선행건설기술 조사 기관
4. 기타 진흥원장이 신청기술의 검토를 위해 필요하다고 판단하는 기관

② 진흥원장은 제1항에 따라 관계기관에 의견을 조회하는 경우 기술검토기관의 의견조회는 별지 제3호 서식, 신청기술이 적용된 공사의 발주청 또는 감리자에 대한 의견조회는 별지 제4호 서식, 선행건설기술조사는 별지 제5호 서식에 의하며, 이 경우 제1항제2호의 발주청 또는 감리자에 대한 의견은 모두 회신을 받아야 하며, 불가피하게 회신을 받지 못할 경우에는 그 사유를 위원회에 보고하여야 한다.

③ 제1항의 규정에 의하여 의견을 요청받은 관계기관은 신청인의 동의 없이 신청서의 내용을 임의로 공개하여서는 아니 된다.

④ 진흥원장은 제1항의 규정에 의한 의견조회 결과를 지정신청인 경우에는 제10조의 규정에 의한 1차심사위원회 및 제15조의 규정에 의한 2차심사위원회, 연장신청인 경우에는 제16조의 규정에 의한 2차심사위원회의 심사위원에게 배부하여 당해 심사에 활용할 수 있도록 하여야 한다.

⑤ 진흥원장은 관계기관 의견조회 후 필요한 경우 선행건설기술조사 결과와 신청기술과의 비교자료 등을 신청인에게 보완하도록 요청할 수 있으며, 신청인은 보완을 요청받은 날부터 30일 이내에 진흥원장에게 추가 자료를 제출하여야 한다.

제 3 장　1차심사위원회

제10조(지정신청의 심사)

① 진흥원장은 지정신청 기술에 대하여 다음 각 호의 사항을 심사하기 위해 1차심사위원회를 구성하여야 한다.

1. 신청기술이 건설분야의 기술에 해당하는지 여부 및 스마트 건설기술에 해당하는지 여부
2. 신규성, 진보성 및 경제성
3. 기타 진흥원장 또는 1차심사위원회가 필요하다고 인정하는 사항

② 진흥원장은 위원장 1인 및 10인 이상 15인 이하의 심사위원으로 제1항의 규정에 의한 1차심사위원회를 구성하고, 심사위원 3분의2 이상의 출석으로 개회하며, 제출서류의 적정 여부 등 사전검토 결과를 1차심사위원회에 보고하여야 한다.

③ 진흥원장은 위원장을 제외한 출석위원의 3분의2 이상의 찬성으로 1차심사 인정 여부를 의결하고, 1차심사 인정으로 의결된 신청기술에 대하여는 출석위원 과반수의 찬성으로 현장실사 실시 여부를 결정한다. 이 경우 진흥원장은 위원회에서 결정된 사항 등에 대하여 다음 각 호의 사항을 신청인에게 요구할 수 있다.

1. 1차심사 위원의 지적사항 보완
2. 현장실사 대상 현장 및 주요 확인사항을 포함한 현장실사 계획서

④ 진흥원장은 제3항의 규정에 의한 1차심사 결과 불인정된 신청기술에 대하여는 그 결과 및 사유를 국토교통부장관에게 통보하고, 국토교통부장관은 이를 신청인에게 통보하여야 한다.

⑤ 진흥원장은 공정한 심사를 위하여 필요하다고 인정되는 경우에는 제3항의 규정에 의한 1차심사위원회에 신청인(기술개발에 관여한 자에 한하여 신청인을 대리하는 자 포함)과 이해관계인을 참석시켜 의견을 진술하게 할 수 있다.

⑥ 1차심사위원회의 심사위원은 별지 제6호 서식의 1차심사평가서(지정신청)를 작성하여 진흥원장에게 제출하여야 한다.

⑦ 2차심사에서 탈락된 기술을 보완하여 신청한 경우 1차심사를 면제한다. 다만 2차 심사결과가 통보된 날로부터 1년 이내에 신청하여야 하고 1회에 한하며 최초 신청한 기술의 명칭과 범위로 신청하여야 한다.

⑧ 「환경기술 및 환경산업 지원법」 제7조에 따른 환경신기술로 인증되어 유효기간을 연장하지 않은 기술, 「저탄소 녹색성장 기본법」 제32조에 따른 녹색인증 기술 및 「과학기술기본법」 제11조에 따른 국가연구개발사업의 성공판정을 받은 결과물로서 제5조에 따라 신기술지정신청서를 제출한 기술이거나 제1항제1호에 따라 스마트 건설기술로 의결된 기술에 대하여는 제4조제1항제1호의 1차심사기준 중 첨단기술성을 충족한 것으로 본다.

제11조(연장신청의 심사) 진흥원장은 신속한 심사와 신청인의 부담 경감을 위하여 연장신청 기술에 대한 1차심사를 면제한다.

제 4 장 현장실사와 품질검사

제12조(지정신청의 현장실사)

① 진흥원장은 제10조제3항의 규정에 의해 현장실사를 실시하게 되는 때에는 3인 이상 7인 이하의 현장실사위원(이하 "실사위원"이라 한다)을 구성하되, 1차심사위원회의 심사위원 중에서 선정할 수 있으며, 선정된 위원 중 과반수의 참석으로 현장실사를 실시하여야 한다. 이 경우 진흥원장은 현장실사의 원활한 진행을 위하여 국토교통과학기술진흥원(이하 "진흥원"이라 한다) 및 국토교통부 관계직원을 참여시킬 수 있다.

② 신청인은 신청기술의 현장적용 내용 등을 실사위원에게 설명하고, 현장실사가 원활히 진행될 수 있도록 협조하여야 하며, 현장실사 과정에서 제기된 사항이 심사에 필요하다고 판단되는 경우에는 관련 자료를 진흥원장에게 제출할 수 있다.

③ 실사위원은 필요하다고 인정되는 경우에는 발주청 또는 감리자 등의 의견을 들을 수 있다.

④ 실사위원은 다음 각 호의 사항을 심사하여 별지 제8호 서식의 현장실사 의견서를 작성하여 진흥원장에게 제출하여야 한다.

1. 현장실사 결과 주요 확인사항
2. 영 제31조제6호의 국립 · 공립 시험기관 또는 건설기술용역업자에 의한 품질시험 · 검사(이하 "품질검사"라 한다)의 필요성 여부 등

⑤ 진흥원장은 제4항의 규정에 의한 현장실사 의견을 2차심사위원회에 배부하여 심사에 활용할 수 있도록 하여야 한다. 다만 2차심사에서 탈락된 기술을 보완하여 재신청한 경우에는 기존 현장실사 의견을 활용할 수 있다.

⑥ 진흥원장은 현장실사 결과 재실사가 필요하다고 판단되는 경우에는 재실사를 할 수 있다.

제13조(연장신청의 현장실사)

① 진흥원장은 제6조의 규정에 따라 접수된 연장신청기술에 대하여 현장실사를 실시함에 있어 3인 이상 7인 이하의 실사위원을 구성하고 선정된 위원 중 과반수의 참석으로 현장실사를 실시하여야 한다. 이 경우 진흥원장은 현장실사의 원활한 진행을 위하여 진흥원 및 국토교통부 관계직원을 참여시킬 수 있다.

② 진흥원장은 제1항의 규정에 따라 현장실사를 실시함에 있어 실사위원으로 하여금 현장실사 주요 확인사항에 대한 사전검토를 요청할 수 있고, 그 검토 결과를 토대로 현장실사를 실시한다.

③ 진흥원장은 제1항의 규정에 의하여 연장신청의 현장실사를 실시함에 있어 제12조 제2항 내지 제6항의 규정을 준용할 수 있다.

제14조(품질검사)

① 진흥원장은 제12조의 규정에 의한 현장실사에서 참석위원 중 과반수의 위원이 품질검사가 필요하다는 의견을 제시한 경우에는 신청인으로 하여금 품질검사를 의뢰하도록 하여 이에 대한 자료를 제출하도록 요청할 수 있다. 이 경우 법 제60조제1항의 기관 중에서 품질검사 대상기관을 지명할 수 있다.

② 신청인은 제1항의 규정에 의한 국립 · 공립 시험기관 또는 건설기술용역업자의 품질검사 결과를 진흥원장에게 제출하여야 한다.

③ 진흥원장은 제2항의 규정에 의한 품질검사 결과를 2차심사위원회에 배부하여 심사에 활용할 수 있도록 하여야 한다.

제 5 장 2차심사위원회

제15조(지정신청의 심사)

① 진흥원장은 2차심사위원회에 상정된 기술에 대하여 다음 각 호의 사항을 심사하기 위해 2차심사위원회를 구성하여야 한다.

1. 현장적용성 · 보급성
2. 기타 진흥원장 또는 2차심사위원회가 필요하다고 인정하는 사항

② 진흥원장은 위원장 1인 및 10인 이상 15인 이하의 심사위원으로 2차심사위원회를 구성하고, 위원장을 제외한 심사위원 3분의2 이상의 출석으로 개회하며, 위원장을 제외한 출석위원 3분의2 이상의 찬성으로 신기술의 “인정 여부”를 의결한다. 이 경우 신청기술의 명칭 및 범위의 조정이 필요하다고 인정되는 때에는 위원회에서 이를 조정할 수 있다.

③ 진흥원장은 공정 · 엄정한 심사를 위하여 필요하다고 인정되는 경우에는 제2항의 규정에 의한 2차심사위원회에 신청인(기술개발에 관여한 자에 한하여 신청인을 대리하는 자 포함)을 참석시켜 의견을 진술하게 할 수 있다.

④ 2차심사위원회의 심사위원은 별지 제9호 서식의 2차심사평가서(지정신청)를 작성하여 진흥원장에게 제출하여야 한다.

제16조(연장신청의 심사)

① 진흥원장은 다음 각 호의 사항을 심사하기 위해 2차심사위원회를 구성하여야 한다.

1. 품질검증 · 기술의 우수성 및 활용실적
2. 사후평가서 및 홍보실적
3. 보호기간 중 일부 개량이 있는 경우에 적정성 및 기술내용(범위) 조정사항
4. 기타 진흥원장 또는 2차심사위원회가 필요하다고 인정하는 사항

② 진흥원장은 제1항의 규정에 의한 2차심사위원회를 위원장 1인 및 10인 이상 15인 이하의 심사위원으로 구성하고, 위원장을 제외한 심사위원 3분의2 이상의 출석으로 개회하며, 위원장을 제외한 출석위원은 신청기술의 등급, 보호기간 연장기간 및 신기술 범위의 조정 여부를 의결한다.

③ 진흥원장은 공정 · 엄정한 심사를 위하여 필요하다고 인정되는 경우에는 제2항의 규정에 의한 2차심사위원회에 신청인(기술개발에 관여한 자에 한하여 신청인을 대리하는 자 포함)과 이해관계인을 참석시켜 의견을 진술하게 할 수 있다.

④ 2차심사위원회의 심사위원은 별지 제10호 서식의 2차심사평가서(연장신청)를 작성하여 진흥원장에게 제출하여야 한다.

제17조(보호기간과 연장기간)

① 영 제35조제1항에 의한 신기술의 보호기간은 신기술의 지정 · 고시일부터 8년으로 한다.

② 2차심사위원회의 심사위원이 영 제35조제2항의 규정에 의한 보호기간 연장기간을 평가하는 기준은 별표1과 같다.

③ 진흥원장은 제16조의 규정에 의한 2차심사위원회에 참석한 심사위원(위원장 제외)의 평가점수 중 최고점수와 최저점수를 제외한 나머지 점수들을 산술평균하고 소수점 첫째자리에서 반올림한 점수에 따라 등급과 보호기간을 정한다. 이 경우 종합평가점수가 40점 미만인 경우에는 등급을 부여하지 않으며 보호기간 연장도 불인정한다.

④ 제3항의 규정에 의한 연장기간을 산정한 후 당해 신기술과 관련하여 제21조제4항의 규정에 의한 부당행위가 있을 경우 다음 각 호의 기준을 반영하여 연장기간을 경감하되, 경감되는 기간의 합이 위에서 정한 연장기간과 같거나 이를 초과할 경우 보호기간의 연장이 불인정된 것으로 한다.

1. 공정거래위원회로부터의 시정조치명령 건당 6월씩 경감
2. 공정거래위원회로부터의 과징금부과 건당 1년씩 경감
3. 사법기관으로부터의 벌금 이상의 처벌 건당 1년 6월씩 경감

제18조(심사결과의 처리)

① 진흥원장은 위원회의 심사결과 신기술로 인정되었으나, 심사과정에서 위원회가 요구한 사항 및 조정된 내용이 있는 경우 신청인에게 통보하여야 하고, 신청인은 이를 보완한 자료를 진흥원장에게 제출하여야 한다.

② 진흥원장은 제15조 내지 제17조의 규정에 의한 위원회의 심사결과를 국토교통부장관에게 보고하여야 한다. 다만 제1항에 따라 자료보완이 필요한 경우 보완이 완료된 이후에 보고하여야 한다.

③ 국토교통부장관은 제1항에 의한 심사결과에 따라 신기술의 지정 여부 또는 등급 및 보호기간 연장기간을 결정하여야 한다. 이 경우 "신기술 불인정" 및 "보호기간 연장 불인정"으로 결정된 기술에 대하여는 그 사유를 명시하여 신청인에게 통보하여야 한다.

④ 국토교통부장관은 위원회의 심사절차 또는 결과에 명백한 하자가 있다고 인정되는 경우에는 진흥원장에게 재심사하도록 요청할 수 있다. 이 경우 재심사의 절차 및 방법은 제10조 및 제12조 내지 제17조의 규정을 준용한다.

제 6 장 사후관리 및 신기술관리위원회의 구성

제19조(지정증서의 발급 등)

① 국토교통부장관은 제18조에 따라 신기술을 지정한 경우에는 신청인에게 신기술 지정 증서를 발급하여야 한다. 다만, 제10조제1항에 따라 스마트 건설기술로 의결된 신기술의 지정증서는 별지 제15호 서식과 같다.

② 규칙 제18조 제2항에 따른 사유 이외에 재발급 사유는 다음 각 호와 같다.

1. 지정증서에 명시된 개인이 법인을 설립하는 경우
2. 부도 · 폐업 등으로 지정증서에 명시된 법인의 권리가 변경된 경우
3. 보호기간 또는 기술범위가 조정된 경우

③ 국토교통부장관은 규칙 제9조제2항의 분실 또는 훼손 및 본조 제2항의 각 호에 따라 재발급하는 경우의 신기술 지정증서는 별지 제16호 서식과 같다.

제19조의2(신기술관리위원회의 구성)

① 진흥원장은 신기술 범위조정 및 지정취소 관련 다음 각 호의 사항을 심사하기 위해 신기술관리위원회를 구성할 수 있다.

1. 기술개발자로부터 보호기간 중 신기술의 일부 개량 등의 사유로 신기술 범위의 조정 신청이 있는 경우(보호기간과 연장기간 중 각 1회 신청 가능)
2. 국토교통부장관으로부터 법 제15조에 따른 신기술 지정의 취소 여부를 결정하기 위하여 검토요청이 있는 경우
3. 기타 진흥원장 또는 신기술관리위원회가 필요하다고 인정하는 사항

② 진흥원장은 위원장 1인 및 5인 이상 15인 이하의 심사위원으로 신기술관리위원회를 구성하고, 위원장을 제외한 심사위원 3분의2 이상의 출석으로 개회하며, 위원장을 제외한 출석위원 3분의2 이상의 찬성으로 신기술 범위의 조정, 신기술 지정의 취소 여부 등을 의결한다.

③ 진흥원장은 신기술 범위의 조정이나 신기술 지정의 취소 여부 등을 심사하기 위해 현장 실사가 필요하다고 인정하는 경우 참석위원 과반수의 찬성으로 현장실사를 실시할 수 있다.

④ 심사위원은 별지 제10호의2 서식의 심사의견서를 작성하여 진흥원장에게 제출하여야 한다.

⑤ 진흥원장은 공정한 심사를 위하여 필요하다고 인정하는 경우 신기술관리위원회에 기술개발자를 참석시켜 의견을 진술하게 할 수 있다. 다만, 제1항제2호에 대하여 심사하는 경우에는 기술개발자를 반드시 참석시켜 의견을 청취하여야 한다.

⑥ 국토교통부장관은 신기술 범위를 조정하거나 신기술 지정을 취소하는 때에는 영 제35조 및 제37조에 따라 다음 각 호의 사항을 관보에 고시하여야 한다.

1. 신기술 지정번호 및 기술개발자
2. 신기술 명칭 및 범위
3. 신기술 보호기간

⑦ 진흥원장은 신기술 지정을 취소한 경우에는 기술개발자로부터 신기술 지정증서를 회수하여야 한다.

제20조(활용실적 제출)

① 신기술 지정을 받은 자는 규칙 제10조의 규정에 의하여 보호기간 만료시까지 매년 2월15일까지 전년도 활용실적 유무를 영 제117조제1항에 따라 국토교통부장관이 위탁한 기관에 제출하여야 한다.

② 신기술 지정을 받은 자는 제1항에 의하여 건설신기술 활용실적을 제출함에 있어 허위로 제출하여서는 아니 된다.

③ 국토교통부장관은 제1항의 규정에 따른 활용실적이 누락되거나 활용실적이 제출되지 않는 경우에 신기술 보호기간 연장신청을 제한하거나 별표2의 기준에 따라 연장된 해당 신기술의 보호기간을 단축조정할 수 있다.

④ 삭제

⑤ 삭제

제21조(신기술종합정보시스템의 구축 등)

① 신청인은 신청기술이 신기술로 지정되거나 보호기간이 연장된 경우에는 홍보용 전자문서(요약자료 포함)를 진흥원장에게 제출하여야 한다.

② 진흥원장은 신기술제도 안내, 신청기술 현황 및 업무처리정보, 신기술 홍보용 전자문서, 신기술 활용실적 및 사후평가에 관한 정보, 신기술 활용과 관련한 부당행위 등 신기술과 관련한 정보를 제공하기 위하여 건설신기술종합정보시스템(신기술인증관리시스템)을 구축하여 관리 · 운영하여야 한다.

③ 진흥원장은 제2항의 규정에 의한 건설신기술종합정보시스템(신기술인증관리시스템)에 구축된 신기술 활용실적, 사후평가 등에 대한 정보를 제16조의 규정에 의한 2차심사위원회의 심사위원에게 배부하여 심사에 활용하게 할 수 있다.

④ 제2항의 규정에 의한 신기술 활용과 관련한 부당행위는 신기술보호기간 중에 공정거래위원회로부터 시정조치명령, 과징금부과 및 사법기관으로부터 벌금이상의 형사상 처벌이 확정된 경우를 말한다.

제 7 장 보 칙

제22조(비밀유지 및 비공개)

① 진흥원의 직원과 심사위원은 직무상 알게 된 비밀 등을 외부에 공표하거나 누설하여서는 아니 된다.

② 심사위원과 관계기관 등이 작성한 별지 제3호 내지 제6호 및 제8호 내지 제10호 서식의 심사관련 서류는 비공개로 한다.

제23조(위원회의 구성)

① 진흥원장은 기술인증센터장을 제10조, 제15조, 제16조, 제19조의2 및 제29조의 규정에 의한 위원회의 위원장으로 임명하여야 하며, 위원장이 출장 등 부득이한 사유로 직무수행이 불가능한 경우에는 진흥원장이 지명한 자가 위원장 업무를 대행하게 할 수 있다.

② 진흥원장은 제27조 제1항 및 제2항의 규정에 의한 전문가 중 신청기술 또는 신청인과 이해관계가 있다고 인정되는 다음 각 호의 전문가는 당해 기술의 심사에서 배제시킬 수 있다.

1. 신청인 또는 이해관계인과 동일기관에 소속된 자
2. 신청기술과 관련한 시험, 용역, 자문, 보고서, 특허 등 기술개발에 관여한 자
3. 신청기술의 시험기관 또는 연구용역기관에 소속된 자
4. 신청기술과 동종 분야의 유사 신기술 보유자. 다만 제27조 제1항의 규정에 의한 신기술심사전문가그룹에 등록된 전문가 중 해당 전문분야의 전문가가 부족하거나 없는 경우에는 심사의 전문성 확보를 위해 예외로 한다.
5. 기타 진흥원장이 신청인 또는 이해관계인과 이해관계가 있다고 인정할 만한 사유가 명백한 자

③ 진흥원장은 신청인으로부터 제2항 각 호에 해당하는 명단을 접수 받아 심사위원 선정시 검토하여 배제할 수 있다.

제24조(위원명단 등의 비공개)

① 공정하고 엄정한 심사를 위하여 제10조, 제12조, 제13조, 제15조, 제16조, 제19조의2 및 제29조의 규정에 의한 심사위원 및 전문가의 인적사항은 비공개로 한다.

② 진흥원장은 제1항의 규정에 위반하여 심사위원을 유포하거나 누설한 자에 대해서는 신기술 신청을 제한하거나, 신기술심사전문가그룹에서 제외 등의 조치를 취할 수 있다.

제25조(수수료)

① 신청인은 지정 신청서 제출일부터 5일 이내에 진흥원장이 지정하는 금융기관의 계좌로 규칙 별표10제1호의 규정에 의한 1차심사수수료를 납부하여야 한다.

② 신청인은 지정 신청기술이 2차심사위원회에 상정된 경우에는 진흥원장이 지정한 날까지 진흥원장이 지정하는 금융기관의 계좌로 규칙 별표10제1호의 규정에 의한 2차심사수수료를 납부하여야 한다.

③ 신청인은 제12조 및 제13조의 규정에 의하여 현장실사를 실시한 경우에는 진흥원장이 지정한 날까지 규칙 별표10제1호의 규정에 의한 현장실사비용을 납부하여야 한다.

④ 제6조의 규정에 따라 보호기간 연장을 신청한 신청인은 신청서 제출일부터 5일 이내에 진흥원장이 지정하는 금융기관의 계좌로 규칙 별표10제1호의 규정에 의한 2차심사수수료를 납부하여야 한다.

⑤ 진흥원장은 신청인이 제1항 내지 제4항의 규정에 의한 심사수수료 및 현장실사비용을 정당한 사유 없이 지정한 날까지 납부하지 않은 경우에는 신청서를 반려할 수 있다.

⑥ 진흥원장은 위원회 개회 전에 신청서를 반려한 경우에는 신청인이 납부한 수수료의 50%를 신청인에게 반환하여야 한다.

제26조(심사수당의 지급 등)

① 진흥원장은 1차심사위원회 및 2차심사위원회에 참여하는 심사위원에게 소정의 심사수당을 지

급할 수 있다.

② 진흥원장은 실사위원에게 규칙 별표10제1호의 규정에 의한 노임단가 및 여비기준에 따라 심사수당을 지급할 수 있다. 이 경우 실사위원의 기술자등급이 상이할 경우에는 최고 등급의 실사위원에 준하여 심사수당을 지급할 수 있다.

③ 진흥원장은 공정 · 엄정한 심사를 위하여 필요하다고 인정되어 관계기관의 관계자 또는 원가계산 · 변리사 · 설계 및 시방기준 전문가 등을 위원회에 참석시켜 의견을 진술하게 할 수 있으며, 이 경우에 관계기관의 관계자 또는 전문가에게 소정의 자문료를 지급할 수 있다.

제27조(신기술심사전문가그룹의 구축 등)

① 진흥원장은 제10조, 제12조, 제13조, 제15조, 제16조 및 제19조의2의 규정에 의한 심사를 위하여 다음 각 호의 1에 해당하는 자로 신기술심사전문가그룹을 구축하고, 등록된 전문가를 주기적으로 점검하여 신기술심사전문가그룹을 최상의 상태로 관리 · 운영하여야 한다.

1. 국가기술자격법에 의한 당해 분야 기술사 또는 건축사법에 의한 건축사 자격을 취득한 자
2. 국가기술자격법에 의한 당해 분야 기사 자격을 취득한 자로서 그 분야에서 10년 이상 실무경험이 있는 자
3. 당해 분야 박사학위를 취득한 후 그 분야에서 3년 이상 연구 또는 실무경험이 있는 자
4. 당해 분야 석사학위를 취득한 후 그 분야에서 9년 이상 연구 또는 실무경험이 있는 자
5. 당해 분야 학사학위를 취득한 후 그 분야에서 12년 이상 연구 또는 실무경험이 있는 자
6. 대학의 당해 분야 전공 조교수 이상인 자
7. 건설 관련 공기업 · 준정부기관의 부장급 이상인 자
8. 건설 관련 연구기관의 선임연구원급 이상인 자
9. 건설업무와 관련된 행정기관의 5급 이상의 공무원
10. 당해 분야에서 학식과 경험이 풍부한 자로 진흥원장이 인정한 자

② 진흥원장은 제10조, 제12조, 제13조, 제15조, 제16조 및 제19조의2의 규정에 의한 심사 및 심의를 위하여 제1항의 규정에 의한 전문가를 심사위원으로 선정하되, 필요한 경우에는 그 밖의 외부전문가를 심사위원으로 일시 위촉할 수 있고, 위촉된 외부전문가를 제1항의 규정에 의한 신기술심사전문가그룹에 구축 · 관리할 수 있다.

③ 진흥원장은 정부기관, 공기업 · 준정부기관 및 건설관련단체의 직위 중 심사위원으로 선정할 필요가 있다고 인정되는 직위를 당연직으로 할 수 있다.

④ 진흥원장은 제1항의 규정에 의한 신기술심사전문가그룹을 구축함에 있어 자격증, 학위, 건설관련 범죄 여부 등을 확인하여 신기술심사전문가로 선정함이 부적당하다고 인정되는 자를 신기술심사전문가그룹에서 배제할 수 있다.

⑤ 진흥원장은 제10조, 제15조, 제16조 및 제19조의2의 규정에 따라 위원회에 출석한 심사위원에 대하여 성실도, 전문성 등에 대한 평가를 실시하여 부적격자로 평가될 경우 제1항의 규정에 의한 신기술심사전문가그룹에서 배제할 수 있다.

제28조(기간의 산정) 규칙 제8조제1항의 규정에 의한 "신기술 심사기간에 포함되지 않는 기간"은 다음 각 호와 같다.

1. 제5조, 제6조, 제8조, 제10조, 제14조, 제18조의 규정에 의한 서류 보완기간
2. 제7조의 규정에 의한 관보공고 기간
3. 제9조의 규정에 의한 관계기관 의견조회 및 신청서류 보완기간

제29조(건설신기술 민원조정위원회의 설치 등)

① 진흥원장은 건설신기술 지정 및 연장 관련 민원에 대한 원만한 해결을 위하여 건설신기술 민원조정위원회(이하 "조정위원회"라 한다)를 설치할 수 있다.

② 제1항의 규정에 의한 조정위원회는 위원장을 제외한 5인 이상 15인 이하의 전문가로 구성하고, 위원장을 제외한 3분의2 이상의 출석으로 개회한다.

③ 제1항의 규정에 의한 조정위원회는 다음 각 호의 1에 해당하는 사항을 다룬다.

1. 신기술의 명칭이나 범위에 대한 해석이 필요한 민원
2. 신기술 지정 및 연장과 관련하여 집단민원이나 대외기관이 관련된 민원으로 진흥원장이 인정하는 민원
3. 신기술 지정 및 연장과 관련하여 반복적으로 제기된 민원
4. 기타 진흥원장이 인정하는 민원

④ 진흥원장은 조정위원회 위원장을 제외한 3분의2 이상의 찬성으로 현장조사 등 추가조사 여부를 의결할 수 있고, 추가조사를 실시하는 경우 5인 이상의 조사특별위원회를 구성하며, 위원은 조정위원회에 참석한 위원 중에서 선정할 수 있다

⑤ 제4항의 규정에 의한 조사특별위원회는 추가조사를 실시하기 전 민원인 및 기술개발자와 사전 협의를 통해 조사방법, 조치사항 등을 결정할 수 있으며, 추가조사에 소요되는 제반 비용은 민원인이 부담하는 것을 원칙으로 하여 조사특별위원회에서 세부사항을 정할 수 있다.

⑥ 진흥원장은 당해 민원을 처리함에 있어 조정위원회 또는 조사특별위원회에서 조정된 내용을 참고할 수 있다.

제30조(부정 및 부당행위의 금지 등)

① 당해 신청기술의 신청인, 이해관계인 또는 위원회의 심사위원은 신기술심사와 관련하여 신기술 심사에 영향을 줄 수 있는 부정한 청탁이나 금품수수 등 부정행위와 심사위원회의 공정하고 원활한 진행에 지장을 초래할 수 있는 허위나 과장된 주장, 인신공격성 발언 등 부당행위를 하여서는 아니된다.

② 진흥원장은 제1항의 규정과 관련하여 신청인의 부정행위가 확인될 경우 당해 신청서를 반려할 수 있다.

③ 진흥원장은 제1항의 규정과 관련하여 이해관계인의 부정행위가 확인될 경우 이해관계 의견서 반려 및 당해 위원회의 참석을 제한할 수 있다.

④ 심사위원회는 제1항의 규정과 관련하여 이해관계인의 부당행위가 있는 경우 당해 위원회의

결정에 따라 입장 제한, 경고, 퇴장 등의 조치를 취할 수 있다.

⑤ 진흥원장은 제1항의 규정과 관련하여 심사위원의 부정행위가 확인될 경우 제27조의 규정에 의한 신기술심사전문가그룹에서 제외할 수 있다.

⑥ 진흥원장은 제2항 내지 제5항의 부정행위의 확인을 위하여 필요하다고 인정하는 때에는 부정행위 관련 당사자에 대하여 부정행위 관련 자료제출 또는 출석요구 등의 필요한 조치를 취할 수 있다.

⑦ 진흥원장은 공정한 심사를 위하여 필요하다고 인정하는 때에는 신청인, 이해관계인 또는 위원회의 심사위원으로부터 각각 별지 제11호 내지 제13호 서식에 의한 청렴서약서를 징구할 수 있다.

⑧ 규칙 제10조에 따라 제출한 신기술 활용실적자료가 허위로 작성된 경우 1건 적발시 해당자료, 2건 이상 적발시에는 당해 연도 실적을 모두 인정하지 않는다.

제31조(심사위원의 청렴 의무)

① 진흥원장은 제27조제2항의 규정에 따른 위원회의 심사위원 선정시 선정대상이 되는 전문가에게 제23조제2항 각 호의 1의 사유에 해당하는 경우에는 당해 심사를 회피할 수 있음을 고지하여야 하고, 해당 전문가는 그 사유에 해당하는 경우에는 스스로 그 위원회의 심사를 회피할 수 있다.

② 위원회의 심사위원은 해당 심사기술의 신청인이 발주하는 공사 또는 용역에 신기술 지정일부터 1년간 수의계약 형태로 참여하여서는 아니된다.

제32조(시방서 등 변경 금지)

① 신청인은 신기술로 지정 · 고시된 후 관련 법령이나 표준시방서 등의 변경에 있어 불가피한 경우를 제외하고 임의로 시방서 등을 변경하여서는 아니된다.

② 신청인은 제1항의 규정에도 불구하고 기술개량 및 관련규정이 개정되어 시방서등의 변경이 필요한 경우에는 그 사유를 명시한 서류를 갖추어 진흥원장에게 신청하여야 한다.

③ 진흥원장은 신청인이 제2항의 규정에 따라 시방서 등의 변경을 신청한 경우에는 승인 여부를 검토하여 그 결과를 신청인에게 통보하여야 한다.

제33조(효력)

① 건설신기술 지정 또는 보호기간 연장은 규칙 별지 제19호 서식의 건설신기술 지정증서에 명시된 자(승계인)에게만 효력이 있다. 이 경우에 승계란 개인개발자가 법인화하는 경우 및 부도 · 폐업 등으로 법인의 권리가 소멸되는 경우에 한한다.

② 제19조제2항에 따라 지정증서가 재발급된 경우에는 재발급날로부터 효력이 발생한다. 이 경우에 제19조제2항제1호 및 제2호의 보호기간은 재발급 전의 잔여기간으로 한다.

제34조(재검토기한) 국토교통부장관은 「훈령 · 예규 등의 발령 및 관리에 관한 규정」에 따라 이 고시에 대하여 2020년 1월 1일 기준으로 매3년이 되는 시점(매3년째의 12월 31일까지를 말한다) 마다 그 타당성을 검토하여 개선 등의 조치를 하여야 한다.

3 벤처기술의 사업성평가

벤처기업에 대한 기술경쟁력 혹은 기술성평가에 대한 관심이 대두되고 있다. 특히 대학이나 연구기관 그리고 협회나 기업들이 창업기업의 기술 및 경영을 지원하기 위해 운영하고 있는 인큐베이터센터 등에서는 기업의 기술성 및 사업성에 대한 평가기준과 평가방법 등 별도의 평가모델이 다양하게 개발되고 있다. 이러한 평가도 결국은 기업의 기술경쟁력 평가와 관련이 되므로 창업기업의 기술력 평가모델을 활용한다고 할 수 있다.

과학기술의 발달이 심화될수록 전통적인 유형의 생산요소보다 무형의 생산요소, 즉 지적재산이 더 큰 부가가치를 창출함에 따라 기술자산의 거래와 기술투자의 세계화가 활발히 일어나고 있다. 기업 간의 경쟁이 요구되는 상황에서 기술자산을 올바르게 평가하고 투자하기 위하여 정부나 기업에서도 기술자산의 효율적 관리 및 축적이 필요하므로 많은 관심을 보이고 있다.

최근 우리나라에서도 기술을 강조한 벤처기업의 활발한 창업이 일어났으며, 정부는 이러한 벤처기업을 지원하기 위한 각종 정책을 시행하고 있다. 벤처기업의 평가는 각 평가주체마다 평가항목과 평가시스템이 다르다. 이러한 평가는 대부분 등급평가의 형태를 취하고 있다.

우리나라의 경우 벤처기업의 사업성평가는 주로 기술보증기금이 KTRS 모형에 의한 기술평가를 실시하고 있다. KTRS는 투자 · 융자 · 보증 · 기술이전 거래 등 기술금융 활용과 기술사업 타당성평가 등에 활용하기 위해 연세대 산업통계 연구실 팀과 공동개발을 통해 만들어졌다.

벤처기업 확인제도 벤처기업이란 첨단의 새로운 기술과 아이디어로 높은 위험에도 불구하고 성장성이 상대적으로 높아 정부에서 지원할 필요가 있다고 인정하는 기술집약적 중소기업을 말한다.

벤처기업확인제도란 성장잠재력이 높은 벤처기업에 대하여 다양한 우대혜택을 제공하기 위한 요건에 충족한 중소기업을 선발하여 벤처기업으로 확인해 주는 제도이다. 이는 신기술 기업을 발굴 육성하여 지속성장 가능하도록 지원하여 국가경쟁력을 강화 시키려는 목적에 따라 이루어진 것이다.

벤처기업의 종류 및 요건

① 벤처투자유형

- 중소기업일 것

- 투자금합계가 5,000만원 이상일 것
- 기업의 자본금중 투자금액 합계가 차지하는 비율이 10% 이상일 것

② 연구개발유형

- 연간 연구개발비가 5천만원 이상일 것
- 기업부설연구소 연구전담부서 등 1개 이상 보유할 것
- 연간 총매출액에 대한 연구개발비의 합계가 차지하는 비율이 100분의 5 이상으로서 정해진 비율 이상일 것.

③ 혁신성장유형 예비벤처기업 : 혁신성장유형 · 예비벤처기업은 다음의 혁신성장유형의 벤처기업확인기관으로부터 기술의 혁신성과 사업의 성장성이 우수한 것으로 평가받은 기업(창업 중인 기업을 포함)을 말한다.

- 기술보증기금
- 농업기술실용화재단
- 연구개발특구진흥재단
- 한국과학기술정보연구원
- 한국발명진흥회
- 한국생명공학연구원
- 한국생산기술연구원
- 예비벤처기업의 벤처기업확인기관
- 기술보증기금

기술평가시스템(KTRS) 기술보증기금의 기술평가시스템인 KTRS(Kibo Technology Rating System)은 안정성과 신뢰성이 높은 기술평가시스템으로써 중소벤처기업의 기술력과 사업성을 세부적 항목으로 나누어 구체적인 평가를 실시함으로 우수한 기술을 지닌 신생기업들이 그에 합당한 평가를 받을 수 있다.

다각적인 기술평가 등급 산출 KTRS는 투자 · 융자 · 보증 · 기술이전 거래 등 기술금융 활용과 기술사업 타당성평가 등에 활용하기 위해 연세대 산업통계연구실팀과 공동개발을 통해 만들어졌다. 1999년 12월 처음 일반 기술평가모형이 개발된 이후 2005년 11월까지 총 3차의 모형개선 작업을 통해 현재의 모습을 갖추게 되었고, 닷컴기업용 · 소프트웨어기업용 · 전문디자인산업용 · 바이오산업(BT) 및 환경산업(ET)용 · 문화산업용 기술평가모형 개발 등이 이 시기동안 이루어졌다.

KTRS의 특징 KTRS의 가장 큰 특징은 기술의 사업성공 가능성뿐만 아니라 사업실패 위험성을 동시에 고려한 것이다. 각각 10단계로 이루어진 기술수준과 위험수준을 매트릭스 조합해 기술평가등급을 산출한다.

기술수준은 다년간 기술평가 업무에 종사해 온 전문가들의 평가기준에 따라 만들어진 평점모형에 의해 사업조직 등급 · 기술성 등급 · 시장성 등급 · 사업성 등급을 도출하고 이들 등급의 조합을 통해 평점이 매겨진다.

우수한 순서대로 V1에서 V10까지 10개 등급으로 표시된다. 위험수준은 기보가 지난 수년간 평가해 온 1만 1,000여개의 기술평가지표 데이터와 사고 여부의 연관관계를 통계적으로 분석해 도출된다.

기술사업화 위험과 함께 경제환경 변수 · 기업환경 변수 등이 계산에 포함된다. R1에서 R10까지 10개 등급이 부여된다. 기술평가등급은 이들 기술수준(V1~V10)과 위험수준(R1~R10)을 조합함으로써 AAA · AA · A · BBB · BB · B · CCC · CC · C · D의 10개 등급으로 이루어진다.

KTRS 우수성과 독창성 KTRS는 지난 2006년 미국 경영과학회(INFORMS)가 수여하는 '에델만 상(Franz Edelman award)' 수상 후보에 올라 우수성과 독창성을 세계적으로 인정받았다. 에델만 상은 경영과학분야 이론을 현실에 적용해 탁월한 성과를 이룬 사례를 발굴하고 알리기 위해 미국 경영과학회가 매년 수여하는 상이다.

GM · IBM · 모토로라 · 메릴린치 · AT&T 등 세계적인 기업들이 수상의 영예를 안았고 국내에서는 지난 2001년 삼성전자가 외국계 컨설팅을 받은 사례로 최종후보에 선정된 것이 유일하다. 국내에서 특허를 취득했으며 일본 · 중국 · 싱가포르에 해외특허를 출원한바 있다.

기술보증기금은 앞으로 KTRS의 활용범위를 대폭 늘려 기술형 벤처기업의 기본 평가자료로 다양하게 사용될 수 있도록 할 것으로 알려지고 있다. KTRS의 기술평가등급을 신용평가회사의 신용평가등급과 동일하게 활용될 수 있게 해 중소벤처기업의 회사채 · 기업어음 · 자산유동화증권(ABS) 발행 시 적용시킨다는 계획이다. 또 금융당국으로부터 적격외부신용평가기관(ECAI)로 지정받아 은행이 보유한 대출자산과 유가증권 · ABS 등에 대해 신용등급을 부여한다는 목표도 가지고 있다.

신기술의 평가는 기술의 종류나 기술발전 단계별로 획일적으로 평가할 수는 없다. 신기술의 도입과 평가도 결국은 기업의 이윤추구라는 목적 하에서 이루어져야 하기 때문이다. 실제로 기업에서 신기술을 평가함에 있어, 이러한 평가모델을 기본으로 하여 기업과 기술의 특성에 맞게 활용할 수 있을 것이다. 결국 신기술의 사업화 결정은 기업 내부에서 하기 마련이지만 원활한 의사결정을 위한 잣대로 활용될 수 있을 기본적인 도구가 필요한 것이다. 창업기업과 벤처기업의 기술력 평가항목을 사례로 보면 다음 표와 같다.

■ 창업기업과 벤처기업에 대한 기술력 평가항목

구 분	사업성평가 항목	사업성평가 내용
기술면의 우위	기술이 사업상 필요로 하는 정도	기술이 출현 니즈에 대한 고객요구, 시장조사 등으로 예측
	기술을 해결하는 문제점의 신규성	신분야의 개척, 종래 기술에 있어서 새로운 문제점의 파악
	기술성의 대소	산업상 이용되는 기술을 대상으로 하고, 공지된 기술이나 특허심사기준, 심의판결 등으로 판단
	사업화에 따른 효과의 대소	발명특유의 효과, 종래기술과의 대비에 따른 발명의 확인
	발명에 관여된 기술의 완성도	아이디어 수준, 실험실적 확인, 공업화의 가능성 등을 확인
	실시화시 기술적 용이성	경제적 실시의 난이성, 주변기술의 진보도 등을 참작
	실시응용분야의 대소	발명의 실시응용분야가 넓을수록 산업상 실시화가 큼
권리면의 강약	특허로서의 기본성	기본특허인 경우가 개량기술(특허)보다 권리가치 높음
	당해 기술분야에서 실시의 필연성	권리범위의 광협, 발명에 대항하여 기술적, 경제적으로 성립하는 회피기술의 유무 판단
	타사와 크로스라이센스로의 역할 정도	특허상의 이용관계의 존재, 타사가 욕심내는 발명 여부
	침해실시 파악의 용이성	물질발명이 방법발명의 경우보다 실시상태 파악용이
	타사 권리의 이용회피 가능성	타사특허의 권리관계의 존재, 또는 타사 권리를 이용하는 편이 유리한 경우 가치가 적음
	자사 주변특허로서의 보강성	기본특허를 보강하여 특허망을 구성하는 것은 가치가 큼
경제적이익의 대소	기술제품의 수요예상량의 대소	시장성의 대소, 발명의 실시규모의 대소
	제품의 예상이익액의 다소	발명품에 대한 실질적인 영업상의 기여
	판매경쟁력에 대한 기여도	가격면에서 우위성, 경쟁기술의 출현을 배제하고 독점적 지위를 유지할 수 있는 정도
	기술이 계속 사용되는 기간	발명기술이 진부화되지 않고 오랜기간 동안 사용할 수 있는 것은 우수함
	계약에 의해 얻어지는 이익액의 다소	기본발명, 시장성이 큰 발명, 양산화가 가능한 발명 등은 예상이익규모가 큼

벤처기업의 평가모형 기술 중심의 벤처투자에 대한 관심이 높아짐에 따라 벤처캐피탈 · 엔젤클럽 · 벤처펀드 등의 결성이 확대되어 벤처기업의 평가가 중시되고 있다. 활성화된 벤처기업의 평가는 벤처기업의 기술내용 진위 및 기술수준의 검증, 벤처기업의 기술동향 정보 및 성장잠재력 분석, 대상기업 기술의 상용화까지의 현실성 검토 및 사업화 과정 분석 등 다양한 측면으로 제시되고 있을 뿐만 아니라 평가방법론은 다양하다.

현재 한국신용평가에서 사용되고 있는 벤처기업평가방법을 살펴보면 자체 개발한 V-60점검표 모형(시장성 · 경쟁력 · 비용구조 · 외부환경변수)을 활용하여 성장성 · 수익성 · 안정성 측면의 전반적인 평가로 벤처기업의 등급을 평가하는데, 환경요인의 변화와 경영자의 능력에 따른 의사결정의 관점에서 동적 현금흐름법(dynamic DCF)과 실물옵션(real options) 방법을 통합한 3단계 방법론을 사용하고 있다

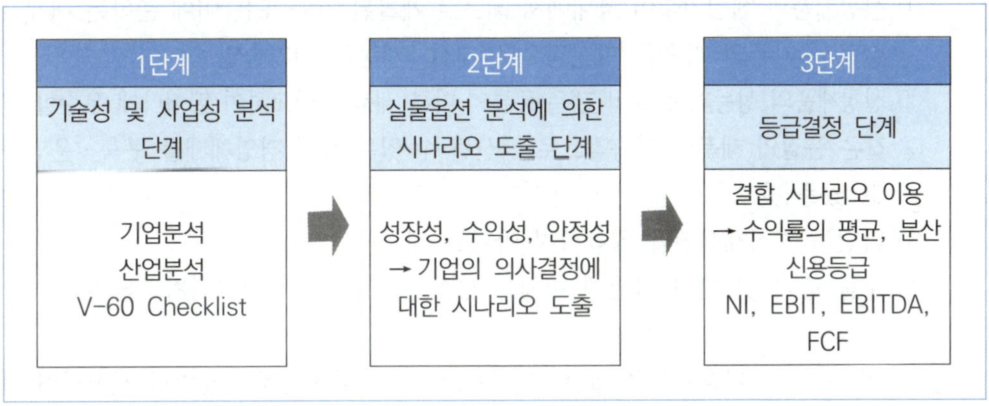

▲ 한국신용평가의 벤처기업 평가법

벤처기업의 기술혁신성 평가 혁신역량을 평가할 때 가장 중요한 것 중의 하나는 전담연구조직과 인력수준을 판단하는 것이다. 전담연구조직이란 기업연구부속연구소 또는 기업부설창작연구소 · 연구개발전담부서 또는 기업창작전담주서를 말한다. 연구 인력의 전문성은 경력과 자격 등으로 판단할 수 있는 기업의 기술개발 전담인력의 등급과 기술개발전담인력이 전체 구성원 중에서 얼마나 차지하고 있는지의 여부에 따라 판단한다. 이러한 전담연구조직과 인력의 전문성을 확보한 경우 벤처기업 요건 중 역량을 확보하였다고 볼 수 있다.

혁신창조성 평가 기술혁신의 창조성의 평가는 NET · NPT로 평가한다.

NET(신기술인증표시) 평가 국내 기업 및 연구기관 · 대학 등에서 개발한 신기술을 조기에 발굴하여 그 우수성을 인증하는 것으로써 개발된 신기술의 상용화와 기술거래 촉진과 신기술 적용제품의 신뢰성을 제고시켜 구매력을 창출하고 초기시장의 진출 기반을 조성한다.

NEP(신제품인증) 평가 신제품인증(NEP)이란 국내에서 최초로 개발된 기술 또는 이에 준하는 대체기술을 적용한 제품을 인증하고 제품의 초기판로를 지원 및 기술개발을 촉진하기 위한 제도이며 신제품인증(NEP) 인증 대상은 다음과 같다.

① 신청제품의 핵심기술이 국내에서 최초로 개발된 기술 또는 이에 준하는 대체기술로서 기존의 기술을 혁신적으로 개선 · 개량한 신기술일 것
② 신청제품의 성능과 품질이 같은 종류의 다른 제품과 비교하여 뛰어나게 우수할 것
③ 같은 품질의 제품이 지속적으로 생산될 수 있는 품질 경영체제를 구축 · 운영하고 있을 것
④ 타인의 지식재산권을 침해하지 아니할 것
⑤ 수출 증대 및 관련 산업에 미치는 영향 등 경제적 파급효과가 클 것

혁신실용성 평가 기술혁신을 실현하기 위해서는 그 실현단계가 얼마나 진행되어 이디까지 도달하였는지의 평가를 하여야 하는데, 이러한 기술의 실현성은 기술성숙도(TRP)로 판단할 수 있다. TRP는 Technology Readiness Levels의 약자이다.

▪ TPR의 단계

구 분	사업화	실용화	시제품	실 험	기초연구
TPR 단계	9	7~8	5~6	3~4	1~2

혁신발전성 평가 혁신의 발전성을 평가하는 기준은 해당기업의 기술이 동일분야 세계최고의 기술에 얼마나 접근하고 있느냐에 따라 판단한다. 여기에 대하여 기술수준을 발전시키고자 하는 노력을 평가하여 그 발전성을 평가하기도 한다.

■ 혁신 발전성평가단계

구 분	1등급	2등급	3등급	4등급	5등급
기 준 (세계수준)	100%	99%~ 90% 수준	89%~ 80% 수준	79%~ 70% 수준	69%~ 60% 수준

혁신성과 평가 기술혁신을 성과로 평가하기 위해서 특허 · 실용신안 · 상표권 · 저작권 등의 확보가 중요하다. 각각의 지적재산권이 확보되지 않은 경우에는 타기관 다양한 분야의 기업이나 기관과 MOU 등을 맺고, 혁신의 성과를 확보해 나가는 것이 매우 중요하다. 이러한 지적재산권과 MOU 등이 확보되면 성과성 · 확인성 · 협업성을 확보하였다고 볼 수 있다.

04 프로젝트의 경제성평가

프로젝트의 경제성평가란 선택 가능한 몇 가지 대안에 대해 투입되는 비용과 산출된 결과를 동시에 비교 · 분석하는 평가방법이다. 즉 비용이 동일하다면 어느 대안이 더 큰 효과를 가져다줄 수 있는지, 혹은 동일한 효과를 얻는데 비용이 더 적게 들어가는 대안은 어느 것인지를 확인하는 것이다.

프로젝트의 경제성평가는 그 특성상 자원배분을 위한 의사결정에 주로 사용되는데 프로젝트의 경제적 가치를 평가하고자 할 때 흔히 사용된다. 프로젝트의 경제성 평가를 하는 목적은 새로운 기술이 빠르게 도입, 확산됨에 따라 기존의 기술을 대체하면서 비용증가를 선도하고 있다. 이에 따라 새로운 기술이 비용에 상응하는 가치를 가지고 있는지에 대한 관심이 증가하기 시작하였으며 프로젝트의 경제성 평가의 필요성이 중요하게 인식되었다.

1 프로젝트관리 및 평가

프로젝트란 새로운 서비스나 사업을 창출하는 과제를 목적으로 비용 · 시간 · 기술적 측면의 제약 아래에서 특정한 목적을 달성하기 위하여 인적 · 물적 자원을 투입하여 일정한 기간 동안에 수행하여야 할 상호 관련성을 가진 일련의 활동을 말한다.

프로젝트의 속성은 어떠한 규격 내에서 완료해야 할 특정한 목적이 있어야 하고, 프로젝트의 시작과 종료까지의 시간의 제약을 받게 된다. 뿐만 아니라 프로젝트를 추진하는데 소요되는 비용인 예산의 제약과 인적 및 물적 자원이 소요됨에 따라 기업의 여러 기능과 조직이 참여하는 다기능적인 속성을 가지고 있다.

프로젝트 관리 프로젝트의 관리란 프로젝트의 목적을 효율적으로 달성하기 위한 기술적 · 비용적 · 시간적 제약들을 충족시키고, 필요한 활동을 정의하고, 사람 · 장비 · 재료 등의 자원을 효율적으로 투입하기 위하여 체계적으로 계획 · 지휘 및 통제하는 일련의 관리활동을 말한다. 효율적인 프로젝트의 관리를 통하여 다음과 같은 결과를 도출함으로써 경쟁력을 강화하는데 크게 기여할 수 있다.

① 고객만족의 극대화
② 개발기간의 단축
③ 품질향상
④ 시간 · 노력 · 비용의 절감 등 생산성향상
⑤ 기술적 능력의 배양

프로젝트의 특성 프로젝트가 창출하고자 하는 과제는 불확실성을 내포하고 있기 때문에 일회성과 유일성이란 특성으로 인해 비반복적인 업무를 수행하게 되며, 일반적으로 프로젝트는 대규모의 신사업에 적용됨에 따라 상상히 복잡한 구조를 갖게 되며 따라서 여러 조직이 동시에 하나의 프로젝트에 참여하게 된다. 따라서 프로젝트는 구조적이며 순차적인 특성을 가지고 있으므로 다양한 활동을 요구한다.

프로젝트의 관리 프로젝트의 목적인 기술적인 측면과 비용적인 측면 그리고 시간적인 제약 요인들을 충족시키고 프로젝트를 효율적으로 달성하기 위해서는 필요한 활동들을 정의하고, 경영자원을 효율적으로 투입하기 위하여 이를 체계적으로 계획하고 지휘와 통제를 하는 일련의 관리활동을 프로젝트 관리라고 할 수 있다.

효율적으로 프로젝트를 관리함으로써 얻을 수 있는 것은 고객만족의 극대화와 개발기간의 단축 · 품질향상 · 시간과 노력 · 비용절감 등을 통한 생산성 향상을 도모할 수 있을 뿐만 아니라 기술적 능력을 배양할 수가 있다. 이러한 결과는 더 나아가 기업의 경쟁력 강화에도 기여하게 되기 때문이다.

프로젝트 유형 프로젝트의 유형은 기술집약도와 물류관리 집약도의 수준에 따라 아래 도표와 같이 분류할 수 있다.

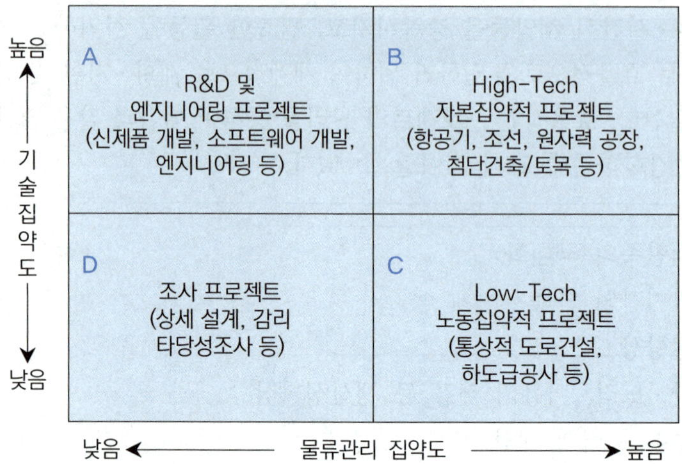

▲ 집약도 수준에 따른 프로젝트의 유형

프로젝트의 유형별 관리요소 프로젝트의 유형별 관리요소를 아래의 표에서 설명하는 것과 같이 요약하여 정리해 볼 수 있다.

유 형	프로젝트	관리 요소
A	R&D, 엔지니어링 프로젝트	• 고급기술인력의 확보 • 프로젝트 관리능력
B	High-Tech, 자본집약적 프로젝트	• 고급인력자원의 확보 • 첨단기술의 확보 • 물류관리(Logistics) 능력
C	Low-Tech 노동집약적 프로젝트	• 노무관리 • 물류관리(Logistics) 능력
D	조사 프로젝트	• 노하우 보유인력 • 보고서

프로젝트관리의 단계와 활동 프로젝트관리 단계와 세부적인 활동은 다음과 같다.

■ 단계별 프로젝트 관리활동

주 요 활 동	세 부 활 동
프로젝트 창출	• 기술예측 및 산업정보 수집 • 개발전략 기획 • 연구개발 · 기술도입제안서 작성 • 경제성분석 및 프로젝트 선정
프로젝트 계획	• 일정계획 • 예산계획 • 자원계획
프로젝트 수행	• 진도 및 예산관리 • 중간평가 및 수정
프로젝트 평가	• 최종평가 및 보고 • 사후관리

관리단계와 활동 프로젝트의 관리단계와 세부 활동은 다음과 같다.

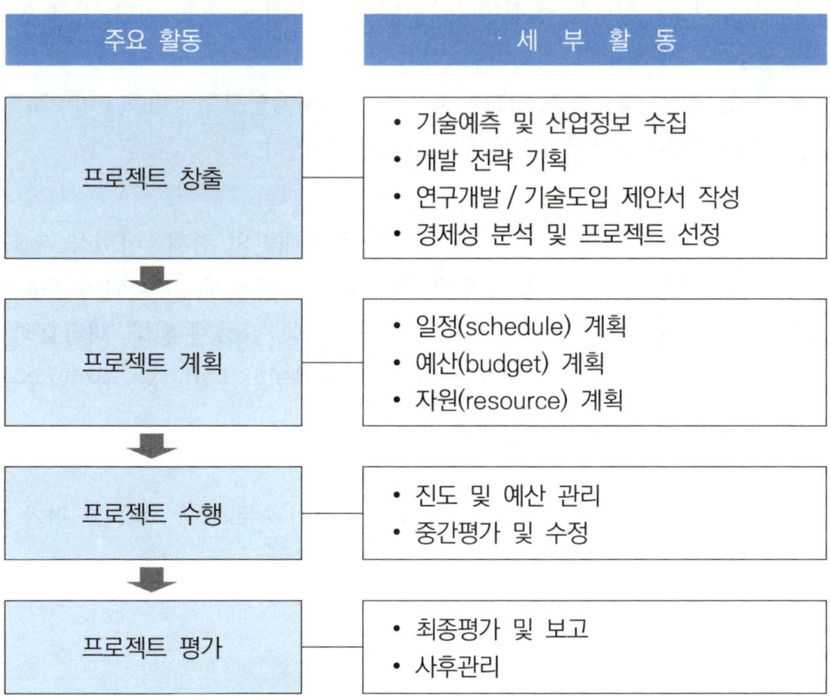

2 경제성평가의 모형

일반적으로 프로젝트의 경제성을 평가하기 위한 모형을 다음과 같이 분류할 수 있다.

상대적 순위모형 상대적 순위모형이란 프로젝트의 경제성평가에 있어서 대안들에 대하여 상대적 가치의 순위를 매긴 후 그 순위에 따라 대안들의 경제성을 평가하는 기법으로 상대적 가치 표현방법으로서는 시각적 도형과 점수 또는 지표 등으로 표현한다.

상대적 순위모형은 방법론상으로는 이해와 적용이 쉽지만 상대적인 순위만을 제시하기 때문에 대안들의 실질적이고 절대적인 경제성 파악이 어렵고 대안들 간의 차이에 대한 명확한 비교가 어렵다는 단점을 가지고 있다. 상대적 순위모형의 대표적인 평가기법으로는 프로파일모형 · 점수모형 · 계층분석과정인 AHP모형 등이 있다.

경제적 가치모형 경제적 가치모형이란 프로젝트의 경제성평가에 있어서 대안들에 대하여 경제적 가치를 측정한 후 그 값의 차이에 의해 대안들의 경제성을 평가하는 기법으로 결과치가 절대적 경제가치인 화폐가치로 표현됨으로 의미가 분명하고, 대안들 간의 차이를 명확히 알 수 있다는 장점이 있는 반면에 가치 측정을 위한 미래 현금 흐름에 대한 값을 정확히 추정하기 어렵다는 단점도 지니고 있다.

경제적 가치모형의 대표적인 평가기법으로는 자본예산모형 · 비용-이익모형 · 경제성지표모형 · 의사결정이론모형 · 수리계획모형 등이 있다.

파급효과 분석모형 파급효과 분석모형이란 특정대안의 경제 · 사회적 파급효과를 분석하는 것을 목적으로 한다. 이에 따라 하나의 대안이 있을 때 그 대안이 가져 올 파급효과가 어느 정도인가를 측정하여 그 대안의 경제성을 판단하게 된다. 파급효과 분석모형의 대표적인 평가기법에는 투입 · 산출분석모형 · 교차영향분석모형 · 생산함수분석모형 · 비용함수분석모형 등을 꼽을 수 있다.

평가모형의 선택 경제성 평가모형은 과제의 성격과 목적에 따라 그 평가 방법을 선택하고 활용지침을 정하여야 한다.

■ 경제성평가 모형

과제의 성격	과제의 목적	적합한 평가모형
연구성 과제	• 중장기형 기초연구 • 미래형 탐색단계 연구	• 프로파일분석 • 점수모형 • AHP모형
개발성 과제	• 기초연구의 응용 • 개념설계의 구현	• 경제성지표모형 • 의사결정이론모형
상업화 과제	• 개발기술의 양산 시험 • 초기시장의 개척	• 자본예산모형 • 수리계획모형
공공성 과제	• 사회간접자본 투자 • 대형 · 공공기술의 개발	• 비용 - 이익분석모형 • 투입 - 산출분석모형 • 상호영향분석모형 • 생산함수분석모형

05 평가기법의 모형

프로젝트의 경제성평가를 위한 평가모형의 선택에 대해서는 이미 앞에서 살펴본 바와 같다. 여기에서는 8가지의 평가모형에 대해서 간략하게 설명하고자 한다.

1 프로파일모형

프로파일모형이란 비교대상이 되는 대안들에 대하여 중요한 평가항목을 설정한 후 각 항목의 평가결과를 직관적인 도형으로 표시하는 방법이다.

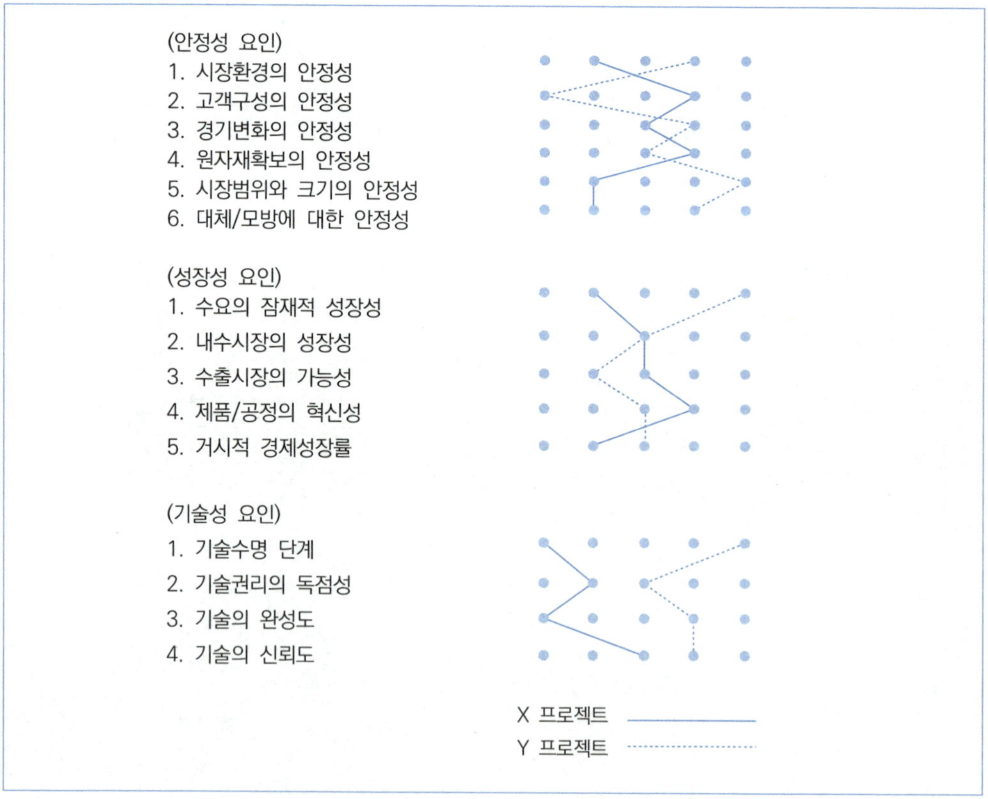

▲ 차트방식의 프로파일모형

프로파일모형은 단순하여 이해하기가 쉬울 뿐만 아니라 시각적인 효과가 높다는 장점이 있는 반면 우열을 쉽게 판단하기가 어려운 경우가 많으며, 대안의 수가 많은 경우 하나의 도형 안에 모두를 표현하기가 어렵다는 단점도 있다. 프로파일 모형의 표시방식으로는 차트방식과 방사형방식을 주로 많이 사용하고 있다.

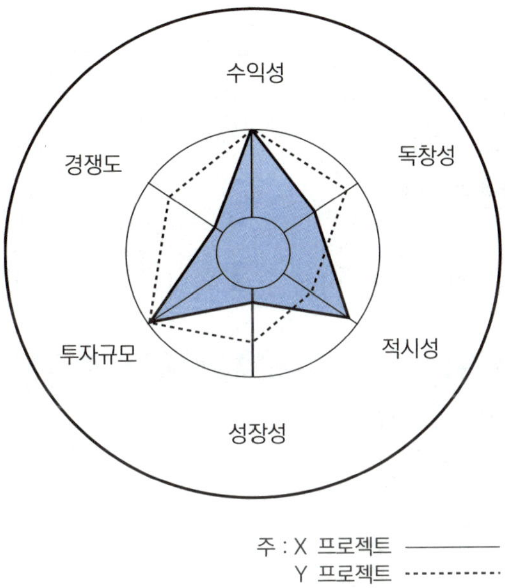

▲ 방사형(Radial)방식의 프로파일모형

2 점수모형

점수모형이란 대안의 경제성을 점수로 측정하여 점수의 크기에 의하여 대안의 우열을 결정하는 방식으로 먼저 중요한 평가항목을 설정한 후 항목별 배점기준을 정하여 평가점수를 부여함으로써 최종점수를 계산한다.

점수모형 또한 프로파일모형과 같이 비교적 이해하기가 쉽고 프로파일모형에 비해 세부항목들을 고려할 수가 있을 뿐만 아니라 점수 도출기준 설정 시 융통성을 부여할 수 있는 장점을 가지고 있다.

반면에 단점으로는 평가자의 주관적 판단에 의존함으로써 실질적인 경제성 파악이 어려울 뿐만 아니라 각 대안들 간의 차이를 절대치의 차이로 비교하기가 어렵다. 점수모형의 방식에는 단순가산방식과 가중치가산방식 · 연승방식 · 가승방식이 있다.

단순가산방식 단순가산방식은 점수모형의 가장 기본적인 형태로서 각 평가 항목의 평점을 단순히 합계하는 방식으로 그 산식은 다음과 같다.

$$T = \sum_{i=1}^{n} S_i$$

T : 최종점수
S_i : 각 항목의 점수
i : 개별 항목의 번호

단순가산방식에 의한 평가 예는 아래 표와 같다.

대 항 목	소 항 목	배 점	평점(S)
기술성	완성도 및 신뢰도	15	
	기술수명주기	10	
	독창성 및 권리성	10	
	소 계	35	
경제성	시장성 및 성장성	15	
	가격 · 품질 경쟁력	10	
	타제품 · 기술 응용 가능성	10	
	소 계	35	
환경성	대내외 경쟁 환경	10	
	상업화 외부조건	10	
	기술 인프라 환경	10	
	소 계	30	
총 계 (T)		100	

가중치가산방식 가중치가산방식은 배점의 신축성을 높이기 위하여 각 평가항목의 중요도에 따라 가중치를 부여하는 방식으로 그 산식은 다음과 같다.

$$T = \sum_{i=1}^{n} W_i \ S_i$$

T : 최종점수 S_i : 각 항목의 점수

W_i : 각 항목에 대한 가중치

I : 개별항목의 번호

가중치가산방식에서의 가중치의 설정은 직관적인 판단에 의해 가중치를 주관적으로 설정하는 직관적 방법과 요인간의 상대적인 중요도의 순위에 의하여 가중치를 설정하는 순위 합 방법, 요인의 순위의 역수를 기준으로 가중치를 설정하는 순위 역수 방법이 있다. 가중치가산방식에 의한 평가 예는 아래 표와 같다.

■ 가중치가산방식의 평가표

대 항 목	소 항 목	배 점	평점(S)	가중치(W)	가중평균(W · S)
기술성	완성도 및 신뢰도	10		1.5	
	기술수명주기	10		1.5	
	독창성 및 권리성	10		1.0	
	소 계				40
경제성	시장성 및 성장성	10		1.5	
	가격 · 품질 경쟁력	10		1.5	
	타제품 · 기술 응용 가능성	10		1.0	
	소 계				40
환경성	대내외 경쟁 환경	10		1.0	
	상업화 외부조건	10		1.0	
	기술 인프라 환경	10		1.0	
	소 계				30
총 계 (T)					110

가중치가산 방식에서 가중치 설정

① 직관적 방법 : 직관적인 판단에 의해 가중치를 주관적으로 설정

② 순위 합 방법 : 요인간의 상대적 중요도의 순위(Rank)에 의해 가중치를 설정

$$W_i - \frac{(n-r_i+1)}{\sum_{i=1}^{n}(n-r_i+1)}$$

단, W_i : i요인이 가중치, n : 요인의 수, r_i : i요인의 상대적 순위

③ 순위 역수 방법 : 요인의 순위의 역수(reciprocal)를 기준으로 가중치를 설정

$$W_i = \frac{\left(\frac{1}{r_i}\right)}{\sum_{i=1}^{n}\left(\frac{1}{r_i}\right)}$$

■ 가중치가산방식의 가중치설정 예

요 인	직관적 방법	순위 합 방법			순위역수 방법	
		r_i	$n=r_i+1$	w_i	$1/r_i$	w_i
시장성	0.4	1	4	0.4	1	0.48
기술성	0.3	2	3	0.3	0.5	0.24
환경성	0.2	3	2	0.2	0.333	0.16
공공성	0.1	4	1	0.1	0.25	0.12
계	1		10	1	2.083	1

연승방식 연승방식은 각 평가항목의 평점을 곱하는 방식으로 대안들 간의 우열이 분명하게 나타남으로써 평가의 민감도를 높이는 장점도 있지만 총점을 제한할 수 없고, 항목 수 또는 항목별 배점 증가에 따라 최종점수 차이가 비현실적으로 나타나는 단점도 지니고 있다. 연승방식에 의한 평가 예는 아래 표와 같다.

$$T = \prod_{n=1}^{n} S_i$$

T : 최종점수 S_i : 각 항목의 점수

I: 개별항목의 번호

■ 연승방식의 평가표

평 가 항 목	배 점	평 점(S)
기술적 우수성	5	
상업화 가능성	5	
경제적 수익성	5	
가격 경쟁력	5	
시장 환경	5	
총 계 (T)	3,125	

가승방식 가승방식은 가산방식과 연승방식을 적절히 혼합한 평가방식으로 그 산식과 가승방식에 의한 평가 예는 아래 표와 같다.

$$T = (a+b+c)\times(d+e+f)\times(g+h+i)$$

T : 최종점수
$a,\ b,\ c,\ d,\ \cdots\ i$: 각 소항목의 점수

■ 가승방식의 평가표

대 항 목	소 항 목	배점	평점(S)
기술성	독창성	5	
	기술수명	5	
	독점성	5	
	소 계	15	
경제성	시장성장성	5	
	시장점유율	5	
	수익성	5	
	소 계	15	
환경성	경쟁 환경	5	
	상업화 조건	5	
	인프라 환경	5	
	소 계	15	
총 계 (T)		3,375	

3 계층분석과정모형

AHP는 대안의 우선순위를 계층화해 줄 수 있다는 점에서 기업 활동을 영속해 나가는 환경 내에서 경쟁적 우위를 확보하기 위한 최적자원배분모형으로 사용되고 있다.

AHP는 의사결정의 계층구조를 구성하고 있는 요소간의 쌍대비교를 통해 평가자의 지식 · 경험 및 직관을 포착하는 의사결정방법론 중 하나이다. 즉 의사결정의 전 과정을 여러 단계로 나눈 후 이를 단계별로 분석 해결함으로써 최종적인 의사결정에 이르는 방법이라고 할 수 있다. 즉 AHP는 다수의 대안에 대하여 다면적인 평가기준과 다수 주체에 의한 의사결정을 위해 설계된 방법이다. 의사결정자의 직관적, 합리적 또는 비합리적 판단을 근거로 정량적인 요소와 정성적인 요소를 동시에 고려함으로써 의사결정문제의 해결을 위한 포괄적인 틀을 제공해준다.

AHP의 과정은 다음과 같다. 우선 직면한 의사결정 문제를 구성하고 있는 모든 요소를 나열한다. 그 요소로는 의사결정의 목적 · 대안 · 그 대안을 평가할 수 있는 기준 등이 있다. 이러한 요소들을 계층의 형태로 만든다. 이후 그 계층을 구성하고 있는 요소들 간 1대1로 쌍대비교를 한다. 비교결과를 선형대수학의 고유 벡터법을 이용하여 요소들의 가중치를 구한다. 마지막으로 각 레벨에서 구한 요소들의 가중치를 상위레벨에서 하위레벨로 곱하게 되면 의사결정대안의 최종가중치가 구해진다. 이를 토대로 의사결정을 내리게 된다.

계층분석과정모형의 절차는 아래와 같다.

단계 1	의사결정 문제를 분석하여 계층구조를 형성한다.
단계 2	계층별로 의사결정 요소들 간의 쌍대비교를 수행한다.
단계 3	계층 내 의사결정 요소들 간의 상대적 중요도를 도출한다.
단계 4	계층별 중요도를 종합하여 대안들의 우선순위를 결정한다.
단계 5	AHP 적용과정에서 판단의 일관성을 검증한다.

단계 1/계층모형 구축 계층분석과정과 방법에 있어서 단계1은 문제를 몇 개의 단계로 나누고, 각 단계가 전체적으로 연결되어 하나의 계층구조를 구성한다.

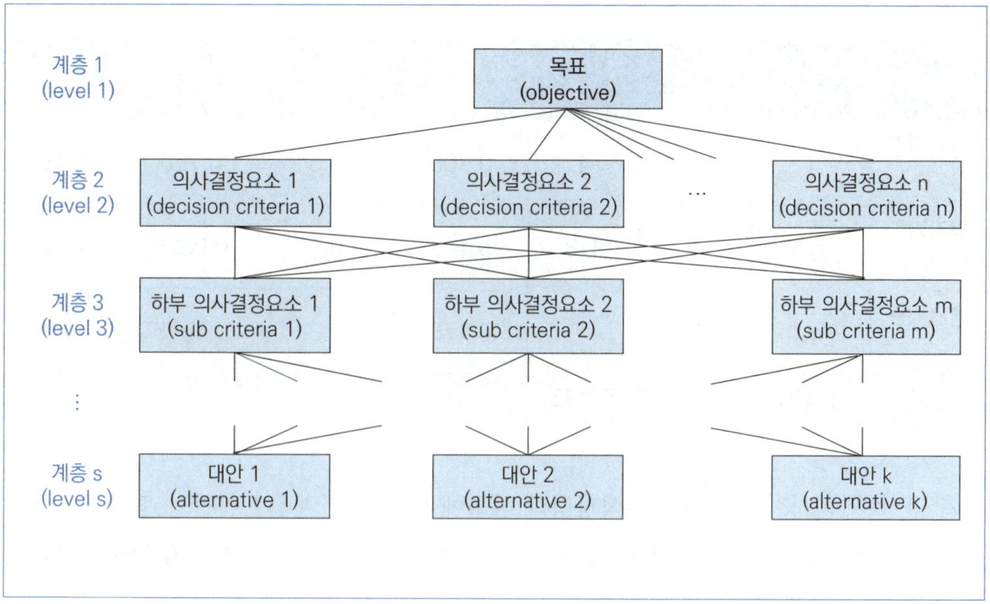

▲ 일반적인 계층구조의 형태

단계 2/쌍대비교 계층분석과정과 방법에 있어서 단계2는 의사결정 요소들의 상대적 중요도에 대한 쌍대비교를 수행하며, 결과는 쌍대비교 행렬로 표시하고 일반적으로 9점 척도(Scale)를 사용한다.

■ 쌍대비교 척도

척 도	정 의
1	A와 B가 비슷하다.
3	A가 B보다 약간 중요하다.
5	A가 B보다 상당히 중요하다.
7	A가 B보다 매우 중요하다.
9	A가 B보다 극히 중요하다.
2, 4, 6, 8	위 값들의 중간 값

단계 3/부분 우선순위 도출 계층분석과정과 방법에 있어서 단계3의 우선순위 도출은 쌍대비교 행렬을 사용하여 의사결정요소의 우선순위를 도출한다.

■ 우선순위 벡터 도출 예

목 표	평가기준 1	평가기준 2	평가기준 3	평가기준 1 (정규화)	평가기준 2 (정규화)	평가기준 3 (정규화)	산술평균 (우선순위)
평가기준 1	1	6	4	0.706	0.6	0.750	0.685
평가기준 2	1/6	1	1/3	0.118	0.1	0.0625	0.094
평가기준 3	1/4	3	1	0.176	0.3	0.1875	0.221
합계	1.416	10	5.333	1	1	1	1

단계 4/일관성 평가 계층분석과정과 방법에 있어서 단계4의 일관성 평가는 일관성 지수(Consistency Index : CI)와 임의 지수(Random Index : RI)를 도입하여 평가한다.

$$CI = \frac{(\Lambda_{\max} - \mathrm{n})}{(n-1)}$$

(단, $\Lambda_{\max}$: 쌍대비교 행렬의 최대고유치, n : 의사결정요소의 개수)

RI : 무작위로 추출한 CI 값

■ 지수별 RI

차수(n)	1	2	3	4	5	6	7	8	9	10
RI	0	0	0.58	0.90	1.12	1.24	1.32	1.41	1.45	1.49

■ 계산 예시

목표	평가기준 1	평가기준 2	평가기준 3	우선순위 (A)	행렬 곱 (B)	(B)/(A)
평가기준 1	1	6	4	0.685	2.133	3.114
평가기준 2	1/6	1	1/3	0.094	0.282	2.998
평가기준 3	1/4	3	1	0.221	0.674	3.051

단계 5/최종우선순위 도출 및 대안선정 계층분석과정과 방법에 있어서 단계5인 최종우선순위 도출 및 대안선정을 위해서는 우선순위 벡터 [W]의 계산이 필요하다.

$$\begin{bmatrix} w_{11} & w_{12} & M & w_{1m} \\ w_{21} & w_{21} & M & w_{2m} \\ \Lambda & \Lambda & O & \Lambda \\ w_{n1} & w_{n1} & M & w_{nm} \end{bmatrix} \begin{bmatrix} w_1 \\ w_2 \\ M \\ w_m \end{bmatrix} = \begin{bmatrix} W_1 \\ W_2 \\ M \\ W_n \end{bmatrix}$$

단, $W_y : j(j=1.2,\ \cdots\ ,m)$번째 평가기준에 대한 $i(i=1,2,\ \cdots\ ,n)$번째 대안의 우선순위, w_j : 목표에 대한 j번째 대안들의 최종 우선순위

4 경제성 지표모형

경제성 지표모형은 경제성분석의 결과를 간단히 나타낼 수 있는 지표를 사용하는 평가방법으로 사업화 성공확률과 기술적 성공확률 그리고 시장성 등의 지표를 곱하여 수치로 표현하는 방식이다. 평가과제의 판단기준이 되는 지표는 여러 가지가 제안되고 있으나 근본적으로 "지표=(수익×성공확률)/비용"의 형태를 취한다.

이 방법의 장점은 적용이 간단하고 재무적 자료를 이용함으로 실용적이기는 하나 단일 지표만 가지고서는 성공확률 · 수익 · 비용 간의 대체관계를 설명할 수가 없으며 여러 개의 차원을 동시에 고려할 수 없다는 단점을 가지고 있다.

Olsen법 미국의 웨스턴 카트리지의 부사장을 지낸 F. Olsen이 제안한 방법으로 대표적인 경제론적인 평가방법의 하나이다. 올슨은 프로젝트 개발성과를 신제품의 매출액 · 개량제품의 매출액 · 공정합리화 절감액 등 세 가지 경우로 구분하고 신제품 매출액은 5년간 해당 제품 총매출액의 3%, 개량제품 매출액은 2년간 개량제품 총매출액의 2%, 공정합리화 절감액은 1년간 절감액으로 정의한 후 이들의 합계치를 프로젝트 수익지수로 나타내고 이러한 프로젝트 수익지수를 프로젝트 개발비로 나눈 것이 프로젝트 개발수익비로서 그 값이 3 이상일 때가 바람직스럽다고 판단하고 있다.

올슨법은 실제 경험을 바탕으로 한 방법으로 단순 명쾌하고 계산도 간단하며 개별 프로젝트에 대한 평가뿐만 아니라 프로젝트 개발 관련 전체평가 및 프로젝트의 사전평가에도 사용할 수 있는 장점이 있다.

프로젝트 수익지표 = 프로젝트 예상수익 / 프로젝트 예상비용
프로젝트 예상비용 = (신제품 예상매출액의 3% × 5년)
+(개량제품 예상매출액의 2% × 2년)+(공정혁신 비용감소액×1년)

Pacifico법 미국 알코락사의 C. Pacifico가 제안한 방법으로 프로젝트지수(PN)를 산출하여 투자에 대한 평가지표로 사용한다. 이 방법에 의한 투자평가 결과에서 프로젝트지수는 1 이상이어야 바람직한 투자라 할 수 있으며 프로젝트 개발수익을 계상하는 대상기간은 최저 5년 정도가 되어야 평가의 객관성을 유지할 수 있다.

프로젝트 지수 = 프로젝트 예상수익 / 프로젝트 예상비용
프로젝트 예상수익 = (기술적 성공확률 × 상업화 성공확률)
× (판매가격 - 판매원가) × (연간 예상매출액 × 제품수명)

Teal법 Teal법은 텍사스 인스투르먼트사의 G. Teal이 제안한 방법으로 프로젝트 유효도 지수를 평가지표로 사용하고 있다. 현재 사용되고 있는 투자평가방법 중 프로젝트 개발성과를 기업 활동적인 측면에서 다면적으로 평가하려고 한 방식으로 가장 정밀한 결과를 산출할 수 있는 것으로 평가되고 있다. 즉 프로젝트 평가를 프로젝트 개발수익 · 고정자본 수익 · 매출액 증가 · 시장점유율의 각 지수를 곱하여 평가하는데 결과값이 1 이상인 프로젝트만 투자의 합리성을 인정하는 방식이다.

여기에서 평가요소로 취한 각 지수의 기준으로서 프로젝트 개발수익은 연구개발비의 25배, 설비투자는 이자율 6%로 10년 정률의 초년도 상각에 상응하는 투자일 경우, 그리고 매출액 증가는 총매출액의 4%, 시장점유율은 전체의 50%를 각각의 목표로 한 경우의 목푯값으로 하고 있다.

프로젝트 유효도 지수에 대한 계산에 있어서 신제품은 매출액, 수익은 전체 수명주기를 대상으로 하기 때문에 기업의 총매출액도 신제품의 시장에 출하에서부터 대체상품의 출현으로 매출이 발생하지 않을 때까지의 전체 상품 수명주기를 대상으로 한다.

이같이 제품의 평가요소 수를 확대한 것이 평가를 보다 정밀하게 할 수 있을 것으로 판단할 수 있으나 이는 어떤 요소에 대한 평가의 결과가 나쁘더라도 기타요소의 평가결과가 좋으면 전체적인 면에서 좋은 평가를 받게 되므로 프로젝트가 채택될 가능성이 있다. 이와 같은 위험을 회피하기 위해서 각각의 요인에 대해 사전에 하한 기준을 설정해 놓고 그 하한 기준선에 미치지 못하는 평가요소가 있으면 프로젝트지수가 1을 상회하는 프로젝트라 할지라도 채택하지 않거나 다른 방법을 활용하여 재평가하는 등 기타 프로젝

트와의 상호 비교를 합리적으로 행할 필요가 있다.

Sideny sobelman법 이 방법은 S. Sobelman이 제안한 것으로 제품가치를 평가지표로 활용코자 하는 평가방법이다. 제품가치 계산식은 투자가치 모델의 기초가 되고 있는데 이 방법은 신제품의 개발성과를 단순히 그 순익과 개발비 추정액으로만 보지 않고 제품 평균개발기간과 제품수명도 고려해 계산한다는 특성을 지니고 있다.

5 자본예산모형

자본예산모형은 대안의 경제성을 화폐가치로 표시하는 것이다. 자본예산모형에는 투자회수기간법과 순현가법 · 내부수익률법을 활용할 수 있다. 우리는 이미 앞의 장에서 이러한 기법에 대한 내용을 고찰한 바가 있다. 따라서 여기에서는 이러한 평가모델을 상호 비교하고 그 장단점에 대해 생각해 보기로 한다.

투자회수기간법 자본회수기간(Payback Period)이란 투자에 소요된 자금을 그 투자로부터 발생하는 현금흐름으로부터 모두 회수하는데 걸리는 기간을 말한다.

투자회수기간법은 이러한 자본회수기간을 비교하여 투자안을 평가하는 방법으로 자본회수기간이 빠른 투자안으로부터 우선순위를 갖는다.

즉 회수기간법이란 투자지출액을 현금흐름으로 회수하는 데 소요되는 기간을 뜻하며, 연간의 현금흐름(순수익+감가상각비)을 가지고 투자지출액을 회수하는 기간의 장 · 단으로 투자안을 평가하는 방법이다.

회수기간법의 투자의사결정기준은 어떤 투자안의 회수기간을 기업이 설정한 최장기간과 비교하는 것이다. 그 투자안의 회수기간이 이 표준시간보다 짧으면 그 투자안을 채택하게 된다.

투자회수기간법의 장점은 다음과 같다.

① 이해하기 쉽고 계산하기 간편하다. 많은 투자안을 평가할 경우, 시간과 비용을 절약할 수 있다.
② 회수기간은 해당 투자안의 위험도를 나타내는 위험지표로 이용되어 기업에 유리한 정보를 제공할 수 있다. 투자기간이 긴 투자일수록 미래의 불확실성이 크

므로 기업은 회수기간이 짧은 투자안을 선택함으로써 미래의 불확실성을 어느 정도 제거할 수 있다.

③ 위험이 높은 시설이나 제품에 대한 투자 결정이나 인플레이션률이 계속 상승하고 있을 경우에는 효과적으로 사용할 수 있다.

④ 화폐의 시간적 가치를 도입하여 순현재가치법이나 내부수익률법과 같은 현금흐름할인법을 이용하면 여러 단점을 보안할 수 있다. 또한, 회수기간이 가장 긴 한계기간을 설정하여 두면 투자안의 선택과 우선순위의 결정에 도움이 된다.

그러나 투자회수기간법은 다음과 같은 단점도 지니고 있다.

① 투자결정의 가장 기본적인 기준은 투자의 수익성에 있는데, 회수기간법은 시간성이 판단의 기준이 되므로 투자결정기법으로 적합하지 못하다는 것이다. 동일한 회수기간을 가진 투자안 중에서도 수익성은 각각 달리 나타날 수 있기 때문이다.

② 현금흐름에 대한 화폐의 시간적 가치를 무사하고 있다. 즉 현가개념을 무시하고 있다.

③ 회수기간 이후의 현금흐름을 고려하지 않고 있다. 시설투자의 경우에는 회수기간 이후에도 수년간 높은 현금유입이 발생하는 경우가 많다.

④ 투자위험의 측정 방법이 없다.

순현가법 순현재가치는 현금유입의 현재가치에서 현금유출의 현재가치를 차감한 것으로 투자안의 순이익의 현재가치를 의미하며, 순현가법(NPV)은 계획되어진 프로젝트에 대한 편익의 순현재가치와 비용의 순현재가치의 차이에 의해 경제적 채산성을 판단하는 것으로 사업의 경제성을 가늠하는 척도 가운데 대안 선택에 있어서 정확한 기준을 제시해주고 계산이 용이하여 경제성분석 시 보편적으로 이용되는 방법이다.

순현재가치(NPV) = 현금유입의 현재가치(PVCI) - 현금유출의 현재가치(PVCO)

순현가(NPV)법은 모든 현금흐름을 고려한다. 따라서 모든 현금흐름은 그 현재가치를 결정하기 위하여 적정한 자본비용으로 할인한다. 각 현금흐름을 적정 할인율로 할인하여 그 현재가치를 각각 구하고 할인된 현금흐름을 모두 합하여 그 합계를 그 투자안의 순현재가치로 정의한다.

따라서 투자안의 현금흐름의 순현재가치가 양수이면 그 투자안을 채택하고 현금흐름의 순현재가치가 음수이면 투자안을 기각한다. 순현가법의 기준은 프로젝트에서 발생하는 순현금유입의 현재가치가 합인 순현가가 0보다 큰 프로젝트를 선택함으로써 기업가치를 증가시킬 수 있다는 의미를 가진다.

NPV 〉 0 투자안 채택
NPV 〈 0 투자안 기각

순현가는 기업가치에 대한 해당 투자안의 공헌도를 나타내므로 순현가법은 자본예산 평가기법 중 가장 우월한 기법이다. 그런데 순현가법에서는 자본비용을 할인율로 사용하므로 자본비용을 정확히 산출하는 것이 투자안 평가의 핵심이 된다.

내부수익률법 내부수익률(IRR)이란 투자로부터 기대되는 현금유입의 현재가치와 현금유출의 현재가치를 같게 하는 할인율을 말한다. 즉 투자안의 순현재가치를 0으로 만드는 할인율을 의미하는 것으로 편익과 비용의 현재가치의 차이가 0 이 되는 할인율이 사회적 기회비용보다 높으면 프로젝트의 수익성이 있다고 보는 기준이다.

내부수익률은 프로젝트평가에 적용할 적합한 할인율이 알려져 있지 않을 경우에 정책결정자가 여러 가지 상황을 고려하여 할인율의 최저한계를 설정해 놓은 다음 프로젝트의 분석결과 내부수익률이 설정해 놓은 최저선을 넘으면 해당프로젝트를 채택하게 된다. 내부수익률은 어떤 지역이나 나라의 자본의 기회비용보다 높으면 일단 수익률이 있다고 판단할 수 있는데 자본의 기회비용을 초과하는 대안 중에서 내부수익률이 가장 높은 대안을 선택하게 된다.

자본의 기회비용을 일반적으로 그 나라의 이자율과 동일하다고 보기 때문에 만약 그 나라의 이자율이 13%라면 어느 사업이 경제성이 있으려면 내부수익률이 최소한 13% 이상은 되어야 한다는 논리가 성립한다.

내부수익률(IRR) = 투자안의 순현재가치(NPV)를 0으로 만드는 할인율

내부수익률법은 내부이익률을 산출하여 그것이 자본비용, 즉 최소요구이익률보다 크면 투자안을 선택하고 그렇지 않으면 기각하는 기법을 말한다.

IRR 〉 자본비용　투자안 채택
IRR 〈 자본비용　투자안 기각

내부수익률법은 화폐의 시간적 가치를 고려하고 있으므로 회계적 이익률법과 회수기간법보다 우월한 평가방법이다. 그러나 내부수익률법은 투자안에 따라 복수의 내부수익률이 존재하는 경우도 있는데, 이 경우에는 명백한 의사결정이 어렵고 내부수익률법이 암시적으로 가정하고 있는 재투자수익률이 비현실적이고 낙관적이라는 단점을 가지고 있다.

내부수익률법은 순현가법과 마찬가지로 현금흐름할인법에 속하고 또 많은 평가자들이 실무에서 이 방법을 활용하고 있으며 대개의 경우 NPV법과 IRR법은 동일한 결과를 가져오지만 특정한 경우에 IRR법은 몇 가지 문제점을 가지고 있기 때문에 순현가법에 비해서 그 활용도가 낮다고 볼 수 있다.

■ 회수기간법/순현가법/내부수익률법 비교

구 분	회수기간법	순현가법	내부수익률법
기준	투자자금 회수기간	현재가치의 극대화	투자수익률의 극대화
적용	회수기간이 짧은 프로젝트의 선택	• 순현재가치가 0보다 큰 프로젝트의 선택 • 순현재가치가 더 큰 프로젝트의 선택	• 내부수익률이 자본비용보다 더 높은 프로젝트 선택 • 내부수익률이 더 높은 프로젝트의 선택
계산	$\min(n) : \sum_{t=1}^{n} C_t - I_0 > 0$	$NPV = \sum_{t=1}^{n} \frac{C_t}{(1+r)^t} - I_0 > 0$	$\sum_{t=1}^{n} \frac{C_t}{(1+IPR)^t} - I_0 = 0$ $IPR > WACC$

6 위험분석모형

프로젝트의 주요 불확실성의 요소인 프로젝트의 수행기간 · 비용 및 성과 등의 계획은 실패 없이 추진되어야 하는 것은 무엇보다 중요하다. 특히 신기술이나 대형 프로젝트일 경우 그 성과 달성의 위험성은 상대적으로 더 크며, 이러한 위험분석이 더욱이 요구되어진다. 프로젝트의 수행과정에서 수행과정의 위험성이 관련되어있는 경우 위험구분 · 평가 및 통제 등 위험분석이 이루어져야 할 것이다.

여기에서 위험분석이란 위험구분 · 위험예측 및 평가 등의 과정이고 위험관리는 계획된 위험의 통제와 관리 분석과정을 포함한다. 위험평가는 위험이 예상되는 곳에 대한 적절한 조치 및 반응을 위한 절차로서 의사결정자의 여러 가지 의사결정 경우마다 이에 따른 결과를 위험측면에서 분석하는 과정이다.

이러한 위험분석은 위험자체가 위험분석 비용보다 클 경우에만 적용되어야 할 것이다. 프로젝트 수행의 각 단계에서 계획된 성과를 성공적으로 수행하는데 위험성을 분석하기 위한실용적인 모형을 적용해야 할 것이다.

이 책에서는 위험분석모형으로써 위험평가요인법과 Network Simulation Model에 대하여 고찰해 보고자 한다.

위험평가요인법 이 평가모형은 2가지 평가단계의 평가가치를 고려한다. 즉 기초평가와 연구 후 평가이다. 기초평가는 대형 프로젝트의 경우 순수 투자만으로 프로젝트를 수행할 때 이 계획이 성공적 확률을 추정하는 과정이다.

이 단계의 위험추정치는 평가표에 기초가치로 사용된다. 또한 연구 후의 평가는 프로젝트를 위한 기초연구가 사전에 주진된 상황에서 프로젝드 수행계획을 상대적으로 평가하기 위한 시도이다. 이 모형은 위험평가표를 이용하여 4가지 단계에 따라 이루어지는 절차이다.

① 단계1 : 각 평가항목의 평점 란의 평점을 -2~+2로 평가한다.
② 단계2 : AHP기법에 의하여 산출된 모든 항목들에 할당된 가중치를 단계1의 점수에 곱하여 합을 구한 다음 위험평가표를 이용하여 이에 해당하는 성공확률을 구한다.
③ 단계3 : 전체 위험확률을 결정하기 위하여 4가지 요인의 확률값을 곱한다.
④ 단계4 : 프로젝트의 수행이 완전히 성공적이고 프로젝트 수행 업무가 적극적인 지원 가정 하에 절차를 반복한다.

본 모형의 응용은 실제 문제에서 간편하면서도 일반적인 평점법보다는 합리적이므로 이의 계산과정을 전산화하고 주요 항목별 평점을 주관적인 확률 Code에 의하여 전문가의 의견을 사용하여 객관적인 판단을 도출해 내도록 개선할 경우 널리 활용될 수 있을 것이다.

■ 프로젝트 위험평가표

주 요 항 목		AHP 가중치	평 점		가중치 고려	
			기 초	연구 후	기 초	연구 후
산업 기여도	1. 필요성 2. 비용의 기여도 3. 신뢰성 4. 활용성 5. 경쟁성 6. 진부화					
		PF				
기술적 타당성	1. 기술적 가능성 2. 기술적 성취기간 3. 전문가의 경험 4. 난이도 5. 기술 진부화 6. 설비					
		Pr				
경제적 효과	1. 소요예산의 적정성 2. 운영유지비의 적절 3. 기술기반조성 4. 순기비용의 적절성					
		PE				
제도적 타당성	1. 관련부서의 의지 2. 법적 장애요인 3. 환경적 장애요인 4. 미성숙도					
합 계		PI				

Network Simulation모형 Network Simulation모형은 기술 및 여건변화에 신속히 대처하기 위하여 VERT(Venture Evaluation & Review Teqnique)를 이용한 확률적 시뮬레이션 모형에 의한 위험분석방법이다. 프로젝트 수행의 각 활동의 Network를 작성하고 전체 네트워크 시스템에서 기간 · 비용 · 및 성과 등의 불확실한 요인을 고려하여 성공 또는 실패의 확률을 계산한다.

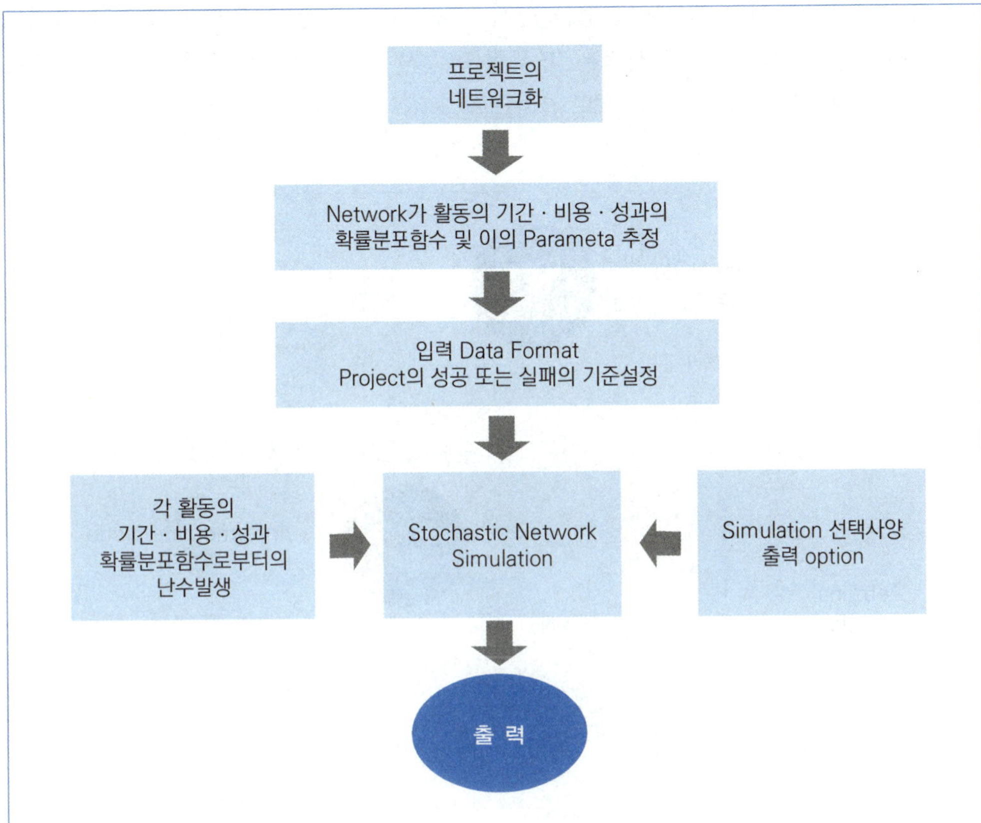

▲ 확률적 Network Simulation 구조

Network 시뮬레이션 모형을 이용하여 프로젝트의 사업기간과 비용에 관련된 불확실성인 위험도를 추정하고 예산, 주요 활동의 여유시간을 산출하여 사업의 타당성 검증 및 프로젝트 수행에 필요한 위험분석 정보를 얻을 수 있다.

7 의사결정나무 모형

의사결정나무(Decision Tree : DT)란 예측변수를 기반으로 분류하거나 예측하는 머신러닝 모델기법으로 반복적으로 질문을 던져 질문에 대한 Yes or No에 따라 대상을 구분해가는 방식으로 결정규칙을 생성한다. 의사결정나무는 분석과정 및 결과가 나무구조 모양으로 표현되며 가지를 따라 예측할 수 있기 때문에 신경망 분석 · 회귀분석 등과 같은 타 예측기법들에 비해 분석과정을 쉽게 이해하고 설명할 수 있다는 장점을 가지고 있다. 의사결정나무의 가장 큰 장점은 '명목형 변수'일 때, 사용하기 좋다는 것이다. 의사결정나무의 예시를 들어보면 다음과 같다.

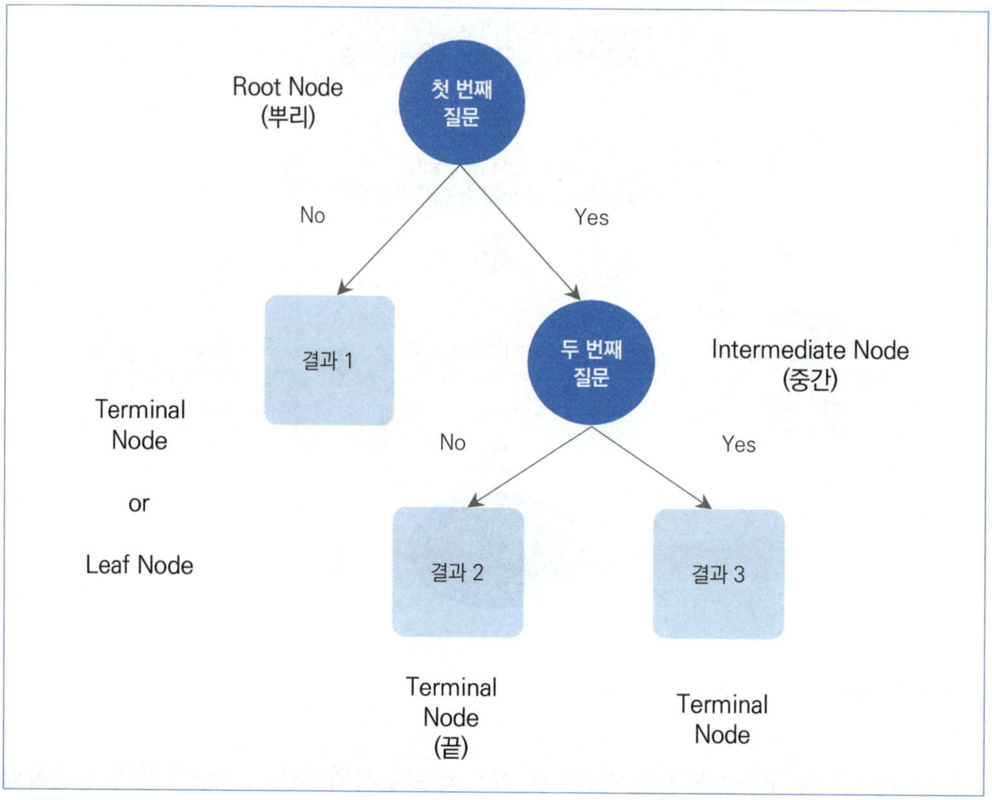

▲ 의사결정나무 예시

따라서 이해도가 매우 높고 직관적이라는 장점이 있을 뿐만 아니라 많이 사용되며, 의사결정나무도 많은 머신러닝기법과 동일하게 종속변수의 형태에 따라 분류와 회귀 문제로 나뉜다.

① 의사결정 나무는 주어진 독립변수(independent variable)를 사용하여 규칙을 만들고 종속변수(dependent variable)를 나무 구조로 도표화해서 분류와 예측을 하는 모형이다.

② 의사결정나무는 머신러닝(machine learning) 중 지도학습의 한 모델로서 종속변수는 연속형과 범주형변수 모두 사용할 수 있다.

③ 연속형 종속변수가 주어졌을 때 사용하는 의사결정나무를 회귀나무라 하며 회귀분석과 비슷하게 연속적인 형태의 변수에 대한 예측을 해준다.

④ 범주형 종속변수가 주어졌을 때 사용하는 의사결정나무를 분류나무라 하며 판별분석과 비슷하게 어느 부류에 속하는 것인지에 대한 분류를 해준다.

의사결정나무의 구성 의사결정나무 모델을 구성하는 기본 단위는 박스(box) 모양으로 표현되는 노드(node)이며, 각 노드는 번호가 부여된다. 각 노드는 독립변수에 따라 자동으로 분류되며, 이때 우선순위의 기준은 해당 노드 안에 서로 다른 데이터가 얼마나 섞여 있는지 나타내는 불순도이며, 불순도가 낮은 변수는 상위노드로 배치된다.

뿌리마디(root node) 나무구조가 시작되는 마디로써, 전체 데이터를 의미한다. 의사결정나무 예시에서 첫 질문이 뿌리마디이다.

자식마디(child node) 하나의 마디로부터 분리되어 나간 2개 이상의 마디들을 의미한다. 의사결정나무 예시에서 두번째 질문으로 해당노드의 하위마디이다.

부모마디(parent node) 자식마디의 상위마디를 의미한다.

중간마디(internal node) 나무구조의 중간에 있는 마디들로 끝마디로 가기 전 부모와 자식마디를 가진 마디이다.

끝마디(terminal node) 더 이상 세부 분류할 수 없는 마디로 각 나무줄기의 끝에 위치하고 있는 마디이다. 잎(leaf)이라고도 한다.

가지(branch) 하나의 마디로부터 끝마디까지 연결된 마디들이다. 이때 가지를 이루고 있는 마디의 개수를 깊이(depth)라고 하며, 깊이란 가지를 이루는 마디의 개수이다.

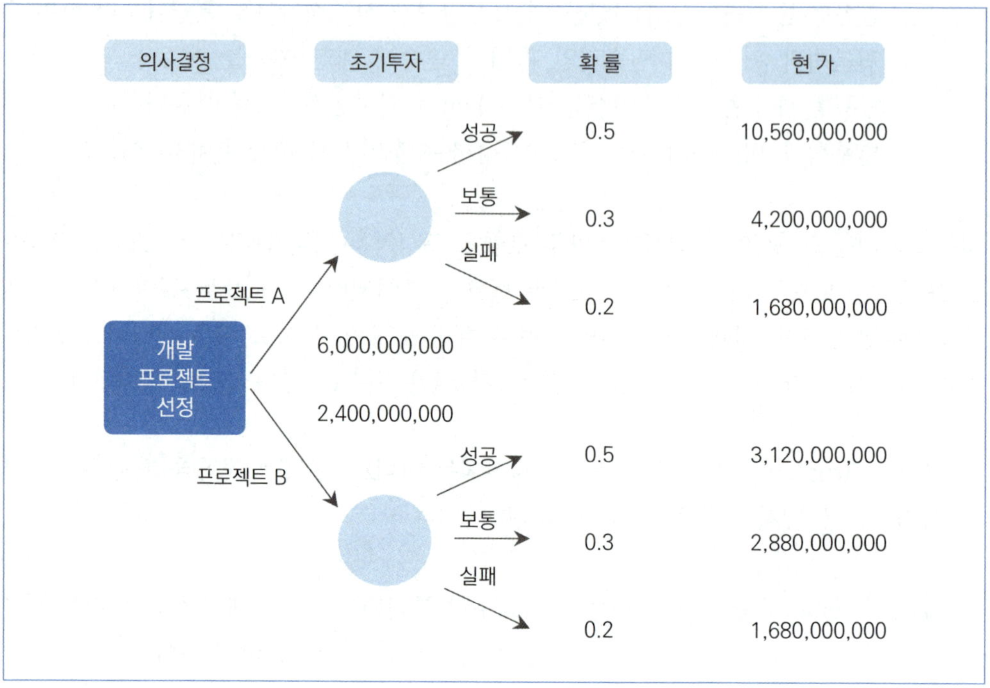

▲ 의사결정나무의 예시

의사결정나무의 형성 의사결정나무의 형성은 분석목적과 자료구조에 따라 적절하게 분리규칙 · 분리기준 및 정지규칙을 지정한다. 가지치기는 분류오류 (Classification Error)의 유발위험이 높거나 부적절한 규칙을 가지는 가지(Branch)를 제거한다. 타당성 평가에 있어서 이익 · 비용 · 위험 등을 고려하여 모형을 평가하는 단계로서 해석 결과에 따라 분류 및 예측모형을 설정한다.

분리기준(Split Criterion) 하나의 부모마디에서 어떤 입력변수를 입력하여 자식마디들로 분리하는 것이 의사결정나무 모델의 목표에 가장 잘 부합하는지에 대해 나누는 기준으로 부모마디보다 자식마디의 순수도(purity)가 증가, 불확실성이 감소하도록 진행한다.

정지규칙(Stopping Rule) 더 이상 분리가 일어나지 않고 현재의 마디가 끝마디가 되도록 하는 여러 규칙이다.

의사결정나무 분석과정 의사결정나무의 분석은 일반적으로 다음과 같은 단계로 진행된다.

① 변수 선택 : 목표변수와 관련된 설명(독립) 변수들을 선택한다.
② 의사결정나무의 형성 : 분석의 목적과 자료 구조에 따라서 적절한 분리 기준과 정지 규칙을 지정하여 의사결정나무를 얻는다.
③ 가지치기 : 분류 오류를 크게 할 위험이 높거나 부적절한 추론 규칙을 가지고 있는 가지를 제거한다.
④ 타당성 평가 : 이익도표나 위험도표 또는 검증용 자료에 의한 교차 타당성 등을 이용하여 의사결정나무를 평가한다.
⑤ 해석 및 예측 : 의사결정나무를 해석하고 예측 모형을 설정한다.

의사결정나무의 대표적 알고리즘 의사결정나무의 대표적 알고리즘에는 크게 나누어 아래에 열거한 네 가지의 알고리즘을 활용하여 적용한다.

CART(Classification and Regression Trees) 일반적으로 활용되는 의사결정나무 알고리즘이다. 불순도 측도로 범주형 또는 이산형의 경우 지니지수를, 연속형인 경우 분산의 감소량을 이용한 이진분리(binary split)를 활용한다.

C4.5 /C5.0 범주형 · 이산형 목표변수에만 활용되며 불순도 측도로 엔트로피 지수를 활용한다. 범주의 수만큼 분리가 일어나는데 각 마디에서 다지분리(multiple split)가 가능하다.

CHAID(Chi-squared Automatic Interaction Detection) 범주형 · 이산형 목표변수에만 활용되며 불순도 측도로 카이제곱 통계량을 활용한다. 가지치기를 하지 않고 적당한 크기에서 성장을 중지하며 분리변수의 범주마다 마디를 형성하는 다지분리(multiple split)가 가능하다.

랜덤 포레스트(Random Forest) 부트스트래핑 기반 샘플링을 활용한 의사결정나무 생성 이후 배깅 기반 나무들을 모아 앙상블 학습하여 숲을 형성하게 되면 이를 랜덤 포레스트라고 일컫는다.

① 부트스트래핑(Bootstrapping) : 단순 복원 임의추출법(랜덤 샘플링)으로 크기가 동일한 여러 개의 표본자료를 생성한다.
② 배깅(Bagging : Bootstrap Aggregating) : 여러 부트스트랩 자료를 생성하여 학습하는 모델링으로 분류기(classifiers)를 생성한 후 그 결과를 앙상블 하는 방법이다.
③ 부스팅(Boosting) : 가중치를 활용하여 약분류기(weak classifier)를 강분류기(strong classifier)로 만드는 방법으로 순차적으로 분류 모델들이 틀린 곳에 집중하여 새로운 분류 규칙을 생성하는 기법이다.
④ 앙상블 학습(Ensemble Learning) : 여러 모델을 학습시켜 결합하는 방식의 학습방법으로 일반화(Generalization) 성능을 향상시켜 과적합을 해결할 수 있다.

8 수리계획법 모형(Mathematical Programming Model)

현실에서 부딪히는 의사결정 상황을 수학적 모형으로 그 해답을 구함으로써 최적의 의사결정을 도모하는 방법을 수리계획법이라고 한다.

수리계획법의 구성요소 수리계획법에는 다음의 세 가지의 구성요소가 있다.

① 의사결정변수 : 의사결정변수는 의사결정의 목표가 되는 것
② 목적함수 : 목적함수는 어떤 값을 최소화하거나 최대화하기 위한 함수를 말한다. 개별프로젝트를 변수(Xi)로 두고 개별 프로젝트의 수익(Ui) 또는 비용의 총합을 수학적으로 표현한 함수로서 수익최대화 또는 비용최소화를 목적으로 한다.
③ 제약조건 : 프로젝트의 수행에 필요한 자원의 보유량과 사용량의 관계를 표현한 함수이다.

수리계획법의 종류 수리계획법의 종류로는 다음을 들 수 있으며. 선형계획법은 수리계획법의 한 종류이다.

선형계획법(Linear Programming : LP) 목적함수와 제약조건식이 모두 1차식이 아닌 함수로 표현되는 모형으로 일단 모형화가 이루어지면 심플렉스법에 의해 쉽게

해답을 구할 수 있다. 그러나 LP모형의 가정은 현실에 부합되지 않는 정적인 측면이 있기 때문에 이를 보안하기 위한 방법이 필요하다.

비선형계획법(Non-Linear Programming : NLP) 목적함수와 제약조건식이 모두 1차식이 아닌 함수로 표현되는 모형으로 선형계획법의 심플렉스법과 같은 효율적인 해법이 존재하지 않는다.

정수계획법(Integer Programming : IP) 의사결정 변수가 사람이나 기계 등의 수와 같이 정수값만을 가지는 특수한 경우이다.

목표계획법(Goal Programming : GP) 이익최대화나 비용최소화라는 단 하나의 목표 이외에 서로 상충되는 여러 개의 목표가 있는 경우에 최적의 의사결정을 하기 위한 접근방법이 목표계획법이다. 목표계획법에서는 LP와는 달리 정해진 목표에 대하여 편차변수와 목표제약조건이 도입되며 목적함수는 항상 편차합의 최소화로 표현된다.

동적계획법(Dynamic Programming : DP) 의사결정상황을 시간적 · 공간적으로 여러 단계로 나누어서 취급하는 모형을 말한다. 따라서 의사결정변수를 한꺼번에 결정하는 것이 아니라 각 단계마다 대상이 되는 결정변수의 값만 고려한다.

네트워크 모형(Network Programming : NP) 네트워크 모형은 실제 자주 볼 수 있는 것으로서 통신망 · 도로망 · 수송망 · 항공망 등이 있으며, 전자제품에 사용되는 부품들의 회로망도 네트워크의 전형적인 예라고 할 수 있다.

Chapter

VI

사업전략수립

전략(Strategy)이란 용어는 그리스어「Strategia」에서 기원하였다. 이 말은 “전쟁에서 적을 속이는 술책”이란 뜻을 지니고 있으며 사전적인 의미로는 “전쟁에서 승리하기 위해 전투를 계획 · 조직 · 수행하는 계책”을 뜻하고 있다. 전략에 대한 서술적 정의는 최근 30년간 다양한 시각으로 조명되어 왔다.

사업전략의 수립은 지속적 경쟁우위 확보의 출발점이다. 이제 기업은 환경에 대응하기보다는 환경을 예측하고 자사의 핵심역량을 기반으로 미래 성장엔진을 발굴하기 위한 노력을 보다 적극적으로 추진해야 할 시점에 이르렀다.

기업전략은 기업의 비전 및 미션의 수립, 전략적 기반 또는 전략조직의 구축, 위기관리체계의 구축, 그리고 재무전략 등의 테마로 구성되며 사업전략은 기업의 프로젝트나 신규 사업에 대한 전략수립, 각 사업에 대한 사업성 또는 타당성분석 및 평가를 통하여 산출된 사업구상의 실현을 위한 사업다각화 등을 통한 새로운 사업기회의 모색 등의 테마로 구성되어 있다.

기업의 비전(vision)을 전략과 사업계획에 반영하는 과정에서 성공적인 전략을 수립하기 위해서는 기업 내외의 환경을 정확히 파악하고 적절한 전략대안을 수립하는 것이 필요하다.

불확실한 경쟁 환경 아래에서 어떤 사업 분야가 경쟁에서 앞서기 위해서는 경쟁을 위한 기본 틀이 필요하다. 가장 상위개념의 비전이나 경영목표가 최고경영자의 의지나 사원의 꿈을 나타내는 것이라면 그것이 기업의 현재상황과 차이가 있는 것은 당연하다. 이러한 차이를 메우는 수단이 바로 전략이라고 할 수 있다.

기업이 경영활동을 하면서 비전이나 사업영역 결정을 전략에 반영하고 이를 실현가능한 실행계획으로 구현해 나가는 과정에서 전략의 정확성을 어떻게 확보해 나갈 것인지가 전략적 과제가 된다.

01 사업전략수립의 순위

전략이란 '조직체의 기본적인 장기 목표를 정하고 이들 목표를 달성하기 위하여 행동방식을 채택하고 이에 소요되는 자원을 분배하는 일이다.'라고 Alfred D. Chandler는 정의하였다. 또한 Kenneth Andrews는 '기업의 목표와 그 목표를 달성하기 위한 여러 가지 계획이나 정책을 말한다.'라고 주장한 바 있다.

전략을 수립하는 궁극적인 목적을 이해하려면 먼저 전략 수립의 필요성을 이해하지 않으면 안 될 것이다. 일반적으로 조직(Organization)이란 공통의 목적을 달성하기 위한 일과 사람의 공동체라고 표현된다. 여기에서 말하는 공통의 목적이 곧 조직의 미션과 비전 · 핵심가치 · 조직문화 · 정관 등으로 표현되는 부분이라고 할 수 있다.

전략수립의 과정은 일반적으로 외부환경 분석에서 출발하여 내부능력 분석, 경영목표의 수립, 중 · 장기 전략수립, 기능별 전략수립, 활동계획수립에 이르기까지 일련의 프로세스에 의하여 이루어지고 있다.

외부환경요소는 기업에 미치는 기회와 위협요소를 분석하고 내부능력은 강점과 약점을 검토한다. 경영목표와 중 · 장기 전략은 외부환경과 내부자원 분석을 바탕으로 기업이 나가야 할 전략적 방향을 결정한다. 일반적으로 전략수립의 순위는 다음과 같은 프로세스에 의하여 전개된다.

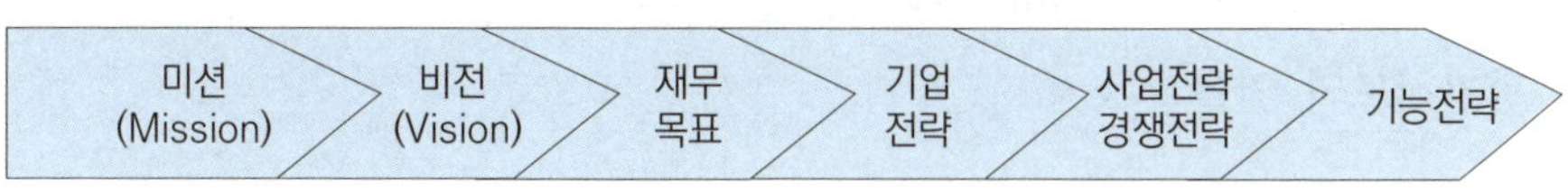

TIP 전략 수립의 필요성

- 기회 표착과 위험회피
- 전략적 과제의 파악
- 경영 정보를 조직적으로 수집
- 장기간을 요하는 사업에 대비
- 사업의 통합과 자원 배분의 합리화
- 구조조정을 통한 미래의 업무균형 달성
- 경영혁신

1 미션의 수립

미션(Mission)이란 기업이나 조직의 존재이유를 나타낸 문장으로써 기업이 존재하는 이유와 기업이 존재하는 한 변하지 않을 가치를 의미한다. 따라서 미션은 기업과 조직의 경영활동의 기본이 되고 출발점이 되는 개념이다.

미션은 구성원들에게 자부심을 느끼게 하여 조직의 일에 몰입할 수 있도록 동기를 부여한다. 따라서 미션은 사명선언문 등의 형태로 조직 내·외부로 표현된다.

조직의 사명선언은 고객에 대한 책임을 공개적으로 천명하는 것이며, 내부 구성원으로 하여금 고객에 대한 책임의식을 잊지 않도록 일깨우고, 모든 업무와 활동의 지침이 되는 방향성을 제시한다.

또한 조직의 존재이유와 다른 조직과의 차이를 설명하여 조직이 추구하는 가치와 이상을 명시함으로써 조직구성원의 정체성을 내제화하는 역할을 한다.

미션을 수립하기 위해서는 시장과 고객개념을 제시하고 기업이 제공하는 상품과 서비스의 구성요소를 명확히 할 필요가 있다. 여기서 더 나아가 고객이 우리를 필요로 하거나 우리에게 기대하는 요소가 무엇인지, 우리가 경쟁상대와 차별화될 수 있는 요소가 무엇인지를 명확히 표현해야 한다.

미션의 역할 미션의 역할은 다음과 같다.

① 조직의 존재이유, 추구하는 가치와 이상을 명시화
② 조직의 활동범위를 결정해주는 경계의 역할
③ 지속적으로 조직 활동에 참여하도록 동기부여 하는 역할
④ 조직 내 의사결정에 대한 판단기준을 제공
⑤ 평가척도의 역할

미션의 구성요소 미션의 구성요소는 다음과 같다.

① 우리는 왜 존재하는가 : 목적에 대한 질문
② 우리는 누구를 위해 존재하는가 : 주요 고객에 대한 질문
③ 우리는 무엇을 제공하기 위해 존재하는가 : 핵심서비스에 대한 질문

2 비전(Vision)

비전(Vision)이란 현실성 있고 믿을 만한 진정으로 열망하는 미래의 기대모습으로써 조직 전체가 합의한 '꿈(Dream)이 실린 목표(Objective)이며, 일반적으로 조직의 5년~10년 후 미래에 마땅히 있어야 할 모습인 미래상을 표현한 것이라고 할 수 있다.

따라서 비전은 추상적이어서는 아니 되며, 가능한 한 원하는 미래의 모습 또는 그림을 명확한 말로 표현하고 위로는 미션(Mission)과 아래로는 전략(Strategy)의 연관관계를 설명할 수 있어야 한다.

비전의 의의 비전이란 그 미션이 제대로 수행되었을 때 달성되는 최종상태를 나타낸다. 또한 비전은 꿈이 아닌 미래의 실제 모습으로 장기적인 목표와 의미를 부여한다.

비전에 반드시 포함되어야 할 요소로는 핵심이념과 미래형상이 제시되어 있어야 한다. 핵심이념은 조직의 핵심가치와 핵심목적으로 구성되며, 미래형상은 원대하고 대담한 목표가 제시되어 있어야 하고 생생하고 감동적인 표현으로 묘사되어야 한다.

핵심이념을 추출하기 위해서는 창업자나 최고 경영층의 의지나 포부 등이 주요 검토 요소가 될 것이다. 미래형상을 표현하기 위해서는 경영을 둘러싸고 있는 여러 환경의 변화 트랜드, 즉 패러다임에 대해 고찰할 필요가 있으며 선진 기업에 대한 벤치마킹도 필요하다. 세계적 수준의 동종기업의 경영에서 단초를 얻을 수도 있고 신규사업영역의 확대나 회피 등의 거시적인 전략적 판단도 가능하게 된다.

비전의 기본요소 수익실현에 반드시 비전이 필요한 것은 아니다. 비전이 없어도 수익성 좋은 사업을 벌일 수 있다. 많은 수익을 올리면서도 비전은 없는 사람들도 많다. 하지만 수익실현 이상의 것을 원한다면, 즉 위대한 기업을 세우고자 한다면 비전이 있어야 한다.

전략은 목적을 어떻게 달성할 것인가 하는 방법에 관한 것이다. 전략이 곧 목적을 의미한다는 말이다. 따라서 목적이 선명하지 않으면 효과적인 전략을 세울 수 없다. 전략은 비전을 달성하기 위한 과정이기 때문이다. 목적지를 정확하게 알지 못하면 목적지에 도달하는 방법을 알 수 없는 것과 같다.

핵심가치와 믿음 기회라는 맥락에서 볼 때 수익은 우리의 유일한 목표가 아니라 노력의 결과여야 한다.

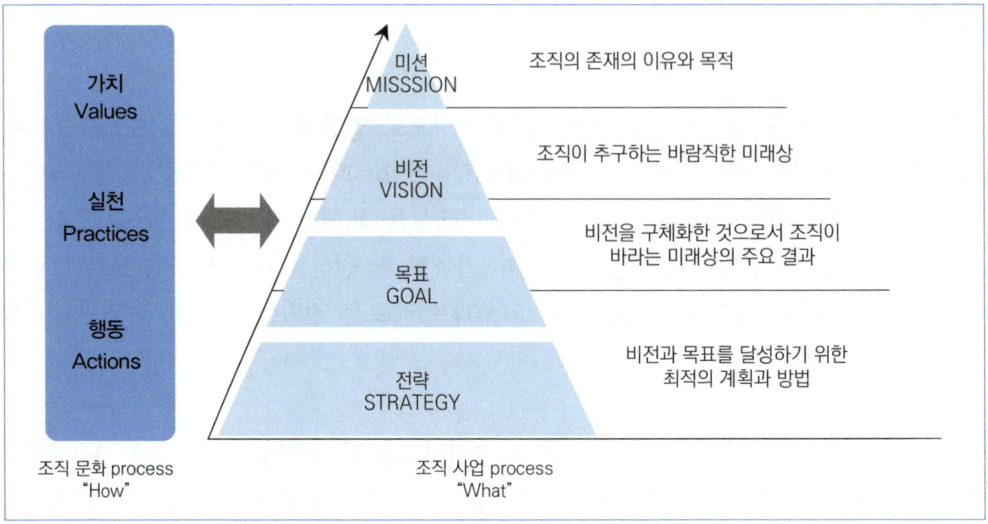

목적　목적은 핵심가치와 믿음의 자연스런 결과물이다. 목적은 기업이 존재하는 근본 이유이다. 목적은 수평선을 좇아가거나 길잡이 별을 따라 가는 것처럼 성취할 수 없으면서도 항상 앞을 향해 나아가게 하는 것이다. 목적은 항상 지평선에 있어 결코 도달할 수 없지만, 항상 앞으로 나아가게 하는 별과 같다. 이와 달리 '사명'은 오르고 있는 특정한 산이다. 일단 정상에 올라가면 다시 길잡이 별을 좇아 올라갈 다른 산을 찾게 된다.

사명　사명은 노력을 기울일 때 무엇에 주안점을 두느냐 하는 것으로 명확하면서 거역할 수 없는 일반적인 목적이다. 결코 성취할 수 없는 목적과 달리 사명은 성취해야 하는 것이다. 훌륭한 사명은 확실한 목적지, 즉 종착점이 있다. 달에 착륙하겠다는 사명이나 산 정상에 올라가겠다는 사명과 같이 사명은 도달할 때를 반드시 알 수 있어야 한다.

TIP 좋은 비전

- 조직과 시대와 조화를 이룬다.
- 탁월성의 기준을 설정하고 높은 이상을 반영한다.
- 목적과 방향을 명료하게 해 준다.
- 열정과 헌신적 참여를 고무시킨다.
- 매우 명확하게 표현되고 쉽게 이해된다.
- 조직의 독특성 · 조직의 능력 · 조직의 대의명분 · 조직이 성취할 수 있는 것을 보여 준다.
- 큰 뜻을 지닌다.

비전수립의 단계 비전수립은 기회탐지 · 비전입안 · 비전선별 · 비전실행계획의 수립으로 구분하여 4단계에 의하여 수립된다.

기회탐지 기회탐지 단계에서는 먼저 기업을 둘러싸고 있는 트렌드를 분석하고 메가트렌드와 불확실한 요소 그리고 그 외의 기타 그룹으로 그룹화하여 그룹화된 메가트렌드에 대하여 내부역량의 준비도를 평가하고 기회요인을 탐지해 낸다.

비전입안 비전입안 단계에서는 탐지된 기회용인을 분석하여 비전 초안을 작성하고, 불확실성에 대해 작성된 시나리오를 합쳐서 각 비전초안이 시나리오별로 어떤 리스크를 가지고 있는지 평가한다.

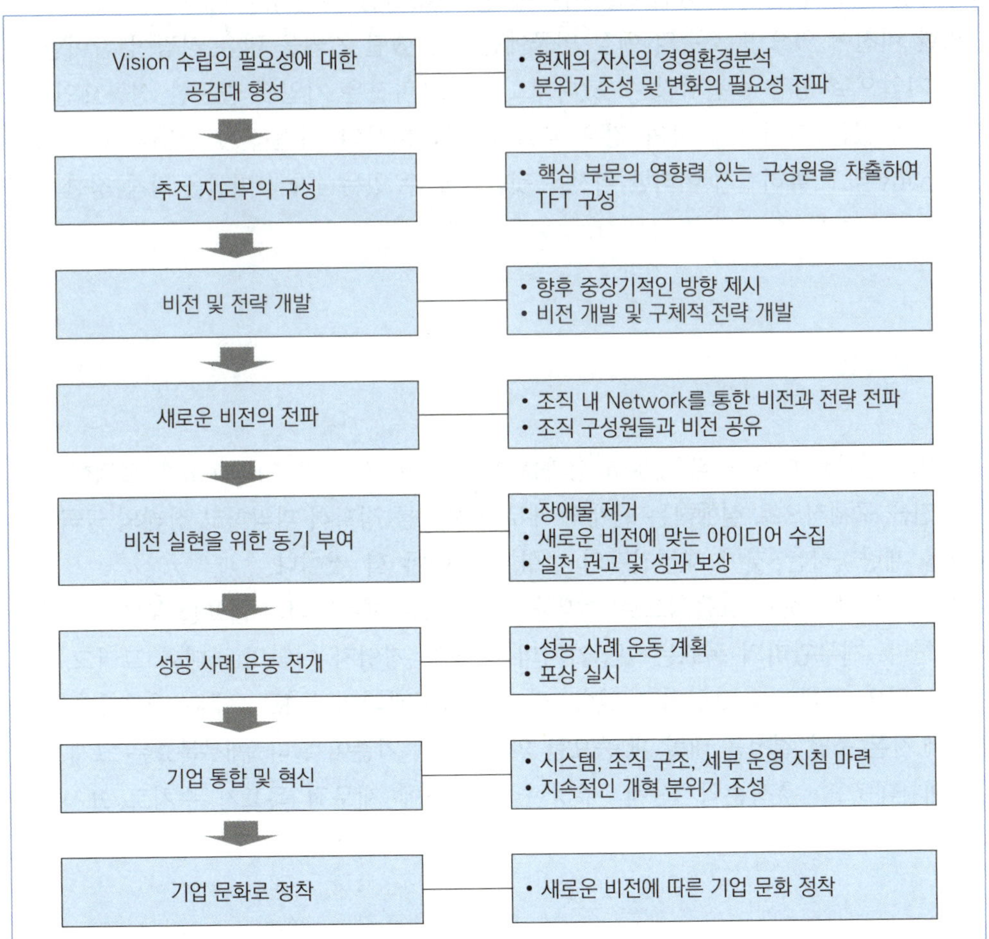

▲ 비전 수립 실행 단계

비전선별 비전선별 단계에서는 선별된 비전초안에 대해서 비즈니스 케이스를 작성하여 이에 대한 리스크 · 잠재성 등을 평가한다. 그 후 비전선별의 기준을 합의한 후 그 기준에 따라서 비전을 선별하고 비전 문구에 대해서 토의한다.

비전실행계획 수립 비전실행계획 수립단계에서는 선별된 비전을 실행할 때의 장애요인을 탐지하고 이를 극복하기 위한 조력자를 어떻게 강화할지도 검토한다. 그리하여 최종적으로 비전실행계획안을 도출해 낸다.

비전의 장점 비전이 있으면 좀처럼 볼 수 없는 노력을 기울이게 된다. 비전은 전략적 · 전술적 결정을 내릴 수 있는 상황을 스스로 만들어나가게 되며 조직 구성원이 비전을 공유하면 서로 단결하고 팀워크를 이루며 한 가족처럼 지낸다.

또한 비전이 있으면 소수의 핵심 인물에만 의존했던 기업을 많은 사람이 참여할 수 있는 기업으로 성장 발전시킬 수 있다. 그러므로 비전은 기업의 중요한 성공요인으로 인식되고 있는 것이다. A사의 경우 Vision에서 회사의 비전을 'A Most Valuable Company'라고 밝히면서 이러한 비전을 뒷받침할 수 있는 4가지 미션을 각각 정한 바가 있다.

3 재무목표

비전의 결과로 이루게 될 재무적 성과를 재무목표라고 한다. 재무목표를 설정함에 있어 비전을 구체적으로 실행하는 단계의 재무적 요소를 정확히 파악하고 장래의 궁극적인 성과를 계량화하는 것이 재무전략의 방향이 되어야 할 것이다.

재무 활동의 기능을 효율적으로 수행하기 위해서는 재무관리의 목표를 분명히 설정하여야 한다. 재무관리의 목표는 기업가치의 극대화, 경영자 이익의 극대화 그리고 자기자본 가치의 극대화를 포함하고 있다. 따라서 재무관리의 목표는 재무 관리자가 투자결정과 자본 조달 결정을 내릴 때 중요한 의사결정의 기준이 된다. 재무목표는 크게 보아 추정대차대조표 · 추정손익계산서 · 추정현금흐름표에 재무적 목표가 수치로 표시되는 것이다.

■ 추정 대차대조표

구 분		T=0 (P)	T=1	T=2	T=3
자산	유동자산				
	고정자산				
자 산 총 계					
부채	유동부채				
	고정부채				
부 채 총 계					
자본	자본금				
	이익잉여금				
	(당기순이익)				
자 본 총 계					
부채 및 자본총계					

■ 추정손익계산서

구 분	T=O (P)	T=1	T=2	T=3
매 출 액				
매 출 원 가				
매 출 총 이 익				
판 매 비 와 관 리 비				
영 업 이 익				
영 업 외 수 익				
영 업 외 비 용				
경 상 이 익				
특 별 이 익				
특 별 손 실				
법 인 세 비 용 전 순 손 익				
법 인 세 비 용				
당 기 순 이 익				

■ 추정현금흐름표

구 분	T=0 (P)	T=1	T=2	T=3
영업활동으로 인한 현금흐름				
① 당기순이익 ② 감가상각비				
투자활동으로 인한 현금흐름 ① 고정자산의 증가 ② 기타 유동자산의 증가				
재무활동으로 인한 현금흐름 ① 차입금의 증가 ② 보통주의 발행				
현금의 증가				
기초현금				
기말현금				

4 기업전략

기업전략(Corporate Strategy)을 간략하게 표현한다면 '어떠한 사업을 할 것인가와 관련된 결정'을 하는 것이다. 따라서 기업전략을 구조적으로 해석한다면 기업 전체의 경영을 지배하는 가장 상위의 경영전략이라고 볼 수 있는 것이다.

기업은 그 규모와 업종에 따라서 여러 가지의 구조적 형태를 갖추고 있다. 그룹 기업의 경우에는 많은 계열회사로 구성되어 있다. 이러한 기업의 기업전략이라 함은 그룹 내의 모든 계열회사를 포함한 그룹 전체의 경영전략을 의미한다.

그룹 전체의 기업전략은 그룹 내부의 자원 분배를 통하여 그룹 전체의 방향을 설정하고, 그룹 내부의 계열회사는 기업전략의 자원배분에 따라서 조직 경영에 많은 영향을 받게 되며, 각기 다른 산업이나 업종에서 사업을 전개한다. 그렇지만 이와 다른 계열화되어 있지 않은 대기업이나 중소기업의 경우에도 기업전략이 회사의 방향을 결정하는 가장 상위 경영전략인 것임에는 동일하다.

다시 말하면 기업전략은 새로운 사업으로의 진입 여부나 기존에 운영하는 사업으로부터의 탈퇴 여부를 결정짓는 가장 상위의 경영전략이라고 할 수 있는 것이다. 이러한 기업전략은 성장전략의 다각화 전략과 전략적 제휴, 축소전략인 철수전략이 있다.

다각화 전략 기업의 목적은 영속적인 기업의 생존이라고 할 수 있다. 이러한 영속적인 생존을 위해서는 지속적인 성장이 뒤따르지 않고서는 그 목적을 달성할 수가 없는 것이다.

따라서 기업은 계속 꾸준히 성장해야 하며 다양한 전략과 전술을 통하여 기업경영을 하는 것이다. 다각화 전략은 새로운 제품이나 시장으로 진출하는 기업차원의 전략으로서 강한 경쟁력을 지니고는 있으나 별로 매력적이지 못한 산업에 속한 기업에 적합한 성장 전략이라고 할 수 있다.

다각화 전략이 가져다주는 이점은 다음과 같다.

첫째, 핵심경쟁역량을 활용할 수 있다. 핵심경쟁역량은 새로운 가치를 창출할 수 있는 기업의 가장 주요한 능력으로써 원래 개발된 용도 이외에도 타제품이나 시장에 확대 적용될 수 있어 결과적으로 다각화의 기회를 제공하게 된다. 따라서 핵심경쟁역량에 기반을 둔 기업은 가치사슬을 강화하고 더 큰 경쟁우위를 구축하기 위해 여러 가지 사업에 참여하게 되며, 이때 사업단위간 광범위한 시너지가 조성된다.

둘째, 하부조직을 공유할 수 있다. 하부조직은 생산설비 · 마케팅 프로그램 · 구매절차 · 유통경로와 같은 유형자원들을 일컫는다. 이러한 자원은 모든 사업에 필요한 기본적인 조건으로써 이들의 공유는 다각화의 주요 이점이라 할 수 있다.

셋째, 재정자원이 균형적으로 이루어질 수 있다. 한 기업 내에서도 서로 상이한 사업은 제각기 다른 규모의 자금을 산출해 낸다. 어떤 사업은 조업에 필요한 자금 이상을 산출하는 경우도 있지만, 어떤 사업은 자사가 산출해 낼 수 있는 자금 이상을 필요로 하기도 한다. 이러한 자금과잉사업과 자금부족사업을 결합함으로써 기업 내에 적절한 자금배분이 가능해진다.

넷째, 성장을 유지할 수 있다. 다각화 전략은 기업의 지속적인 성장을 가능하게 한다. 특히 대기업의 경우 다각화야말로 기업성장을 위한 가장 일반적인 방법으로 인식되고 있다.

다섯째, 경영 리스크의 감소이다. 경영자들은 종종 다각화를 통해 기업의 위험을 감소시키려 시도를 하게 된다. 이것이 가능한 것은 경제주기에 따른 개별 사업들의 반응이 제각기 다르기 때문이다. 예를 들면, 불황기에는 고급 승용차에 대한 수요가 줄어드는 반면 대중교통수단에 대한 수요는 늘어나는 경향이 있다. 다각화된 기업은 이렇게 서로 주기가 다른 사업들을 각각의 사업부로 운영함으로써 기업 전체의 경영 리스크를 줄일 수가 있다.

TIP 다각화 전략이 가져다주는 이점

- 핵심 경쟁 역량을 활용할 수 있다.
- 하부조직을 공유할 수 있다.
- 재정자원이 균형적으로 이루어질 수 있다.
- 성장을 유지할 수 있다.

전략적 제휴 기업이 성장을 위해서는 내부적 성장 혹은 외부적 성장의 두 가지 방안을 동원할 수밖에 없다. 내부적 성장은 다각화 전략과 같이 기업내부의 자원을 활용하여 사업규모 확대 또는 신제품 및 서비스 개발을 하는 것이며, 외부적 성장은 이와 달리 외부기업과 전략적 제휴 또는 합병을 통하여 성장을 달성하는 것을 말한다.

전략적 제휴는 매력적인 산업에 종사하고 있으며 사업경쟁력이 강한 기업이 취 할 수 있는 성장전략으로써 대부분 수직적 또는 수평적 통합의 경로를 거치게 되며, 수직적 통합에 의한 전략적 제휴는 매력적인 산업을 가지고 있으며, 아주 강한 사업경쟁력을 가진 기업에 적합한 성장전략이다.

매력적인 산업은 새로운 경쟁기업을 끌어들이는 유인으로 작용하고 기존의 기업들은 산업 자체의 매력도로 인하여 그 산업에 계속 머물러 있으려 하므로, 산업 내 경쟁은 더욱 치열해지는 결과를 낳는다.

따라서 기업의 경쟁적 지위를 개선하거나 유지하기 위해서는 자원구입비용을 최소화하고 비효율적인 조업을 제거할 뿐만 아니라 제품유통에 더 많은 통제를 가할 필요가 있다.

이러한 목적을 달성하기 위해서 기업은 수직적 통합이라는 방법을 동원하게 되는 것이다. 수직적 통합은 기업으로 하여금 원가절감과 조정 및 통제의 강화를 가능케 함으로써 매력적인 산업에서의 경쟁우위를 증대할 수 있도록 해주기 때문이다.

그러나 수평적 통합에 의한 전략적 제휴는 사업을 다른 지역으로 확장하거나 기존의 시장에서 제품이나 서비스의 종류를 늘리는 전략을 말한다. 이 전략은 기업이 상당히 매력적인 산업에 종사하고 있으나 자사의 경쟁력이 아주 뛰어나지는 못한 경우에 적합한 성장전략이다.

이러한 기업들은 자사의 약점을 보완함으로써 현재 종사하는 사업에서의 입지강화에 주력할 것이다. 이들은 시장점유나 생산시설, 또는 전문기술을 확보하기 위해 기업 내부에서의 개발 노력뿐만 아니라 외부기업과의 합병이나 합작을 하는 경우도 있다.

철수전략　다각화 전략은 내부적 성장을 위한 전략이라고 한다면 전략적 제휴는 외부적 성장전략이라고 할 수 있다. 그러나 경영환경의 변화에 따라서 기업이 경쟁력이 약하다고 판단된 사업에서는 성장전략보다는 철수전략이 적합하다고 볼 수 있다. 밑 빠진 독에 물을 붓는 것보다는 얼른 독을 깨고 새로운 독에 물을 담는 것이 현명하기 때문이다. 이러한 전략을 철수전략이라 부른다. 약한 경쟁력은 판매 감소와 이윤저하 등 대체적으로 열악한 성과를 초래하므로 경영자는 사업을 축소함으로써 기업의 성과를 개선하는 것이다. 그리고 이러한 철수전략에는 크게 선회전략과 처분전략으로 나눌 수 있다.

선회전략　선회전략은 아주 매력적인 산업에 몸담고 있는 기업으로서 기업 전반에 걸친 문제점으로 경쟁력이 약화된 경우에 가장 적절한 전략이다. 이 전략을 취할 수밖에 없는 심각한 상황은 수년간에 걸친 점진적인 성과부진에 기인할 수도 있고, 수개월간 급작스러운 성과하락에 따라 나타날 수도 있다.

어떤 경우이든지 기업을 안정적으로 다지고 난 연후에 새로운 활로를 모색하여야 기업으로서도 성공적인 선회를 달성할 수 있는 것이 현실이다.

성공적인 선회전략은 축소와 회복의 두 단계를 거치는 것이 일반적이다. 우선축소는 자산을 줄이고 비용을 삭감하는 등 기업에 대한 응급조치를 취하는 단계로 그 주된 목적은 기업의 재무상태를 빨리 안정시키는 데 있다. 기업을 간소화하여 안정시키기 위해서는 불필요한 제 경비를 줄이고 효율적으로 기능을 수행할 수 있는 여건을 조성해 줄 수 있는 계획이 마련되어야 한다. 기업에게는 이때가 아주 중요한 시점이라 하겠다.

다음으로, 회복은 축소를 통해 간소화하고 안정화된 기업을 재가동할 수 있는 프로그램을 실행하는 단계를 가리킨다. 예를 들면 기업의 성과부진이 기업 외부적 요인에 따른 경우에는 기업가의 창의적인 전략재정립이 필요할 것이고, 만일 이것이 기업 내부적 요인에 기인하는 경우에는 조업효율성의 개선을 강조하는 전략이 요구될 것이다. 이러한 축소와 회복의 두 단계가 제대로 관리되지 않으면 능력 있는 사람들이 대거 기업을 등지고 떠날 우려가 있는 것은 사실이다.

하지만 모든 종업원들이 기업의 방침에 동조하고 생산력 향상에 적극적으로 참여한다면 산회기간을 거치면서 이전보다 더욱 강력하고 조직화된 기업으로 다시 탄생할 수도 있을 것이다.

선회전략　선회전략은 낮은 매력도를 가진 산업에서는 생산 · 구매 · 마케팅 및 유통상 규모의 경제가 비용을 낮추고 이윤을 높이는데 결정적인 역할을 한다. 이러한 산업을 소유하고 있으며 약한 경쟁력을 가진 기업은 선회전략을 전적으로 수용하기 힘들다.

왜냐하면 취약한 경쟁력으로 말미암아 규모의 경제를 추구할만한 여력이 없으며, 산업 자체가 선회전략을 수행할 정도로 매력적이지 않아 경영진이나 투자자들의 후원을 기대할 수도 없기 때문이다.

그럼에도 불구하고 이러한 상황에 처한 기업은 판매 감소와 손실증대 때문에 모종의 조치를 취하지 않을 수 없다. 때로는 기업이 그나마 생존을 위하여 핵심고객에게 예속됨으로써 마케팅 활동과 그에 수반하는 비용을 줄이는 등 기능적 활동의 범위를 줄이는 방법을 강구하기도 한다.

이렇게 예속된 기업은 자사의 약한 경쟁력을 보완하기 위해 보다 강한 기업에 전적으로 의존하는 대신, 확실한 판매와 생산을 보장받게 된다.

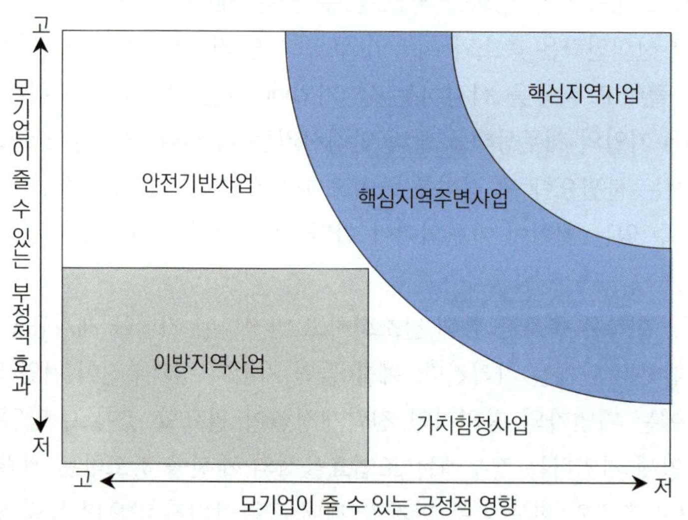

▲ Corporate Strategic Matrix

5 사업전략과 경쟁전략

기업전략이 기업전체의 최상위 전략이라고 한다면 사업전략은 각 사업 내에서 해당 사업이 갖는 경쟁적 우위를 지키기 위하여 필요한 모든 활동을 의미하는 것으로 한 단계 아래의 세부적 전략이라 할 수 있다. 즉 외부의 기회와 위협을 제대로 인식하고 기업전략에 의해 기업 전체적으로 자원이 배분되면 사업부 수준의 전략에서는 기업내부의 자원을 활용하여 경쟁기업과 경쟁할 구체적인 방향과 방법을 강구하게 되는 것이다.

사업전략은 개별사업단위의 목표를 성공적으로 달성하기 위해 사업의 장기적 경쟁우위를 어떻게 구축하고 공고히 할 것인가에 초점을 둔다. 원료 조달 · 생산 · 마케팅 등 기업의 핵심활동을 수행함에 있어서 경쟁기업보다 상대적으로 앞서 있는 핵심역량을 만들어 활용함으로써 사업부의 경쟁우위를 확보할 수 있는 것이다.

물론 경쟁우위의 개념은 사업부 수준에서 뿐만 아니라, 기업전체에도 적용할 수 있는 개념이다. 기업이 경영전략을 수립하는데 가장 중요한 관심은 어떻게 하면 경쟁자에 비해서 경쟁우위를 확보할 수 있는가의 문제이다.

만일 경쟁자가 없다면 우리는 경영전략을 수립할 필요가 없을 것이다. 전략을 수립하는 가장 중요한 목적은 경쟁자에 대하여 보다 높은 경쟁우위를 유지하는 것이기 때문이다. 즉 경쟁전략은 상대방 경쟁자의 강점에 비추어 어떻게 하면 강점을 가장 효율적으로 사용할 수 있는가를 파악하는 것이다. 경쟁전략 수립 시 고려해야 하는 요소들은 다음과 같다.

첫째, 산업구조를 분석하고 그 개별산업의 특성을 이해하는 일이다. 그렇게 함으로써 우리는 각 산업 특유의 성공요인을 알 수 있다.

둘째, 기업 자신의 경영자원, 및 핵심 역량을 분석하는 일이다. 우리 기업이 경쟁사에 비해서 어떻게 하면 경쟁우위를 유지할 수 있는가를 파악하기 위해서는 기업이 가진 경영자원, 즉 기술력 · 자금력 또는 마케팅 능력 등과 기업의 조직 구조 · 문화 · 최고경영자의 리더십에 대한 이해가 필요하다.

셋째로, 경쟁사의 전략을 이해하는 것이다. 경쟁전략이란 적의 약점에 대해 자신의 강점을 집중하는 것이기 때문에 경쟁사에 대한 깊은 이해가 필요하다.

즉 경쟁전략은 경쟁기업의 행동에 따라 달라질 필요가 있는 것이다. 만일, 어느 기업이 시장점유율을 늘리기 위해 가격인하를 시작한다고 하자. 이에 맞서 경쟁기업이 똑같은 폭의 가격인하를 감행한다면 소비자들이 느끼는 기업의 상대가격은 변함이 없다. 결국 두 기업 모두 자신의 이윤만 줄어들 뿐 각사의 시장점유율은 변하지 않는다.

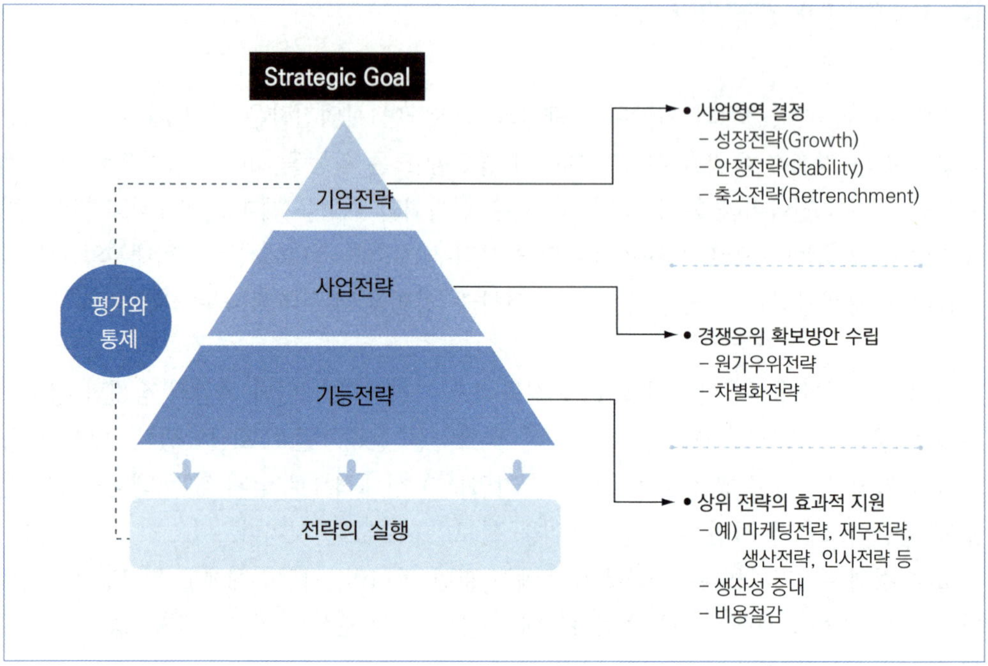

▲ 전략의 3단계

또한 어느 기업이 제품차별화를 시도하여 신제품을 발표하였을 때 경쟁사가 똑같은 제품을 빠른 시일 내에 시장에 출시하면 그 기업의 차별화된 경쟁우위는 유지될 수 없다. 이와 같이 산업구조 및 경영자원에 대한 분석, 자사가 가진 핵심역량에 대한 분석, 경쟁사의 경쟁전략 및 경쟁우위에 대한 분석이 행해져야만 성공할 수 있는 경쟁전략의 수립이 가능하게 되는 것이다.

원가주도전략 기업이 특정산업에서 경쟁우위를 획득하기 위해서는 여러 가지 전략적 방법 중 원가주도전략은 원가우위에 영향을 미치는 여러 가지 수단을 이용하여 특정산업에서의 원가우위를 통해 경쟁우위를 획득하려는 전략을 말하는 것이다. 그러므로 원가주도전략을 추구하는 기업의 목표는 경쟁사보다 더 낮은 가격으로 제품이나 서비스를 생산할 수 있는 모든 방법을 동원하여 경쟁사에 대해 우위를 확보하는 것이다. 이러한 원가주도전략은 다음과 같은 두 가지 측면에서 우위를 확보할 수 있다.

첫째, 경쟁사보다 낮은 가격으로 제품을 공급함으로써 시장점유율을 제고할 수 있다.

둘째, 만약 경쟁사와 유사한 가격으로 제품을 공급하는 경우에는 원가가 낮기 때문에 경쟁사보다 더 높은 이윤을 창출할 수 있다.

하지만 원가주도자는 대체로 제품차별화의 수준이 낮다. 이는 제품차별화에는 추가적인 원가부담이 필요하기 때문이다. 따라서 원가주도자는 차별화를 추구하는 경쟁자의 제품차별화 정도에 비해 뚜렷이 열등하지 않은 정도만의 차별화, 낮은 원가로 가능한 차별화 수준을 목표로 한다. 또한 일반적으로 평균적인 고객을 주 대상으로 하며, 시장세분화는 크게 염두에 두지 않는다. 왜냐하면, 서로 상이한 세분화된 시장의 욕구에 맞는 제품개발에는 추가적인 비용이 소요되어 원가우위기반이 상실될 수 있기 때문이다. 이와 같은 이유 때문에, 원가절감에만 관심을 기울이다 소비자의 기호변화에 적절히 대응하지 못하여 큰 타격을 입을 수도 있는 전략이기도 하다.

차별화전략 원가주도전략이 원가를 낮추는데 주안점을 두는 전략이었다면 차별화전략은 그 목적이 제품이나 서비스를 차별화하는 것, 즉 고객에게 자사의 제품이 독특한 것으로 인식되도록 함으로써 경쟁우위를 획득하는 것에 목적이 있는 전략이라고 볼 수 있다.

따라서 원가주도전략을 사용하는 기업들이 낮은 원가로 가능한 수준에서 차별화가 머물렀던 것에 비해, 차별화전략을 사용하는 기업들은 고객의 욕구나 행동을 주위 깊게 파악하고 그들이 무엇에 가치를 두는지 면밀히 분석하여 보다 소비자들이 원하는 가치의 차별화를 두게 된다.

이러한 차별화방법에는 여러 가지가 있지만 크게 제품의 품질이나 기술 등과 같은 기술적 요인에 의한 기술차별화와 상표 · 광고 · 고객서비스 등과 같은 마케팅활동에 의한 마케팅차별화의 두 측면으로 나누어 살펴볼 수 있다. 그리고 성공적인 차별화는 높은 제품가격을 설정할 수 있고, 경쟁사보다 더 많은 제품판매를 통한 시장점유율을 증대시킴은 물론 자사 제품에 대한 고객충성도까지 제고할 수 있다는 장점을 가지게 된다.

이와 같이 차별화는 차별화를 달성하는데 소요되는 비용보다 더 높은 가격으로 제품을 판매를 가능하게 함으로써 수익성 향상에 기여를 한다. 하지만, 만약 고객이 차별화의 가치를 인정하지 않는 경우에는 이 모든 것이 무의미해지는 것이며 차별화의 달성에 필요한 추가적 비용보다 더 높은 가격을 고객에게 부담시킬 수 없을 때에는 수익성의 저하를 초래하게 되기도 한다.

집중화전략 앞에서 살펴본 원가주도전략이나 차별화전략은 산업 전체를 대상으로 하는 전략들이었다. 하지만 집중화전략은 특정 구매자집단이나 특정 제품 또는 지역적으로 제한된 시장만을 집중적인 목표를 삼는 전략으로 그 대상부터가 다르다고 할 수 있다. 그러므로 집중화전략의 요체는 고객들이 독특한 요구를 가지고 있는 시장에서의 적소를 선택하는 것에 있다.

이러한 적소는 지리적 영역 · 제품사용에서의 특정 욕구 · 고객유형 등에 의해 정의될 수 있다. 집중화전략을 사용하는 기업들은 대체로 규모가 작고, 한정된 제품, 시장영역 내에서 차별화 또는 원가우위를 통해 경쟁우위를 획득하는 방법을 택하는 특징을 가지고 있다. 따라서 집중화전략은 다시 원가집중화와 차별적집중화로 나눌 수 있게 된다. 집중화전략은 경쟁자들이 이와 유사한 제품을 공급하기 어렵기 때문에 산업 내 타 기업들과의 경쟁을 회피하게 해주며, 구매자의 교섭력도 약화된다. 또, 기업 활동이 고객과 밀착되어 이루어짐으로써 고객의 욕구변화에 대응하기 쉽다는 장점을 가지고 있다.

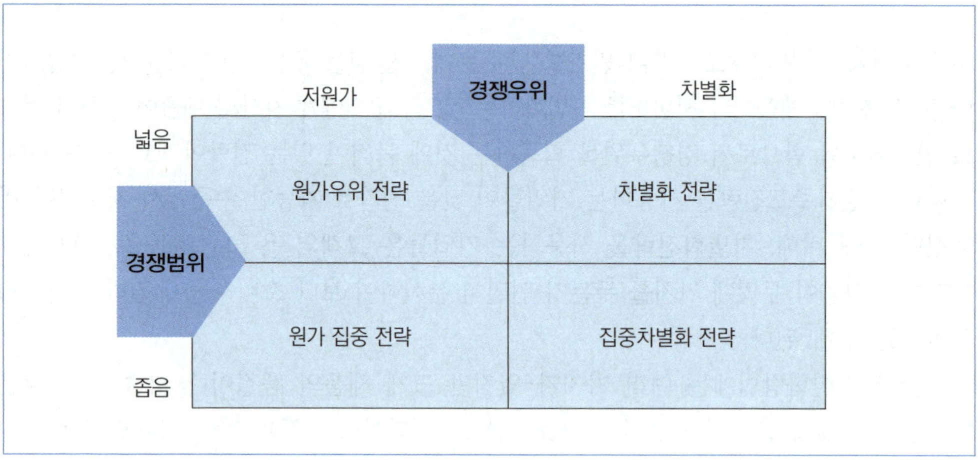

▲ 고전적 경쟁전략 매트릭스

기능전략(functional strategy) 기능전략은 사업전략 등 상위전략을 효과적으로 뒷받침해 줄 수 있도록 각 사업부나 부서 내에서 각 기능이 얼마나 효율적으로 수행되도록 할 것인가의 문제를 다루고 있다. 기능별전략의 가장 주된 목적은 자원을 효율적으로 사용하는 생산성 혹은 비용절감이라 할 수 있다.

기능별전략이 중요한 이유는 원활한 기능전략의 수행 없이는 경쟁전략이나 기업전체의 전략수행이 어렵기 때문이다. 이러한 하위전략인 기능전략은 상위전략의 보조적 개념으로 본다.

① 마케팅 전략
② 재무관리 전략
③ 생산관리 전략
④ 조직 · 인사관리 전략

02 사업전략수립 방법

기업의 경영전략은 크게 기업전략과 사업전략(Business Strategy)으로 나누어진다. 기업전략은 기업의 비전 및 미션의 수립, 전략적 기반 또는 전략조직의 구축, 위기관리 체계의 구축, 그리고 재무전략 등의 테마로 구성되지만 사업전략은 기업의 신규사업에 대한 전략수립, 각 사업에 대한 사업성 또는 타당성분석, 사업의 재 정의를 통한 사업 재구축, 사업다각화 등을 통한 새로운 사업기회의 모색 등의 테마로 구성되어 있다.

경영전략의 접근방법은 분명하고 일치된 목표를 설정해야 하며 무엇보다도 외부 환경에 대한 정확한 이해가 우선된 이후 자사의 강점과 약점에 대한 객관적 평가가 이루어져야 한다. 그런 연후에 효과적인 전략의 수행이 뒤따라야만 하는 것이다.

1 전략의 유형

경영전략의 일반적인 유형은 전략기간별 · 사업범위별 · 기능범위별로 구분할 수 있으며 그 내용은 다음과 같다.

① 전략기간별 유형
- 장기전략 : 일반적으로 대상기간이 5년 이상
- 중기전략 : 대상 기간이 2~3년
- 단기전략 : 대상 기간이 1년

② 사업범위별 유형
- 그룹전략 : 그룹 차원의 전략 수립
- 기업전략 : 개별기업 차원의 전략 수립
- 사업전략 : 전략적 사업 단위(SBU) 차원의 전략 수립

③ 기능범위별 유형
- 전사전략 : 전사적 차원의 전략 수립
- 기능전략 : 기능별 전략 수립(인사조직 · 재무 · 마케팅 · 생산 · 기술 등)

2 전략수립 프로세스

전략수립 프로세스는 다음과 같다.

1 단 계 사전 준비	• 팀구성 • 계획 수립 • 방법론 확정
2 단 계 현상파악	• 조직 구조 • 현안 문제
3 단 계 환경분석	• 거시 환경, 산업 환경 분석 • 경쟁자 및 고객 분석
내부역량분석	• 사업 및 핵심역량 분석 • 조직 및 재무 분석
4 단 계 전략적 비전 설정	• 비전 설정 • 실천 전략
전략 수립 및 개발	• 전략 수립 • 대안 제시
5 단 계 실행계획 수립	• 단계별 실행 전략 • 실천 방안 계획 수립

제 1단계(사전 준비) 제1단계는 사전 준비 단계로서 먼저 팀을 구성하여 계획을 수립하고 전략수립에 대한 방법론을 확정하여야 한다.

① 팀 구성 : 프로젝트 팀(TFT)를 결성하고 참여 인력의 관리방안을 마련한다.
② 계획 수립 : 세부일정계획을 수립하고 일정관리방안을 마련한다.
③ 방법론 확정 : 단계별 프로세스 및 활용 툴을 찾아 방법론을 정립한다.

제2단계(현상파악) 제2단계는 현상파악 단계로서 기업의 조직구조와 현안 문제를 파악하고 이를 분석하는 단계이다.

① 기업내부분석
- 회사 제품안내서, 조직 및 인력 현황
- 사규, 방침
- 재무제표, 손익계산서
- 주요제품 생산공정, 판매 및 유통경로
- 제품별 판매 및 생산실적

② 기업환경분석
- 시장환경분석
- 기술환경분석
- 자본환경분석
- 노동환경분석

③ 업계분석
- 회사 연혁
- 업계의 일반특성
- 시장에서의 position
- 업적과 경영상의 일반적인 과제

④ 기초자료
- 경영철학 및 경영이념, 비전의 제시
- 경영방침 및 경영목표, 기업 환경인식도
- 제품 · 시장에 대한 방침사항
- 연구 · 개발에 대한 방침사항
- 생산 전반에 대한 방침사항
- 재무관리에 대한 방침사항
- 인사 · 조직에 대한 방침사항

제3단계(환경분석과 내부역량분석) 제3단계는 환경분석 단계로서 거시환경 분석 · 산업 환경분석 · 경쟁자 분석 · 고객 분석을 실시하는 과정이다.

거시환경분석

① 분석방법으로 국내 및 해외로 구분하여 거시경제 및 통상 · 사회 · 문화 · 정부정책 · 기술발달 등의 측면에서 분석한다.
② 분석 차에 있어서는 자사의 기회와 위협이 되는 환경변화의 키워드를 추출하고, 환경변화의 방향 · 속도 · 결과 등에 대하여 분석하여 전략적 기본방향의 설정을 위한 시사점을 도출한다.

산업환경분석 산업의 본질적 특성을 이해하고 과거와 현재 그리고 미래를 시계열적으로 분석하여 추이를 파악한다. 산업의 규모와 변화를 파악하기 위한 성장성분석, 산업의 수익성과 안정성, 시장점유율을 조사함으로써 경쟁성을 분석하여야 한다.

① 산업의 가치체계를 분석한다.
② 산업의 활동요소를 파악한다.
③ 활동 단계별로 가치와 규모와 부가가치추이를 파악한다.

경쟁자분석

① 사업이 속해 있는 산업의 경쟁구조를 이해하고 매력도를 평가하여 전략적 시사점을 도출한다.
② 기존기업과의 경쟁관계에서 현재의 경쟁자가 누구인지 파악한다.
③ 잠재진입자는 누구이고 진입 협의 수준이 어느 정도인지 파악한다.
④ 기존제품에 대한 대체품은 무엇이며 대체압력은 어느 정도인지 파악한다.
⑤ 구매자와의 교섭력은 어떠한지 조사한다.
⑥ 공급자와의 교섭력은 어떠한지 조사한다.

고객분석

① 고객분석은 현재와 잠재고객에 대한 분석을 통하여 고객의 특성과 변화의 방향을 파악한다.
② 전략적 시사점을 도출한다.
③ 고객분석의 절차로서 고객행동이해 · 시장세분화 · 세분시장의 매력도평가와 목표시장별 제품Positioning전략을 수립한다.

고객 유형	고객 특성	구성비율	
		현재	미래

전략적 과제

내부역량 분석 제3단계의 두 번째 과제로써 내부역량을 분석해야 한다. 내부역량 분석을 위해서 먼저 자사의 사업분석을 하고 핵심역량과 조직 및 재무에 대한 분석을 실시한다.

사업분석 현재의 사업의 구성이 어떠한 형태로 전개되고 있는지를 제품 포트폴리오 매트릭스(PPM)를 통하여 분석한다.

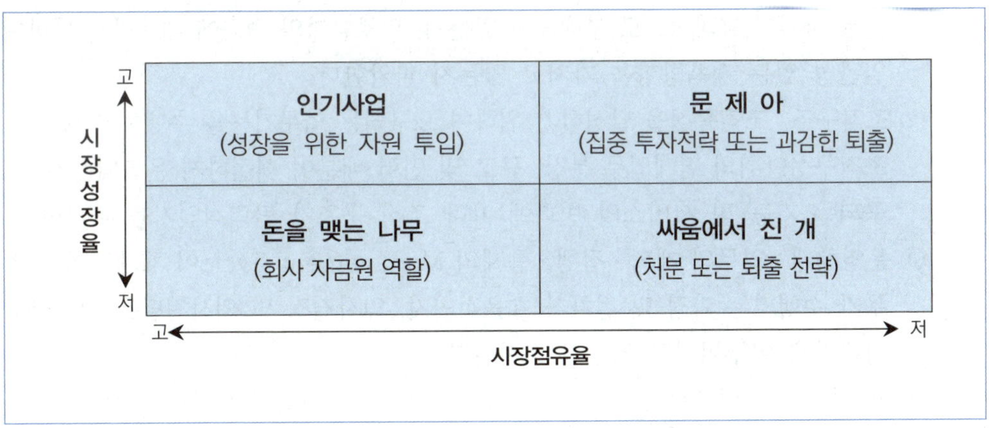

▲ PPM Matrix

핵심역량분석 기업의 핵심역량은 다른 기업에 비해서 고객에 대한 경쟁적 우위를 창출하는 유형·무형의 인적자원 요소이다. 고객에게 가치를 높이거나 그 가치가 전달되는 과정을 더 효율적으로 할 수 있는 특정한 방법을 나타내고 이러한 능력은 기업이 신규사업에 진출할 수 있는 능력이 된다.

핵심역량분석의 의미는 첫째, 기존사업의 경쟁력을 유지하고 둘째, 신규 사업으로의 다각화를 모색할 수 있으며 셋째, 조직활성화의 방향을 제시할 뿐만 아니라 넷째, 전략적 제휴의 지침을 제공한다.

핵심역량		시장: 기존	시장: 신규
핵심역량	신규	기존시장에서 경쟁적 지위를 유지하기 위해서는 어떠한 핵심역량을 보완해야 하는가.	장래의 매력적 시장에 진입하기 위해서 요구되는 핵심역량은 무엇인가.
핵심역량	기존	현재 보유한 핵심역량을 활용하여 기존 시장에서 경쟁력을 향상시킬 수는 없는가.	현재 보유한 핵심역량을 재배치, 재결합하여 신상품과 서비스를 얻을 수는 없는가.

▲ 핵심역량 Skill

조직분석

① 경영전략 : 장기목표는 명확하게 설정되어 있으며, 자기목표의 달성을 위해 제한된 자원이 효과적으로 분배되어 있는지, 외부환경의 변화에 대응하기 위하여 일관성 있는 정책방향을 가지고 있는지 파악한다.

② 조직구조 : 조직목적을 달성하기 위하여 요구되는 업무기능을 수행하고 있는지, 조직구성단위의 편제업무 분장, 규모 및 인력 배분이 적절하게 운영되는지, 요구되는 기능 및 서비스의 변화에 따라 조직 구조가 탄력적인지를 파악한다.

③ 운영체계 : 업무의 계획 · 집행 · 통제의 Management Cycle이 체계적이고 업무가 수행되는 과정 및 절차가 효율적인지, 의사결정 및 의사전달은 신속하고 정확하게 이루어지고 있는지 조사한다.

④ 구성원 : 필요한 인재를 필요한 만큼 확보하고 있으며, 인사관리는 합리적으로 실행되고 있는지, 교육훈련은 효과적으로 실시되는지 파악한다.

⑤ 조직풍토 : 조직구성원이 무엇에 노력을 기울이고 있으며 조직구성원간의 인간관계는 우호적인지, 경영층의 Leadership은 어떠한 유형인지 파악한다.

⑥ 조직능력 : 조직구성원의 능력이 조직을 통하여 시너지효과를 발휘하고 있으며, 문화적으로 독특한 강점과 약점이 무엇인지, 조직구상원이 능력을 발휘할 수 있는 여건은 조성되어 있는지 파악한다.

⑦ 공유가치 : 조직의 존재목적은 명확히 설정되어 있으며, 조직구성원에게 공유되고 있으며, 업무를 수행함에 있어서 적용하는 판단기준은 일치한지, 조직구성원이 존중하고 공유하는 전통적 가치는 있는지 파악한다.

재무분석

① 대차대조표 : 유동비율 · 부채비율 · 자기자본비율을 통해 기업의 안전성을 파악한다.

② 손익계산서 : 매출액증가율 · 매출원가율 · 영업이익증가율 · 경상이익률 당기순이익률 등을 통하여 기업의 생산성 · 성장성과 수익성을 파악한다.

■ 내부역량요인 체크리스트

요 인	주요 항목	세 부 내 용
종합적인 기업분석	재무분석	수익성, 안정성, 손익분기점, 부가가치생산성, 자금회전율분석, 동종타사 비교 등
인적부문	경영자 능력	• 인간성, 가치관, 사명감 • 경영자의 타입(기업가, 독재자 등) • 경영능력, 사회적 신용, 사원들의 신뢰성 • 후계자 육성
	관리자	• 계획적인 인재육성, 자기개발 • 관리능력, 업적 추구능력, 행동력, 부하 장악력(리더십)
조직부문	경영조직	• 조직형태(분권화, 집중화) • 경영관리시스템(전략경영시스템, 업적관리시스템, 소집단 활동, 목표관리 등) • 경영노하우(경영경험 축적도, 사내외 전문가 활용능력, 사외인맥 등)
	조직풍토	• 사풍 • 하고자 하는 의욕, 의식수준, 교육 또는 학습풍토
물적자원	제품력	• 제품의 특성, 품질, 사양, 제품차별화 등 제품의 경쟁력
	시장력	• 국내시장, 해외시장 점유율, 단위고객의존도 • 신용도, 재고관리 및 물류시스템 • 고객서비스 능력, 광고, 신용관리 등
	생산력	• 구매, 자재관리력, 품질관리, 작업관리, 안전 • 위생관리, 환경관리, 생산 및 통제계획 등
	연구개발력	• 신제품개발력, 연구개발예산, 기술정보 • 인재육성(기술이력), 기술의 시장결합력 등
자금분석 및 평가	자금력	• 자금조달수단의 합리성, 금융여력, 금융기관과의 관계, 자금조달능력 등
정보분석 및 평가	정보력	• 정보원 확보, 비밀유지 · 보안 • 경영정보시스템 및 Data Base 구축 등

제4단계(전략적 비전 설정과 전략수립) 제4단계는 전략적 비전설정과 전략수립의 단계이다. 기업비전의 구조를 파악하고 장래의 기업의 모습을 그리고 이에 따른 전략을 수립하는 단계이다.

기업 비전의 구조

① 기업이념 : 기업의 사회에 대한 책임 · 목적 · 사명 · 경영자세를 밝힌 것으로 사내 · 외에 일관되게 주장해 나가는 것이다.
② 도메인 : 자사가 지향하는 사업영역 · 존재의의 · 제공하는 가치 등을 한마디로 표현한 것으로 「생존영역」이라고도 불린다.
③ 기업문화 비전 : 기업문화가 가져야 할 모습과 구체적 행동으로 연결시키기 위한 행동규범으로 구성된다.
④ 사업비전 : 질적 · 양적 목표 및 장래 확립해야 할 사업영역인 SBU(전략사업단위)로 구성된다.
⑤ 조직/프로세스 비전 : 조직구조나 기업경영의 프로세스가 보여 주어야 할 모습이다.

비전 설정

① 경영진
② 경영이념
③ 기업비전
④ 사업영역
⑤ 사업목표
⑥ 도출을 위한 Workshop 진행

전략수립 SWOT분석을 통해 외부환경의 기회와 위협, 내부역량분석을 통하여 도출된 강점과 약점을 파악하고 기존시장, 신규시장별 기존제품, 신규 제품분석을 통해 사업구조전략을 수립한다.

전략적 우위요소와 전략적 목표분석을 통해 사업경쟁전략을 수립하며 그 실천전략에는 다음 사항이 포함되어야 한다.

① 부서장 · 팀장
② 비전달성전략

③ 부서별 기본전략
④ 전사추진 실천과제
⑤ 실천행동지침
⑥ 도출을 위한 Workshop 진행
⑦ 현 사업의 종합적인 분석을 바탕으로 전략적 대안을 전개
⑧ 시나리오 구상
⑨ 시뮬레이션

전략적 방향	전사전략	사업전략(SBU)	기능전략(OBU)

전사방향	전략과제	효과성 (50)	실행가능 (20)	중요성 (30)	합계 (100)	우선순위

제5단계(실행계획 수립) 제5단계는 Action plan 수립 단계로서 수립된 비전과 전략적 의지를 구체적으로 실천함으로써 그 전략의 타당성을 증명하고 핵심전략 요소와 기능별전략의 일체화를 전개하는 단계이다.

진행절차

① 세부전략 및 추진계획 수립
② 기술도입 및 경영시스템 개발
③ 선진시험평가기술 개발
④ 선도적 사업에 자원집중 투입
⑤ 전사적 공감대 형성을 통한 지속적 관리

Action plan

① 경영목표 및 Vision 수립
② 사업별 목표 및 추진전략 수립
③ 사업별/기능별 세부추진계획
④ 조직 및 인력수립계획
⑤ 정보시스템 경영계획

전략 실행의 전략적 변화 8단계 과정

① 위기감 정착
② 핵심집단 구성
③ 비전과 전략의 개발
④ 비전의 전달
⑤ 권한이양
⑥ 단기적 · 가시적 성과달성
⑦ 지속적인 변화
⑧ 문화의 변화

3 사업전략 개발프로세스

사업전략수립의 기본 프로세스는 문제 · 기회의 발견 · 가설수립 · 가설 테스트 · 전략 확정 및 실행의 각 단계별로 이루어지게 되며 주요 포인트를 알아보도록 한다.

문제 · 기회의 발견 독창적인 사업전략의 수립은 기존에 당연시되는 관행들로부터 문제를 찾아내는 것에서부터 시작된다. 문제를 발견하기 위해서는 업계의 일반적인 관행을 확실히 파악하는 것이 선행되어야 한다. 현장에서부터 업계의 관행이 무엇인지 파악한 후에는 왜 그러한 관행이 계속 유지되는지 근본적으로 따져보면서 더 나은 대안은 없는지 끊임없이 고민해야 한다.

이 때 고객 및 일선현장의 구성원들과 접촉을 통해서 얻을 수 있는 현실감 있는 질적 자료가 중요한 역할을 한다. 중요한 아이디어는 대개 일선 현장에 암묵적인 형태로 존재하는 경우가 많기 때문이다. 다만 현장의 아이디어는 편파적이고 논리적 틀을 갖추고 있지 못한 경우가 많기 때문에 사업 전반의 거시적인 틀에 비추어서 재해석되어야 한다.

경영자가 사업에 대한 통찰을 지속적으로 얻기 위해서는 근본적인 문제의식을 가지고 영업현장·생산현장에서 고객 및 구성원들과 직접 접촉하면서 현장을 경험할 수 있는 기회를 가질 필요가 있다. 현장경영이라고 하면 공장이나 영업현장을 스탭들과 함께 순시하는 정도로 착각하는 경우가 많다.

그러나 그러한 활동이 현장에서의 질적 자료나 사업에 대한 감(感)을 얻을 수 있는 기회가 되지 못하고 일과성 행사로 끝나게 되면 구성원이나 고객에 대한 상징적 효과 이외에는 얻는 것이 없을 것이다.

가설수립 기존 관행에서 문제를 발견하였으면 그러한 문제의 원인과 해결방안에 대한 여러 가지 가설을 세워봐야 한다. 이 때에 고객의 관점에서 근본적으로 사업의 본질에 대해 다시 생각해보는 것이 가장 중요하다.

이를 위해 사업의 기본을 구성하는 주요변수들을 파악하고 이들 간의 인과관계를 구성하여 논리적 지도를 그려보는 것이 도움이 된다. 즉 고객만족의 가장 핵심적인 요소가 무엇인지, 그러한 요소를 충족시키려면 어떤 역량을 지녀야 되는지, 필요역량을 확보하기 위해서는 어떤 노력을 집중적으로 해야 되는지, 그것이 잘 안 되는 근본적인 이유는 무엇인지 등의 기본적인 질문들을 계속 던지면서 사업의 큰 그림을 그려보는 것이다.

사업 관련 중요변수들을 도출하여 변수간의 인과관계를 가설적으로 그려보는 과정을 통해 몇 가지의 가상적인 사업모델을 구성할 수 있을 것이다. 물론 이 과정에서도 현장에서 얻은 통찰이 중요한 역할을 한다.

가설 테스트 여러 가지 가설을 기반으로 몇 가지 유형의 사업모델을 구성하였으면 각 대안의 타당성을 테스트해 봐야 한다. 이 때 가장 큰 문제는 계량적 분석을 실시할 수 있는 양적 데이터가 없는 경우가 많다는 것이다.

따라서 정교한 계량분석기법을 활용한 테스트보다는 고객·현장구성원·관련 전문가로부터 가설의 타당성에 대한 의견을 듣는 것이 보다 현실적인 방안이다.

다양한 의견수렴과정을 거쳐서 사업모델을 수정·보완하되 궁극적인 판단은 결국 최고경영자의 몫이다. 이 때, 자신이 구상한 사업 컨셉은 뛰어나다고 스스로 생각하면서 과잉기대를 가지는 경우가 많은데, 확신이 들 때까지는 계속 대안을 의심하고 발생 가능한 문제를 확인·점검하는 자세가 중요하다.

전략 확정 및 실행 사업전략의 타당성을 점검한 뒤에 확정을 하고 나면 구체적인 실행안을 마련해야 한다. 사업전략이 실행될 수 있는 구체방안을 운영수준의 각 기능별로 마련하고 각종 인프라 구축의 마스터 플랜을 짜야 하는 것이다.

특히, 일선 구성원들과의 명확한 커뮤니케이션을 통하여 수립된 사업전략의 의미에 대한 공통의 이해를 형성하는 것이 중요하다. 구성원들이 제대로 이해하지 못하면 아무리 좋은 전략도 실행될 수 없기 때문이다.

이런 점에서 평가시스템을 커뮤니케이션의 도구로 활용할 필요가 있다. 즉 조직단위·개인단위의 평가지표들이 전략을 구체적으로 반영하게끔 선정하여 구성원들이 전략을 이해하고 그 방향으로 움직일 수 있도록 해야 하는 것이다.

개선활동 이렇게 수립된 사업전략은 Plan-Do-See라는 일상 경영활동 속에서 지속적으로 점검되고 수정되어야 한다. 산업의 활동은 계속 변화하고 특히 오늘날에는 그 변화속도가 엄청나게 빠르기 때문에 일단 성공적인 것으로 확인된 전략이라 하더라도 유효성을 계속 점검해야 하는 것이다.

전략적 사업계획(Strategic Planning)을 기존전략의 타당성을 점검하고 사업에 관한 통찰·지식이 활성·공유되는 장으로 활용할 필요가 있다. 대부분의 기업에서 전사 및 부문별 사업계획의 수립, 공유과정은 목표설정을 둘러싼 협상게임으로 전락되어 있다.

계획수립과정을 통한 별다른 가치창출 없이 시간과 비용을 낭비하는 경우가 많다는 것이다. 그러나 사업전략수립에 있어서 중요한 것은 목표수립 자체보다도 수립된 목표의 달성방안을 창의적으로 모색하는 데 있다.

선진기업의 경우 사업계획 수립 및 공유과정을 통해 얻고자 하는 바를 명확히 하면서 목표설정 자체보다는 사업에 관한 통찰지식의 창출과 도전의식의 공유를 북돋우는 방식으로 사업계획 수립 프로세스를 운영한다.

사업 통찰력 창의적인 사업 컨셉이라고 하면 갑자기 번쩍 떠오른 아이디어를 연상하기 쉽다. 그러나 실행 가능한 사업 컨셉은 끊임없이 문제와 기회를 탐구하고 구상된 아이디어를 지속적으로 가다듬고 구체화해 나가는 과정 속에서만 얻어질 수 있다. 이를 위해 최고경영자와 전략기획부서 구성원들이 기본적으로 가져야 되는 태도로는 다음의 네 가지를 들 수 있다.

첫째, 선행적 마인드(Proactive Mind)이다. 지금 이대로 가면 10년 후에 우리 기업이 유지될 수 있을까라는 질문을 던지고, 환경변화에 의해 발생하는 기회 및 위협에 대해 항상 주의를 기울이면서 그것이 주는 함의를 신속하고 정확히 파악하여 즉각적으로 대비할 수 있어야 한다. 특히, 사업에 대한 문제의식을 항상 잃지 않는 것이 중요한데, 문제의식이 없는 상태에서는 아무리 중요한 정보에 접해도 별다른 함의를 얻을 수 없기 때문이다.

둘째는 비판적인 사고(Critical Thinking)이다. 사업수행에 있어서의 기본 가정을 의심하고 끊임없이 새로운 사업수행방식을 모색하는 태도를 견지해야 하는 것이다.

셋째는 사업에 대한 열망(Aspiration)이다. 사업에 대해 정말 더 잘해보려는 열망이 없이 현상유지에 만족하는 경우에는 새로운 문제의식과 비판적인 사고를 지닐 수 없게 되는 것은 너무나 당연하다.

넷째는 현장중시의 마인드이다. 항상 현장에 마음을 두고 공급자와 고객, 내부 구성원들과 직접 대화·관찰 등의 상호작용하는 과정에서 사업에 관한 통찰지식을 얻으려고 노력해야 한다.

과거 우리 기업들은 신규사업에 대한 진출은 과감히 추진한 반면, 정작 진출한 사업에서 사업을 수행하는 방식은 독자적인 사업모델에 기반으로 하기 보다는 소위 Me-too 전략으로 일관한 경우가 적지 않았다. 이제 우리 기업도 독창적인 사업전략을 기초로 글로벌시장을 리드할 수 있는 실력을 갖추어야 할 때이다.

03 사업 포트폴리오

사업 포트폴리오(business portfolio)란 기업이 취급하고 있는 모든 사업부문과 제품의 집합체를 의미하는데 여기서 가장 이상적인 사업 포트폴리오는 기업이 주어진 환경 속에서 자신의 장점과 단점을 사업기회에 최대로 적응하여 나아가는 데 있다고 하겠다. 따라서 경영층에서는 기업의 사명과 목적이 결정되면 이에 따라 사업 포트폴리오 계획을 수립하여야 한다.

이러한 사업 포트폴리오의 계획수립 시 기업은 현재의 사업 포트폴리오를 분석하여 투자의 확대와 축소를 결정하고 그 다음에는 그에 알맞은 성장전략의 개발의 결정이 필요하다.

1 사업 포트폴리오의 설계

기업은 경영전략에 따른 경영목표 달성을 위하여 사업 영역확대의 방안으로 사업다각화전략을 전개하게 된다. 이러한 사업영역을 확대하려는 또 다른 이유 중의 하나는 Management Risk를 분산시키려는 목적을 내포하고 있다. 여러 사업을 동시에 전개함으로써 각 사업 간의 시너지효과를 증대시켜 기업 전체의 가치를 높이고 한 사업부문이 목표에 도달하지 못하게 되더라도 기업 전체의 위험은 감소하게 되기 때문이다.

결국 기업이란 진행하고 있는 개별사업단위에 대한 지원뿐만 아니라 전체 사업단위 간에도 효율적인 경영자원 분배를 통해 최대이익을 실현할 수 있도록 해야 한다. 이러한 사업 포트폴리오 전략은 기존사업 전략뿐만 아니라 신규 사업의 선택이나 각 사업 간의 경영자원 배분 등을 고려하여 효과적으로 수립하여야 한다. 사업 포트폴리오를 결정하려면 먼저 현재 사업 포트폴리오를 확인해야 한다. 현재의 사업 포트폴리오를 구성하고 있는 SBU에는 어떤 것이 있으며, 어떻게 분포하고 있는지 확인해야 한다.

전략적 사업단위(Strategic Business Unit)란 조직 전체를 구성하고 있는 사업부문이나 제품 등을 말하는데 일반적으로 동일한 목표를 가진 기업 내의 사업단위를 말한다.

현재의 사업 포트폴리오가 확인되면 각 전략적 사업단위에 대한 평가와 분석이 이루어지게 된다. 현재사업 단위들의 현황과 위치를 파악하고 평가·분석이 끝나면 이 결과에 따라 효과적으로 경영자원을 최고의 효율을 얻을 수 있는 전략을 세운다.

2 현재 포트폴리오의 분석

우선 최고경영자는 핵심적인 사업부문인 전략사업부문(SBU)을 파악하는 일이 필요하다

전략사업부문(SBU)의 특징 전략사업부문의 특징은 다음과 같이 요약할 수 있다.

① 하나의 단위사업
② 특정된 목표 혹은 사명을 지니고 있다.
③ 경쟁자의 존재
④ 책임 있는 경영자의 존재
⑤ 생산에 필요한 모든 자원의 통제가능
⑥ 독자적으로 전략적 계획 수립가능
⑦ 타 사업부문과는 별도로 계획이 수립된다.

포트폴리오 계획수립 방법 전략사업부문의 시장매력도나 산업 전체의 매력도, 그리고 당해시장이나 당해산업에서의 전략사업부문이 차지하고 있는 위치상의 강점이라는 두 가지 중요한 요소를 토대로 평가하는 것으로서 미국의 경영자문회사인 보스턴 컨설팅사(Boston Consulting Group : BCG)가 개발한 분석방법이 대표적이며, BCG 기법은 모든 전략사업부문들을 성장률 및 시장점유율 행렬표에 그 위치를 표시 분류한 것으로 다음과 같다.

그림에서 종축은 시장성장률(market growth rate/당해 사업부문이나 제품들이 판매되는 시장의 연간 성장률)을 나타내고 있는데 10%의 성장률을 기준으로 하여 그 이상을 고성장률, 이하를 저성장률로 구분하고 있다. 횡축은 상대적 시장점유율을 표시하는데 여기서 상대적 시장점유율이란 동일 산업에서 가장 큰 시장점유율을 차지하고 있는 경쟁자에 대한 당해 전략사업부문의 시장점유비율을 말한다. 상대적 시장점유율은 1.0을 기준으로 하여 그 크기를 대수(log)로 표시하고 있다. 그림에서 각 원의 크기는 당해 전략사업부문의 판매액의 크기를 나타내고 있으며, 10개의 전략 사업부문을 보유하고 있음을

나타내고 있다.

이러한 기법에서 전략사업부문은 10%의 시장점유율과 1.0의 상대적 시장점유율을 기준으로 4가지 유형별로 구분된다.

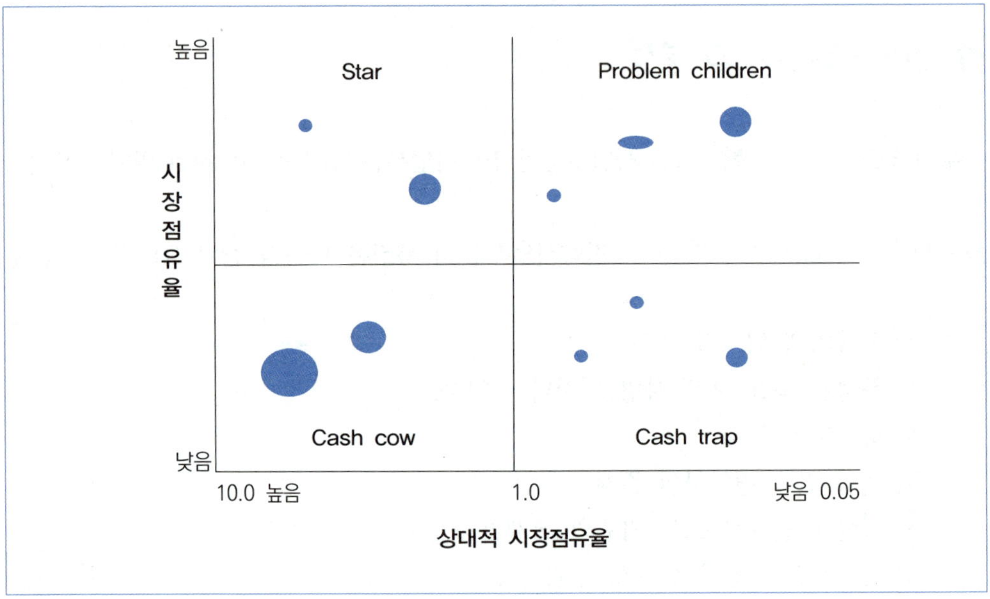

▲ BCG Business Portfolio Matrix

스타(star) 시장점유율이 높고 상대적 시장점유율도 높은 전략사업부문이다.

① 자체의 성장유지를 위하여 많은 자금이 필요하므로 급격한 고도성장을 뒷받침하기 위하여 여기에서 획득한 이익을 재투자할 필요가 있다.
② 이익은 많이 거두고 있으나 성장유지를 위한 자체 자금이 필요하기 때문에 가격인하 · 제품 개량 · 시장범위확대 · 생산성제고 등의 형태로 재투자를 함으로써 기존 시장점유율을 보호하는데 전략의 주안점을 두어야 한다. 특히 관심을 두어야 할 부분은 신규고객의 창출과 제품의 용도 확대를 통하여 성장을 기하는 것이다.

캐쉬 카우(cash cow) 성장률은 낮으나 시장점유율이 높은 전략사업부문이다.

① 자체의 사업뿐만 아니라 여타의 전략사업부문에 필요한 자금을 공급하여 주는

역할을 할 수 있다.

② 기술개발이나 가격 면에서의 주도권을 중심으로 시장지배를 유지하는데 모든 전략을 집중하여야 할 필요가 있고, 1차 수요가 특별히 크지 않는 한 제품다양화나 시장확대는 가능한 한 배제할 필요가 있으며, 그 대신 여유자금을 기술개발과 여타의 성장가능 사업분야에 투입할 필요가 있다.

문제아(problem children) 성장률은 높으나 시장점유율은 낮은 사업부분이다.

① 성장률은 높으나 이익이 적어 다량의 자금을 필요로 한다. 따라서 자금을 공급지원하지 않는 한 저성장으로 바뀔 경우 캐쉬 트랩이 되기 쉽다.

② 전략으로 집중투자를 통하여 신규판매의 잠식을 대량으로 시도하거나 경쟁사를 합병하여 기존의 시장점유율을 흡수함으로써 스타의 위치에 올려놓거나 또는 사업에서 손을 떼는 양자택일의 방법을 생각할 수 있고, 가능한 특정된 시장부문을 발견하여 이 부문으로의 진출도 꾀할 수도 있다.

캐쉬 트랩(cash trap) 성장률이나 시장점유율이 모두 낮은 전략사업부문이다. Cash trap의 특징은 시장지배자가 1인인 경우가 대부분이고, Products Life Cycle 상 성숙기에 있는 사업단위로서 비용 면에서는 불리하며, 성장 가능성이 희박하므로 새로운 경쟁자의 출현도 희박하다. 이와 같이 전략사업부문의 위치가 결정되면 각 전략사업부문의 역할이 어떠한 것이 되어야 하는가를 결정하는 과제가 남게 되는데 그에 대한 기본적인 전략은 다음과 같다.

① 육성(build) : 당해 전략사업부문의 시장점유율을 확대할 목적으로 하는 전략이며, 문제아에 속하는 전략사업부문에 적합하다.

② 보존(hold) : 당해 전략사업부문을 보존하고 유지하려는 전략으로서 캐시 카우 전략사업부문에 적합하다.

③ 수확(harvest) : 장기적인 효과보다는 단기에 수익의 증가를 노리는 전략으로서 캐쉬 카우에 적합하며, 문제아나 캐쉬 트랩에도 사용 가능하다.

④ 처분(divest) : 현재의 사업을 청산하는 전략으로서 캐쉬 트랩이나 문제아에 속하는 전략사업부문에 적합하다.

3 포트폴리오의 응용

사업 포트폴리오 계획의 이용 이유는 다음과 같다.

① 개별독립채산제나 제품전략보다도 기업 전체의 장기적인 성과를 주안점으로 한다.
② 균형 잡힌 Product Mix 전략을 채택함으로써 자금 및 자원 활용을 장기적으로 극대화할 수 있다.
③ 누구나 쉽게 이해하고 이용할 수 있다.

포트폴리오 개념의 응용한계 사업포트폴리오 계획에서 상대적 시장점유율을 사용하는 이유는 시장점유율과 수익성과는 정(+)의 상관관계가 있다고 가정하는 데 있다. 하지만 다음과 같은 경우에는 시장점유율을 분석의 지표로 이용하기 어렵다.

① 한 경쟁자가 기술적인 우위를 확보하여 비용을 계속 절감할 수 있을 경우
② 한 경쟁자가 수직적 통합의 정도가 매우 높을 경우
③ 경쟁자들이 경험곡선의 법칙에서 벗어나 합병이나 기술합작을 통하여 우위를 점할 수 있을 경우
④ 공장규모와 관계없이 조업률에 따라 수익성이 민감한 반응을 보일 경우 등

사업 포트폴리오 계획에서는 자금수지의 균형을 강조하고 있으나 주주의 이해, 전반적인 경제 국면, 사회적 내지 정치적 압력, 원료공급의 원활 여부, 기술변화 등에 따라 특정된 전략 선택이 불가능할 경우가 있으므로 목적 타당성에 대한 검토가 필요하다. 또한 시장과 제품의 범위와 시장세분화의 범위 등 측정상의 문제가 있다.

TIP 경험곡선(Experience Curve)

기업의 코스트 변화를 나타내는 곡선. 학습곡선이라고도 한다. 제품의 단위당 실질 코스트는 누적경험량(누적생산량 또는 판매량)이 증가함에 따라 일정비율로 저하되는데, 누적경험량이 2배가 되면 코스트는 20% 정도 떨어지는 것이 보통이다. 그래서 누적경험량이 큰 기업은 코스트도 낮고 수익성도 높다. 이 곡선은 기업의 경영전략을 구상하는데 기초가 된다.

GE의 평가방법 General Electric사가 경영자문회사인 맥킨지사의 도움으로 개발된 기법으로 「GE 복수요소 포트폴리오 매트릭스」라고도 하며, 종축은 산업의 매력정도를 나타내며 다음과 같은 여덟 개의 요소로 구성되어 있다.

① 시장규모 : 시장 규모가 클수록 매력 있는 산업으로 간주한다.
② 연간 시장성장률 : 성장률이 높은 시장일수록 진출하려는 기업이 많을 것이다.
③ 이익률 : 이익률이 높은 산업에 보다 매력이 있을 것은 당연하다.
④ 경쟁도 : 다수의 경쟁자, 극렬한 경쟁이 있을수록 지출의 어려움이 있다.
⑤ 순환변동 : 제품판매의 주기적 변동이 클수록 매력이 적을 것이다.
⑥ 계절적 변동 : 판매가 계절변동이 심할 경우 상대적으로 매력이 작다.
⑦ 규모의 경제 : 생산시설을 확대하여 제품단위당 생산비용이 절감되는 산업이 보다 매력이 있을 것이다.
⑧ 경험곡선 : 생산과 유통부문에의 경험이 많을수록 단위당 생산비용이 체감되는 산업이 보다 유망하다.

이러한 여러 가지 구성요소들을 중요도에 따라 점수를 주어 가중 평균하여 매력도를 구하는데 여기에서는 상 · 중 · 하로 구분하고 있다.

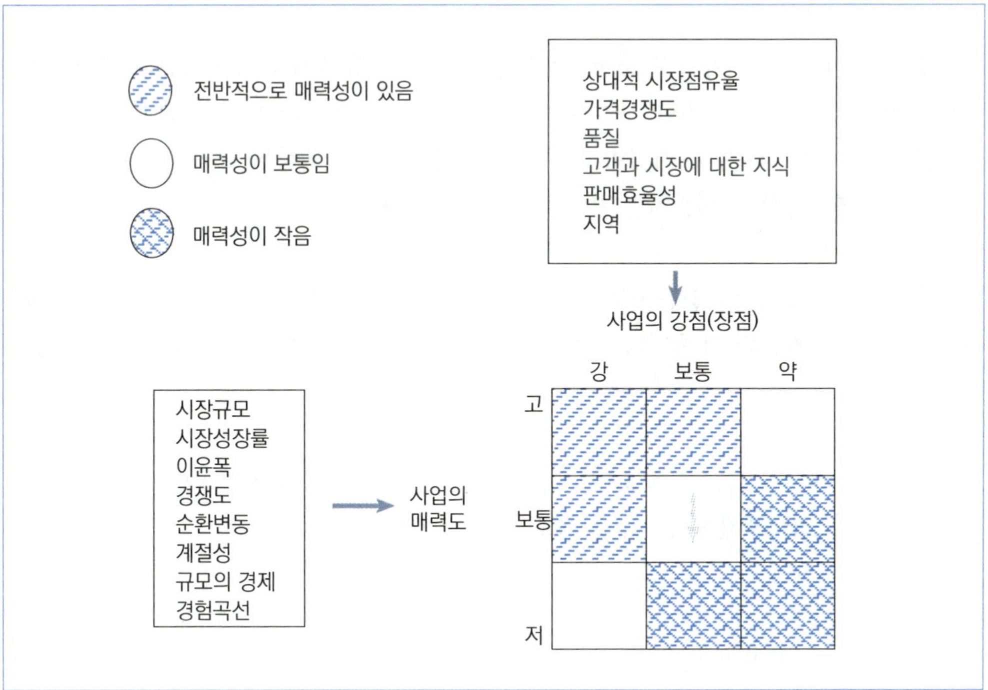

▲ GE 복수요소 포트폴리오 매트릭스

그림에서 횡축은 기업의 장점을 표시하고 있는데, 다음과 같은 여섯 가지 요소로 구성되어 있다.

① 상대적 시장점유율 : 시장점유율이 클수록 유리한 위치
② 가격경쟁력 : 가격경쟁력이 강할수록 유리한 위치
③ 품질 : 경쟁자에 비해 품질이 우월할수록 유리
④ 고객에 관한 정보 : 정보의 확보에 따른 유리한 위치
⑤ 판매효율성 : 판매효율성이 높을수록 유리한 위치
⑥ 판매지역 : 지역이 넓을수록 유리한 위치

이러한 요소들도 중요도에 따라 점수를 주어 가중 평균하여 기업의 장점을 평가한다.

4 성장전략의 개발

기업의 목적은 흔히 이익의 증대 · 판매성장 · 시장점유율의 확대 · 위험의 분산 · 혁신 등으로 표시되고 있다. 이러한 기업의 목적 내지 목표를 달성하기 위한 설계가 필요하며, 이것을 전략이라고 부른다. 기업이 추구하는 목적방향을 선택하고 그러한 방향으로 나아가는데 필요한 자원을 배분하는 것이 전략인 것이다.

집중적 성장 기존의 활동범위 내에서 기업이 이용할 수 있는 기회를 찾으려 하는 것을 말하는데, 기존의 제품이나 기존시장을 완전히 이용하고 있지 않을 경우에 적합한 성장전략이다.

시장침투(market penetration) 보다 적극적인 마케팅 활동을 통하여 기존시장에서 기존제품의 판매를 증가시키려고 하는 것이다.

시장개발(market development) 기존의 제품을 새로운 시장에 판매하려는 것으로 구체적으로는 지역적으로 새로운 시장부문을 설정하여 침투하는 방법이 있을 수 있다.

제품개발(product development) 새로운 제품을 개발하거나 기존제품을 개량하여 기존시장에서 판매를 증가시키려는 것이다.

	기존 제품	신제품
기존시장	1. 시장침투	2. 제품 개발
신 시 장	3. 시장개발	4. 다양화

▲ 제품 및 시장 확대전략

통합적 성장 마케팅 경로 상에 위치하고 있는 어느 한 조직 혹은 기구를 통합할 기회를 찾는 것이다.

① 후방 통합 : 원료나 제품생산에 필요한 자원을 공급한 업체에 대한 소유권을 획득하거나 통제를 강화하는 방법이다.
② 전방 통합 : 유통경로상의 기구를 소유하거나 통제하는 것이다.
③ 수평 통합 : 경쟁자에 대한 통제 내지 지배권을 강화하거나 소유하려는 방법이다.

다양화를 통한 성장 기존의 마케팅 경로체제 외에 존재하는 기회를 찾으려 하는 것이다.

① 집중적 다양화 : 기존의 제품을 생산하여 판매하는 것과 동일한 기술과 마케팅 활동으로 보다 큰 효과를 가져 올 수 있는 새로운 제품을 추가하는 것이다.
② 수평적 다양화 : 현재 생산하고 있는 제품과 질적으로 관련성이 없으나 기존의 고객에게 호감을 줄 수 있는 신제품을 추가하는 것을 말한다.
③ 집체적 다양화 : 기존의 기술이나 제품 및 시장을 대상으로 하는 것과는 별개의 신제품을 추가하는 것을 말한다.

성장기회는 집중적 성장과 통합적 성장과 다양화를 통한 성장으로 구분할 수 있으며 각 각의 성장기회에 따라 달리 전략을 구사한다.

■ 성장기회의 분류

집중적 성장	통합적 성장	다양화를 통한 성장
A. 시장침투 B. 시장개발 C. 제품개발	A. 후방통합 B. 전방통합 C. 수평통합	A. 집중적 다양화 B. 수평적 다양화 C. 집체적 다양화

Chapter

VII

분석평가에 따른 사업계획

01 전략적 사업계획

전략이 모든 기업 활동의 핵심요소가 되는 이유는 무엇보다도 금융위기 이후 경영환경이 보다 복잡해지고 경쟁이 심화됨에 따라 해당 산업 혹은 시장에서 기업이 경쟁에서 이기기 위해서는 다른 어떤 것보다도 특정시장에서 경쟁자를 이길 수 있는 방법, 즉 전략이 정해지고, 이러한 전략목표를 달성하는 방향으로 모든 기업 활동이 전개되어야하기 때문이다.

기업 경영환경은 경쟁자는 많아지고 경쟁강도가 높아지는 반면 고객의 욕구도 다양해짐에 따라 기업경영은 점점 어려워져 가고 있다. 오늘날 전략개념은 경쟁우위를 달성하기 위해서는 경쟁자에 비해 특화된 자원과 능력을 차별화하고 집중화하는 방향으로 경영활동을 전개하는 것으로 볼 때 이를 핵심역량이라고 한다.

이러한 핵심역량을 중심으로 언제 · 어디서 · 어떻게 싸울 것인지를 결정하는 것을 Strategic Positioning이라 하며, 이러한 핵심역량은 오랫동안 축적되어야 하는 경우가 많은데, 예를 들면 기술 · 특정설비나 장비 · 브랜드 · 고객관계 · 유통네트워크 · 기술개발능력 · 마케팅 등 다양할 뿐만 아니라 최근에는 브랜드 · 공급자관계 · 고객관계 등도 핵심역량에 속하고 있다. 그러므로 전략은 결국 전략적 Positioning과 거의 같은 말이 되는 것이다. 전략적 사업계획은 전략적 Positioning을 통해 해당 기업이 어떠한 사업분야에서 어떤 제품이나 서비스로 또한 어떤 방법으로 경쟁할지에 대한 단기적 또는 중장기적 사업계획을 의미한다.

1 전략적 사업계획의 의의

기업이란 경쟁자보다 더 우월한 제품과 서비스를 생산하여 이를 소비자에게 판매하여 부가가치를 획득하는 조직이다. 따라서 기업은 영속적인 이윤을 창출해야만 하는 것이 기업의 목표이며, 이러한 기업 활동이 보다 효율적이고 효과적으로 달성되도록 관리하는 것이 경영이다. 경영활동은 크게 기획(planning) · 실행(implementation) · 통제

(control)의 3단계로 구성된다.

1990년 대 이후 선진기업을 중심으로 채택된 전략적 경영은 이러한 모든 기업활동을 그 기업의 전략을 중심으로 경영한다는 것이다. 무엇보다도 기업활동을 전개하기 전 향후 일정기간 경영활동의 구체적인 방향 설정과 청사진을 제공하기 위한 일련의 프로세스를 전략적 사업계획이라고 할 수 있다.

전략적 사업계획의 특성 전술적 사업계획에 비하여 전략적 사업계획에서 다루게 되는 전략적 문제는 다음과 같은 특성을 지니고 있다.

계획의 전체성 전략적 사업계획은 기업 또는 그의 주요 부문활동을 전체로서 또한 시스템으로서 환경의 변화에 적응시키기 위한 계획이다. 따라서 기업 전체 또는 사업부 기타의 주요 부문활동의 전체와 관련된 계획으로 이루어지게 된다. 예컨대 다각화를 도모할 것인지, 또는 내부 확대를 도모할 것인지 하는 전략의 결정은 하나의 부문에 관한 문제가 아니라 기업전체의 문제가 된다.

이에 반하여 전술적 사업계획은 개개의 부문계획이며 개별계획의 성격을 지니게 된다. 제품설계의 변경계획·기계의 대체계획이나 인원의 채용계획 등과 같은 개별계획은 전술적인 사업계획이다. 각 개별계획을 부문별로 정리한 부문계획도 전술적 계획의 성격을 지니고 있다.

정보의 유형 전략적 사업계획을 수립함에 있어서 기업 내부정보도 필요하지만 기업외부의 환경정보가 크게 필요한데 반하여 전술적 사업계획은 주로 기업내부에 관한 정보가 주요한 부분을 차지하게 된다.

전략적 사업계획을 수립하는 경우에는 경쟁업자의 동향, 장래의 기술동향, 일반경제의 동향, 사회적·정치적 변화, 고객욕구의 변화 등과 같은 외부환경 정보가 중요한 정보가 된다. 이에 반하여, 예컨대 전술적인 생산계획에 있어서는 자사에 있어서의 과거의 생산 및 재고기록 등과 같은 내부정보가 주요한 정보가 되는 것이다.

불확실성 전략적 사업계획이 의존하게 되는 외부정보는 전술적 사업계획이 의존하는 내부정보에 비하여 불확실성이 높다. 전술적 문제는 오로지 기업내부에서 발생하는 환경변화와 관련되고 있다. 이에 반하여 전략적 문제는 기업외부에서 발생하는 환경변화에 기인하여 야기되는 것이다.

따라서 전략적 사업계획의 수립에 필요한 정보는 전술적 사업계획의 경우에 비하여 그의 정보수집이 어려우며 확실성이 뒤지게 된다.

뿐만 아니라 전략적 사업계획은 일반적으로 전술적 사업계획보다도 더 장기적인 장래의 환경변화에 관한 정보를 필요로 하게 된다. 따라서 전략적 사업계획을 수립하는 경우에는 전술적 사업계획에 비하여 보다 높은 불확실성의 문제에 직면하지 않을 수 없는 것이다.

문제발견의 곤란성 기업의 전술적 문제는 그의 발생을 지각하는 것이 용이한데 반하여 기업의 전략적 문제는 그의 발생을 지각하는 것이 어렵다는 특징을 지니고 있다. 전술적 문제가 일상적인 경영 가운데서 자기 재생적인데 반하여 전략적 문제는 자기 재생적이 아니다.

따라서 전략적 사업계획에서는 전술적 사업계획의 경우에 비하여 문제발견의 과정이 계획 수립의 제1단계로서 보다 중요한 위치를 차지하게 된다.

전략적 경영계획의 중요성 전략적 사업계획이 기업경영전략에 있어서 중요한 이유를 다음과 같이 요약해 볼 수 있다.

미래 경영방향을 제시 전략적 사업계획은 여러 가지 중요한 의미를 지니고 있으나 그 중에서도 가장 중요한 것은 기업경영의 방향과 목적의식을 제공한다.

수행과정에서 조정 · 개선 경영활동이 계획적으로 수행하게 될 때 조정의 개선을 도모할 수 있다. 이는 조직 내에서 각각의 조직단위들이 개별적으로 경영활동을 추진함에 있어 동일하거나 유사한 업무가 중복되거나 상충되어 경영효율을 저하시킬 가능성을 사전에 예방할 수 있다.

그러므로 명확한 전략적 사업계획은 조직 내에서 전략적 의사결정을 통한 조직의 전체 목적을 실현하기 위해 각 부문이 무엇을 할 것인가를 명시해 주며, 각 목표달성을 위한 일관성 있는 직무를 수행하여 하여 조직의 전반적인 목표를 달성할 수 있도록 한다.

경영활동의 집중성 및 신축성 전략적인 사업계획에 의한 경영활동은 최상의 업무수행 방법을 강구할 수 있다. 따라서 고객의 요구에 부응할 수 있는 경영활동의 추진을 가능하게 할 뿐만 아니라 환경변화에 신축적으로 대응해 나갈 수 있는 방안을 사전에 강구할 수 있다.

미래의 기회와 위험의 제시　경영학자 P.F. Drucker에 따르면 '계획이 장기적인 의사결정의 위험을 제거해 주지는 못하지만 적어도 위험을 최소화시켜주고 잠재적인 기회와 도전을 인식하게 해 준다'고 하였다. 즉 전략적 사업계획은 기업환경 변화에 대응하여 성장과 발전을 도모하기 위해서 수립되는 것이기 때문이다.

2 전략적 사업계획의 목적

전략적 사업계획은 공공서비스의 제고를 위해 미국 등의 국가에서 제한된 자원으로 조직의 목표를 보다 효과적으로 관리하기 위한 수단으로서 국가경영에 본격적으로 적용하기 시작하여 1920년대에 하버드 경영대학원이 하버드정책모형(Harvard Policy Model)이라는 전략기획방법론을 개발하면서부터 민간부문에서 확산되기 시작하였다.

기업은 사회적 책임을 달성하기 위해 존재한다. 이러한 사회적 책임을 다하기 위해서는 기업이 추구하여야 하는 바를 기업경영이란 틀 안에서 책임을 완수할 때에만 비로소 이루어지게 되는 것이다. 기업의 사회적 책임이란 기업은 영리를 추구하는 단체로서,

첫째는 정부에 대한 책임이다. 이는 이윤 중 일부를 납세를 통하여 정부재정에 기여하는 것을 의미하며,

둘째는 주주에 대한 책임이다. 이는 기업의 경영성과 중 일부를 기업의 주인인 투자자에게 적정하게 보상하는 배당제도를 통하여 주주에게 투자수익을 환원해 주는 것을 말하며,

셋째는 종업원에 대한 책임이다. 이는 기업의 경영성과를 만드는 과정에서 참여한 모든 임직원에게 그들이 가진 개인의 역량을 서비스한 대가로 급여나 성과급을 지급함으로써 보다 더 나은 개인생활을 추구하게 된다.

이러한 기업의 사회적 책임을 다하기 위해서는 전략적인 경영전략을 통한 기업성장이 지속적으로 이루어져야만 될 것이며, 기업경영의 Management Cycle(Plan-Do-Check-Action)이 원활하게 피드백되지 않고는 만족할만한 성과를 거둘 수가 없다. 전략적인 사업계획을 수립하는 목적이 여기에 있는 것이다. 전사적인 사업계획의 목표달성을 위해서는 사업실행을 위한 외부환경 분석에서부터 경영패러다임의 분석, 내부역량분석을 통해 기업의 자원요소를 측정하고 전략사업단위의 사업성장 예측, 사업포트폴리오 분석, SWOT분석, 미래의 목표달성을 위한 GAP분석에 이르기까지 다양한 분석 툴을 사용하여 사업을 예측해야 한다.

Business Plan에서는 사업의 전략적 기조에 따른 사업비전의 정의, 사업실행을 위한

인적자원의 활용, 사업목표의 정의, 사업추진에 따른 사업전개 방향을 결정하여야 한다.

전략적 사고와 행동촉진 조직의 환경을 평가하고 조직 자체의 장점과 약점을 평가함으로써 미래 지향적이고, 성과 지향적이며 환경 지향적인 사고와 행동을 가능하게 한다. 이를 통해 미래의 방향을 명확하게 할 수 있고, 행동의 우선순위 설정이 가능하므로 조직의 통제하에 그 분야에서 조직이 최대한의 재량권을 발휘할 수 있도록 도와준다.

조직을 미래지향적으로 전환 광범위한 정보수집과 다양한 대안을 탐색하여 현재 결정이 미래에 미치는 관련성을 강조하도록 요구된다. 과거의 전략사업계획이 조직의 주체가 무엇을 해야 하는가를 계획하는 것이라면, 현대적 의미의 전략적 사업계획은 조직의 주체가 어떤 조직이 되어야 하는가에 초점을 맞추는 계획으로 이해할 필요가 있다.

의사결정의 개선과 합리성 제고 미래의 관점에서 현재의 결정을 도와주며, 합리적이고 방어 가능한 근거를 의사결정자에게 제공해 줌으로써 의사결정을 지원한다.
조직 성과관리향상 진단 · 목표 · 설정 · 전략형성의 과정을 가지고 있는 전략계획을 통해 한 조직의 역량과 환경을 고려할 수 있으며, 주요한 자원배분의 결정을 가능케 한다.

■ 전통적 사업계획과 전략적 사업계획의 비교

구 분	전통적 사업계획	전략적 사업계획
목표	전제	전제되지 않음
사용목적	목표의 구체화 수단	전략적 쟁점의 확인 및 해결
방법	추세연장법에 의한 미래예측의 기초	불연속성을 전제로 조직의 환경평가
비전	목표의 진술형태	조직 비전의 개발 · 추구
비전의 적시성	낮음	높음
행위지향성	낮음	높음
활용도	낮음	높음
재량범위	최소화	최대화
포괄성	포괄적	선택적
방향성	주로 물리적 개발, 토지이용	기능을 위한 전략
과정	변경이 어려움	변경수용
형식성	획일	다양

조직의 성과기여 과정보다는 구체적인 조직문제의 확인과 해결에 초점을 맞추고, 조직이 처한 환경과 조직의 역량에 가장 잘 부합하는 최선의 결정에 도움을 준다. 따라서 조직의 상하간·부서간·사업 상호간의 의사전달을 촉진시켜 준다.

계획의 탄력성과 실용성 제고 변화하는 상황에 대응하고 새로 발생된 조직의 장점을 살리기 위한 전략계획의 업데이트에 따른 탄력성과 성과를 위한 대상 설정, 진행사항을 모니터링하기 위한 방법의 제시, 진행 중인 운영계획 및 예산지침을 제공한다.

전략적 비전 전략적 비전이란 기업이 설정하고 있는 경영이념 및 창업이념을 기초로 회사가 도달할 수 있는 최대한의 마땅히 있어야 할 모습과 목표를 설정하고 그에 도달하기 위한 시나리오·방침 그리고 행동규범을 설정하는 것이다.

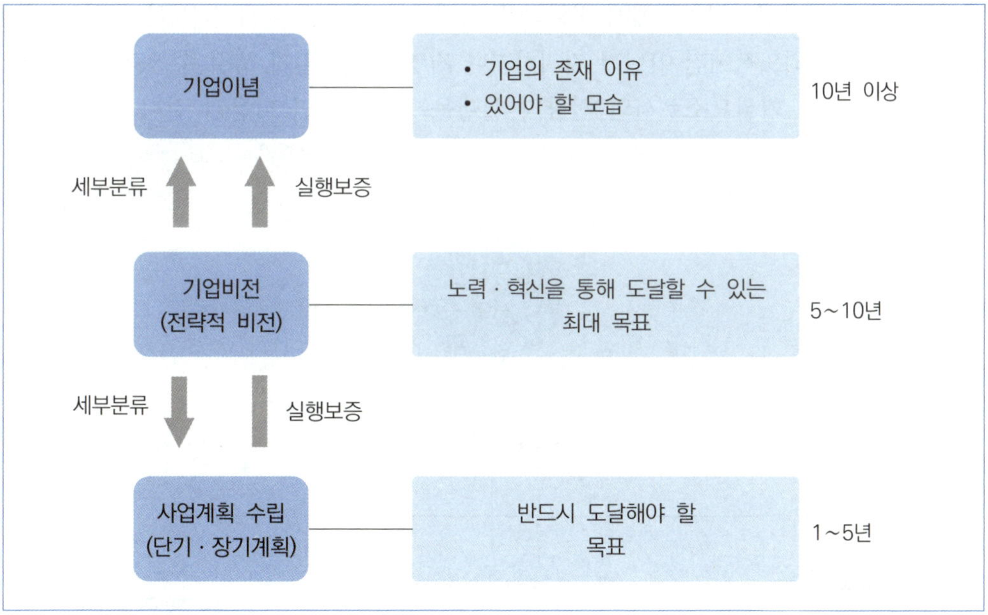

▲ 전략적 비전의 구조

전략의 수립 전체 전략수립(Strategy Formulation)은 기업전체의 전략이나 전체조직에 대한 사업계획을 수립하는 단계이다. 전략의 수립은 기업의 장기적인 목적을 결정하고 그 목적을 달성하기 위한 계획을 결정하는 것이다. 기업구조가 결정되면 기업전체 전략이 실현될 수 있도록 각 하부조직 단위마다 단기적이면서도 나름대로 전략적인 목표를 설정해야 한다.

이는 회사의 전사전략이 수립되면 각 차원의 전략이 그에 따라 수립되는 것을 의미한다. 전략의 실행을 위해 조직구성원들이 각자 주어진 업무를 수행할 때 기업전체의 방향과 개인의 업무 방향과 강도가 최대한 근접하도록 연결시킬 필요가 있다.

전략 실행의 요소 성공적인 전략의 실행에 결정적인 역할을 하는 사람들 대부분은 CEO를 비롯한 상위급 관리자가 아니라 하부 사람들을 포함한 모든 직원들이다. CEO를 비롯한 상위급 관리자들에 의하여 전략이 수립되고 그 실행에 대한 지휘가 이루어지지만, 일이 실제 성공적으로 이루어지기 위해서는 하위수준 관리자들의 능동적인 참여와 협력이 반드시 필요하다. 최고경영자의 Leadership은 중요하지만 특히 실행과정의 신속하고 성공적인 관리를 위해서는 실행을 맡은 중간 하위관리자들의 Leadership 역시 절대적으로 필요하다.

특히 비전이나 경영목표와 경영전략 및 경영정책 등을 변화시킬 때 그 중요성이 하부 사람들을 포함한 모든 직원들에게 명확하게 이해되지 않으면 실제 일을 해야 하는 사람들이 그 실행을 의도적이건 아니건 저지하거나 지연시키는 일이 생길 수 있기 때문이다. 성공적인 전략의 핵심요소로서의 전략의 실행을 도식화하면 다음과 같다.

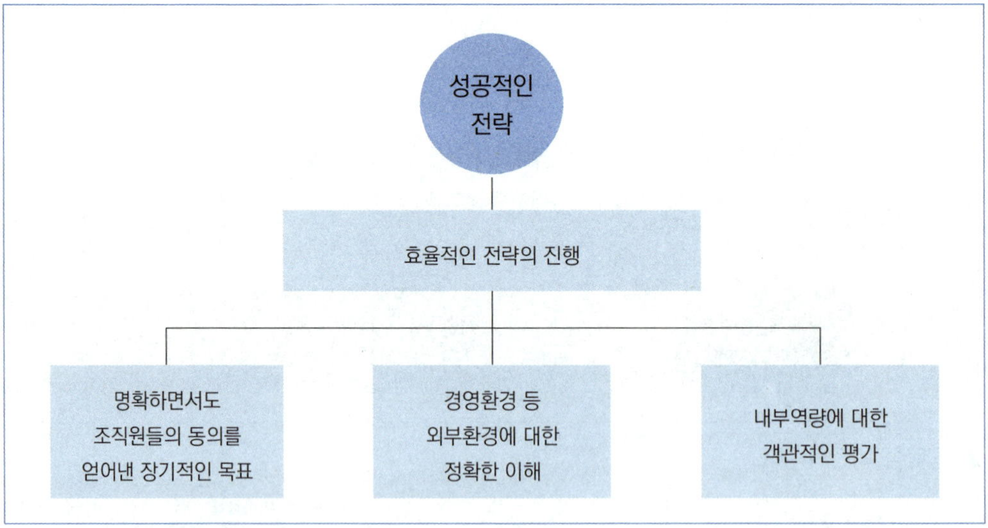

▲ 성공적인 전략의 핵심 Factor

전략달성의 기본조건 전략적 사업계획의 전략을 달성하기 위해서는 다음과 같은 기본적인 조건을 갖추어야 한다.

Vision 공유 한마음 공동체 형성을 통한 신나는 직장 만들기와 현장중시·인간존중·고객감동의 Vision을 적립해야 한다.

의사 결정력 강화 환경분석 및 미래예측 기능의 강화를 통하여 전략적 의사결정시스템을 운영해야 한다.

경쟁 및 고객 중시 체질화 경쟁력 강화를 위해 체질을 개선하고 고객지향의 Pull형 업무체계를 구축해야 한다.

전략적 인재개발 핵심역량 강화를 위한 전문가 양성 프로그램의 개발과 운영 및 외부로부터 우수인력을 확보하는데 인색해서는 아니 된다.

전략과 운영의 연계성 향상 전략과 운영의 원활한 연계를 위해서 자율 경영체제를 구축하고 장기 전략의 수립·실행·평가·보상의 연계시스템을 구축해야 한다.

3 전략적 목표의 설정

전략적인 목표의 설정은 구체적이고 측정하고 평가할 수 있으며 성취 가능할 뿐만 아니라 현실적이며, 구체적이고 적절한 일정목표를 포함해야 한다. 전략적 목표는 비전을 달성하기 위한 구체적 실행계획이어야 하고 각 단계별로 목표와 일치하는지를 측정하고 판단할 수 있어야 한다. 이러한 측정기준과 판단기준을 공유하게 되면 각 조직기능이 스스로 판단하며 수행할 수 있게 되므로 수립한 전략적 목표달성계획과 다를 때 수정목표를 어떻게 세워야 하는가를 알게 해 준다.

전략적 목표설정에 활용되는 기법으로는 BSC가 있다. BSC기법이란 Balanced Score Card의 약자로서 기존의 전통적인 재무적 관점 일변도의 경영관리에서 탈피하여 재무·고객·내부 프로세스·학습과 성장의 4가지 관점에서 목표를 설정·측정·평가한다. 그럼으로써 효과적으로 경영목표를 달성하고 지속적인 성장을 가능하게 하는 전략도구이다.

재무적 관점 (Financial Perspective) 재무적 관점은 기존의 전통적 성과측정시스템에서 주장하던 요소들과 다를 것이 없다. 즉 기업자본(자기자본과 타인자본)의 사용에 대한 적정성·안정성 등을 나타내준다. 이는 기업 재무상태의 건실성 여부를 나타냄과 동시에 다른 모든 기업경영의 결과를 반영하는 측면을 보여주는 것이다.

따라서 BSC에서는 회계적 측면을 과소평가하는 것이 아니라 다른 세 측면의 결과로 해석한다. 기업에서는 재무적 측면에서의 장기전략을 영업현금흐름(cash flow)의 극대화 또는 비용절감을 통한 이윤극대화(Lowest Cost) 등으로 세울 수 있고 이를 위한 구체적 측정치로는 잉여주주현금흐름 · 생산성장률 · 투자수익률 등을 사용할 수 있다. 이는 기업이 속해있는 산업군이 무엇인지, 또는 현재 성장기에 있는 산업인지에 따라 다르게 도출될 수 있다.

고객의 관점 고객은 기업의 입장에서 보면 수익의 원천이다. BSC에서는 세분화된 고객집단의 성향 또는 제품에 대한 만족 정도를 반영하고 있다. 이렇게 파악된 정보는 내부 비즈니스 프로세스와 종업원의 학습 및 성장측면의 결과로 반영된다고 본다.

이는 바로 고객의 취향을 중심으로 제품과 서비스를 생산 및 공급해야 한다는 측면을 강조하는 것이다. 따라서 기업은 '타겟 고객층의 만족 극대화'를 전략적 목표로 세울 수 있고, 그것의 구체적 측정수단으로서 고객의 만족 정도, 고객 유지율, 대리점 매출증가율 등을 사용할 수 있다.

내부비즈니스 프로세스의 관점 성과를 최대한으로 달성하기 위해 어떠한 프로세스에서 탁월해야 하는지 규정하는 것이 이 관점의 목표이다. 이는 바로 가치사슬(value chain)을 의미하는 것인데, 기업의 가치를 증대시킬 수 있는 핵심적 역량을 찾는 것이다.

내부 비즈니스 시각에서 고객에 초점을 둔 측정지표를 토대로 하여 자사 제품 및 서비스가 고객들의 기대를 충족시키기 위해서는 내부적으로 무엇을 해야 하는지를 파악하는 것이다. 또한 프로세스 면에서 경쟁사들보다 앞서기 위해 무엇을 준비를 해야 하며, 그것을 통해 효율적인 프로세스 과정을 만들어내는 것이다.

본 관점에서는 주로 BPR (Business Process Reengineering)에 중점을 두게 된다. 효율적인 비즈니스 프로세스 과정은 합리적 비용배분을 통한 제품 · 서비스의 생산이므로 생산과정의 효율성에 중점을 둔 성과측정치를 도출하게 된다. 따라서 신제품 출하율 · 재고수준 · 제품의 질 척도 등이 측정치로 사용된다.

BPR(Business Process Reengineering)의 개념 '할 수 있는 것'에서 '해야 하는 것'으로의 혁신적인 사고 전환을 통해 업무처리 프로세서를 목적 추구형 · 병렬 처리형 등으로 혁신시킴은 물론 이와 관련된 Infra structure 및 Technology, Organization을 동시에 혁신시켜 기업의 경쟁력을 세계 초일류 수준으로 끌어올리는 기법이다.

BPR의 목표 BPR은 기업활동을 부가가치의 창조를 위한 프로세스로 파악하는 것이며 이 프로세스란 고객의 주문부터 제품의 인도까지 이익을 실현하는데 핵심이 되는 활동들의 연결고리를 말한다. 기업은 모든 조직 및 활동을 이 프로세스에 집중시키기 위해 불필요한 부분을 모두 제거, 기업의 효율을 극대화시킨다는 것이 BPR의 목표가 되고 있다.

학습과 성장의 관점 학습과 성장의 관점은 재무적 관점과 고객의 관점, 내부비즈니스 관점의 목표들이 달성될 수 있게 하는 원동력으로써의 기능을 수행한다. 성과를 거두는 기반을 마련하고 직원들을 교육시키거나 필요한 정보가 시기적절하게 제공될 수 있도록 시스템을 갖추게 하는 것이 이 관점의 목표이다.

학습과 성장을 가능하게 하는 것은 바로 구성원의 역량과 업무환경이다. 기업 내에 이에 대한 자료가 있다면 분석을 통해 조직구성원의 역량을 가장 잘 발휘될 수 있는 요소들을 찾을 수 있다. 이때 이용되는 기법이 바로 마이닝(Mining)이다. 이 부분이 바로 제품 · 서비스 생산의 효율성과 연결되는 것이다. 기업은 이를 위해 직원만족도 · 전략이행정도 등을 측정지표로 사용할 수 있다.

TIP Mining기법

Data Mining이란 데이터 간의 관계, 패턴, 규칙 등을 찾아내고 모형화해서 통찰력과 예지력을 도출함으로써, 사실에 근거한 객관적 의사결정을 가능하게 하는 일련의 계산과정이다.

훌륭하게 구축된 Balanced Score card의 다양한 측정지표들은 일관성이 있으면서도 서로를 강화시키는 연관된 목표와 측정지표들로 구성되어야만 한다.

첫째, 모든 선택된 목표는 전략을 나타내는 원인과 결과 사슬의 일부여야 한다. 측정시스템은 다양한 시각에서 목표 상호간의 관계를 명확히 함으로써 관리되고 결과에 대한 원인을 규명할 수 있도록 고안되어야 한다.

둘째, 모든 선택된 목표와 측정지표는 궁극적으로 재무 결과에 긍정적인 영향을 줄 수 있어야 한다. 궁극적으로는 기업이 경쟁력을 지니고 수익을 올리고자 노력과 투자를 하는 것이다. 따라서 고객 · 비즈니스 프로세스 · 학습과 성장 시각에서의 목표와 측정지표들이 그 자체로 존재하는 것은 의미를 가질 수 없고 각각의 목표에 영향을 주어 궁극적으로 재무 결과에 관련되어야 한다.

셋째, 활동에 대한 결과를 가져오기 위한 원인이 되는 활동들이 회사의 측정지표들을 구성하는데 균형 있게 포함돼 있어야 한다.

TIP BSC(Balanced Score Card)

전략적 성과평과 도구로서 재무적 관점과 고객 · 내부프로세스 · 학습과 성장 측면의 3가지 비재무적인 관점을 측정 가능한 핵심성과지표(KPI)로 전환하여 관리함으로써 균형적인 경영성과관리를 실행하도록 도와주는 성과관리기법이다.

4 전략적 사업계획 프로세스

전략적 사업계획의 접근방법은 분명하고 일치된 목표를 설정해야 하며 무엇보다도 외부환경에 대한 정확한 이해가 우선된 이후 자사의 강점과 약점에 대한 객관적 평가가 이루어져야 한다. 그러한 연후에 효과적인 전략의 수행이 뒤따라야만 하는 것이다.

전략적 사업계획 수립과정 전략적 경영계획의 수립과정은 다음과 같다.

현재상황 평가 기업의 자원 · 시장추이 · 경제지표 · 경제요인 등 기업의 현재상태를 평가한다. 기업의 외적 · 내적 환경을 개관하고 기회를 이용하고 위협은 피하고자 추구하는 장기적인 목적을 설정한다. 자사의 강점과 약점이 무엇인지 평가한다.

목적과 목표의 설정 기업의 현재상황이 파악되면 목적(Goal)과 목표(Objective)를 설정한다. 목적은 기업의 사명(Mission)을 달성할 미래의 상태 또는 조건을 의미한다. 목표는 기업의 목적을 달성할 단기적이면서 더욱 구체적인 측정 가능한 Target을 말한다.

실행계획의 수립 목표달성을 위해서는 구체적인 실행계획(Action plan)이 선행되어야 한다. 이러한 행동은 목표를 달성할 구체적인 수단이다. 각 목표를 달성하는 데 도움이 되는 대안을 평가하고 이러한 수단을 통하여 목표를 달성할 자원은 무엇인지, 이러한 과정에서 발생할 장애요인은 무엇인지 규명한다.

자원배분 조직에 있어서 목표설정은 경영관리에 있어서 중요한 부분에 속한다. 목표를 설정함으로써 조직은 어떻게 인적 · 물적 · 재무적 · 시간적 자원을 활용할 것인가를 결정하게 된다. 목표를 잘못 설정하게 되면 낭비나 비효율을 가져오게 된다.

계획의 실행 실행(Implementation)이란 계획을 행동으로 실천하기 위하여 경영자원을 활용하는 것을 의미한다. 경영자와 조직구성원들은 계획을 이해하고 이를 실행하는데 필요한 자원을 준비하고 이를 효율적으로 실행하고자 하는 동기를 가져야 한다.

실행의 통제 기업이 의도하는 목표가 달성될 수 있도록 모든 경영활동을 관리해야 한다. 통제란 실제의 결과가 계획한 결과와 일치하도록 모든 경영활동을 관리해야 함을 의미한다.

전략적 사업계획의 분류기준 전략적 사업계획의 유형을 구분하는 가장 보편적인 방식은 적용범위 · 시간구분 · 계획의 구체성 · 이용 빈도 등 다양한 기준에 의해 구분할 수 있다. 따라서 전략적 사업계획의 분류기준은 독립적인 것이 아니라 상호의존적이다.

적용범위에 따른 분류 계획이 조직 내에서 적용되는 폭이나 범위에 따라 구분하는 방식으로 전략적 계획과 운영계획으로 구분한다. 전략적 계획은 조직 전반에 걸쳐 적용되며, 전반적인 조직목표를 설정하고 조직이 처한 조직 환경적 관점에서 조직의 위치와 방향을 정하고, 이것이 실현될 수 있기 위해서 어떠한 전략과 자원이 필요한가를 결정하게 된다. 운영계획은 전략적 계획에 비하여 범위가 제한되어 있고 전략계획의 전반적인 목표를 어떻게 달성할 것인가에 대하여 구체적으로 규정한 세부계획으로 전략적 사업계획을 수행하는데 필요한 활동과 자원에 비중을 두고 있다.

기간구분에 따른 분류 계획을 적용하는 기간에 따라 중장기계획과 단기계획으로 구분한다. 일반적으로 중장기계획이란 3년 이상, 단기계획이란 1년 이내를 의미하나 이러한 기간구분에 대해 규정이나 논리적 근거가 있는 것은 아니므로 이의 적용은 그 조직이 직면한 문제의 특성이나 환경에 따라 계획기간의 적용은 달라질 수 있다.

5 전략적 사업계획의 모형

전략계획의 모형은 하버드정책모형 · 포트폴리오모형 · 경쟁적 분석모형 · 이해관계자 모형 · 그리고 전략계획 체제모형이다

하버드 정책모형 하버드 정책모형(The Harvard Policy Model)은 1920년대 이후 하버드 경영대학원에서 경영정책과정의 한 부분에서 시작되었다. 하버드정책모형은 최근 많이 논의되는 공공부문과 비영리부문의 전략계획모형에 가장 큰 영향을 끼쳤다.

하버드정책모형의 주된 목적은 민간조직으로 하여금 환경과의 관계 속에서 민간조직에 가장 적합한 전략을 개발하도록 하는 데 있다. Andrew(1980)는 전략을 "민간조직의 영업을 특징 지우는 목표와 정책의 한 유형"이라고 정의하였다. 조직의 내부적 강점과 약점, 그리고 조직의 사회적 의무와 외부적 기회 및 위협 등을 잘 규명함으로써 조직에 가장 적합한 전략을 세울 수 있다.

이 모형이 효과적이기 위해서는 조직이 처한 상황과 그에 대한 적절한 전략적 대응에 대해 고위경영자들의 의견이 일치하며, 그들이 내린 결정을 강요할 수 있는 권위를 가지고 있어야 한다. 이 모형의 가장 큰 관심은 조직의 내부적 강점(strengths) · 내부적 약점(weaknesses) · 외부적 기회(opportunities) · 외부적 위협(threats) 및 조직의 활동에 영향을 미치는 규정이 무엇인가를 파악하는 데 있다.

이는 SWOT분석으로 잘 알려진 하버드 정책모형의 가장 큰 장점이다. 하버드 정책모형은 SWOT분석을 바탕으로 밝혀진 강점과 기회를 최대한 활용하고 단점과 위협요인을 최소화시키는 효과적인 전략을 개발해야 한다.

그리고 이 모형은 어떻게 전략을 발전시킬 수 있는가에 대해 아무런 충고도 해주지 못한다는 단점을 가지고 있다. 따라서 이 모형은 아래에서 논의될 포트폴리오모형 등에 의해 보완될 때 그 효과를 더 발휘할 수 있을 것이다

포트폴리오 모형 경영전략을 형성하는 데 있어 특정조직에 부합하는 외부환경과 내부환경의 분석결과를 종합하는 것은 매우 어려운 일이다. 외부환경과 내부환경을 분석적인 측면에서 보면 그 중요도가 각기 상이한 관계로 복잡한 분석결과 자료에 대한 체계적인 전략의 탐색과 정리가 어렵다. 이러한 조직의 외부환경과 내부경영 상황을 체계적으로 연결시켜 합리적인 전략방향을 모색하는 데 많은 도움을 주는 것이 포트폴리오 모형이다.

포트폴리오 분석은 외부환경으로부터 시장의 성장률과 전망을 모색하고, 조직의 내부

환경으로 조직의 시장점유율이나 경쟁능력을 선택하여 이를 중심으로 조직의 자금흐름과 자원배분 그리고 장기전략 방향을 모색하는 기법이다.

포트폴리오 모형의 장점은 시장점유율 혹은 시장의 성장률 등과 같은 전략적으로 중요한 측면들을 다각적으로 고려하여 사업이나 투자대안들의 실체를 파악하는 데 도움을 준다.

그러나 그러한 실체파악이 실제로 쉽지는 않으며 또한 전략적으로 중요한 측면이 무엇인지 알기 어렵다는 것이 이 모형의 약점이다. 그리고 거대한 전략계획과정의 한 부분으로서 이러한 기법을 어떻게 사용해야 하는지에 대한 명확성도 결여되어 있다.

경쟁적 분석모형 Michael Porter와 그의 동료들에 의해 개발된 경쟁적 분석모형의 접근법은 한 산업을 형성하고 있는 여러 세력을 분석함으로써 산업전체의 이익수준을 예측할 수 있으며, 전략적 사업단위가 택한 특정전략의 성공 여부를 알 수 있다는 것이다.

경쟁적 분석모형이 제시하는 중요한 명제는 산업을 형성하는 세력들이 강할수록 산업의 일반적 이윤수준은 더 낮아진다는 것이다. 이 모델이 가지는 장점은 산업을 평가하고 산업내의 사업 단위들이 당면한 전략적 선택들을 평가하는 체계적인 방법을 제공한다는 것이다.

이해관계자 모형 Freeman은 조직의 전략을 이해관계자에게 다리를 놓는 조직관리의 한 형태로 이해한다. 이해관계자는 조직의 미래에 의해 영향을 받거나 조직의 미래에 영향을 미칠 수 있는 개인이나 집단을 말한다. 여기에는 고객 · 피고용인 · 공급자 · 지배주주 · 정보 · 금융기관 등이 포함된다.

이해관계자 모형의 강점은 조직내부자와 외부자의 조직에 대한 보충적이거나 혹은 경쟁적인 많은 요구들이 조직에 의해 모두 인지된다는 것이다. 또한 조직이 생존하기 위해서는 최소한 주요 이해관계자들을 만족시킬 필요가 있음도 강조하고 있다.

이 모형의 약점은 경합되는 요구들 간의 우선순위를 판정해 줄 기준이 부족하다는 것과 다양한 이해관계자들의 이해관계를 다룰 전략개발에 대한 지침이 결여되어 있다는 것이다. 이 모형이 성공적으로 적용되기 위해서는 누가 중요한 이해관계자들이며 또한 그들의 요구에 어떻게 대응해야 하는가에 대한 주요 의사결정자간의 합의가 있어야 한다.

전략계획체제 모형 이 모형은 기업의 여러 기능과 수준에 걸쳐 경영자가 중요한 결정을 하고 그 결정을 집행하며 통제하는 하나의 체제를 전략계획으로 이해한다. 전략계획체제는 결정영역의 포괄성 · 결정과정의 합리성 · 결정의 집행에 대한 통제의 엄격함 등의 정도에 따라 다양한 모습을 가진다.

이 모형의 장점은 여러 수준(levels)과 기능에 걸쳐 조직전략의 다양한 요소를 조정하려고 시도한다는 점이다. 단점은 지나치게 포괄적이며, 규정과 통제 등을 강조함으로써 조직의 사명, 전략, 조직구조에 대한 관심을 상대적으로 약화시킬 수 있다는 것이다

조직의 성격이 어떠하든 간에 조직의 여러 수준과 기능에 걸쳐 결정과정을 조정하고, 조직이 전략을 잘 이행하고 있는지 또한 조직이 사명을 잘 완수하고 있는지에 관심을 가지는 전략계획체제 모형은 조직의 발전을 위해 바람직한 것이기 때문이다. 그러나 포괄성 · 결정의 합리성 · 엄격한 통제로 특징지어지는 전략계획체제 모형은 명확한 사명 · 목표 · 목적 · 집중된 권위 · 분명한 지시체제가 확립된 조직에서만 효과를 거둘 수 있다는 한계가 있다.

이상의 다섯 가지 접근법은 그동안 많은 전략계획의 방향을 제시해 왔으며, 이중 두 가지 접근법인 포트폴리오 모형과 경쟁적 분석모형은 내용중심 접근법으로 구체적인 전략을 제공해주는 데 초점을 맞춘 반면에 그러한 전략을 개발하기 위한 사회적 · 정치적 과정은 무시한다. 이와는 반대로 나머지 세 가지 접근법인 하버드정책모형 · 이해관계자 모형 · 전략계획체제 모형은 과정중심 접근법이다. 즉 해답을 제시하지는 못하나 그 대신에 해답을 개발하기 위한 과정을 제시해주고 있다.

02 중장기사업계획의 수립

기업 경영활동의 궁극적인 목적은 장기적으로 수익성이 뒷받침된 성장을 통해 기업 가치를 극대화하는 데 있다. 기업들은 이러한 목적을 달성하기 위해 각종 투자계획을 포함한 장단기 사업전략 및 계획을 수립하게 된다.

일반적으로 이러한 장단기 사업전략 및 계획은 대부분 불확실한 미래 사업환경에 대한 여러 가지 예측과 가정을 토대로 수립된다. 현재 우리가 직면하고 있는 어려움도 미래의 불확실성을 파악하고 관리할 수 있는 능력을 제대로 갖추지 못했기 때문에 발생했다고 해도 과언이 아니다.

따라서 기업가치 극대화를 위한 사업전략이나 계획을 수립할 때에는 미래의 불확실성으로 인해 발생할 수 있는 위험을 제대로 파악하고, 이러한 위험에 효과적으로 대응할 수 있는 방안을 사전에 충분히 고려하여야 한다.

중장기 경영전략 수립이란 대게 5~10년 정도의 목표기간을 염두하며 장기적인 사업전략을 재구성하거나 새로운 방법으로의 방향을 모색하는 경영 및 사업전략이다. 따라서 장기적인 시각과 거시적인 안목으로 기업 및 사업 환경의 변화에 대응할 수 있도록 하며, 그런 환경의 변화를 능동적으로 대응하기 위해 사업을 재구조하기 위한 전략적 방향을 설정하는 것이라 할 수 있다.

따라서 일정계획과 같이 상세한 계획을 의미하는 것이 아니라 백지에 사람의 형체를 어렴풋이 알아볼 수 있도록 그 윤곽을 잡는 것이다. 그러므로 중장기 사업전략에서 가장 중요한 이슈는 미래에도 우리 기업이 성장하고 보다 활성화되기 위해서는 어떠한 사업을 해야 하는가 하는 관련 사업의 선택이 핵심이라 할 수 있다.

중장기 사업전략의 수립은 그 목적이 달성될 수 있도록 하여야 한다. 사업구조의 변화와 혁신을 통한 기업의 전반적인 쇄신을 꾀하고 시대에 부응하는 신제품개발이나 서비스의 개발을 계획적으로 추진함으로써 현재 수익과 미래수익의 균형을 유지하는 것이다.

또한 목표를 명확히 하여 전략의 우선순위를 정하여야 하고, 이에 따라 적시에 적절한 자원을 배분하여 투자할 수 있어야 한다. 이를 위해 사전에 내부적으로는 조직구성원에게 기업의 미래비전을 제시하여 그들이 동기부여를 받을 수 있도록 하여야 한다.

장기적인 중장기사업 및 경영목표를 명확히 설정함으로써 단기적인 경영활동에 지침과 규율을 마련하고 기업의 경영체질을 강화하는 한편, 기업전체의 목적과 부분의 목적을 일치하도록 하여야 한다.

1 중장기사업계획의 의의

사업계획이란 기업이 환경의 변화에 대응하면서 장래의 경영활동에 관하여 의사결정을 행하고 행동예정을 구체적으로 표현하는 일이다. 광의의 뜻으로는 기업경영에 관한 모든 계획을 말하지만, 협의의 뜻으로는 그러한 계획들 중에서 경영자가 결정하는 기본적 · 전사적 · 장기적 계획만을 말한다.

계획은 기간의 길이에 따라 단기계획 · 중기계획 및 장기계획으로 나누어 볼 수 있다. 통상 길이가 2년 이내인 계획을 단기계획, 3~5년인 계획을 중기계획, 5~10년인 계획을 장기계획이라고 한다.

개념적으로 볼 때 중기는 기업이 생산시설을 확장 내지 축소하여 그 효과가 영업성적에 나타나는 시간의 여유는 있으나 새로운 분야로 진출하거나, 기존의 사업을 포기하는 시간적 여유는 갖지 못한다. 반면 장기는 새로운 사업 분야로 진출하거나 기존의 사업을 포기하고, 또 그 효과가 기업의 영업성적에 반영될 수 있는 충분한 시간을 의미한다.

중장기전략계획 중장기전략계획이란 기업이 미래에 달성하고자 하는 꿈과 의지를, 그리고 그것을 실현시킬 전략을 구체적으로 공식화하는 것이다. 급변하는 경영환경의 변화 속에서 미래의 환경변화를 예측하여 장래의 꿈이나 비전 그리고 기업이 나아갈 새로운 방향을 설정하는 일은 필수불가결한 업무가 되고 있다.

그런 의미에서 현재의 숫자를 미래로 잡아 늘리는 것, 즉 현재의 연장선상에서 세우는 장기목표와 계획은 진정한 의미의 중장기전략계획이 아니다. 진정한 중장기전략계획은 혁신적인 경영전략을 주요 내용으로 하여 미래비전을 달성하기 위해 전략의 혁신, 사업구조의 혁신을 추구하는 것이다.

기업이 꿈이나 소망을 가졌다고 해서 그것이 반드시 실현되는 것은 아니다. 그러나 꿈과 소망이 없는 기업은 절대 그것을 실현하지 못한다. 따라서 기업은 꿈과 소망을 가져야 하고, 그것을 실현하기 위해서 지금부터 무엇을 할 것인가를 선택해야 한다. 중장기전략계획은 종합전인 계획이며 체계적인 정보와 아이디어의 수집에 의거하여 많은 대체

안 중 그 우선순위를 정하고 가장 유리하게 기업 내의 경영자원을 배분하는 것이다.

여기에서 얘기한 꿈이나 소망을 기업에서는 비전이라고 말한다. 따라서 중장기전략계획이란 기업이 미래 환경변화에 적응하면서 비전을 달성하기 위해 필요한 종합적인 계획이다.

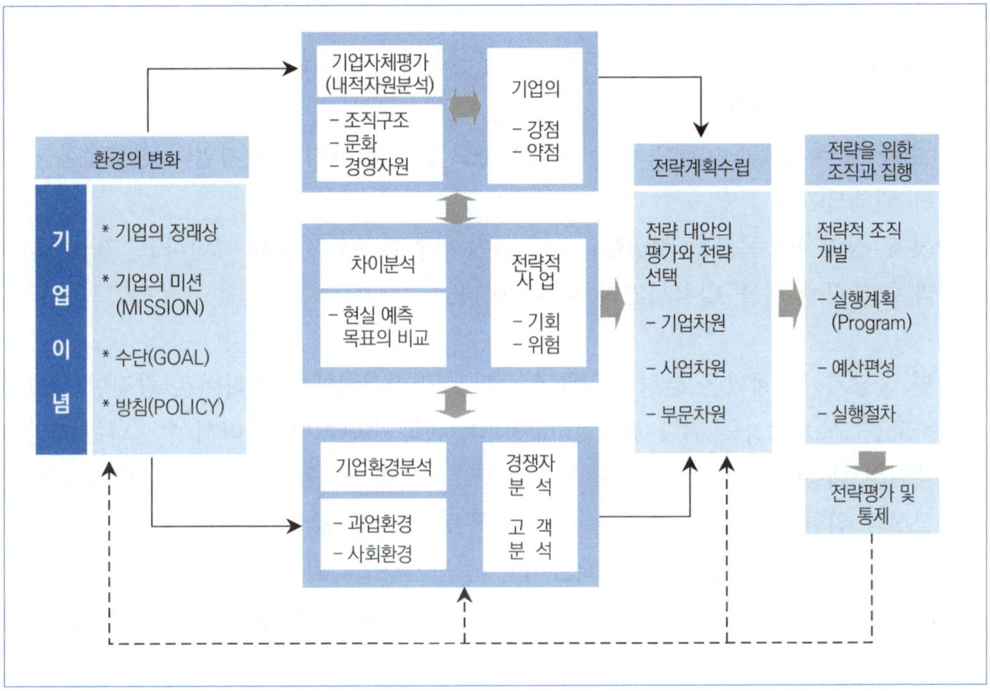

▲ 중장기경영계획의 Frame

중장기사업계획의 목적 중장기사업계획은 기업 전체를 대상으로 기업의 현재와 미래를 모두 포함하는 개념이다. 따라서 중장기사업계획의 영향을 받는 기업구성원과 경영자원 등의 내부요소를 기준으로 그 목적을 살펴보면 다음과 같이 구분할 수 있다.

첫째, 사업구조의 변혁을 통해 기업을 혁신하기 위해서이다.

즉 기존사업과 신규사업의 비중을 적절히 조정하고 이에 대한 자원배분을 올바르게 하여 투자를 사전에 하는 것이 그 목적이다. 다시 말하면 앞으로 일어날 변화를 예측하고 이를 기회로 활용하기 위해 지금부터 무엇을 해야 할 것인가를 결정하는 것이다. 기업은 중장기사업계획을 통해 새로이 나아갈 방향을 설정함으로써 기존의 틀에서 벗어나 혁신을 추구하게 된다.

둘째, 시대조류에 대응한 신제품개발이나 서비스개발을 계획적으로 추진하기 위해서이다. 훌륭한 신제품이나 서비스의 개발은 장기적 관점에서 인력과 자금을 투입함으로써 가능해진다. 중장기사업계획 없이 연차계획만으로 이를 추진하게 되면, 인력과 자금투입이 그때그때의 수익상황이나 당시 경영자의 사고에 좌우되어 새로운 사업개발이 어렵게 된다.

셋째, 현재수익과 미래수익의 균형을 맞추기 위해서이다. 신규사업이나 신제품에 대한 투자 등을 추진해야만 현재뿐 아니라 미래에도 꾸준히 수익을 확보할 수 있는 것이다.

넷째, 전사의 목표를 명확히 하여 전략의 우선순위를 정하고, 이에 따라 올바르게 자원을 배분하기 위해서이다.

다섯째, 전 사원에게 미래의 비전을 제시하고 동기를 부여하여 기업의 경영체질을 강화하기 위해서이다.

여섯째, 장기적인 목표를 설정함으로써 단기적인 행동에 지침을 마련하고, 기업전체의 목적과 부분의 목적을 일치시키기 위해서이다.

한편 중장기사업계획은 환경변화에 수반되는 불확실성에 대처하여 바람직한 목표를 설정하고 그 목표달성을 위한 전략을 개발하기 위한 수단이다. 따라서 수립되는 중장기사업계획의 내용에 따라 그 목적을 두 가지로 구분할 수 있다. 첫째는 경영에 관련된 불확실성과 위험성을 감소시킨다는 소극적 목표이고, 둘째는 기업의 재무적 · 상업적 · 경쟁적 성공률을 높인다는 적극적 목표이다. 중장기사업계획을 약으로 비유한다면 소극적 목적은 전염병에 걸리지 않기 위한 예방약의 역할이고, 적극적 목적은 신체를 더욱 튼튼하게 할 보약의 역할이라 할 수 있을 것이다.

급변하는 경영환경의 변화 속에서 미래의 환경변화를 예측하여 장래의 꿈이나 비전 그리고 기업이 나아갈 새로운 방향을 선정하는 일은 필수 불가결한 업무가 되고 있다. 그런 의미에서 현재의 연장선상에서 세우는 중장기목표와 계획은 진정한 의미의 중장기전략계획이 아니다. 진정한 중장기전략계획은 혁신적인 경영전략을 주요 내용으로 하여 미래 비전을 달성하기 위해 전략의 혁신, 사업구조의 혁신을 추구하는 것이다.

2 중장기사업계획의 필요성

오늘날의 기업경영환경은 과거보다 더 어려워졌다. 경영자는 환경변화의 힘을 인식하고 구성원들이 변화에 대한 두려움과 저항을 극복하고 이를 받아들이도록 미래 지향적인 조직분위기를 조성해야 한다.

그러나 불행하게도 많은 경영자들은 이러한 변화에 마음을 닫아 버리거나 변화에 적응하는 중장기 전략적 사업계획에 관하여 말만 할 뿐 실행에 옮기지 못하고 있다. 그 원인은 사고가 과거 지향적이고 혁신적 대응이 결여되었기 때문이다.

가장 중요한 것은 변화이다. 기업이 경쟁에서 살아남아서 성장 · 발전하기 위해서는 급속히 변화하는 상황에 적응해 가면서 경쟁력을 강화해야 하고, 이를 위해서 경영자들은 다음의 네 가지 사항을 수행해야 한다.

① 사업에 영향을 미칠 수 있는 주요 변화를 예측한다.
② 사업의 미래방향을 올바로 정한다.
③ 사업의 미래목표에 도달하기 위한 방법을 찾아낸다.
④ 채택된 방법으로 목표를 달성하기 위해 필요한 자원을 할당한다.

중장기사업계획은 기업성과를 증진시키기 위한 지속적인 과정이다. 이것을 수립하기 위해 엄밀한 과학적 방법을 동원해야 할 필요는 없다. 그러나 이것은 반드시 체계적이라야 한다.

중장기사업계획은 마치 자동차의 헤드라이트에 비유할 수 있다. 훤한 대낮에는 헤드라이트가 없어도 운전하는 데 어려움이 없으나 깜깜한 밤에는 헤드라이트가 없이 자동차가 움직이기는 곤란할 것이다.

최근 글로벌 경영환경은 불확실한 상황에 처하게 되었고, 멀리 미래를 내다보기 어려운 상황에서 헤드라이트가 되어 기업경영의 앞을 비추어 줄 수 있는 것이 바로 중장기 전략적 사업계획이다.

다만 헤드라이트가 얼마나 멀리 그리고 밝게 앞을 비출 수 있는지를 헤드라이트 전구의 성능과 전지의 에너지에 의해 좌우되듯이 중장기경영계획이 얼마나 실용성을 높일 수 있는지는 직접 중장기경영계획에 참여하는 경영자들의 능력과 자세 그리고 궁극적으로 기업이 갖고 있는 총체적인 역량에 의해 좌우될 것이다.

중장기사업계획이 성공적으로 수립되기 위해서는 그 내용이 목적성 · 일관성 · 유연성 · 미래지향성 · 창조성을 지녀야 하며 그 내용에 관하여 조직구성원 간에는 최대한의 공감대가 형성되어야 한다.

목적성 무엇을 달성하기 위해 무엇을 해야 하는지가 어느 정도 명확하고 구체적으로 표시되어야 한다.

일관성　중장기사업계획이 달성하고자 하는 목표와 그 수단이 되는 전략계획이 일관성을 유지해야 하며 자기모순을 내포하고 있으면 안 된다.

유연성　전략계획은 어떠한 고정관념이나 선입견에 얽매이지 말아야 하며, 상황변화에 대응할 대체 안이 마련되어 있어야 한다.

미래지향성　전략계획은 바람직한 미래의 경영성과를 실현하기 위한 방법을 구체적으로 기술하는 것이다.

창조성　계획을 실행에 옮기는 것이 아무리 중요하다 하더라도 지나치게 현실적인 계획은 전략계획으로서의 가치가 적다. 현상 연장형인 계획으로는 창조적이고 미래지향적인 목표를 달성할 수 없기 때문이다. 따라서 사업계획은 현실을 뛰어넘는 독창성과 창조성이 요구된다.

3 중장기경영전략의 방향

기업은 중장기경영전략을 크게 세 가지 관점에서 방향을 잡아야 할 것이다. 첫째는 가치창조, 둘째는 사회적 책임, 셋째는 성과책임이 그것이다. 사회·경제적인 변화와 기업 경영환경의 변화에 따른 기술개발로 인해 제품의 질이 상향되거나 평준화되고 인터넷을 통한 신속한 정보전달이 쉬워지는 지식·정보화 사회가 가속화되었기 때문에 그 속도는 더욱 빨라지고 있다. 이제 잘되는 기업과 그렇지 않은 기업의 차이는 고객중심의 기업과 그렇지 않은 기업으로 구분할 수 있을 만큼 고객이라는 키워드가 기업경영에 확실하게 자리 잡게 되었다.

이러한 고객중심의 경영환경 변화에 따라 기업들은 향후 중장기 전략방향을 어떻게 가져가야 할 것인가. 관점에 따라 여러 가지 의견이 나올 수 있겠지만 크게 세 가지 방향으로 압축할 수 있다.

가치창조(value creativity)　시장에서 선택할 것이 한정되어 있고 품질이나 가격이 차별화되어 있던 시대에는 고객으로부터 선택받는 것이 어렵지 않았기에 대부분의 기업은 제품이나 상품 또는 서비스 자체를 기업의 입장에서 파는 것에만 급급했다. 그러나 지금의 현실은 고객들이 선택할 수 있는 경우의 수가 너무 많다 보니 기업에게는 마음

쓰린 고통이겠지만 웬만해서는 고객의 눈길조차 받기 힘들 지경이고 High Quality, Low Cost, High Speed조차 기본이라 불릴 정도다. 회사를 살리고 싶다면 고객의 기대를 가치화하여 지극히 고객중심으로 상품과 서비스의 포지셔닝에 대해 새로운 가치개념을 도입하여 고객에게 다가가야 한다. 20세기 기업의 가치창조에 가장 중요하게 기여했던 유형자원을 뛰어넘어 21세기에는 무형자원이 가치창조에 절대적으로 기여할 것이다. 각 사업별로 기존의 유형자원에 더해서 무형자원을 어떻게 활용할 것인가를 전략적으로 고민해야 할 것이다.

사회적 책임(social responsibility) 국제표준화기구인 ISO에서는 품질(9000시리즈)과 환경(14000시리즈), 안전(18000시리즈)기준에 이어 기업의 사회적 책임기준을 정의한 26000시리즈를 2010년 11월에 제정 발표했다.

ISO의 사회적 책임범위를 보면 부정부패 · 인권보호 · 환경 · 노동 분야로 구성되어 있으며 앞으로는 제품이나 상품 · 서비스 자체의 품질이나 가격보다도 그 제품을 만드는 기업이 얼마나 사회적 책임과 의무를 다하느냐에 따라 소비자들의 선택이 달라질 전망이다. 그만큼 이익창출이 기업생존의 충분조건이 더 이상 될 수 없다는 뜻이다.

기업이 이러한 사회적 책임을 다하기 위해서는 최근에 이르러 사회적 화두가 되고 있는 '지속가능경영'을 이제는 구체적으로 경영전략 측면에서도 실천해야 할 것이다. 지속가능경영의 핵심은 윤리 · 사회적 책임과 친환경이다. 예전에는 제품의 품질이나 가격이 수익의 원천이었다면 이제는 사회적 책임의 결과로 얻어지는 것이 수익이다.

피터 드러커는 일찍이 기업의 존재 목적이 '고객만족의 극대화'라고 설파했고 앨빈 토플러는 기업의 존재 목적을 '구성원들의 능력개발'이라고 하였다. 즉 내부 구성원들의 능력을 지속적으로 개발하면 역량이 강화된 구성원들이 고객을 만족시킬 것이고 만족된 고객은 계속 해당기업에 충성하여 결국 기업의 이윤이 극대화되는 것이다.

성과책임(performance accountability) 기업이 변화된 경영환경에서 살아남기 위해서는 과거 환경에서 유효했던 중앙집권식 통제중심의 조직구조나 경영관리 메커니즘을 성과책임중심으로 과감하게 리모델링해야 할 것이다.

기업을 둘러싸고 있는 외부 경영환경은 이미 고객중심으로 변했는데 기업의 경영관리 프로세스나 의사결정 메커니즘은 아직도 공급자중심의 중앙집권방식이 많기 때문이다. 이러한 방식으로는 급변하는 시장환경에서 살아남을 수가 없다. 먼저 조직을 중앙집권적인 피라미드조직에서 스포츠구단 조직으로 과감하게 전환시켜야 할 것이다. 흔히 변화에 둔감하다고 생각했던 정부기관마저도 각 부처에 실질적인 '팀제'가 도입되면서 자율 · 성과 · 책임 중심으로 조직을 관리하고 있다.

또한 기업 내 모든 역량을 고객접점에 있는 선수들인 구성원들에게 집중시켜야 한다. 전문경영인이나 사업부장 · 팀장 · 팀원에게 믿고 맡겼으면 성과를 가지고 책임을 물어야지 과정이나 절차를 일일이 간섭해서는 창의적인 기업가정신이 나올 수가 없다.

앞에서 이미 언급한 가치창조나 사회적 책임보다 기업에게는 전체 경영 메커니즘을 시장 · 고객 · 성과중심으로 혁신하는 것이 장기적으로 보면 훨씬 중요한 과제라고 본다. 창의적 핵심인재가 경영의 핵심축이라고 누누이 얘기들 하고 있지만 정작 기업내부에 들어가 보면 아직도 우리는 산업사회 경영관리의 틀에서 벗어나지 못하는 경우가 비일비재하다.

또한 기업이 탁월한 경영성과를 원한다면 고객접점에 있는 구성원들을 신바람 나게 만들어야 한다. 그렇지 않으면 외부고객만족은 있을 수 없다. 조직구성원을 신바람 나게 하려면 비전과 목표를 분명히 제시하고 실행방법은 과감하게 권한을 위임하고 성과는 파격적으로 보상하는 방법이 유용할 것이다.

경영전략과 HR의 연계 조직의 향후 경쟁력에 대한 관점은 항상 이슈 거리이다. 과거 기업들의 경영전략 내용이 주로 생산과 마케팅에 중점을 둔 것에 비해 향후에는 인적자원을 어떻게 성과 지향적으로 경영할 것인가에 기업의 경쟁력을 가늠하는 중요한 잣대로 사용될 것이다.

기업의 경쟁력 증대 및 성과의 극대화는 곧 미래를 약속하는 것이기 때문이다. 기업의 경쟁력을 높이고 성과를 극대화시키기 위한 전략 방향은 크게 네 가지로 압축할 수 있다.

첫째, 기업의 비전이나 중장기전략과 맥락을 같이 하는 개인별 경력비전을 명확하게 합의하여 설정해야 할 것이다. 기업입장에서의 비전도 중요하지만 이제는 구성원들의 경력개발에 대한 비전이 와 닿지 않으면 아무리 보상이 파격적이더라도 과감하게 이동할 것이다.

둘째, 조직이 수평적인 조직으로 운영되기 위해서는 무엇보다 인사조직이 내부고객 중심으로 변화하고 조직의 현장관리자들을 통제적 관리자가 아닌 성과 지향적 경영자로 탈바꿈시켜야 할 것이다. 기업전체 입장에서 눈에 보이는 외부 경영환경에 대처하는 것도 중요하지만 인적자원관리 관점에서 가장 시급한 것은 바로 중간관리자들의 리더화이다.

셋째, 직원들을 아마추어에서 프로페셔널로 혁신시켜야 한다. 기업규모가 커지고 인원이 많을수록 구성원들은 조직의 크기와 시스템에 안주한 채 진정한 창의적이고 모험적인 프로의 모습을 잃어가고 있다. 내부경쟁시스템을 과감하게 작동시켜 구성원들이 스스로 실행한 자율적인 의사결정의 결과가 어떻게 자신들에게 영향을 미치는지를 보상뿐만 아니라 다른 측면에서도 느끼게 해주어야 한다.

넷째, HR의 기반을 보유능력중심에서 발휘역량중심으로 구조를 조정해야 한다. 역량중심으로 재조정하기 위해서는 해당기업만의 독특한 성과에 미치는 역량을 관찰하고 실험해야 한다. 기업이 고객들에게 경쟁자와는 차별화된 부가가치를 전달해 주기 위해서는 구성원들의 행동이 차별화되어야만 가능하다. 해당기업만의 독특한 색깔과 메커니즘을 구성원들에게 습관화되도록 해야 할 것이다

중장기사업계획 수립의 효과 중장기사업계획이란 미래를 위하여 사전에 포석을 하는 것이다. 따라서 기업은 증상이 나타난 후에 병을 치료하는 사후적인 경영이 아니라 미리 병을 예방하는 사전적 · 미래지향적 경영 활동을 수행할 수 있게 된다. 그러나 기업은 중장기사업계획을 수립하는 과정에서 다음과 같은 여러 가지 부수적인 효과를 얻게 된다.

첫째, 우선 중장기사업계획을 수립하는 과정을 통해 최고 경영층 · 전략실무부서 · 관리자 등 참여자들은 전략적 사고능력을 갖게 된다. 미래를 내다보는 안목을 갖게 되며, 한 부분이 아니라 기업 전체의 모습을 살펴봄으로써 나무가 아닌 숲을 보는 거시적인 안목을 갖게 되는 것이다.

둘째, 모든 참여자는 거시적인 안목을 통해 자신이 속한 기업을 분석함으로써 기업이 현재 어디에 위치하고 있는 가를 알 수 있게 된다. 중장기사업계획 수립과정을 통해 이에 참여한 자는 기업에 대한 보다 객관적인 시각을 갖게 된다.

셋째, 참여자는 전략회의나 그 밖의 과정을 통해 자신과 다른 참여자간의 견해차를 발견할 수 있게 되는데, 이는 상호 이해를 위한 첫걸음이 되며 또한 자신을 비판적 시각으로 성찰하여 스스로를 객관화시켜 보는 계기를 마련해준다. 이러한 과정을 통해 전사적인 커뮤니케이션이 개선될 수도 있다. 이러한 변화는 모든 참여자가 기업의 미래를 구상한다는 동일 목적을 추구하는 가운데 기능별 또는 상하간의 의견교환이 부족하여 서로의 입장을 이해하진 못하던 그 동안의 상황을 극복하고 허심탄회하게 의견을 개진함으로써 자연스럽게 나타나는 것이다.

넷째, 참여자들이 기업의 미래와 관련된 자신의 견해를 피력하고 그것이 중장기사업계획에 수렴될 때, 이들의 동기는 크게 유발되는 것이다. 즉 과거에는 소극적이고 수동적이던 구성원들도 자신의 의견이 포함된 기업의 미래상이 현실화되면 기업에 대하여 더 많

은 애착을 갖게 되고 따라서 적극적이고 능동적으로 기업경영에 참여하게 되는 것이다.

다섯째, 미래의 경영자는 지금까지의 경영자와는 다른 능력을 필요로 한다. 즉 미래 예측능력, 투철한 경쟁마인드, 정보마인드와 거시적인 시각을 가진 자만이 앞으로 성공적인 경영자가 될 수 있다. 이러한 경영자는 하루아침에 탄생되는 것이 아니고 오랜 경험과 교육을 통해 만들어지는 것이다. 전략회의에 참여하는 관리자들과 실무자들은 이 과정을 통해 위에서 언급한 경영자가 갖추어야 할 능력을 갖추게 된다.

여섯째, 개별적인 사업 프로젝트를 중장기사업계획과 연계시키면 중장기사업계획의 효과를 높일 수 있는 것이다. 특히 매수나 합병 등과 같은 전략적인 프로젝트는 중장기사업계획의 범위 안에서 세워져야 한다. 왜냐하면 매수나 합병은 그 성질상 기업의 장래를 좌우하는데 만약 이 판단을 중장기사업계획의 범주 밖에서 한다면 기업 전체적인 차원에서 시너지효과를 얻기가 어렵기 때문이다. 반면에 중장기사업계획을 수립해 놓은 상태에서는 우연한 제의나 문득 떠오른 생각·착상 등에 의한 개별 프로젝트가 나타나더라도 그 내용을 중장기경영계획에 맞추어 평가함으로써 시행착오를 피할 수 있다. 바로 이러한 문제 때문에 기업이 처한 상황의 인식, 문제발견, 개별 프로젝트의 우선순위 결정, 자원배분 등을 중장기사업계획의 범위 안에서 해야 하는 것이다.

4 중장기사업계획 수립절차

중장기사업계획 수립에 있어 신사업이거나 기존사업에서 한 사업 및 기업의 단기사업계획을 비롯하여 중장기사업계획의 수립은 기업 존속과 생명을 좌우하는 중대한 계획 중에 하나이다. 기업 전체 차원에서 최적화를 확보하는 전략수립방법은 다음과 같이 나타낼 수 있다.

① 기업이 나아가고자 하는 미래의 바람직한 모습인 비전을 세운다.

② 이러한 비전을 달성하기 위한 10년 정도 기간의 목표와 사업구조 모습을 그리는 장기경영전략을 세운다.

③ 기업의 실제 경쟁이 일어나는 사업영역인 전략사업단위를 세우고 전략사업 단위별 경쟁력을 평가한다.

④ 각 전략사업단위의 경쟁력 평가의 결과를 바탕으로 장기 경영전략에서 주어진 중기목표를 달성하는 전략 및 전략사업단위의 포트폴리오를 구성하고 각 전략사업단위에게 목표를 부여한다.

⑤ 중기사업전략에서 기업전체 차원을 고려한 전략사업단위의 목표가 결정되면 이에 일관성을 유지하는 전략사업부의 경쟁전략 대안을 선택하고 확정한다.

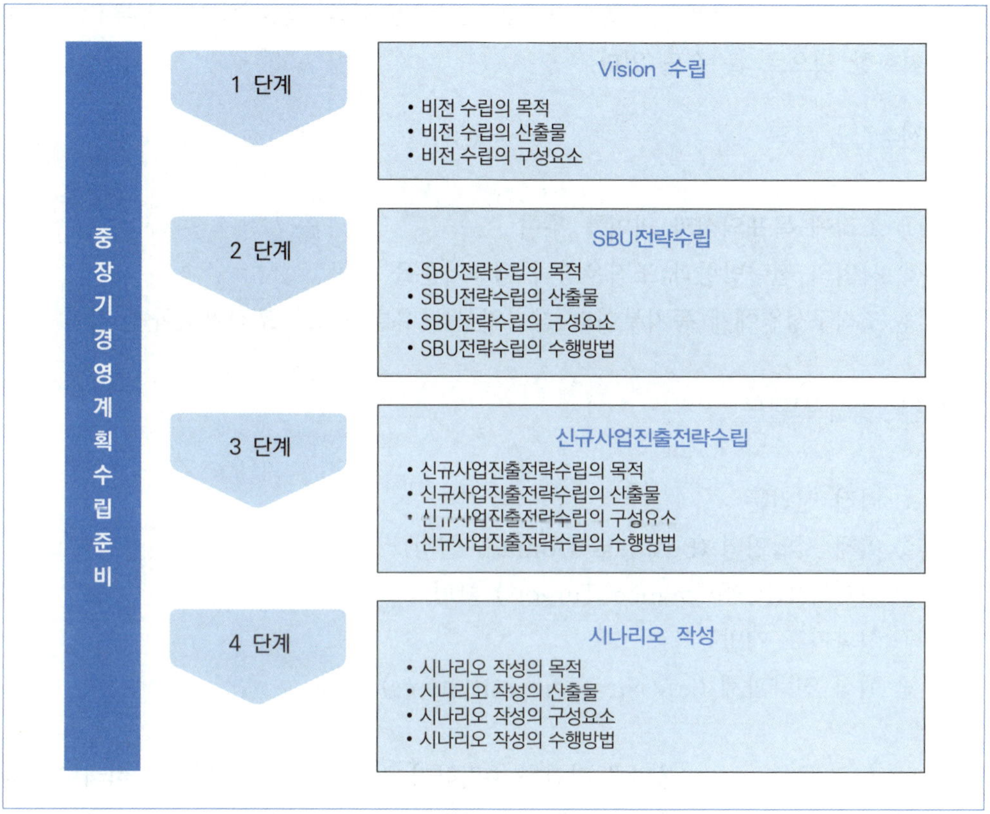

이러한 중장기사업계획의 목적이 달성될 수 있도록 사전 중장기사업계획 수립 단계를 꼼꼼히 수행할 필요가 있는데 중장기사업계획 수립의 일반적인 단계는 4단계로 다음과 같이 진행될 수 있다.

제1단계(비전수립) 전략의 효과적인 수립과 실행에 있어서 가장 중요한 것이 바로 조직전체의 몰입(commitment)을 얻어내는 것이다. 자신을 희생해 가면서 조직을 위해 맡은 일에 최선을 다해 열성적으로 하는 몰입이 생기는 데는 비전이 결정적인 역할을 한다.

이 때 비전이란 한 조직의 미래에 대한 이미지로 총체적인 조직의 미래상을 말한다. 비전은 한 조직이 여러 활동을 통해 도달해야 하는 종착지로 현재보다 성공적이고 더 바람직한 미래상을 기술해 놓은 것이다.

비전은 오랫동안 변하지 않기는 하지만 그래도 정기적으로 변하는 요소로서 언제까지 어떤 회사가 된다. 라는 어떻게 보면 기업전략 · 경쟁전략 · 기능전략 그리고 그것을 숫자로 표현한 재무적인 목표까지도 종합적으로 포괄하게 된다. 혹은 재무적인 목표가 비전을 수치화한 것으로 볼 수도 있다.

비전수립의 목적

① 조직에 목표의식과 의미를 부여
② 사업의 전략방향과 조직운영의 행동기준을 제공
③ 조직구성원에게 동기부여와 참여의식을 유발함으로 조직활성화에 기여

비전수립의 산출물

① 비전 선언문
② 미래 사업영역 (Business Domain 설정)
③ 성과목표(Performance Targets) 확립
④ 성과지표 개발
⑤ 핵심 전략과제 (key Strategic Initiatives) 도출

비전수립의 구성요소 올바른 비전을 수립하기 위해서는 최고경영자는 미래 경영환경에 대한 흐름(Trends)을 읽을 줄 아는 식견(insight)과 직관력(Intuition) 그리고 그와 같은 미래관을 조직구성원들이 공유할 수 있도록 하기 위한 리더십을 필요로 한다. CEO의 의지가 반영된 전략적 비전을 수립하기 위한 핵심요소는 다음과 같다.

① 미래관의 설정
② 회사 열망의 구체화
③ 조직역량의 확인
④ 세계 수준의 벤치마킹

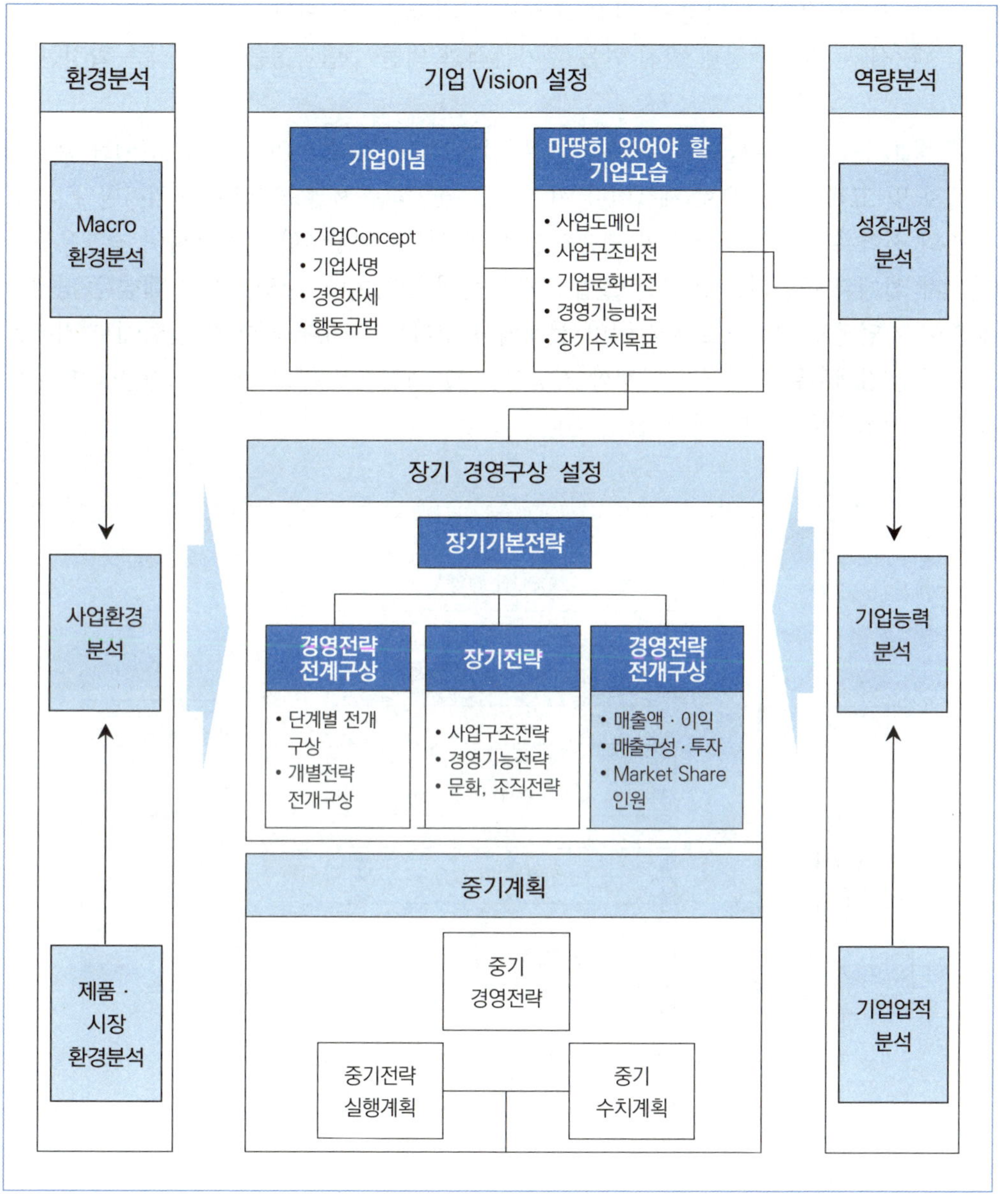

▲ 비전수립체계

비전수립의 수행방법

① 최고경영자가 기업이 나아가야 할 방향을 제시한다.

② 실무전담 팀에서 각종 분석과 의견을 수렴해서 비전의 초안을 작성한다.

③ 최고경영진은 작성된 비전 초안을 토의하고 수정한다.

④ 실무 팀은 수정된 비전 안을 추가분석과 의견 수렴과정을 거쳐 최종 확정한다.

제2단계(SBU전략 수립) 전략사업단위인 SBU(Strategic Business Unit)란 분명한 경쟁자 및 고객을 대상으로 제품이나 서비스를 제공하는 사업조직단위를 의미한다. 사업수준의 전략은 특정한 개별적인 제품시장을 대상으로 핵심역량을 개척하여 경쟁우위를 얻고자 설계된 통합되고 조정된 몰입과 행동들의 집합이다. 사업전략의 핵심은 경쟁할 산업이 기업전체 차원으로부터 이미 선택되어 있다는 점이다. 나아가 산업에서 경쟁을 능가하는 경쟁우위를 어떻게 달성할 것인가를 그 초점으로 하고 있다. 시장을 의미하는 고객은 사업수준의 전략의 초점이 된다.

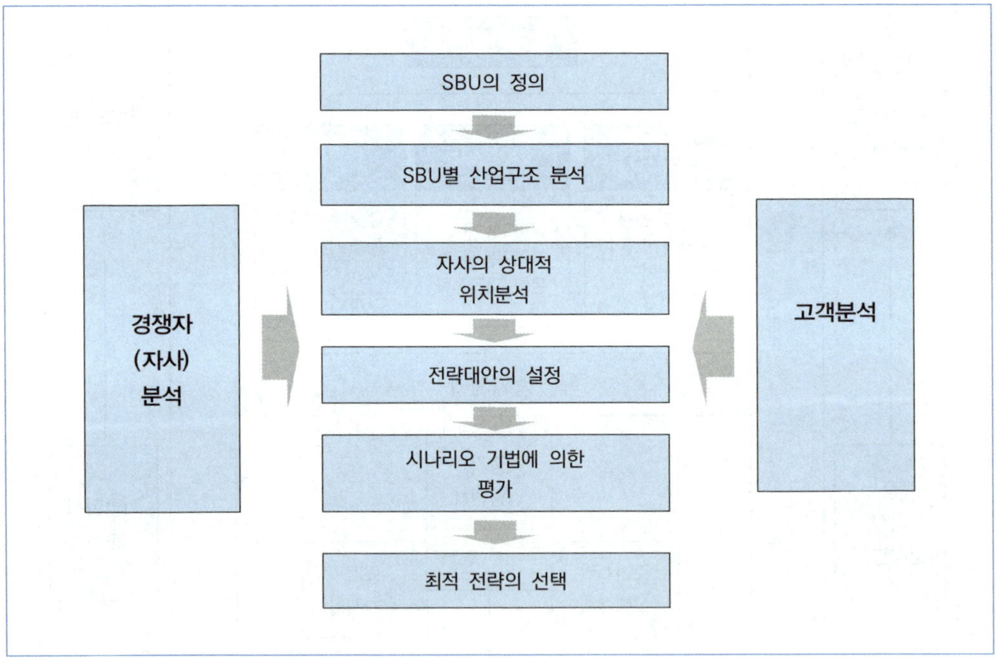

▲ SBU 전략수립 모델

SBU 전략수립의 목적

① 조달 · 생산 · 마케팅 등 기업의 핵심활동을 수행함에 있어서 경쟁기업보다 상대적으로 앞서는 핵심역량을 개발해 최대한 활용함으로써 사업의 경쟁우위 확보.

② 사업단위의 경쟁전략수립 접근방법은 전략 수립의 대상이 사업부로서, 실제로 경쟁이 발생하는 사업영역을 대상으로 경쟁우위를 차지하기 위한 전술적 전략을 마련.
③ 사업단위별로 나누어 경쟁자를 보다 쉽게 인식

SBU 전략수립의 산출물

① 업계동향 및 추세
② 경쟁자의 행동 예측
③ 자사분석
④ 고객분석
⑤ 시장점유율
⑥ 전략대안의 구체적인 실행 수단

SBU 전략수립의 구성요소

① 전략사업단위의 설정
② 산업구조 분석
③ 경쟁사 분석(자사분석)
④ 자사의 위치분석

SBU 전략수립의 수행방법 SBU 전략수립의 출발점은 전략사업단위에 대한 규정이다. 전략사업단위는 기본적으로 계획실체(Planning Entity), 즉 하나의 계획이 적용되는 대상이어야 한다. 이와 동시에 반드시 경쟁실체(Competity Entity), 즉 특정 경쟁자를 대상으로 하여 경쟁을 벌이는 주체여야 한다. 전략사업단위의 목적은 회사가 속한 시장을 전체적으로 조망하면서 유리한 위치를 찾아내고자 하는 것이다.

산업구조에 대한 분석 산업구조에 대한 분석은 산업의 5가지 경쟁요인에 대한 분석과 이들을 통합한 동태적 변화과정을 파악하는 것이 중요하다. 또한 산업 내에서 유사한 전략을 취하는 전략집단의 구분도 상당히 중요하다.

경쟁자분석과 고객분석 경쟁의 목표인 고객에 대해서 분석을 해야 한다. 또한 자사에 대해서도 분석해야 하는데 자사분석은 경쟁기업과 별도로 진행되는 것이 아니다.

자사분석의 목적은 자사의 강점과 약점이 파악에 있고, 강점과 약점의 분석이란 결국 경쟁자에 대비한 개념이기 때문이다. 즉 경쟁자분석과 자사분석은 항상 동시에 이루어져야 한다. 더욱이 경쟁자에 대응해서 상대적인 경쟁우위를 확보하려면 제품을 구매하는 구매자가 이를 받아들여야 하므로 고객에 대한 분석이 별도로 이루어져야 한다.

자사의 위치분석 경쟁사 · 자사 · 고객의 분석을 통하여 기업은 자사의 상대적 위치를 파악하게 되고 경쟁기업보다 우위에서 전략대안을 개발할 수 있게 된다.

제3단계(신규사업진출 전략수립) 기업을 둘러싸고 있는 환경은 시시각각 변화하고 있다. 이러한 변화는 단순하게 개별기업에 영향을 주는 것만은 아니고, 제품 라이프 사이클 단축, 신산업의 탄생 등 산업의 성쇠에도 영향을 미친다. 이와 같은 환경 하에서 혁신적 기업은 본업에 대신하는 주력사업의 육성이나 환경변화에 의해 새롭게 발생하는 사업기회를 잡아서 본업을 지원하거나 또는 제2의 주력사업 육성을 성공적으로 이루기 위한 방향을 설정하는 것이다.

전략수립의 목적

① 신규사업진출을 통한 기존 퇴출사업 대체
② 고부가 가치 사업군 형성

전략수립의 산출물

① 메가트렌드 분석
② 유망사업 분석
③ 유망산업 인식도
④ 산업예측 Matrix
⑤ 벤치마킹을 통한 사업기회 분석
⑥ 사업특성 및 진입능력
⑦ 사업매력도 분석
⑧ 사업전망 Matrix 산업구조 분석
⑨ 성장추세 분석
⑩ 신규사업 진출전략

전략수립의 구성요소

① 신규사업 진출가능분야 파악
② 사업전망 분석
③ 선정사업 분석

전략수립의 수행방법 신규사업을 개발하는 방법에는 여러 가지가 있다. 핵심역량을 이용한 방법, SWOT 분석을 통한 방법, 선도기업 벤치마킹을 통한 방법 그리고 이를 종합하는 방법 등 기업의 상황에 맞추어 사용할 수 있을 것이다. 이 책에서는 가장 일반적으로 사용하는 분석을 중심으로 살펴보도록 한다. 이러한 방법에 사용 가능한 다른 기법들을 혼용하여 사용한다면 더욱 정교한 신규사업진출 전략수립이 가능할 것이다.

메가트렌드 분석 가장 먼저 미래학 서적 혹은 외부 전문가 집단의 의견을 종합하여 미래의 가장 중요한 트렌드를 도출한다. 보통 워크숍(Work shop) 등을 통하여 분석하고 그 결과를 종합하는 형식이 일반적으로 사용된다.

유망사업 선정 메카트렌드 분석에서 도출된 유망산업분야별로 신사업기회를 구체화하고 미래 유망산업에 대한 경영진 또는 관리자의 인식을 투자시급성과 투자 집중성 · 사업전망과 강점 활용 측면에서 분석하며, 이를 전문가 집단에 다시 검증을 받는다.

사업전망 분석 사업을 지배하는 일반적인 성격을 분석함으로써 사업의 특성을 파악하여 사업성공을 위한 핵심성공요인을 도출하고 각 핵심성공요인에 대한 자사의 능력평가의 기초자료로 활용한다. 자사에 대한 능력평가는 강 · 중 · 약으로 표시를 하며 가능한 한 각 항목내용을 구체적으로 계량화하도록 한다.

사업전망 Matrix 사업전망 Matrix 분석을 통해 유망하다고 판단된 신규사업은 별도로 정리한 후 산업구조분석 및 성장추세분석을 통해 보다 구체적인 분석을 하고, 추가적으로 사업진입계획 및 매출계획도 함께 작성하도록 한다.

TIP PPM과 BCG Matrix

PPM(Product Portfolio Management)은 전략적 강점을 지닌 특정 사업에 대한 지원을 결정하기 위한 포트폴리오 전략 분석을 위한 대표적인 모델로서 산업구조분석에 이용된다. BCG매트릭스란 기업수준에서 각 전략사업단위가 속해 있는 시장의 성장률과 각 전략사업단위가 그 시장 내에서 차지하는 상대적 시장점유율을 기준으로 사업 포트폴리오를 평가하는 성장추세분석 기법이다.

① 사업매력도 분석 : 신규사업 후보군을 일정한 기준에 따라 평가하여 자사에 매력도가 높은 사업을 선정하기 위한 분석방법으로 각 평가항목에 대하여 5등급 평가기준을 설정하여 평가하고, 각 평가항목별 가중치를 부여하여 최종 평가한다. 평가항목에는 보통 시장규모 · 성장성 · 진입강도 · 경쟁강도 · 투자규모 등이 보통 사용된다.

② 신규사업 진출전략 : 기존 분석을 토대로 진행일정 및 방법들을 사업별로 작성한다.

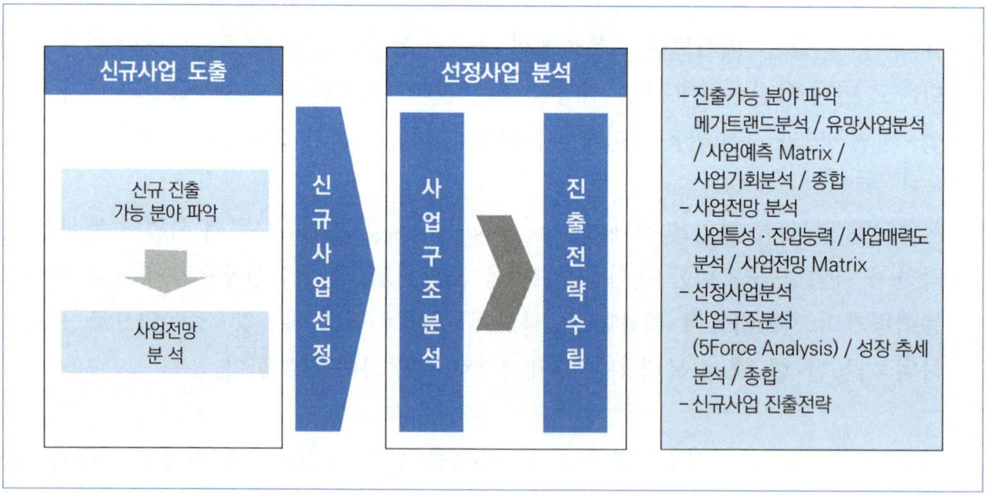

▲ 신규사업진출 프로세스

③ Five Forces 분석 : Five Forces 분석을 통해 진입장벽 분석, 공급자의 교섭력 분석, 구매자의 교섭력 분석, 대체재의 위협 분석, 기존산업 간의 경쟁 분석을 종합하여 그에 따라 기업의 전략방향을 서술한다.

TIP Five Forces 분석

마이클 포터의 5 Force Model은 산업구조분석을 통해 진입하려고 하는 산업에 대하여 기업이 사업 전략수립을 할 때 사업전략의 결정에 현재 영향을 주거나 향후 영향을 줄 수 있는 5가지의 진입장벽인 외부적인 요인을 분석하는 기법이다.

제4단계(시나리오 작성) 기업의 비전을 수립하고 비전 달성을 위한 중장기전략을 수립하는 단계에서 기업이 고려해야 하는 사항은 내·외부환경에 상존하는 불확실성에 관한 것이다. 이 때문에 불확실성이 전략에 미치는 의미를 충분히 이해하기 위한 도구로 시나리오기법이 있다.

시나리오란 기업에 관련된 불확실한 환경적 요인들, 그것이 기업에 미칠 영향 그리고 이에 대응하기 위해 기업이 취할 행동방향 등을 서술해 놓은 각본을 말한다. 즉 미래상황이 어떤 형태로 전개될 것인가를 미리 예측하여 펼쳐 놓은 것을 시나리오라고 부르는 것이다.

시나리오 작성의 목적

① 회사가 자신의 현실을 발견함에 있어서 잠재적 환경을 밝힌다.
② 서로 다른 환경 내에서 성공을 위하여 요구되는 사항을 밝힌다.
③ 각각의 환경에 우선하는 핵심지표를 평가한다.
④ 장기전략 수립을 지원한다.

시나리오 작성의 산출물

① 미래의 산업구조
② 산업의 구조적 매력도에 대한 시사점
③ 경쟁기업의 반응
④ 경쟁우위의 원천에 대한 시사점

시나리오 작성의 구성요소

① 환경요인
② 시나리오 구성요인

③ 시나리오 전제요인
④ 시나리오 참고요인
⑤ 시나리오 축

시나리오 작성의 수행방법

① 산업구조에 영향을 주는 불확실성 요인도출 : 산업구조에 영향을 미치는 추세만을 고려해서 전략을 수립할 경우 산업구조에 중대한 변화를 일으킬 수 있는 불연속적인 불확실성을 간과할 수 있다. 때문에 아무리 확률이 낮은 불확실성 요인이라 하더라도 산업구조에 잠재적으로 큰 충격을 줄 가능성이 있다고 판단된다면 무시해서는 아니 된다. 때문에 이런 불확실성이 산업구조에 어느 정도로 어떻게 어느 방향으로 영향을 미칠 것인가 등에 대한 분석이 이루어져야 한다.

② 시나리오 변수의 결정 : 시나리오는 각 시나리오 변수별로 실현 가능한 가정들에 근거하여 작성 된다. 시나리오는 시나리오 변수에 대한 일련의 가정으로부터 출발하는 것이다. 시나리오 변수를 선택하는 기준으로는 다음과 같은 것들이 있다.

- 전략적 중요성이 높은 시나리오 변수부터 선정한다.
- 불확실성 요인 발생가능성이 높은 시나리오 변수부터 선정한다.
- 불확실성 요인으로 인해 발생한 결과를 예측하기 어려운 시나리오 변수부터 선정한다.
- 보다 근원적인 환경요인부터 시나리오 변수로 선정한다.

③ 시나리오 변수에 대한 가정 도출 : 시나리오를 작성하기 위한 다음 단계로는 각 시나리오 변수에 대한 여러 가정들을 만드는 것이다. 시나리오 변수에 대한 가정은 미래 산업구조들의 차이점을 노출시키는 동시에 각 변수의 실현 가능한 범위를 제한시킨다.

④ 제반 가정의 일관성 검토 : 시나리오 변수에 대한 가정의 범위가 결정되면 이러한 시나리오 변수에 대한 가정들이 서로 일관성이 있는가를 검토해 보아야 한다. 흔히 시나리오 변수들은 서로 영향을 주고받기 때문에 그들에 대한 가정들이 내적으로 일관성이 없는 경우도 있으며, 이럴 경우 일관성 없는 가정들로 작성된 시나리오는 분석대상에서 제외되어야 한다.

- 산업 시나리오 작성 및 분석
- 각 시나리오 별 최적 경쟁전략 수립

위와 같은 방법으로 도출된 다양한 시나리오 별로 최적 경쟁전략을 수립한다. 하나의 시나리오에서 수립된 전략은 불확실에 대한 위험성이 높다. 그러나 모든 시나리오를 전부 고려하여 전략을 개발하려면 많은 시간과 비용이 소모된다. 또한 서로 다른 시나리오를 가정한 전략은 모순된 결과를 초래하기 쉽다. 기업이 상이한 전략적 시사점을 제공하는 시나리오에 접했을 때 전략을 선택하는 데는 다섯 단계 혹은 다섯 가지 방법을 결합한 기준으로 선택하는 것이 좋다.

① 가장 가능성이 높은 시나리오 선택

② 가장 가능성이 많아 보이는 시나리오를 중심으로 전략을 구성

③ 가장 좋은 미래를 보여주는 시나리오 선택
기업이 주어진 경쟁적 위치와 자원으로 가장 지역적으로 장기적인 전략적 우위를 이룩할 수 있는 시나리오에 대해 전략을 구성하는 것이다.

④ 위험을 분산하는 방법 : 모든 시나리오, 혹은 최소한 발생 가능성이 있는 것으로 생각되는 모든 시나리오에서 만족스러운 결과를 도출할 수 있는 전략을 선택하는 것이다. 일반적으로 위험분산 효과를 도모하게 되면 어떤 시나리오에도 적절하지 않은 전략을 채택할 위험이 있다. 이러한 위험분산 전략은 일반적으로 하나의 전략적 상황이 아닌 몇 개의 가능한 전략적 상황을 동시에 대비해야하기 때문에 앞에서 제시한 전략들보다 더 많은 비용이 든다.

④ 유연성을 유지하는 방법 : 특정 전략을 위해 자원을 투입하는 의사결정을 일단 보류하고 있다가 불확실성이 해소되면 발생할 것으로 보이는 시나리오를 선택한 후 자원을 집중 투입한다. 그러나 유연성을 유지하는 방법은 산업의 초기 진입장벽을 만들어 초기진입으로 인한 이점을 상실할 수도 있다.

⑤ 영향력을 발휘하는 방법 : 불확실성에 대처하기 위해 기업이 바람직하다고 생각되는 시나리오를 실제로 실현시키기 위해 기업의 자원을 이용하는 것이다. 기업이 자신의 전략적 우위를 높여주는 시나리오의 발생 가능성을 향상시키기 위해 시나리오에 내재한 요소에 영향을 미칠 수 있도록 노력하는 것이다.

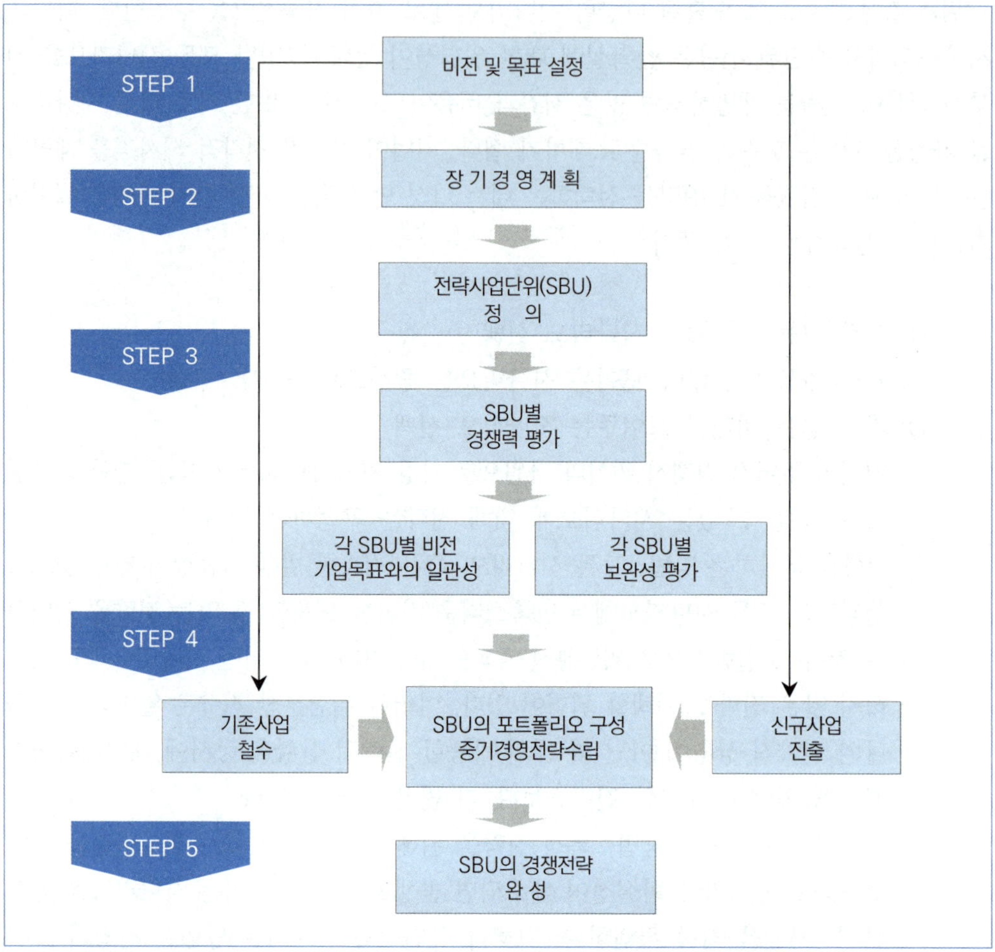

▲ 중장기경영계획 Flow

03 단기사업계획의 수립

오늘날 우리가 살아가고 있는 시대를 혹자들은 성숙화의 시대, 불확실성의 시대, 혼돈의 시대라고 말한다. 산업사회가 지나가고 정보산업사회가 도래하고 다시 지식산업사회가 그 서막을 열게 됨에 따라 산업사회를 중심으로 한 과거의 아날로그 시대에서 지식과 정보를 기반으로 하는 디지털 시대로, 수직적 권위주의적 사회에서 수평적 네트워크 사회로 급속하게 변모하면서 기존의 경영방식에서 탈피하여 새로운 틀 · 새로운 의식 · 새로운 관행 등 환경변화에 기인하여 기업경영의 방식과 패러다임을 시대적 요구에 맞추기 위한 혁신의 필요성이 경영의 최우선 과제로 대두되고 있다.

따라서 지금 우리 기업은 어디에 있으며, 이디로 기야할 것인지 하는 현재의 모습 및 위상과 방향성을 전략적으로 결정하지 않으면 무한경쟁에서 도태될 수밖에 없는 경영환경에 처하게 된 것이다. 이는 곧 원하는 미래와 예상되는 미래에 대한 괴리율을 어떻게 줄이고 극복해 나아가기 위해서는 앞으로 우리 기업이 어떻게 가야 할 것이며 어떠한 전략대안이 필요한 것인지를 고민하게 만들고 있다.

다시 말해서 Mission과 Vision은 어떻게 정해야 하며, 무엇을 경영목표로 하여 기업성장 방향과 비전 달성을 위하여 어떠한 전략적 사업계획이 필요하며 수립한 사업계획을 실행하고 평가할 것인가의 일련의 프로세스가 협의의 경영계획인 연간사업계획이라고 할 수 있다.

기업활동을 합리적으로 수행하고 관리하려면 무엇보다 먼저 기업이 앞으로 나아가야 할 방향과 행동과정을 결정하여야 한다. 미래의 여러 대체적인 행동과정 중에서 기업목표에 가장 부합되는 행동과정을 선택하는 것을 계획수립(planning)이라 하며, 선택된 행동 대안을 계획(plan)이라 한다.

계획수립은 우리가 현재 있는 곳과 장래에 가기를 원하는 목표와의 차이를 연결해 준다. 장래를 정확하게 예측한다는 것은 거의 불가능하기 때문에 계획을 수립하지 않으면 그만큼 실패할 위험이 높다. 계획은 무엇을 해야 할 것인가, 어떻게 해야 할 것인가, 언제 해야 할 것인가, 그리고 누가 해야 할 것인가를 미리 결정하는 것이다. 따라서 경영계획이란 기업의 미래지향적인 목표 · 방침 · 절차 · 예산 · 활동과정 등을 설정하고, 이를 가장 합리적으로 달성하기 위한 미래의 설계와 구상을 말한다.

사업계획이 다른 관리활동에 비하여 갖는 특성을 살펴보면 계획은 목표기여, 계획우선, 계획의 일반성 및 계획의 효율성을 통해 수립되어야 한다.

첫째는 목표기여이다. 이는 모든 사업계획과 파생되는 하위계획의 목적은 기업목표의 달성을 보다 용이하기 위한 것이다. 따라서 관리자는 계획을 수립할 때 목표달성을 위해 일관되고 통합된 활동을 유도할 수 있도록 계획을 수립하여야 한다.

둘째는 계획우선이다. 계획은 기본적인 필수전제가 되며 논리적으로 볼 때 계획수립은 다른 모든 기능이 수행해야 할 목표를 수립한다고 하는 점에 중요성이 있다.

셋째는 계획의 일반성이다. 계획수립의 성격과 범위는 경영자들이 가지는 권한과 상급자가 정하는 방침과 실시계획에 따라 다르지만, 계획수립은 모든 경영자들이 가지고 있는 직능이다.

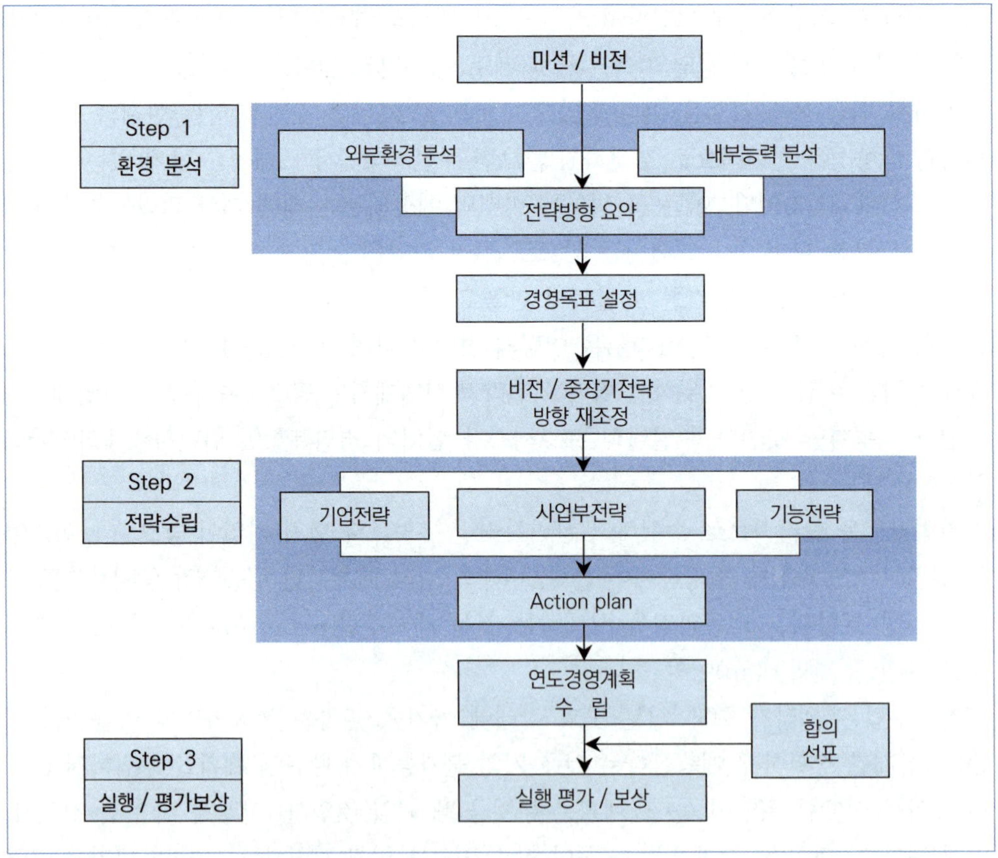

▲ 단기경영계획 수립 Process

1 단기사업계획의 개요

단기사업계획은 각 부문별로 연차계획을 세우고 이를 실현하기 위해 계획을 추진하는 것이다. 따라서 단기사업계획은 업적평가의 기준이 되며 또한 행동의 지침이 된다.

그러므로 단기사업계획이 제대로 수립되고 실행될 때에 비로소 중장기사업계획은 달성되며 나아가 경영비전과 목표, 그리고 기업이념을 실현할 수 있게 된다. 그만큼 단기사업계획이 기업경영에서 차지하고 있는 비중과 위치는 막대함을 알 수 있다.

단기사업계획이 실행계획인데 대하여 중장기사업계획은 목표적 또는 지표적 성격의 계획이라고 할 수 있다. 그러하기 때문에 중장기사업계획은 단기사업계획의 실행결과에 따라 수정할 필요가 있다.

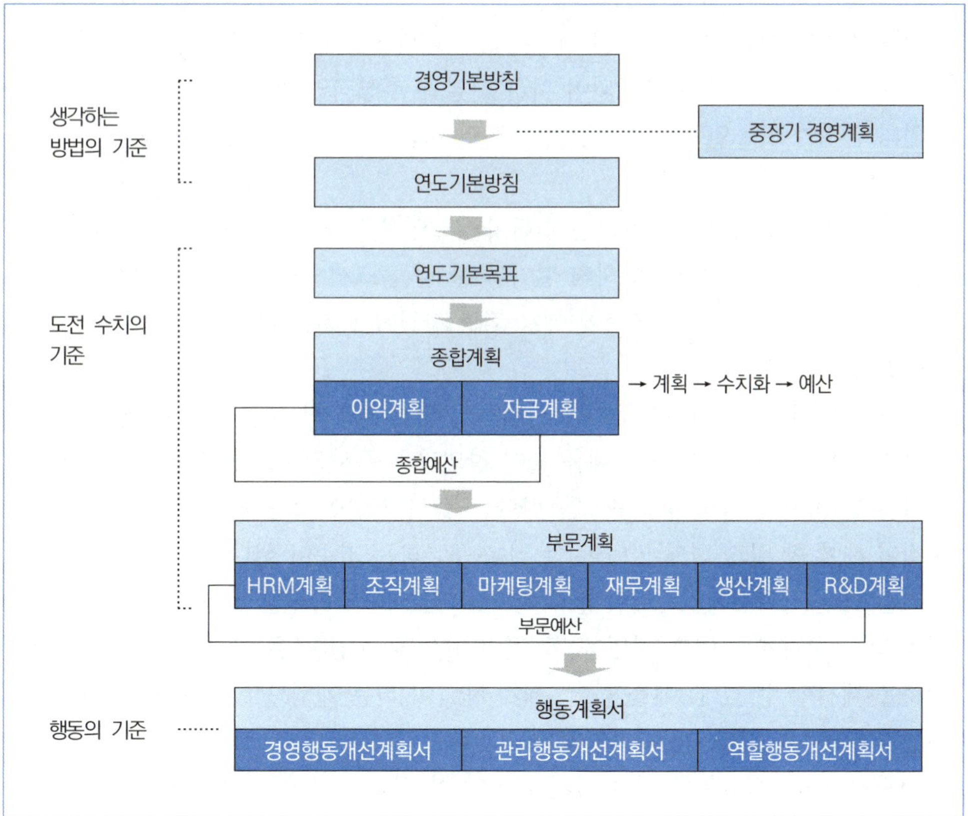

▲ 단기경영계획의 체계

경영이념과 비전/목표 기업의 존재이유를 정의한 것을 기업이념이라고 하며, 그 이념을 투영해서 기업이 미래에 이루고자 하는 열망을 명확하게 목표의식을 갖고 기술한 것이 비전과 목표이다. 비전과 목표를 달성하기 위해 준비된 구체적 방안이 장기일 경우 중장기사업계획이라고 칭하고, 이를 연간단위로 구체화한 것이 곧 단기사업계획, 즉 익연도 사업계획이 된다.

경영이념 이념의 사전적 의미는 모든 경험에 통제를 부여하는 순수이성에서 얻어진 최고의 개념이라는 뜻이다. 모든 경험에 통제를 부여한다는 말은 개인 또는 조직이 하는 행동에 해야 할 것과 하지 말아야 할 것을 구분할 수 있는 기준이 된다는 말이며, 순수이성으로부터 얻어진다는 말은 절대적인 근거에 의한 것으로 시간이 지나도 불변하는 개념을 의미한다.

다시 말하면 경영이념이란 조직이 해야 할 일과 하지 말아야 할 일을 구분하는 절대 불변하는 개념이다. 기업이 가지는 경영이념에는 기업의 존재가치 · 사업운영가치기준 · 사업추진기준이 포함되어 사훈과 같은 추상적인 개념을 좀 더 구체화한다. 기업의 존재가치는 일반적인 기업의 목적인 이윤추구 외에 기업이 존재하는 이유를 규명한다.

예를 들어 디즈니의 존재가치는 어린이들에게 행복을 주는 것이다. 기업의 존재가치는 그 기업이 해야 할 일과 하지 말아야 할 일을 크게 구분지우는 최상위 개념으로 디즈니의 경우 어린이들의 행복에 해가 되는 사업이나 일은 하지 말아야 한다는 것을 내포한다.

다음으로 사업운영가치기준이란 사업을 운영하면서 최우선으로 전념하고자 하는 기본가치를 정의하는 것이다. 예를 들어 창의력을 중시한다던가, 품질관리를 철저히 한다던가, 어떤 가치의 상품을 제공한다는 등의 개념이 포함될 수 있다. 이것 역시 조직이 해야 할 일과 하지 말아야 할 일을 구분하는 기준이 된다. 마지막으로 사업추진기준 또는 사업전개기준이란 향후 어떤 사업부문을 특화할 것인지에 대한 기준을 설정한다. 여기에는 어떤 사업을 할 것인지나 말 것인지 등 구체적인 행동에 대한 기준을 제시할 수 있다. 예를 들어 '세계 No1이 되는 기업으로 성장시키겠다.' 라고 기업경영이념을 정할 경우 여기에 해당한다.

이렇게 이념은 해야 할 일과 하지 말아야 할 일을 구분하는 절대 불변의 개념으로서 비전 · 전략 · 목표 · 실행계획의 상위 개념으로 각각의 의사결정 기준이 된다. 경영이념이 정의되지 않는다면 다양한 비전을 평가할 수 있는 기준이 없다는 것이 되며 합리적인 비교가 불가능해 자칫 잘못된 비전을 가지게 될 수 있다. 잘못된 비전은 잘못된 전략 · 잘못된 목표 · 잘못된 행동을 불러일으켜 기업에 심각한 피해를 끼칠 수 있다.

Vision 원칙의 사전적인 의미는 여러 사물이나 현상에 두루 적용되는 법칙, 근본이 되는 법칙이란 의미로 이념보다 상위의 개념으로 볼 수 있다. 절대 불변이라는 면에서는 동일하지만 원칙이란 모든 현상에 적용될 수 있는 반면 이념이란 주로 행동의 판단기준으로 사용된다. 최고를 향한 열정 · 겸양 · 인간주의 · 합리와 같은 추상적인 불변의 개념의 원칙이 될 수 있을 것이다.

일상적으로 말하는 비전과 기업의 비전은 큰 차이가 있다. 기업에서 말하는 경영비전이란 현상과 목표를 결부시킨 경영구상이라고 할 수 있다. 따라서 Vision은 막연한 꿈이나 희망과는 명확히 다른 것이며, 기업의 존재의식과 기업경영의 원리원칙이 포함되어 있어야 한다.

짐 콜린스(Jim Collins)는 1992년 '짐 콜린스의 경영전략'을 통해 비전경영을 소개했다. 그는 경영체제를 '비전-전략-전술'로 정의하고, 비전을 가장 상위에 두었다. 비전을 핵심가치와 믿음 · 복석 · 사명의 3요소로 구성했는데, 이것이 일반적으로 사용하는 비전경영의 의미라고 할 수 있다.

비전이 기업경영에서 중요한 이유는 기업은 비전을 수립하지 않으면 관리적인 경영에만 몰두하게 되고 거시적이고 장기적인 마스터 플랜에 의한 기업경영을 할 수 없을 뿐만 아니라 매년 이루어 놓은 성과를 바탕으로 다음연도의 경영계획을 수립하고 이를 달성하기에만 급급하게 된다. 그러나 기업이 비전 실천형일 경우 단기적인 성과보다는 궁극적인 기업가치를 높이기 위한 경영을 추진하게 됨에 따라 전략적 경영의 바탕 아래 기업가치를 극대화할 수 있다.

① 비전의 수립절차
- 명확한 환경 분석(자사 · 경쟁사 · 고객)
- 기업의 미래상 및 사업 분야의 선정
- 미래상과 사업 분야에 맞는 중장기 로드맵 선정

② 비전의 달성 방법
- 전략적 경영시스템의 도입
- 기업문화의 정립

목표 목표를 영어로 Goal · Objectives · Target 등으로 표현한다. 경영목표는 조직문화 · 조직의 철학 및 비전에 따라 전략적으로 설정되어야 하고 이를 위한 기본적인 경영시스템을 갖추어야 한다.

또한 경영목표 및 하위목표 달성의 성과를 측정할 수 있는 적절한 성과지표를 설정하고 이를 관리하여야 한다. 경영활동이란 목표의 설정에서부터 시작된다. 목표설정이란 기업이 지니고 있는 유한한 경영자원을 일정한 목표를 향하여 집중 투하함으로써 최대한의 능력을 도출하고 장애와 제약을 돌파하려고 하는 노력을 의미한다.

목표에는 달성을 향한 노력의 과정 자체가 기업과 개인의 능력과 힘을 증대시키는 효과 및 목표와 노력의 결과를 비교함으로써 보다 명확한 형태로 노력의 성과를 측정할 수 있고 다음 목표에의 의욕을 환기시키는 효과가 있다.

목표는 기대하는 상태 또는 바람직한 상태를 나타낸 것이므로 미래지향적으로 세워야 한다. 목표는 방치하면 어떻게 될지 전혀 알 수 없는 미래를 자신이 의도하고 원하는 방향으로 이끌고 가려는 의지의 표현이다.

① 좋은 목표의 속성
- 구체적이어야 한다.
- 측정할 수 있어야 한다.
- 성취 할 수 있어야 한다.
- 결과 지향적이 되어야 한다.
- 시간 또는 기간이 정해져야 한다.

② 목표설정의 추가적인 요소들
- 자기 자신과 기업의 목표가 되어야한다.
- 존재이유와 잠재력 · 가능성에 도전하는 것이어야 한다.
- 목표가 개인 또는 기업의 것이 되어야 한다.
- 근본적인 기본목표는 변하지 말아야 한다.
- 목표는 다른 목표들과 조화를 이루어야 한다.
- 목표에는 우선순위가 중요하다.

③ 목표설정 시 고려사항
- 생존을 위해서 무엇을 해야 하는가.
- 우리가 고려하고 있는 목표에 대하여 타인은 어떠한 반응을 보이는가.
- 환경적 요소는 어떠한 영향을 미치는가.
- 우리는 어떠한 인적 · 물적 자원을 소유하고 있는가.
- 필요한 이익을 창출하기 위해서는 무엇을 해야 하는가.
- 우리는 왜 존재하는가.

- 어떠한 기회나 대안이 존재하는가.
- 우리의 경쟁자는 무엇을 하고 있는가.

경영원칙이 미래를 향해 구체화될 때 경영이념이 생성되고, 경영이념이 중장기 관점에서 다시 구체화될 때 비전이 보인다. 비전이 전략을 낳고, 전략은 목표를, 목표는 실행계획을 이끌어 낸다. 목표 없는 실행계획이나 전략 없는 목표, 비전 없는 전략, 이념이나 원칙 없는 비전은 사상누각이 될 수가 있다.

단기사업계획과 중장기사업계획 원칙적으로는 중장기사업계획을 수립하고 이를 실행하기 위해 단기사업계획을 작성하는 것이지만 실무상으로는 오히려 단기사업계획을 제대로 수립하는 것이 중요하다.

단기사업계획이 중심계획이 되지 못하고 중장기계획만 그럴듯하면 그림의 떡이 될 수 있다. 따라서 단기사업계획과 중장기사업계획은 서로 보완적이고 일관성을 유지해야 한다.

단기사업계획을 일상적인 관리수단이 아니라 사업 및 제품의 구조조정, 그리고 업무프로세스와 구성원의 의식을 혁신 또는 변화시키는 촉진수단으로서 전략화해 나가야 한다. 기업을 경영해 나가는데 있어서 구체적인 계획이 없으면 목적과 방향도 모른 채 결국은 목표달성이 불가능하게 된다.

그러하기 때문에 기업은 내부능력인 강점요인과 약점요인, 외부환경요인인 기회요인과 위협요인을 면밀히 분석 · 평가하여 경영계획을 수립하고 이를 추진하지 않으면 안 된다.

2 단기경영방침과 목표설정

경영방침은 경영목적을 합리적 · 효율적으로 달성하기 위한 행동원리이며 지배원칙이다. 첫째 경영목적에 봉사하는 것이다. 따라서 먼저 명확한 경영목적 의식이 있어야 한다. 둘째 합리적 · 효율적으로 경영목적을 달성하려는 것이다. 즉 경험이나 짐작에 의하는 것이 아니라 합리적 기초에 입각하고 효율적인 행동을 예정하는 일관된 합리정신이 전제된다. 셋째 경영목적 달성을 위한 행동원리이고 경영지배원칙이다. 즉 행동을 예정하고 그 행동에 규범 · 기준을 부여하여 경영의 지휘 · 지배를 행하는 실천원리 · 응용원칙이다. 개념적 원리원칙이 아니라 구체적이고 구성화를 지향하는 규준 · 규칙 · 절차를 내재한 것이다. 그러므로 데이비스(R.C.Davis)는 '경영방침은 본질적으로는 경영목표의 효과적 달성을 조건으로 하고 그를 지배하는데 있어서 일정의 행동규칙을 동반한 원칙 내지 일련의 관계 제 원칙이다'라고 했다.

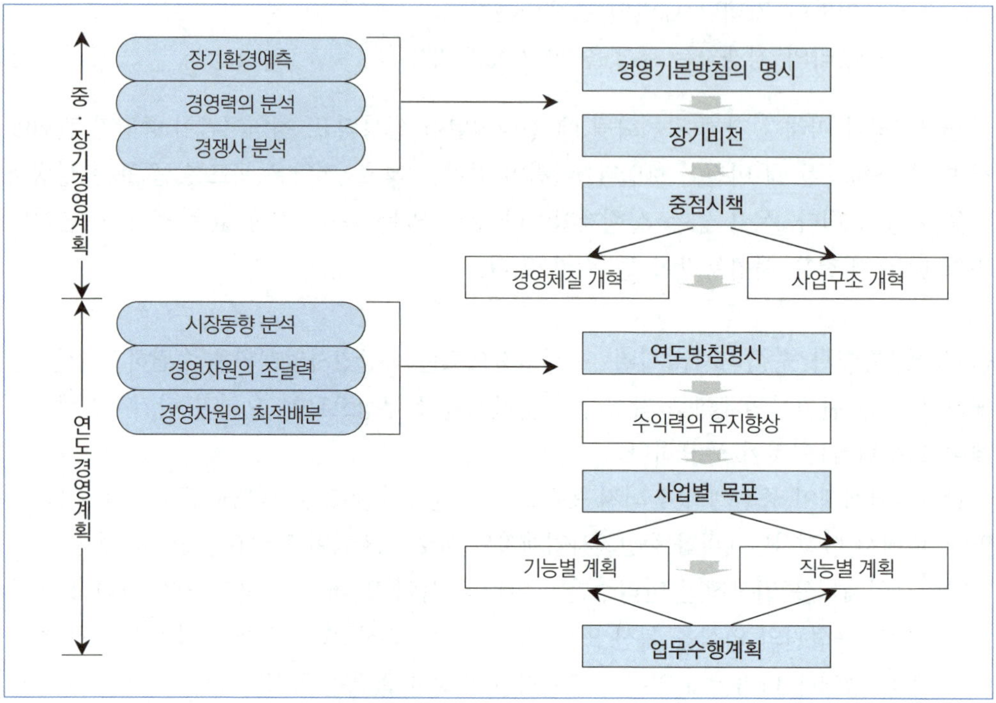

▲ 중장기경영계획과 연간경영계획의 관계

경영이 특정의 목적에 대해 가장 합리적으로 접근하는 의식적 사회구성체를 가리키는 것이라고 하면 이런 경우의 경영목적은 광의의 목적과 협의의 목적을 포함한다.

광의의 경영목적은 경영의 본질적 측면에서의 목적을 가리킨다. 즉 경영의 목적이 경제성에 있는 것인가, 아니면 수익성에 있는 것인가, 또는 생산성에 있는 것인가 내지는 자주성의 확립에 있는가 하는 목적적 사고이다.

협의의 목적은 정관에 표시된 목적(Purpose)을 가리키는 경우이다. 즉 정관에 규정된 목적은 경영활동의 출발점이 되고 경영의 영역과 구조를 규제하는 것이 된다.

경영목적과 경영방침의 관계를 고찰해 보면 다음과 같다. 경영목적은 경영목표(Objector goal)와 흔히 혼동되어 사용되지만 엄격히 구분한다면 경영목표는 경영목적의 도달점을 의미한다. 이에 대해 경영방침(Policy)은 경영목적을 구현하기 위한 기본원리·원칙·준칙 등을 말한다. 즉 경영목적에 대한 행동의 기본사항을 의미한다.

경영방책이라고 하는 경우는 방침의 구체적 전개경로·순서 등의 지침을 가리키고, 경영정책이라고 하는 경우는 방침과 방책을 총괄한 개념이다. 경영목적이나 경영목표는 추상적·보편적·이념적인 것이므로 실천단계에서는 더욱 구상화·실체화해야 하는데 이 과정이 경영방침이나 경영방책의 설정단계인 것이다.

또 경영목적은 고정적 · 비 선택적인데 반해 경영방침은 유동적 · 탄력적이고 선택적이다. 경영의 내외여건이 격동을 계속하고 있으며 경영활동은 이에 수시로 적응해 나가야 하며 경영방침은 끊임없이 경영목적에 대해서 적응적이어야 한다.

단기경영방침의 설정 경영비전과 경영목표 달성을 위해 구체화한 중장기 대응전략과 중장기 실행전략, 그리고 전기의 반성과 당기의 기업 경영환경 또는 당면문제점 등을 감안해서 당기의 경영방침을 설정한다.

물론 경영방침은 슬로건과 같이 단순히 나열하는 추상적인 것보다는 구체적인 것이어야 한다. 예를 들면, '내부역량 강화'보다는 '사람이 중심이 되는 회사'이라든가, '조직구성원의 창의성 개발'이라고 하는 것이 알기 쉽다.

마찬가지로 '부가가치 경영' 보다는 '고부가가치 상품의 개발'라든지, '기회비용의 절감'등이 더 바람직하다. 이러한 경영방침과 구체적인 시책의 실현을 도모하기 위한 조직체제를 굳힌다. 이 조직편성방침에 대해서는 경영방침에 포함시켜도 좋고, 별도의 조직편성방침으로 나누는 방법을 생각해 볼 수 있다. 경영방침 없는 경영계획은 아무런 의미가 없다. 따라서 경영방침은 다음의 프로세스와 같이 설정하여야 한다.

단기경영목표의 설정 경영목표는 평소에 스스로 가능하다고 생각하는 그 이상의 것을 추구하는 수준으로 정하는 것이 바람직하다. 물론 그렇다고 해서 실현 불가능한 수준이어서는 안 된다. 다만 업무 프로세스를 혁신하고 또한 예년의 노력보다 더 한층 힘을 기울인다면 얼마든지 실현 가능한 도전적 목표이어야 한다. 경영목표에 포함되어야 할 사항에는 다음과 같은 것들이 있다.

영업 및 마케팅에 대한 목표

① 기존 시장에 진출해 있는 제품과 서비스에 대한 목표
② 제품 및 서비스와 시장의 폐기에 대한 목표
③ 기존 시장에 진출할 새로운 제품 및 서비스에 대한 목표
④ 새로운 시장에 대한 목표
⑤ 유통 조직에 대한 목표
⑥ 서비스 기준 및 성과에 대한 목표
⑦ 신용 공여 기준 및 성과에 대한 목표 등

혁신에 대한 목표

① 제품 및 서비스의 혁신에 대한 목표

② 시장 · 소비자 행동 · 가치와 관련된 혁신에 대한 목표

③ 제품 및 서비스의 시장 공급에 필요한 다양한 기술과 활동에 관련된 혁신에 대한 목표

생산성에 대한 목표

① 경영의 질적 수준을 측정하는 가장 우선적인 척도는 생산성, 즉 자원(인적 · 재정적 · 물적)의 투입과 산출의 비율이다.

② 생산성 목표를 세우지 않고는 사업의 방향을 설정할 수 없다. 또한 생산성 척도가 마련되어 있지 않으면 사업을 통제할 수가 없다.

인적 자원/재정 자원/물적 자원에 대한 목표

① 필요로 하는 인재를 유인하고 보유하기 위한 직무분석

② 현재 노동시장에서 노동력 공급사정에 대한 검토

③ 그들을 끌어들이려면 기업이 무엇을 해야 하는지의 검토

④ 필요로 하는 자본을 유입하고 그것을 유지하기 위해 자금의 투입을 어떤 식으로 구성할 것인지에 대한 검토

사회적 책임에 대한 목표 기업에 있어 사회적 책임은 생존에 관련된 문제이다. 기업은 사회와 경제 속에 존재한다. 사회와 경제는 어떤 기업이라도 단 하룻밤 만에 사라지게 만들 수 있는 힘을 가지고고 있다. 기업은 사회와 경제가 허용하는 범위 내에서만 존재할 수 있으며, 오로지 사회와 경제로부터 쓸모 있고 유익하며 생산적인 일을 하고 있다고 인정받을 때에만 살아남을 수 있다.

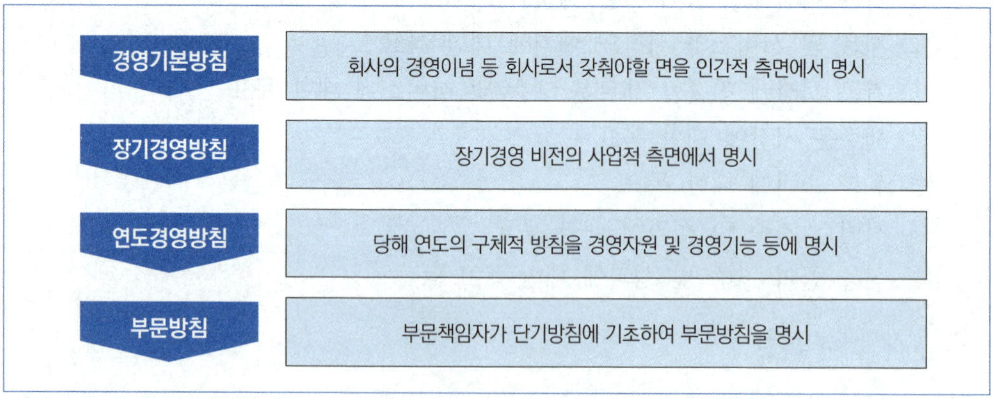

▲ 경영방침 수립 Process

이익에 대한 목표 지금까지의 5가지 분야의 목표들이 신중하게 고려되고 설정되었다면 이제 기업존속을 위한 또 하나의 필요조건인 이익을 올려야만 한다. 이익은 미래에 대한 비용, 즉 사업을 계속해 나가기 위한 비용이다.

이익계획의 수립은 당연히 필요하다. 그러나 그것은 '이익의 극대화'라는 의미 없는 구호를 위한 계획이라기보다는 필요한 최소한의 이익을 달성하기 위한 계획이어야 한다. 많은 기업들에 있어서 최저 필수이익은 실제로 달성하고 있는 이익의 수준일 뿐만 아니라 이익목표보다 한 층 더 높은 수준으로 밝혀지는 경우도 많다.

일반적으로 대부분의 기업은 매년 말 회사의 익연도 사업계획을 확정하고 확정된 사업계획에 따라 부문별목표 및 개인별목표를 설정한다. 많은 기업들이 과거 단기위주의 목표 및 재무중심의 목표설정에서 한계점이 들어나자 균형 있는 관점의 목표설정인 BSC(Balanced Score Card) 목표를 도입하여 사용하고 있다.

또한 전사적 자원관리(ERP) 차원에서 목표설정 및 관리를 전산화 · 자동화하여 목표를 세우고 있다. 그러나 여전히 많은 기업은 목표설정 시 여러 가지 문제에 봉착하고 있다. 그 동안 많은 경영자들은 고객 관계 · 조직의 프로세스 · 핵심역량 등의 중요성을 강조하면서도 재무중심으로 목표를 세우고 재무지표 중심으로 성과를 측정하여 왔다. 그러나 기업이 장기적으로 성장하려면 재무적 측정지표뿐만 아니라 비재무적 측정지표도 고려되어야 한다.

TIP BSC(Balanced Score Card)

전략을 수행하기 위해 구체적인 계획을 설정하여 통제하기 위한 경영관리시스템으로 성과측정 전문 컨설팅회사인 르네상스 솔루션의 "데이비드 노턴"과 하버드 비즈니스 스쿨의 "로버트 카플란" 교수가 함께 개발하여 1992년에 최초로 제시한 조직의 사명과 전략을 측정하고 관리할 수 있도록 포괄적인 측정지표로 바꾸어주는 무형자산 평가시스템이다.

3 경영과제 파악

기업의 경영계획은 기업 활동의 행동계획표와 같다. 예를 들어 어떤 수험생이 자격증 취득을 목표로 수험계획표를 작성하는 경우 먼저 자신의 지식과 실력이 어느 정도인지를 파악하고 현재 자신이 처해 있는 상황을 인식해야 하는데, 이 과정이 결여되면 아무리 근사한 계획서를 작성했더라도 별 의미가 없다. 경영계획의 수립도 이와 동일하다. 경영계획을 수립하기에 앞서 우선 기업의 실상을 분석하고 기업이 처해 있는 현재의 위치를 분석하는 자세가 중요하다. 전자를 기업분석이라고 한다면 후자는 환경분석이라고 할 수 있다.

재무제표를 통한 기업현황 파악

① 대차대조표에 따라 회사의 현황을 파악하는 포인트
- 회사는 지금까지 어느 정도 이익을 실현하고 있는가.
- 사업 활동에 필요로 하는 자금의 조달과 운영방식은 합리적인가.
- 투입한 자본은 유효하게 활용되고 있는가.
- 회사의 장래성은 어떤가.

② 기업체질 분석
- 백분비율의 대차대조표를 작성
- 추이대차대조표에 따른 구성분석
- 경쟁회사와 비교
- 자회사를 포함한 연결대차대조표 분석

③ 손익계산서로 회사의 성적을 파악
- 연도별 손익계산서 Trend 분석
- 제조원가명세서로 각 과목의 구성분석

손익분기점으로 안전성 파악 손익분기점이 낮을수록 불황에 대해서 여유 있는 기업체질을 갖추고 있다고 본다. 손익분기점은 불황에 대한 회사의 저항력을 나타내는 바로미터이며 저항력의 척도는 손익분기점비율로 측정된다.

$$손익분기점비율 = \frac{손익분기점}{실제매출액} \times 100\%$$

TIP 기업의 안전성 평가기준

- 매우 안전한 회사 : BEP비율 60%미만
- 안전한 회사 : BEP비율 60~75%미만
- 요주의 회사 : BEP비율 75~95%미만
- 위험한 회사 : BEP비율 100%이상

손익분기점분석을 통한 접근방법

① 매출액의 증가
- 제품단가의 인상은 어떤가.
- 판매수량의 증가는 어떤가.

② 변동비의 절감
- 변동비 자체의 절감은 어떤가.
  재료비 = 소요량 × 단가(재료 원단위 등 변동)
- 외주가공비의 변화는 어떻게 되고 있는가.
- 변동비율(변동비/매출액)은 저하되고 있는가.

③ 한계 이익의 증가
- 매출액의 신장은 어떠한가.
- 한계이익률(한계이익/매출액)은 향상되고 있는가.
- 변동비율의 증감률은 어떠한가.

④ 고정비의 절감
- 고정비의 변동비화는 진행되고 있는가.
- 작업개선 · 인건비 관리에 따른 고정비의 절감은 진행되고 있는가.
- 고정비의 증가율은 매출액 신장률 이하인가.
- 금리부담의 경감은 어떤가.

⑤ 손익분기점 도표를 작성해 본다.
손익분기점 도표의 작성을 통해서 변동비율과 한계이익, 그리고 손익분기점과 안전비율을 산출함으로써 현재 기업이 처하고 있는 상황을 파악한다.

■ 비용분해도

비용		분해		
		고정비	변동비	혼합
재료비			●	
노무비		●		
제조경비와관리판매비	외주가공비		●	
	특허권사용료		●	
	포장비		●	
	임차료	●		
	보험료	●		
	수선비	●		
	여비교통비	●		
	통신비	●		
	접대비	●		
	보관료	●		
	소모품비	●		
	시험연구비	●		
	감가상각비	●		
	세금과공과	●		
	잡비	●		
	수도광열비			●
	제조경비운반비			●
	판매수수료		●	
	판매운임과 발송비용		●	
	급료와임금	●		
	복리후생비	●		
	퇴직급여	●		
	광고선전비	●		
	수도광열비	●		
	지대집세	●		
	기부금	●		
영업외손익		●		
합계				

부가가치분석을 통한 활력파악 손익계산서는 기업이 1년간 어느 정도의 이익을 올렸는지를 제시한 계산서로서 이익의 내역을 파악은 편리하지만 기업의 현실에 맞는 이익규모를 실현하고 있는지를 파악함에 있어서 손익계산서로는 불충분하다. 부가가치분석은 기업이 새로이 창출한 가치, 즉 부가가치를 계산함으로써 어느 정도의 새로운 가치를 창출하였는지, 새로 창출한 부가가치는 어떻게 배분되는지 등 진정한 기업활력을 파악할 수가 있다. 기업이 얼마만큼의 부가가치를 창출하였는가를 알아보는 것은 대단히 중요하다. 그러나 기업에게 있어서 가장 중요한 것은 종업원1인당 얼마의 부가가치를 창출하고 있는가와 1인당부가가치가 얼마인가 하는 것이다. 1인당부가가치는 노동생산성 이라고도 불리며 이 지표의 크기와 성장성이 기업경영의 좌표축이 된다.

■ 부가가치분석 Sheet

구분			금액		비고
			공제법	가산법	
공제법	매출액				100%
	외부구입가치	원재료비			
		외주가공비			
		간접재료비			
		외부구입가치 합계			
	부가가치액				
가산법	인건비	제조원가			
		관리판매비			
	감가상각비	제조원가			
		관리판매비			
	임차료	제조원가			
		관리판매비			
	조세공과	제조원가			
		관리판매비			
	금융비용	이자비용			
	법인세차감전계속사업이익				
	부가가치액				
종업원수					
1인당 부가가치액					
매출액 부가가치율					
노동분배율					

주요경영분석 레이더 차트로 종합력 파악 경영분석에 따른 기업의 기업체질을 파악할 수 있으며 경영분석은 두 가지 측면에서 과거 3~5년의 자사지표를 비교하고, 경쟁기업의 지표와 비교한다. 경영분석표를 작성하여 보면 자사의 과거와 비교하여 어느 부분이 개선되지 않았는지, 또 어디에 문제점이 있는지를 파악하는 동시에 경쟁기업과 비교하여 자사의 장단점을 파악할 수 있다.

① 수익성 분석/어느 정도 이익이 실현되었는가.
- 총자본이익률 · 매출액경상이익률 · 총자본회전률

② 안전성 분석/자금의 균형은 어떠한가.
- 자기자본비율 · 운전자금비율 · 고정비율 · 정장기적합률

③ 활동성 분석/자산은 유효하게 활동 되는가.
- 매출채권회전률 · 재고자산회전률 · 유형자산회전률

④ 성장성 분석/성장성은 어떠한가.
- 매출액증가율 · 경상이익증가율 · 총자본증가률

⑤ 생산성 분석/생산성은 어떠한가.
- 매출액부가가치율 · 부가가치생산성 · 노동분배율 · 기계투자효율 · 노동장비율

주요 경영관리시스템의 파악

① 경영방침
- 경영비전 · 기본방침은 명확한가.
- 단기방침은 명확한가.
- 경영목표는 명확한가.
- 경영방침 발표회의 개최 유무

② 목표관리 시스템
- 중장기계획의 책정
- 단기경영계획의 책정
- 행동계획의 책정
- 예산편성제도/예산통제제도

③ 업적평가시스템
- 월차결산제도/월차결산 경영회의
- 월차결산과 연차결산의 연결
- 예산차이분석/표준원가계산제도/원가차이분석

④ 경영정보시스템
- 급여계산/재고관리/재무관리/공정관리
- 원가계산/고객관리, 판매통계/인사정보관리
- 수요예측 · 시장조사 외 최신 프로그램

⑤ 관리체제의 강화
- 원가관리/공정관리/품질관리/구매관리/재고관리
- 거래처관리/외주관리/물류관리/채권 · 신용관리
- 임금관리/인사 · 노무관리

전사 및 부문의 경영과제 파악 연간사업계획을 작성하기 위해서는 기업체질이나 경영능력 등 기업의 현상분석을 하고 자사의 문제점을 정리하여 전사적 또는 부문의 경영과제를 파악한다.

① 전사 경영과제 검토표의 작성
- 경영과제 검토표를 관리자가 공동으로 작성
- 자사의 현상과 문제점을 정리
- 경영과제 정리

② 문제를 파악하는 방식
- 목표, 방침과 비교해서 이에 접근하지 못하고 있다.
- 이전의 상태와 비교해서 상황이 더 악화되었다.
- 바람직한 형태와 비교해서 좋지 않은 상태이다.
- 문제와 고민은 별개의 것 / 문제의 정도를 파악할 것
- 잠재된 문제일수록 큰 문제 / 문제는 사실(데이터)로 제시
- 현상에 만족하지 말고 항상 의문을 갖고 보다 좋은 방법을 생각 사물을 솔직히 살피고 끊임없이 생각하는 습관을 갖는다.
- 넓은 시야로 사물을 본다. / 남의 이야기를 잘 듣고 정보 수집

③ 문제처리방식 : 문제해결의 6단계방식에 따라 전개한다.
- 제1단계 : 문제를 파악
- 제2단계 : 문제의 사실을 개진
- 제3단계 : 문제의 원인 파악
- 제4단계 : 핵심적인 원인 파악
- 제5단계 : 목적을 분명히

- 제6단계 : 대책을 정한다.

④ 부문별 경영행동 개선계획
- 금년도에 달성해야 할 부문의 경영목표
- 각 관리자가 작성한 전사의 경영과제 시나리오를 기본으로 전사 공통의 경영과제
- 전사의 경영과제를 해결하기 위한 부문별 과제
- 부문과제를 해결하기 위한 구체적인 개선계획
- 부문의 경영과제를 해결하기 위하여 관리자로서 해야 할 개선계획

4 연간사업계획 작성지침 설정

연간사업계획을 제대로 수립하기 위해서는 먼저 다음 사항들을 철저하게 검토해야 한다. 첫째, 이미 설정된 경영이념 · 경영비전/목표 및 경영기본방침을 확인 · 검토하고 둘째, 기업의 내부능력인 강점요인과 약점요인 및 경영현황을 추세적으로 철저히 분석하고 인식해야 한다. 셋째, 외부의 경영환경의 기회요인과 위협요인을 추세적으로 철저히 분석하고 인식해야 한다. 넷째, 이미 설정된 중장기적 대응전략 및 실행전략을 확인 · 검토하고 미진하거나 필요하면 수정 또는 재설정한다.

계획수립 시 고려해야 할 사항 연간사업계획을 수립하기 위해서 고려해야 할 사항은 다음과 같다.

새로운 경영패러다임 최근의 경영 패러다임은 다음과 같이 7가지로 정리할 수 있다. 연간사업계획을 수립할 때에는 이들에 대해 충분히 검토하고 자사의 실정을 감안하여 어떻게 대응해나갈 것인지가 반영되어야 한다.

① 경영목표
- 가치창조경영/모든 부문, 모든 업무가 부가가치 창출에 초점을 맞춘다.
- 고객만족경영/행복한 고객을 창조하는 것이 기본 목표이다.

② 경영자원
- 지식중시경영/지식경영활동의 도입 및 성공적 정착에 기반을 둔다.
- 인간중시경영/사람이 가장 중요한 자원이며 경쟁력이다.

- IT중시경영/e비즈니스시스템 및 정보 활용

③ 경영환경

- 세계화경영/사고/행동/경영의 세계화 필요
- 환경중시경영/전략적으로 친환경적 경영이 요구되는 시대

경영환경변화에 대응 최근의 경영환경의 특징은 다음의 4가지로 요약할 수 있다. 이들에 대해서도 충분한 검토와 대응 방안이 연간경영계획에 반영되어야 한다.

① 기업경영의 글로벌화
② 기술 중심의 경쟁역량확보
③ 창조적 인재확보
④ 지속적인 변화와 혁신추진

집중화 경영전략 기업경영은 한마디로 어떤 사업 · 제품 · 고객을 선택하느냐와 선택한 사업 · 제품 · 고객으로부터 우수한 성과를 내기 위해 기업의 자원을 어떻게 집중할 것인가 하는 선택과 집중이 그 핵심이라고 할 수 있다.

TIP 집중화의 일곱가지의 원칙

1. 주력사업을 명확히 하고, 그 사업에서 승부를 건다.
2. 적자사업 · 사양사업 · 열등사업 등 한계사업은 과감히 정리한다.
3. 주력사업과 시너지가 큰 사업을 적극 발굴 · 육성하여 사업간 통합효과를 극대화한다.
4. 집중육성사업에 선별 투자하여 미래의 주력사업으로 키운다.
5. 주력사업 · 집중육성사업의 핵심 역량 키우기에 주력한다.
6. 시장 경쟁우위를 고려한 전략적 다각화를 추진한다.
7. 항상 건전한 사업 포트폴리오를 유지한다.

경쟁우위 핵심요소의 이해 기업이 시장에서 경쟁상대에 비해 경쟁상의 우위를 확보함으로써 성공적인 경영성과를 실현하기 위해서는 먼저 경영성과 · 경쟁력 · 경영자원의 인과관계를 이해해야 한다. 이익 · 매출 · 현금흐름 등의 재무적인 성과뿐만 아니라 고객만족도 · 종업원의 사기 · 제품의 품질 등 비재무적인 성과가 좋은 기업은 성공기업이라고 할 수 있다.

반대로 이런 성과들이 나쁜 기업은 실패기업이라고 할 수 있다. 왜냐하면 경영성과가

좋은 기업은 이익발생 및 자금호전 등으로 이어지면서 계속적으로 성장 발전할 수 있지만 경영성과가 나쁜 기업은 손실발생 및 자금악화 등으로 이어지면서 도산할 수밖에 없기 때문이다. 경영성과는 기업이 갖고 있는 경쟁력 수준에 의해 좌우된다.

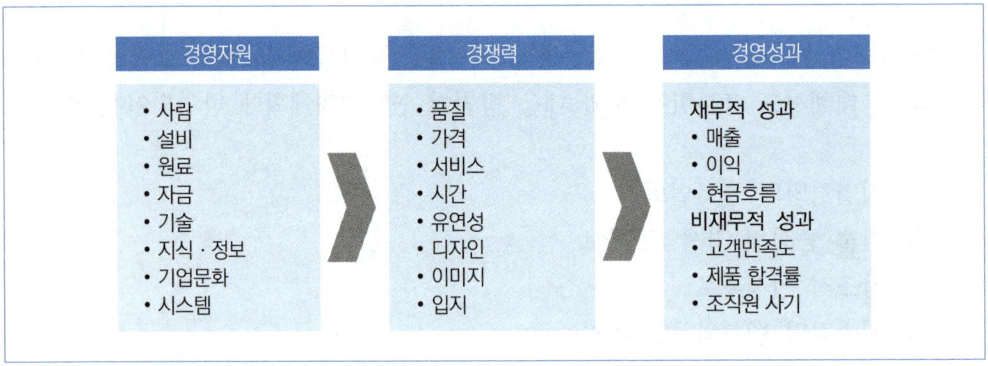

▲ 경쟁우위 핵심요소의 Process

연간사업계획 작성지침 연간사업계획의 작성지침은 명문화되어 별도로 규정된 것은 없으나 일반적으로 다음에서 정한 방법을 준용하여 실시하고 있다.

공통기준 및 지표

① 편성전체
- 기간/사업연도 개시일로부터 종료일까지
- 조직단위/익연도 경영계획 작성지침 하달일 현재 팀 단위
- 관련 규정/지침서에서 특별히 정하지 않은 사항은 기업에서 정한 내부표준이나 규정에 따름.

② 공통기준
- 단위/금액단위는 천원 · 천$, 수량단위는 각 포장단위별 개 · Box · Kg 등 기타단위는 단가는 원 · 비율은 소수 둘째자리
- 작업일수(예)/년257일 · 하기휴가일 5일
- 작업시간/ 8시간 기준

③ 공통지표
- 경제성장률/년____%
- 물가상승/소비자물가 상승률_____% 적용

- 환률/___원 적용(원 달러 평균환률, 연평균)
- 금리/___% 적용(현행 조달금리+1.0%)

④ 익년도(20××년) 국내경제전망

구 분	단위	삼성경제연구소	LG경제연구소	KDI	평균
경제성장률	%				
소비자물가상승률	%				
원/달러 환률	평균				
평균금리	%				

연간사업계획 및 예산편성지침 연간사업계획 수립을 위한 연도경영계획과 예산편성지침은 다음 내용을 벤치마킹 모델로 하여 해당 기업의 실정에 알맞게 응용하여 활용할 수 있다.

① 모든 계획은 의욕적으로 달성이 가능한 계획을 표시한다.
② 예산편성은 경영목표 달성을 위한 각종 대안 중 가장 합리적이고 효율적인 방안을 채택하여 편성하고 각 부문 간에 세밀한 협의를 거쳐야 한다.
③ 예산편성 작업 시 부문단위로 구분 편성한다.
④ 각종 금액은 정확한 산출근거와 함께 단위당·목표당 수량 및 단가의 향후 증감요소를 파악할 수 있도록 정확히 명시한다.
⑤ 경비예산편성은 부문업무와 세목별 분류에 따라 작성하되 월 단위로 편성하여 실시하고, 세목별 경비입력 기준으로 통제관리 한다.
⑥ 경영계획에 월별로 편성된 예산 이외의 경비지출은 원칙적으로 인정되지 않는바 각 부문에서는 월별 예산편성에 누락 되지 않도록 하고, 특히 각 부문의 경상경비는 최대한 억제 편성하여 안정적 성장과 수익구조 개선 및 효율성 증대를 도모한다.
⑦ 각 세목별로 편성된 예산의 추가예산편성 및 용도변경에 의한 전용은 원칙적으로 인정되지 않는다.
⑧ 모든 고정비예산은 당년도 수준으로 동결하며 물가상승이 부득이한 경우에만 증액 시킨다.
⑨ 각 부문장은 업무내용을 전반적으로 잘 알고 있는 자를 예산편성담당자로 임명하여 부문예산편성 및 관리를 하도록 하며, 예산관리의 책임은 부문장에게 있다.

⑩ 각 부문장은 예산편성에 필요한 다른 부문의 인력 · 교육 · 자산구입 등의 협조 사항을 긴밀하게 우선적으로 처리 한다.

부문별 세부계획 편성지침 기업 경영목표에 의한 부문별 세부계획의 와 편성지침은 다음과 같이 정할 수 있다.

환경분석

① 경영기획부서는 국내 · 외 경제전망 및 주요전략과제를 도출한다.
② 경영기획부서는 금년도의 경영실태 회고
③ 마케팅부서와 영업부서는 산업과 동종업계 전망 및 경쟁기업의 현황과 향후 전략정보의 수집

신제품 개발계획

① 신제품 발매계획은 발매시기 · 단가 · 주요 유통경로 · 판매량 및 금액을 포함하여 월별로 작성한다.
② 단가는 확정된 경우에는 확정단가로 하고 미확정된 경우에는 예상단가를 기록한다.
③ 신제품 발매는 수익성을 감안하여 계획을 수립한다.

판매계획/생산계획

① 판매 및 생산계획은 경영방침에 부합되게 목표를 달성 할 수 있도록 수립하며, 제품별 · 월별 · 수량 · 단가 · 금액으로 편성한다.
② 월별 판매계획은 직전 3개년 월별 매출지수 등을 감안하여 작성하고 사업 기말에 치중되지 않도록 한다.
③ 영업방침에 부합한 영업정책을 수립하여 영업효율 제고를 위한 목표를 수립한다. (이익률 · 에누리율 · 반품율 · 회전율 · 지역별 및 유통경로별 판매구성 · 매출채권회수율 · 채권확보 · 부실채권회수 · 매출할인 등)
④ 영업이익률 제고를 위하여 수익품목 위주의 판매 전략을 수립하되 생산계획과 연계하여 품목관리 방안을 작성해야 한다.
⑤ 생산계획은 제품별 판매계획과 재고계획을 감안하여 수립 하며 제품별로 목표수율을 설정하여 월별 생산량에 대한 차이를 구분할 수 있도록 수립하여야 한다.

⑥ 생산능력의 과부족은 설비투자계획과 상호 연계하여 계 획을 수립하며 조업수준을 안정적으로 유지하도록 하고 판매계획과 연계하여 적정재고량을 산출하여 과다재고 및 품절을 방지한다.
⑦ 생산성 향상을 위하여 다음과 같은 생산관련 목표를 수립한다.
(1인당 생산액 - 생산액/1인, 단위당 생산액 - 생산액/제품 단위)
⑧ 월별 생산능력표를 제품별로 산출하여 설비투자계획 및 판매계획과 상호보완할 수 있도록 한다.
⑨ 사업부별 및 월별로 매출채권 및 현금 회수계획을 작성한다.
⑩ 현금흐름을 개선하기 위한 목표를 설정한다.(평균회전일 단축)

구매계획

① 생산계획에 따른 경제적 발주계획을 수립한다.
② 원재료별로 재고 · 발주 · 미 통관을 감안하여 구매량을 산출한다.
③ 내자 및 외자로 구분하여 편성한다.
④ 구매계획에 따른 소요 자금은 월별로 작성한다.

비용계획

① 일반경비는 현재연도 수준으로 작성기준을 준수한다.
② 예산실적집계표의 월별실적을 참고로 하여 예산을 수립한다.
③ 세목별로 편성하여 집계표와 부서별 예산신청서를 제출한다.
④ 경비계획은 해당부문 예산편성지침에 의거 세목별로 편성한다 .
⑤ 예산편성은 산출근거를 명확히 하고 발생기준에 의해 월별로 편성한다.
⑥ 경비는 통제 불능비용과 통제 가능비용으로 구분한다.

투자계획

① 생산계획에 수반한 설비투자계획을 수립한다.
② 투자의 분류(이월 · 신규 · 증설 · 보완투자)를 명확히 하고 자산의 유형을 분류하여 설치부서 및 생산 제품명을 명기해야 한다.
③ 투자계획은 투자의 분류별로 중요도 순에 따라 편성한다.
④ 투자계획에 따른 소요자금은 월별로 편성한다.

자금계획

① 자금계획은 조달 및 운용계획으로 구분하여 부서별 편성항목을 기준으로 수립한다.
② 자금계획은 현금발생기준으로 작성한다.

인력계획

① 각 부서에서는 현재 업무를 간소화하고 생산성을 높여 증(충)원 기준은 임원회의에서 정한 바에 따른다.
② 인원 증(충)원시에는 현재 업무의 간소화 계획을 작성하고 증(충)원의 필요성을 상세히 작성하여 제출한다.
③ 각 부서에서는 인원계획서를 작성하여 인사부서로 제출한다.
④ 생산부문 인력계획은 생산지원 부서에서 집계하여 인사부서로 제출한다.
⑤ 인사부서는 전사 인력운영계획을 수립한다.

광고/판촉계획

① 제품의 판매력 증대를 위한 광고 선전과 기업이미지 향상을 위한 광고계획을 수립한다.
② 제품별 · 매체별로 계획을 월별로 수립한다.
③ 기업 외부환경 변화에 대한 정보수집 및 대책을 수립한다.
④ 계절요인과 판매추이 등을 포함한 시장동향을 예측한다.
⑤ 시장수요예측은 계량적인 모델을 이용하여 시장 규모를 예측한다.
⑥ 각 경쟁사별 마케팅전략을 분석하여 대응책을 수립한다.
⑦ 판매계획 달성을 위한 목표 시장점유율을 제시한다.
⑧ 판촉계획에 의한 판촉예산은 세목별(세미나 · 판촉물 · 특매 · 샘플 · 광고 홍보 · 인센티브 · 문헌제작 · 기타)로 구분하여 편성한다.

TIP 판촉계획의 Key Point

- 시장동향 및 경쟁사 동향에 대한 대응전략
- 신제품 시장도입을 포함한 제품전략
- 목표이익과 시장점유율을 고려한 가격 전략, 판매조건
- M/S 향상을 위한 판촉전략, 판매망 정비전략 등

교육계획

① 교육의 종류별로 교육목적 및 경영목표에 부합되도록 교육계획을 수립 한다.
② 교육목적에 맞게 대상자 및 인원을 선정한다.
③ 교육계획은 정기적 · 비정기적인 것을 구분하여 편성한다.

5 연간사업계획 수립절차

연간사업계획은 업종이나 경영규모에 따라 다를 수 있지만, 다음과 같은 작성(수립) 순서를 밟는 것이 일반적이다.

첫째는 준비단계에 속하는 것으로서 각종 자료의 수집과 분석이다. 가령 세계경제의 분석, 국내경기의 분석, 각종 관련통계 자료의 분석, 동업계의 동향, 시장수급의 상황, 신상품의 출현, 법령의 변화, 행정지도의 동향, 관계자의 의견, 그리고 최근 몇 년간의 자사 실적분석 등이다.

둘째는 연간사업계획의 경영방침과 경영목표를 설정한다. 즉 회사의 이익방침, 판매방침, 생산 · 투자방침, 원가방침, 재무방침을 비롯해서 인사 · 노무방침, 연구 · 개발방침, 업무운영방침 등을 확정해야 한다. 이어서 달성해야 할 경영목표, 노력목표 등을 확정해야 한다.

셋째는 연간사업계획의 수립은 관계자들과 심의 · 조정을 통해 결정한다. 여기에서는 예산 책정도 함께 이루어져야 한다.

연간사업계획수립의 적정성 검토 연간사업계획 수립에 있어서 그 적정 여부를 다음에서 열거하고 있는 평가기준으로 검토해본다.

① 일치성 : 계획이 경영이념이나 비전, 목표 · 중장기계획 및 경영방침과 일치하는가.
② 조화성 : 계획은 외부환경과 내부의 변화에 조화를 이루는가.
③ 경쟁우위 : 계획이 경쟁우위를 제공하고 있는가.
④ 가치창조 : 계획은 얼마나 많은 경제적 가치를 창조하는가.
⑤ 가능성 : 계획이 필요한 경영자원의 획득가능성 측면에서 적절한가.
⑥ 위험정도 : 계획은 수락 가능한 정도의 위험을 내포하고 있는가.
⑦ 현실성 : 계획의 가정들은 현실적인가.

⑧ 적시성 : 계획은 적절한 시기를 지니고 있는가.

⑨ 실현성 : 계획은 실현 가능한가.

⑩ 추진성 : 계획은 능률적으로 그리고 효율적으로 수행될 수 있는가.

항 목		10월	11월				12월			
		사전계획	총괄계획		합의계획		CM 계획		세부계획	
		15~31	~7	~15	~22	~30	~7	~16	~22	~31
전사기준	편성지침확정	기획▼								
	Version 생성	기획▼								
투자계획	투자계획	투자계획 지침▼	사업부▼		전사▼					
물류계획	판매계획	판매계획▼	판매계획▼	조정▼	조정▼	매출채권계획▼		최종매출계획▼		
	생산계획	생산계획▼	생산계획▼	조정▼	조정▼					
	구매계획	구매단가▼	원재료소요계획▼			매입채무계획▼				
인력운영 계획	인원계획		인원계획▼							
	인건비계획	인산부문 표준단가표▼		인건비계획▼						
원가계획	기준정보정비	BOM정비▼								
	제조원가계획	사전원가▼		부서별비용▼ 제조원가 확정▼						
비용계획	사업부비용			부서별비용▼						
손익계획	I / S, B / S, C / F		사업부내 1차손익▼	사업부내 2차손익▼		사업분내 1차취합▼	사업부내 2차취합▼	전사취합▼ 최종손익계획▼		
보고	보고 및 합의		사업부장 1차보고▼	사업부장 2차보고▼	사업부내 매출심의▼	사업부내 손익심의▼	사업부내 C / M▼	전사 C / M▼		

▲ 연간경영계획 표준일정표

연간사업계획의 수립 절차 지금까지 살펴본 내용들을 종합적으로 구성하여 볼 때 구체적인 연간경영계획의 수립절차를 다음과 같이 요약할 수 있다.

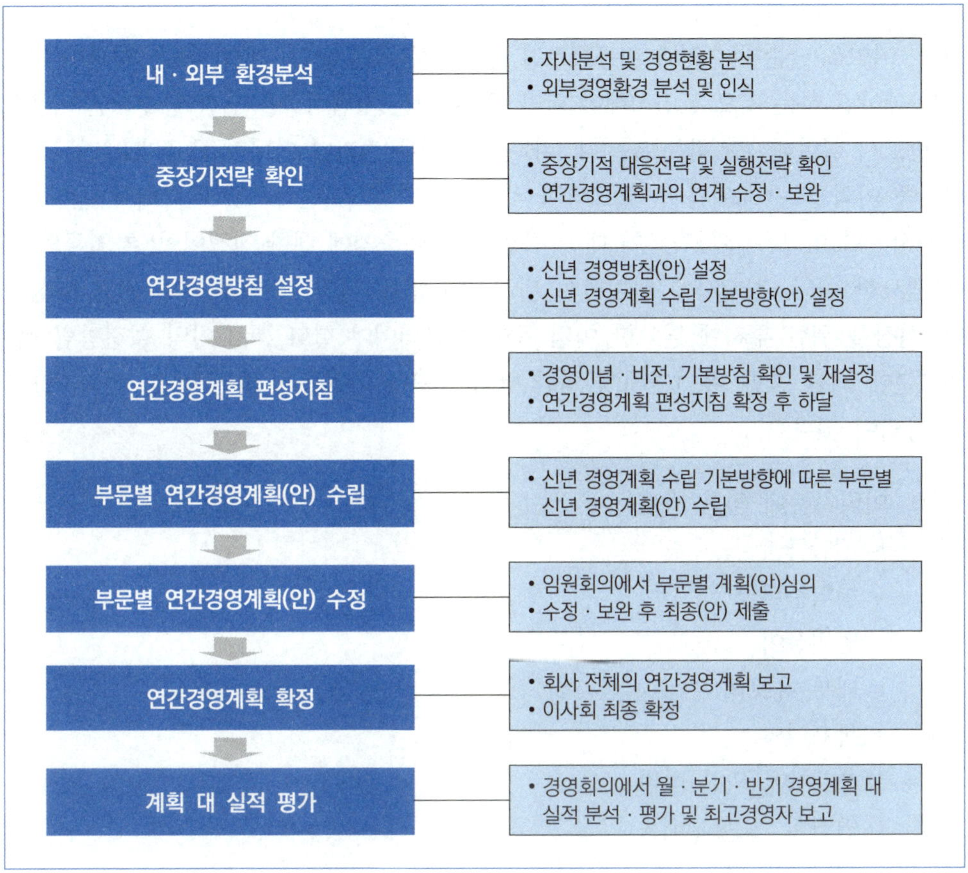

▲ 연간경영계획 수립 Process

6 부문별 연간사업계획 수립

연간사업계획에서 가장 중요한 비중을 차지하고 있는 부분은 이익계획 · 판매계획 · 생산투자계획 · 자금계획으로써 그 체계는 다음과 같이 서로 밀접한 연관성을 가지고 있다.

이익계획 이익계획은 다른 계획과 마찬가지로 이익계획만을 독립해서 생각할 수는 없는 것이므로 판매계획 등 다른 계획과 종합적으로 판단해서 결정하지 않으면 안 된다.

이익계획을 수립하는데 있어 손익분기점의 활용 이외에 적정조업도와 시장조사의 활용도 필요하다. 이익계획에서는 예상손익계산서를 작성하고, 손익분기점분석을 통하여 추정이익규모와 당초 기대했던 예상이익규모와의 차이를 규명하고 판매 · 생산/투자 · 자금 계획상의 일관성 · 정합성 여부를 검토한다.

특히, 이익을 단순히 수익과 비용으로만 인식해서는 안 된다. 계획이익은 결과가 아니라 획득해야만 하는 것으로 인식해야 한다. 즉 이익은 기업성장을 위한 장래적인 비용으로서 반드시 실현해야만 하는 것이다. 따라서 이익은 결과가 아니라 목표라고 인식해야 한다. 즉 이익을 '목표이익 + 필요경비 = 필요수익'으로 인식하고 계획해야 한다.

따라서 목표이익은 투하자본에 대한 적정이익, 매출액에 대한 적정이익, 차입금의 변제에 필요한 이익, 경쟁사에 대비하여 뒤처지지 않는 이익, 자사의 과거 평균 이상의 이익, 성장을 위한 투자에 필요한 이익 등이 감안되어야 한다. 목표이익 설정방법에는 이익처분에 의한 방법, 부가가치에 의한 방법, 총자본이익률에 의한 방법, 인적지표에 의한 방법이 있다.

① 이익처분에 의한 방법
- 배당금
- 이익준비금
- 임원상여
- 내부 유보액
- 목표이익

② 부가가치에 의한 방법
- 인건비 : 노동분배율
- 세금 : 세율
- 자본에의 배분 : 이자 · 감가상각비 · 임차료 · 이익

③ 총자본이익률에 의한 방법
- 총자본경상이익률
- 매출액경상이익률 : 매출액경상이익률 · 매출원가율 · 제조원가율 · 판매관리비율
- 총자본회전률 : 총자본회전률 · 매출채권회전률 · 재고자산회전률 · 고정자산회전률

④ 인적지표에 의한 방법
- 1인당 매출액
- 1인당 부가가치액
- 1인당 인건비
- 1인당 경비

- 1인당 금융비용
- 1인당 경상이익

TIP 부가가치(Value added)와 부가가치율

부가가치란 기업이 일정기간 동안 새롭게 만들어 낸 가치를 말한다. 부가가치는 기업활동을 통하여 생산한 제품의 총 판매액에서 생산을 위해 다른 기업으로부터 매입한 원자재 등 중간 생산물의 투입액을 공제한 순생산액을 말한다. 생산액에서 직접생산비, 즉 원재료비, 전력비, 용수비, 외주 가공비 및 수선비의 합계액(이를 '유동비'라고 함)을 공제한 것을 의미한다. 결국 부가가치는 총생산액에서 중간투입액을 뺀 것과 같다.
부가가치율은 일정 기간 동안 기업이 창출해 낸 부가가치액과 그 기간 동안의 판매액과의 비율로써 부가가치액을 총매출액으로 나누어 계산한 비율을 말한다.
따라서 부가가치액 = 매출액 - 유동비로 표시할 수 있으며.
부가가치율 = 1-(유동비 ÷ 매출액) × 100로 계산할 수 있다.

판매계획 판매계획에서는 시장환경과 자사의 역량에 대한 객관적인 분석을 바탕으로 달성 가능한 목표매출액을 추정한다. 즉 현재 및 미래 시장에서의 자사의 위치부터 파악하고 시장점유율이나 판매 가능한 매출액 크기를 산정한다. 아울러 판매계획은 이익계획을 바탕으로 판매방침에 따라 과거의 판매실적 · 장래의 판매예측 · 손익분기점 등을 참고해서 수립해야 한다. 또한, 일정기간에 어떤 상품을 얼마나 팔아야 되는가 하는 계획으로써 일반적으로 연간 · 월간 등으로 수립한다. 목표매출액은 각 부문에 미치는 영향도 크기 때문에 최종적으로 경영진이나 각 부문 간의 조정을 통해서 결정한다.

손익분기점에 의한 방법

$$\text{필요매출액} = \frac{(\text{고정비} + \text{목표이익})}{\text{한계이익률}} \times 100$$

부가가치를 기준으로 하는 방법

$$\text{필요매출액} = \frac{(\text{종업원수} \times 1\text{인당부가가치목표액})}{\text{부가가치율}} \times 100$$

총자본이익률에 의한 방법

$$필요매출액 = \frac{목표액이익}{매출액이익률} \times 100$$

생산/투자계획 매출목표가 결정되면 재고량을 감안하여 생산량을 결정하고, 필요한 투자규모와 투자액을 추정하게 된다. 생산계획은 장기적으로 판매계획과 일치돼야 하며, 연간생산계획은 연간판매계획과 동등한 것이 보통이다. 이것을 다시 월간 · 주간 · 일간 계획으로 세분화해 가는 것인데, 이 경우에는 반드시 동기간의 판매계획과는 일치하지 않는 경우가 많다. 그 이유는 판매액은 제품에 따라 계절적인 영향을 받기 쉬운 것이며, 또 수주생산의 경우에는 발주자의 발주기간에 좌우되는 것이지만, 생산계획은 이들 단기간의 매출액의 문제를 고려함이 없이 생산능력 면에서 능률적 가동을 하게끔 세워진 것이기 때문이다.

생산계획은 판매계획에 연동되는 경향이 강하다. 한편 생산방식은 업종과 업태에 따라 다르므로 생산계획 책정방법도 생산실정에 맞도록 연구 검토함이 필요하다. 특히 주의해야 할 점은 생산과 판매계획과의 조정이다. 호황 시에는 조업도를 상회하는 생산 담이 되고 역으로 불황 시에는 조업도를 하회하게 되며 생산과잉현상이 나타난다.

또 단기판매목표가 중간에 수정되며 단기의 생산계획에 대표적인 수정을 가져오게 된다. 따라서 생산계획은 수주나 생산계획의 조정시스템의 양상이 강하고 항상 영업 · 판매부문과의 일체화가 필요하다.

TIP 생산계획수립 Check Point

- 생산계획은 타 경영계획과 연동하고 있는가.
- 판매부문과 생산부문의 연계는 잘 되어가고 있는가.
- 계획의 변경이 빈번하게 행해지고 있지 않은가.
- 부품 전개도 · 재료 사용방식 · 원가내역은 정비되어 있는가.
- 각 작업공정 및 외주처의 처리능력은 파악되고 있는가.
- 설계 · 자재 · 외주 · 공정 계획에 따른 생산계획에 무리는 없는가.
- 자가 · 외주의 구분 및 변경사항에 무리는 없는가.
- 생산계획을 결정하는 경우 그 절차는 어떠한 형태로 진행되는가.
- 생산예정표의 작성은 무엇을 기본으로 행해지고 있는가.
- 재료 소요량 계산은 어떻게 되어 있는가.
- 생산계획 입안에 있어 원가절감은 충분히 고려하고 있는가.
- 생산계획 중에 합리화 및 생산성 향상대책은 고려되어 있는가.

이와 같은 의미에서도 기업환경 변화가 격심한 시대의 생산계획은 특히 생산성의 향상이나 합리화에 의한 생산구조의 변혁이 요청된다. 생산계획의 기본적인 사고방식은 생산형태에 따라서 달라지는 점은 없으나 생산계획 책정 시에는 생산형태에 대응한 몇 가지의 중요한 포인트를 고려하지 않으면 안 된다.

설비투자를 결정하는 척도 설비투자를 결정하는 방법에는 자금회수기간법과 투자이익률법이 있으며, 이에 대한 구체적인 내용은 다른 장에서 다루기로 한다.

$$\text{자금회수기간법} = \frac{\text{예상투자액}}{\text{연간예상액}}$$

$$\text{투자이익률법} = \frac{\text{연간예상 캐시 플로우}}{\text{예정투자액}} \times 100$$

자금계획 각 부문의 계획이 세워진 후에는 각 부문의 계획을 수행하는데 필요한 자금계획이 세워지지 않으면 안 되며, 그에 따라 자금의 조달계획도 마련된다. 자금계획에서는 앞서 수립된 계획들을 바탕으로 추정된 자금소요액을 조달하기 위한 자금조달방법, 즉 내부조달과 외부조달, 그리고 금리 · 시기 · 기간 등을 결정하게 된다. 자금계획의 핵심은 자금소요액을 추정하는 것이라고 할 수 있는데 그 추정방법에는 다음과 같은 두 가지 방법을 활용하는 것이 바람직하다.

첫째는 위와 같이 판매계획 · 생산투자계획 · 원가계획 등을 감안하여 추정하는 방법이다.

둘째는 자본회전율 · 매출액영업이익률 · 부채비율 · 자본비용 등과 같은 재무비율의 과거추이를 분석하고, 미래 목표치를 설정하여 이를 바탕으로 현재와 같은 경영성과가 계속 유지될 경우와 미래목표로 하는 경영성과가 달성되었을 경우에 조달 가능한 자금규모를 추정하는 방법이다.

부문별 연간사업계획 수립 포인트 연간사업계획은 사업의 전략적 전개에 대한 조감도이며 나침반이 되어야 한다. 경영의 비전과 목표를 위해 해당 년도에 어떤 사업을 추진할 것인지를 분명하게 제시함으로써 시너지효과를 낼 수 있도록 작성되어야 한다. 아울러 각 부문과 전체역량을 조정 · 통합 · 평가하는 기능을 할 수 있어야 한다. 이러한 관점에서 각 부문별 연간사업계획을 수립하는 포인트는 다음과 같다.

■ 마케팅부문

주 요 부 문 계 획	포 인 트
매출액계획(월별 · 상품별 · 거래처별 · 사원별 · 판매점별)	과거의 실적을 활용하면서 관계자들이 검토
판매비 계획(월별 · 상품별 · 거래처별 · 사원별 · 판매점별)	손익계획의 각 비목의 범위 내에서 수립
판매촉진계획(월별 · 상품별 · 거래처별 · 사원별 · 판매점별)	목표 · 방침을 기본으로 수립
신규개척계획(월별 · 부서별)	신규개척 리스트를 작성하여 건수와 금액을 정한다.
회수계획(월별 · 거래처별 · 판매점별)	회수율 및 채권 회수기간 방침에 따라 수립
재고계획(월별 · 거래처별 · 판매점별)	임시재고를 중심으로 수립
구입계획(월별 · 거래처별 · 판매점별)	매출계획과 판매촉진계획과 일치하도록 수립
세일즈맨 교육훈련계획	기본 · 지식 · 기법 OJT(사내 훈련) 중심으로 수립

■ 생산부문

주 요 부 문 계 획	포 인 트
매출액 계획과 잘 조정된 생산계획	실적이나 예측이나 판매계획을 잘 검토
제조원가계획	손익계획의 원가명세서에 따라 수립
재료 · 부품 · 외주계획	제조원가계획을 근간으로 수립
연구개발계획	목표 · 방침에 따라 수립
설비투자계획	중 · 장기적 관점에서 수립
월별작업예정계획	매출액 계획을 근간으로 수립

■ 인사 · 조직부문

주 요 부 문 계 획	포 인 트
월별 주요 행사 계획	전사적으로 조정하여 수립
인력자원계획	중 · 장기적 관점에서 수립
임금계획	종합손익계획 및 손익원가계획에 따라 수립
안전위생계획	무재해 · 쾌적한 직장환경 추구
인재육성계획	OJT를 중심으로 수립
각종 제도의 개폐	동업계의 변화 참고

■ 재무부문

주 요 부 문 계 획	포 인 트
월별 손익계산	종합손익계획표에 따라 수립
월별 제조원가예산	제조원가 계획표에 따라 수립
월별 자금예산	추정 재무제표 및 연도자금 계획표에 따라 수립
월차 결산 계획	월차 체크가 이루어지도록 수립
OA(사무자동화) 계획	ERP(전사적자원관리)시스템 구축계획에 따라 수립
계정과목 처리기준 정비계획	필요한 중점항목계획을 포함해서 수립

Chapter

VIII

가치평가

기업가치(Value of Business)는 기업의 경제적인 수명기간 동안 예상되는 현금흐름을 자본비용으로 할인한 현재가치의 합으로 정의할 수 있다. 따라서 기업가치 평가에 있어 현금흐름(Cash flow)의 크기는 얼마인지와 현금흐름은 지속성이 있는지의 여부 및 자본비용(cost of capital)의 크기가 얼마인지는 필수적인 요소이다.

기업의 가치를 달리 표현하면 '기업총자산의 시장가치'라고도 할 수 있다. 대차대조표상 대변을 구성하는 채권자 및 주주는 자산에 대한 청구권을 기자고 있고, 총자산을 결국 채권자 및 주주에게 귀속된다. 다만 유입되는 현금흐름과 유출되는 현금흐름의 차이에 따라 기업의 가치는 증가할 수도 있고 감소할 수도 있다.

투자에 대한 의사결정을 할 경우 투자하는 기업에 대한 평가는 필수적인 요소이다. 투자뿐만이 아니라 화의 · 회생절차에 따른 법정관리에 속한 부실기업들을 청산을 할 지, 구조조정 작업을 계속 할 지에 대한 의사결정과정이나, 기업의 인수 · 합병, 국내외 투자유치 등의 의사결정을 할 때에도 기업가치 평가는 중요한 정보를 제공할 것이다.

국유재산법상의 공기업의 주식매각을 위한 주식가치평가, 상속세 및 증여세법상 비상장주식의 지분상속에 의한 상속세 기준가 평가, 일반기업의 공모가액 산정을 위한 평가, 자본시장법에 따른 상장법인과 비상장법인의 합병에 따른 적정 합병비율의 산정, 비상장주식의 양수 · 도의 경우 매매가 산정에 필요한 주식가치의 산정을 위한 기업가치 평가가 이루어지고 있다.

그러나 공정시장가격이 확보되지 못한 상황에서 비합리적인 기업가치 평가 결과는 자본시장의 왜곡, 조세형평성의 저해, 국부의 유출 또는 외국인의 국내투자의욕 저하 등으로 경제전반에 악영향을 끼칠 우려가 있음을 감안할 때 적정한 기업가치평가의 필요성은 더욱 절실해지고 있는 상황이며, 이에 따라서 각 이해당사자간의 이해관계가 조정되어야 한다.

01 가치평가의 개요

1 가치평가의 개념

가치에는 여러 가지가 있다. 기본적으로 회계에서 주로 이야기하는 시가(Market Value)와 원가(Cost)가 있고, 공정가치(Fair Value)도 있다. 경제적 가치를 이야기 할 때, 사용가치와 교환가치로 구분해서 이야기하기도 한다.

기업가치 평가는 다양한 목적에 의해 다양한 시각에서 적용되어 왔으며 다양한 가치평가의 방법이 존재한다. 그러니 많은 가치평가방법 중 모든 상황에 적용될 수 있는 하나의 유일한 방법은 존재하지 않을 것이다. 상황에 따라 평가의 목적에 따라 유용하게 사용될 수 있는 가치평가의 모형은 서로 다를 수밖에 없으며, 때로 목적에 부합하도록 모형을 재편성할 필요가 있을 것이다.

가치평가의 의의 기업가치의 측정요소는 유형자산을 비롯한 다른 일반재화와는 달리 가치에 영향을 미치는 요인이 복잡 다양하고 가변적이어서 매우 조심성 있는 추정이 필요한 동시에 개별 가치측정 요소들의 특성 및 서로의 상관관계에 대한 분석 및 검증이 요구된다.

기업가치 평가과정에서 기업에 대한 일반 경제 환경, 대상기업이 속한 산업의 현황 및 전망 등 기업가치에 영향을 미치는 비계량화된 정보의 분석과 기업경영의 성과와 재무상태를 파악하는 재무제표분석방법이 병행되어야 한다.

기업가치 평가에 필요한 자료는 기업내부자료 · 산업자료 · 일반경제자료 등으로 구분할 수 있다. 이러한 자료는 수집은 평가대상기업에 대한 현장조사와 인터뷰를 통해서 수집할 수 있다. 그러나 평가대상기업에서 제시하는 자료는 객관성이 부족하므로 동종 유사기업의 자료를 수집 분석하여 이를 검증하여야 하나 이에 따르는 정보의 공개정도가 미흡하여 이에 따르는 정보수집비용이 과다하게 발생하고 있을 뿐만 아니라 그 수집에도 상당한 어려움이 있다.

가치(Value of Business)는 경제적인 수명기간 동안 예상되는 현금흐름을 자본비용으로 할인한 현재가치의 합으로 정의할 수 있다. 가치평가란 평가대상의 공정가치를 산정하는 것이다.

따라서 가치평가에 있어 현금흐름(Cash flow)의 크기는 얼마인가, 현금흐름은 지속성이 있는가, 자본비용(cost of capital)의 크기는 얼마인가를 필수적인 요소로 하고 있다.

가치를 다르게 표현한다면 기업 총자산의 시장가치라고도 할 수 있다. 대차대조표상 대변을 구성하는 채권자 및 주주는 자산에 대한 청구권을 가지고 있고, 총자산은 결국 채권자 및 주주에게 귀속된다. 다만 유입되는 현금흐름과 유출되는 현금흐름의 차이에 따라 기업의 가치는 증가할 수도 있고 감소할 수도 있다.

다시 말하면 가치평가란 필수적인 요소의 정보를 예측하고 추정하는 과정이라 할 수 있으며, 기업가치평가의 목적이 기업의 미래현금흐름 창출력을 현재 상태에서 파악하는 것이라 한다면 미래현금흐름의 유지능력을 분석하는 신용평가와는 개념적으로 구분된다.

가치의 전제 가치의 전제란 가치평가를 할 때 평가대상에 적용되는 상황적인 환경에 대한 가정으로 '계속기업'을 전제로 할 것인가, 아니면 '청산'을 전제로 할 것인지로 구분할 수 있다.

계속기업의 전제는 대부분의 가치평가에서 적용되는 전제로 기업의 존재의무는 향후 기업활동을 통해 소득을 창출하는 것으로써 특별한 경우를 제외하고는 계속기업을 전제로 하여야 할 것이다. 계속기업의 전제는 M&A 상황을 가정할 경우에도 대부분 적용되어야 할 가치의 전제로서 가치평가방법에서도 모두 적용 가능하다.

이와 반대로 청산기업의 전제가 있을 수 있다. 이는 부도발생 등 계속적으로 사업을 영위할 수가 없어 청산을 전제로 할 경우에 적용되는 가치의 전제이다. 청산은 자발적 청산과 비자발적 청산으로 구분하여 구체적인 전제를 적용하는 것이 가능하며 이에 따라 평가결과 상이한 값으로 나타날 수 있다. 청산을 전제로 하는 가치평가에는 주로 자산접근법이 사용되어진다.

가치의 기준 가치의 기준은 가치평가의 결과로 산출되는 가치의 의미에 대한 정의로서 공정시장가치와 투자가치로 대별할 수 있다. 공정시장가치라 함은 거래에 대한 강요가 없는 상황을 전제로 거래에 필요한 충분한 지식을 갖춘 자발적인 불특정 매수자와 자발적인 불특정 매도자가 합의 할 수 있는 거래가격을 의미한다.

공정시장가치와 대비되는 투자가치의 개념은 일반적인 매수자와 매도자가 아닌 특정한 투자자 입장에서의 가치를 말한다. 투자가치는 특정한 거래당사자 간에만 성립할 수 있는 가치의 기준이므로 불특정인을 대상으로 가치의 기준을 설정하는 공정시장가치와는 다르다.

투자가치와 공정시장가치의 차이 발생 원인은 기존 사업과의 시너지 효과의 차이, 미래 수익력에 대한 추정의 차이, 위험의 정도에 대한 인식의 차이, 그리고 세금 부담에 대한 상황적인 차이 등에서 찾을 수 있을 것이다. 이외에도 가치의 기준은 다양한 형태로 변형되어 나타날 수 있으며, M&A와 관련된 가치평가는 자본시장법이나 상속증여세법에서 그 가치평가액을 산정하도록 규정하고 있다.

기업가치 평가의 개념과 범위를 이해하기 위해서는 기업가치와 주식가치를 구분하여 이해할 필요가 있다. 주식가치란 기업가치에서 부채가치를 차감한 잔여분으로 구성된다. 즉 자기자본의 가치로서 영업활동으로 인하여 창출되는 기업가치 중에서 채권자의 몫인 부채의 몫을 차감한 후에 남는 주주에게 귀속되는 몫을 의미한다.

2 가치의 특성

기업은 이윤극대화를 목표로 자본과 인력을 적절히 활용하여 끊임없이 변화하고 성장해가는 영속체(Going Concern)로서의 특성을 갖고 있다. 따라서 기업의 가치는 기업이 현재 보유하고 있는 유·무형의 자산들의 미래 수익창출능력의 평가액이라고 할 수 있다.

그러나 미래의 영업상황을 예측하고, 예상되는 수익을 추정하기 위해서는 고려하여야 할 요소가 너무 많고, 개발된 평가방법 또한 복잡하여 평가자 및 평가결과의 이용자가 전문적 지식이 없이는 쉽게 이해할 수 없는 특징을 갖고 있다.

기업의 가치는 누가(Who)·언제(When)·어떤 목적으로(Why) 평가하는가에 따라 다르게 평가되는 특성을 지니고 있다. 그리고 평가하는 시점에 따라서도 기업가치의 평가결과는 제각기 다르게 나타나게 된다. 평가하려는 기업이 속한 산업의 경기순환 상 상승국면일 때와 하강국면일 때와의 평가가치는 현저한 차이가 있을 것이며, 전년도 또는 당해 연도의 영업실적이 상대적으로 좋게 나타나는 시점에서의 기업가치가 그렇지 않은 때 보다 높게 평가될 가능성이 많다.

기업의 시장가치를 대표하는 주가를 상정해서 본다면 강세장에서의 기업가치 평가와 약세장에서의 평가는 현저한 차이가 있게 된다. 따라서 기업의 가치는 시간의 흐름에 따라 끊임없이 변동되는 것으로 이해할 수 있다.

한편, 기업의 가치를 어떤 목적에서 평가하는가에 따라 평가의 기준 및 관점이 변화되므로 평가목적 또한 기업가치에 차이를 가져오는 중요한 변수가 된다.

기업가치 측정요소의 다양성과 가변성 기업가치의 측정요소는 유형고정자산을 비롯한 다른 일반재화와는 달리 가치에 영향을 미치는 요인이 복잡 다양하고 가변적이어서 매우 조심성 있는 추정이 필요한 동시에 개별 가치측정 요소들의 특성 및 서로의 상관관계에 대한 분석 및 검증이 요구된다.

일반적으로 기업의 가치측정요소는 외부적 요인과 내부적 요인으로 분류할 수 있으며, 외부적 요인으로는 세계경제의 흐름 · 원자재 가격의 등락 · 국내경기의 변동 · 관련 산업의 성쇠 등이 있으며, 내부적 요인으로는 기업의 설비 · 기술력 · 노동력 · 영업력 · 이미지 · 제품의 경쟁력 등 무수히 많은 요인이 있다.

다각적인 기업분석 기업가치 평가과정에서 기업에 대한 일반 경제 환경과 대상기업이 속한 산업의 현황 및 전망 등 기업가치에 영향을 미치는 비계량화된 정보의 분석과 기업경영의 성과와 재무상태를 파악하는 재무제표분석방법이 병행되어야 한다. 또한 기업의 경영성과를 정확히 판단하기 위해서는 비율분석뿐만 아니라 이것과 비교해 볼 수 있는 비교기준으로 기간비교 · 표준비교 · 상호비교 등도 필요하다.

비율분석의 절대치를 기업가치 평가과정에서 일반화하기는 곤란하다. 예를 들어 유동비율이 높다는 것은 유동성이 좋다는 의미로 해석할 수 있지만 비수익성자산인 현금을 과도하게 보유하고 있다는 의미로 해석할 수도 있다. 따라서 경영성과나 재무상태를 평가할 때는 어느 한쪽만으로 평가하는 것이 아니라, 다각적인 분석이 필요하다.

다수 이해관계자의 이해조정 공정시장가격이 확보되지 못한 상황에서 비합리적인 기업가치 평가결과는 자본시장의 왜곡, 조세형평성의 저해, 국부의 유출 또는 외국인의 국내투자의욕 저하 등으로 경제전반에 악영향을 끼칠 우려가 있음을 감안할 때 적정한 기업가치평가의 필요성은 더욱 절실해지고 있는 상황이며, 이에 따라서 각 이해 당사자 간의 이해관계가 조정되어야 한다.

3 가치평가의 목적

기업가치평가의 결과는 모든 평가목적에 부합할 수는 없다. 평가의 목적에 따라서 상이한 법률과 기준이 적용됨에 따라서 적절한 가치의 정의를 표현하지 못하는 경우도 발생한다. 동일한 기업이라 하더라도 가치전제에 따라서 상이한 평가결과가 도출될 수도 있다. 따라서 기업가치평가의 경우 가치의 개념에 대한 이해와 해석이 전제되어야 평가

목적에 부합하는 가치를 도출해 낼 수 있을 것이다.

첫째, 투자자의 입장에서 기업의 재무상태, 잠재적 및 현재의 업무 수행력, 최고경영자의 경영능력, 투자의 수익성 및 투자회수의 시간성을 예측하여 투자금액과 액면 대비 비율을 결정하는 데 참고자료로 사용하고자 기업의 가치를 평가한다.

둘째, 최고경영자의 입장에서 기업의 진행방향과 사업목표, 경영전략을 수행하는 데 지침서로 활용하기 위하여 기업의 가치를 평가한다.

셋째, 기업의 구조조정 방향과 방법 및 그 정도를 기획하기 위하여 기업의 가치를 평가한다.

넷째, 기업의 인수나 합병 · 사업단위 매각 등과 같은 주요 거래를 행하고자 할 때 그 기업의 가격을 산정하는 자료로 활용하기 위하여 기업의 가치를 평가한다.

다섯째, 신상품의 개발 · 설비투자 · 합작투자계약 · 새로운 시장으로의 진출 등 선택적인 기업전략 및 사업단위 전략의 가치를 평가하기 위하여 기업의 가치를 평가한다.

4 가치의 결정요인

가치평가를 위한 가치의 기준 평가자는 목표기업을 평가하고자 하는 가치평가의 목적과 가치의 기준, 가치의 가정과 부합하도록 그 평가방법을 선택하여야 한다. 기업의 가치평가에 있어서 가치의 가정은 계속기업으로서의 가치, 자산의 결합으로서의 가치, 순차적 처분에 의한 가치, 강제적 청산에 의한 가치의 네 가지로 분류할 수 있다.

첫째, 계속기업으로서의 가치와 둘째, 청산기업으로서의 가치로 구분할 수 있다. M&A시 기업평가는 일반적으로 계속기업으로서의 기업가치의 가정 아래 수행되어야 한다. 평가의 목적에 따른 가치의 기준으로는 크게 공정시장가치 · 투자가치 · 내재적 또는 기본적 가치 · 그리고 공정가치의 네 가지로 구분해 볼 수 있다. 일반적으로 M&A시 기업가치의 평가는 공정시장가치나 투자가치의 산출을 위한 것이다. 그러나 경영효율화의 목적을 위해서 M&A를 고려할 경우 내재가치를 기준으로 가치평가방법을 고려해야 할 것이다. 따라서 가치의 기준은 평가의 목적에 따라서 결정되어야 할 것이며, 또한 이러한 결정에 부합하는 기업 가치평가 방법을 적용해야 할 것이다.

기업가치의 결정요인 기업의 가치는 앞에서 언급한 바와 같이 기업이 보유하고 있는 유 · 무형 자산의 미래수익창출능력의 평가액이라 할 때, 이 미래의 수익창출능력을 결정짓는 요소로는 기업내부 환경뿐만 아니라 기업을 둘러싼 외부 환경요인이 있을 것이고, 구체적 수치로 계량화할 수 있는 요소인 양적 요인과 수량화하기는 곤란하나 궁극적으로 기업의 수량화된 가치에 중대한 영향을 미치는 요소인 질적 요인이 있을 것이다.

이처럼 기업가치를 평가하는 데 있어 고려하여야 할 중요 요소들을 정리하면 다음과 같다.

① 가치 평가요소
- 내부환경 요소
- 외부환경 요소
- 양적 요인
- 기업의 재무상황(B/S)
- 기업의 영업실적(P/L)
- 기업의 재무분석지표 · 경제성장률
- 동업종 시장성장률
- 이자율

② 질적 요인
- 경영자의 경영능력
- 축적된 기술력
- 공장의 입지(Location)
- 노사관계(노동조합) · 시장개방 정책
- 정부의 산업지원정책
- 경쟁사의 동향
- 기술발전 추이

5 기업가치평가의 모형

공정가치 평가방법이라고 할 수 있는 것은 자산접근법과 이익접근법이다. 시장접근법은 상대가치 평가방법임으로 쉽게 많이 사용되기는 하나, 회계법인에서 주로 사용되는 평가방법은 아니며, 자산접근법과 이익접근법을 보완하는 지표로 사용된다.

자산접근법 자산접근법은 일반적으로 인정된 회계원칙(GAAP)에 의하여 작성된 평가대상기업 재무제표의 총자산에서 총부채를 차감한 순자산가액을 객관적인 기업의 가치로 보는 평가방법이다.

$$기업가치 = \Sigma수정된\ 자산가치 + \Sigma수정된\ 부채가치$$

이 방법은 고정자산 · 채권 · 재고자산 등의 재평가를 통하여 실질적인 순자산가치를 산출하여 1주당 순자산가치를 산출하게 된다.
이 방법은 기업의 순자산가치로 기업가치를 평가함으로써 비교적 용이하게 평가액을 결정할 수 있다는 장점이 있으나 기업의 무형의 가치, 즉 경영자와 종업원간의 관계, 영업상의 거래관계, 제품생산과 관련한 know-how 등이 반영되지 않는다.

시장접근법 시장접근법(Market Approach)은 자발적인 의사로 기업을 거래하는 매수자와 매도자 사이에서 교환되어지는 기업의 가격을 비교함으로써 유사한 기업의 가치를 가늠하는 평가방법 이다.

이는 시장기능을 이용하여 결정되는 기업의 시장가격을 통해 대상기업의 가치를 간접적으로 파악하는 방법으로 충분한 거래정보를 가진 거래당사자간에 정상적으로 형성되는 매매가격으로 평가하며, 매매사례가 없거나 비교가능성이 없는 경우에는 이를 적용할 수 없다.

시장접근법이 사용되기 위해서는 비교 가능한 기업에 대한 활발한 거래시장이 존재해야 한다는 전제조건이 충족되어야 한다. 또한 비교 가능한 기업의 과거 거래실적이 있어야 하고, 거래정보가 접근 가능하여야 하며, 거래 당사자가 자유의사에 의해 거래되는 시장의 특성을 가져야 한다.

소득접근법 소득접근법이란 미래의 기대수익을 예측하고 이를 현재가치화 하는 방법으로서, 일반적으로 "재화의 가치는 장래편익의 현재가치"라는 정의에 가장 부합하는 방법으로서, 장래의 현금흐름(Cash-Flow)을 위험이 반영된 적절한 할인율로 할인하는 할인현금흐름법(Discounted Cash-Flow)이 일반적으로 사용되고 있다.

소득접근법은 새로운 기업가치를 창출하거나 구축하는 비용과 관계없이 그 기업이 지닌 소득창출능력에 초점을 두는 방식이다. 즉 모든 자산의 공정시장가격은 그 자산을 보유함으로써 생겨나는 향후의 모든 경제적 편익의 흐름을 현재가치로 나타낼 수 있다.

소득접근법을 활용함에 있어서 중요한 기본요소는 경제적 편익의 가격은 어느 정도가 되는가, 경제적 편익이 지속되는 기간은 어느 정도인가, 경제적 편익은 장래에 증가 또는 감소될 것인가, 경제적 편익을 실현함에 있어서 수반되는 위험은 무엇인가 등을 들 수 있다.

DCF모형 현금흐름할인법은 기업가치평가를 위한 이론 중에서 가장 널리 활용되는 분석도구로서 모든 자산의 가치는 자산을 보유함으로써 예상되는 미래의 모든 현금흐름의 현재가치의 합으로 측정할 수 있다는 것이다.

DCF법은 다음과 같은 두 가지 측면에서 접근할 수 있다. 첫째는 기업이 소유하고 있는 각종 실물자산가치인 대차대조표 차변의 합으로 측정하는 것이고, 둘째는 기업의 자산을 취득하는데 소요된 자금의 조달방법별 가치를 합하여 구하는 방법이다.

CF(자산) = CF(채권자) + CF(주주)

미래의 매 기간마다 위의 관계가 성립하므로, 좌우 양변의 현금흐름을 자본화 한 현재가치, 즉 기업가치는 채권자의 가치와 주주의 가치의 합으로 측정할 수 있다.

잉여현금흐름법(FCF) 잉여현금흐름모형(Free Cash Flow model)은 기업가치 평가모형의 하나로서 부가가치의 창출력을 잉여현금흐름액으로 측정한다.

잉여현금흐름이란 본업활동이 창출해 낸 현금유입액(operating cash inflow)에서 당해연도 중에 새로운 사업에 투자하고 남는 것을 뜻한다.

잉여현금흐름(FCF) = 영업활동현금흐름 - 유형자산의증가
FCF = EBIT X (1-법인세율) + 감가상각비 - 투자 - △WC

따라서 사업예측기간 중 발생할 잉여현금흐름을 적절한 자본비용으로 할인하여 합산하면 기업가치를 추산할 수 있다.

기업가치 = ΣPV(FCF) + 잔여가치(Terminal Value)

잉여현금흐름법의 기본원리는 할인현금흐름법(DCF)과 동일하나 다만 기간별 현금유입액을 달리 정의하고 있기 때문에 FCF법은 DCF법의 특수한 경우로 볼 수 있다. FCF법에서는 당해연도의 현금유입액 전액을 투하자본이 창출한 부가가치로 인식하지 않고 다음년도 이후의 현금유입의 증가를 위하여 필요한 투하자본의 증분, 즉 추가적인 부가가치 창출에 기여할 현금유출액의 증가액을 차감하여 구한다.

02 가치평가의 방법

방법(methods)이라는 용어는 접근법(approaches)과는 구별되어야 한다. 방법은 접근법보다 구체적인 개념이다. 평가자는 기업가치평가를 위해 선택한 접근법의 범주 내에서 적절한 방법을 결정하게 되고 결정된 방법을 순차적인 절차에 의해 수행하는 것이다. 기업가치를 평가하는 방법은 다양하다. ASA(American Society of Appraisers)에서는 기업가치 평가방법을 세 가지의 접근법에 의해 체계화하고 있다.

첫째는 이익접근법이다. 이익접근법은 평가하고자 하는 목표기업의 예측되는 이익을 전환함으로써 기업의 가치를 결정하는 것이다

둘째는 시장접근법이다. 시장접근법은 평가하고자 하는 목표기업과 유사한 기업이나 비교 가능한 거래의 분석을 통하여 기업의 가치를 결정하고자 하는 것이다.

셋째는 자산기준접근법이다. 자산기준접근법은 원가접근법이라고도 하며 기업의 자산과 부채를 분석을 통하여 기업의 가치를 결정하려는 접근이다.

이러한 세 가지의 접근법은 상호 연관되어 있으며 이론적으로는 어떤 접근법에 의하든 동일한 가치평가의 결과를 제공해야 할 것이다. 그러나 현실적으로 접근법에 따라 명확히 다른 결과를 제시하는 경우가 나타난다. 이 책에서는 우리나라에서 가장 많이 활용되고 있는 평가방법 중심으로 설명하고자 한다.

최근 IPO와 M&A에서 기존 기업가치평가 모델로는 설명하기 어려운 기업 사례가 등장하고 있다. DCF와 EBITDA, PER, PBR 등 전통적 기업가치평가 모델로는 설명력을 지니기 쉽지 않은 기업의 특징은 새로운 산업에 속해 있다는 점이다. 신성장기업의 부상에 따라 변화하는 기업가치 평가요소를 분석하고 신성장기업의 가치평가를 바라보는 앵글 변화에 중점을 둬야 할 시점을 맞이했다. 기존의 가치평가 방법은 플랫폼의 등장과 소프트웨어 산업이 주류로 성장하면서 물리적인 방법으로 계산해왔던 기존의 가치평가가 새로운 산업들에게 적용되지 못했던 점이 있다.

■ 기업가치 평가방법

구분	방법
이익접근법 (수익가치법)	• 경제적 이익 할인법 • 실체현금흐름할인법 • 경제적 이익방법 • 가치誘引법 • 처분가능현금흐름법 • 전략적 구매자 현금흐름할인법 • 현금흐름할인법 • LBO 분석 • Leveraged ESOP 분석 • 배당할인법 • 이익의 자본화 방법 • 초과이익 자본화방법
시장 접근법 (시장가치법)	• 비교가능기업 분석법 • 유사기업분석법 • M&A 거래분석 방법 • 비교가능거래분석 • 합병시장승수분석
자산가치기준 접근법 (자산가치법)	• 자산합계방법 • 초과이익방법 • 장부가치분석
기타 평가방법	• 청산분석방법 • 대체원가분석법 • Breakup 분석방법 • Unit-of-capacity 분석방법 • Greenfield plant 분석법

1 수익가치평가법

수익가치평가법은 평가하려는 기업이 장차 벌어들일 것으로 생각되는 주당 배당가능 이익의 흐름을 추정한 다음 그 액수를 현가화하는 것으로, 즉 1주당의 기대이익을 일정의 적당한 이율로 할인하는 방식으로서 현재 가장 호응을 얻고 있는 방식이다.

이 방식은 기업의 자산·부채를 각각 평가하여 산출하는 것이 아니라, 기업이 갖고 있는 인력·상품 및 자금·기술 등 모든 경영자원 들을 사용하여 획득할 장래의 이익을 현재의 가치로 할인하여 평가하는 것이다. 그러나 장래의 수익을 추정한다는 것이 그리 간단한 것이 아니며 또 할인율을 몇 퍼센트로 할 것인가 하는 점에서 실무적으로 어렵다고 할 수 있다.

할인율은 기대수익률(Market Capitalization Rate)로 하는데 기대수익률은 동 업계의 평균이익률, 해당 기업의 이익률 추이, 수익성 있는 시장금리 및 정기예금 이자율 등을 고려하여 결정한다.

우리나라에서는 금융투자협회에서 유가증권분석기준으로 정기예금금리를 적용하도록 하고 있다. 평가하려는 기업이 속하고 있는 산업의 성숙도에 따라 또 그 기업이 기업의 라이프 사이클 상 어디에 위치하고 있느냐에 따라 장래 수익가치의 흐름을 여러 가지로 예상할 수 있는 바 네 가지로 가정하여 계산해 보는 것이 일반적이며 이 수익가치 방식은 다른 방식으로 계산한 기업의 가치를 비교 검토하기 위하여 계산해 보는 경우가 많다.

기본적으로 수익가치방식은 기업의 가치를 영업을 하여 얼마나 많은 이익을 올려 그것을 주주들에게 얼마만큼을 배당할 수 있느냐에 따라 계산하는 것이다. 따라서 수익가치란 기업의 주당 배당가능금액의 변화가 어떻게 되느냐에 따라 달라진다.

자산가치는 그 평가방법이 비교적 단순하고 객관적이라는 장점을 가지고 있으나 기업이라는 실체가 미래의 수익 또는 현금흐름창출을 목적으로 존재하는 영속체라는 점에서의 미래 수익창출능력을 반영하지 못하는 단점을 가지고 있다.

즉 M&A를 통해 지속적 성장을 꽤하려는 매수자는 목표기업의 매수 후에 기업이 보유하고 있는 각 자산을 매각처분하여 매매차익을 실현시키려하는 것이 아니라, 매수 후에 계속적인 영업을 통해 수익(또는 현금흐름)을 창출하고, 기존의 영업과 시너지효과를 극대화시키려는 목적에서 기업을 매수하는 것이므로, 매수대상기업의 현재의 재산 상태를 가지고 향후에 얼마만큼의 수익을 실현시킬 수 있는가에 보다 많은 관심을 갖게 된다.

따라서 기업가치의 평가에 있어 기업의 현 재무상황도 중요하지만, 향후의 수익창출능력 또한 중요한 평가요인이 아닐 수 없다.

그리고 미래의 수익이라는 것은 궁극적으로 현금수입을 말하는 것이므로, 미래수익창출능력은 향후 영업을 통해 기대되는 순현금흐름(Net Cash Flow)이라 할 수 있으며, 미래의 순현금흐름을 일정한 할인료로 할인한 현재가치가 곧, 미래의 영업을 고려한 기업가치가 된다.

■ 수익가치평가법

가치평가방법	주 요 내 용	적용시 특징 및 문제점	
		특징	문제점
현금흐름할인법	미래현금흐름의 현재가치	국제적인 척도로 인정	미래추정 및 자본 비용의 객관성에 대한 논란
조정현가법 (현금흐름할인법의 변형)	100%자기자본 가정한 기업가치에 타인자본 도입시 발생 되는 부수 효과를 조정	잠재 매수자의 시너지 효과 분석에 유리	미래추정 및 자본 비용의 객관성에 대한 논란
경제적 부가가치법	자본비용을 고려한 영업이익 가치평가	특정시점의 평가에 유리	기업외적요인, 인플레에 의한 왜곡 가능성
가격수익비교법	순이익 중심의 평가	가치척도로서 순이익은 현금흐름보다 열위	회계방법에 따른 순이익 변동가능성
배당환원법	미래 배당액의 현가		임의적인 배당문제
순이익환원법	순이익의 현가	가치척도로서 순이익은 현금 흐름보다 열위	미래 추정 및 자본 비용에 대한 논란

현금흐름할인법(Discounted Cash Flow method) 현금흐름할인법(DCF)이란 장래 예상되는 현금흐름을 적절한 할인율로 현재가치로 환원하여 인수가액을 산정하는 방법이다. 미래의 영업을 통해 기대되는 순현금흐름을 일정한 할인율로 할인한 현재가치를 기업의 가치로 평가하는 평가방법으로 기업의 존재목적과 기업에 대한 투자목적을 고려할 때 이론적으로 가장 합리적 평가방법이라 할 수 있으나, 평가과정에서 고려하여야 할 변수가 너무 많고 복잡하여 평가결과에 대한 이해를 구하기가 상당히 어렵다는 단점이 있다.

이 평가방법을 이용하기 위해서는 먼저 기업의 향후 영업상황을 예측하고 투자계획을 반영하여 추정손익계산서를 작성한 다음, 이를 기초로 순현금흐름을 구하여야 한다.

그 다음은 이런 미래의 순현금흐름을 현재가치로 환산하기 위한 할인율을 결정하여야 한다. 이 할인율은 이론적으로 기업에 대한 투자를 통해 투자자가 요구하는 요구수익률이라 할 수 있는데, 일반적으로 이용되는 할인율 산정방식으로는 가중평균자본비용(WACC)이 있다.

그리고 미래의 영업을 무한정 추정할 수는 없으므로 일정한 기간의 추정년도 이후에는 잔존가치라 하여 추정년도 말 현재의 기업가치로 단순평가하게 된다. 현금흐름할인가치는 위에서 언급한 바와 같이 크게 세 가지, 즉 미래순현금흐름 · 할인율 · 잔존가치의 변수를 산정하는 과정에서 평가자의 주관적 판단이 개입될 여지가 많고, 평가 및 평가결과의 이해를 위해서는 회계와 재무에 관한 전문적 지식을 필요하기 때문에 논리적 합리성에도 불구하고 실용적이지 못하다는 평가를 받고 있다.

그러나 매수대상기업의 미래수익 및 자산가치를 담보로 자금을 조달하여 기업매수를 추진하는 LBO가 성행하는 미국 등의 선진국에서는 이 현금흐름할인가치를 M&A거래의 가장 중요한 판단기준으로 삼고 있다.

현금흐름할인법에 의한 기업의 가치는 잔존가치의 현가와 예측가능기간 동안의 현금흐름의 현가의 합이다. 현금흐름할인법은 다음의 세 가지 요소로 이루어진다.

① 일정기간 동안의 기대현금흐름
② 잔존가치
③ 할인율

즉 예측기간 동안의 현금흐름을 결정하고 잔여가치를 측정할 적절한 방법을 결정하고 마지막으로 위의 두 가지 요소를 모두 할인해 줄 적절한 할인율을 결정하는 것이다. 이렇게 결정된 세 가지 요소를 도구로 순현가법이나 내부수익률법을 이용할 수 있다.

$$\Sigma = \frac{nCFt}{t=1(1+r)t}$$

n : 자산의 수명,
CFt : t기간에 기대되는 미래 현금흐름
r : 할인율

이 중 잔존가치는 기업의 가치를 평가하는 데 있어서 가장 민감한 사항으로 간주된다. 이 때 잔존가치의 중요성을 감소시키기 위해서는 현금흐름에 대한 예상기간의 폭을 늘리면 된다.

그러나 현실적으로는 현금흐름에 대한 예상기간을 늘인다고 해도 잔존가치의 존재는 여전히 중요한 문제로 남는다. 또한 잔존가치를 계산할 때 목표회사를 재 처분하려 한다면 판매에 따른 세금효과를 계산해야 하고, 목표회사를 계속 운영하려 한다면 지분의 총 잔여가치를 예상현금흐름분석에 포함시켜야 한다.

잔존가치를 결정하는 방법으로는 다음과 같은 다섯 가지의 유형이 있다.

① 주가이익비율방법 : 주가이익비율방법은 예측기간 말의 순이익을 주가이익비율로 곱합으로써 잔여가치를 계산하는 것이다.

② EBDIAT 승수방법 : EBDIAT 승수방법은 예측기간 말의 세후 현금흐름으로부터 계산된 EBDIAT에 분석된 승수를 곱함으로써 잔여가치를 계산하는 것이다.

③ 계속성장방법 : 계속성장방법은 예측기간 말의 현금흐름을 가중평균자본비용에서 성장률을 차감한 수치(WACC)로 나누어 줌으로써 잔여가치를 계산한다.

④ EBITDA 승수방법 : EBITDA 승수방법은 예측기간 말의 세전 현금흐름으로부터 계산된 EBITDA에 적절한 승수를 곱함으로써 잔여가치를 계산한다.

$$\begin{aligned} \text{현금흐름}(CF) &= \text{영업활동으로 얻는 현금흐름} \\ &= EBIT(1-t)+D \end{aligned}$$

D : 감가상각비
t : 법인세율
$EBIT$: 영업이익
s : 매출액

$$\text{WACC(가중평균자본비용)} = \text{자기자본에 대한 자본비용} \times \frac{\text{자기자본조달금액}}{\text{총 조달금액}} + \{\text{타인자본에 대한조달비용} \times (1-\text{법인세율}) \times \frac{\text{타인자본조달금액}}{\text{총조달금액}}$$

$$\text{EBIT} = \text{당기순이익} + \text{이자비용} + \text{법인세}$$

$$\text{기업가치} = \frac{\text{WACC}(1-\text{t})}{\text{EBIT}}$$

경제적 이익모형 경제적 이익모형에서는 아래의 식에서와 같이 기업의 가치는 투자된 자본과 미래 창출될 이익의 현가와의 합으로 나타낼 수 있다. 또한 경제적 이익은 투자에 대한 수익률과 자본비용의 차에 투자자본을 곱함으로써 계산된다.

가치 = 투자자본 + 미래 이익의 현가
경제적 이익 = 투자자본 ÷ (ROIC - WACC)
ROIC(투하자본수이익률 = (세후영업이익/영업투하자본)×100

경제적 이익의 개념은 1890년의 현재의 이자율로 자본에 대한 이자를 공제한 후의 남는 잔여이익이 그의 이익이라고 한 Alfred Marshall로부터 시작되었다. 마샬은 기업의 가치에는 반드시 회계적 비용뿐 아니라 자본의 기회비용 또한 고려되어져야 한다고 하였다. 현금흐름할인모형에 비하여 경제적 이익모형이 갖는 이점은 처분가능 현금흐름과 달리 경제적 이익은 어떤 하나의 기간에서든 기업의 성과를 이해하는데 유용한 측정치라는 것이다.

이익할인법　이익할인평가방법은 현금흐름할인가치가 논리적 강점이 있으나 실용성이 떨어지는 면을 고려하여 좀 더 계산하기 간편하고 이해하기 쉽게 변형한 평가방법으로, 우리나라에서 기업공개 및 장외등록을 위한 주식평가 등에 널리 사용되고 있다.

이익할인가치 평가방법에서는 현금흐름할인방법에서의 현금흐름 대신 당기순이익을 사용하며, 할인율을 정기예금금리에 일정 배율을 곱하는 식으로 단순하게 산정하게 된다. 그리고 추정기간도 비교적 단기(통상 2년)이며 잔존가치를 고려하지 않는 대신 추정기간의 순이익이 영원히 계속된다는 가정에 따라 현재가치를 무한수열로 계산하게 된다. 이러한 수익가치는 현금흐름할인가치에 비해 계산이 간단하고 이해하기 쉬우나, 향후 2개년의 추정수익이 영원히 계속된다는 가정이 비현실적이며 가중치의 산정근거도 논리적이지 못하다.

특히, 평가대상회사의 개별위험을 고려하지 않고 자본환원율을 일률적으로 적용하는 것은 비논리적이라 할 것이다. 그러나 우리나라 증권발행시장에서 대표적인 수익가치 평가방법으로 사용되고 있는 것이 현실이며, 따라서 M&A 거래에 있어서도 기업가치의 참고자료로 많이 사용되고 있다.

잉여현금흐름(Free Cash Flow model)법　잉여현금흐름법은 기업가치 평가모형의 하나로서 부가가치의 창출력을 잉여현금흐름액으로 측정한다. 잉여현금흐름이란 본업활동이 창출해 낸 현금유입액에서 당해 연도 중에 새로운 사업에 투자하고 남는 것을 뜻한다. 기업에 귀속되는 현금흐름은 다음과 같이 계산할 수 있다.

① EBIT로부터 FCF를 계산하는 방법

$$FCF = EBIT(1 - 세율) + 감가상각비 - (총설비투자 + 운전자본증감)$$

② 매출액 기준으로 FCF를 계산하는 방법

FCF = 매출액 - 매출원가 - 판관비(상각비 포함)
= 영업이익 - 영업이익세율
= 세후순영업이익 + 유무형 고정자산 상각비
= OCF - 순운전자본투자 - 순고정자산투자
FCF = OCF - DIC = OCF - DEP

따라서 사업예측기간 중 발생할 잉여현금흐름을 적절한 자본비용으로 할인하여 합산하면 기업가치를 추산할 수 있다.

$$기업가치 = \Sigma PV(FCF) + 잔여가치(Terminal\ Value)$$

배당할인법　기업의 미래수익 또는 미래의 순현금흐름이 투자자의 수익으로 실현되는 것은 배당을 통해서 라고 가정할 때 투자자 입장에서의 기업가치는 향후에 기대되는 투자기업으로부터의 배당금을 적정한 할인율로 할인한 현재가치가 될 것이라는 논리에 따라 개발된 고전적인 기업가치 평가모델로 배당평가모형이 있다.

이러한 배당평가모형에 의한 가치평가는 장기간의 미래 배당금을 추정하는데 어려움이 있으며, 우리와 같이 배당금 지급이 정책적 또는 자의적이고 상대적으로 배당수익률이 낮은 나라에서는 비합리적인 면의 대주주 지분 이동을 전제로 하고 있기 때문에, 기업의 매수자는 배당금수입을 얻기 위하여 기업매수를 하는 것이 아니므로 이러한 배당평가모형에 의한 기업가치가 M&A 거래에서 사용될 여지는 거의 없다고 할 것이다.

배당할인분석법은 투자자가 목표기업으로부터 얻을 수 있을 것으로 기대되는 배당을 분석함으로써 목표기업의 가치를 평가하는 방법이다. 일반적으로 두 가지 방법이 적용된다.

첫째는 항상성장모형을 사용하는 단순한 분석이며, 둘째는 제한된 기간 동안의 기대되는 배당을 할인한 것과 기업의 잔여가치를 할인한 것의 합을 계산함으로써 분석하는 것이다.

두번째의 경우 잔여가치는 현금흐름할인법에서와 마찬가지로 P/E 방법이나 EBDIAT 승수방법을 통하여 측정한다. 위의 두 가지 방법은 현금흐름할인법에서 사용된 방법과 동일하다.

그러나 이러한 방법들은 모두 주주에 대한 현금흐름에만 초점을 두고 있다. 때문에 비록 배당할인분석법이 현금흐름할인법과 개념적으로는 동일하다고 하여도 현금흐름할인법이 배당할인분석법보다 가치평가에 있어서 더욱 유용한 방법이라 할 수 있다.

LBO 분석법 LBO(leveraged buy-out)란 타인자본, 즉 외부 차입금으로 조달된 자금으로 기업을 M&A하는 것을 말한다. LBO 분석법은 현금흐름할인법과 유사하다.

LBO 분석에서 가장 핵심적인 사항은 거래에 이용 가능한 조달자금의 최대량을 결정하는 것이다. LBO 분석의 성공의 핵심은 LBO거래를 위한 자본시장에 대한 정보에 있다. LBO 구조는 경제적 여건의 변화와 정부의 정책 및 규제의 변화가 자금공여자들에게 미치는 영향에 따라 계속하여 변화한다.

LBO 분석법은 많은 경우 목표기업이 동의할 수 있는 최저가격을 설정해 준다는 점에서 중요하다. 또한 LBO 분석법은 타인자본을 포함한 거래의 경우 부채비율에 의한 영향이 중요시 되기 때문에 현금흐름할인법의 경우보다 더 적절한 방법이다.

LBO 분석법에 의해 도출된 가치는 특정한 시기의 재무시장의 상황에 크게 의존한다. 따라서 LBO 분석의 약점 중의 하나는 재무적 상황에서의 일시적인 변화에 의하여 너무 많은 영향을 받는다는 점이다.

2 시장가치평가법

시장가치는 기업의 재무상황과 미래 수익창출 가능성을 기초로 시장메커니즘을 통해 형성되는 기업의 가치를 말한다. 즉 상장기업의 경우 발행주식가격이 형성되는데, 이런 증권시장에서의 주가는 바로 주식발행기업의 시장가치가 되는 것이다. 시장가치 형성의 기초는 물론 자산가치와 수익가치, 즉 기업의 본질가치가 그 기준이 되지만 주식시장 전체의 상황에 따라 주가는 끊임없이 변동하는 특성을 갖는다. 이는 '증권인수업무에 관한 규정'상의 산정방법이다.

이론적으로 보면 시장가치는 궁극적으로 기업의 본질가치와 일치하여야 하나 변화하는 시장상황 하에서 수요와 공급의 법칙에 따라 시장가격은 형성되고 변동되므로 본질가치와 반드시 일치하지는 않는다.

따라서 어느 평가시점에서의 시장가치는 본질가치보다 현실적인 기업가치가 될 수 있다. 한편, 비상장기업의 시장가치는 증권시장을 통해 형성될 여지가 없기 때문에 객관적인 시장가치는 존재하지 않으나, 동일한 업종에 속하고 규모가 비슷한 상장기업의 주가를 이용하여 상대적인 시가(상대가치)를 산정해 볼 수 있다.

상대가치는 비교가능한 상장유사기업이 존재하지 않거나 기업의 규모에 차이가 클 경우, 또는 주당경상이익과 순이익의 차이가 클 경우에는 그 실효성이 없게 되며, 주당경상이익은 미래의 추정이익이 되어야 논리적이나, 모든 유사회사의 경상이익을 추정한다는 것은 극히 어려운 일이므로 통상 과거실적을 사용하여 계산하게 되는데, 이 또한 비논리적이라 할 것이다.

시장가치법은 비교방식에 의한 평가를 말한다. 국유재산법 시행령에 의하면 평가대상주식의 발행기업과 동일한 업종의 상장법인 중에서 매출액규모 · 자본금규모 · 납입자본이익률 · 매출액성장률 및 부채비율을 감안하여 유사기업을 선정하고 재무제표를 기준으로 다음의 산식에 의해 산출한 가치(상대가치 또는 시장가치)를 평가대상주식의 가치평가에 반영하도록 하고 있다.

$$\text{유사기업의 주가} \times (A/B + A'/B') \div 2$$

A : 평가대상기업의1주당순이익

B : 유사기업의1주당순이익

A' : 평가대상기업의1주당순자산액

B' : 유사기업의1주당순자산액

이는 평가대상기업과 유사한 기업의 주식이 시장에서 거래되는 현실적인 가격을 평가대상 기업의 주식가치 산정에 어떤 형태로든 반영할 필요가 있다는 점에서 설득력을 가지고 있으나 상장기업 중에서 유사기업을 선정하는 데에 평가자의 자의성이 개입될 수 있고 유사기업을 발견하기 어려운 경우 적용이 불가능한 문제점이 있다. 더욱이 유사기업의 주식이 거래되는 시장이 비효율적인 경우 오히려 평가대상주식의 진정한 주식가치를 왜곡시킬 수도 있다는 약점이 있다.

시장접근법의 범주에 분류되는 기업가치 평가방법으로서 다음에서는 비교가능기업 분석법과 비교가능거래 분석법을 살펴본다.

■ 시장가치 평가방법

가치평가방법	주요내용	적용시 특징 및 문제점	
		특징	문제점
유사기업 비교법	유사기업의 EBITDA/ EBIT/SALES 비율 분석	투자가의 투자 비교 척도로 활용	유사기업 그룹핑의 어려움
유사 기업 거래가격 비교법	최근 M&A거래의 거래가격 정보	투자가의 중요 참고 자료로 활용	유사기업 그룹핑의 어려움

비교가능기업 분석법 비교가능기업 분석법이란 유사기업의 실제 자료를 통해 가치의 측정치를 도출하여 이것을 평가하고자 하는 목표기업의 본래 자료에 적용함으로써 가치평가의 결과를 얻는 방법이다. 여기에서 가치의 측정치는 일반적으로 다양한 승수로서 표현되며 비교가능기업 분석의 결과는 승수의 배열로 나타나게 된다. 즉 비교가능기업들로부터 다양한 승수를 도출하여 이것을 평가하려고 하는 평가기업에 대입함으로써 목표기업에 대한 가치평가의 결과를 얻는 것이다.

실제적으로 가치평가에 대한 대용치로서 비교 가능한 공개기업을 이용하는 것은 비공개기업의 가치평가를 위한 가장 중요하고 적당한 방법일 것이다. 그러나 비교가능기업의 선정에 대한 어려움이 이 방법의 유용성을 제한한다. 선정된 유사기업의 비교가능성의 문제는 이 방법의 유용성을 결정하는 주요 문제가 되는 점이다.

이 방법은 기업의 근접한 공개시장가치를 결정하는 데 유용하다. 이러한 공정시장가치는 M&A에서의 목표기업의 가치를 결정하는데 좋은 시발점이 된다. M&A거래에 있어서는 목표기업의 유효한 시장가치의 측정치를 얻기 위해서 지배구조의 변화에 따른 프리미엄이 부가되어야 한다.

이 방법의 약점 중의 하나는 오직 목표기업에 대한 좋은 비교가능기업이 존재할 때만 그 결과가 의미가 있다는 것이다. 또 다른 중요한 약점은 기업마다 적용되는 회계정책이 본질적으로 다를 수 있다는 것이다. 이러한 차이는 고시된 이익이나 대차대조표의 수치들에 대해 중대한 차이점을 가져올 수 있다.

비교가능거래 분석법 비교가능거래의 분석법은 평가하고자 하는 기업이 속한 산업 혹은 유사한 산업에서 일어난 최근 몇 년간의 모든 거래를 검토해 보는 방법이다. 이 방법은 분석에 필요한 거래와 관련하여 이용 가능한 공개 자료의 양에 의하여 제한되는 만큼 비교 가능한 거래들을 결정하는 것이 가장 중요하고도 어렵다.

비교될 거래의 당사자인 기업과 목표기업과의 사업특성과의 유사점이 그 거래가 비교가능성을 결정하는 주요한 요인이 된다. 비교기업 분석법과 비교가능거래 분석법은 일반적 내용은 동일하다. 비교가능기업의 선택이 어렵고도 중요한 문제인 만큼 비교가능거래의 선택에 있어서도 동일한 문제점을 가지고 있다.

이용될 M&A거래의 요건 또한 비교가능 기업의 요건과 같은 요소들을 포함한다. 그러나 비교가능기업에 비하여 비교 가능한 M&A 거래는 그 수가 적기 때문에 선택 요건을 다수 넓힐 필요가 있다. 어느 정도의 기간까지를 거래를 포함할 것인가의 문제와 관련하여 비교 가능한 유사 거래를 선택하기 위해서 다소 긴 기간 동안의 거래를 분석한다.

이것은 분석하고자 하는 기업과 동일한 산업 또는 유사 산업에서의 몇 년간 동안의 거래를 분석하는 것을 포함한다. 이렇게 기간의 폭을 길게 할 수 있는 것은 거래의 수가 적다는 현실적인 문제도 있으나 또한 M&A거래에 의한 결과로 도출되는 승수는 시간의 변화에 따라 변동이 작기 때문이다. 그러나 유사거래의 발생 당시의 가치를 평가하고자 하는 현재의 가치로의 어느 정도의 시간에 대한 조정은 필요하다.

만일 분석에 유용한 유사거래에 대한 자료가 충분한 양이라면, 기업환경의 변화가 큰 경우 시간의 차이에 대한 과감한 조정을 하기보다는 그러한 거래들을 제외시킴으로써 평가의 목적을 달성할 수 있다. 시간의 차이를 조정하는 일반적인 방법은 산업평균주가 차이 또는 가치평가 승수의 산업평균차이를 이용하여 이루어진다.

이 방법은 목표기업의 가치의 영역을 결정하는 데 종종 가장 효율적이다. 목표기업의 산업에서 이용 가능한 최근의 그리고 완전히 비교 가능한 거래가 존재한다고 가정한다면, 이 방법을 통하여 거의 확실히 목표기업의 가치를 결정할 수 있을 것이다.

상대가치평가의 장단점 이 방법은 대상기업을 상장되어 있는 기업의 가치와 유사하게 평가하는 방식으로 주식시장에서의 가치는 대상기업을 평가하는 출발점으로 매우 유용한 의미를 갖는다고 볼 수 있다.

그러나 상장회사의 인수에 있어서는 인수전의 시장가치에 상당한 Premium이 더해지는 것이 현실이므로 대상기업의 평가에 있어서도 이러한 Premium이 추가로 고려되어야 하며 또한, 이 방식이 효과적으로 적용되기 위해서는 적절한 비교 회사들이 존재하여야 하고, 설령 비교 회사들이 존재한다 하더라도 각 회사들의 회계처리방식에 차이가 있다면 그로 인하여 비교 재무 지수들의 가액이 크게 달라질 수 있다는 것이 단점일 수 있다.

3 자산가치평가법

자산가치평가법은 기업의 순자산은 자산에서 부채를 차감한 잔액이라고 보고 이것을 기업의 가치로 본다. 순자산가치법(Net Value Method)은 대차대조표상의 자산과 부채를 평가하여 총자산가치에서 부채가치를 차감한 순자산가치로 기업의 가치를 평가하는 방식이다. 이때 부채의 가치를 단순하게 장부가로 평가하는 장부가 평가방법과 공정시장가치로 평가하는 시가평가방법이 있으나 기업가치평가에는 개별자산의 가치를 평가하여 이를 합산하여 총자산의 가치를 평가하는 개별자산평가법과 총자산의 가치를 자산 전체가 창출하는 수익으로 평가하는 집합자산평가법 등 여러 가지 방법이 있을 수 있다.

자산가치는 기업이 현재 보유하는 총자산에서 총부채를 차감한 순자산가치를 기업의 가치로 평가하는 평가방법으로 이해하기 쉽고 평가방법도 상대적으로 간편하여 기본적 평가방법으로 널리 사용되고 있다. 그러나 이 자산가치의 평가에 있어서도 대차대조표상의 각 자산과 부채항목을 어떤 기준에 의해 어떻게 평가할 것인가에 따라 자산가치 금액은 상이할 수 있다.

즉 기업회계기준에 따라 작성된 대차대조표상의 순자산가액을 자산가치로 평가할 수 있고, 장부상의 각 자산 · 부채를 시가로 재평가한 후, 이 재평가금액을 기준으로 순자산가액을 평가할 수도 있을 것이다. 또한, 보수적인 관점에서 현재 회사가 보유하고 있는 각각의 자산을 처분한다고 할 때 예상되는 처분가격의 합계금액에서 총부채금액을 차감한 잔여가액을 자산가치로 한 청산가치 평가방법이 있을 수 있다.

일반적으로 M&A 거래에 있어서는 장부가치에 자산 · 부채의 각 항목을 적절히 평가한 후 그 평가차액을 가감하여 산정하는 시가평가방법이나 재평가방법에 의한 자산가치를 널리 사용하고 있다.

자산을 채권자보호를 기본 목적으로 하는 법률적 관점에서 본다면 평가일 현재시점에서 매각하여 얻을 수 있는 현금액 또는 현금등가액인 매각가치로 평가해야 할 것이지만, 기업을 재구성하는 관점에서 본다면 자산을 대체원가로 평가하게 된다(청산가치).

이와 같이 평가자 의 관점 차이와 평가 목적에 따라 각기 다른 자산가액이 산출될 수 있어 자산가치에 의한 기업가치 평가는 객관성을 확보하기 어렵다는 문제점이 있다.

다른 한편으로 기업가치는 기업이 보유하고 있는 개별자산의 화폐적 가치의 총합으로만 발휘되는 것이 아니라, 여러 가지 유무형의 자산들이 유기적으로 결합되어 창출하는 비화폐적 자산(영업권 · 명성 등)도 포함되어야 한다.

그러나 자산가치법은 이러한 가치를 고려하지 못한다. 이러한 많은 문제점에도 불구하고 자산가치법은 청산가치 산출이나 채권자 보호를 위한 최소평가액 산출이라는 측면에서 수익가치법에 비해 상대적으로 객관성을 인정받고 있다.

■ 자산가치평가방법

가치평가방법	주요 내용	적용시 문제점
순자산가치법	유형자산의 가치평가	계속기업으로서의 평가 부적절, 무형자산평가 소홀, 회계처리방법에 따른 영향과 자산디플레 상황 하에서 역사적 가치를 근거로 함으로써 외국 투자가와의 협상시 설득력 부족
청산가치법	청산시 현가	
대체가치법	신규사업 구축시 투입비용	

순자산가치방법 순자산가치방법에서는 모든 기업의 자산과 부채는 개별적으로 분석되고 평가된다. 개별적으로 평가된 자산의 가치에서 부채의 가치를 차감한 것이 순자산가치방법에 의한 기업가치이다.

기업가치 = 개별적으로 평가된 유형과 무형자산의 가치
　　　　 − 개별적으로 평가된 우발부채를 포함한 부채의 가치

순자산가치방법은 다음과 같은 단계로 수행된다. 첫째단계는 대차대조표(Balance Sheet)를 준비하는 것이다. 둘째단계는 재평가되어야 할 자산과 부채를 명확히 하는 것이다. 이 단계에서는 대상기업의 가치평가를 위해 선택된 가치의 기준에 의하여 재평가하기 위해 필요한 자산과 부채의 분류를 결정하기 위해 대차대조표상의 자산과 부채의 분류를 분석한다. 셋째단계는 대차대조표에 기록되지 않은 그러나 인식되어져야하는 자산들을 결정하는 것이다. 유형자산의 경우는 대차대조표에 모두 나타나지만 무형자산의 경우는 확인할 필요가 있다. 넷째단계는 대차대조표에 기록되지 않은 그러나 기록되어져야 하는 부채들을 결정하는 것이다. 이러한 것으로는 우발부채 등이 있다. 다섯째단계는 위에서 결정되어진 항목들에 대한 가치평가를 하는 것이다. 이 단계는 기업의 자산과 부채를 각각 재평가하는 양적인 과정이다. 전형적으로 평가자들은 가치평가의 분석을 자산의 분류에 의해 수행한다. 여섯째단계는 가치기준에 의한 대차대조표를 작성하는 것이다. 결과적으로 작성된 가치기준 대차대조표를 통해 무형자산을 포함한 총 자산의 가치에서 우발부채 등을 포함한 총 부채의 가치를 차감함으로써 기업의 가치를 구한다.

구체적인 단계에서 나타난 것과 같이 순자산가치법은 대차대조표에 나타난 모든 항목들과 더불어 그 이외의 기업가치에 영향을 줄 모든 항목들에 대한 재평가를 통하여 이루어진다. 둘째단계에서 넷째단계까지의 분석에서는 재평가의 대상으로 다음과 같은 기업의 모든 항목을 포함하여야 한다.

① 재무적 자산
② 유형의 개별자산
③ 유형의 실물자산
④ 무형의 실물자산
⑤ 무형의 개별자산
⑥ 유동부채
⑦ 장기부채
⑧ 우발부채
⑨ 기타의 채무

유동자산의 가치평가 현금 · 외상매출금과 받을어음 · 선급비용 · 재고자산 등으로 유가증권은 상장법인의 주식인 경우는 평가일을 전후하여 주가의 흐름을 검토한 다음 평가일 전 일정 기간의 주가를 평균하는 등 적정하게 조정하여 산정하고 비상장법인의 주식인 경우는 자산가치 · 수익가치 · 상대가치 · 주가수익률 · 현금흐름 할인 또는 절충평균 가치방식 등을 사용하여 산정할 수 있다. 그리고 대여금 또는 매출채권의 경우에는 비정상적으로 회수가 지연되는 경우 회수 가능성을 판단하여 채권의 가액을 적정하게 조정 평가한다.

유형고정자산의 가치평가 토지 · 건물 · 기계장치 · 집기비품 · 차량운반구 · 구축물 등의 유형고정자산 평가를 위한 가치평가에는 비용접근법 · 수익접근법 · 시장접근법 등이 주로 사용된다. 수익접근법에는 직접자본환원법과 수익률자본환원법이 있으며 대상 고정자산의 특성으로 인하여 각각의 접근법의 적용이 부동산 가치에 적절한지를 평가한 후 각 접근법으로 평가한 시산가치를 종합하여 최종적으로 대상 유형고정자산의 가치를 결정한다.

① 비용접근법 : 비용접근법이란 평가대상의 형성에 사용되는 각종 제반 소요비용을 기초로 하여 평가대상을 평가하는 방법이다. 평가대상 자산을 현재시점에서 재

획득하는데 소용되는 각종 제반 소요비용을 합하고 이에 감가수정을 가하여 평가대상자산이 가지는 가치를 산정하여 평가하는 방법이다. 즉 평가대상자산의 가치는 새로운 자산을 구입, 개발하는 비용과 그 자산의 내용연수기간 중에 얻어지는 경제적 수익의 경제적 가치가 일치한다는 가정하에서 평가대상이 실현하는 장래의 모든 경제적 수익의 재조달을 위하여 필요한 비용이다.

② 수익접근법 : 수익접근법이란 평가대상으로부터 발생되는 미래현금흐름의 현재가치의 합계로서 평가대상을 평가하는 방식이다. 즉 평가대상을 소유 또는 운영함으로써 발생하는 추가적인 현금흐름을 추정하여 평가대상의 가치를 평가하는 방법이다. 이 방법은 평가대상의 수익창출능력을 자본화함으로써 무형자산의 공정시장가치에 대한 지표를 제공함으로써 미래지향적이며 이론적으로 가장 근본적인 가치산정 방식이다. 수익접근법의 가장 큰 유용성은 공정시장가치의 정의를 구체화한다는 점이다. 왜냐하면 공정시장가치는 어떤 투자대상을 소유함으로써 얻을 수 있는 미래현금흐름의 현재시장가치와 같기 때문이다.

③ 시장접근법 : 가치평가에 있어 가장 먼저 시도될 수 있는 방법은 거래하려는 대상과 유사한 거래사례를 찾아 이와 비교함으로써 시장가치를 추정하는 것이다. 이와 같이 시장에서 발생한 거래의 결과를 바탕으로 가치를 산정하는 방법을 시장접근법라고 한다. 물론 유사한 사례가 존재하지 않으면 이 방식을 사용할 수 없다. 또한, 정상적인 시장에서의 거래가 아닌 특수관계인 사이의 거래와 같이 특수한 사정이 개입된 자료는 비교사례로서 적합하지 않다. 반면 거래 자료가 풍부한 경우에는 가장 적은 비용으로 현실적으로 시장상황을 잘 반영한 가액을 산정할 수 있다는 장점이 있다. 시장접근법을 적용하는데 전제 조건은 첫째, 비교 가능한 평가대상 자산의 활발한 거래가 있는 시장이 존재해야 한다. 둘째, 과거에 비교 가능한 자산들의 거래사례가 있어야 한다. 셋째, 비교 가능한 자산의 거래가격에 관한 정보에 접근이 가능해야 한다. 넷째, 독립 당사자 간의 거래이어야 한다. 따라서 이 방법은 주로 부동산, 일반적인 기계류 및 설비, 차량, 범용 컴퓨터 소프트웨어, 하드웨어, 주류허가권, 프랜차이즈의 평가에 적합한 방법이다.

무형자산의 가치평가 무형자산이란 특허권 · 실용신안권 · 의장권 · 상표권과 같은 산업재산권과 영업권 · 고객망 · 저작권 · 전산프로그램 등과 같은 무형자산을 의미한다. 무형자산의 평가에 있어서도 유형고정자산의 가치평가 접근법 중 하나 또는 그 이상을 사용하여 추정된 가치를 종합하여 최종가치를 평가하게 된다.

순자산가치방법의 이점으로는 다음과 같은 것들이 있다.

첫째, 평가의 결과가 누구에게나 친숙한 전통적 대차대조표양식으로 나타난다.
둘째, 이 방법은 기업의 모든 가치를 분류한다.
셋째, 이 방법은 기업의 매매에 대하여 협상을 할 때 매수자와 매도자 모두에게 유용하다.
넷째, 이 방법은 대체적으로 어떤 가치의 기준에든 어떤 가치의 가정에든 사용될 수 있다.
다섯째, 거래성사 이후 일시불로 구매되었던 각각의 자산에 대한 신속하고 합리적인 가치할당이 가능하다.
여섯째, 이 방법은 주된 거래의 재무적 의사결정과 관련하여 유용하다.

이 방법의 주요한 단점은 극단적으로는 그 결과를 도출하는 데에 매우 많은 비용이 들고 시간만 소비할 수도 있다는 것이다. 또한 이 방법에서 사용하고 있는 대부분의 무형자산의 가치들은 이익접근법에 크게 의존하고 있다. 그러므로 이 방법은 궁극적으로 이익변수들과 같은 유형자산의 가치에 의존하고 있는 것이다.

청산가치법 청산가치(liquidating value)란 현재시점에서 지속적으로 기업이 영업을 한다고 가정하고 자산을 평가하는 존속가치(계속기업가치)와 반대되는 개념이다. 즉 기업이 파산 등의 이유로 영업활동을 중단하여 청산하는 경우를 상정하고, 현재의 자산가치를 장부가와 대비했을 때 회수 가능한 금액의 가치를 말한다.

TIP 계속기업가치

계속기업가치란 기업이 영업을 계속한다는 것을 전제로 향후 영업으로 얻을 수 있는 현금을 현재가치로 평가한 금액으로 매출액 · 수주액 · 향후 경영 개선 가능성을 종합적으로 고려하여 판단한다.

다시 말해서 보유자산을 모두 처분해 채권자나 주주 등 이해관계자에게 나눠줄 수 있는 돈이 얼마인지를 따진 것이다. 일반적으로 청산가치는 유동자산과 유형자산으로 나눠서 평가한다. 유형자산에는 공장부지 등 부동산이 포함되며, 일반적으로 최근 6개월 내에 감정한 액수나 보험가입액 · 기준시가 등에 6개월 동안의 평균낙찰률을 곱해 평가한다.

청산가치법이란 기업이 현재 혹은 향후 몇 년간 사업을 영위하고 청산을 할 경우에

창출되는 잉여현금을 바탕으로 기업가치를 계산하는 방식이다.

기업가치 평가는 결국 계속기업가치와 창산기업가치의 적절한 함수관계를 현실에 맞게 개별 적용하여 그 가치를 추계하는 과정이라고 할 수 있다.

① 청산시 자산가치는 개별자산의 매각가격을 기준으로 추정하며, 정상적으로 거래되는 가격보다 일반적으로 낮게 평가한다.
② 유형자산의 경우 법원의 경매과정에서 평균낙찰률을 적용하여 평가하며, 매출채권 및 재고자산 등은 사안별로 평가한다.
③ M&A보다는 기업회생절차 여부 결정에 중점을 둔다.
④ 자산의 영업가치는 인정하지 않는다. 따라서 장부가치 대비 대폭 저하된다.

대체가치법 인수대상기업의 자산을 새로 설립한다고 가정하여 자산의 현재시가로 기업가치를 산정하여 평가하는 방법으로써 목표기업과 동일한 기업을 만들어 낸다고 가정할 때의 현금비용을 산출하는 방법으로 통상적으로 신규기업을 설립하는 것보다 비용이 저렴하다는 논리를 제시하고 있다. 이 방법에 의하면 기업이 신규사업에 진입할 때 기존의 기업을 인수할 것인가 아니면 신규로 새로운 사업을 설립할 것인가의 선택적 의사결정을 내릴 때 활용할 수 있다.

① 대체가치법은 현재 기업이 영업활동을 하고 있는 사업을 신규로 구축할 시에 소요되는 대체비용을 비교하여 평가하는 방법이다.
② 대체가치법의 자산평가는 새로운 기계 · 건물 등의 자산을 현재 시세로 매입하는 것을 전제로 한다.
③ 자산별 내용과 사용기간 등에 따라 적절히 감가상각 하는 등의 조정 작업을 통해 적정 가치를 산정한다.
④ 발전소 · 석유화학 · 제지업 등과 같은 장치산업의 경우에 유용한 자산평가법이다.

자산가치 평가방법은 전문가에 의하여 객관적인 가격산정이 가능하다는 장점이 있는 반면, 기업매수의 동기가 되는 평가대상회사의 경영자원을 고려하지 않고 자산의 재취득이나 매각처분을 가정한 경우, 구입에 수반되는 비용과 처분가치를 고려한 제반사항들을 감안하여 회사의 회계처리 방침에 따라 어느 정도 좌우된다. 이 방법은 주로 적자기업의 매수가격 산정에 이용되고 있다.

■ 가치평가방법의 장단점 비교

구 분	장 점	단 점	용 도
자산가치법	• 객관성 • 이해관계성 높음 • 현재 재무상태 반영	• 미래수익창출능력 반영 불가 • 가격산정 기준시점 문제	가격협상 정산의 기초
상대가치법	• 객관적인 검증된 가치 • 자료접근 용이	• 시장수요와 공급에 영향 • 비교대상 선정 가능	의사결정의 기준선
수익가치법	• 미래수익창출능력 반영 (M&A의 본질)	• 과다한 가정 가능 • 주관적 평가 가능성	의사결정의 근거

4 본질가치 평가방법

본질가치란 통상 기업이 보유하고 있는 내재가치를 말하는 것으로 자산가치와 수익가치로 구성된다. 본질가치는 주당 기업의 가치를 평가한 것으로 주당순자산가치와 주당수익가치를 고려해 계산한다. 공모 시 주간사가 공모희망가격을 제시할 때 사용된다. 본질가치는 주당순자산가치에 주당수익가치를 1.5배로 곱하여 이 둘을 더한 수치에 2.5로 나눈 값을 의미하며, 기업의 공모가격 결정시 주요 산정 기준이 된다. 보통 내재가치를 중심으로 상대 가치를 반영해 기업의 적정 가격을 결정한다.

본질가치의 평가방식은 '증권인수 업무에 관한 규정'에 의거하여 주식의 본질가치를 구하는 방식으로 주식공모 시 공모가의 기준이 되는데 그 평가방식은 다음과 같다.

본질가치 회사의 현재 순 자산가액인 주당 자산가치와 미래의 수익력을 기초로 산정한 기업 내재가치인 주당 수익가치를 1 : 1.5의 가중치로 평균한 가액이다.

$$본질가치 = (자산가치 + 수익가치 \times 1.5) \div 2.5$$

주당 자산가치 주당 자산가치는 순자산가액을 발행주식 총수로 나눈 것이다.

순자산가액 최근 사업연도 말 현재의 대차대조표상 순자산가액에 가산항목과 차감항목을 가감하여 산출한다.

① 가산항목 : 분석기준일까지의 유상증자 · 재평가적립금 등 자본잉여금 증가액
② 차감항목 : 이연자산 · 회수불능 채권 · 퇴직금추계액에 미달액 · 분석기준 일까지의 지급의무가 확정된 배당 · 상여 등이다.
③ 발행주식 총수 : 분석기준일 현재의 발행주식 총수

수익가치 향후 2개 사업연도의 추정 손익계산서상 주당 순이익을 3 : 2의 가중치로 평균한 가액을 자본환원율로 환산한 가액임

추정 주당 순이익의 산정 실적 추정에 의한 경상이익에 신고서 제출일 사이에 유상증자가 된 경우 은행예금이자를 가산하고 법인세와 우선주배당금을 차감한 가액을 각 사업연도 말 현재 발행주식 총수로 나눈 가액

자본환원율 4개 시중은행의 1년 만기 정기예금이자율 평균치의 1.5배를 적용한다.

위에서 서술한 바와 같이 동 평가방식은 주식 공모 시 그 기준이 되는 방식으로 비상장주식을 상장 또는 등록하고자 할 경우 그 공모가를 추정하는데 유용하게 쓰일 수 있으며 또한 현재 기업의 자산으로서의 가치와 향후 수익창출 근원으로서의 가치가 혼합되어 있는 장점이 있으나 미래에 대한 추정이 불확실하고 진정한 미래의 기업 내재가치인 현금창출(Cash Generation)을 나타내지는 못하는 단점이 있다.

5 기타 평가방법

상속세법상 비상장주식의 평가방식 상속세법상 자산의 평가는 시가에 의한 평가를 원칙으로 하는데, 주식의 경우 주권상장법인 주식의 종가 및 기준가격은 시가로 봄으로 이러한 주권상장법인의 주식에 추가적인 평가는 생략하기로 한다.

시장성 없는 비상장 주식은 순 손익가치와 순자산가치 중 큰 금액으로 평가하도록 상속세법상 되어 있는데 순손익가치는 과거 3년간의 주당 순손익을 가중 평균한 것을 미래 영구적인 현금흐름(Perpetuity)의 추정치를 사용하여 적정이자율로 할인한 현재가치로서 현금흐름에 의한 할인 모형과 유사하며, 순자산가치는 법인의 주당 장부가치와 유사하다.

비상장주식의 평가방법은 다음과 같다.

비상장주식의 평가 = MAX [순손익가치, 순자산가치]

순손익가치

순손익가치 = 최근 3년간 주당 순손익액의 가중평균액 ÷ 평균이자율

① 각 사업연도 발행주식수 : 각 사업연도 종료일 현재의 발행주식총수로 하되 무상증자가 있은 경우는 무상증자 전 발행주식수 × [(무상증자 직전사업연도 발행주식수 + 무상증자 주식수)/무상증자 직전사업연도 발행주식수]로 환산한 주식수로 한다.

② 주당 순 손익액 : 각 사업연도 순손익액 ÷ 각 사업연도 발행주식수
3개년 간의 가중치 : 상속개시일 전 1년이 되는 사업연도부터 3년이 되는 사업연도까지의 가중치로 한다.

③ 가중평균 순손익액
(1년 전 주당순손익액 × 3 + 2년 전 ×2 + 3년 전 × 1) ÷ 6

④ 평균이자율 : 금융기관의 3년 만기 회사채 유통수익률을 고려하여 국세청장이 정하는 이자율로서 현재 고시이자율은 10%이다.

순자산가치

순자산가치 = 순자산가액 ÷ 발행주식총수 - 순자산가액 = A - B + C

A : 대차대조표상 순자산가액 ± 유보금액(세무조정계산서상) ± BS가액과 상속세법상 자산평가액과의 차액
B 차감항목 : 선급비용, 이연자산, 평가기준일까지의 법인세, 퇴직금 추계액 등
C 가산항목 : 퇴직급여충당금 등 부채성충당금과 조세특례제한법 등에 의한 제 준비금 등
발행주식 총수 : 평가기준일 현재 발행주식 총수

상속세법상 자산의 평가

① 시가가 있는 경우 : 시가
감정가액 및 위 비상장 주식평가액 포함

② 시가산정이 어려운 경우
상속세법 61~65조의 평가액 준용
토지 - 개별공시지가, 건물 - 국세청장 고시가격 등

이러한 상속세법상 시장성이 없는 비상장주식의 평가방식은 주식거래 시 세무상 거래가액의 기준이 되고 또한 부당행위 부인 등의 피해를 피할 수 있는 장점이 있는 반면, 그 계산이 다소 복잡하고 실질적인 기업의 내재가치를 반영하는 데는 그 한계가 있다고 할 수 있다.

주가 및 거래량의 동향에 따른 평가방식 주가 및 거래량의 최근 동향에 따른 평가방법에는 다음의 3가지 방법이 주로 사용된다.

주가와 거래량의 분석 일정기간 동안의 대상기업의 주가와 거래량을 분석함으로써 그 기업의 가치를 평가하는 방법으로 그 기간은 짧게는 최근 30~60일에서 길게는 3~5년으로 정하는 것까지 회사의 상황에 맞도록 다양하게 정할 수 있다.

특정 가격대별 거래량의 분석 이 역시 일정 기간 동안에 있어서 가격대별로 그 거래량을 분석하는 방법으로, 이 방법을 통하여 매수자는 최근 주주들이 대상기업의 주식을 실제로 얼마에 취득하였는지를 알 수 있다.

종합주가지수와 상관성분석 이는 주로 장기에 걸쳐 대상기업의 주가의 변동과 종합주가지수의 변동을 비교하는 방법이다.

이러한 평가방법은 주권상장기업처럼 시장성이 있는 주식인 경우 그 주식의 가치는 시장에서 거래되는 시가에 의한다는 가장 기본적인 시장성에 기인하는 평가방식으로 인수로 인한 대상기업의 환경의 변화를 반영하지 않고 과거의 역사적인 자료에만 의존하여 미래를 적절히 반영하지 못하고 있다는 단점이 있다. 그러나 이 방법은 매수자에게 회사의 가치에 대한 과거의 자료를 자세히 제시하고 있어서 매수자가 다른 방법으로 대상기업을 평가하더라고 주요한 참고자료로 활용할 수 있을 것이다.

주가수익률 평가방식 이 방식은 대상기업의 세금공제 후 이익에 유사한 공개기업의 주가수익률(PER)을 적용하여 기업의 가치를 평가하는 것으로 유사한 공개기업의 연도별 PER에 연도별로 적정 가중치를 부여한 후 이의 가중평균을 근거로 대상기업의 주가를 계산하는 방식이다. 대상기업의 과거 3~5년간의 세후순익을 가중평균으로 계산하는 전통적인 역사적 이익법과 여기에 인수 후 1개년의 예상이익을 반영시키는 수정된 역사적 이익법이 있는데 2가지 방식이 인수년도 추정이익의 반영 여부만 차이가 난다.

일반적으로 이 방식은 사후 통계치로써는 중요한 의미가 있으나 단지 P/E로 기업을 평가한다는 것은 너무 단순하고 무리가 있으므로 매도자나 매수자가 기업인수라는 흔치 않은 대형 거래를 놓고 대략 대상기업을 평가해 보는 출발점의 역할로서 충분할 것이다.

배당(Dividend)에 의한 평가방법 이는 투자자가 대상기업으로부터 기대하고 있는 배당에 대한 분석을 통하여 대상기업을 평가하는 방법이다. 현금흐름 대신 배당을 이용한다는 점을 제외하고는 현금흐름에 의한 평가방법과 동일하다.

순자산가액 배수방법 대상기업의 순 자산가액(장부상 총자산-장부상 총부채±시가에 의한 조정 등)에 1.5~2.5배의 배수(Adjusted Net Asset Multiple Range)의 배수를 곱하여 평가하는 방법이다. 배수는 대상기업의 향후 영업전망, 수익성, 매수자의 인수목적 등에 따라 다르게 결정된다. 일반적으로 백화점, 호텔 및 주유소 등 자산의 규모, 등급 및 입지에 따라 기업의 가치가 영향을 받거나 평가되는 사업영역에 사용할 수 있다.

매출액 배수 평가방법 대상기업의 매출액에 0.5~1.5배의 배수를 곱하여 평가하는 방법으로 현재 Internet 기업 등 E-Business에 연관된 신종 사업의 수익 Model로 일부 사용되고 있다.

대체원가 평가방법 대상기업의 영업자산 및 제반 영업 관계를 현재와 같은 상태로 만들기 위하여 소요될 대체비용으로 대상기업을 평가하는 방법이다. 이 방법은 영업 초기에 거액의 개발비 등의 투자를 요하는 회사거나 유통망의 확보 단계에서 거액의 손실이 예상되는 회사의 경우에 적용할 수 있다. 또한, 무형의 자산가치에 대하여 적절히 평가하고자 할 때에도 적용할 수 있다. 상표의 가치(Brand name) 또는 명성(Loyalty) 등이 그러한 예이다.

청산가치에 의한 평가방법 모든 기업은 최소한의 청산가치를 갖고 있다. 즉 회사의 청산시에 회사의 자산 및 부채를 정산할 때에 실현되는 현금액으로 대상기업을 평가할 수 있는데 이러한 방법은 극히 예외적으로 이미 대외 지급불능의 단계(Default)에 처한 회사 또는 영업이나 경영권에 대한 Premium을 포기한 회사 등에게만 적용할 수 있을 것이다.

03 기술가치평가

기술가치평가란 대상의 가치를 명확히 하는 것으로서 대상 기술에 한 기술성 · 시장성 · 사업성 · 권리성 및 기타요인에 대한 기회요인과 위험요인을 종합적으로 분석하여 기술의 시장가치(fair market value)를 나타내는 일련의 활동을 의미한다.

기술가치평가는 종합기술가치평가와 특정기술가치평가로 구분할 수 있다. 종합기술가치평가란 기업이 보유하고 있는 신기술을 사업추진능력 및 영업력 등 제반여건을 감안하여 평가하는 것으로 보증지원 등 내부목적용, 금융기관 등의 여신 참고용 및 기업 M&A 시 기업의 기술가치평가에 주로 활용되며 특정기술가치평가는 특정신청기술에 대한 기술성 및 사업성을 사업추진주체의 경영요소를 배제하여 평가하는 것으로서 기술의 매매 알선용 · 로열티 산정용 및 기타 업무참고용으로 활용되고 있다.

종래의 기술자산은 경리 재무에 따른 상각자산으로 다루어 졌으나, 무형자산의 중요성이 증대되면서 기업의 자산은 창조성으로 대표되는 기술자산이라는 인식과 함께 기업과 기술자산의 단독평가가 가능하게 되었으며, 이에 대한 중요성은 보다 강조되고 있다. 기술자산의 가치를 정확하게 평가할 수 있는 가치평가의 체계가 이루어지면 기술거래 · 기술공여 · 기술담보설정 그리고 기업의 매수합병 등이 보다 활성화될 수 있을 것이다.

■ 기술가치평가의 목적과 용도

목 적	용 도
이전 · 거래	기술의 매매 · 라이선스 가격의 결정
금 융	기술의 담보권 설정 또는 투자유치
현물출자	기술 또는 지적재산권의 현물출자
전 략	기업의 가치증진, 기술상품화, 분사(Spin-off), 전략적 경영계획 수립
청 산	기업의 파산 또는 구조조정에 따른 자산평가, 채무 상환계획 수립
소 송	지적재산권 침해, 채무불이행, 기타 재산분쟁 관련 소송
세 무	기술의 기증, 상각을 위한 세무계획 수립 및 세금납부

1 기술평가의 개요

경제적 가치를 지닌 상품은 자본 · 노동 · 경영자원 및 기술이 조합되어야 산출되어진다. 여기서 기술가치는 경제적 가치를 산출하는데 필요한 기술의 기여도를 파악하여야 한다. 즉 해당기술을 투입한 경우의 경제적 가치에서 기술이 없는 경우의 경제적 가치를 차감해서 산출한다. 현실적으로 기술가치 평가에는 비용접근법 · 시장접근법 · 소득접근법 등의 세 가지 기본방법과 이들을 혼합한 응용기법들이 활용되고 있다.

기술평가는 서수적 평가와 기수적 평가로 나눌 수 있다. 즉 항목별로 개략적인 상대적 위치를 평가하거나 항목별 점수를 산정 하고 합산하여 상대적인 위치를 정하는 일종의 등급평가인 기술성 평가와 기술의 가치를 금액으로 환산하는 기술가치 평가로 구분된다. 물론 양자를 혼합하여 사용하되 서수적 기법을 세부분석에서 활용하여 결과적으로 금액으로 평가하는 절충적인 방법도 있다.

기술을 금액으로 평가하기 위해서는 그 평가대상이 일성한 특성을 구비해야 한다는 점이 아직까지 국내에서는 크게 인식되지 못하고 있다. 무형자산의 평가, 특히 기술의 평가에 있어서는 평가대상을 얼마나 정확하게 이해하고 인식하느냐가 중요하다. 왜냐하면 유형자산은 비교적 쉽게 평가대상의 내용을 파악하고 확정할 수 있으나 무형자산은 특히 그 분야에 정통하지 못하면 사실 확인이 어렵기 때문이다. 평가자가 가치평가 모델의 활용능력이 있다 하더라도 대상에 대한 명확한 인식 없이 이를 평가 할 때는 근본적 오류를 범하기 쉽기 때문이다.

기술평가의 유형 기술평가는 그 목적에 따라 크게 다섯 가지 측면에서 구분될 수 있으며, 이러한 평가유형에 따라 적용될 평가방법론이 달라지고, 그 평가결과 또한 상이하게 된다.

첫째 유형은 기술혁신의 현장에서 이루어지는 기술평가이다. 이 평가는 아이디어의 우수성 평가, 연구개발 프로젝트의 선정을 위한 평가, 프로젝트의 계속 여부 판단, 다른 기술과의 비교 등의 차원에서 검토되는 평가로서 한 형태가 아니라 과학적 혹은 공학적 평가와 특정 연구개발 혹은 기술개발 사업을 위한 목적별 평가라는 형태로 구분되기도 하나 크게 보아 과학기술계 내부의 가치평가라 할 것이다.

두 번째 유형은 기술의 예측평가로서 일반적으로는 기술예측이라고 표현된다. 이 평가는 미래의 기술이 어떻게 발전하게 될 것인지를 예측하는 것이라고 할 수 있으며, 기술혁신의 전반적인 동향이나 특정기술의 발전 여부 등에 대한 평가활동을 의미한다. 이러한 평가는 국가의 산업정책을 수립하기 위하여 필요한 평가라 할 수 있다.

세 번째 유형은 특정기술의 사회경제적인 영향을 파악하고자 하는 것으로 기술영향평가이다. 기술영향평가는 특정기술이 사회에 미치는 부정적인 영향을 파악하고자 하는 것으로서, 평가대상 기술에 대한 경제적인 측면과 함께 사회적인 측면도 동시에 검토되며, 긍정적인 측면과 함께 부정적인 측면이 함께 검토된다. 이러한 특성으로 사회학이나 철학 혹은 역사학에서 주로 검토되는 평가형태이다.

네 번째 유형은 기술에 대한 경제성 평가(cost benefit analysis)이다. 이 접근은 현장 중심의 경제성은 산업공학에서, 경제적인 효과는 경제학에서 주로 검토된다. 경제적인 파급효과 분석은 경제 전체에서 나타나는 효과를 수치로 파악한다는 점에서 전반적으로 복잡한 계산절차를 갖는다.

우리나라의 과학기술진흥법에서 언급하는 기술평가는 세 번째 유형과 네 번째 유형을 상정하고 있다. 다섯 번째 유형은 협의의 기술가치 평가이다. 이 유형에서는 기술의 사회경제적인 영향보다는 중립적 거래상황에서 기술의 금전적 가치를 측정한다는 특징이 있다. 이 유형의 평가는 산업기술기반조성법이나 벤처기업육성특별법에서 언급하고 있는 기술평가이다.

기술평가의 절차 기술평가는 단음과 같은 단계별 절차에 이루어진다.

① 1단계 : 평가업무의 목적과 성격을 규정
② 2단계 : 평가대상이 되는 관련기술의 서술
③ 3단계 : 해당기술에 대한 사회적 가정과 조건의 설정
④ 4단계 : 기술파급에 의해 영향을 받는 분야의 파악
⑤ 5단계 : 일차적 영향분석
⑥ 6단계 : 가능한 대응조치와 대안의 파악
⑦ 7단계 : 최종적 영향분석

평가업무의 정의 제1단계인 평가업무의 정의는 대상기술의 주요과제와 문제를 검토하여 평가 작업의 목적과 범위를 규정하는 단계이다.

관련기술의 서술 제2단계인 관련기술의 서술에서는 평가대상의 주요기술에 대한 서술뿐 아니라 지원기술 및 관련기술에 대해서도 서술하고 또한 주요기술 및 보조기

술의 경쟁기술에 대한 서술도 포함시켜야 한다.

사회적 가정과 조건의 설정 제3단계 관련기술의 활용에 영향을 받는 비 기술적 요인들을 파악하여 서술하는 것이다.

영향분야의 파악 제4단계 평가대상 기술의 적용에 따라서 파급효과가 발생할 수 있는 주요한 분야를 체크리스트와 같은 점검표를 통해 파악한다.

일차적 영향분석 제5단계 상호영향 매트릭스와 같이 해당기술의 활용에 의해 미래에 발생될 잠재적 사건들의 발생확률을 구하고 이러한 상황에서 생긴 영향을 측정하는 접근을 사용한다.

가능한 대응조치 대안의 파악 제6단계는 가능한 대응조치 및 대안을 개발하는 단계이다. 즉 기술 발전의 방향과 속도를 사회적 이익이 극대화될 수 있도록 조정하는 방법을 개발하는 것이다.

최종적 영향분석 마지막으로 제7단계에서는 기술파급에 따른 영향분석을 완성하여 의사결정자를 위한 최종적인 정책대안을 제시하는 과정이다.

기술평가의 범위 기술평가의 범위는 다음과 같다.

기술평가의 차원	기술평가의 내용
국가 차원	기술수요 평가, 기술능력 평가
산업 차원	기술현황 평가
기업 차원	기술내용 평가
공통 차원	기술환경 평가

기술영향평가 정부·과학기술의 개발에 관련된 주체들, 그리고 과학기술의 결과에 영향을 받는 이해당사자들의 참여를 통해 기술자체에 관한 그리고 기술의 부차적 영향에 대한 연구·토론·분석·조사활동들을 총칭하는 용어이다.

기술성능평가 기술의 경제적 가치를 평가하기보다 기술자체의 공학적 가치를 평가한다.

기술능력평가 기술을 습득하고, 소화하고, 사용하고, 변용하고, 창조하는 데 필요한 다양한 지식과 숙련의 수준을 평가하는 작업이다.

기술체계평가 개별기술을 독립적으로 평가하지 않고 해당기술의 전체적인 체계를 평가하는 접근이다.

기술수요평가 목적달성을 위해 어떠한 기술이 필요하며 또한 그 기술을 필요로 하는 분야가 무엇인지를 평가하는 작업이다.

기술성과평가 해당기술의 개발 및 활용으로 인한 기술적 내지 경제적 효과를 측정하여 그 성과를 평가하는 작업이다.

기술가치평가 개별적인 기술자산이 제공할 미래수익을 현재의 가치로 전환 시킨 화폐가치로 평가하는 작업이다.

2 기술가치 평가의 대상

특정기술 자체에 의해 또는 그 기술이 중요한 부분을 차지하여 형성된 자산의 가치를 평가하는 접근이다. 특정기술이 기업의 수익에 공헌할 수 있는 잠재력을 화폐금액으로 산정한 가치라고 할 수 있다.

기술력평가 기술을 습득하고, 소화하고, 사용하고, 변용하고, 창조하는 능력을 평가하는 작업이다. 평가대상이 기술자체의 가치나 효과가 아니라 기술의 사용주체가 지니고 있는 능력이다.

대 상	논리적 근거	평 가 방 법
기업가치	• 기술과 기업은 일체 • 기술가치는 기업가치의 평가를 통해 파악	• 총 투자자본의 가치 • 자기자본의 가치 • 보통주의 가치
무형자산가치	• 기술은 무형자산의 일종 • 기술가치는 무형자산가치의 평가를 통해 파악	• 간접평가방식 – 초과자산 수익률 – 자산시장 프리미엄 • 직접평가방식 • 스칸디아 모형 • 균형 평가표
기술가치	• 기술은 별개의 평가대상 • 기술가치는 기술자체의 본질적 가치 평가	• 비용접근법 • 시장접근법 • 수익접근법
기술력	• 기술은 기술력의 일부 • 기술자체의 가치는 종합적 기술의 평가를 통해 파악	• 체크리스트 방법 • 평점법 • 벤치마킹 방법 • 갭분석

3 기술가치 평가방법

평가방법	측정기준	세 부 내 용
프로파일법	상대비교	상대비교 토대로 주요항목에 대한 비교대상 기술 간의 우열을 시각적으로 표현
벤치마킹법	비율, 격차	선도기술(최고수준)에 대한 기준점을 설정한 후 선도기술과 비교한 평가대상기술의 수준을 비율 또는 격차로 표현
지표법	지표	기술가치를 종합적으로 측정할 수 있는 지표를 개발한 후 주요항목에 대한 평가대상기술의 값을 대입하여 종합적인 지표의 값을 산정
평점법	점수	기술가치를 설명할 수 있는 주요항목을 설정한 후 각 항목별로 평가대상기술의 점수를 부여한 후 이를 합하거나 곱하여 종합적인 평점을 산정
금액법	화폐가치	기술가치를 비용, 수익, 또는 시장 가치로 파악하여 평가대상기술의 가치를 직접적인 화폐가치로 산정

4 기술가치 평가모형

기술가치평가(Valuation)란 특정기술의 경제적 가치를 평가하는 작업이다. 따라서 사전에 평가방법의 유형별 특성과 각 평가방법 적용을 위한 전제조건 등을 고려하여 비용접근법, 시장접근법, 실물옵션접근법, 소득접근법 중 합리적인 평가방법을 선택하여야 한다.

비용접근법(cost approach) 비용접근법은 대상 기술과 동일한 것을 개발하고자 했을 때 이에 필요한 비용을 합계한 금액이다. 즉 대체원가(Cost of Replacement) 개념으로 대상기술의 재개발에 필요한 비용을 추산한 것이다.

해당기술의 개발일지를 조사하여 연구자 급여 · 시제품 제작비용 · TQC 구축비 · 인허가 신청비 · 특허등록의 제비용 등을 합산하여 화폐의 현재가치로 환산하면 된다.

이 방식의 장점으로는 평가대상기술을 개발하기까지 소요된 물적 · 인적 자원의 가치를 합산한 후 이를 현재 가치화하는 방법으로 측정이 비교적 용이하다는 점이다. 그러나 상업화에 의해 얻게 된 경제적 수익액 · 수익 산출기간 · 투자 리스크 · 예상 수익성장률 등의 중요한 요소가 고려되지 않는 단점이 있다.

비용접근법은 특정기술의 재제작 비용 또는 대체 비용을 산정한 후 기술가치의 하락, 즉 감가상각분을 빼면 계산이 가능하다. 감가상각의 속도는 경쟁 및 대체기술의 개발속도와 기술의 노후화로 인한 경제적 진부화의 속도에 비례하여 빨라진다. 즉 경쟁기술의 출현이 가속화되면 될수록 감가상각의 크기는 커진다는 말이다.

비용접근법을 사용할 경우 전제조건으로 첫째, 합리적으로 기술개발비용의 산정이 가능하여야 하고, 둘째로 기술개발에 투하된 총비용과 시간의 흐름에 의한 가치하락을 산정할 수 있어야 하며, 셋째는 신기술 획득 내지 개발비용과 그 자산으로부터 내용연수기간 중에 얻어지는 효익의 경제적 가치가 일치할 것으로 추정가능 하여야 한다.

이 방법은 기술의 창출을 위해 소요된 비용을 근거로 기술가치를 평가하는 기법으로서 기술개발에 투여된 총비용에서 시간의 흐름에 따라 발생될 수 있는 가치하락정도를 가감하여 산출한다.

적정시장가치 = 개발투하총비용 - 가치하락요소

여기에서 개발에 투하된 총비용은 첫째, 기술개발을 위하여 투입된 인원에 대한 급여 등 금전 및 기타 등가물에 의한 보상, 연구기자재에 대한 간접비, 사무원 및 기능공의 간접비, 원재료비, 실험기자재 구입비 및 검사비용, 외부 평가기관의 평가비용, 시험생산에 소요된 비용을 포함한다. 둘째, 비용집행의 효율성을 고려하여 비용인정대상을 가감 조정할 수 있다. 가치하락요소에는 시간의 흐름에 따른 자연적인 가치하락, 기능의 쇠퇴, 경제성의 쇠퇴에 의한 가치하락을 포함한다.

시장접근법(market approach) 이 방법은 국내 특허거래나 기술도입 계약 또는 기술수출 계약 등의 실태를 파악하여 이로부터 일반적으로 이용되고 있는 실시료 또는 요율을 유추하여 당해 특허의 조건, 내용 등과 대비함으로써 특허권의 가치를 산정하는 방법이다.

이러한 일반적 실태의 유추는 가장 용이한 방법이라 생각되기 쉬우나 제시된 특허기술의 기술격차나 기술수요의 강약 그리고 교섭력의 차이 등에 따라 그 내용이 천차만별이므로 객관 타당한 평가기준을 선택 하는 데는 오히려 어려운 경우가 많다. 따라서 이러한 평가방법은 독립적인 가격결정의 기초로서 보다는 다른 방법에 의해 산정된 가격의 객관성을 확인하는 보조적 방법으로 사용되는 것이 바람직하다

시장접근법은 공정한 거래를 전제로 하는 시장가치를 측정하려는 것으로 기존의 실제 거래 자료와 당시의 시장상황 및 현재의 시장상황에 대한 평가를 근거로 변동요인을 고려하여 평가한다.

이 접근법에서는 유사한 기술의 시장거래 사례가 기술가치의 가장 중요한 준거기준이 된다. 시장접근법은 유사한 기술이 시장에서 거래된 사례가 많은 경우 특히 유용하며 합리적인 가치 환산이 가능해진다. 반면에 유사한 기술매매가 발생하지 않은 경우에는 비교대상의 부재로 인하여 시장접근법은 한계를 가질 수밖에 없다.

그리고 기술유통에 대한 정보접근이 용이할수록 시장접근법은 적용될 가능성이 높아진다. 즉 시장접근법을 사용할 경우 비교 가능한 기술자산이 활발하게 거래되는 시장이 존재하여야 하며, 비교 가능한 기술자산이 과거에 거래된 실적이 다수 존재하여야 하고, 비교 가능한 기술자산의 거래가격에 관한 정보에 접근이 용이하여야 하며, 그리고 독립된 당사자 간의 거래이어야 한다. 이 방법은 평가대상기술과 유사 또는 동일한 기술의 시장거래가격을 기준으로 신청기술의 우열 등을 고려하여 산출한다.

$$\text{시장가치} = \text{매매사례가격} \times \text{변동요인}$$

변동요인은 평가대상기술에 대하여 거래가격 형성시점의 시장성 및 가격수준, 기술의 사용가능 잔여기간 · 시장점유율 · 대체신기술 개발가능 여부 · 유사 또는 동일기술과의 우열관계 등을 고려하여 결정한다.

실물옵션접근법(real-option approach) 실물자산에 대한 옵션의 경우에 있어서 의사결정자는 자신의 이익을 위하여 선택권을 행사할 권리를 갖고 있으므로 의사결정의 유연성이 증가한다. 이 때 옵션이 제공하는 이익이 옵션의 비용에 비하여 크다면 옵션이 가치를 지니게 된다.

또한 현재의 투자가 미래의 투자기회의 전제 조건이 되는 경우에는 미래의 투자 기회로부터 기대되는 이익이 현재의 투자 손실을 보상하고도 남을 가능성이 있다. 이러한 경우를 성장 옵션(growth option)이라 하는데 대부분의 연구개발이 단계적으로 평가, 수행되므로 성장 옵션에 해당된다.

$$V = N(d1)A - N(d2)Xe - rT$$

$d1 = [1n(A/X) + (r + 0.562)T]/\sigma\sqrt{T}$

$2 = d1 - \sigma\sqrt{T}$

$v =$ 옵션의 현재가치

$A =$ 기초자산(underlying asset)의 현재가치

$X =$ 투자비용(cost of investment)

$\gamma =$ 무위험수익률(risk free rate of return)

$T =$ 만기일까지 남아있는 기간(time to expiration)

$\sigma =$기초자산의 변동률(volatility)

$N(d) =$ 표준정규분포의 d보다 적은 편차가 발생할 율(누적확률)

위 식에서 우변 첫 번째 항은 옵션 만기일에 기초자산의 가치가 투자비용보다 클 경우, 즉 만기일에 $A > X$인 경우에 대한 기초자산의 기대 값이다. 두 번째 항에서 $N(d2)$는 만기일에 기초자산의 가치가 투자비용보다 클 확률, 즉 $A > X$가 될 확률이며 $X3 - rT$는 투자비용의 현재가치이다.

소득접근법(income approach) 선진국에서 가장 많이 활용하고 있는 수익접근법은 기술의 소득창출능력에 초점을 두어 수입예측 · 비용예측 · 현금흐름예측 · 할인율 등을 추정하여 경제적 수익을 산출한 뒤 기술기여 몫을 현금할인 하는 방법이다.

즉 기술의 경제적 기여 내용연수를 추정한 뒤 추정대차대조표와 추정손익계산서를 작성하고 이를 근거로 추정현금흐름표를 작성해서 미래가치를 현재화한 소득금액에서 기술기여도에 따른 금액을 도출해내는 것이다. 이때 유의할 점으로는 해당 기술을 활용한 사업화 사례를 조사하여 이를 근거로 수익을 추정해야 한다. 그러나 최초로 개발된 기술이나 제품인 관계로 사업화 실적이 없을 때는 유사기술제품의 사례를 참고한다거나 합리적인 가정을 두고 작성한다.

소득접근법은 원가비용과는 관계없이 그 자산의 소득창출능력에 초점을 두고 있다. 기술자산의 가치는 자산의 수명기간동안 창출되는 현금흐름(cash flow)의 현재가치로 추정된다는 것이다. 추정과 관련하여 현금흐름, 할인율, 기술자산 수명 등의 방법에서 다양한 이론으로 세분화된다. 현금흐름할인법에 의한 기술가치는 매년 발생하는 현금유입에서 현금지출액을 제외한 후 산출된 순현금유입액에 기회비용관점인 할인율(discount rate)을 반영하여 산출한다.

소득접근법을 사용하기 위해서는 첫째, 기술의 경제적 수명이 합리적으로 추정 가능해야 하며, 둘째, 기술로 인한 미래현금흐름의 크기가 추정 가능해야 하고, 셋째, 합리적으로 할인율 추정이 가능해야 한다. 소득접근법에 따르면 기술가치는 평가대상기술을 이용하여 생산되는 재화(또는 용역)으로부터 기술의 수명기간동안 기대할 수 있는 미래수익을 추정하여 다음과 같이 산출한다.

$$\text{기술가치} = \left[\sum_{t=1}^{n} \frac{\text{초과이익}_t}{(1+\text{할인율})^t} + \frac{\text{잔존가치}}{(1+\text{할인율})^n}\right] \times \text{기술기여도}$$

n : 수익추정기간

기술가치를 소득접근법으로 산정한다는 것은 특정기술이 가진 미래의 소득창출 능력에 초점을 맞춘 것이다.

초과이익 배분방식(가치증가 비교법) 이 방식의 개념은 해당 지적재산권을 사용한 경우와 사용하지 않은 경우의 예상이익(현가)의 차이를 초과이익으로 하여 이 초과이익을 배분하는 방법이다. 이때 권리자가 직접 해당사업을 운영한 경우에도 초과이익의 전액이 지적재산권의 가액이라고 보기는 곤란하며, 실시권자가 존재하는 경우 이 초과이익 중 권리자의 귀속분이 그 지적 재산권의 가액이 된다.

이론상 가장 타당하다는 장점이 있으나 사업계획서 등 예상 재무제표를 두 경우에 대해 각각 작성하여 양자를 비교해야 하므로 예측의 정확성이나 객관성 등의 문제로 현실적 적용은 상당히 어려운 단점이 있다. 초과이익은 평가대상기술에 대하여 아래의 산식에 의하여 산출한다.

초과이익 = 매출액 - 매출원가 - 판매비와 관리비 - 법인세
+감가상각비 등 - 자본비용

순이익 배분방식 기업가치에서 다른 자산가치를 차감하는 방식으로 이 방식의 개념은 객관적으로 인정될 수 있는 방법으로 작성된 예상 재무제표에서 해당 지적재산권의 잔존기간(또는 경제적 내용연수)동안의 순이익을 산정하고, 이 순이익 3분법(순이익을 자금 · 영업 · 발명측면에 배분) 또는 순이익 4분법(순이익을 자본 · 조직력 · 협력자 · 발명측면으로 배분) 등의 분배율로 배분하는 방식이다.

이 방식은 사업계획서 등의 예상 재무제표가 타당하다고 인정되는 경우에만 가능한 것으로 그 산정이 극히 용이하다는 장점이 있으나, 지적재산권의 기여분 결정에 따라 가액이 크게 달라지므로 역시 쉽게 적용하기는 곤란하다는 단점이 있다.

결정수익 환원방식(특허실시료 평가법) 이 방식은 실시권 계약 등으로 지적 재산권에 대해 이미 결정된 수입이 실제로 존재하는 경우, 각 연도의 실시료 수입을 현재가치로 환원하여 지적재산권의 가액을 결정하는 방식이다.

지적재산권의 전체 잔존기간에 걸친 전용실시권의 경우에는 환원된 실시료 자체가 지적 재산권의 가액이 되지만, 비독점적인 통상 실시권의 경우나 권리자 자신도 해당 사업을 운영하는 경우는 그 예상 수입을 합산하여야 할 것이다

DCF법(미래수익 평가법)

① 할인율의 결정 : 현재가치의 산출이란 화폐의 시간적 가치와 투자의 위험성을 고려하여 미래화폐의 가치를 적절한 할인율로 감액하여 현재 화폐의 가치로 환산하는 것을 말하는 것으로 그 기본적인 계산과정은 적금이나 연금의 계산과정과 동일하여 이론적으로 가장 타당하지만 적절한 할인율의 결정에는 여러 가지 어려움이 따르게 된다.

현재가치의 산출에 사용되는 할인율은 이론적으로는 화폐의 사용에 따른 시간적 희생에 따른 보상율(일반적으로 정기예금 이자율이나 국공채 금리의 무위험

이자)과 투자에 따른 회수불능의 위험에 따른 보상율(은행 예치 등 무위험 투자기회에 비해 기대하는 초과 이익률)한 가중평균 자본비용을 통한 할인율을 구한다. 이는 상장기업에 적용되며 비상장기업의 경우에는 대용 β계수의 산정(Hamada 모델 등)으로 자기자본에 대한 할인율을 구할 수 있다.
사업성장률이 g일 경우 n년 후 벌어들일 기대 FCF(n)(Free Cashflow)는

$$FCF(n) = FCF(0) \times (1+g)n$$

마찬가지로 현재가치로 환산(할인율 r)하면

$$\text{기업가치} = FCF(0) \times \frac{(1+g)n}{(1+r)n}$$

② 자기자본비용 : 자기자본비용이란, 투자가가 위험자산인 주식에 대해서 요구하는 최소 수익률이다. 이러한 자기자본비용은 투자자 또는 주주의 기회비용을 추정해 산출한다. 즉 이것은 주주가 주식을 투자할 때 요구하는 기대수익률이다. 자기자본비용은 자본자산가격결정모형(Cost Asset Pring Model: CAPM) 이나 주식가격평가모형(Gorden모형), 또는 주당 수익률(EPS / 주가) 등으로 산출할 수 있으나 일반적으로 CAPM이 주로 사용된다.

$$Ke = Rf + \beta \times [Rm - Rf]$$

Ke : 자기자본비용
Rf : 무위험이자율(1년만기 정기예금 평균이자율을 이용)
Rm : 시장포트폴리오수익률(KOSPI 연평균 수익율을 이용)
β : 베타계수

③ 타인자본비용 : 부채비용 또는 타인자본비용은 차입자금 사용에 대한 세후 실질 지급이자율이다. 부채는 세금의 이연효과가 있기 때문에 세율을 조정한 후 이자비용을 계산하는 것이 원칙이다. 기본적으로 타인자본 비용은 손익계산서상의 이자비용을 대차대조표상의 이자발생부채로 나누어 계산한다.

④ WACC법(가중평균자본비용) : 본 평가에서 산출하는 미래수익은 자기자본과 타인자본의 몫으로 구성되어 있고 가정하였다. 따라서 현금흐름을 현가화시키는

할인율은 주주의 기대수익률(자기자본비용)과 채권자의 기대수익률(타인자본비용) 모두를 적절하게 반영하여야 하며 이는 다음과 같이 WACC를 산출할 수 있다.

$$WACC = Ke \times S/(B+S) + Kd(1-t) \times B/(B+S)$$

Ke : 자기자본비용
B : 타인자본,
S : 자기자본
$S/(B+S)$: 자기자본비중
Kd : 타인자본비용
$B/(B+S)$: 타인자본비중
t : (추정기간 중 영업이익에 대한) 법인세율

■ 기술가치평가방법론 비교

구 분	주요 변수	적용 영역	문제점
비용접근법	• 개발비용 • 감가상각방법	• 공공기관의 기술이전	• 미래기회수익 미반영
시장접근법	• 유사기술의 시장 사례 가치	• 라이센스 및 로열티 산정	• 기술시장이 전제 • 거래사례가 존재하여야 함
실물옵션 접근법	• 기초자산 변동성 • 무위험 이자율 • 기술수명	• 연구개발투자 • 미래불확실성이 큰 프로젝트	• 변수추정의 어려움
소득접근법	• 현금흐름 · 할인율 • 기술수명	• 기술거래, 이전 • 보편화된 기술시장	• 변수추정의 주관성

참고문헌

김광윤, 『최신회계원리』, 범한
국찬표 외, 『기업의 사회적 책임, 지배구조 및 기업가치』, 한국증권학회
김철중, 『기업가치 중심의 경영분석』, 명경사
김병회, 『기업가치 평가에 대하여』, 충청대학
강진홍, 『기업가치평가 실무』, 영화조세통람
김광임, 『대규모 개발사업의 경제성분석』, 한국정책평가연구원
김동철 외, 『경영전략 수립 방법론』, 시그마 인사이트컴
김영복 외, 『재무분석과 사업성 검토』, 영화조세통람
노순규, 『사업계획과 사업타당성분석』, 한국기업경영연구원
남영호, 『전략사업계획서 실무』, 세명서관
마이클 포터, 『마이클 포터의 경쟁전략』, 21세기 북
박내희, 『BCG의 경영전략』, 박영사
박준용, 『경영전략』, 청람
백복현, 『 재무제표분석과 기업가치평가』, 박영사
세노오 아키오, 『신상품 신사업 개발전략』, 산업기술정보원
송원희, 『중소기업의 자본구조에 관한 실증적 연구』, 청주대학교
송경모, 『사업타당성평가실무』, 영화조세통람
서정민, 『사업타당성분석 4.0』, 북랩
엄인수, 『몸값 올리는 기업가치평가 실무』, 제이씨이너스
유선희, 『기술가치평가』, 한국과학기술정보연구원
유일근, 『사업성분석과 경영전략』, 형설출판사
이만수, 『최신회계원리』, 무역경영사
이병길, 『시장환경분석』, 한국금융연수원
이승주, 『경영전략 실천 매뉴얼』, 시그마 컨설팅
임대규, 『고객만족이 기업가치 및 수익성에 미치는 영향』, 경희대학교
임용일, 『사업계획서 작성』, 한국재정경제연구소
임재연, 『자본시장법』, 박영사
임창남, 『기업가치평가모형의 정립에 관한 연구』, 충남대학교
임창호, 『기업 경쟁력 평가모형에 관한 연구』, 한국항공대학교
장세진, 『글로벌경쟁시대의 경영전략』, 박영사
정기용 외, 『경영분석과 환경분석』, 명경사
정원일 외, 『R&D 프로젝트 관리』, 한국산업기술진흥협회

정찬현, 『상법강의』, 박영사
조동성, 『21세기를 위한 경영전략』, 서울경제경영
짐 콜린스, 『짐 콜린스의 경영전략』, 위즈덤 하우스
최중석, 『사업계획수립과 경영전략』, 가람사
홍석보 외, 『전략적 경영혁신기법』, 학문사
홍성수, 『사업성검토와 기업가치평가』, 새로운 제안
황중서, 『21세기를 선도하는 글로벌기업 환경분석』, 형설출판사,
『고객가치 중심의 신사업전략』, L/G경영연구원
『기술경영원론』, 전략경영기술연구원
『기술이전과 기술가치평가모델 연구』, 한국과학기술정보연구원
『기업기술의 평가』, 기술신용보증기금
『사업타당성 평가』, 한국과학기술연구원
『신기술평가방법』, 지적재산권 담보가치평가수법연구회
『신제품개발과 신사업전개 실천서』, 한국기업경영연구회
『예비타당성 조사 쟁점연구』, 한국개발연구원
『유망기술 사업화 전략 기획 프로세스』, 한국산업기술연구원
『재무관리의 핵심전략』 현대경제연구원, 청림출판사

『Science and Art in Project Assessment』, Nagm, Fouad, Dr
『Project Evaluation』, Samset, Kunt
『Regional Economic Impact Analysis』, Davis. H. Crig
『Strategic Market Management』, Mcloughin, Damien
『Big Think strategy』, Schmitt. Bernd H
『Risk & Decision Analysis in Project』, Schuyler, John
『Investment Analysis & Portfolio Management』, Cohen, Jerome Bernard,
『The Valuation of Technology』, Boer F. P
『Valuing Intangible Assets』, Reilly R. F

찾아보기

저자 약력

남 영 호

- 경희대경영대학원 졸업
- 한국능률협회 지도위원 역임
- 한국상장회사협의회 감사회 전문위원 역임
- 주식회사 신동방 이사
- 삼부벤처캐피탈(주) 전무이사
- 현대아이티(주) 전무이사
- (현) Young 컨설팅그룹 LLC. 대표컨설턴트
- 원가관리사 / 경영진단사 / 경영정보관리사

〈주요저서〉

- 유통서비스의 소집단활동 / 한국능률협회
- 문제해결기법/한국능률협회
- 주먹구구론 돈 벌 수 없다 / 세명서관
- 소비자금융 중심의 여신금융실무 / 세명서관
- 전략사업계획서실무 / 세명서관
- 파이낸스금융 이론과 실무 / 세명서관
- 전략기획실무 / 세명서관
- 경영계획과 목표에 의한 성과관리 / 세명서관
- 전면개정7판 기업내부의 감사진단실무 / 세명서관
- M&A War Game 창과 방패 / 세명서관
- 개정증보4판 사업타당성분석 / 세명서관
- 기획실 업무편람 / 세명서관
- 사업계획 이론과 실무 / 세명서관
- 개정판 전략적 M&A 실무 / 세명서관
- 新 내부감사와 경영진단실무

사업타당성 분석과 평가

2022년 4월 8일 초판 인쇄
2022년 4월 16일 초판 발행

지은이 | 남 영 호
발행인 | 오 영 환
발행처 | 세명서관
등행록 | 1989. 2. 20. 제2-409호

주 소 | 서울특별시 중구 다산로 87-1(지층)
전 화 | (02) 2238-9055, 2235-9601
FAX | (02) 2234-9291
E-mail | semyoungbook@hanmail.net

값 80,000원 ISBN 978-89-89097-59-4 92320

• 잘못 만들어진 책은 교환해 드립니다.